제3문화 아이들,
교차문화 아이들 그리고 국제유목민

세계에서 성장하는 아이들에 관한 연구와 에세이

진 벨빌라다·니나 시셀·페이스 에이드스·일레인 닐 오어 편저

이수경·황진숙·김혜정 옮김

WRITING OUT OF LIMBO
International Childhoods, Global Nomads and Third Culture Kids

한울
아카데미

**Writing Out of Limbo: International Childhoods, Global Nomads
and Third Culture Kids**
Edited by Gene H. Bell-Villada and Nina Sichel with Faith Eidse and Elaine Neil Orr

이곳, 그곳,
전 세계 모든 곳에 있는 아이들을 위해

▌차례

4

4부   재구성

▌역자 머리말

한국처럼 빠르게 국제화의 물결을 타는 나라가 있을까 싶을 정도로 많은 한국 아이들이 문화 간 경험을 하며 성장하고 있다. 이들은 제3문화 아이들, 교차문화 아이들, 국제유목민 등의 용어로 불리고 있지만 아직 많은 국내 연구자들에게 이 개념들이 잘 알려져 있지는 않다.

해외로 이주하여 여러 문화를 경험하며 성장기를 보내는 것은 언뜻 들으면 신나고 멋진 일인 것 같지만, 갑자기 주변 사람들과의 관계가 단절되고 새로운 낯선 곳에서 모르는 언어를 배우며 처음부터 다시 시작해야 하는 쉽지 않은 경험이다. 여러 곳을 이동하며 다양한 문화를 접하는 삶은 폭넓은 국제적인 시각을 갖게 하고, 대인관계 기술을 향상시키며, 몇몇 외국어를 구사할 수 있게 하는 장점이 있지만, 상실의 경험으로 인한 미해결된 슬픔이나 자아 정체성 혼란 등의 문제를 야기할 수 있다.

이 책은 무엇보다 다양한 이유로 해외 이주를 하게 되는 사람들의 특성을 저자들의 실제 삶의 경험을 통해 생생히 보여주고 있다. 제3문화 아이들이나 교차문화 아이들에 대한 책이 매우 부족하다는 점에서, 이 책은 이들과 관련된 사람들 혹은 다양한 문화를 경험하며 성장한 사람들에게 교차문화 아이들에 대한 인식과 이해를 높이는 오아시스 같은 역할을 할 수 있을 것이라 기대한다.

국내에 아직 제3문화 아이들이나 교차문화 아이들에 대한 관심이 높은 편은 아니지만, 다행인 것은 이 책을 접하고 번역하기까지의 시간이 흐르는 동안 이 주제에 대해 관심을 보이는 사람들이 점점 증가하고 있다는 점이다. 교차문화 아이들이라는 용어가 국내 학술 논문에서도 사용되고 있고, 해외에 거주하는 아이들을 위한 심리사회적인 대책을 마련해야 한다는 목소리도 들리고 있다. 여러 문화를 경험하며 성장한 사람들의 삶의 미해결된 답들은 이들의 삶의 이야기가 더 많이 이야기되고 들려지면서, 이들에 대한 이해가 커가고 이들이 우리 곁에 자신의 모습 그대로 뿌리 내릴 수 있도록 포용하는 환경이 만들어지면서 얻어지리라고 본다.

아무쪼록 이 책이 여러 문화를 경험하며 성장한 사람들뿐 아니라 이들을 사랑하는 사람들에게 널리 읽히기를 소망한다.

끝으로, 출판을 맡아준 한울엠플러스(주)의 관계자들과 특히 편집에 정성을 들여준 이진경 님에게도 감사를 전하며, 무엇보다 세계 어딘가에서 자신의 정체성을 고민하며 여러 문화를 경험하며 살아온 이들의 삶이 빛을 발하며, 이들이 더욱 행복해질 수 있기를 기도한다.

2022년
역자 일동

▍정의

제3문화 아이

제3문화 아이(Third Culture Kid: TCK)는 발달상의 중요한 시기를 부모의 문화가 아닌 다른 문화에서 보낸 아이이다. 제3문화 아이는 어느 한 문화에 완전한 소속감을 갖지는 않지만 모든 문화와 관계를 맺는다. 각 문화의 요소들이 제3문화 아이의 삶에 반영되어 있지만, 제3문화 아이들은 이주 경험이 있는 비슷한 배경을 가진 사람들과의 관계에서 소속감을 느낀다.

—데이비드 폴록(David C. Pollock), 루스 반 레켄(Ruth E. Van Reken)

국제유목민

국제유목민(Global Nomad)은 부모의 직업상 성인이 되기 전에 부모의 모국(혹은 자신의 "여권 기재국")이 아닌 나라에서 살았던 모든 국적의 사람을 일컫는다.

—노마 매케이그(Norma M. McCaig)

들어가며

진 벨빌라다(Gene H. Bell-Villada)·나나 시셸(Nina Sichel)

이 책이 나오게 된 것은 정말 뜻밖이었다.

2008년에 진 벨빌라다는 샌프란시스코에서 열리는 현대언어협회(Modern Language Association)의 연례회의에서 발표할 "불확실한 상태에서 글쓰기: 국제적인 어린 시절, 제3문화 아이들 그리고 그들을 표현할 단어 찾기(Writing Out of Limbo: International Childhoods, Third-Culture Kids, and Finding the Words to Tell about Them)"라는 이름의 특별한 모임을 만들었다. 동료 토론자는 당연히 나나 시셸, 페이스 에이드스(Faith Eidse), 일레인 닐 오어(Elaine Neil Orr)였다. 우리가 알기로 그 모임은 1) 여권에 기재된 나라가 아닌 해외에서 자란 경험과 2) 그 특별한 경험을 나누거나 그 경험을 보여주는 소설이나 비소설 또는 이야기 연구를 주로 다루는, 정확히 말하면 최초의 문학 모임이었다.

매우 고맙게도 그해 11월에 우리는 케임브리지 출판사의 어맨다 밀러(Amanda Millar)에게서 서신을 받았다. 그녀는 현대언어협회의 공식 프로그램에 실린 패널들을 우연히 보았고, 거기서 언급된 내용을 책으로 출판할 수 있는지 물어보았다.

그 요청으로 결국 3년 후에 이 책이 세상에 나왔다.

우리 두 사람이 이 책의 공동 편집을 맡았을 때, 목표는 개인적인 에세이와 학문적인 연구가 적절히 섞인 책을 만드는 것이었다. 그래서 회고록과 "전문적"인 연구물, 생각의 단편들, 국제적으로 떠오르는 문제와 그 문제의 오랜 시간의 결과에 대한 객관적인 심리학적·사회학적·문학적 연구와 함께 주관적인 회상들을 수집했다. 또한 넓은 지역, 다양한 국적 그리고 직업이 각기 다른 부모들을 총망라할 생각이었다. 그리하여 사업가와 선교사 자녀, 외무 직원과 소위 해외 근무 군인의 자녀를 포함하길 원했다.

우리는 학문 용어를 가능한 한 자제하고, 일반 대중들에게 호소하는, 생생하고 강렬한 글을 써달라고 요청했다. 다양한 네트워크를 통해 글을 모집했고, 주변 사람들에게도 알려주기를 부탁했다. 응답은 전 세계에서 왔다. 이들 중 제3문화 아이들/국제유목민 경험을 서술하고 있다고 보이는 대표적인 에세이 30개를 선정했다.

✦ ✦ ✦

편저자들은 어떻게 초기에 접촉했고, 이런 종류의 우회적인 이야기를 담은 책을 공동 집필하게 되었을까?

그것은 진 벨빌라다가, 2005년 자신의 체험기인 『해외 거주 미국인: 열대 지방에서 성장하기(Overseas American: Growing Up Gringo in the Tropics)』와 아마존닷컴에서 함께 추천되던 페이스 에이드스와 니나 시셸 편저의 『뿌리 뽑힌 어린 시절: 국제 사회에서 성장하기(Unrooted Childhoods: Memoirs of Growing Up Global)』(2004)를 주목한 데서 시작되었다.

그는 책을 주문했고 책이 도착하자마자 단숨에 글 20편을 모두 읽었다. 감성이 풍부하고 사려 깊은 글이었으며, 때때로 생각에 잠기게 하고 고통스럽게도 했다. 그는 즉시 자신이 썼던 몇몇 이슈들, 즉 어린 시절의 이동, 이주, 상실, 해외 이주 가정 어린이들의 정체성(그는 자신의 체험기에서 '영구적으로 분산된 정체성'이라고 썼다) 그리고 국제적인 삶과 밀접하게 연관되는 풍요와 소외의 모순된 모습을 떠올렸다. 글쓴이 명단에는 문학계 거장 카를로스 푸엔테스(Carlos Fuentes), 아리엘 도르프만(Ariel Dorfman), 마리 아라나(Marie Arana), 팻 콘로이(Pat Conroy), 피코 아이어(Pico Iyer), 또한 글을 잘 쓰지만 상대적으로 덜 알려진 사람들 몇몇이 포함되어 있었다. 회고록 집필자 모두는 공통적으로, 세계적으로(global) 성장하는 것과 일정한 집이나 나라 없이 "뿌리가 뽑힌(unrooted)"(표준 사전에는 아직 등재되지 않았지만 혁신적인 신조어이다) 듯한 느낌에 대해 말했다. 그 책은 벨빌라다가 '해외 거주 미국인'을 대상으로 연구할 때 잠깐 보았던 일종의 제3문화 성인 아이들의 공동체나 다름없는 실례를 보여주었다.

벨빌라다의 눈을 특히 사로잡은 글은 이 책의 공동 편저자인 니나 시셸이 쓴 「고향으로 돌아가기(Going Home)」로, 미국인으로 성장했던 그녀가 베네수엘라 카라카스를 다시 방문하여 지난날을 아쉬워하는 이야기를 담고 있었다. 벨빌라다 역시 1950년대에 그곳에서 살았고 그 지역에 있던 국제 미국인 고등학교 두 곳 중 한 곳을 졸업한 까닭에, 그는 시셸의 이야기에 즉시 공감했다. 그녀의 회상을 통해 그는 수도의 불빛과 공기, 집으로 배달되던 열대 과일들, 뾰쪽한 마천루와 신도시, 거리를 누비던 다양한 인종의 사람들, 슬프고 지저분한 산비탈 빈민가 그리고 당연히 해외 거주자 동네와 그런 곳에서 가족의 삶을 책임지던 특이한 사람들을 생각했다. 그리고 어릴 때 니나가 다녔던 그 미국인 학교는, 니나가 입학하기 약 8년 전에 벨빌라다의 꼬마 아들 카나니가 졸업한 중학교였다.

이런 동질감에 연락을 해야 할 것만 같아서 진은 니나에게 긴 감사의 글을 썼다. 그녀가 어디에서 일하는지 인터넷에서 찾을 수 없었으므로 책을 펴낸 출판사 메인(Maine) 사무소와 런던 사무소 두 곳에 편지를 보냈다. 편지는 이곳저곳을 떠돌았던 것으로 보인다. 니나가 편지를 받았을 때 봉투는 열린 흔적이 있었고 스카치테이프가 붙어 있었다고 한다.

그녀는 바로 이메일로 답장을 썼다. 서로 적극적으로 이메일로 소통했고, 진과 니나는 급속도로 가까운 이메일 친구가 되었다. 그들의 서신 교환은 2006년 10월 중순부터 시작되어, 다양한 유형의 제3문화 아이들과 관련된 과거의 이야기와 현재의 깨달음 등을 나누며 적어도 매주 2회 이상 이메일을 주고받았다.

몇 달 후에 진은 니나에게, 니나의 책 『뿌리 뽑힌 어린 시절』의 공동 편저자인 페이스 에이드스와 회고록 집필자인 일레인 닐 오어와 함께 다음 번 현대언어협회 콘퍼런스에서 제3문화 아이들 글쓰기에 관한 특별한 세션을 갖는 게 어떻겠냐고 물었다. 개인 사정으로 패널 구성이 지연되었으나 마침내 2008년에 샌프란시스코에서 열린 현대언어협회 대회에서 그 자리가 마련되었다(비록 니나는 참석할 수 없었지만). 거기서 책 출판을 의뢰받았고, 내용을 수집했고, 여기까지 왔다.

✦ ✦ ✦

아마도 이 책의 독자들은 책의 전체적인 주제와 어느 정도 유사한 점이 있을 것 같다. 그렇다 하더라도 언급했던 주제를 간결하게 다시 설명해도 괜찮을 것이다. "제3문화 아이들(Third Culture Kids, 이하 TCKs)"은 직업상 해외에 거주하게 된 부모의 자녀들을 일컫는 정형화된 약칭으로, 공식적인 시민권이 있는 나라가 아닌 다른 곳에서 자라고 교육을 받는 아이들이다. 이 주제에 적용되는 또 다른 용어는 "국제유목민(Global Nomad: GN)"이다.

제3문화 아이들이 해외에서 보낸 기간은 짧게는 1년에서, 길게는 어린 시절이나 청소년기 전부일 수도 있다. 한 지역일 수도 있지만, 어떤 경우에는 6개국 이상일 수도 있다. 빈번히 이주하는 유동적인 제3문화 아이든, 친구들과 사회적 환경이 계속 변화하는 비유동적인 제3문화 아이든, 이 아이들은 세상 한복판에서 자라고 있으며, 장소, 문화, 친구 관계, 빈번한 삶의 변화는 그들에게 보상을 주는 만큼 도전이기도 하다.

제3문화 아이들은 대학에 진학하기 위해 보통 자신의 여권 기재국으로 돌아가는데, 그들은 전에 살던 곳에서 이방인이었던 것처럼 모국에서도 문화적으로 이방인임을 깨닫는다. "모국"으로 돌아온 이런 종류의 사람들을 종종 "숨겨진 이민자(hidden immigrant)"라고 부른다. 그들은 보통 모국의 시민들보다는 폭넓은 세계관을 가진 사람들을 더 편안하게 느낀다. "모국"의 문화 속으로 다시 진입하는 이주가 그들의 삶에서 가장 어려운 이주 경험일 수 있다.

이 용어들이 아직 미국 문화에서는 널리 받아들여지지 않고 있지만 국제 교육계에서는 이를 사용하고 있다. SIETAR(Society for Intercultural Education, Training and Research), NAFSA(Association of International Educators), 세계 국제유목민 대학 분교, 이 주제 관련 웹사이트들은 이들 다시 돌아온 학생들에 관한 정보를 알리고 대중의 자각을 일깨우고 있다. 흥미롭게도 일본은 이들 돌아온 학생들을 위한 프로그램을 오랫동안 운영해 오고 있다. 이제 많은 미국 대학들도 이를 인식하고 이들을 위한 이주 서비스와 지원의 필요성을 절감하고 있다.[1]

✦ ✦ ✦

비록 제3문화 아이라는 개념이 단지 1950년대에 시작되어 이제 문화적으로 확산되고 있지만, 식민주의의 결과로서 그 경험(스페인어로 *vivencia*)은 상당히 오래되었다. 대영제국과 프랑스 제국은 정책적인 이유로, 많은 시민들이 국가의 해외 전초 기지에 이주하여 "문명화하는(civilize)" 것을 장려했다. 이들 자발적 해외 거주자들이 자녀들을 낳았으며, 이 아이들이

---

[1] 더 자세한 논의는 노마 매케이그, 앤 베이커 코트렐(Ann Baker Cottrell), 브루스 라 브랙(Bruce La Brack)의 에세이 참조.

오늘날 우리가 제3문화 아이라고 부르는 아이들이 되었고, 이 아이들은 모국에 대해 모순적 감정을 느끼고 있다. 그러므로 우리는 영국의 도리스 레싱(Doris Lessing), 진 리스(Jean Rhys), 어떤 면에서는 조지 오웰(George Orwell)과, 프랑스의 마르그리트 뒤라스(Marguerite Duras), 알베르 까뮈(Albert Camus), 르 클레지오(Le Clézio)와 같은 문학계 인물들을 성인 제3문화 아이(Adult Third Culture Kid, 이하 ATCK)로 간주할 수 있다. 그들의 작품은 종종 제3문화 아이의 집착과 딜레마를 보여준다. 이런 이유로 식민주의는, 어떤 의미에서 처음으로 제3문화 아이를 만들어냈고 이런 주제들을 다루는 제3문화 아이 문학에 기여했다.

미국의 경우는 조금 다르다. 미국은 1945년까지 강대국은 아니었지만, 중남미에 영향력을 행사하고 있었다(이곳의 미국계 학교는 20세기 초반까지로 그 역사가 거슬러 올라간다). 게다가 미국은 전 세계에 선교사를 파송했다(예를 들어, 출판계 거물 헨리 루스(Henry Luce)와 소설가 펄 벅(Pearl Buck) 두 사람 다 중국 선교사의 자녀이다). 많은 미국 젊은이들이 해외에서 성장하게 된 것은, 기업체의 확장이든, 700개의 군사 기지든, 더욱 많아진 복음주의 선교 사역이든 간에, 제2차 세계대전 이후였다. 결과적으로, 수백만의 미국 청소년들이 아무런 문제의식 없이 제3문화 아이로 자라났다. 우연이 아니게도 "제3문화 아이들"이라는 용어는 1950년대에 미국의 사회학자 루스 힐 우심(Ruth Hill Useem)이 만들었다. 그녀는 부모와 함께 인도에 갔고, 그곳에서 서양 교육을 받은 인도인들과 새로 독립한 인도에 일하러 온 미국 전문가들을 대상으로 연구했다.

물론 우심은 대부분 미국인 관점에서 썼지만, 그녀가 개발한 용어는 당연히 미국인에게만 해당되는 것이 아니다. 우리 연구의 몇몇 참여자들이 풍부한 자료와 증언으로 보여준 것처럼 일본, 핀란드, 브라질, 덴마크, 모나코, 이란의 제3문화 아이들과 그리고 여기서 다루지 못한 다른 제3문화 아이들이 보이는 공통되는 이슈와 그들만의 고유 이슈들이 있다.

이것은 벨빌라다가 자신의 에세이에서 간단히 "제3문화 아이들 조건" 으로 언급한, 즉 1989년 이후 "세계화"라고 불리는 것의 부상과 확산에 대한 새로운 단계, 완전히 새로운 환경으로 우리를 이끈다. 국제 자본과 무역을 통해, 오락 매체와 정보 기술을 통해, 아웃소싱과 자발적인 합법적 이주를 통해 그리고 지배적인 국제 공용어인 영어의 사용으로, 세계는 하나가 되어가고 있다. 이런 추세는 《뉴욕타임스》 칼럼니스트 토마스 프리드먼(Thomas Friedman)의 2005년 베스트셀러 『세상은 평평하다(The World Is Flat)』의 제목으로 생생하게 요약할 수 있다.

이런 거침없는 물결의 부수적인 효과로, 전 세계에 있는 교육기관들은 더욱 국제적이고 문화적으로 다양한 학생 집단을 마주하고 있다. 많은 젊은이들은 이런 새롭고, 여전히 유동적이지만 발전적인 상황 가운데서 자신의 정체성을 온전히 수립하지 못한 채, 자신의 문화적 특성을 이루는 다양한 요소들을 선별하느라 수년을 허비하고 있을지도 모른다. 미국의 통계청은 이런 추세를 인식하고 변화하는 미국인 집단을 반영하기 위해 주기적으로 새로운 인종과 민족 집단을 추가하고 있다.

그렇다면 다음으로 더 큰 그림은 무엇일까? 세계화가 세상을 평평하게 만들고, 점점 더 많은 사람들이 경계와 국경, 표준 시간대를 가로질러 이주하는 지금, 그것은 더 이상 한 장소에서 다른 장소로 옮겨가는 단순한 이동이 아니다. 나라들은 점점 더 다문화화되어 가고, 새로운 사람들이 통과해 지나가고 정착함에 따라 장소의 색깔과 질이 변화하고 있다. 문화적 모자이크로 인류는 혼합되고 확장되고 있으며, 교차문화, 이중문화, 다문화, 이종 문화, 다인종, 다국적 등 자신에 대해 새롭게 정의 내리기 어려울 정도로 다양하고 복잡해지고 있다. 이 책의 저자 중 한 사람인 루스 반 레켄(Ruth Van Reken)이 자신의 글에서 말한 것처럼, 개별적 정체성의 많은 경우의 수를 따지기 위해서는 아마도 새로운 언어나 모델이 필요할지도 모른다.

이런 딜레마와 혼란이, 우리가 의도적으로 애매모호하게 지은 책 제목 "불확실한 상태에서 글쓰기(Writing Out of Limbo)"(역자 주: 이 책의 원서 제목은 *Writing Out of Limbo: International Childhoods, Global Nomads and Third Culture Kids*이다)에 내포되어 있다. 이것은 편저자인 일레인 닐 오어가 고안한 것으로 기억을 환기하기에 좋은 구절이다. 전치사구는 단지 위치나 관점의 문제를 나타내는 "불확실한 상태로부터(from) 글쓰기"일 수도 있고 또는 펜을 사용해 쓴 단어를 이용하여 탐색하고, 발견하고, 드러내고, 마침내 도달하는 "불확실한 상태를 해결하기 위한(one's way out) 글쓰기"로 일종의 능동적인 탐색 및 "방법을 찾는" 것일 수도 있다.

많은 의미의 차이점들이 이 책에 담겨 있다. 이 책은 제3문화 아이와 국제유목민을 정의하고 여러 문화가 뒤섞인 어린 시절을 더욱 잘 이해하려는 기본적인 노력을 담고 있다. 즉, 제3문화 아이의 어린 시절 이주에서부터 성인 정체성에 이르는 체험기, 제3문화 아이와 국제유목민이 "해외에서" 그리고 다시 돌아왔을 때 "모국"에서 직면하는 많은 이슈를 탐색하고 분석한 것들과 그리고 독특한 제3문화 아이의 관점으로 예술적 표현들을 해석하고 재구성한 것들이 책에 소개되어 있다.

기초

우리의 책은 문제점을 분석했던 사람들의 글로 시작한다. "다른(other)" 정체성에 대한 개념이 어떻게 생겨났는지, 그것이 어떻게 발전하고 변화했는지 그리고 외국으로 이주하는 다양한 집단의 어린이들에게 어떻게 적용되는지 한 발 물러나서 살펴볼 필요가 있다. 우리는 이론가들이 현대의 인류학적이고 사회학적인 틀을 사용해 이와 같이 광범위한 이질적인 사람들을 서로 하나 되게 하는 것이 무엇인지 설명하고자 고군분투했음을 본다. 그들의 개인적인 이야기는 전 세계를 아우르지만, 그들은 어떤 특성을 공유하고 있다(언어, 지리, 문화, 종교, 역사는 아니다). 이들 외부인(out-sider)은 누구일까? 그들이 공유하는 것은 무엇일까? 그리고 그들은 어디에서 공통점을 찾는가?

'제3문화 아이' 용어의 창시자 루스 힐 우심과 공동 저자 리처드 다우니(Richard Downie)는 "틈새 문화[Interstitial Culture. 어떤 사람들은 "경계(liminality)" 혹은 "이도 저도 아닌(neither-here-nor-there)"이라고 부른다]"에 대해 썼는데, 그것은 사회와 사회를, 또 그 부분들을 서로 연관시키는 사람들을 통해 창조되고, 공유되고, 전달되는 것이다. 이것이 제3문화이고 국적을 초월한 아이들이 자신을 가장 자연스럽게 느끼는 곳이다. 안정된 뿌리가 있는 가정에 속한 아이들은 모국의 문화에서 지속성을 발견하지만, 이 아이들은 이주할 때마다 바뀌는 주변 문화가 아닌 주로 가정이나 국제학교, 후원단체에서 그 지속성을 발견한다. 주류 문화의 사람들이 인정하지 않더라도 그들은 세계주의를 가치 있게 여기며 자란다. 우심과 다우니는, 제3문화 아이는 세계적인 삶을 지속할 가능성이 많으므로 그들이 이주를 통해 습득한 기량을 잘 활용할 수 있도록 학교가 도와야 한다고 권면한다.

루스 반 레켄과 데이비드 폴록(David Pollock)은 우심의 제3문화 아이라는 개념을 받아들여 현재 사용하는 정의로 다듬었다. 지금은 고전이 된 그들의 책 『제3문화 아이들: 세상 가운데서 성장하는 경험(Third Culture Kids: The Experience of Growing Up among Worlds)』은 제3문화 아이의 경험과 일반적인 특성을 자세히 기술하는 교차문화 연구 분야의 첫 번째 책이다. 그런데 점점 더 많은 사람들이 제3문화 아이들의 특성을 알게 되고, 그 사람들이 자신도 제3문화 아이들의 특성에 해당된다는 사실을 알게 되면서, 반 레켄은 전통적인 제3문화 아이뿐만 아니라 어린 시절에 서로 다른 문화에 영향을 받아 정체성이 형성된 집단들까지, 더 많은 사람들을 포함하는 포괄적인 용어를 찾기 시작했다. 그녀는 자신의 글에서, 어떻게 데이비드 폴록과 한 연구에서 새로운 언어와 새로운 모델이 필요한 더 확장된 관점으로 나아갔는지, 상호 연결된 세상의 새로운 원형인 교차문화 아이(Cross-Cultural Kid)로 나아가게 되었는지 서술했다.

노마 매케이그는 부모의 직업으로 외국으로 이주한 사람들을 정의하기 위해 "국제유목민"이라는 용어를 만들었다. 그녀는 이들이 글로벌한 감각이 있고 여러 문화에 익숙하며 국경을 초월하는 비전과 경험을 가진 사람들로, 리더십을 제공할 수 있다고 믿는다. 이들은 부모와는 다른 방식으로 초국가적인 경험을 내면화한다는 점을 강조하면서, 학교는 이들 학생들의 많은 장점들을 인식하고, 비록 그들이 주류 사회에서 벗어나 살고 있을지라도, "역기능적인 미미한 특정 집단이 아니라 기능적인 집단"임을 인지해야 한다고 촉구한다.

루스 힐 우심의 학생이던 앤 베이커 코트렐은 해외 거주 어린이들을 부르는 다양한 이름들을 분해하여 자세히 분석한다. 그리고는 제3문화 아이를 이해하고 대우하는 데 있어 매우 다른 두 개의 사회, 즉 개인주의 원리에 입각한 다문화·다민족 사회인 미국과 개인성보다는 일치성을 가치 있게 여기는, 문화적으로 동질적인 사회인 일본을 나누어 살펴본다. 그녀는 연구에서 "모국" 문화에서 제3문화 아이의 사회화를 살펴보고, 세계가 더 글로벌화될수록 미국과 일본 두 국가는 "점점 더 문화를 초월하는 삶을 더 가치 있게 여긴다"라고 결론짓는다.

성찰

국제유목민과 제3문화 아이들은 어떤 아이들일까? 그들은 세계 속에서 성장했던 경험을 어떻게 기억할까? 주류 사회에서 벗어나 사는 것을 어떻게 느낄까? 그들은 어떻게 정체성을 형성할까?

제3문화 아이의 삶을 보편적으로 진술하고 그들의 정체성에서 공통 요인을 찾고 "전형적인" 특성을 찾고자 하는 그 순간에도, 각각의 아이는 매우 다른 경험을 하고, 그들의 어린 시절이 성인기의 선택에 영향을 주는 방식은 개인의 성격만큼이나 여전히 독특하고 개별적이다. 동일한 어린 시절에 대한 해석도 가족 내에서조차 각기 다르다. 이를 보여주기 위해 우리는 엘리자베스와 존 량(Elizabeth and John Liang), 페이스 에이드스와 채리티 셸렌버그(Charity Schellenberg) 두 쌍의 형제자매의 글을 담았다.

엘리자베스와 존 량은 동일한 이주, 동일한 배경, 동일한 가족사를 공유하고 있다. 그럼에도 이 책에 글을 쓰는 법이나 중요하게 생각하는 이슈, 경험하는 방식은 근본적으로 다르다. 엘리자베스 량은 변화와 적응을 쉽게 하여 여러 정체성을 갖게 되었고, 맡는 역할에 따라 그 정체성을 표현할 수 있는 연기자가 되었다. 경험이 목적으로 바뀐 것이다. 그녀는 영화계에서 제3문화 아이의 경험을 반영할 "고향(home)"을 찾고 있다. 반면, 존 량은 부모와 이주할 때마다 겁을 먹었고, 불안과 그리고 그의 말에 따르면 "벗어난(out-of-placedness)" 느낌을 억누르며 어린 시절을 보냈다. 혼혈이고 여러 언어로 불리는 이름 등 그가 가진 여러 문화적인 요소들은 이주할 때마다 그를 다른 모습으로 보이게 한다. 결국 그가 누구인지는 대만으로 여행 갈 때 드러난다. 그는 소속감을 기대하지만 그럴수록 더욱 외부인으로 느껴진다.

페이스 에이드스와 채리티 셸렌버그는 어머니가 돌아가신 후에 어머니의 발자취를 기념하고자 콩고에 있는 어린 시절의 고향으로 간다. 그 여행은 두 자매에게 인생의 전환점이 되지만 결과는 매우 다르다. 에이드스에게 여행은 어린 시절의 원망과 고통에서 벗어나 아프리카에서 헌신한 부모님의 선교적 삶의 깊이를 이해하고, 미국에서 그들의 헌신을 어떻게 반영할 수 있을지 곰곰이 생각해 보는 새로운 깨달음의 시간이 된다. 그녀는 여성 노숙자를 집에 초대하고 그녀가 수술 후 회복하는 동안 보살펴 주면서 새로운 시각으로 자신의 역사를 재구성한다. 반면, 자매인 채리티는 청소년 때 캐나다로 가기 위해 콩고를 떠나면서 경험했던, 깊이 감추어 있던 의식하지 못했던 슬픔에 직면한다. 그녀는 수년간 과거와 단절되면서, 의사소통할 수 있는 간단한 단어조차 처음에는 기억하지 못한다. 그럴 때는 혼란과 불행의 물결에 휩쓸려 떠내려갈 것 같은 억압된 기억들로 고통스럽다. 그녀는 이제 남편의 도움으로 아프리카로 돌아가기로 마음먹을 정도로 이런 경험에서 벗어난다. 그들은 콩고에서 여생을 보내기 위해 돌아간다.

낸시 디목(Nancy Dimmock) 또한 아프리카로 돌아간 후 선교사로서의 삶이 새롭고 놀라운 방식으로 바뀐다. 그녀와 남편은 건강 서비스 기관을 염두에 두고 우선 레소토에 정착한다. 이후 말라위로 이주하는데, 그곳에서 낸시는 현실적인 비전을 갖는다. 환자와 영양실조인 영아의 생명을 구하고 고아를 입양할 가정을 찾아주는 병원을 시작한다. 그러는 사이에 그녀는 두 아이를 낳고 여섯 아이를 입양하면서 알록달록한 색을 띤 가정을 꾸린다.

세계를 돌아다니며 자란 아이들에게는 자신이 누구인지, 누가 될 수 있는지, 건강한 자아감을 형성하고 발달시키는 것이 도전일 수 있다. 그들은 때때로 모순적인 문화적 환경과 가치들 속으로 들어갔다 나온다. 이는 어떤 이들에게는 혼란을 일으키고, 어떤 이들에게는 흥미진진한 풍요로운 경험일 수 있다. 그들은 의문을 제기하면서 다양한 영향들 가운데 취사선택하여 자신만의 독특한 정체성을 만든다. 그들의 개인적 성장은 단순히 세상적인 교육의 차원에 머물지 않는다.

어려서부터 북미와 남미를 옮겨 다니며 살았던 캐슬린 대니얼(Kathleen Daniel)은 성인이 된 지금도 여전히 이곳저곳을 옮겨 다닌다. 영적인 삶과 치료를 베풀 수 있는 길을 추구하면서 심리학을 공부하고 요가와 침술을 배우고 여성 리더십 개인 코치까지 하다가, 그녀는 조상들이 있는 고향인 부다페스트로 돌아온다. 이 과정은 재발견이라기보다는, 그녀가 자신의 좌표를 쫓는 동안 경험한 문화들에 스스로를 개방하는 자아의 확장이다. 그녀는 새롭게 배우고 표현하여 자신의 경계를 계속 확장하면서 자신이 누구인지를 형성해 가고 있다.

비록 예술적 표현에 역점을 두고 있지만, 캐슬린 해들리(Cathleen Hadley)의 이야기도 이와 유사하다. 미 대륙과 인도네시아에 체류한 경험을 통해 그녀는 표현미술(expressive visual art)과 여행을 통합한 예술적 정체성을 형성한다. 그녀는 무소유와 외부인이라는 고통스런 경험을 통해서 그녀 자신과 자신의 예술이 유지될 수 있고, 미술은 과정이자 정체성이며, 어디든 옮겨갈 수 있고, 근처에 있는 물체와 재료들을 사용해 예술을 표현하고, 그리고 나서 떠나보내 줄 수 있는 것임을 배운다. 그녀는 다음과 같이 말한다. "나는 이주하는 곳에서 살기 위해 미술을 해요."

에밀리 허비(Emily Hervey)는 칠레, 미국, 카자흐스탄에서 성장한 경험을 제3문화 아이의 문화적 적응에 관한 연구에 적용하고, 많은 제3문화 아이에게 친숙한 주제로 체험과 연구가 반반인 에세이를 썼다. 주제는 외부인으로 느끼는 외로움, 해외에서 쉽게 위험에 노출되는 상태와 불확실한 미래, 너무 많은 이별에 따른 아픔, 이해하지 못하는 가족이나 친구들에게 자신의 경험을 설명해야 하는 어려움, 과도기 경험 등이다.

비록 "고향"은 글을 쓰는 사람에 따라 그 개념이 바뀌지만 제3문화 아이의 회고록에서 항상 수면에 떠오르는 주제이다. 애나 마리아 무어(Anna Maria Moore)는 반복되었던 이주를 떠올리며 다음과 같이 썼다. "고향은 한순간의 장소예요…. 고향에 대한 나의 느낌은 다양해요." 남미, 북미, 유럽, 아시아, 아프리카, 전 지구를 아우르는 대륙과 문화로 이동하면서 그녀는 자신이 있던 곳을 떠오르게 하는 과거의 단편들—편지 모음, 조개껍데기, 돌멩이, 천 조각 등—에서 고향을 느낀다. 그녀는 이것들을 "등 껍데기(shell upon her back)처럼" 지고 다니며 그 안에 모든 기억을 저장하고 이주할 때마다 확장해 나간다.

니나 시셸은 대학에 진학하기 위해 베네수엘라에서 미국 북서부의 작은 마을로 돌아온 후 열대 지방을 무척 그리워한다. 그녀는 이곳에서 "숨겨진 이민자"가 겪는 전형적인 문화 충격을 받는다. 대학을 마친 후 여러 곳을 옮겨 다니면서 그녀는 자신이 그리던 미국을 언제 발견할 수 있을지 그리고 공동체의 일원임을 언제 느낄 수 있을지 궁금해한다. 마침내 그녀는 자신이 외부인일 때 가장 편안하다는 사실을 받아들인다. 그녀에게 고향은 지리적인 장소가 아니라 편안한 지대(comfort zone), 즉 지배적인 문화 밖에서 성장한 사람들과 함께 공유하는 친밀함이다.

탐색

이 책의 세 번째 부분에서는 철저한 경험적 연구의 결과들을 엮었다. 기업체나 학교 상황에서 이루어진 제3문화 아이 연구와, 제3문화 아이답다는 것이 무엇인지 이론적인 방법으로 탐색한 연구, 관심 있는 사람(아이, 부모, 대학 행정가)에게 실질적인 상담을 제공하는 연구, 이 모든 것을 조합하여 소개한다.

대부분 저자들은 질문지나 개인 인터뷰 어느 것을 하든 설문지 방법을 사용하고 있다. 응답자의 진술은 종종 매우 깊은 감동을 준다. 퍼트리샤 린더먼(Patricia Linderman)은 제3문화 '아이'가 되는 수년간의 긴 과정을 전체적인 조감도로 명쾌하게 보여준다. 즉, 이주를 준비하는 과정, 재정착, 학교생활, 친구 만들기(혹은 잃기), 교외 활동, "고향" 방문 그리고 그들을 기다리는 불확실한 미래에 대해 들려준다. 에세이에는 이 분야의 전문 지식과 두 명의 제3문화 아이 자녀를 둔 엄마로서의 경험, 배경지식 및 구체적인 충고가 소개되어 있다.

다나우 타누(Danau Tanu)는 인도네시아에 있는 국제학교를 대상으로 민족학적 연구를 수행하는 데 응답자-관찰자 기법을 적용한다. 그녀는 등록된 아시아계 학생들이 서양인 친구들과, 양쪽 다 서양인이 아닌 부모들과 이루는 복잡한 관계망뿐만 아니라 인종, 국적, 언어와 관련된 긴장이 날마다 학교 운동장에서 어떻게 일어나는지를 포착한다.

아프리카에서 선교사 자녀로 성장한 낸시 헨더슨제임스(Nancy Henderson-James)는 많은 성인 선교사 자녀를 설문 조사하여 부모의 종교와 관련해 그들이 선택한 길, 즉 신앙이 깊어진 것부터 믿음을 잃거나 또는 그 중간의 상태 등 다양한 경우들을 추적한다. 그녀가 찾아낸 결과는 조금 놀랍다. 대학생 때 신앙에 의심을 품고 소크라테스 이후의 철학에 마음을 열었던 그녀의 객관적 연구는 개인적으로 나에게 큰 감동을 준다.

다음 네 편의 글은 새로운 통찰력을 매우 세밀하면서도 효율적으로 사용한, 전통적이면서 경험적인 훌륭한 사회과학 연구물이다. 캐슬린 길버트(Kathleen Gilbert)와 리베카 길버트(Rebecca Gilbert)는 제3문화 아이의 삶에서 대부분 매우 부족한, 숨겨진 측면과 그리고 지속되는 "경계(liminality)" 상태, 즉 인정받지 못한 슬픔, 계속되는 상실감(관계 상실, 정체감 상실, 고향 상실)을 조명한다. 인식되든 무시되든, 여러 번에 걸친 어린 시절의 상실은 제3문화 아이의 이동성, 융통성, 세계주의의 이면에 감춰진 불리한 측면이다. 상실에 따른 이 슬픔은 두 명의 길버트에게서 볼 수 있듯이 제3문화 아이의 성인기까지 계속 이어진다.

라일라 플래몬든(Raila Plamondon)의 연구는, 제3문화 아이는 성숙과 정체성 형성이 지연되며, 이 지체가 문화 재적응과 모국으로 귀환하는 과정 그리고 부모와의 유대 관계에 어떻게 부정적인 영향을 미치는지에 대해 주목한다. 독자를 놀라게 할 만한 발견으로, 그녀는 해외에서 보낸 기간과 살았던 나라들의 수는 사실상 정체성 발달에 인식할 만한 차이를 주지 않지만, 빈번한 "모국(고향)"으로의 귀국이 제3문화 아이에게 혼란을 더욱 가

중시킨다는 사실을 언급한다. 이 연구가 스미스대학의 학부생 논문이라는 점은 특히 주목할 만하다.

제3문화 아이 대부분은 2개 이상의 언어를 구사한다. 언어학 분야에서 2개 국어 사용(bilingualism)은 확실히 자리를 잡은 하위 전문 분야이다. 릴리애나 메네세(Liliana Meneses)는 다른 언어를 구사하는 것이 사회 정체성이나 집단 멤버십 그리고 정서적인 삶과 개인적인 스토리와 어떻게 연관되는지 도발적인 시선으로 바라보고 새로운 사실을 발견한다. [언어는 사회적이면서도 정서적인 소리(signifier)이다.]

매우 이론적인 도표를 많이 담은 아누 와리노스키(Anu Warinowski)의 리포트는 핀란드 출신 제3문화 아이들의 독특한 문제를 평범하지 않은 시각으로 조사한다. 그녀는 핀란드 가정의 본국에서의 특성과 해외에서의 특성을 제시하고, 주재국들과 다양한 해외 거주자 집단들 간의 복잡한 상호작용과, 교과 과정과 언어 교수의 관점에서 국제학교들과의 교류를 보여주며, 이러한 내용들은 해외 거주를 막 시작한 핀란드 아이들에게는 매우 낯선 것으로 보일 수 있다.

귀국한 사람들의 상황과 청소년 후반기 및 성인 제3문화 아이들의 정체성이 다음 두 글의 핵심이다. 브루스 라 브랙은 숨겨진 이민자들의 교육 정책에 의문을 제기한다. "그들은 '국제 학생'인가, '국제 학생'이 아닌가? 만약 국제 학생이라면, 교과 필수 과정은 그에 맞게 달라져야 하지 않는가?" 그는 모교인 퍼시픽대학교에서 타당해 보이는 해결책 하나를 제시한다.

앨리스 우(Alice Wu)는 코넬대에서 국제유목민 학회를 만들고 학회 행사들을 비디오로 만들었는데, 그녀는 매우 다양한 참여자들이 설득력 있게 자신의 삶에 대해 이야기하는 것을 들려주기 위해 이 비디오 내용을 인용한다. 거의 15년에 걸친 그녀의 종단 연구는 12명가량 제3문화 아이의 직업 선택, 배우자 선택, 자녀에 대한 시각 그리고 가정과 우정과 공동체에 대한 생각들을 보여준다. 어린 시절을 이미 보내고 성인이 된 제3문화 아이들의 현재 삶을 관찰한 보기 드문 연구이다.

재구성

네 번째이자 마지막 부분은 자신의 복잡한 배경을 고전문학이나 공예품, 자신이 만든 창조물 등 문화 영역에 쏟고 있는 여덟 명의 다양한 제3문화 아이의 글로 이루어져 있다.

모린 번스(Maureen Burns)의 가장 이론적인 글은 이주가 많은 곳에서 보편화되고 있는 세계의 이동성(mobility)에 대해 다루고 있다. 그녀는 정체성을 분명히 표현하는 수단으로서 어떤 종류의 기록물(예를 들어, 사진, 반지)이든 보관 유지하는 것이 매우 중요함을 보여준다. 많은 제3문화 아이 독자들은 해외로 이주할 때 가져갔던 장난감이나 책, 스크랩북, 녹음 자료 등 작은 휴대용 물건에 자신이 애착을 느낌을 알아차릴 것이다.

그레그 클린턴(Greg Clinton)은 개인적인 제3문화 아이의 과거로 인해 철학을 공부하게 되고, 나중에는 해외 문학을 가르치게 되었다. 그는 수단의 국제학교에 있는 15세의 9학년 학생들이 4세기가 지난 지금도 여전히 로미오와 줄리엣의 결말에 사로잡히고, 불운한 연인들의 죽음에 동정심과 두려움을 느낄 수 있음을 극적으로 보여준다. 그는 과거의 훌륭한 작품들이 제3문화 아이 집단 가운데 여전히 살아 있다고 믿는다.

레일라 로히(Leyla Rouhi)는 셰익스피어와 동시대 작가인 세르반테스의 작품에 나오는 돈키호테의 변화무쌍하고 유동적인 정체성에서 살아 있는 자신의 모습을 발견한다. 그녀는 이란을 떠나온 후에 자신의 뿌리와 초국가적인 "고향"을 찾으려 애쓰면서, 자신의 존재를 처음에는 중세 스페인의 이슬람교에서 그리고 세르반테스의 작품과 근대 초기 스페인 이슬람교의 미묘한 체제전복적인 "관점(take)"에서 찾는다.

다음 세 사람은 식민주의가 야기한 상상문학과 우리가 지금 알고 있는 제3문화 아이들의 출현에 대해 자세히 언급한다. 일레인 닐 오어는 이중 정체성 개념을 자신이 나이지리아에서 선교사 자녀로 자란 것과, 자신이 읽은 매우 다른 세 명의 소설가[진 리스, 르 클레지오, 짐바브웨의 치치 단가렘바(Tsitsi Dangarembga)]의 작품과 연결시킨다. 오어는 이 작가들의 소설에 나오는 젊은 유럽인(혹은 유럽화된) 주인공과 백인이 아닌 지역 주민들 간의 갈등 관계를 강조한다.

벨빌라다는 자신이 맡은 부분에서 제3문화 아이 현상에 대한 사례들로서 소설가이자 수필가인 바버라 킹솔버(Barbara Kingsolver)와 리스의 생애와 모든 작품을 다시 검토한다. 그는 그들의 걸출한 작품들의 줄거리와 주인공의 성격이 그의 문화적인 다이내믹과 카리브해의 스페인계 가정에서 문제 많은 청소년으로 자란 자신의 가족사와 유사함을 발견한다.

앨리스 리도트(Alice Ridout)는 제3문화 아이 문학 연구의 당연한 대상인 도리스 레싱의 자서전을 매우 자세히 조사한다. 리도트는 로디지아에 있는 미개간지의 나무 아래에 고요히 앉아 있는 어린 도리스 장면에 주목한다—"고향"을 찾고 있는 노벨상 수상 예정자가 마주하게 될 싸움과 그녀의 언짢은 어머니와의 갈등이 황급히 스쳐가는 더할 나위 없이 행복한 기억.

마지막 글에서 두 명의 저자는 자신들의 제3문화 아이 경험을 이해하려는 창조적이고 예술적인 노력을 보여주는 반면, 한 저자는 서정시를 통해 좀 더 미묘한 복잡성을 떠올리게 한다. 6개국에서 성장한 엘리자베스 량은 다수의 정체성과 자신이 선택한 여배우라는 직업 사이의 공통성을 뽑아내어, 자신의 어린 시절 긴 여정과 혼란에 극적인 모습을 더한 여성 일인극(one-woman play-in-progress)에 대해 말해준다. 그녀는 어린 시절에 파나마와 과테말라 사이를 옮겨 다닌다. 처음으로 접한 아랍어를 사용하는 모로코인, 코네티컷의 충격적인 겨울 날씨, 길에서 자전거를 타는 카이로나 필라델피아 사람들의 비애 등과, 다른 방랑 경험들이 생생한 일인극의 재료가 된다.

저자 중 유일한 군인 자녀인 도나 무질(Donna Musil)은 1960년대와 1970년대에 군대에서 자란 "느낌"을 전해준다(군사 기지의 인종 정책, 계속되는 이동, 베트남). 그녀는 그런 삶에 관한 다큐멘터리를 처음으로 제작하느라 무척 고생한 이야기를 들려주며, 영화에 대한 군인 아내와 자녀들의 다양한 반응(부정적·긍정적, 분노, 동정적, 적대적 그리고 아주 기뻐함)에 충격을 받았다고 전한다.

마지막은 마야 골드스타인 에번스(Maya Goldstein Evans)의 시로 마무리한다. 그녀는 이집트에서 유대인으로 자랐으며, 그곳에서 프랑스어를 사용하는 학교에 다녔다. 그리고 나중에는 베네수엘라로 이주하여 그곳에서 미국계 고등학교를 졸업했다. 그녀는 자신의 수정같이 맑은 구절의 미묘한 운과 리듬들에서, 여러 언어를 사용하는 많은 제3문화 아이들에게서 볼 수 있는 내면의 언어적 갈등을 포착한다. 여러 요소로 혼합된 영혼을 소유하고 복잡한 개인적 삶의 궤적을 살아온 제3문화 아이들은 어느 시점에 2개 이상의 언어를 사용하고 그중에 자신이 거주하고 싶어 하는 지역의 한 언어를 선택해야만 하는 자신을 발견한다. 에번스의 서정적 시는 이런 의지적 결정에 예술적인 모습을 더해준다.

우리 편저자들은 올바른 사실과 감동적인 깨달음을 전하는 이와 같은 마음과 경험들을 만나서 자랑스럽다. 우리는 제3문화 아이들과 그 가족들, 친구들, 동료들 그리고 이 주제에 친숙하든 친숙하지 않든 여러 독자들이 매우 다양한 글과 글에 나타난 변화하는 세계에 대한 신선하고 특별한 모습들을 보며 유익을 얻길 바란다.

우리는 다음 분들에게 고마움을 전한다. 원고를 읽고 편집하는 데 매우 귀중한 도움을 준 페이스 에이드스와 일레인 닐 오에[일레인은 고맙게도 책 (원서)의 제목도 처음으로 제안해 주었다], 책 표지 장식에 자신의 빛나는 그림 〈도착(Arrival)〉을 사용할 수 있도록 허락해 준 캐슬린 해들리, 책이 나올 수 있게 해준 케임브리지스콜라스 출판사(Cambridge Scholars Publishing)의 어맨다 밀러, 책 만드는 과정을 도와준 케임브리지스콜라스 출판사의 캐 럴 콜리코디(Carol Koulikourdi), 우리를 격려하고 도움을 준 전 세계의 가족 과 친구들 그리고 무엇보다도 우리의 원고 요청에 응답해 준, 결코 편안하 지 않았을 주제들에 속마음을 털어놓은 많은 저자들에게 깊은 감사를 전 한다.

1부

기초

제3문화 아이들*

/

루스 힐 우심(Ruth Hill Useem)·리처드 다우니(Richard D. Downie)

"학교 첫날, 선생님은 반 학생들에게 싱가포르에서 온 학생으로 나를 소개하셨다. 당시 학급 아이들은 거칠었는데, 친구들은 나를 중국인이라 부르며 괴롭혔다. 중국인이라 불리는 게 싫었고, 아이들이 나를 그렇게 부르는 것을 안 좋게 생각했지만, 그런데도 나는 학교에서 잘 지냈고 선생님은 나를 좋아했다. 그리고 학업은 내게 쉬운 편이었다. 그리고 나중에 이주해 간 다른 나라 학교 아이들은 더 거칠었다."

"내가 16살이었을 때, 나는 일본에서 인도의 작은 마을로 이주했다. 나는 첫 데이트를 하러 나간 그날을 기억한다. 우리는 맥도날드와 그 근처 다른 곳을 밤이 새도록 운전하며 다녔다! 나는 학교생활에는 잘 참여하지 못했다. 많은 아이들은 대학에 가려 하지 않았고, 아이들과 공통적으로 나

* 이 글은 ≪오늘의 교육(Today's Education)≫의 1976년 9월/10월 호에 처음 실렸다. 전국교육협회(National Education Association)의 허락하에 이 책에 다시 실렸다.

눌 이야기가 없었다. 나는 그들과 다른, 정말 낯선 이방인이라 생각했다."

"미국에 왔을 때 문제 중 일부는 나는 미국인으로 보이지만 미국인 같지 않다는 것이었다. 나는 우습게도 미국인이 되려고 노력했고, 미국인같이 행동하려 했다. 나는 미국인처럼 되려고 하는 데 재미를 느꼈다. 나한테 미국인처럼 행동하는 것은 일종의 연기였다."

많은 사람이 흔히 생각하듯이 앞의 내용은 이주민이나 외국 방문객에게서 관찰되는 것이 아니다. 외국에서 일하는 부모의 자녀로 해외에 거주하다가 다시 고향에 돌아온 미국의 제3문화 아이들의 반응이다. 비록 그들은 외국에서 성장했지만, 성장한 곳의 국민과 똑같이 될 수 없다. 또한 자기가 태어난 나라의 시민권을 얻을 때, 그곳을 고향이라 느끼지 못한다. 아이들이 자신의 국적인 나라로 (어떤 경우에는 난생 처음으로) 오게 되었는데도, 그곳을 고향으로 느끼지 못하는 것이다. 왜냐하면 그들은 그곳 사람들, 특히 또래가 쓰는 은어나 생각이 무엇인지 모르기 때문이다.

그들이 가장 편안하게 느낄 수 있는 곳은 틈새 문화(interstital culture), 다시 말해 사회나 그 분야에서 서로 관련된 사람들이 창조하고 공유하고 이어온 제3문화이다. 비록 일부 미국인들이 제2차 세계대전이 발발하기 전에 이미 미국 밖에서 살고 있었지만, 세계대전 후에 다른 곳으로 이주하는 미국인 수가 크게 증가했다. 지금은 학령기 미국 아이 약 30만 명이 해외에 거주하고 있다. 이 아이들의 아버지는 선교사, 방문교수, 교사, 공무원(미국 정부 대표. 예를 들어, 국방부 및 국무부 공무원 등)이거나, 다국적 기업과 금융기관(예를 들어, 엑손, 퍼스트내셔널 시티뱅크, 벨헬리콥터) 그리고 세계보건기구[The World Health Organization]와 유니세프[UNICEF] 같은 국제기구에 소속된 미국인들이다. 이런 아버지들은 보통 세계 다른 나라 사람들과 관계를 맺고 이어가는, 매우 고학력이거나 전문직 사람들이다. 어머니가 해외에서 일하는 경우일 수도 있지만, 대부분이 아버지의 일 때문에 가족이 다른 나라로 이주한다.

당연히, 미국인들만 제3문화에 관련된 것은 아니다. 예를 들어, 일본인 회사원이 미국에서 일하며 미국에 거주하거나 남아시아에 거주할 수 있다. 모든 나라의 외교관은 모국을 대표하여 전 세계에서 일하고 있다. 그들의 자녀는 뉴욕이나 다른 나라의 큰 도시나 수도의 국제학교에 다닐 수 있다. 그리고 미국인 아이들이 해외에서 미국 국제학교에 다닐 수도 있다. 이 장에서는 여러 국가의 제3문화 아이 중 미국 제3문화 아이에 대해 논의할 것이다.

해외에서 부모의 후원기관은 제3문화 아이들이 생활하는 데 구체적인 부분을 결정하는 매우 중요한 역할을 한다. 아이들이 다니게 될 학교의 종류, 그들이 알게 될 거주 국가와 제3국가의 국민들 그리고 그들이 배울 언어에 있어 결정적인 역할을 한다. 이 아이들은 심지어 부모의 후원기관과 관련된 명칭—'Army Brats'(군인 자녀. 역자 주: 기지에서 성장하는 군인 자녀), 'MKs'(선교사 자녀), 'biz kids'(사업가 자녀) 그리고 가장 최근에는 'oil kids'(역자 주: 석유생산회사 직원의 자녀)라는 별명—으로 불리기도 한다.

해외에서 제3문화 아이가 새로 도착한 아이에게 하는 질문 중 하나가 "너희 아버지는 무슨 일을 하시니?", "너희 아버지는 어디에서 일하시니?"이다. 이 질문의 답을 통해 다른 아이와 어울리는 데 도움을 받는다. 만약 미국으로 돌아온 제3문화 아이가 이런 질문을 미국에서 자란 아이한테 한다면, 질문을 받은 아이는 당황스러워하거나 화를 낼 것이다. 제3문화 아이들과 다르게, 미국 내에서 자란 아이들의 사회생활은 아버지의 직업에 그렇게 직접적인 영향을 받지 않는다.

제3문화 아이들은 부모의 고용주, 다시 말해 자녀의 행동에 책임을 질 수 있는 부모가 소속되어 있는 제3문화에 연결되어 있다. 만약 가족이 크게 잘못된 행동을 한다면, 그 사람은 본국으로 돌아가야 하거나, 고용주는 아버지를 다른 곳으로 발령 내거나 계약을 해지할 수도 있다. 그러므로 아버지는 자녀의 삶과 가족의 결정에 있어 핵심적인 역할을 하게 된다.

제3문화 가족에 관한 연구에서, 150명 중 6명만이 어머니가 늘 혹은 보통 가족 일에 최종 결정을 내렸다고 보고했다(거의 모든 해외 미국인 가족들이 부모와 함께 해외에서 거주하고 있다는 사실을 알고 있어야 한다). 미국 국방부 자녀의 53%는 아버지 한 사람이 최종 결정을 내렸다고 이야기했다. 선교사 가정 자녀 41%는 아버지가 가족 결정에서 최종 발언권이 있었다고 언급했다. 그리고 연구와 관련된 다른 아이들─이들 중 75%는 미 연방 정부 소속 가정의 자녀─은 부모 모두, 그리고 때때로 아이들도 함께 결정을 내렸다고 이야기했다.

해외에 거주하는 아동과 청소년 대부분은 부모의 엄격한 통제에 화를 내지 않는다. 왜냐하면 그들 모두 유사한 규정을 가진 같은 후원기관과 연결되어 있으며, 따라서 그곳의 규정(reinforcement)을 따라야 하기 때문이다. 게다가, 압도적으로 90%에 가까운 제3문화 아이 대다수가 자기 부모를 좋아하고 존경하며 부모에게 정서적인 애착을 느낀다.

제3문화 아이들이 이렇게 느끼는 데는 많은 이유가 있다. 매년 혹은 2년, 4년마다 이동하는 제3문화 가족의 높은 이동성이 각 가족 구성원들을 더 친밀하게 만드는 것 같다. 그들은 익숙하지 않은 장소로 이동하는 경험을 공유하고, 이동에 따른 변화와 이방인 같은 느낌을 함께 느끼며 서로를 지지한다. 부모는 보통 제3문화 아이들이 한 곳에서 다른 곳으로 이동할 때에도 지속적으로 관계를 맺는 유일한 사람들이다.

해외에 거주하는 미국 가정은 아이들이 기숙학교에 다니는 경우가 아니라면 미국 내 가족보다 함께하는 시간을 더 많이 가지며 일상적으로 해야 할 일로 인해 함께하는 시간을 침해받지 않는다. 어머니는 가정주부라기보다는 가정 관리인에 가깝다. 보통 흘린 우유를 치우고, 침대를 정리하고, 식사를 준비하고, 아이들을 차로 태워주는 일을 해줄 수 있는 사람을 집에 두고 있기 때문이다. 해외에 거주하는 한 어머니가 이야기하듯 "식사를 준비하거나 전화를 받거나 아이들에게 옷을 정리하라고 잔소리를 하지 않아도 될 때 아이들과의 대화는 즐거운 일이 된다".

가족은 제3문화 아이들에게 지속성이 있는 한 형태이다. 학교는 다른 것을 제공한다.

해외에 거주하는 미국 아이들이 다니는 약 600개의 학교에 놀랄 만한 유사점이 있지만 또한 학교 안에는 매우 많은 차이점도 존재한다. 이러한 차이에는 전교생 수(10~12명에서 6000명 정도까지), 후원기관의 차이(예를 들어, 국방부가 지원하는 학교, 국무부에서 보조를 받는 학교, 사립 혹은 기업이 후원하는 학교, 회사·가톨릭·기독교에서 운영하는 학교) 그리고 학생 구성 형태(미국인들만 있는 곳부터 미국인들이 소수 집단으로 있는 곳까지)가 포함된다.

이런 학교 모두가 학업을 매우 강조하며, 중등학교는 대학 예비 과정에 초점이 맞춰져 있다. 교과 커리큘럼은 미국 학교에서 지향하는 것과 똑같으나, 보통 해외에 있는 학교들은 해당 국가의 언어와 문화에 대해 더 풍부한 교육과정을 제공한다. (종종 도착하지 않거나 늦게 도착하는) 책과 수업 자료는 일반적으로 미국에서 수입한다.

지금까지 해외에 있는, 미국의 지원을 받는 학교 대부분은 미국 학생들이 미국 주류 사회에 들어가도록 준비시키는 것이 목적이었으며, 미국 내 학교나 대학은 제3문화 아이가 적어도 또래에 "적응하는 문제" 정도까지만 관여해 왔다. 해외 학교뿐 아니라 미국 내 학교 어디도 제3문화 아이가 그들의 부모처럼 해외를 누비고 상호 연계된 글로벌한 세계에서 증가하는 국제적 갈등을 해결할 중재 역할을 하리라 보지 않았다. 학교들은 또한 "적응 문제"를 해결하는 것이 제3문화 아이에게 국제적일 수 있는 미래의 역할에 준비시킬 수 있는 가치 있는 경험을 제공하는 일임을 알지 못한다.

학교가 이런 제3문화 아이들의 큰 가치를 인정하지 못하는 까닭은 제3문화 아이들에 대해 공부한 교육자가 거의 없기 때문이다. 국제교육기관(Institute for International Studies in Education)에서 수집한 제3문화 교육에 관한 출판 목록에서, 논문 50편 중에 제3문화 아이에 관심을 보인 논문은 단지 10편이었다. 이 논문들은 제3문화 아이들이 어떻게 느끼고 행동하는지, 그들이 가치 있게 여기는 것은 무엇인지, 원하는 것은 무엇인지, 세계관은 어떠한지, 세계와 관련하여 스스로를 어떻게 보고 있는지에 관한 것이었다.

제3문화 아이들에 관한 얕은 지식과 제3국가와 자국의 빠른 문화 변화를 감안했을 때, 우리가 보고하는 사항들 역시 확정적이기보다 제안적인 것임을 먼저 말해두고 싶다.

다양한 후원기관의 지원을 받고 10대 때 최소 1년 이상을 해외에서 거주한 150명의 대학 재학 제3문화 아이들을 연구한 한 연구는 놀라운 결과를 보여주었다. 그들 중 미국에서만 직업 활동을 하길 원하는 사람은 한 명도 없는 것으로 나타났다. 4분의 1은 일하고 싶은 구체적인 나라를 언급했으며, 그 나라들은 보통 그들이 10대를 보낸 국가였다. 29%는 해외에 기반을 둔 직업에 관심을 보였지만 여러 나라를 옮겨 다니며 사는 것에 관심을 보이지는 않았다. 25%는 미국에 본사가 있고 1~2년 해외 근무를 할 수 있는 것을 원했다. 12%는 미국에서 일하지만 해외 출장을 갈 수 있는 직업을 원했다.

제3문화에서 직업을 얻기 위해서, 이 젊은이들은 자신이 교육을 잘 받아 고학력이거나 고숙련 전문인이 되어야 하는 것을 알고 있다. 교육을 못받거나 조금 숙달된 이를 위한 자리는 없다. 따라서 이들은 중등학교에 다닐 때에도 대학 학위를 얻기를 갈망하며, 많은 아이들이 전문적이며 아주 특별한 고급 기술을 갖기를 희망한다.

영구적 해외 근무든 일시적 해외 근무든 제3문화 아이들이 국제적인 환경에서 일하길 원하는 중요한 이유는 그들은 제3문화 네트워크 안에 있을 때 '고향같이 편안하다'는 느낌을 받기 때문이다. 오직 7%만이 미국에 있는 친구들과 함께 있을 때 '고향에 있는 것 같다'고 보고했으며, 반면 74%

는 국제적인 것을 지향하거나 해외에 살았던 경험이 있는 사람들과 함께 있을 때 편안함을 느낀다고 이야기했다.

그러나 이렇게 국제적인 것을 선호한다고 곧 그 사람이 소속감이 없거나 뿌리가 없거나 잘 적응하지 못한다는 의미는 아니다. 아시아에 거주했던 한 제3문화 아이는 다음과 같이 이야기했다. "나는 어느 곳에서도 살 수 있고 어떤 곳에서도 편안함을 느낄 수 있다. 나는 늘 다른 사람들과 함께 지내는 것을 좋아한다. 나는 소속감에 대한 결핍이 신경 쓰이지 않는다. 나는 고향이 없기 때문에 문제가 많다고 생각하지 않는다."

확실히 어떤 제3문화 아이들은, 외부의 도움 없이는 해결할 수 없는 심각한 정서적 문제를 가지고 있다. 그리고 어떤 문제들은 외부의 도움으로도 해결하기 어렵다. 그러나 외국에서 살았던 경험이 있는 학생 가운데 이러한 문제를 보이는 아이들의 비율은 아마도 또래의 일반적인 미국 아이들에 비해 크지 않을 것이다.

제3문화 아이들의 경험에 따르면, 그들은 적응하기보다 잘 대처하며, 다문화적인 관점의 학생으로 묘사할 때 그들은 자신이 어떠한 상황에 있든지 그곳의 일부임과 동시에 그곳에서 떨어져 나와 있다고 여긴다. 아시아와 아프리카에 살았던 한 제3문화 아이는 다음과 같이 설명했다. "나는 뒤로 물러나 미국을 객관적으로 관찰하며, 때로는 미소 짓기도 하고 때로는 고개를 가로젓기도 한다. 나는 미국인들과 편안하게 어울리기도 하지만 동시에 나는 미국에서 떨어져 있는 느낌을 받기도 한다."

대부분 제3문화 아이들은 미국 언어보다 외국 언어에 더 익숙하다. 한 연구자는 자신이 연구했던 제3문화 아이들의 92%가 하나 이상의 외국어를 학습했다고 보고했는데, 그 외국어 대부분은 스페인어, 독일어, 프랑스어와 같은 세계의 많은 지역에서 사용하는 언어였다. 26%는 요루바어(Yoruba), 하우사어(Hausa), 우르두어(Urdu), 키지타어(Kijita), 스와힐리어(Swahili), 암하라어(Amharic. 역자 주: 에티오피아 공용어), 칼라간어(Kalagan), 마라티어(Marathi),

키수쿠마어(Kisukuma), 중국어, 키체어(Quiché)나 이를 제외한 다른 언어를 구사할 줄 안다고 보고했다. 미국의 중등학교에서 프랑스어, 스페인어, 독일어, 라틴어를 제외한 언어를 배우는 학생은 0.5% 이하이다.

제3문화 아이들은 어떤 언어는 해외에 있는 학교에서, 또 어떤 언어는 집이나 외국의 시장에서 배운다. 이런 아이들 3분의 1은 다문화 가정의 아이들 혹은 외국 출신 부모를 둔 아이들이며, 그들은 집에 있을 때 혹은 친척 집을 방문할 때 영어가 아닌 다른 외국어를 사용한다. 일부 아이들은 집에서 일하는 사람이나 이웃에 있는 친구를 통해 이런 언어를 습득한다.

비록 제3문화 아이들 대부분은 영어를 써야 하는 환경으로 다시 돌아왔을 때 제2외국어의 유창성이 떨어지지만, 많은 아이들이 이미 학습한 외국어를 계속 구사하려고 하기 때문에 이런 아이들은 계속 자신이 사용하던 외국어로 글을 읽고 쓸 줄 안다. 새로운 외국어를 학습하는 데 거부감을 갖고 있는 아이는 거의 없다. 특히 아이들이 미래에 갖기 원하는 직업에서 외국어가 유용하다는 것을 안다면 더욱 그러하다.

그 아이들이 다시 본국으로 돌아왔을 때 교사는 이런 아이들을 도와주기 위해 무엇을 할 수 있을까? 아마도 가장 좋은 대답은 교사가 학문적으로 그 아이들을 도전하도록 북돋는 것인데, 그러해야 아이들이 과거에 배운 학습을 지속할 수 있으며, 이로 인해 자신들이 바라는 미래의 직업을 준비할 수 있기 때문이다.

교사는 결코 학교에서 그 아이들을 독특한 문제를 가진 아이들로 보아서는 안 된다. 제3문화 아이들은 쿠웨이트에서 온 전학생이라는 고정관념이 아닌 개인으로 봐주기를 원한다.

극동 지방에서 살다 온 한 제3문화 아이는 미국으로 돌아온 이후의 느낌을 다음과 같이 이야기했다. "나는 매우 낯선 사람인 것처럼 느껴졌다. 다른 장소에서 온 사람처럼. 하지만 나는 그렇지 않았다. 나는 영어를 쓰고 미국인들이 말하는 모든 것을 이해할 수 있었다. 하지만 선생님과 마을 사람들은 나를 내 모습 그대로 보지 않았다. 그들은 오로지 나와 자신들의 차이만을 관찰했다."

참고문헌

Soddy, Kenneth, M.D.(ed.). 1961. *Identity: Mental Health and Value Systems*. Philadelphia: J.B. Lippincott Co.

U.S. Bureau of the Census. 1973. 1970 Census of Population. *Americans Living Abroad*. Subject Report PC (2)-10A. Washington, DC: U.S. Government Printing Office.

Useem, John, John D. Donoghue and Ruth Hill Useem. 1963. "Men in the Middle of the Third Culture: The Roles of American and Non-Western Peoples in Cross-Cultural Administration." *Human Organization*, 22(3), pp.169~179.

Useem, Ruth Hill. 1973. "Third Culture Factors in Educational Change." in Cole S. Brombeck and Walker H. Hill(eds.). *Cultural Challenges to Education*. Lexington, Mass: D.C. Heath & Co.

_____(ed.). 1975. *Third Culture Children: An Annotated Bibliography*. East Lansing: Institute for International Studies in Education, Michigan State University.

교차문화 아이들

새로운 원형

/

루스 반 레켄(Ruth E. Van Reken)

때때로 우리 삶은 나쁜 것이 없는 순간들로 영원히 채워질 것만 같다. 1984년 어느 형언할 수 없는 날이 내게 찾아왔다. 나는 라이베리아에서 남편 데이비드와 살고 있었고, 그날 남편은 직장 일이 끝난 후 어느 때처럼 우편물을 들고 집에 들어왔다. 특이한 점은 없었다.

우편물을 분류하던 남편은 내게 편지 하나를 건넸다. "여기, 당신은 이게 보고 싶을 거야. 장모님한테서 온 거야." 어머니는 우리 가족과 떨어져 사는 내내 한결같이 편지를 보내왔다. 왜냐하면 우리 부모님은 나와 형제들이 미국에서 고등학교와 대학을 다니는 동안 나이지리아에서 일하셨기 때문이다. 그래서 어머니가 내게 편지를 썼다는 사실로 내 인생이 영원히 변하리라고 미리 알아챌 수는 없었다.

나는 평범한 가족 소식과 평범한 가족 간 대화를 예상하며 편지를 열었다. 하지만 조심스럽게 접힌 또 다른 봉투가 마루에 떨어졌다. 나는 봉투를 주워 열었고, 그 안에서 데이비드 폴록(David C. Pollock)이 쓴 「제3문화 아이들(Third Culture Kids: TCKs)」이라는 제목의 논문을 보게 되었다.

"왜 이걸 보내셨지?" 나는 궁금했다. 아마 어머니는 남편 데이비드가 "제3세계(Third World)"에서 아이들을 진료하는 소아과 의사였기 때문에 우리가 그 논문에 흥미를 보일 것이라 생각하셨던 것 같다.

하지만 나는 그 논문을 옆에 잠시 치워두었다. 그 논문이 얼마나 나와 관련이 있어서? 그러나 나는 우리를 생각해서 보내준 어머니께 고마운 마음이 들어 그 논문을 잠시 읽어보았다.

그리고 갑자기 논문이 다른 사람이 아닌 나를 묘사하고 있다는 사실을 깨달았다! 그 논문은 "제3세계"에서 자란 가난한 아동과는 관련이 없었다. 대신, 부모가 선택한 직업으로 인해 부모가 "고향"이라고 일컫는 문화가 아닌 다른 문화에서 성장한 나와 같은 사람에 대한 논문이었다.

여전히 나는 "제3문화"라는 용어가 혼란스러웠다. 처음 논문을 읽었을 때, 제3문화 아이들은 단순히 그들이 거주했던 다양한 문화의 조각들을 새롭게 개인적으로, 개인주의 문화에 어떤 방법으로 혼합시키는 것이라고 생각했다.

그러나 그것은 말도 안 되는 것이었다. 사람들은 문화권 안에서 개인적일 수는 있으나, 아무도 혼자만의 문화를 갖거나 그 혼자 문화가 될 수는 없다. 문화는 다른 사람들과 공유하는 것이다.

그러면 "제3문화"라는 개념은 정확히 무엇을 의미할까?

다른 사람들도 마찬가지였겠지만 나도 처음에는 제3문화라는 용어의 정확한 의미에 의문을 갖기보다는 폴록이 묘사한 특징에 더 집중했다.

그는 동시에 부모의 모국 문화 밖에서 성장한 아이들이 "모든 곳"에서 소속감을 느끼거나 "아무 곳에서도 소속감을 느끼지 않는 것"에 대해 기술했다. 나는 예전에 성인 제3문화 아이(ATCK)였던 아버지가 내게 했던 말을 기억한다. "너도 알다시피 나는 어떤 장소에서도 소속감을 느끼지 못했다." 아이였던 나는 아버지에게 누구나 아버지를 사랑하고 인정하지 않느냐고 반론했다. 지금 폴록은 이것을 제3문화 아이들의 공통된 경험으로 규정한다.

폴록은 또한 제3문화 아이들이 갖는 넓은 세계관과 그들이 자란 곳의 문화적 뉘앙스를 이해하는 방법에 대해서도 논문에 기술했다. 반면, 다시 귀국했을 때 그들은 자국 문화의 사회 규범에 대해 너무하다 싶을 정도로 무지하다. 나는 미국에 13살에 귀국한 것으로 기억한다. 당시 나는 나이지리아의 시장에서 물건 값을 깎을 수는 있었지만, 내 지갑 안에 있는 50센트로 햄버거를 주문할 때 세금 때문에 가격이 52센트가 된다는 사실을 알지 못했다. 결국 나는 햄버거 값을 지불할 수 없었다.

폴록의 논문을 읽었을 때, 내가 힘들어했던 문제의 일부분을 그가 설명하고 있음을 깨달았다. 39살 때, 나는 내 삶을 이해하기 위해 일기를 쓰기 시작했다. 나는 나이지리아에 거주하는 미국인으로 어린 시절을 매우 즐겁게 보냈지만, 경미한 우울감이 성인이 된 후에도 여러 순간 나타났고, 나는 왜 내가 이런 것을 경험하는지 알고 싶었다. 나이지리아에서 미국인으로 훌륭한 어린 시절을 보냈는데도 왜 내가 성인기에 들어서서 다양한 때에 우울을 느끼는지 알고 싶었다. 내가 아는 한 내게 우울할 이유는 없었다. 나는 성적 학대를 받은 적도 전혀 없었고, 부모님은 알코올 중독자이거나 이혼한 분들도 아니었다. 내게는 매우 훌륭한 남편과 멋진 세 딸이 있었다. 게다가, 내 인생이 목적이 있다고 믿고 있었다. 나와 가장 친한 사람들 외에 다른 사람들에게는 보이지 않는 나의 이러한 우울감에 대해 무슨 이유를 댈 수 있었을까?

어머니의 편지가 도착한 때에 나는 매우 중요한 시간을 보내고 있었다. 그렇기 때문에 1984년 평소와 같지 않던 그날 내 삶의 과정을 변화시킨 한 여행이 시작되었다.

논문을 읽자마자 나는 데이비드 폴록을 만났고 내 일기를 그와 공유했다. 그는 나를 필리핀의 선교사 자녀를 위한 국제회의(International Conference on Missionary Kids: ICMK)에 초대했고, 나는 소규모 발표에서 '성인 제3문화 아이'로서 생각을 나누었다. 데이비드는 또한 내 삶에 대해 쓴 일기를 출판하도록 격려했다. 1987년에 여러 출판사들이 이런 틈새 집단에 흥미를 끌 만한 시장이 없다고 책을 거절했지만, 인쇄사를 운영하던 친구 빌 반 다이크(Bill Van Dyke)가 무료로 책을 출판해 볼 것을 제안했다.

그 제안은 그 자체로 매우 놀라운 것이었다. 그러나 그것은 또한 자비 출판이었기 때문에, 책을 사기 원하는 전 세계 모든 사람이 나와 접촉하게 된다는 의미이기도 했다. 『내가 결코 쓰지 않은 편지(Letters I Never Wrote)』[후에 "보내지 못한 편지(Letters Never Sent)"로 제목이 변경되었다]라는 제목으로 책이 출판되고 난 후, 나는 거의 매일 성인 제3문화 아이나 제3문화 아이의 부모, 내 이야기를 듣기 원하는 사람들의 편지를 받았다.

어느 정도 시간이 지난 후 나는 편지의 세부 내용은 다르지만 기본 이야기는 똑같다는 생각이 들었다. 소속감에 대한 의문, 정체성, 해결되지 않은 슬픔, 세계를 직접 경험하며 얻는 경이로움은 제3문화 아이들의 국적이나 그들이 어디에서 성장했는지와는 상관없는 공통된 내용이었다.

그동안 폴록은 자신이 처음에 만들었던 전형적인 제3문화 아이들의 특징™을 더 발전시키고 다듬기 시작했다. 여기에는 그가 주목한, 세계 여러 곳의 제3문화 아이들이 공유하고 있는 공통된 특징의 목록이 포함되었다. 모든 기질이나 모든 특성을 가진 제3문화 아이는 확실히 없지만, 그 특징들에 묘사된 제3문화 아이들이 갖고 있는 장점과 도전은 그들을 한 집단으로 볼 수 있는 공통된 주제들이었다.

데이비드 폴록이 학계에서부터 제3문화를 경험한 사람들이 사는 곳까지 이 주제에 대한 의식을 갖기 시작하면서, 나 역시 다른 연구자들이 제3문화 아이들의 특징에 대해 토론하는 것을 여기저기 짧은 글들을 통해 보기 시작했다. 보통 그의 연구에 대한 언급은 있었지만 종종 저자들은 자신이 쓰고 있는 대부분이 제3문화 아이들의 특징을 말을 바꾸어 표현하고 있다는 점을 분명히 하지 않는 것 같았다.

어느 날 데이비드와 통화할 때 나는 "데이비드, 당신은 당신이 쓴 자료를 적어놓을 필요가 있어. 조만간, 당신을 인용한 사람들을 당신이 인용하고 있을 거야"라고 말했다. 데이비드는 대답했다. "나도 알고 있어. 하지만 시간이 없어." 그리고 시간이 점차 흐르면서 "그러면 내가 도울게"라고 말하고 있는 나 자신을 보게 되었다. (결국, 나는 그가 썼던 제3문화 아이의 장점과 도전의 특징을 가지고 있었던 것이다. 얼마나 힘들겠는가!) 7년이 지난 후, 당시 편집자였던 데이비드 홉스(David Hoopes)가 "그냥 그 특징을 묘사만 할 수 없어요. 그들에 대해 설명해야 해요"라고 말한 이후, 『제3문화 아이들: 세상 가운데서 성장하다(Third Culture Kids: Growing Up among Worlds)』의 1판이 드디어 빛을 보게 되었다.

폴록은 현재 제3문화 아이의 전형적인 개념 정의를 다음과 같이 발전시켰다.

제3문화 아이(Third Culture Kid: TCK)는 발달상의 중요한 시기를 부모의 문화가 아닌 다른 문화에서 보낸 사람이다. 제3문화 아이는 어느 한 문화에 완전한 소속감을 갖지는 않지만 모든 문화와 관계를 맺는다. 각 문화의 요소들이 제3문화 아이의 삶에 반영되어 있지만, 제3문화 아이들은 이주 경험이 있는 비슷한 배경을 가진 사람들과의 관계에서 소속감을 느낀다(19).

전날 밤에 내가 겪은 경험을 그에게 전화로 이야기한 후에 그는 앞의 정의에서 마지막 문장을 추가했다. 2개의 문화가 어떻게 새로운 하나의 문화로 합쳐지는지, 사람들이 현재 제3문화라고 묘사하는 그 부분을 한 석사 학위 과정 학생이 연구하고 싶어 했다. 그녀는 제3문화 아이의 삶에 거주국의 문화가 어떻게 포함되었는지, 어떻게 합쳐졌는지 물어보기 위해 제3문화 아이가 아닌 사람과 결혼한, 나를 포함한 성인 제3문화 아이 몇 명을 그 전날 함께 모이게 했다. 우리는 서로 다른 문화권에서 성장했지만 서로의 사례를 들으며 웃었고 그러면서 그녀(석사 학위 과정 학생)의 작업과 관련 없는 이야기를 계속했다. "결혼해서 바닥에 어떤 광택제를 써야 할지 몰랐어요. 왜냐하면 난 모두 시멘트 바닥인 곳에서 자랐거든요." 우리 중 한 명이 말했다. 다른 사람들은 미국에서 성인기로 접어들었을 때 문화적인 무관심을 보인 자신의 사례를 뒤따라 얘기했다.

어떤 사람이 새로운 주제를 꺼내 다른 사람들과 이야기하기 시작할 때, 그녀는 잠시 이야기를 끊고 이렇게 말했다. "내가 이야기하고 싶은 건 이런 것이 아니에요." "지금 이야기한 예들은 여러분이 해외에서 살았기 때문에 나오는 사례들이지만 내가 알고 싶은 건 거주 문화에서 특별하게 습득한 것 중에 아직도 계속하고 있는 것은 무엇이 있는지 하는 거예요."

우리는 조금 당혹스러웠다. 결국 나는 "내가 나이지리아에서 살았기 때문에 특별히 하고 있는 것이 무엇인지 떠올릴 수 없어요"라고 이야기했다. "나는 많은 나이지리아 친구들과는 다르게 10대 때 결혼하지 않을 것을 알았어요. 나이지리아 친구들은 그 당시 대개 맨발로 다녔지만 나는 십이지장충에 걸리지 않도록 어머니가 신발을 신게 하셨어요. 우리가 말한 것들이 우리가 살았던 해외 거주자 세계의 일부분이라 할지라도 모두 우리가 경험한 것들이에요."

그 일이 있은 후 다음 날 저녁에 나는 데이비드에게 전화를 걸어 이야기했다. "데이비드, 제3문화가 각 제3문화 아이들이 모국과 해외에서 가져온 단편들을 어떻게든 합쳐 만든 제3의 무엇으로 된 단순한 현상이라면, 제3문화 아이들은 영원히 고립된 채로 살아갈 거야." 결국 모국과 거주했던 국가의 문화가 그 자리에 있던 옆 사람과 정확히 동일하게 섞인 사람은 아무도 없었을 것이다. 오히려 그 반대의 상황이 지난밤에는 사실이었다. 우리는, 태어나고 성장한 곳에 따라 세부적인 것은 다르지만 함께 이야기하는 것이 무엇인지 정확히 알았고 함께 웃기도 했다. 그러나 우리가 각자 경험한 것에는 더 심오한 무언가가 있었다. 이윽고 데이비드는 제

3문화 아이들이 만나는 바로 그, 거의 마법과 같은 연결의 순간을 "이방인들의 동창회"로 표현했다.

하지만 더 중요한 것은, 이러한 공유된 경험이 존 우심(John Useem) 박사와 루스 힐 우심(Ruth Hill Useem) 박사가 처음 연구에서 묘사한 제3문화에 보다 더 정확하게 근접했다는 점이다. 이 두 사람은 1950년대 중반에 공부하기 위해 인도에 갔을 때 서로 다른 문화에서 온 사람들이 함께 일하고 함께 어울리는 것을 제3문화로 보았다. 루스 힐 우심 박사는 서로 다른 나라와 서로 다른 후원기관에서 온 외국 가족들을 관심 있게 지켜보았다. 그녀는 곧 식민지 관리자, 선교사, 사업가, 군인들마다 하위문화(외국인 공동체)가 형성되어 있음을 발견했다. 이러한 하위문화는 독특한 특징과 서로 다른 기원, 독특한 스타일, 다른 계층 체계를 가지고 있었다. 그러나 이 모든 것은 서로 가깝게 맞물려 있었다(12). 두 사람은 해외 거주자들은 모국이나 거주국 어느 한쪽과도 같지 않은 생활양식을 형성하고 있음을 깨달았다. 이러한 환경에 있다는 것만이 그들이 공유하는 유일한 것이었다. 루스 힐 우심 박사는 이러한 환경에서 자라는 아이들을 제3문화 아이라 불렀고, 이것을 시초로 제3문화 아이 개념이 만들어졌다.

데이비드는 장소 개념에 국한하여 만들어진 제3문화 아이의 정의를 보다 확장시켰다. 이 개념은 범주를 가지고 있다. 비록 이 개념은 전통적인 개념들처럼 국적이나 민족, 인종으로 정의된 것은 아니지만, 이들이 공유하는 경험에 근거해 문화를 묘사할 수 있는 새로운 방법의 모델이 된다.

그러나 어떤 연구자들은 데이비드와 루스 힐 우심 박사의 제3문화 아이 개념을 단순히 "다른 문화로 이주하는 부모의 자녀"를 의미한다고 믿었다. 그러나 이 의미만으로는 충분하지 않다. 우심은 부모의 직업 선택(예를 들어, 군인, 기업인, 선교사, 교육자, 외무 직원)에 따른 결과로 해외로 이주한 사람들을 1950년대 중반에 연구했지만, 아무도 구체적으로 왜 부모가 다른 문화로 가는지에 대해 이야기하지 않았다. 그 이후 부모의 직업 선택이 아닌 다른 이유로 여러 문화권에서 성장한 많은 사람들이 제3문화 아이의 특성에 대해 듣거나 읽게 되었다(Pollock and Van Reken, 1999: 77~184). 그들은 제3문화 아이의 특징이 자신에게도 있음을 분명히 확인했고, 자신들도 이 집단에 포함된다고 주장했다. 부모의 이유로 문화권을 이동하게 되었다는 분명한 진술이 없다고, 누가 이들이 자신의 경험을 묘사하기 위해 제3문화 아이라는 용어를 사용하는 것을 탓할 수 있을까?

그러나 제3문화 아이에 대한 정의가 명확하지 않아서 이 분야 연구자와 타 문화 연구가들은 '제3문화 아이'로 부를 수 있는 사람들이 정확히 누구인지에 관해 논쟁을 하게 되었다. "이민이나 난민으로 인해 다른 문화로 이주한 부모를 둔 아이들도 이 용어에 포함시켜야 할까?" 혹은 "국경 지대에 살기 때문에 여러 문화를 경험하는 부모를 둔 아이들은 어떻게 해야 할까?"와 같은 질문이 나왔다.

노마 매케이그(Norma McCaig)는 개념을 명확하게 정의하는 것은 잘하지 못했지만, 이 분야에서는 훌륭한 연구자였다. 자신 역시 성인 제3문화 아이였으며, 노마는 성인이 되었을 때 자신을 묘사하는 데 "아이(kid)"라는 용어를 사용하는 것을 좋아하지 않았다. 이에 대응하여 노마는 제3문화 아이를 대체할 수 있는 용어로 '국제유목민(Global Nomad)'이라는 용어를 만들었다. 이 용어는 "직업 때문에 부모와 함께 다른 나라로 이주하는 아이"를 보다 명확히 정의하기 위한 것이었다(McCaig, 1988: 2). 그녀와 다른 이들은 모든 문화 이주 경험의 유형들이 섞인다면 너무 많은 구별 요인이 발생할 수 있으므로 오히려 연구자들은 어떤 유형 하나도 제대로 연구할 수 없을 것이라 믿었다. 왜냐하면 국가 이주를 하게 되는 데에는 너무나도 많은 이유들이 있기 때문이다.

몇 년 동안 우리는 어떻게 해야 할지 알 수 없었다. 제3문화 아이의 "순수성"을 유지하기 위해 오직 부모의 직업 때문에 다른 문화권으로 이주하는 아이들만 제3문화 아이로 정의하기 원했던 사람들은 이민자의 자녀나

난민 경험을 하는 아이들도 전통적인 제3문화 아이들과 유사한 경험을 한다는 것을 인정해야만 했다. 그리고 어떤 이유로든 다양한 문화권에서 성장한 사람이라면 누구든 "제3문화 아이 범주"에 포함하는 것이 맞는다고 생각한 (나를 포함한) 다른 사람들은 뭔가 뒤죽박죽되어 가는 상황을 인정해야 했다. 어떻게 우리가, 다국적 회사가 지원하는 국제학교 학비와 항공 운임료로 세계를 다니는 아이들과 난민 캠프의 아이들을 의미 있게 비교할 수 있을까? 그런데 왜 난민이 (그리고 많은 문화권 가운데 비전통적 제3문화 아이 경로로 성장한 다른 아이들이) 제3문화 아이의 특성을 들었을 때 그렇게 강하게 반응했을까?

이런 논의가 이루어지는 동안 오늘날과 같이 빨리 변하는 세계에서, 여러 문화권에서 성장한 아동기가 미치는 영향에 관한 생산적인 대화는 흐려지기 시작했다. 몇 가지 사건을 통해 우리의 논의가 계속 진행된다면 결국 진퇴양난에 빠지고 말 것이라는 깨달음이 왔다.

우선 첫 번째로 나는 폴레트 베델이라는 낯선 이에게서 이메일을 받았다. 폴레트는 중국에서 박사 학위 과정을 밟고 있었다. 그녀는 제3문화 아이에 관한 책을 읽었고, 나에게 왜 자신이—뉴올리언스에서 계속 성장한 아프리카계 미국인이—『제3문화 아이들: 세상 가운데서 성장하다』를 읽으며 자신의 이야기를 이해하는 언어를 발견한 느낌이 들었는지 물어보았다. 그리고 연이어 케니라는 10대 남자아이한테서도 전화를 받았다. 그는 아시아계 이민자의 자녀로 자신이 정말 제3문화 아이인지 아닌지를 알기 원했다. 인디애나폴리스에 있는 학교의 친구들은 그를 미국 학교의 평범한 학생으로 생각하지만, 그는 하교 후 집에 가면 중국 문화권으로 들어간다는 것을 최근에 깨달았다. 케니의 할머니는 가족들과 함께 살지만 영어를 전혀 하지 못하고, 어머니는 영어 단어만 아주 조금 말할 수 있을 뿐이었다. 그리고 나서 나는 호주에 있는 성인 제3문화 아이들과 세미나를 하는 중에 피오나를 만났다. 피오나는 시드니의 중등학교에 들어가기 전에 호주의 오지에서 성장한 것을 제외하면 모국을 전혀 떠나본 적이 없었지만, 확실히 제3문화 아이의 특징과 많이 관련되어 있었다. 모임 이후에 그녀는 자신이 제3문화 아이인지 아닌지 물어보기 위해 나를 찾아왔다. 이들의 질문에 내가 어떻게 답해야 할까?

2002년도의 우연한 기회가 이 문제에 관해 새로운 대화를 열 수 있는 키를 제공해 주었다.

인디애나폴리스 지역의 한 사립학교 교장이 내게 교사들을 대상으로 제3문화 아이에 대해 강의를 해달라고 부탁했다. 왜냐하면 최근에 주재원들이 자녀들을 이 학교에 입학시켰기 때문이다. 나는 강의하는 동안 교사 대부분이 내 강의를 그렇게 인상 깊게 듣고 있지 않음을 깨달았다. 왜냐하면 그들 눈에 그 학생들은 "제멋대로인 부유한 녀석들"로 보였기 때문이다. 대신 그들은 자신들의 다양성 프로그램에서 다루는 "다문화 아이들(multi-cultural kids)"에 관한 이야기를 내게 하고 싶어 했다. 그들이 "친밀감을 느끼는 집단"에 따라 학생들을 어떻게 구분하는지를 설명했을 때, 나는 2000년대 초반 바로 그때 그들에게 있어 다문화는 기본적으로 다양한 인종 집단을 의미함을 깨달았다. 그들의 프로그램에 대한 계획에서 문화를 더 깊이 보려는 생각은 부족해 보였다.

나는 두 번째 날과 마지막 날, 그들과 무엇을 해야 할지 곰곰이 생각했다. 확실히 '제3문화 아이'라는 용어는 그들과 무관해 보였다. 그러나 그들이 사용하는 다문화 아이라는 용어를 사용한다면, 그들이 인종과 관련된 시각을 넘어서지 못할 것이라는 두려움이 들었다. 왜냐하면 학교에 있는 제3문화 아이들 대부분은 백인이었기 때문에, 다양성이나 다문화의 관례적인 기준에는 맞지 않았다. 우리가 "다문화"와 "제3문화" 개념을 비교하고 대조하기 위해서는 새로운 보다 중립적인 용어를 찾는 것이 필요하다고 결정했다. 그다음 날 나는 서로의 견해를 편견 없이 듣고 이질적으로 보이는 집단 간에 연결되는 점을 찾기 위해 교차문화 아이(Cross-Culture Kid:

CCK)라는 중립적인 용어를 사용할 것을 제안했다. 이 제안은 효과적이었다. 우리는 명칭을 떠나 문제를 들여다보는 대화를 나눌 수 있었다. 다소 길었던 토론을 견뎌낸 것이 기뻤고, 약간 동떨어져 보이는 일에 대해 더 이상 생각하지 않아도 되었다.

제3문화 아이의 관점으로 보기

인디애나폴리스에서 교차문화 아이로 개념을 바꾼 것이 효과적이었음을 관찰했음에도 불구하고 나는 여전히 "문화와 정체성, 다양한 경험의 맥락 안에서 모든 전통적인 경계가 교차할 때 변화하는 사회적 상황의 영향을 어떻게 조사할 수 있을지" 궁금했다.

1984년 10월 마닐라에서 열린 제3문화 아이를 위한 국제 콘퍼런스에서 당시 미시간주립대학교의 사회학자였던 테드 워드(Ted Ward) 박사가 한 이야기가 기억났다. 그는 제3문화 아이들은 미래 시민의 원형(prototype)이 될 것이라고 공표했다(Ward, 1989: 57).

당시 나는 워드 박사가 이야기한 것은 제3문화 아이의 독특한 문화적 배경 때문에 제3문화 아이들이 다른 사람들이 되고자 하는 원형이 된다고 생각했다(수백만이 공유하는 독특한 것을 경험으로 부를 수 있다면!). 후에 나는 워드 박사가 의미한 것은 미래에 다른 사람들도 제3문화 아이처럼 될 것이라는 점에서 제3문화 아이를 원형이라고 이야기한 것을 깨달았다. 갑자기 나에게 '아하' 하는 깨달음이 왔다. 인디애나폴리스 지역 학교와 다른 학교 교사들은 물론이고 폴레트, 케니, 피오나와도 계속 대화하고 교류했는데, 그 이유는 워드 박사가 예측한 그 일이 현재 일어나고 있기 때문이었다.

제3문화 아이의 생활방식의 주요 특징이 높은 이동성을 띠고 많은 문화권 가운데서 성장하는 것이라면, 이전의 제3문화 아이의 전통적인 용어 의미를 사람들이 공식적으로 이야기하지 않는 점이 이해되기 시작했다. 모든 분야에서 문화 간 혼합, 교통수단의 편리함 등으로 상시적으로 여러 문화 간 이동이 가능해졌기 때문에, 전통적인 제3문화 아이의 삶의 방식 뿐 아니라 다른 방식으로도 사람들은 여러 문화권에서 거주하고 이동성이 높은 삶을 경험할 수 있게 되었다.

폴레트는 아이였을 때 백인 학생들이 다니는 가톨릭계 학교에 매일 버스를 타고 등교했다. 케니처럼 그녀는 집과 학교를 오갈 때 매일 다른 문화 세계로 이동했다. 피오나는 가족이 한 나라 안에서 여러 지역으로 이동할 때마다 문화가 바뀌었다. 나는 눈으로는 보이지 않지만 실제로는 문화가 바뀌는 세계에서 성장한 여러 젊은이들을 만났다. 그들이 어린 시절을 보낼 때는 "철의 장막"으로 불리던 시절이 끝나갈 때쯤이었고, 성인이 되었을 때는 동구권이 서구권에 개방되는 시기였다. 그들은 나에게, 부모들이 성장한 세계와 자신들의 세계는 완전히 다르다고 말했다. 가족 세대 간에 정치로 인해 문화적 배경이 변화했을 때 그것을 교차문화 경험이라고 간주할 수 있을까?

나는 테드 워드 박사의 제3문화 아이의 원형에 대한 생각을 한 단계 더 발전시킬 수 있을지 궁금했다. 제3문화 아이의 특징이 모든 종류의 다른 이유로 여러 문화권에서 성장한 사람들에게도 공통적일지 알기 위해 제3문화 아이의 관점으로 교차문화 경험을 본다면 어떤 상황이 발생할까? 공통점이 있다면 그것은 무엇이며, 왜 그런 공통점이 발생할까? 명백히 제3문화 아이의 세계 안에서, 우리는 이 아이들이 부모의 문화 밖에서 성장했기 때문에 특별히 이 아이들만의 어떤 특징, 장점과 도전들이 발생했다고 가정했다. 그러나 다른 여러 배경에서 성장한 사람들도 이런 제3문화 아이 특징의 일부를 공유하고 있다면, 우리가 생각했던 것보다 더 보편적인 이유들이 존재했을 것이다. 가장 중요한 것은, 우리의 논의를 이러한 다른 유형의 사람들과 함께했다면, 아마 우리는 많은 아이와 가족들이 직면하는 새로운 도전을 더 효율적으로 다루고 새로운 기회를 어떻게 최대화할 수 있을지 더 잘 이해할 수 있었을 것이라는 점이다. 이것은 매우 가치 있어 보이는 일이었다.

처음부터 다시

우선 나는 인디애나폴리스 학교에서 가볍게 사용했던 용어를 회상했고, 다음과 같이 '교차문화 아이'라는 공식적인 정의를 만들기로 결정했다.

> 교차문화 아이(Cross-Culture Kid: CCK)란 18살이 되기 전 어린 시절의 발달 시기 동안 상당한 기간을 2개 이상의 문화적 환경에서 거주했거나 교류했던 사람을 일컫는다.

> 성인 교차문화 아이(Adult Cross-Culture Kid: ACCK)는 교차문화 아이로 자란 사람을 의미한다.

이 새로운 정의는 어떤 특정한 부모의 경험이나 선택보다는 아이가 경험한 것에 더 기초해 있다. 〈그림 1〉에서 보듯이, 교차문화 아이들 집단 간에 유사점도 있으나, 그 종류에 따라 차이점이 존재하는 것 또한 발견할 수 있다. 더욱이 오늘날 변화하는 세계 속에서 많은 아이들과 가정이 동시에 한 종류 이상의 문화에 놓여 있는 것을 고려한다면, 우리는 아이들과 가족들이 직면하는 수많은 문화적 복잡성들을 목격할 수 있을 것이다.
교차문화 아이들에는 다음과 같은 집단이 포함되며, 집단은 서로 겹칠 수 있다.

그림 1 교차문화 아이들의 예: 공통된 경험과 공통되지 않은 경험

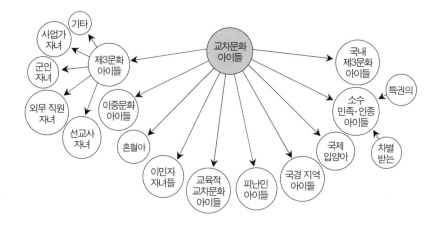

- 전통적인 제3문화 아이들 – 부모의 직업 때문에 부모와 함께 다른 문화로 이 주하는 아이들.
- 이중문화/다문화 가정의 아이들 – 적어도 두 문화권에서 태어난 아이들. 혼혈일 수도 있고 아닐 수도 있다.
- 두 인종/다인종 가정의 아이들 – 적어도 2개 인종의 부모에게서 태어난 아이들. 2개의 문화에 속해 있을 수도 있고 아닐 수도 있다.
- 이민자 자녀들 – 본래 태어난 곳이 아닌 새로운 나라로 영구적으로 이동한 부모의 아이들.
- 교육적 교차문화 아이들 – 모국이나 여권 기재국에 살고 있지만, 전통적인 모국 문화 혹은 학교보다는 다른 문화에 기초해 있으며 여러 문화의 학생들이 섞여 있는 학교(예를 들어, 국제학교)에 다니는 아이들.
- 피난민 아이들 – 전쟁이나 폭력, 기아, 자연재해와 같은, 선택하지 않은 환경으로 인해 모국 이외의 지역에 거주하는 부모의 아이들.
- 국경 지역 아이들 – 정기적으로 국경을 넘는 아이들.
- 국제 입양아 – 태어난 나라가 아닌 다른 나라의 부모에게 입양된 아이들.

- 소수 민족·인종 아이들 — 거주하고 있는 나라의 다수 인종이나 민족에 속하지 않는 인종이나 민족의 아이들.
- 국내 제3문화 아이들 — 모국 내에서 다른 하위문화권으로 이동했거나 다양한 하위문화권 사이를 이동하는 부모의 아이들.

많은 다른 유형의 경험을 한 아이들이 추가될 수 있다. 가령 부모의 이혼으로 두 부모의 가정을 오가며 정기적으로 가족 문화가 바뀌는 아이들이나 여러 가정을 이동하며 사는 수양 자녀와 같은 집단도 분명히 포함될 수 있을 것이다.

첫인상

새로운 개념을 만들기 위한 초기의 시도에서 예기치 않은 결과들이 발생했다. 1950년대 루스 힐 우심 박사가 '제3문화 아이들'이라는 용어를 만들었을 때, 제3문화 아이들 대부분은 부모와 같은 나라 출신이었고, 같은 모국어를 사용했으며, 여러 나라를 이주하는 동안 가족들은 대개 하나나 둘 이상의 타 문화권에 거주하고 있었다. 그러나 최근에 나는 일부 제3문화 아이들이 "글쎄, 나는 세 번째나 네 번째, 아니 다섯 번째 문화 아이임이 틀림없어요. 부모님은 인종도 나라도 다른 분들이시고, 나는 그 두 나라의 여권과 내가 태어난 나라의 세 번째 여권을 가지고 있어요. 나는 지금까지 3개 대륙, 6개 국가에서 살았어요"라고 말하는 것을 들었다. 이런 경우 그들에게 몇 개의 문화에 해당된다고 말해줄 수 있을까?

TCKid.com의 설립자 브라이스 로이어(Brice Royer)는 자신을 "문화적으로 복잡한" 사람으로 묘사한다. 그의 어머니는 에티오피아인이며 아버지는 프랑스와 베트남 혼혈인 유엔 평화유지군이었다. 18살이 되기 전에 브라이스는 일곱 지역—프랑스, 마요트섬, 레위니옹, 에티오피아, 이집트, 캐나다, 영국—에서 살았다. 그는 "사람들이 나에게 '어디에서 왔어요?'라고 물으면 나는 웃으며 '어머니는 내가 천국에서 왔다고 하세요'라고 답한다"라고 이야기했다. 버락 오바마 대통령은 전통적인 제3문화 아이, 2개의 인종, 2개의 문화, 국내 제3문화 아이, 교육적 교차문화 아이 그리고 소수 이민자로, 6개의 교차문화 아이의 범주 안에 속해 있다. 아이러니하게도, 교차문화 아이라는 개념을 사용하기 시작하면서 나는 이 교차문화에 관한 다이어그램이 많은 전통적인 제3문화 아이들도 현재 직면하고 있는, 점차 증가하는 문화적 복잡성을 나타내며, 이것이 많이 보편화되고 있는 현실을 담아내고 있음을 알게 되었다.

교차문화 아이들 경험의 유사점과 차이점

제3문화 아이들보다 범위가 더 넓은, 여러 특정 문화와 관련되어 있는 교차문화 아이들을 파악하기 위한 다음 단계는 제3문화 아이 개념과 다른 유형의 교차문화 사례들 간에 공유되는 요인들을 구분할 수 있는지를 알아보는 것이다. 나는, 처음 내게 중국에서 편지를 보내온 폴레트 베델이라는, 루이지애나에서 성장한 여성을 만났다.

폴레트와 나는 제3문화 경험의 공통적인 네 가지 특징—교차문화 생활방식, 높은 이동성, 예정된 귀국, 조직의 정체성—을 좀 더 들여다보며 우리의 사례들을 비교하고 대조해 보기로 결정했다. 나는 나이지리아의 카노(Kano)라는 도시에서 태어났으며, 나이지리아와 미국이라는 확연히 다른 두 문화권에서 성장했다. 폴레트는 루이지애나의 뉴올리언스에서 태어났으며, 이 지역에서 계속 성장했다. 그러나 그녀가 어렸을 때 미국 내 학교에서 인종 간 학교 통합이 간신히 시작되었다. 폴레트는 매일 집 근처에서 학교

버스를 탔고, 다른 지역에 있는 백인들만 다니는 학교 앞에서 내렸다. 매일 저녁마다 그녀는 문화가 다시 바뀌는 경험을 해야 했다. 나는 다른 문화권이 확연히 교차되는 경험을 몇 년에 한 번씩 했지만, 그녀는 매일 그 경험을 했다. 게다가 그녀의 가족은 아프리카계 미국인 혈통뿐 아니라, 백인 크리올(Creole. 역자 주: 서인도 제도에 사는, 유럽인과 흑인의 혼혈인) 계통의 혈통도 가지고 있었다.

이동성은 어땠을까? 이것은 간단했다. 나는 비행기로 다른 문화권을 오갔으며, 폴레트는 버스로 이동했다. 이렇게 다른 문화 세계로 이동하는 데에는 여전히 신체적인 이동이 뒤따른다. 우리는 제3문화 아이들 삶의 다른 특징인 예정된 귀국에 대해 이야기했다. 내 기억에 나는 미국에 13살 때 돌아왔고, 다른 사람들은 미국의 문화적 규범에 맞지 않게 행동하는 나를 무시했다. 확실히 귀국은 폴레트와 같은 교차문화 아이들의 생활방식과는 확연히 구분되는, 나와 같은 제3문화 아이들이 경험하는 한 특성이었다. 나는 다소 자신 있게 말했다. "글쎄, 폴레트, 당신은 뉴올리언스를 떠나본 적이 없기 때문에 이러한 특징을 공유할 수 없을 것 같아요." 그녀는 약간 놀란 표정으로 나를 보며 대답했다. "루스, 내가 매일 밤마다 귀국했다는 걸 몰라요? 학교에서 나는 다른 방언—백인 영어—을 사용해야 했지만, 집에서 이 방언으로 이야기하면 조카들은 나를 거만한 사람으로 보았어요. 당신이 귀국했을 때 시카고에 있는 학교 친구들과 당신이 외적으로 똑같았던 것처럼 나도 집에 있는 사람들과 외양은 똑같았지만, 내 인생 경험은 그들과 달랐고, 이런 경험들은 그들이 알아볼 수 없는 방식으로 나를 빚어갔어요. 아마 사람들이 이런 생활방식에 관심을 갖는 데에는 지금 이러한 생활을 경험하고 있기 때문이겠지만, 나는 평생을 이런 방식으로 살아왔어요!"

그녀가 말한 것이 이해되었다. 그렇다면 마지막 특징인 조직 정체성은 어떨까? 우심 박사가 처음 제3문화 아이를 연구했을 때, 그녀는 많은 제3문화 아이들이 "대표성"을 지니는 것에 주목했다. 제3문화 아이들의 집단을 묘사하기 위해 사용된 이름까지도 그렇다. 아람코(Aaramco. 역자 주: 세계 최대의 석유생산회사) 자녀, 군인 자녀, 외교관 자녀, 선교사 자녀 등…. 이런 아이들은 잘못된 행동을 하면 그 행동이 부모의 일에 역으로 영향을 미칠 수 있고, 또 올바르게 행동하면 부모에게 좋게 작용할 수 있다는 것을 알고 있었다. 폴레트의 가족은 어떤 특정한 조직에 속해 있지 않았기 때문에, 나는 확실히 이 부분에는 차이점이 있을 것이라 생각했다.

하지만 내 생각은 또 틀렸다. "루스, 매번 끔찍한 일이 발생할 때마다 모든 아프리카계 미국인은 흑인이 저지른 일이 아니길 바란다는 것을 알고 있어요? 우리는 그런 일이 발생할 때마다 개인의 잘못이 아닌 인종의 잘못으로 비난을 받아요. 백인이 그런 잘못을 저질렀다면, 그건 인종을 대표하는 것이 아닌 개인의 잘못이 돼요. 단지 가해자가 백인이라는 이유만으로 사람들의 마음에서 기소되지 않는 거죠."

폴레트와 대화한 후에 나는 다른 사례들도 보다 면밀히 살펴보았다. 케니라는 중국계 이민자의 아들은 매일 확연히 다른 두 문화권을 이동하며 생활하고 있었다. 그는 미국계 학교에 다니고 있었지만 집에서는 중국 문화권에서 생활했다. 젊은 호주 여성인 피오나는 부모가 호주 오지의 토착 인종들이 모여 사는 지역에서 일하고 있었다. 확실히, 나이지리아에서의 생활과 미국에서의 나의 생활이 달랐던 것처럼, 그녀 역시 시드니에서의 삶과 토착 인종들이 모여 사는 지역 공동체에서의 삶은 확연히 달랐다. 나는 또 다른 사람들의 이야기도 듣게 되었다. 한국에서 태어나 미국 가정에 입양된, 한국계 혈통의 한 친구는 자신은 한국에 가본 적이 없지만, 사람들은 자신이 한국어를 유창하게 구사할 것이라 생각한다고 이야기해 주었다. 브라질에서 태어나 브라질에서 자란 중국계 혈통의 친구는 국제학교에 다녔기 때문에 미국 대학에 다닐 때 미국 영어를 구사했지만, 아무도 그녀가 포르투갈식으로 사고하고 있다는 것은 알지 못했다!

첫 번째 공통 주제: 정체성

비록 여러 사례들의 세부 사항에는 차이점들이 존재하고 있지만 분명히 각각의 경험들에는 확실히 문화 간 상호작용이 지속되고 있었다. 그러면 가장 핵심적인 이슈는 무엇일까? 공통적인 주제 하나는 명백해졌다. 그것은 분명한 정체감을 발견하려는 노력이었다. 인종, 민족, 국적으로 정체성을 정의하는 전통적인 방식으로 볼 때, 모든 범주의 교차문화 아이들은 사람들이 외양만으로 그들이 어떨 것이라 생각하는 모습에서 자신들이 얼마나 자주 어긋났는지 나에게 이야기해 주었다. 정체성에 대한 질문은 제3문화 아이들이 고심하는 가장 큰 문제 중 하나이므로, 나는 다른 교차문화 아이들의 이야기를 제3문화 아이들을 위해 만든 Pol/Van의 문화적 정체성 모델의 관점을 통해 살펴보고 거기서 발견할 수 있는 것이 무엇이 있을지 알아보기로 결심했다.

〈표 1〉의 모델은 내가 알고 있는 두 명의 제3문화 아이들이 비슷하게 귀국 후 모국에 동화하지 못하는 모습에 대해 데이비드 폴록과 궁금해하며 이야기하던 중에 도출된 것이다. 한 명은 '소리 지르는 사람'과 같은 모습을 보였고, 다른 한 명은 '카멜레온'과 같은 모습을 나타냈다—이러한 모습은 그들의 여권에 기재된 국가가 아닌 그들이 거주하고 있는 문화에서 나타난 것이다. 결국 우리는 제3문화 아이들과 다른 사람들을 구별 짓는 요인은 제3문화 아이들이 신체적으로 그들의 거주 문화와 닮기도 하고 또한 그들의 자국 문화와 닮기도 했다는 사실과 연관이 있다고 결론지었다. 소리 지르는 모습을 보인 사람은 어떤 행동을 취해야만 했고 다른 사람들에게 다르다고 선포하는 행동을 해야만 했다. "내가 다른 사람과 똑같을 거라 기대하지 마세요. 나는 똑같지 않아요!" 그리고 카멜레온의 모습을 보인 사람은 자신이 내적으로 맞지 않는다는 것을 아무도 알 수 없도록 확실히 자신이 할 수 있는 모든 행동을 했다. 그는 단순히 어딘가에 소속되기를 원했다.

표 1 지배적인 문화를 둘러싼 관계

외국인 다르게 보이는 다르게 생각하는	숨겨진 이민자 똑같아 보이는 다르게 생각하는
입양 다르게 보이는 똑같이 생각하는	거울 똑같아 보이는 똑같이 생각하는

Pol/Van Cultural Identity Box
Copyright 1996-David C. Pollock/Ruth E. Van Reken

나는 어떤 시점에 이르러 깨달았다. 내가 인터뷰했던 제3문화 아이들 대부분은 확실히 그 문화권의 지배적인 거주 문화 사람들과 외양부터 달랐기 때문에 자신의 차이점을 알리기 위해 애쓸 필요가 없었다. 그들은 또한 자신들이 살고 있는 환경에서 무조건 그 환경에 맞추어 변화해야 하는 카멜레온이 되지 않았다.

오랜 토의 끝에 데이비드는 제3문화 아이들이 자신들을 둘러싼 지배적인 문화 세계—그들이 살고 있거나 여권에 적혀 있는 문화권—와 맺고 있는 여러 관계 패턴을 보여주는 〈표 1〉의 모델을 도출했다. 이동성 때문에, 그들이 어떻게 정의될 수 있을지는 그들이 현재 어느 곳에 살고 있는지에 따라 늘 변한다. 제3문화 아이들이 Pol/Van 문화적 정체성 표에서 외국인이나 거울의 상황에 있을 때, 다른 사람이 보는 그들의 모습은 사실 그들 원래 모습 그대로이다. 지역사회는 외국인이 자기 집단의 문화적 습관이나 구어적 표현을 모르는 것에 대해서는 어느 정도 참작해 줄 것이다. 거울의 상황에 있는 사람은 일반적으로 해당 지역에서 용인되는 행동 패턴과 관습, 공유된 가치를 알고 있을 뿐만 아니라 그 가치를 잘 따를 수 있다. 이런 범주의 사람에게 삶은 비교적 단순하다. 왜냐하면 다른 사람이 제3문화 아이에게 기대하는 것이 실제 그들의 모습으로, 그들이 누구인지는 이 공동체와의 관계 안에서 정의되기 때문이다.

그러나 사람들이 숨겨진 이민자나 입양 상황에 있을 때, 삶은 매우 복잡해질 수 있다. 학교에서 교사는 숨겨진 이민자 상황에 있는 학생들이 교육과정의 역사·문화적 내용을 알고 있을 것이라 가정하고, 누가 보아도 분명히 이민자인 사람들에게 제공하는 개별지도와 같은 도움을 이 아이들에게는 제공하지 않는다. 입양 상황에 있는 사람들은, 그들이 언어를 확실히 이해했는지 확인하기 위해서 그들에게 특별히 주의해서, 심지어 과잉 배려하여 이야기하는 사람들을 만나기도 한다. 종종 사람들이 제3문화 아이에게 "당신은 어디 출신인가요?" 하고 물으면 그들은 살고 있는 소도시를 이야기하고, 그러면 질문자는 "내가 의미하는 건 그게 아니에요. 당신이 정말로 어디서 왔는지를 묻는 거예요"라고 이야기한다. 이것은 "당신은 여기 출신이 아니다" 혹은 "당신은 우리와는 다른 사람처럼 보인다"라는 것을 명백히 뜻하는 것이다. 교육자들은, 입양 범주에 있는 학생들은 민족이나 태어난 국가의 언어나 문화적 관습에 관한 지식이 있을 것이라 생각한다. 그러나 사실 이 학생들은 학급의 다른 학생들만큼이나 출신국의 언어나 관습에 대한 지식이 없다.

그러면 이 Pol/Van 문화적 정체성 표는 더 넓은 범주의 교차문화 아이들의 세계와는 어떤 관련을 맺고 있을까? 전통적인 제3문화 아이가 아닌 많은 교차문화 아이들의 이야기를 내가 들었을 때, 여러 내용 중 가장 핵심적인 것은 그들 또한 자신의 삶의 어떤 시점에서 숨겨진 이민자나 입양의 범주로 살았다는 것이다. 여러 이유로 인해, 어떤 사람들은 주변의 지배적인 문화와 관계되어 있는 방식이 자주 바뀌었다. 예를 들어, 폴레트는 백인만 다니는 사립학교에 갔을 때, 매일 그곳에서 외국인으로 생활했지만, 매일 밤 집에 돌아와서는 숨겨진 이민자로 지냈다. 가족은 그녀가 자신들과 같을 것이라 생각했지만, 학교에서 하는 경험으로 인해 그녀는 형제나 사촌들과는 다른 모습으로 성장해 가고 있었다. 케니는 매일 학교에서는 동료 학생들과는 다른 겉모습으로 입양 범주에 있으면서 학교의 어느 아이들처럼 서구식 태도를 많이 가지고 있었다. 그러나 매일 저녁에는 숨겨진 이민자로서의 모습을 더 많이 띠었다. 외양은 중국인처럼 보이지만 더 이상 가족들처럼 중국인의 시각으로 세계를 보고 있지 않았다. 호주의 오지 지역에서 피어나는 외국인으로 다른 사람들 눈에 금방 띄었지만, 시드니에 있는 학교에 왔을 때는 숨겨진 이민자로 생활했다.

정체성에 대한 생각이 들면서, 나는 교차문화 아이들이 주변의 지배적인 문화권 사람들과 외양적으로 얼마나 비슷하거나 다른지에 따라 어떻게 정체성을 갖는지, 그 새로운 관점을 이용해 그들의 이야기를 해석하기 시작했다. 미묘한 차이는 훨씬 더 복잡해졌다. 중국에서 일하고 있는 중국계 호주인의 자녀들은 중국에서는 숨겨진 이민자, 호주에서는 입양된 상황으로 지내야 했다. 라이베리아 피난민의 아이들은 라이베리아에서는 거울의 위치에 있었으나, 부모가 미국으로 갔을 때는 외국인처럼 지낸 것으로 추정된다. 그러나 현실은 미국 백인 공동체에 들어갔을 때만 이렇게 된다. 아프리카계 미국인과 있을 때 그들은 숨겨진 이민자의 위치에 있었다. 전쟁이 끝난 후 몇몇 사람은 라이베리아에 방문하려 했는데, 한때 그들이 속했던 거울 상태 대신, 지금 그들은 그곳에서도 숨겨진 이민자가 되었다. 당연히 많은 다른 유형의 교차문화 아이들도 제3문화 아이들이 오랜 기간 고심한 것처럼 정체성 문제에 고심하고 있다! 교차문화 아이들도 그들과 그들의 다양한 문화적 세계가 서로 어떻게 연관되어 있는지 다양한 패턴을 보게 될 때 많은 의미를 알게 될 것이고, 몇 년 동안 전통적인 제3문화 아이에게 그랬던 것처럼 '아하' 하는 순간이 올 것이다. 마침내 그들은 자신의 경험과 서로 다른 환경에서 보였던 자신의 반응을 이해할 수 있고 "나한테 무슨 문제가 있나? 나는 어디에나 잘 어울리는 것 같지 않아" 하고 수년 동안 느껴왔던 수치심을 극복할 수 있을 것이다.

두 번째 주제: 숨겨진 상실감

많은 다양한 배경의 교차문화 아이들이 전통적인 제3문화 아이들과 유사하게 자신의 정체성을 찾으려 노력한다는 점이 명확해지면서, 나는 교차문화 아이 집단 간에 연결 고리를 찾기 시작했다. 세미나를 듣고 개인적으로 그들과 대화를 하면서, 많은 교차문화 아이들도 전통적인 제3문화 아이와 성인 제3문화 아이들처럼 숨겨진 상실과 미해결된 슬픔을 지닌 것 같다는 생각이 들었다. 다시 "왜?"라는 질문이 떠올랐다. 많은 제3문화 아이들에게 숨겨진 상실감은 종종 그들의 글로벌한 이동과 관련되어 있다. 비행기를 타고 다른 곳으로 이동하고 나면, 그들은 정서적으로 고향처럼 느끼고 사랑했던 모든 세계를 잃어버린다. 그러나 다른 사람들은 이들의 상실의 정도나 상실로 인한 영향을 인식하지 못한다. 왜냐하면 공식적으로 그곳은 제3문화 아이의 고향은 아니기 때문이다. 아동기를 한 국가에서 보낸 제3문화 아이도, 부모의 직업 때문에 이동해야 할 때 가장 친한 친구들 곁을 떠나게 된다. 그러나 많은 교차문화 아이들은 전통적인 제3문화 아이처럼 해외를 이동하는 경험을 하지 않는다. 그렇다면 제3문화 아이의 이러한 특징을 듣거나 읽을 때, 교차문화 아이들은 실제로 무엇과 관련이 있었던 것인가?

이런 고민을 하고 있을 때쯤, 다른 범주의 교차문화 아이들 또한 다른 사람들 눈에 보이지 않는, 종종 자신조차 깨닫지 못하는 상실감이 있다는 것이 더 분명해지기 시작했다. 이중문화에 있는 아이들은 적어도 한쪽 부모의 언어는 유창하게 구사하기 어렵다. 친척 모임에 갔을 때 그들은 할아버지, 할머니 혹은 친척들과 긴 대화, 어떤 종류의 대화든지 할 수 없다는 것을 깨닫는다. 피난민 아이들 또한 자신이 살던 세계, 부모가 한때 고향으로 인식하고 지금도 고향이라고 선언하는 세계를 잃어버린다. 해외로 입양된 아이들도 자신의 생물학적 역사뿐 아니라 출생지와의 관련성을 잃어버린다. 교육적 교차문화 아이들도 주변의 대다수 사람들과 완전히 다른 세계에 있는 학교에 통학하면서 지역 공동체와의 강한 유대감을 상실한다. 여러 교차문화 아이들과 이러한 상실에 대해 이야기하면서, 나는 그들도 종종 제3문화 아이가 보이는 미해결된 슬픔을 동일하게 공유하고 있다는 사실을 깨달았다. 그들의 상실감은 눈에 보이지 않을 뿐만 아니라, 앞서 언급한 것처럼, 그들이 잃어버린 것을 인정하려 하면 주변 사람들은 종종 그들의 상실을 있는 그대로 인정하고 슬픔의 과정이 계속되도록 내버려두는 것으로 위로하기보다는 모든 좋은 것을 생각해 보도록 격려하려고 했다.

공통 장점 인식

교차문화 아이들이 제3문화 아이들과 힘든 점만 공유하고 있는 것은 아니다. 우리가 제3문화 아이들의 관점에서 보기 시작하면, 여러 유형의 교차문화 아이들이 보이는 많은 장점을 발견할 수 있다. 그러나 교차문화 아이들이 글로벌한 세계에 제공할 수 있는 이러한 가치들을 우리는 의식적으로 자각하지 못했다.

예를 들어, 우리가 제3문화 아이들이 종종 문화적 교량 역할을 하는 방식을 고려해 본다면, 다른 유형의 교차문화 아이들에게서도 잠재적 역량을 본 적이 있지 않은가? 소수 민족의 자녀들이 집과 학교를 오가며 매일 서로 다른 두 문화권을 넘나들면서 개발하는 교차문화적 기술은 무엇인가? 문화가 혼합되는 것이 예외적이기보다 점점 정상처럼 여겨지는 글로벌화되어 가는 세계에서, 교차문화 아이들이 직업을 선택할 때 이들이 가진 강점을 인식하고 이 강점을 의도적으로 발전시키기 위해 우리는 교차문화 아이들을 어떻게 도울 수 있는가?

우리는 제3문화 아이들이 어린 시절 매우 다른 언어를 가진 집단과 상호작용하며 키운 외국어 구사 능력을 장점으로 이야기한다. 그러나 여러 언어를 구사할 수 있는 이민자의 자녀들은 어떠한가? 혹은 교육적 교차문화 아이들이나 이중문화 가족의 자녀들은 어떠한가? 아마 우리가 이렇게 여러 언어를 구사할 수 있는 능력을 재능으로 명명한다면, 더 많은 가정과 학교에서는 거주하는 문화권에서 다른 언어를 사용한다 할지라도 부모가 쓰는 모국어를 계속 구사할 수 있도록 노력할 것이다.

종종 "넓은 세계관"도 제3문화 아이의 장점으로 거론된다. 왜냐하면 국제적인 환경에서 성장한 아이들은 세계를 직접 물리적 차원에서 경험할 뿐 아니라, 다른 장소와 문화권의 사람들이 같은 상황을 매우 다르게 해석할 수 있다는 것 또한 학습할 수 있기 때문이다. 이것은 그들이 모두를 더 잘 이해할 수 있기를 바라는 마음으로 더 많은 것을 이해하고 다양한 관점을 잘 듣는 데 도움이 될 수 있다. 이런 넓은 세계관은 다른 많은 교차문화 아이들에게도 적용된다. 소수 민족의 아이들은 세계 여러 곳을 여행해 보지 않았을 수 있지만, 그들이 집에서 나누는 정치·문화적 견해에 대한 토론은 거주국의 지배적인 문화권의 견해와는 다르다. 피난민 자녀들은 다른 사람들이 저녁 뉴스의 60초 기사로 국제 정세를 이해하는 것과 다르게, 집에서 피난해야 하는 이유 이면의 국제 정세의 역동적인 관점에 대해 잘 들어왔을 것이다. 문화적 복잡성과 연계하여 국제 정세를 보는 능력은 오늘날 세계에서 개발되고 사용되어야 할 재능이다. 퍼리드 저카리아(Fareed Zakaria)나 크리스티안 아만푸어(Christiane Amanpour)와 같은 뉴스캐스터들은 이런 장점을 잘 활용한 교차문화 아이들이다.

나아가야 할 길

제3문화 아이들의 사례를 더 자세히 볼수록 우리는 글로벌화하는 세계의 문화와 정체성의 현실을 논의할 수 있는 새로운 언어와 모델이 필요함을 알게 된다. 2008년 미국 대통령 선거에서 정치 전문가들이 인종으로 정체성을 정의하는 전통 방식에서 벗어나, 눈에 쉽게 보이지는 않지만 한 개인의 삶과 세계관을 형성한 "숨겨진 다양성(hidden diversity)"에 초점을 맞춰 출마자를 보았다면 무슨 일이 일어났을까? (Bethel and Van Reken) 그들은 아마 존 매케인과 버락 오바마 출마자가 인종적 복잡성보다 문화적 복잡성에 대해 논할 점이 훨씬 더 많은 성인 제3문화 아이들이었다는 것을 발견했을 수 있다.

우리가 여기서 원하는 것은 교차문화적 상황에서 살고 있는 사람들과 이러한 사람들을 연구하고 관찰하는 사람들 간에 많은 유익한 교류가 시작되길 바라는 것뿐이다. 오래된 문화적 혹은 사회적 정체성의 모델과 범주들은 더 이상 오늘날 세계의 많은 사람들에게 정확하게 맞지 않는다. 그러나 최소한 미국에서 만들어진 다양성에 관한 많은 프로그램들은 여전히 이런 모델과 범주들에 맞춰져 있다. 희망적인 것은, 수많은 아이들이 발달 시기에 경험하는 문화적 상호작용의 새로운 현실에 관한 깊은 토의들이 우리 주변에서 볼 수 있는 많은 변화를 포함할 만큼 충분히 큰 새로운 모델을 찾는 것으로 이어질 수 있다는 점이다.

우리가 어떤 사람의 이야기를 알 때까지 보이는 것만으로 그에 관해 가정할 수 없다는 것이 오늘날 세상에서의 진실이다. 우리가 문화를 국적, 인종, 민족의 공유뿐 아니라 경험의 공유로 해석할 수 있는 방법을 제3문화 아이들의 사례에서 배울 수 있다면, 과거에 우리를 쉽게 구분해 왔던 장애물을 극복하는 새로운 방법을 찾을 수 있을 것이다.

참고문헌

Bethel, Paulette and Ruth Van Reken. 2003. "Third Culture Kids and Curriculum Issues in the International School System: Recognizing (and Dealing Effectively with) the Hidden Diversity of Third Culture Kids (TCKs) in the Classroom." Unpublished paper presented at the Comparative and International Education Society Conference, New Orleans, 12~16 March.

McCaig, Norma. 1988. *Global Nomads*. Brochure. Washington D.C.: Global Nomads International.

Pollock, David C. and Ruth Van Reken. 2001[1999]. *Third Culture Kids: The Experience of Growing Up among Worlds*. London: Nicholas Brealey Publishing.

Useem, Ruth Hill. 1973. "Third Cultural Factors in Educational Change." in Cole Brembeck and Walker Hill(eds.). *Cultural Factors in School Learning*. Lexington, MA: Lexington Books.

Ward, Ted. 1989. "The MK's Advantage: Three Cultural Contexts." in Pam Echerd and Alice Arathoon(eds.). *Understanding and Nurturing the Missionary Family*. Pasadena, CA: William Carey Library.

모자이크 주변부에서의 성장

내부 세계 균형을 유지하는 국제유목민*

/

노마 매케이그(Norma M. McCaig)

세계화라는 용어가 전 세계적으로 긍정적인 의미와 부정적인 의미 모두를 내포하고 있고 국제 협력이 지구와 인류의 보건에 매우 중요한 시기에, 국경을 넘는 시각과 경험을 가진 사람의 리더십이 절실히 필요하다. 부모의 직업으로 인해 국제적으로 성장하고 교육받은 국제유목민 학생들은 18살의 나이에 이미 교차문화 기술과 세계정세를 인식할 수 있는 능력을 갖고 대학에 입학한다. 이들은 국경을 넘어서는 리더십을 발휘할 수 있는 최고의 가능성을 가진 사람들이다. 이들은 캠퍼스와 그 밖의 장소에서, 오늘날 다문화주의에 공통으로 많이 나타나는, 서로 다른 문화적 요소를 "분리하지만, (다소) 평등하게" 보는 현실을 조용히 받아들이기보다는, 모자이크처럼 문화적인 다양성을 함께 연결하며 교차문화적인 시너지를 불러일으킬 수 있는 사람들이다.

* ⓒ 2002 NAFSA: Association of International Educators. All rights reserved. 이 글은 국제교육자협회(NAFSA)가 발간하는 ≪국제 교육자(International Educator)≫의 2002년 봄 호에 처음 실렸으며, 이 학술지의 허락하에 이 책에 다시 실렸다.

많은 국제 교육가들은 국제유목민으로 자란 사람들이며, 이들은 국제 교육 분야에서 실제로 많은 기여를 하고 있다. 조지메이슨대학교 글로벌 교육센터 부책임자인 타니스 파울러 코시(Tanith Fowler Corsi)는 자신의 성장 배경이 직업에 어떤 도움이 되는지 분명히 잘 알고 있다. "국제유목민으로 자란 성장 배경 덕분에 나는 여러 문화와 전통을 잘 이해할 수 있다. 나는 경험을 통해 문화 충격 단계를 설명할 수 있고, 문화 간 갈등을 중재할 수 있다. 뿐만 아니라 외국 파트너와도 편안하게 관계를 맺을 수 있다. 지금까지 여러 프로그램을 통해 모로코, 영국, 프랑스, 폴리네시아, 이탈리아, 스페인, 호주, 독일, 인도, 남미 사람들과 일해왔으며, 서로의 문화를 연결할 수 있는 매우 끈끈한 업무 관계를 유지해 왔다. 프랑스를 포함해 유럽의 관습에 정통한 개인적인 지식이 학생들에게 번역해 주고, 구체적인 관습을 설명하고, 어떨 때는 개인적인 팁을 알려주는 데 도움이 되었다. 나 자신을 충분히 활용할 수 있는 이 길을 찾은 것은 정말 행운이라고 생각한다."

　　전 세계의 학생들을 볼 때 당신은 국제유목민들을 잘 알아보지 못할 수 있다. 귀국한 국제유목민들은 찰스 프랑크(Charles Franck. 카이로 아메리칸 대학)가 논문에서 이야기하고 있는 "숨겨진 이민자"들이다. 미국에서 그들은 미국 여권을 가지고 다니며 미국 사회의 다양한 민족 혼합체에 섞여 있다. 예를 들어 스웨덴 출신 학생의 경우, 부모와 해외에서 10년을 산 이후에 스웨덴의 스톡홀름으로 다시 돌아갈 수 있다. 이런 경우 이들은 대부분 유학생으로 자신을 드러내지 않지만, 사실 그들은 유학생이나 다름없다.

　　해외에 거주하는 국제유목민들 역시 겉으로는 발견하기 어려울 수 있다. 때때로 문화적 카멜레온처럼 그들은 다른 집단-전통적인 국제 학생 집단-에 잘 섞여 들어간다. 여권에 적힌 출생 국가에 2년간 살고 16년 동안 다른 5개 나라에 살며 정이 들었던 "완지루"는 부모의 모국에 돌아갈 계획이 없다. 왜냐하면 그곳은 자신의 모국은 아니기 때문이다. 앤서니 호건

(Anthony Hogan)이 앨리스 우(Alice Wu)의 비디오 〈국제유목민: 새 천년의 문화적 교량(Global Nomads: Cultural Bridges for the New Millennium)〉에서 말한 것처럼 "세계가 곧 그녀의 '거주지'"이기 때문이다. 언뜻 보기에(그리고 두세 번 볼 때에도) "짐 싸기(packaging)"만으로 그녀의 마음에 각인된 풍성한 문화 간 경험과 높은 지리적 이동성의 많은 면들을 설명하기 어렵다. 그녀는 실제로 외교관 딸이었고, 그녀가 이야기하는 요구 사항은 케냐에서 태어나고 성장한 케냐 학생들, 졸업 후 케냐로 돌아오는 학생들의 요구 사항과 크게 다를 수 있다.

아메리칸대학교(American University)의 국제학생위원회 회장인 판타 오(Fanta Aw)는 말리에서 태어난 국제유목민으로, 특별히 그녀는 비주류 문화의 국제유목민들의 경험에 관심을 갖게 하는 데 능숙하다. 이런 유목민의 경우, 이들의 민족 언어와 문화는 거주 국가와 해외 거주 지역의 지배적인 문화, 전형적으로 식민지 시대의 문화—영국이나 미국, 프랑스—와는 매우 다르다. 이 집단의 많은 아이들은 모국어를 구사하지 못하고, 할머니나 친척과도 대화하지 못하며, 그 결과 사회적 방편과 생존을 위한 수단으로 배운 영어나 프랑스어의 "문화적 우세(override)"가 나타난다. 다른 사람들, 특히 국제유목민 여자아이들은 자신이 한 번도 경험해 보지 못했을, 모국으로 돌아가 결혼하고 모국 문화권으로 이주하기를 원하는 부모나 다른 가족의 요구에 압력을 느낄 수 있다.

처음부터 외국 국적을 가진 사람들이 있는 이유는 무엇인가? 프랑크와 엘리자베스 무라카미라말호(Elizabeth Murakami-Ramalho)가 논문에서 언급했듯이, 이런 학생들(귀국 학생과 해외 거주 학생들)은 가령 주재관, 선교사, 비정부 기구(예를 들어, 적십자)·국제기구(세계은행, 유엔 등) 근로자, 외무 직원, 군인의 자녀이다. 이들의 부모는 말하자면 "교회나 회사, 국가"를 대표해 해외로 파견된 사람들이다. 이 아이들은 루스 힐 우심(Ruth Hill Useem)이 정의한 '제3문화 아이'의 원형으로, 40년 이상 연구되어 왔다. 이러한 후원기관이 있는 국제유목민 아이들에 덧붙여, 다른 국제유목민, 즉 유학생과 학자의 자녀들이 있다. 이 부모들은 어떤 대표적인 역할을 하기보다 독립적으로 해외에서 공부하거나 일했기 때문에 아이들도 해외에서 성장하게 된다.

부모의 해외 이주 동기와 상관없이, 국제유목민 아이들 대부분은 어린 나이에 일찍부터 매우 유용한 문화적 통찰과 태도를 보인다. 그리고 해외의 새로운 장소에 적응하는 과정에서 이러한 통찰과 태도를 발달시켜 나간다. 나아가, 그들의 정체성 형성, 다양한 경험들의 뉘앙스, 기관의 후원 방식, 그리고 여러 기관의 해외 이주 과정을 신속히 처리하는 방식에 대한 역동적인 이해는 더 많은 국제 교육자들이 독특한, 그러나 종종 숨어 있는 캠퍼스의 문화적 공동체의 필요에 잘 반응할 수 있게 해준다.

이 아이들을 연구하다 보면, 확실히 국제유목민의 경험과, 피난민, 이민자, 이민 1세대 학생과 해외 유학생과 같은 다른 학생 집단들의 경험 간의 유사성에 주목하게 될 것이다. 이러한 경험이 문화 간 이동과 교차문화적 상호작용의 지점에서 서로 교차하고 있기 때문에 이것은 결코 놀랄 만한 것이 아니다. 이러한 각 집단을 효과적으로 지도하기 위해서는 제3문화 아이나 국제유목민과 같이 다양한 경험을 포함하는 포괄적인 용어보다는 각 집단의 경험 자체를 그대로 '유지하는' 것이 중요하다. 해외 제약 회사 임원의 딸로서 내가 겪었던 제3문화 아이/국제유목민 경험은, 같은 나라 사람들의 공격으로 감정이 비탈 아래로 내려가는 듯한 경험을 하는 피난민의 경험과는 다르다. 피난민의 경험과 나의 경험이 교차되는 지점은 고향을 떠나야만 했던 그 느낌이다. 다른 점은 고향을 떠나 해외로 갔었고, 여권에 모국으로 적힌 미국으로 다시 돌아왔다는 것이다. 반면 부모님은 일터에서 떠나 고향으로 돌아갔다. 따라서 우리 가족 안에서조차 귀국에 대한 인식은 서로 달랐다. 해외에서 공부하기 위해 유학을 떠나는 학생들과 다르게, 내가 학생일 때 다른 나라로 이동했던 경험은 부모님의 선택 때문이었다. 우리가 언제 그리고 어디로 이동할지의 전적인 권한은 부모님께 달려 있었다. 당시에는 이것 때문에 많이 힘들었다! 이런 내용이 알려지기 위해서는 개인적인 경험을 공유해야 한다. 이러한 경험들 간에 차이를 유지함으로써 각 집단은 분명히 명명된 고유한 경험을 교차문화 인식, 정체성 형성, 교차문화적 대화의 정교한 직물에 개별의 실들로 엮어낼 수 있다. 이들 경험의 교차점과 경험들 간의 구분 모두 이들을 이해하고 이들에게 어떤 행동을 해야 하는지 알 수 있게 해준다.

국제유목민 문화

국제유목민들이 정체감과 소속감을 어떻게 형성시켜 나갈지는 각각의 삶의 여러 변인들의 상호작용에 따라 달라진다.

- 어떻게 교육받았는가? 홈스쿨링을 했는가, 거주 국가의 현지 학교에 다녔는가? 미국계, 영국계, 프랑스계 "국제" 학교에 다녔는가? 기독교 기숙학교에 다녔는가?
- 주로 상호작용했던 사람은 누구인가? 다른 해외 거주자인가, 같은 국적의 사람들이었나(예, 해외 파병 군대)?
- 한 장소에 오래 있었는가?

국제유목민과 해외 유학생 관리자인 파울러 코시가 질문했듯이, 자신처럼 한곳에 오래 머물러 살았던 국제유목민, 모국 밖에서 출생하여 성장한, 다른 사람들이 그녀의 삶에 드나들었던 유목민인가? 혹은 코시의 미얀마계 이탈리아인 남편 잔카를로처럼, 어린 시절에 2, 3년마다 떠나고 이주하는 삶을 살았던 이동하는 국제유목민인가? 성격은 다른 문화가 내면화되는 방식에 어떤 영향을 미치는가?

이러한 질문과 유사한 질문은 눈에 띄게 다른 문화 집단과 상호작용할 때 고정관념을 피하는 것의 중요성을 이해하는 것처럼, 국제유목민 경험에 대한 개별 반응의 다양성을 인식하는 것이 중요하다는 사실을 강조한다. "국제유목민", "제3문화 아이", "해외 아이"는 오직 부모의 직업 때문에 ─그들의 경험이 미치는 영향이나 경험의 질에 상관없이, 그들의 삶에서 문화적 정체성이 어떻게 표현되는지에 상관없이─ 해외에서 자라게 된 아이들을 의미하는 용어이다.

무엇이 정체성을 형성하는가? 국제유목민은 교류하는 거주국 사람들의 문화와 부모의 문화가 만나는 지점에서 정체성이 형성되기 시작한다(〈그림 1〉). 일반적이거나 구체적인 데이터에 근거해 있지는 않지만, 이러한 인구 종 곡선은 어떻게 정체성이 형성되는지에 대한 근사치를 제공한다. 정체성이 형성되는 시점에서 해외 거주자와 거주국 사람들은, 특별히 직장에서 각 문화가 상호작용하며 혼합되는 독특한 상호 문화적 의사소통을 발달시킨다. 여기서 "국제 문화적 적응"으로 명명되는 것은 우심의 "제3문화" 개념과 유사하다. 문화 적응은 부모에게도 중요하다. 이것은 어린 시절 살았던 국가의 문화를 중심으로 한, 보통은 견고한 단일 문화에 다른 문화를 덮어씌우는 일이다. 아이들에게 종종 문화 경험은 해외 국가를 중심으로 뿌리내리지만, 내면화되는 경험은 꽤 다르다(〈그림 2〉)

찰스 프랑크는 논문에서 많은 국제유목민들에게 공통적인 특징을 언급한다. 이러한 특성은 여권 문화에 대한 지식과 경험이 종종 간접적으로 전달되고 부모의 직접적인 경험과 회상을 통해 걸러진, 동일한 시민권을 가진 다른 국외 거주자들의 특성과 함께 공유되는 것이다. 캐나다인인 티머시 딘 (Timothy Dean)은 국제유목민의 재입국 경험을 다음과 같이 적절하게 묘사한다. "우리는 부모들의 '고향(home)' 신화에 탄 채 돌아온다"(Dean, 1992).

많은 국제유목민의 문화적 정체성의 근간을 이루는 주류 문화적 가치

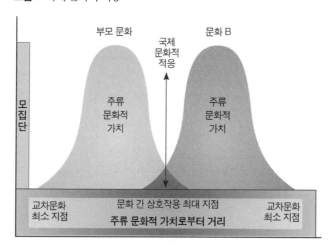

그림 1 국제 문화적 적응

모집단 / 부모 문화 / 국제 문화적 적응 / 문화 B / 주류 문화적 가치 / 주류 문화적 가치

교차문화 최소 지점 / 문화 간 상호작용 최대 지점 / 주류 문화적 가치로부터 거리 / 교차문화 최소 지점

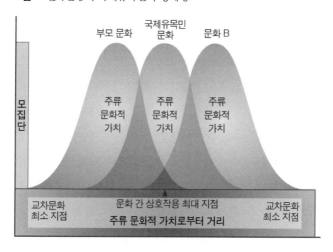

그림 2 연속선상의 국제유목민의 정체성

모집단 / 부모 문화 / 국제유목민 문화 / 문화 B / 주류 문화적 가치 / 주류 문화적 가치 / 주류 문화적 가치

교차문화 최소 지점 / 문화 간 상호작용 최대 지점 / 주류 문화적 가치로부터 거리 / 교차문화 최소 지점

는 문화적 교차 지점—그들의 부모에게는 국제 문화적 적응에 해당—에서 만들어진다. 대부분 국제유목민에게 문화적 실재에 대한 학문적인 해석은 국제적으로 이동하는 어린 시절 경험을 공유하는 다른 사람들과 함께 있을

때 되살아난다. 그때 그들은 공유하는 문화의 일체성, 연대감과 함께 생생하고 뚜렷하게 고향에 온 것 같은 느낌을 경험한다.

엘리자베스 하르퉁(Elizabeth Hartung)의 논문 「외부인인 학생(The Student as Outsider)」에서 점선을 자세히 보면 게오르크 지멜(Georg Simmel)의 "이방인(stranger)"의 얼굴을 볼 수 있을 것이다. 이방인으로서의 모습은 국제유목민이 자신의 여권에 기재된 모국으로 다시 귀국할 때에는 뚜렷하게 나타나지 않는다.

국제이주 컨설턴트이자 국제유목민인 바버라 섀티(Barbara Schaetti)는 이전 국제교육자협회(NAFSA) 회장인 리처드 다우니(Richard Downie) 및 다른 사람들의 국제유목민의 귀국에 관한 연구에 대해 다음과 같이 논했다.

"다우니의 연구에서 국제유목민들은 세 가지 잠재적 모습 중 한 모습으로 귀국한다(Downie, 1976). 귀향자, 낯선 이방인 혹은 범세계주의자이다. 귀향자(homecomer)는 모국에 소속되기를 원하고 정말 소속되어 있다고 생각하며 돌아온 사람들이다. 낯선 이방인(stranger)은 어느 한 나라에 소속되기를 원했지만, 결국 소속되어 있지 않다는 것을 깨달은 채 귀국하는 사람들이다. 범세계주의자(cosmopolites)는 어떤 단일의 소속감을 기대하지 않으며, 자신이 이미 많은 곳에 속해 있다는 것을 깨닫고 귀국하는 사람들이다. … 귀국 과정에 관한 기대는 국제유목민 정체성에 도전하는 교류 정도에 영향을 미친다. 내면의 기대와의 불일치가 클수록 이방인의 느낌을 더 크게 가질 것이다. 여권에 기재되어 있는 모국에서 소속감을 느낄 것이라 기대했지만, 실제로는 기대했던 만큼의 소속감을 느끼지 못한다. 이 연구는 역사적으로 국제유목민 아이들 대부분은 귀국하여 이방인처럼 지냈다고 주장한다"(Schaetti, 2000).

데이비드 폴록이 문화를 연결하는 소위 "틈새 문화"라 부르는 곳에서 성장한, 국제적으로 이동하는 어린 시절 유산을 공유하는 사람들, 지멜의 이방인과 같은 이 아이들은 항상 모든 문화의 일부이기도 하며 모든 문화에서 떨어져 있기도 하다. 이러한 모습은 지속적으로 나타난다. 프랑크가 이야기했듯이, 그들은 카멜레온처럼 적응할 수 있지만, 이것은 어떤 단계나 다른 모습으로 바뀌는 것이 아닌, 존재의 상태, 그들의 남은 삶을 알려주는 경험이다.

국제유목민 정체성 그래프(〈그림 2〉)가 가장 잘 보여주는 것은 바로 연속체로 이루어졌다는 점이다. 어떤 국제유목민 아이들은 문화적 비교 집단을 통해 주로 정체성을 형성하지만, 다른 아이들은 부모의 출신 국가에 자신의 정체성이 더 가깝다고 주장할 수 있다. 그리고 또 다른 아이들은 여전히, 어릴 때 살았던 국가나 성인이 되어 선택한 국가에 문화적 유대감을 더 크게 느끼기도 한다. 타니스 파울러 코시와 데릭의 경우처럼, 남매가 결국 다른 문화적 정체성을 갖는 것은 드문 일이 아니다. 미국에서 태어나고 유엔 직원의 자녀로 모나코에서 자란 이 남매는, 각각 완전히 다른 방식의 문화적 정체성을 보였다. 가족이기 때문에 닮은 점을 제외하고는 이들이 같은 어머니에게서 태어났다는 것을 상상하기는 어려울 것이다. 둘 다 다른 사람들에게 자신의 진짜 모습을 드러낸다. 타니스는 미국 사람, 데릭은 프랑스 사람으로. 데릭이 프랑스 사람이라는 것은 의심의 여지가 없지만… 그도 프랑스 사람이라 생각하고 있을까? 그는 "내가 프랑스로 돌아가면", "나는 나 자신을 미국 사람으로 보았으나, 미국에 있을 때는 프랑스 사람으로 보았다. 나는 어떤 이유에서든지 어떤 한 문화나 다른 특정한 문화에 속하기를 결코 원하지 않았다. 나는 서로 다른 환경에 있을 때, 나의 모습이 다르다는 것을 즐기며, 두 문화를 잘 이용했다. 그러나 그 때 때때로 프랑스나 미국에 있는 또래들과 연결되기 어려운, 이 문화나 다른 문화에서 완전히 배제되어 있는 느낌을 받았다. 그러나 어쨌든 나는 프랑스에 있을 때 더 편하다"라고 글을 썼다. 하지만 그는 "미국에서 오랜 시간을 보낸 후에도 여전히 나는 프랑스 사람인가?"라고 되물어본다.

건설적인 주변 문화

서로 부딪히는 문화적 현실에 둘러싸여 있고 정착할 곳을 찾지 못한 채 주변 문화 비교 집단에 자신을 동일시하지 않으려는 데릭의 모습은 재닛 베넷(Janet Bennett)이 문화적 주변화 개념에서 묘사한 압축된(눌려 있는) 상태를 전형적으로 보여주는 것이다. 새티와 실라 램지(Sheila Ramsey)는 문화적 주변화에 수반되는 문제점과 기회들에 대해 반복해서 이야기한다. "변화하는 문화적 맥락이 얽혀 있는 세계에 살 때, 그들은 문화 사이에서 살아가는 것이다. … 그들은 모든 문화들의 영향을 받으나, 어떤 문화에 의해서 제약받지 않고, 각 문화적 맥락에 균형적인 정체성을 성취할 수 있는 기회를 갖는다. 어느 한쪽 문화/세계가 아닌 양쪽 문화/세계에서 살기 위한 것이다."

문화 간 틈새, 이 장소는 당황스럽고 혼란스럽고 마비되는(눌리는) 곳부터 강력하고 긍정적인 역동에 이르는 곳까지 어느 곳이나 될 수 있다. 데릭의 불일치와 문화적 정체성의 혼란 그리고 다른 많은 국제유목민 아이들의 지연된 문화적 상태는 메리 테일러의 「이주자(The Emigrants)」라는 시에 그 감정이 잘 반영되어 있다.

당신이 돌아간다면, 당신은 다시 떠나기를 원할 텐데
당신이 가버린다면, 당신은 돌아오길 갈망할 텐데
당신이 있는 곳 어디에서나,
마치 저 멀리 언덕에서
목동의 뿔피리 소리처럼
당신은 모국의 부르는 소리를 들을 수 있을 텐데

저쪽에 당신의 집이 있고

여기에도 집이 있고

그러나 당신은 두 곳 모두에서 외국인이다

당신이 진정 머물 곳은 매우 멀리 보이는 곳이고,

그리고 당신의 영혼은 파도같이

늘 정처 없이,

영원히 움직인다

데릭이 미국, 국제유목민 문화, 프랑스 문화 사이 연속선상에서 자신을 어디에 두었을지는 매일 달랐을 수 있다. 정체성 발달 과정에서 매우 불편한 상태의 극심한 고통 가운데 있는 사람들에게, 이런 것은 매우 전형적으로 나타난다.

많은 국제유목민들에게, 살아가는 동안 정체성이 연속선상의 어떤 한 지점에서 결정되는 일은 매우 드문 편이다. 삶의 중요한 전환기(혹은 민감한 시기)—예를 들어, 취업, 결혼, 부모가 되는 것 혹은 은퇴— 때 과거 거주했던 고향으로 다시 정체성을 옮기거나 혹은 앞으로 살게 될 새로운 곳에서 정체성을 찾을 수도 있다. 문화적 삶의 층들이 벗겨지면서 어떤 사람들은 정체성이 다소 변하거나, 정체성을 깊이 파고들거나, 혹은 다시 "짐 푸는 것(pack-out)"을 하지 않으려 할 수 있고, 이동하며 사는 것을 하지 않고, 혹은 더 싫어지면, 친구와 이별하는 것도 더 이상 하지 않으려 할 수 있다. 또 어떤 사람들은 나이 들어감에도 불구하고 활동적으로 살아가는 배우자를 보며, 은퇴 후 아프리카에서 평화봉사단으로 함께 활동하는 것을 상상하기도 하고, 멕시코나 태국에서 노후를 보내거나, 플로리다나 애리조나를 제외한 어떤 곳이든 크루즈의 영원한 집에서 여행하는 모습을 상상해 보기도 한다.

그들이 정착하기로 선택하는 곳은 그들이 정체성을 교류한 방식에 따라 어느 정도 달라질 수 있다. 섀티가 이야기했듯이 "국제유목민들의 정체성 발달은 일치된 정체성을 찾아나가는 것이다. 정체성을 찾아나가는 것은, 전형적으로 사회에서 억압되어 주변인이 되는 사건으로 인해 시작되기도 하지만, 해외 거주자 삶의 가치와 삶의 구조를 중요시 여기는 사건에서 시작되기도 한다. 어떤 경우이건 간에, 국적과 많은 문화 경험이 교차되면, 개인은 자신이 다른 사람들과 어떤 점에서 다르다는 사실을 인식하게 된다. 일치성을 계속 찾아나가는 것은 그들이 '국제유목민' 혹은 '제3문화 아이들'이라는 용어를 알게 되기 전까지 의식적으로 하는 것이라기보다는 본능적으로 하게 되는 것이다. 본능적인 정체성 탐색은 많은 아이들에게 중요한 정체성 발달 시기로 작용한다. 그들은 현재 정체성 일치를 찾는 데 의도적으로 사용할 수 있는 지도를 가지고 있는 것이다(Schaetti, 2000).

노라 이건(Nora Egan)은 자신의 삶에 있었던 통찰을 ≪국제유목민 계간지(Global Nomad Quarterly)≫(1992)에서 설명했다. "갑자기 땅에서 온천이 솟아오르는 것과 같은 감정이 나타났다. 나는 국제유목민이다. 이후로 어떤 동일한 감정을 느껴본 적이 없다. 30년 동안 다른 사람들의 문화를 배운 후 여전히 나는 외부인으로서 미래를 생각한다. 더 이상 다른 사람들의 문화를 구현할 필요가 없다. 나는 어떤 때는 프랑스인, 어떤 때는 이탈리아인, 어떤 때는 미국인, 중국인이 되려고 계속 노력했다. 이제 나는 나만의 문화를 찾았다. 이러한 인식이 내 삶을 변화시켰다. 나에게 그것은 인생의 4분의 3이 그림자에서 총천연색으로 떠오른 것과 같다. … 이름이 주어지고 온전한 공동체와 문화가 주어진다는 것은 얼마나 큰 선물인가."

이름을 짓는 과정, 비기능적인 주변화 집단에 속한 것이 아닌 기능적인 집단에 소속되어 있는 느낌은 주변부에 있는 사람이 표피에 갇힌 주변에서 건설적인 주변으로 옮겨가는 데 중요하다. 베넷이 이야기한 것처럼, "결국은 독특하다"라는 느낌에서 전체의 일부가 되는 느낌인 것이다. 건설적인 주변과 관련하여 정체성 교류를 설명하면서 베넷은 다음과 같이 말한다. "[무네요 요시카와(Muneo Yoshikawa)의 '틈새 사이의 역동(dynamic in-betweenness)'이라는] 제안은 통합된, 다문화적 실재가 유지되는, 문화적 정체성 간의 연속적이고 편안한 움직임을 의미한다. 이런 곳에서는 대안적인 체계의 운영이 의식적·의도적으로 널리 퍼져 있다. 페리(Perry)의 도식에 따르면, 개인은 점점 상대론적으로 변화하며 지식이 맥락 안에서 구성된다고 인식한다. 이 단계는 모호함을 인내하고 다른 사람의 생각을 존중하며 자신만의 참조 체계를 정의할 수 있는 개인의 능력에 달려 있다. 궁극적으로 이 단계에서는 개인에게 많은 문화적 맥락에서 연마된 가치 체계와 적극적으로 확인되고 선택 결정자로서 자신에게 확고하게 기반을 둔 정체성에 전념하는 것이 요구된다. 다른 사람을 공감하되 공감에만 푹 빠지지 않고 나올 수 있는 균형 있는 능력 그리고 경계에 유연하되 경계를 정할 수 있는 능력이 요구되는 것이다"(Bennett, 1993).

이러한 능력을 얻기 위해서 국제유목민들은 반드시 개인적으로—종종 공적으로— 악의가 없어 보이는 "당신은 어디 출신입니까?"라는 질문에 답해야만 한다. 물론 다양한 문화적·사회적·심리적·영적인 층으로 이루어진, 본질적으로 실존적인 질문인 "나는 누구인가?"에도 답해야 한다. 자신에 대해 정의를 내리는 과정은 대부분의 사람들에게는 평범한 것이지만, 해외에서 자란 사람들에게는 복잡함이 수반된다. 이 과정은 어렵지만, 아티초크의 껍질을 벗기는 것과 유사하다. 이들의 내면을 파악하다 보면, 중심에는 해외에 거주하면서 겪게 되는 고통과 해외 거주로 인한 장점들이 함께 있음을 알게 된다—성인 간디(Mahatma Gandi)가 "나는 내 집이 사방이 벽으로 둘러싸이고 창문들이 채워지는 것을 원치 않는다. 나는 모든 나라의 문화들이 가능한 한 자유롭게 내 집에 불어오기를 바란다. 하지만 나는 내 발이 날아갈 정도로 불어오는 것은 거부한다"라고 이야기한 것처럼. 국제유목민들의 장래성에는 가족 내, 지역적, 국가적, 전 세계적으로 긍정적인 변화를 가져올 수 있는, 국경을 넘어 볼 수 있는 어린 시절 습득한 시각을 사용할 수 있다는 것이 포함된다. 건설적인 주변 문화에서 왔을 때[월트 켈리(Walt Kelly)의 캐릭터인 "포고(Pogo)"처럼], 중재, 공공서비스, 국제 개발이나 문화 간 상호작용과 국제 인식과 관련된 어떤 상황에서든 리더십 기술을 발휘해야 하는 "… 극복할 수 없는 기회에 직면"할 때 이들은 효과적으로 이에 대응할 수 있는 준비를 갖추고 있다.

이들이 이러한 능력을 발휘하게 하려면 이들을 인정하고, 가치 있게 보며, 능력을 사용할 수 있도록 지도해야 한다. 그러나 퍼시픽대학교의 브루스 라 브랙(Bruce La Brack)이 진술한 것처럼 "캠퍼스에 국제유목민들에게 개인적으로 그리고 일상적으로 대응할 수 있는 사람이 있는 것만으로는 충분하지 않다. 따라서 국제유목민들을 지도하기 위한 사람을 찾기보다 이들을 위한 프로그램을 더 갖추고 있어야 한다."

분명히, 국제유목민들은 실제로 현재 여러 국가들의 점점 더 많은 수의 대학에서, 더 널리 인정되고, 가치 있게 평가되고 있으며, 능력이 더 향상될 수 있는 방향으로 나아가고 있다. 이 글과 다른 논문들에서 언급하는 것보다 더 많은 것들이 실제 이루어지고 있지만, 국제유목민을 위한 구체적인 방안들이 더 마련되어야 한다. 국제유목민들이 글로벌한 현실에 잘 준비될 수 있는 의견과 제안, 참여를 환영한다.

시카고대학교의 테드 워드는 오래전에 국제유목민들은 "21세기 시민의 원형"이라고 이야기했다. 새로운 밀레니엄 시대를 맞이하여 우리는 그들의 장점을 자랑스럽게 알리고, 그들의 문화적 주변부를 열정적으로 기념하며, 그들이 삶 전체에 걸쳐 의도적이고 건설적이며 지속적으로 자신이 누구인지 나타내도록 지도할 수 있는 기회를 갖게 되었다.

참고문헌

Bennett, J.M. 1993. "Cultural Marginality: Identity Issues in Intercultural Training." in R.M. Paige(ed.). *Education for the Intercultural Experience*. Yarmouth: Intercultural Press.

Dean, Timothy. 1992. "A Global Nomad's Journey of Self-Discovery." *The Global Nomad Quarterly*, Winter. Washington, D.C.: Global Nomads International.

Egan, Nora. 1992. "A Moment of Insight: A Toast to the Future." *The Global Nomad Quarterly*, Summer/Fall. Washington, D.C.: Global Nomads International.

Franck, Charles. 2002. "The Hidden Immigrant." *International Educator*, Spring, pp. 18~22.

Hartung, Elizabeth. 2002. "The Student as Outsider." *International Educator*, Spring, pp. 28~34.

Murakami-Ramalho, Elizabeth. 2002. "Globally Mobile: Talking with Ruth Useem and Ann Baker Cottrell about Cross-National Educational Experiences." *International Educator*, Spring, pp. 24~27.

Park, R.E. 1928. "Human Migration and the Marginal Man." *American Journal of Sociology*, 33(6), May.

Schaetti, B.F. 2000. "Global Nomad Identity: Hypothesizing a Developmental Model." Doctoral Dissertation, The Graduate College of The Union Institute. Ann Arbor, MI: Bell and Howell Information and Learning Company.

Schaetti, B.F. and S. Ramsey. 1999. "The Global Nomad Experience of Living in Liminality." *Mobility*, September. Employee Relocation Council.

Taylor, M. in *The Emigrants: Early Travellers to the Antipodes*. H. Bolitho and J. Mulgan(eds.).

Wu, Alice. 2001. *Global Nomads: Cultural Bridges for the New Millennium*. Video.

차이점에 대하여

제3문화 아이들과 교차문화 아이들,
미국과 일본의 제3문화 아이들*

/

앤 베이커 코트렐(Ann Baker Cottrell)

잘 알고 있듯이, 세계는 글로벌화되어 가고 있고, 이동하는 사람이 늘고 있으며, 대부분의 사회, 특별히 고도로 발달된 사회에서 다문화가 점점 증가하고 있다. 이것은 매우 많은 수의 사람들이 문화적으로 복잡한 환경에서 사회화되어 가고 있다는 의미이다. 이 현상은 매우 보편적이기 때문에 교차문화적인 환경에서 자란 것이 개인에게, 소위 교차문화 아이(Cross-Cultural Kids: CCKs)[1]로 불리는 아이들에게 무엇을 의미하는지 이해하고, 여러 다양한 종류의 교차문화 환경에서의 사회화를 생각해 보는 것이 중요하다.

이 글은 문화가 교차되는 환경에서 자란 개인, 제3문화 아이에 관한 것이다. 세계 각국에 몇백만의 제3문화 아이들이 있는 것으로 추정되지만,

---

* 이 글은 코트렐(Cottrell, 2007) 논문을 수정·보완한 것이다.

1 교차문화 아이 개념은 다양한 종류의 교차문화 사회화를 경험한 많은 사람들이 제3문화 아이 용어를 주장하기 원했다는 사실에 대응하여 만들어진 용어이다. 이들은, 공통점을 인정하면서 다양한 종류의 교차문화 사회화를 인식할 필요가 있다고 주장하는, 때로 중첩되는 종류의 교차문화 사회화를 아우르는 포괄적인 용어인 교차문화 아이를 만들었다(Pollock and Van Reken, 2009: 31~32; Van Reken and Bethel, 2006: 3).

이 용어를 들어본 사람은 (대부분의 제3문화 아이들을 포함해) 매우 드물다. 일본은 예외로, 제3문화 아이라는 용어가 널리 알려져 있다. 일본의 제3문화 아이들은 해외에 거주할 때는 '가이가이 시조(*kaigai shijo*, 역자 주: 해외에 거주하는 아이들)'라 불리고, 다시 귀국했을 때는 '기코쿠 시조(*kikoku shijo*, 역자 주: 귀국한 아이들)'라 불린다. 이 글에서는 제3문화 아이가 무엇인지 설명하고, 제3문화 아이가 다른 유형의 교차문화 아이들과 어떻게 유사하고 다른지 설명할 것이다. 그들이 왜 "제3문화 아이"로 불리는지 설명할 것이고, 제3문화 아이들의 경험과 특징을 이야기하고, 마지막에는 미국 제3문화 아이들과 일본 제3문화 아이들을 비교할 것이다.

교차문화 아이들: 주제의 다양성

교차문화 아이는 "발달 시기 동안 상당한 기간을 2개 이상의 문화적 환경에서 거주했거나 교류했던 사람"(Pollock and Van Reken, 2009: 31~32; Van Reken and Bethel, 2006: 3)을 의미한다. 교차문화 아이들이 교차문화적 사회화의 과정에서 경험한 것이 무엇이었든지 간에, 그들이 확장된 세계관과 적응력과 같은 다소 폭넓은 유사성을 공유하고 있다는 점을 인지하는 것이 중요하다. 그들은 종종 자신이 누구이고 어느 곳에 어울리는지 의문을 가진다. 그 까닭은 다른 사람들은 자신이 보는 것과 다르게 그들을 보며, 이런 복잡함을 지닌 개인들에게 너무 단순한 꼬리표를 붙여 생각하기 때문이다. 교차문화 아이들은 종종 이런 꼬리표들이 자신들에게 맞지 않는다고 느낀다.

넓은 범주 안에서, 다양한 형태를 보이는 교차문화 아이들은 1개 이상의 문화적 환경에서 살게 된 주요 이유에 따라 몇 가지 유형으로 분류될 수 있다. 〈표 1〉은 국가(national) 문화를 초월하는 사회화와 국가 안 다른

표 1 교차문화 사회화 유형

문화 이동의 주요 이유	국제적	국내적
부모의 결정 (가족)	국제결혼 국제입양	문화 간/인종 간 결혼 문화 간/인종 간 입양
부모의 결정 (이동성)	이민자 해외 거주자 제3문화 아이	하위문화 집단 간 이동
상황	새로운 외국인 유입과 관련된 경향	민족/인종/종교 소수 집단, 다민족 공동체

하위문화를 통합하는 사회화를 구별한다. 또한 부모의 결정 때문에 혹은 단순히 두 문화나 다문화적인 상황에 살기 때문에 하나 이상의 문화를 통합하며 살아가는 아이들을 구별한다.

제3문화 아이들이 누구인지 이해하기 위해서, 그들을 더 넓은 교차문화 아이들 맥락에서 보려 한다. 이 글에서는 부모의 결정 때문에 1개 이상의 문화에서 사회화된 아이들로 제한해 비교할 것이다. 여기에서 정의된 국제 교차문화 아이들의 유형은 '순수한' 유형 또는 원형이며, 국가 간 사회화의 주요 이유에 따라 분류되었다. 이 원형들을 사용하면 비교가 더 용이해지지만, 분명히 현실을 지나치게 단순화한 측면이 있다. 대다수가 이러한 원형 패턴에 적합하지만, 또한 원형과 많은 차이를 보이는 개인들이 있고 어떤 사람들은 교차문화적 사회화를 하나 이상 경험하기도 한다. 예를 들어, 제3문화 아이가 인종이 다르거나 국가 배경이 다른 부모를 두고 있을 수 있고, 또한 여권에 기재된 모국에서 피난민이거나 소수 인종일 수 있다.

국제적으로 이동하는 자녀들과 국제결혼한 부모의 자녀들 비교

부모와 함께 새로운 국가로 이주한 아동은 자신과 가족이 구성원으로 인정되고 자신을 같은 시각으로 바라보는 사회의 구성원으로 시작한다. 이주할 때 그들은 외부인처럼 보이며 스스로도 그렇게 생각한다. 가족은 단일 문화이지만 새로운 문화적 환경과 접촉함으로써 새로운 문화적 요소들이 첨가된다.

이와 대조적으로 국적이 다른 부부의 자녀인 경우, 가족 자체가 이중문화이며, 가족들이 양 문화를 모두 수용할 경우 가족 내 종종 혼합된 문화가 나타난다. 개념을 명확하게 하기 위해 이 유형의 가족이 한 부모의 모국과 동질적인 공동체에 산다고 가정할 때, 자녀의 삶에서 유일한 타 문화요소는 외국인 부모이다. 이러한 국제결혼 가정의 자녀는 부모 중 한 명의 모국에 완전히 속해 있다. 단지 부모 중 한 명을 외국인 부모로 갖게 된 것이다. 외국인 부모 쪽에서 물려받은 외모나 문화적 관습 때문에 다소 다르거나 이국적으로 보일 수 있다. 그러나 이러한 가정의 아이들은 모국과 모국 문화 안에 계속 있다.

국제적으로 이동하는 부모의 자녀: 해외 거주자와 이민자 가정의 비교[2]

이민자와 해외 거주 가족은 본래 정의할 때, 둘 다 단일 문화이며 모국

2　칸노(Kanno, 2003: 123~130)는 이민자(immigrant)와 일시적인 체류자(sojourner)(국외 거주자로도 알려진)의 차이를 상세히 언급한다.

사회와 문화에 완전히 속해 있는 사람들로 묘사한다. 그들은 새로운 국가로 이주할 때 소속감이 없는 외부인이지만, 다른 문화적 환경에서 살게 되면서 새로운 문화적 차원을 얻는다. 이민자와 해외에 거주하는 가족 간의 차이는 미래 계획에 있다. 이민자 가족의 이동은 영구적인 것이다. 주류 집단이 허락한다면 그들은 새로운 집에 적응하고 그 사회의 완전한 구성원이 되기를 기대하며 또 그렇게 될 것이라 예상한다.[3] 자녀는 보통 부모보다 더 빨리 적응하고 가족의 삶에 세대 간 교차문화적 차원을 들여온다.

해외 거주자 가족도 마찬가지로, 온전히 소속되었던 사회에서 다른 모든 이들이 그들을 외부인으로 보는 새로운 국가로 이주한다. 하지만 이민자들과는 대조적으로, 그들은 모국에 돌아갈 목적을 가지고 외부인으로 남아 있으려 한다. 부모들은 자녀들도 대학 혹은 그전까지는 자신들처럼 지내기를 기대한다. 해외 거주자들은 직업과 삶을 위해 필요한 새로운 환경에 적응하면서 동시에 모국 문화를 그대로 유지하고 있기를 기대하며, 다른 사람들도 비슷하게 이들이 모국 문화를 유지하며 지낼 것이라 예상한다.

제3문화 가정: 해외 거주자들과의 차이점

논의를 위해 이야기한다면, 해외 거주자들은 일정 기간 모국을 떠나 외국에서 일하는 사람들을 의미한다. 제3문화 아이의 부모들은 해외 거주자의 하위 부류이며, 모국을 대표하는 역할로 해외에서 일한다는 것이 다른 해외 거주자들과 구별되는 점이다. 그들은 기관의 후원을 받으며 일을 한

---

3   글리크실러와 동료들(Glick-Schiller et al., 1992)은 많은 사람들에게, 이주가 한쪽 국가로의 이동으로 끝나지 않고, 종종 귀국과 재입국을 반복하며 두 국가와의 관계를 계속 유지하는 형태로 나타날 수 있음을 처음으로 언급했다. 에이머(Amer, 2006)는 이러한 점을 반복해서 이야기한다.

다. 예를 들어, 후원기관은 자신들의 모국(외교관, 군인)이거나 종교기관(선교사), 자국이나 국제 기업(IBM, 엑손) 혹은 국제기관(UN)이다. 즉, 그들은 거주하는 해외 국가기관을 위해 혹은 독립적으로 일하는 것이 아니다.[4]

　가족에게 후원기관-고용주가 있다는 사실로 차이가 발생한다.[5] 고용자는 우선적으로 후원기관에 충성해야 하고, 이는 가족에게도 역시 적용된다. 자녀들은 종종 "너는 어린 대사(ambassador)란다" 혹은 "너는 교회를 대표해 여기 와 있는 거야"라는 말을 듣고, 그렇기 때문에 예의 바르게 행동해야 한다는 이야기를 듣는다. 후원기관은 그들이 일하는 곳(어느 나라에서 일할지, 나라 안 어느 지역에 있을지), 얼마나 머물지, 얼마나 자주 이동할지 등 가족의 경험에 매우 큰 영향을 미친다. 체류 국가 내에서 후원기관은 가족이 상대적으로 독립적인 후원기관 커뮤니티에서 살 것인지 아니면 '오지'에서 대표자로 홀로 살 것인지에 영향을 미친다.

　20세기 후반까지 대다수의 서구 가족들은 대표로 해외에 있었다. 하지만 비서구 해외 거주자 가족들은 대표자 역할이 덜했다. 예를 들어, 많은 사람들이 노동자나 학생으로 해외에 있었다. 모국 밖에서 살며 일하는 사람 수가 폭발적으로 증가하면서 해외에 거주하는 이유도 매우 다양해지고 있다. 제3문화 아이라는 용어는 현재, 일반적으로 모든 해외 거주 아동에게 적용되고 있지만, 전통적으로 제3문화 아이들은 해외에 거주하는 부

4　국제 인간관계 매니저들(International Human Relations Managers)은 해외에서 독립적으로 일하거나 체류국 기관에서 일하는 사람들을 스스로 외국 경험을 하기 위해 해외에 있는 사람들로 언급한다(Cho, 2009: 10).

5　폴록과 반 레켄(Pollock and Vna Rekin, 2009: 52~54)은 후원기관의 영향에 대해 논의했다. 부숑(Bushong, 2005)은 건강한 선교 체계, 건강하지 않은 선교 체계에 대해 중점적으로 이야기하며, 제3문화 가족들의 경험에 미치는 후원기관들의 영향에 대해 토의했다. 군인 가족에 관한 다음의 두 연구도 후원기관들의 영향에 대해 강조하고 있다. 「탐욕스러운 기관인 군대와 가족(The Military and the Family as Greedy Institutions)」(Segal, 1986); 『군인 자녀: 요새 속 어린 시절의 유산(Military Brats: Legacies of Childhood inside the Fortress)』(Wertsch, 1991).

모와 함께 해외에서 사는 소수의 아동/청소년들을 정의하는 것이었다. 원래 정의되는 제3문화 아이에 관한 다음의 논의는 미국 제3문화 아이들의 경험에 기초해 있다. 후원기관이 삶의 특징과 관련되어 있다는 것을 제외하고, 앞으로 이야기되는 대부분의 내용은 모든 해외 거주 아동에게 적용된다. 그리고 제3문화 아이들 사이에서 후원기관과의 강한 동일시는 감소하고 있을 수 있다.

TCKs는 왜 "제3문화 아이들"로 불리는가?

제3문화 아이는 부모가 제3문화에서 살고, 일하고, 자녀를 양육하기 때문에 제3문화 아이로 불린다. 하지만 "제3문화(Third Culture)"라는 용어는 많은 혼란을 일으킨다. 이는 많은 사람들이 생각하는 제3세계(Third World)를 의미하는 것이 아니며, 2개의 다른 문화가 혼합된 것을 의미하는 것도 아니다. 이 용어를 소개했던 존과 루스 힐 우심은 이 용어를 다음과 같이 정의했다.

> 행동 패턴은 사회, 집단, 집단 사람들을 관련짓는 과정 속에서 여러 다른 사회의 사람들에 의해 창조되고, 공유되고, 학습된다(Useem, Useem and Donoghue, 1963: 169).

제3문화는 사회들의 틈새 공간에서 이러한 사회들을 중재할 수 있는 사람들에 의해 형성된 문화이다. 이 문화는 이곳에서 살아가는 사람들의 문화(첫 번째(모국), 두 번째(거주국) 문화)를 분명히 반영하는 가교 문화이다. 제3문화는 그 문화들을 초월한다. 그것은 단순히 문화가 혼합된 것이 아니다.
제3문화는 적어도 세 가지 차원에서 다양한 종류의 특정 제3문화들을 포괄하고 있는 광범위한 용어이다. 제3문화의 기관과 규준은 시대에 따라 다르다. 식민지 시대의 제3문화의 기관과 규준은 당대의 냉전 이후 제3문화의 것과는 매우 다르다. 특정한 이중 국적의 문화와 다국적 제3문화는 관련된 사람들의 국적을 반영한다. 예를 들어, 브라질-일본의 제3문화의 규준은 독일-케냐나 영국-파키스탄의 제3문화와 다르다. 그리고 점점 더 우리는 유엔이나 다국적 회사와 같은 기관에서 일하는 사람들이 창조하는 다국적 제3문화의 실례들을 많이 본다. 마지막으로, 제3문화는 기능에 따라 다르다. 즉, 선교사의 제3문화는 기업이나 외교관의 제3문화와는 매우 다르다.

제3문화 아이의 경험의 다양성

제3문화 아이들의 경험은 매우 다양하다. 제3문화 아이들은 서로 다른 후원기관에서 지원받으며, 교차하는 문화가 다르다는 사실 외에도, 외국에서 얼마나 오래 살았는지, 얼마나 많은 장소에서 살았는지, 살았던 국가가 어디인지, 어떤 학교에 다녔는지도 서로 다르다. 몇 가지 차이점을 설명하기 위해 내가 루스 힐 우심과 함께 연구했던, 미국에 살았던 604명의 성인 제3문화 아이들(ATCKs)의 연구 자료를 사용할 것이다(Cottrell, 2000, 2002, 2007; Useem and Cottrell, 1996). 이 연구의 응답자들이 해외에서 살았던 기간은 1년부터 19년까지 분포해 있다. 응답자의 반 정도(45%)가 적어도 10년간 해외에서 지냈으며, 약 5분의 1(18%)에 가까운 사람들이 15년 이상 해외에 있었다. 그들이 살았던 국가는 1~9개인 것으로 나타났다. 대다수(60%)는 3개 국가 이상에서, 16%는 5개 이상의 국가에서 살았다. 그들은 또한 현지 학교를 포함해 해외에 있는 모국 학교, 국제학교 등 다양한 학교에 다녔다. 어떤 아이들은 집에서 홈스쿨링을 받았다. 어떤 제3문화 아이들은 수백 마일 내 유일한 외국인 아이였고, 다른 제3문화 아이들은 매우 미국화된 후원기관 건물에 살기도 했다. 그러나 이러한 분명한 차이에도 불구하고, 각기 다른 국가에서 온 제3문화 아이들은 만나면 서로 빨리 친해지고, 제3문화에서 사회화되었다는 공통점으로 인해 서로 유대감을 갖는다(예. Cottrell, 2002: 230; McCluskey, 1994: ix 참조).

이 연구에서 두 명의 장기 제3문화 아이들은 극단적으로 다른 제3문화 아이의 경험을 보여준다. 한 명은 장기간 정착하며 살았던 제3문화 아이이다. 이 선교사 자녀는 한 살 때 인도로 이주했다. 가족들은 그녀와 같은 곳에 살았지만, 그녀는 미국 대학에 들어가기 전까지 인도의 선교사 기숙학교에 다녔다. 미국에서 보낸 몇 번의 휴가는 외국에 있는 것같이 느껴졌다.

이와 대조적으로, 아버지가 정유회사에 근무했던 제3문화 아이는 장기적으로 이동하는(long-term) 제3문화 아이의 모습을 보여준다. 그는 문화가 매우 다른 6개 대륙의 7개 나라—베네수엘라, 쿠바, 인도네시아, 이탈리아, 나이지리아, 리비아, 미국—에서 살았다. 해외에 1년이나 2년만 살았던 아이도 많다는 것을 염두에 두는 것이 중요하다. 그들은 제3문화 아이로 보기보다는 제3문화를 경험했다고 말할 수 있다.

국제적으로 가장 많이 이동한 미국 제3문화 아이들은 외교관 자녀들이며, 실례로 한 제3문화 아이는 19살 때까지 13개 국가에 거주했다(〈표 2〉 참고).

재입국과 정체성

정체성과 재입국 문제들이 제3문화 아이 문헌의 많은 부분을 차지하고 있기 때문에, 이 내용도 이 장에서 요약될 수 있다. 해외에 후원기관이 있

표 2 한 제3문화 아이의 출생에서부터 19세까지의 여정(후원기관: 미국 국방부)

도시	나라	기간	세부 사항	학교
보스턴	미국	2년	아버지 대학원 공부로 거주	
런던	영국	1년	아버지 펠로십으로 거주	
버지니아 알링턴	미국	1.25년	아버지 군대로 인해 거주	
암만	요르단	1년	외국 군대 근무	
포트사이드	이집트	1년	1학년 재학	이탈리아 가톨릭 학교
지다	사우디 아라비아	2년	2, 3학년 재학	미국 학교
베이루트	레바논	1년	3학년 재학	프랑스 가톨릭 학교
아테네	그리스	1달	피난민	
로마	이탈리아	1달	방학	
예루살렘	이스라엘	2년	학교 졸업	프랑스 가톨릭 학교
로마	이탈리아	9개월	4학년 재학	프랑스 가톨릭 기숙학교
발루아	프랑스	2주	스키 여행	로마에 있는 여자 학교
여러 다양한 곳	터키, 유고슬라비아	2~3개월	가족 캠프	
베데스다	미국	4년	7, 9~11학년	미국 학교
튀니스	튀니지	여름	가족, 새로운 부대	
로마	이탈리아	1.5년	고등학교 2학년, 고등학교 졸업 후 프로그램	미국 기숙사 국제학교
튀니스	튀니지	3개월	가족들이 있는 곳에서 일함	

* 위의 제3문화 아이는 미국에서 대학을 다녔는데 대학 재학 시 겨울은 가족이 있는 쿠웨이트에서
보냈으며, 대학 3학년은 대만에서 보냈고 대학 4학년은 중국에서 보냈다.
자료: Useem and Cottrell(1996).

기 때문에 제3문화 아이의 독특한 경험에 특별히 주목하게 된다.

해외에서 사는 것. 문화적으로 복잡한 역사를 가진 사람들에게 그들이

어디에 소속되어 있으며 고향은 어디이며 소속된 집단/국적은 어디인지를 늘 질문하게 된다. 제3문화 아이가 해외에 있을 때 이러한 이슈들에 관해서는 놀랄 정도로 일치된 모습을 보인다. 모든 사람―부모, 교사 그리고 반 친구들, 거주국 국민 그리고 제3문화 아이 자신―이 제3문화 아이들이 부모의 모국에 속해 있으며, 거주하고 있는 장소에서는 외국인이라는 사실에 동의한다. 해외에 있을 때 그들의 사회적·개인적 정체성은 일치한다. 그러나 고향이 어디인지에 대한 문제에는 다소 덜 일치한다. 제3문화 아이를 제외한 모든 사람은 부모의 모국이 제3문화 아이의 고향이라는 것에 동의한다. 부모의 나라에서 거의 생활하지 않았던, 오랫동안 해외에서 거주한 제3문화 아이의 경우에는 확실히 부모의 모국이 고향 같다는 느낌이 들지 않는다. 그들은 고향이라기보다는 "내 여권에 기재된 국가"라고 부른다. 오랫동안 해외 다른 나라에 거주했던, 장기간 한곳에 정착했던 제3문화 아이는 의심할 바 없이 고향은 자신이 살고 있는 곳이 된다. 그곳이 자신이 아는 전부이다. 부모의 고향에 방문하거나 짧게 머무는 경우에는 다른 나라에서 생활하는 것처럼 경험된다. 고향에 대한 질문은 장기간 이동하며 살았던 제3문화 아이에게는 더 복잡하다. 거주하는 장소는 그곳에 있는 동안은 고향이지만, 다른 곳으로 떠나면 더 이상 고향이 아니다. 진정한 고향에 대한 뿌리내림은 부족하다. 장기적으로 이동하며 살았던 제3문화 아이에게 고향은 장소보다는 사람들에 의해 정의되는데 그 사람들이란 주로 가족이다.

문화 충격은 제3문화 아이들이 해외에서 살 때 주요 문제가 되지 않는 것 같다. 이것은 특별히 후원기관이 국방부, 선교기관, 군대, 회사[예. 아람코(Aramco)]와 같이 분명한 정체성이 있는 경우에 적용된다. 왜냐하면 대체로 이동하는 제3문화 아이들이 부모의 후원기관과 함께 한 나라에서 다른 나라로 이주할 때 그들은 후원기관의 제3문화 안에서 이동하기 때문이다. 비교적 새로운 곳에 적응이 덜 필요한 까닭은, 예를 들어 외교관 자녀의 경우 전 세계 어디나 환경이 유사하기 때문이다. 아프리카에서의 대사 자녀의 생활은 아시아에서의 대사 자녀의 생활과 다르지 않다. 물론, 새로운 거주국 문화에 적응해야 하는 면도 일부 있겠지만, 이동하는 제3문화 아이들에게 문화 충격은 그들이 후원기관의 특정 제3문화 안에 있는 한 큰 문제는 되지 않는다.

재입국(Reentry). 재입국 스트레스는 제3문화 아이 문헌에 공통적으로 제시되는 주제인데, 그 이유는 제3문화 아이 누구나 귀국 기간 동안 보편적으로 경험하며, 제3문화 아이들이 예상하지 못했던 스트레스이기 때문이다(Sussman, 2000). 상실과 슬픔이 논의에 종종 언급되는데, 이것은 잃어버린 우정, 잃어버린 집, 심지어 잃어버린 지위로 인해 나타나는 것이다. 문헌에 잘 언급되지는 않지만, 그중 가장 큰 상실은 제3문화를 잃어버리는 것이다. 해외에 있는 제3문화 아이들과 다른 해외 거주자들의 삶은 국제학교와 같은 제3문화와 관련된 기관에 근거해 있다. 제3문화의 상실은 그들을 이해하고 제3문화를 서로 공유할 수 있는 문화와 공동체를 상실하는 것이다. 한 제3문화 아이가 이야기한 것처럼, 제3문화 아이는 국제학교에서는 다른 제3문화 아이들을 친구로 만날 수 있지만, "모국" 학교에서는 제3문화 아이들을 친구로 만나기 어렵다.

그곳에서 모든 사람들은 "모국어"가 아닌 수십 개의 외국어를 구사했다. 모두가 이동한 경험이 있기 때문에, 이동하는 것이 어떤 것인지 이해하고 있었다. 따라서 이동에 대해 어떤 것도 설명할 필요가 없었다. 대신 그들은 그들의 배경이나 그들에 대해 전혀 놀라워하지 않는 환경에서 일을 계속 진행해 나갔다.[6]

---

6   달리 명시되지 않는 한, 모든 인용은 우리 연구에서 가져온 것이다.

더 구체적으로, 제3문화 아이들은 친구와 집을 상실할 뿐 아니라 후원 기관과도 이별하게 된다. 후원기관은 기본적인 수준에서 오리엔테이션을 제공하고 물자를 지원하며, 종종 가족을 위해 거의 모든 것을 마련해 준다. 더 근본적으로, 후원기관을 상실하는 것은 정체성을 잃어버리는 것이다. 제3문화에서 후원기관은 국적만큼이나 개인의 정체성을 규정할 수 있다. 그러나 후원기관의 정체성은 모국에 있는 10대와 청년들에게 거의 의미가 없는 경우가 많다. 제3문화 아이들이 18세가 되면 실제적으로 후원 공동체에서의 공식적인 멤버십을 잃어버릴 수 있다. 예를 들어, 군대에서 후원을 받았던 아이는 더 이상 군인 자녀의 정체성을 갖지 않으므로 혼자 군 기지에 갈 수 없다.

더욱이 해외 후원기관에 소속되었던 아이들은 해외 후원기관 마을에 있던 집으로 가기도 어려워진다. 보통 인사이동이 있은 후에는 더 이상 그곳에 아는 사람이 없을 것이기 때문이다(이러한 내용은 수많은 글, 특히 헨더슨 제임스(Henderson-James, 2009)의 글처럼 제3문화 아이들로 성장한 사람들이 쓴 자서전에 많이 언급되어 있다].

정체성. "고향"의 경우와 마찬가지로, 제3문화 아이들은 현재 자신이 거주하는 나라나 여권에 기재된 모국 어느 한쪽에도 완전히 소속되어 있지 않다고 느낀다. 많은 제3문화 아이들은 특별히 장기간 정착해 살았거나 어린 시절 살았던 곳에 강한 정서적 유대감을 느낀다. 그러나 그들은 그나라에 "소속"되어 있지 않다는 것을 알고 있다. 예를 들어, 콜맨(Coleman, 2003: 228)은 "나는 에티오피아에서 외국인이었으며, 내가 태어난 곳에서도 계속 외국인이었다"(16년 어린 시절 동안)라는 사실을 깨닫고 슬펐다고 이야기한다. 그리고 응답자의 87%는 해외에 한 번도 나가보지 않은 미국 인들과 다르게 느끼는 것으로 언급했다.[7] 이러한 응답은 25세뿐 아니라 80세 노인에게서도 나타났다. 처음에 극도의 소외감을 느낀 후에, 서서히 편안해지긴 하지만 대부분은 전적으로 하나의 국적/문화에 완전히 소속 감을 느끼지 못한다. 선교사 자녀로 자란 50세 응답자는 이것에 대해 다음과 같이 설명한다.

나는 미국 시민일 수 있지만, 마음속까지 미국인인 것은 결코 아니다. 나는 평범한 미국인의 생활방식, 목표, 생각, 태도에 결코 편안함을 느끼지 못할 것이다. 나는 진정한 나이지리아 사람은 결코 될 수 없지만, 나의 마음은 나이지리아에 훨씬 가까이 가 있다. 우리 선교사 자녀들은 정말로 두 세계 사이에 놓여 있다.

"두 세계 사이"라는 말에 주목해 보자. 이것은 선교사 자녀가 이중문화 (bi-cultural)를 갖고 있다는 의미가 아니다. 왜냐하면 현실에서 대부분의 미국 성인 제3문화 아이들은 진짜 이중문화로 볼 수 있을 정도로 두 문화에 대한 지식이 깊지 않다. 또 다른 선교사 자녀는 "나는 한국을 사랑하고 그곳을 고향이라고 부르지만, 나는 한국에 대해 잘 모른다. 18년을 살았던 그곳에 대해 나는 끔찍할 정도로 정말 무지하다"라고 이야기했다.

제3문화 아이들은 제3문화 아이로서 경험했던 모든 나라와 사람들에 대해 유대감을 갖고 있지만, 어떤 곳에서도 소속감을 느끼지 못한다. 우리의 연구 대상자 14%는 부모의 인종이 달랐는데, 그중 특별히 성인 제3문화 아이로 이동했던 한 명은 다음과 같이 말했다.

나의 정서는 주로 남미 사람과 비슷하지만, 생각은 유럽인과 비슷하다. 나의 추진력은 미국 사람 같지만, 평온함은 아시아인을 닮았다. 필리핀 사람들과 있으면 나는 필리핀 사람이 되고, 라틴계 사람들과 있으면 베네수엘라 사람이 되고, 흑인들과 있을 때 유색인종이 되며, 아시아인과 있을 때는 아시아 사람이

---

7   74%가 동의했고, 13%가 동의와 비동의에 모두 응답했다.

된다. 그리고 백인들과 있을 때는 주로 백인이 된다. … 나는 어떤 민족인지 칸에 체크해야 할 때마다 늘 어떻게 해야 할지 모르겠다.[8] 때때로, 기분에 따라서 아시아인, 필리핀인 혹은 백인, 결국 나는 반반씩인 것이다. 그러나 주로 기타 항목에 체크한다. 나는 이런 여러 칸 중 하나에 맞는 사람이 되지 않기 위해 노력한다.

"집단(tribe)"을 찾고 발견하는 성인 제3문화 아이. 여기에 인용된 성인 제3문화 아이들은 공통적인 태도를 보인다. 이들은 정해진 범주에 속하는 것에 저항하려는 경향이 있다. 그러나 동일시할 수 있는 "민족 집단"이 드물다는 것은 대부분, 좌절과 염려를 일으키는 원인이 된다. 특별히 오랫동안 제3문화 아이로 삶을 보낸 성인들은 더욱 그렇다. 많은 사람들은 "나는 적합하지 않아", "나는 어디 속해 있는지 모르겠어", "아무도 나를 이해하지 못해"라고 이야기한다. 어떤 사람들은 자신이 어디에 속해 있는지 이해하려 하지만, 자신이 속한 집단에 관한 적절한 이름을 찾지 못한다.

우리는 한 집단의 일부로 느끼지만, 아무도 그 집단을 인지하지 못한다. 어디에 소속되어 있는지 내게 물어본다면, 나는 어떤 지역적인 장소에 소속되어 있다고 이야기할 수 없다. 내가 동일시하는 것은 해외에 기반을 둔 공동체이다. 내가 머물며 접촉했던 사람들은 대학이나 법학 전문대학원에 있는 사람들이 아닌 외국에서 근무한 부모의 아이들이다. 우리는 어떤 곳에도 적응할 수 있고, 여기서 생활해 나갈 수도 있다. 그러나 그것이 우리의 온전한 삶은 아니다. 내가 공유할 수 있는 유일한 사람들은 해외에 살았던 경험이 있는 사람들이다. 나의 대학 친구들조차 대만과 한국에서 성장한 친구들이다. 우리는 같은 나라에 있었던 제3문화 아이들은 아니지만, 유사한 생활양식 때문에 서로 유대감을

---

8   미국인들은 종종 어떤 인종/민족에 속하는지 여러 칸 중 하나에 체크해야 할 때가 있다.

공유할 수 있다.

"제3문화 아이"라는 용어를 알게 되면 정체성을 규정할 수 있기 때문에, 큰 위안과 자기 이해를 얻을 수 있다. 후원 단체나 국제학교를 통해 제3문화 아이들이 점점 많이 소개되고 있지만, 아직도 이 용어가 표준 용어는 아니다. 최근에 내가 한 외교관 딸에게서 받은 이메일에는 자신이 누구인지 깨닫게 되었을 때의 전형적인 반응이 담겨 있다.

작년에 당신의 논문을 읽었을 때 내가 누구인지 확인하게 된 느낌이 들어 울고 말았습니다. 내가 누구인지에 대한 이름이 있다는 것… 그것이 얼마나 많은 면에서 나를 도왔는지, 당신에게 표현할 수 없을 정도입니다.

공유하고 있는 정체성에 대한 폭넓은 인식으로, 제3문화 아이들은 자신들에 대해 배우고 서로 만나는 여러 방법들을 모색해 왔다. 이런 방법 중에는 캠퍼스 단체(예. 선교사 자녀들을 위한 MU Kappa, 국제유목민)에서 직접 만나는 오래된 방법이 있고, 해외 학교의 동창회 모임과 소식지[예. ≪세상 속에서(Among Worlds)≫, ≪해외에 있는 아이들(Overseas Brats)≫] 등으로 소식을 나누는 방법이 있다. 물론 학습하고 여러 사람들을 연결하는 데에는 기술 등을 이용한 수많은 방법이 사용된다. 예를 들어, TCKid.com은 여러 자원들과 여러 사람들의 페이스북을 연결한다. 또한 전 세계에 있는 지역 모임을 목록화하고 특정 도시에 있는 사람을 찾을 수도 있다.

제3문화 아이들 모임까지는 아니더라도, 이중문화적 혹은 국제적 관점을 공유하고 있는 다른 사람들을 알고 있는 것은 다문화적 정체성을 존중하고 공통의 관점을 갖고 있는 공동체를 제공하는 데에 매우 큰 도움이 된다. 연구 분야를 몇 번 바꾼 후에 벨빌라다는

… 다시 한번 이동하며 갖게 된 딜레마를, 비교 문학을 통해 해결했다. 이동함으로 인해 나는 스페인어와 영어 모두 잘 구사할 수 있게 되었다. … 나는 이미 인생의 대부분을 문화를 비교하며 보냈다. … "비교 문학"은 문화적으로 우연히 있게 된 곳에서 나를 학문적으로 성장하게 만들었다. "영어"도 아니고 "스페인어"도 아니지만 그 둘 사이의 어딘가에, 또한 영어와 스페인어 모두, 영어와 스페인어가 아닌 다른 언어에서도, 심지어 영어와 스페인어에 대한 비평을 통해서도 나는 학문적으로 성장했다(Bell-Villada, 2005: 187).

일본과 미국의 제3문화 아이들 비교

현재 제3문화 아이에 관한 미국 문헌을 볼 때, 사람들은 제3문화 아이들이 세계 어디에나 갈 수 있고, 세계 모든 곳에서 올 수 있다는 사실을 쉽게 간과할 수 있다. 미국을 제외한 다른 나라들에서는 제3문화 아이들에 관한 문헌이 적지만, 일본은 예외이다. 비록 일본과 미국 제3문화 아이들은 상당히 많은 공통점이 있지만, 매우 다른 나라 출신이라는 점에서 제3문화 아이로서의 경험에 중요한 차이가 있다. 다음에 이어질 논의들은 미국과 일본 제3문화 아이들의 모국, 해외 거주와 재입국 경험 그리고 정체성과 소속감의 문제를 비교한다.

모국

일본은 비순응에 관대하지 않은 민족적·문화적으로 오랫동안 동질적인 사회였으며, 대체로 여전히 단일한 사회로 남아 있다. 이러한 문화적 헤게모니는 외부인들과의 관계에서도 (최근까지) 크게 도전받지 않았었다.

외국인에 대한 일본 사람들의 태도는 역사적으로 폐쇄적이었으며, 국제적 개입 수준도 낮았고, 이민도 적은 편이었다(Tsuda, 2001). 일본에 정착한 해외 이주자들은 동화되기 어려운 사람들로 간주되었다.

일본이 짧은 시간에, 상대적으로 폐쇄적이던 사회에서 국제적 개입을 하는 국가가 되면서, 일본 사람들은 귀국한 사람들에 대해 관심을 보이고 있다. 해외에 거주하는 일본인 수는 1970년대에 국제 취업에 대한 관심이 증가하면서 폭발적으로 증가했다.[9,10] 초기에 해외에서 귀국한 일본 제3문화 아이들은 일탈된 사람들처럼 보였는데, 일본에서는 그들을 다음의 두 가지 명칭으로 불렀다. 가이가이 시조(*kaigai shijio*, "해외에 있는 동안"), 기코쿠 시조(*kikoku shijo*, "귀국했을 때"). 기코쿠 시조는 일본 학교나 대학의 엄격한 분위기에 너무 준비되어 있지 않아서 1970년대 일본 학교들은 이들에게 특수학교를 소개해 주거나 입학시험을 분리해 치르거나 일부 대학은 이들을 위한 정원을 따로 두거나 기코쿠 시조를 위한 학과를 개설했다. 준비되어 있지 않은 기코쿠 시조들이 더 많아지는 것을 미연에 방지하기 위해 해외 일본 학교의 수는 3배로 증가했고 1970~1990년 동안 일본어 보충 수업의 수는 6배로 증가했다(Yoshida et al., 2009: 266). 제3문화 아이들의 수는 계속 증가했지만, 일본이 세계화함에 따라 이들에 대한 지배적인 견해는 결점―대부분 문화, 특히 언어―에 초점을 맞추는 것에서 오히려 서구 생활방식에 대한 지식과 뛰어난 영어 구사력과 같은 이들의 장점에 초점을 맞추는 것으로 바뀌었다.

미국은 일본과는 매우 대조적인 곳이다. 미국은 이민자들의 국가이며

---

9   일본 제3문화 아이들의 수는 1970년대에서 2000년대 사이, 11배 이상 증가했다(Yoshida et al., 2002: 430).

10 일본과 미국의 제3문화 아이들의 차이점은 일본 제3문화 아이들은 후원기관을 변수로 논하지 않는다는 것이다. 해외의 군대, 선교 단체들이 후원하는 가족이 없고, 기업이 후원하는 가족 수가 우세하다.

매우 다양한 후원기관하에 역사적으로 전 세계와 관련된 방문자들의 국가이다. 한 국가 문화 안에 다양한 사람과 문화들이 공존하기 때문에 중앙집권보다는 분권화 현상이 나타났고, 집단보다는 개인을 가치 있게 여기며 다양성을 용인할 뿐 아니라 다양성을 존중한다. 그 결과, 미국 제3문화 아이들은 주목받지 못했고, 미국 제3문화 아이 집단에 대한 공통의 인식도 존재하지 않는다.

해외 경험

일본과 미국 제3문화 아이들 간에 주요한 차이점은 해외에서 생활할 때 필요한 새로운 문화적 기술 정도와 감소하는 모국의 문화적 소양 정도이다. 일본인의 경우 다른 나라에서 일본어를 구사하는 경우가 많지 않기 때문에, 해외에 거주할 때 어느 곳에 있든지 간에 거주국 문화를 받아들인다. 가장 기본적인 수준에서조차도 새로운 언어를 습득하는 것이 필요하다. 일본 대중문화는 대체적으로 일본 밖의 해외에서는 대중적이지 않다.

미국인들은 적어도 최소한의 영어를 구사하는 사람들을 세계 어느 곳에서나 만날 수 있기 때문에 거주국 문화를 학습하지 않고도 해외에서 어느 정도 공공장소에서 지낼 수 있다. 심지어 개발도상국에서조차 변형된 현대 서구 문화가 도시들에 들어가 있으므로, 미국의 대중문화는 글로벌한 현상이라 볼 수 있다.

학교는 아이들에게 가장 중요한 사회·문화적 환경이다. 다수의 가이가이 시조가 다니는 학교에서 이들의 일본의 문화적 유창성은 떨어진다. 영어권 선진국에서 대부분의 부모들은 영어와 서구 문화의 유창성을 향상시키기 위해 자녀들을 거주 지역에 있는 학교에 등록시킨다(Kano Podolsky and Kamoto, 2005; Langager, 2010: 2). 이런 아이들의 경험은 제3문화 아이들보다는 이민자들 경험에 더 가깝다. 왜냐하면 그들은 학교를 통해 지역 문화에 들어가지만, 그들 중 어떤 아이들은 ESL 같은 프로그램에 배치되면서 거주국 학생들과 어울릴 수 있는 기회를 갖지 못하기 때문이다[에. 칸노(Kanno, 2003)의 사와코와 기쿠코(Sawako and Kikuko) 참조]. 영어를 사용하지 않는 유럽에서 대부분의 일본 아이들은 영어를 사용하는 영국 혹은 미국 교과 과정의 국제학교에 다닌다.[11] 이로 인해 자녀들은 똑같이 부모의 문화에서 멀어지지만, 거주국의 문화에 통합되기보다는 제3문화 공동체 안에 들어가게 된다.

일본의 문화 지식을 높게 유지하는 것을 우선시하는 일본 부모들은 자녀들을 전일제 해외 일본 학교에 등록시킨다(nihonhingakko). 하지만 21세기 초에 오직 소수(31%)의 부모들만 이러한 선택을 했다는 점은 분명히 부모들이 영어와 서구 문화에 자녀들이 능통해지는 것에 가치를 두었다는 것을 보여준다(북미의 가이가이 시조의 2%만이, 유럽에서는 가이가이 시조의 25% 학생들만이 일본 학교에 다녔다). 그러나 지역 문화와 언어가 높이 인정받지 못하는 곳에서, 일본 학교의 등록률은 훨씬 높게 나타난다(중남미에서는 거의 2분의 1 비율, 중동 및 아시아 지역에서는 4분의 3 비율 보임).[12] [일본 학교에 관한 모든 자료는 카노 포돌스키·가모토(Kano Podolsky and Kamoto, 2005)에서 인용]. 많은 부모들은 영어를 사용하는 학교에 자녀들을 입학시키고 일본어 보충 주말학교(hoshuko)에 아이들을 보내며 자녀들이 두 언어 모두 유창하게 구사할 수 있도록 노력한다.[13]

---

11 교장에 따르면, 일본인이 1990년대 후반 파리 국제학교에 가장 큰 국립 단체를 만들었다. 대부분의 미국과 영국 아이들은 파리에 있는 각각의 국립 학교에 다녔다(Jones, 1998).

12 아시아 국가에서 일본 학교의 등록률은 부모가 국제적인 능력을 가치 있게 생각할수록 감소한다. 1990년대 중반 아시아의 가이가이 시조의 90%는 일본 학교에 다녔다.

13 2003년, 해외에 있는 일본 학교 수가 매우 적음에도 불구하고(100개 미만), 해외에 거주하는 일본 아동의 60% 이상이 일본 학교에 전일제 혹은 시간제로 다녔다(Japanese Ministry of Foreign Affairs, 2003). 대부분의 학교들은 보충(토요일) 학교의 형태를 보인다.

대조적으로, 해외의 미국 학교는 대다수의 미국인 제3문화 아이들에게 모국인 미국 문화를 강화시킨다. 부모가 해외에서 일할 때 응답자들이 다닌 1546개의 학교 중 65%는 거의 영어를 사용하는, 일종의 제3문화 학교였다.[14] 미국 국방부에 소속된 학교들(24%)은 거의 중단된 적 없이 미국 교육을 계속 제공해 왔다. 미국 국방부의 후원을 받는 해외의 학교들(17%) 또한 미국의 교육과정을 따른다. 단, 몇몇 학교는 이중언어를 사용하며 거주 국가의 국민을 학생으로 받기도 한다. 다른 제3문화 학교들(24%)은 거의 모든 교육에서 영어를 사용하며 영미(Anglo-American) 교육과정을 따르는 것으로 나타났다. 이러한 학교들에는 후원기관에서 세운 학교, 예를 들어 선교사 자녀를 위한 학교(mission schools), 오일 캠프 학교 그리고 다른 민간이 세운 다양한 학교와 제3국가(영국, 프랑스, 독일)의 국제학교들이 포함된다. 응답자들이 다닌 학교 중에서 5개 학교당 한 학교 정도만이 거주하는 나라에서 세운 학교였다. 이러한 학교 중 많은 수가 영어를 구사하는 나라에 있는 학교들이었으며, 인도와 같은 나라의 거의 영어를 사용하는 사립학교들이 여기에 포함되어 있다. 소수의 응답자들은 유럽의 언어로 가르치는 거주 국가의 학교에 다닌 것으로 파악되었다.[15]

---

14 응답자의 반 이상(54%)이 해외에 거주하는 동안 둘 이상의 다른 유형의 학교에 다녔기 때문에, 우리는 그들이 출석한 모든 학교를 기록했고, 따라서 개인보다는 학교에 관한 데이터를 제공한다.

15 이 연구는 거주 국가 학교 경험을 대표하기에는 불충분하다. 왜냐하면 우리는 국제학교 동창회와 친구 관계망 같은 제3문화 아이들 네트워크를 통해 응답자의 대부분을 모집했기 때문에, 우리는 지역사회 현지에 들어가 있는 제3문화 아이들에 대해서 관심을 기울이지 못했다.

재입국 경험

　대체적으로 미국, 일본의 귀국 집단에게 재입국 문제는 유사하게 나타나지만(Uehara, 1986), 미국과 일본의 문헌들은 서로 다른 점을 강조하고 있다. 강조하는 내용이 완전히 두 집단의 다른 경험을 반영하는 것은 아니지만, 이러한 내용은 두 국가의 차이로 인해 미국과 일본의 제3문화 아이들의 경험이 유사하지 않음을 강조하고 있다. 일본 문헌에는 공통적인 재입국 경험이 드러나 있으며, 문화의 공동 가치에 일관되게 초점이 맞춰져 있다. 그러나 미국 개인주의의 중요성이 반영되어 있는 미국인의 경험에는 개인적 어려움들이 표현되어 있다. 이어지는 논의에서 다음 두 가지를 기억하는 것이 중요하다. 1) 귀국자들에 대한 일본인의 태도는 매우 많이 변화했다. 초기에 문제를 가진 아이들로 본 관점에서, 특권을 가진 아이들로 보는 태도로 변화했다가 현재는 일본에서 관심을 거의 받지 못하고 있는데, 그 이유는 일본 사회가 국제화되었으며, 공공 정책이 이주민 근로자 아이들의 필요에 관한 것으로 바뀌었기 때문이다(Kano Podolsky, 2004: 74; Yoshida et al., 2009: 266). 초기 문헌들은 기코쿠 시조가 경험하는 어려운 현실을 다루었지만, 주제들 간에 차이는 여전히 존재한다. 2) 해외의 일본 학교에서 공부했던 기코쿠 시조의 경험은 다음에 묘사된 기코쿠 시조보다는 미국의 제3문화 아이들의 경험과 더 유사해 보인다.

　기코쿠 시조의 재입국 경험은 해외에서는 적절하고 정상적이고 좋았던 것으로 간주되던 행동들이 일본에서는 문제가 있고 다른 사람에게 지장을 주는 행동이 된다는 사실로 시작된다(Muro, 1988). 많은 기코쿠 시조는 사실 일본의 대학이나 직장에서 성공하기 위해 필요한 필수적인 지식(특히 언어)과 기술을 갖고 있지 않다. 질문하는 것, 자기 확신, 직접적인 눈맞춤과 비공식적인 언어와 같은 서구 문화적인 행동은 일치성을 매우 많이 신경 쓰는 사회에서 다른 사람의 감정을 상하게 할 수 있다.[16] 일본인들은 이들과 국내 학생의 차이점을 다루기 위해, 처음에 부적응하는 아이들로 보았던 귀국 학생들을 "다른 특성을 가진 아이들"로 분류하고, 이들을 위한 명칭을 만들고, 국내에서 성장한 아이들과 분리된 프로그램을 제공했다. 이런 프로그램을 통해 귀국 학생들은 그들이 국내 학생들과는 다르지만, 자신의 경험이 다른 사람들과 공유될 수 있다는 것을 알게 된다.

귀국 학생들은 무언가 국내 학생들과는 다르고 결핍된 아이들로 간주되었기 때문에, 많은 귀국 학생들은 고정관념, 편견, 차별, 괴롭힘을 경험했다고 보고했다. 기코쿠 시조는 초기에 차별받았던 같은 이유로 오히려 지금은 다른 사람들에게 인정을 받고 있다. 이처럼 개선된 부분도 있지만, 그래도 여전히 이들을 범주화하여 보고 있으며, 이들은 자신들을 위한 특혜를 감지할 때 억울해하거나 경쟁의 두려움으로 인한 부정적인 반응을 보고하기도 한다. 그들을 집단적으로 단정하여 다루는 것은 이들에게 좌절감을 줄 수 있으며, 특히 개인의 개성을 중시하는 학생들에게는 더욱 그렇다. "나를 나로(ME) 보지 않고 '귀국 학생(returnee)'으로 본다. … 그들은 나를 고유의 인간으로 이해하려고 하지 않는다"(Yoshida et al., 2009: 273). 특별한 대우가 주어질 때, 귀국 학생들은 대개 자신이 범주화되었다고 생각한다. 두 명의 기코쿠 시조는 이를 다음과 같이 표현했다. "나는 늘 책임감을 모면하기 위한 좋은 구실로 그것(기코쿠 시조의 정체성)을 이용해 왔다", "우리 기코쿠 시조는 해외에서 다르게 교육받았기 때문에 국내에서 성장한 일본인에 비해 열등한가?"(Kanno, 2003: 44, 17).

미국의 제3문화 아이들은 해외에서 성장한 경험 때문에 학교 교육에서 지나치게 두드러져 보이지 않는다. 그들은 대체적으로 미국의 문화적 기대에 일치한다. 제3문화 아이들은 이미 이질적인 사회에 잘 섞이는 현지

---

16 키더(Kidder, 1992)는 "일본다운 것"에 어긋나는 행동 방식에 대해 보다 충분한 설명을 제공하고 있다.

사람들처럼 보이고 들리고 행동한다. 그들은 보이지 않는, 종종 "숨겨진 이민자"로 묘사된다(Pollock and Van Reken, 2009: 102~104).

그들은 미국 사람들과 잘 어울리는 것으로 보이나, 그 내면은 미국 사람들과 다르다. 많은 제3문화 아이들은 귀국으로 인해 혼란과 외로움을 느낀다. 제3문화 아이들에게 어떤 범주화된 정체성이 없다면, 유사한 상황을 경험하는 다른 비슷한 사람들이 있다는 것을 깨닫기 어려울 것이다. 인정된 신분이 없다면, 제3문화 아이는 그들의 이국적인 특성[17] 또는 그들이 제공할 수 있는 특별한 교차문화적인 기술을 슬프게도 인정받을 수 없을 것이다. 일탈은 집단보다는 개인적인 특징으로 설명된다. 많은 사람이 "내게 잘못된 것이 무엇인가"에 대해 궁금해한다. 그리고 다른 사람들은 개인을 탓하려 한다.

인도에서 내가 실수를 하면 그들은 나를 바로 미친 미국 사람이라고 이야기한다. 미국에서 나는 다르게 보이지 않는다. 그래서 내가 친구들과 다른 행동을 보여도… 그들은 나를 인도에서 성장한 미친 제3문화 아이라고 이야기하지 않는다. 그들은 단지 나를 괴짜라고 이야기할 뿐이다.

일본과 마찬가지로, 미국 교차문화 아이들의 수가 증가하면서 입국 과정은 더 편해지고 있으며, 이들의 국제 경험은 더 좋은 것으로 평가받고 있다. 예를 들어, 대부분의 대학은 해외에서 공부하는 것을 격려하고 심지어 이를 요구하는 곳도 있다. 제3문화 아이라는 용어는 제3문화 아이들에게

---

17 소수 인종이나 소수 민족에 속하는 미국 제3문화 아이들은 귀국 후 더 힘든 시간을 보낸다. 소수 인종/민족 아이들은 제3문화 아이 공동체에서는 눈에 띄지 않기 때문에, 이러한 문화의 미묘한 차이를 알기 어렵다. 그들은 특히 대학에서 자신이, 예를 들어 아프리카계 미국인이나 멕시코계 미국인 같은 친구들과 같을 것이라 기대하는 사람들로 인해 힘든 시간을 보냈다고 종종 보고한다.

더 많이 알려지고 있고, 많은 대중들에게는 아니지만 그래도 제3문화 아이의 경험이 혼자 하는 여정이 아님이 더 명확해지고 있다. 앞에서 논의했듯이, 여러 제3문화 아이들을 연결하는 방안들이 폭발적으로 증가하고 있다.

소속감과 정체성

소속감과 정체성에 대한 물음은 미국과 일본 제3문화 아이 문헌 모두에서 중요하다. 드러나는 문제를 표현하는 것 역시 미국과 일본에 차이가 있다. 미국인들은 이를 개인적, 사적, 내적인 문제로 본다. 반면 일본 사람들은 이를 외적인 것으로 본다.

기코쿠 시조는 사회관계의 측면에서 정체성에 관해 질문한다. 사회적으로 확인된 나와 가장 잘 맞는 정체성은 무엇이며 나와 가장 잘 어울리는 집단은 어디인가?—일본인인가, 기코쿠 시조인가?(Kanno, 2003; Kidder, 1992). 이것은 처음에는 제로섬 게임 같아 보인다. 그들은 해외 경험으로 인해 기코쿠 시조로서의 정체성을 갖게 되고 서로 편하게 친해질 수 있을지 몰라도, 칸노(Kanno, 2003)의 연구 참여자들은 많은 시간, 여러 방법으로 자신과 다른 사람들에게 자신이 진짜 일본인이라는 것을 증명하는 데 많은 노력을 할애해야 했다. 일본인들은 일치성을 중요하게 생각하고 다르게 보이는 사람을 차별하는 경향이 있기 때문에(Yoshida et al., 2009: 266), 귀국 학생들은 선택에 대한 압력을 받는다. 귀국 학생들은 일본인 혹은 기코쿠 시조 중 어떤 자격으로 대학 시험을 볼지 결정해야 하므로 자신의 정체성이 무엇인지 빨리 선택해야 한다. 나이가 어린 귀국 학생들은 전통적인 학교에 다닐지 혹은 기코쿠 시조를 위한 학교에 다닐지 선택해야만 한다. 칸노(Kanno, 2003)는 연구 참여자 4명 모두 정체성 형성을 더 정교하게 이해하고 공감하게 되었음을 보고한다. 그 이해는 '둘 중 하나'의 질문이 아니라 정체성이 추가적일 수 있고 개인은 한 공동체가 아닌 여러 공동체에서 동질감을 느낄 수 있다는 것이다.[18] 이러한 선택은 일본 사회의 개방성이 높아짐에 따라 가능해졌다.

일본 문헌에서 언어 능력은 폭넓게 논의되어 왔다. 일본에서 언어는 매우 중요하기 때문에 이 점은 기코쿠 시조에게도 중요하다. 일본어를 완벽하게 구사하지 못하는 사람은 일본인이 아니다. 그리고 영어 유창성은 기코쿠 시조의 특징으로 정의된다(Kanno, 2003; Tanaka, 1994; Yoshida et al., 2009). 정체성과 관련된 언어 능력에 대한 집착의 한 가지 예는 기쿠코(Kikuko)가 자신이 영어에 충분히 유창하지 않기 때문에 진정한 기코쿠 시조가 아닐 것이라고 걱정하는 데서 볼 수 있다(Kanno, 2003: 118).

정체성과 주변화에 관한 문제는 미국 제3문화 아이 문헌에서도 중요하다.[19] 그러나 초점은 자기 자신에게 있다. "나는 누구인가?", "나와 비슷한 다른 사람이 있는가?" 이러한 질문은 선택해야 할 것이라기보다는, 적절한 정체성 혹은 공동체가 부족해서 나오는 질문 같다. 제3문화 아이에 관한 문헌에 따르면, 특정한 집단 혹은 특정 국가에 국한되지 않은 정체성에 대한 이해가 높아지고 있으며, 제3문화 아이에 관한 문헌이 많은 주목을 받고 있다[예. 섀티(Schaetti, 2000)]. 제3문화 아이들은 정체성을 더 편안하게 생각하고 있는데, 이는 이들의 정체성이 많이 알려지고, 많은 국제학교에

---

18 칸노(Kanno, 2003)는 자신의 연구에 참여한 사람들이 귀국 후 1년 반 안에 정체성을 형성할 수 있는 점을 새롭게 이해하게 되었다고 주장한다. 인로·르윈(Enloe and Lewin, 1987)은 대부분의 아동들이 귀국 후 2년 안에 적응 문제를 해결한다는 것을 발견했다. 미노우라(Minoura, 1988)는 사람들은 18개월 안에 피상적으로 적응하지만, 2개월 후부터 3년까지 더 깊은 문화적 차이를 인식하게 된다고 주장한다. 나는 적응을 시간적 관점에서 본 미국의 연구를 보지 못했다.

19 정체성은 특별히 제3문화 아이에 관한 연구에서 인기 있는 주제인데, 그 이유는 많은 연구자들이 개인적인 관심에서 이 주제에 대해 탐구심을 갖기 때문이다. 섀티(Schaetti, 2000)도 이러한 연구자 중 한 명이다.

제3문화 아이들이 소개되고 있기 때문이다.

일본 귀국 학생들에 관한 문헌에서 언어는 중요하게 다루어졌지만, 대체적으로 미국 제3문화 아이 문헌에서는 제3문화 아이들이 평균적인 미국인보다 다른 나라의 언어를 더 뛰어나게 구사한다는 사실에도 불구하고 언어에 관한 이야기가 나오지 않는다. 우리 연구 응답자의 4분의 3 정도의 사람들이 영어를 제외한 다른 나라 언어를 성인 수준만큼 구사할 수 있다고 응답했다.[20] 언어에 관한 이야기가 나오지 않는 이유는 귀국 학생들이 모국어를 계속 구사해 왔고, 외국어 구사 능력이 미국에서는 높이 평가받지 못하기 때문이다.

요약

현대 세계에 교차문화 아이들, 즉 한 가지 혹은 여러 이유로 인해 여러 문화를 통합하는 사람들의 수가 증가하고 있다. 교차문화 아이들은 2개 이상의 기존 문화들과 연결되어 있다는 느낌을 가질 수 있으며, 이것은 다른 사람이 쉽게 인지하기 어려운 내면의 복잡함을 가져온다. 교차문화 아이의 많은 변인들이 다양한 문화와 그들이 거주하는 나라에 나타나는 특성과 관련되어 있다.

제3문화 아이들은 후원기관-거주국 관계 중심으로 발전되는 제3문화

---

20 주로 하나의 외국어를 구사하는 일본 사람들과 대조적으로, 이 연구에 참여한 응답자들의 최소한 가끔이라도 사용할 수 있는 언어의 수는 총 61개인 것으로 나타났다. 응답자들이 해외에 거주했던 시점(제2차 세계대전 말과 후기 냉전체제 사이)을 생각해 보면, 3명의 응답자만 러시아어를 잘 구사할 수 있다는 것은 놀랄 만한 일은 아니다. 응답자들이 가장 많이 구사할 수 있는 언어는 스페인어와 프랑스어였다(36%). 20%의 사람들이 독일어를 구사할 수 있는 것 또한 제2차 세계대전 이후 시점을 반영하는 것이다.

안에서 사회화되었다는 점이 교차문화 아이들과 다르다. 제3문화는 국가나 민족이 중심이 되는 문화와 달리, 국가의 문화들을 초월하고 끌어당기지만, 문화들이 혼합된 것은 아니다. 모든 유형의 제3문화 아이들은 종종 모국으로 돌아갔을 때 그들의 복잡한 사회적 이력을 반영할 수 있는 장소를 찾거나 정체성을 형성하기 위해 애쓴다.

일본과 미국 두 국가의 제3문화 아이들은 공통점이 많다. 그럼에도 불구하고 그들의 귀국 경험과 정체성에 관한 문제는 매우 다르다. 일본인들에게 외적으로 두드러진 문제는 미국 제3문화 아이들의 내적 관심과 비교해 볼 때, 그들의 매우 다른 모국 문화를 반영하는 것이다.

일본과 미국 두 나라 모두 국제적인 능력과 관계를 중요하게 평가하기 시작하면서 제3문화 아이들의 재입국과 관련된 어려움들이 줄어들고 있다. 일본과 미국에서 제3문화 아이들과 다른 사람들은 문화를 초월하며 사는 것을 점점 더 좋게 평가하고 있다.

참고문헌

Amer, Mona. 2006. "Grappling with Conceptual and Practical Limitations of Acculturation Models." Paper presented at American Psychological Association Conference, New Orleans, LA.

Bell-Villada, Gene H. 2005. *Overseas American: Growing Up Gringo in the Tropics*. Jackson, MS: University Press of Mississippi.

Bushong, Lois J. 2005. "ATCK Trauma: Recovery into Triumph." Workshop presented at Families in Global Transition Conference, Houston, TX.

Cho, Eun Bum. 2009. "Global Nomads for Global Managers." Paper presented at International Academy for Intercultural Research Conference.

Coleman, Daniel. 2003. *The Scent of Eucalyptus: A Missionary Childhood in Ethiopia*. Fredericton, NB, Canada: Goose Lane Editions.

Cottrell, Ann Baker. 2000. "Global Mobility and Personal Identity." Paper Presented at Pacific Sociological Association Meetings, San Diego, CA.

_____. 2002. "Educational and Occupational Choices of American Adult Third Culture Kids." in Morten G. Ender(ed.). *Military Brats and Other Global Nomads.* Westport, CT: Praeger.

_____. 2007. "TCKs and Other CCKs." *Japanese Journal of Family Sociology*, 18(2), pp.54~65.

Enloe, Walter and Philip Lewin. 1987. "Issues of Integration Abroad and Readjustment to Japan of Japanese Returnees." *International Journal of Intercultural Relations*, 11(3), pp.223~248.

Glick-Schiller, Nina, Linda Basch and Cristina Szanton Blanc. 1992. "Transnationalism: A New Analytic Framework for Understanding Migration." in Nina Glick-Schiller et al.(eds.). *Toward a Transnational Perspective on Migration.* New York, NY: New York Academy of Sciences.

Henderson-James, Nancy. 2009. *At Home Abroad: An American Girl in Africa.* Austin, TX: Plain View Press.

Japanese Ministry of Foreign Affairs. 2003. *Annual Survey on Japanese Overseas Children.* cited in Kano Podolsky and Kamoto, 2005, ibid.

Jones, Gareth. 1998. Personal communication.

Kanno, Yasuko. 2003. *Negotiating Bilingual and Bicultural Identities: Japanese Returnees Betwixt Two Worlds.* Mahwah, NJ: Lawrence Erlbaum Associates Publishers.

Kano Podolsky, Momo. 2004. "Cross-cultural Upbringing: A Comparison of the 'Third Culture Kids' Framework and 'Kaigai/Kikoku-shijo' Studies." *Contemporary Society: Kyoto Women's University Bulletin*, 6, pp.67~78.

Kano Podolsky, Momo and Itsuko Kamoto. 2005. "Challenges of Home Culture Retention among Expatriate Families." Paper presented at Families in Global Transition Conference, Houston, TX.

Kidder, Louise H. 1992. "Requirements for Being 'Japanese': Stories of Returnees." *International Journal of Intercultural Relations*, 16(4), pp.383~393.

Langager, Mark. 2010. "Childhood Academic Language Environments of Japanese Sojourners: A Principal Components Analysis Study." *International Journal of Bilingual Education and Bilingualism*, 13(1), pp.1~22.

McCluskey, Karen Curnow. 1994. *Notes from a Traveling Childhood: Readings for Internationally Mobile Parents and Children*. Washington, D.C.: Foreign Service Youth Foundation.

Minoura, Yasuko. 1988. "The Psychological Reorganization of Overseas Experience after Returning to Japan: A Symbolic Interactionist Approach to Returnees." *Shakai Shinrigaku Kenkuu*(*Journal of Social Psychology*), 2(2), pp.3~11. cited in Yoshida et al., 2002 op. cit.

Muro, Mariko. 1988. "Acquiring the American Way of Learning: The Cultural and Intellectual Assimilation of Japanese Children into an American Elementary School." Unpublished doctoral dissertation, Stanford University, Palo Alto, CA.

Pollock, David C. and Ruth E. Van Reken. 2009. *Third Culture Kids: Growing Up among Worlds*. Boston, MA: Nicholas Brealey Publishing.

Schaetti, Barbara F. 2000. "Global Nomad Identity: Hypothesizing a Developmental Model." Unpublished doctoral dissertation, The Union Institute.

Segal, Mady Wechsler. 1986. "The Military and the Family as Greedy Institutions." *Armed Forces and Society*, 13(1), pp.9~38.

Sussman, Nan M. 2000. "The Dynamic Nature of Cultural Identity throughout Cultural Transitions: Why Home Is Not So Sweet." *Personality and Social Psychology Review*, 4(4), pp.355~373.

Tanaka, Manami. 1994. "The Educational Experience of Japanese 'Overseas' Youth in the United States." Unpublished doctoral dissertation, University of San Francisco, San Francisco, CA.

Tsuda, Takeyuki. 2001. "Reluctant Hosts: The Future of Japan as a Country of Immigration." *Research & Seminars*, 7(4). (http://migration.ucdavis.edu/rs/more.php?id=39_0_3_0.)

Uehara, Asako. 1986. "Comparison of Reentry Adjustment between Japanese and American Students: An Interactionist Perspective." Unpublished doctoral dissertation, University of Minnesota, Minneapolis, MN.

Useem, John, Ruth Hill Useem and John Donoghue. 1963. "Men in the Middle of the Third Culture: The Roles of American and Non-Western People in Cross-Cultural Administration." *Human Organization*, 22(3), pp.169~179.

Useem, Ruth Hill and Ann Baker Cottrell. 1996. "Adult Third Culture Kids," in Caroline Smith(ed.). *Strangers at Home*. Bayside, NY: Aletheia Publications.

(www.tckworld.com에서 볼 수 있는 다섯 개의 짧은 기사를 바탕으로 작성되었다.)

Van Reken, Ruth E. and Paulette M. Bethel. 2005. "Third Culture Kids: Proto-types for Understanding Other Cross-Cultural Kids." *Intercultural Management Quarterly*, 6(3). (http://www.crossculturalkid.org/cck.htm에서도 확인할 수 있다.)

Wertsch, Mary Edwards. 1991. *Military Brats: Legacies of Childhood inside the Fortress*. New York: Harmony Books.

Yoshida, Tomoko et al. 2002. "The Japanese Returnee Experience: Factors That Affect Reentry." *International Journal of Intercultural Relations*, 26(4), pp.429~445.

_____ et al. 2009. "Contrasting Experiences in Japanese Returnee Adjustment: Those Who Adjust Easily and Those Who Do Not." *International Journal of Intercultural Relations*, 33(4), pp.265~276.

2부

성찰

고향 찾기

/

존 량(John Liang)

나는 고향을 찾기 위해 대만에 왔다.

배기가스가 버스 안에 계속 스며들고 있다. 창문은 열려 있다. 작고 가느다란 미쓰비시 트럭 엔진이 미국 에이틴 휠러(18 wheelers. 역자 주: 대형 화물차의 한 종류)의 더 깊은 울림보다 약간 높은 소리를 내며 움직이고 있다. 집과 빌딩들은 내가 읽을 수 없는 간판들로 가득 차 있다. 덥고 습하다. 중국 음악―서구풍 멜로디에, 가사는 이국적인 노래―이 버스 스피커에서 큰 소리로 나오고 있다. 간판은 낯설다. 익숙해 보이는 간판이 하나도 없기 때문에, 내가 목적지에 맞게 가고 있는지 알 수 없다. 혼잡한 교통 상황 가운데 이리저리 빠져나가는 스쿠터들 때문에 계속 집중할 수가 없고, 트럭, 버스 혹은 차들이 몇 인치 간격을 두고 딱 붙어 지나가고 있다.

내 주위의 모든 사람들은 똑같아 보인다. 내 옆에 앉아 있는 사람은 내가 들을 수 있는 완벽한 영어를 구사하는 것 같지만, 난 두려움을 제외한 그 어떤 것에도 집중할 수 없고 단지 내 안의 내적 세계에 사로잡혀 있을 뿐이다. 나는 외국에 있고, 내가 어릴 때 그랬던 것처럼 그냥 마음을 닫고 이 두려움을 인정하지 않는 대신, 난 지금 내가 두려워하고 있다는 것을 알고 있다.

버스가 출발한 이후에, 내가 지금 물리적으로 어디 있는지 알았다. 난 내가 머물고 있는 아파트에서 몇 블록 떨어진 곳에 서 있다. 하지만 정서적으로는 내가 지금 어디 있는지 인식할 수 없다. 지금, 내가 있는 장소를 내가 좋아해야 한다고, 이러한 경험을 원한다고 생각하지만, 내가 정말 하고 싶은 것은 내게 더 익숙한 "고향"으로 가는 것이다. 하지만 최악은? 지금 시점에서 나의 "고향"이 어디인지 모른다는 것이다.

코스타리카 대사의 초청으로 나는 1996년 여름을 대만의 타이베이에서 보내고 있었다. 아버지는 중미, 코네티컷, 중동의 제록스(Xerox)에서 20년 일한 후 일찍 은퇴했고, 부모님은 코스타리카에 정착해 살기로 결정했다. 1990년대 중반 옆집에 살던 이웃은 코스타리카에서 태어나서 대만에 대사로 임명된 중국 혈통의 여성이었다. 아버지 또한 중국 혈통이었으나 중미에서 태어났으며, 매사추세츠에서 함께 공부했던 대학 시절 이후 옆집 아주머니와 계속 친분을 유지했다. 나는 캘리포니아 몬터레이에 있는 몬터레이 국제연구소(Monterey Institute of International Studies)에서 대학원 과정을 4분의 3 정도 다니고 있었는데, 내가 그 학교를 선택한 이유는 학교의 90% 학생이 해외에서 살았거나 일했거나 공부한 경험이 있는 학생들이었기 때문이다.

대만에서 보낸 처음 2주는 대만 최초로 민주적으로 선출된 리덩후이의 취임을 축하하는 기간이었기 때문에, 많은 일들이 정신없이 진행되었다. 그때 코스타리카의 대통령 호세 피게레스도 기념식에 참석할 예정이었다. 대사관에 일할 수 있는 직원이 대사와 총영사 소수밖에 없었기 때문에, 나는 언론 보도자료도 쓰고 타이베이의 한쪽 끝에서 다른 쪽 끝으로 차를 타고 퍼레이드를 하면서 코스타리카 기자단을 안내하는 역할까지

도맡아 했다. 그때 남아프리카공화국 대통령인 넬슨 만델라가 초대를 사양했기 때문에, 피게레스는 그 당시 가장 높은 서열의 "세계적 지도자"로 간주되었다―대만을 중국 본토가 아닌 공식적인 국가로 인정하는 국가들이 점점 줄어들고 있었는데, 코스타리카는 대만을 공식적인 국가로 인정하고 있었다. 따라서 취임 전날 밤 외교단들의 연회에서 기조연설이 우리에게 주어졌다.

피게레스가 떠난 며칠 후에야 우리는 간신히 잠을 잘 수 있었고, 나는 그해 여름을 블룸버그 통신(Bloomberg News)의 대만 지사에서 무급 인턴으로 보냈다. 나는 15분이 채 안 되어 횡단할 수 있는 타이베이 거리를, 자동차 행렬을 따라 이동해야 하는 것이 즐겁지 않았다. 나는 일반 버스를 타고 있고 버스는 시내에 도착하기 위해 교통 체증 속을 기어가느라 한 시간이 걸리고 있고, 이것은 자동차 행렬보다 훨씬 재미가 없다.

대만은 내가 적응했던 곳과는 완전히 다른 곳이었다. 나는 미국 문화, 라틴 문화, 아랍 문화에 익숙해져 있었다. 중국어를 대학에서 3년 그리고 대학원에서 한 해 더 공부했음에도 불구하고 나는 이전에 전혀 가보지 못한 도시에 살고 있었다. 내가 학급에서 들었던 중국어는 느리고 또렷이 말하는 만다린어로, 거리의 대만 사람들이 속사포처럼 말하는 것과 달랐고 또 버스 승객들이 이야기하거나 라디오에서 요란하게 울리는 푸젠어와 광둥어도 아니었다. 나는 달의 저편에 와 있는 것이나 마찬가지였다.

이러한 낯선 장소에 있는 것 같은 느낌은 처음 느끼는 감정은 아니었다. 그것은 환영할 만한 느낌은 아니지만, 이해할 수 있는 것이었다. 나의 딜레마는 이것이다. 아버지의 직업 때문에 내가 어딘가에 있는 것이 아니라 내가 선택한 나라 이곳에 내가 있다는 것 그리고 새로운 나라, 새로운 학교에서 시작할 때마다 항상 느꼈던 동일한 두려움과 낯섦을 여전히 느끼고 있다는 것이다. 내가 만약 10년 이상 지난 후에 지금 이런 감정을 느꼈다면, 나는 이 감정을 더 잘 처리할 수 있었을 것이다. 나는 나 자신에게 전에도 이런 상황 가운데 있었다고 말하며, 이 감정은 이전에도 나를 (신체적으로) 아프게 하거나 손상 입히지 않았으며, 지금도 나를 해치지 않을 것이라 이야기했을 것이다.

그러나 1996년의 나는 앞의 시점에 있지 않았다. 내가 정말로 그때 느꼈던 것은 '오, 하나님! 또 다시 시작되는군요'라는 낯섦과 이전에도 느꼈던 여전히 익숙지 않은 그 감정이었다.

1996년 여름 나는 문화적으로 적응하기 어려웠다. 나는 주로 스페인어, 영어, 중국어를 사용하는 대사관에 도움을 주고 있었다. 나는 외국인을 반대하는 다수의 미국인들(Gringos)과 함께 있지 않았고, 나와 함께 있던 사람들은 중국인(Los Chinos)을 반대하는 중남미 사람들이었다. 그리고 설상가상으로, 이 사람들은 중국 민족에 속한 사람들이었지만 문화적으로는 라틴인이었다. 중국인의 후손이었음에도 불구하고 대사는 만다린어, 광둥어 혹은 다른 어떤 중국 방언도 사용하지 않았다. 거리에서 대만인이 왜 대사가 "국어(Guo-yu)"(만다린어)로 말하지 않는지 이해하지 못하고 그녀를 질책하는 광경을 목격하는 것은 너무 절망스러운 일이었다.

그때 내 만다린어 억양이 꽤 좋아서, 내가 전화를 걸면 상대방도 만다린어로 대답했다. 그러나 내가 다른 대만 사람을 직접 만나 완벽한 만다린 악센트로 물어보면, 그들은 내가 유창하게 이야기하든 머뭇거리며 이야기하든 간에 자동으로 영어로 대답했다. 마치 그들은 내가 그들의 모국어로 이야기하고 있다는 사실을 인식하지 못하는 것 같았다.

대만에서 여름을 보낸 후 난 큰 혼란에 빠졌다. 나는 '대만 사람이 되었다'고 느끼고 있었다. 아니 이러한 느낌에 빠져 있던 것에 더 가까웠다. 내 아버지는 4분의 3은 중국인, 4분의 1은 스페인(과테말라 출생)의 피가 섞인 분이었고, 어머니(미국 출생)는 아일랜드인-유대인-영국인-프랑스인-독일인-네덜란드인의 혈통이었지만, 정작 난 내 인생에서 "백인"이라고 느껴본 적이 없었다. 나는 대사님과 그녀의 두 조카딸들과 함께—그들 모두 중국인의 후손인 코스타리카인이었다—어디 갈 때마다 내가 그들과 외모가 다르다는 사실을 잠시 인정해야만 했고, 중국인들이 많은 곳에 있을 때 그들을 찾기 어려웠다.

나는 내 인생에서 내가 원하는 것이 무엇인지 확신할 수 없었다. 나는 언론 쪽 직업을 갖기 원한다는 것을 알고 있었지만, 그 일을 어디에서 하는 것이 좋을지 확신할 수 없었다. 나는 나 자신의 일부, 내 가족의 일부를 이해하기 위해 대만에 갔었다. 나의 일부는 중국인이었기 때문에 나는 그곳이 약간 더 친숙하고 외국 같지 않을 것이라 생각했다.

대만에 갈 때쯤, 이전에 나는 전형적인 국제유목민의 이동하는 삶을 살았다. 나는 태어나서 고등학교를 졸업할 때까지 6개 나라에 거주했다. 나는 "어디서 왔나요?"라는 질문에 내가 살았던 곳을 완벽히 대답해야만 했다. "아버지가 제록스에서 일해서, 우리는 여기저기 이동하며 살았어요. 나는 과테말라에서 태어나 2년을 살았고, 코스타리카에서 2년, 코네티컷에서 3년, 파나마에서 4년, 다시 코네티컷으로 돌아와 18개월을 그곳에서 살고, 모로코에서 18개월, 그리고 이집트에 살았어요. 나는 이집트에 3년 있었고, 가족들은 그곳에서 4년 있었어요. 왜냐하면 나는 고등학교를 졸업하고 대학에 들어가기 위해 다시 미국으로 와야 했기 때문이에요."

나는 그 잃어버린 어린 시절의 기억이 오히려 흥미롭다고 생각하는데, 특히 마음이란 것이 얼마나 선택적일 수 있는지, 정말 끔찍한 기억의 많은 부분이 지워지지 않았지만, 이런 기억들은 나중에 완전히 관련이 없는 것이 그 기억을 되살릴 때까지 억압될 것이다. 때때로 나는 목소리를 변화시킨 것은 사춘기가 아니라 어린 시절의 많은 이동이었다고 농담조로 이야기한다. 나 스스로를 잃어버릴 것 같은 두려움, 새로운 사람을 만나는 것에 대한 두려움을 인정하기보다 나는 이러한 모든 것을 느끼지 못했다고 생각하는 쪽을 선택했다. 내가 두려움을 인정하지 않으면, 그 시절에 내 마음에 있었던 불안감은 존재하지 않는 것이 되기 때문이었다.

낯선 곳으로 이동할 때 두려움도 있었지만, 또한 그곳에서 행복한 기억들—보이스카우트 아이들과 함께 모로코의 아틀라스산에서 캠핑했던 기억, 모래언덕 너머 기자(Giza)의 피라미드 기억과 함께 카이로 외곽의 사막에서 말을 탔던 기억, 혹은 시나이반도의 홍해에서 했던 스쿠버다이빙—도 존재했다.

모든 변화들 가운데 잘 변하지 않았던 몇 가지 중 하나는 과테말라에서 크리스마스를 보내는 것이었다. 1년에 한 번 그곳에서 보내는 10일은 코네티컷이나 모로코에서 보낸 시간들보다 훨씬 기억에 분명히 남을 만한 시간들이었다. 우리는 할머니 댁에 머물렀고, 우리 네 명 모두 할머니 침대에 비좁게 누워 있곤 했다. 할머니는 더 작은 다른 침대에서 주무시곤 했다. 할머니 집의 욕실은 타일 바닥으로 되어 있었고 타일에는 구불구불한 선들이 박혀 한 쌍의 얼굴처럼 보였는데, 나는 도착하자마자 그리고 출발 직전에 거기에 인사하곤 했다.

몇 블록 떨어진 곳에 있는 진외종조부의 집 거실에는 예수님의 탄생을 그린 그림이 걸려 있었다. 아버지뿐 아니라 할머니와 할머니 형제 네 분이 모두 이 집에서 태어났다. 1970년대 후반과 1980년대 초반에, 나는 다른 남자 사촌들과 어울리며, 스타워즈 권총을 갖고 놀곤 했다.

나는 집 밖의 마당 계단에 흩어져 있던 소나무 가지의 냄새, 12월 24일 밤 도시 전체에 불꽃이 터질 때의 화약 냄새, 우리가 묵주기도의 신비를 암송하는 사이에 노래를 부르면서 거북이 껍질을 두드리던 소리 "투-탁-쿠-투(TOO-TACK-Koo -Too)" 소리를 기억하고 있다.

그러나 다른 기억들은 좀 힘든 것이었다. 우리는 다르게 느껴지거나 이해받지 못하거나 수용되지 못하는 곳에서 살았다. 여동생 리사(Lisa)는 우리가 코네티컷에 살았을 때, 아이들이 우리에게 "중국인"의 작은 눈을 가졌기 때문에 덜 보이지 않느냐는 질문을 했던 것을 기억하고 있다. 내 생각에 하파(Hapa)—백인과 아시아인의 혼혈—로 사는 것은 이상한 영향을 미치는 것 같다.

내가 이러한 이상한 영향을 눈치챘던 유일한 시간은 (30년 후에야 완전히 깨달았지만) 내가 코네티컷에서 유치원 2학년이었을 때 반 친구의 생일 파티에 초대받았던 때이다. 초대장 봉투에 "완(Won)"이라 적혀 있었다. 그때 나는 그들이 "후안(Juan)"을 잘 쓰지 못했다는 사실에 짜증이 났었다. 그리 오래 지나지 않아 나는 "그들이 중국식당에 갔을 때 메뉴에서 보았던 완탄(Won-Ton) 스프에서의 '완(Won)'을 생각했을 것이다"라는 생각이 들기 시작했고 이런 생각이 드니 더욱 화가 났다.

결국, 이름에 있는 것이 무엇인가? 본명인 후안 해리 량(Juan Harry Liang) 은 나의 다문화 배경을 나타내고 있다. 사람들이 나의 얼굴을 못 보았거나 내가 어디 출신인지 몰라도, 나의 이름을 보면 다문화 배경을 가진 사람이라는 것을 이해할 수 있을 것이다.

- 후안(Juan): 아버지 쪽 증조부가 중국의 광둥에서 태어난 후에, 20세기 초에 과테말라로 이주해 오면서, 스페인식 이름인 후안을 붙이게 되었다.
- 해리(Harry): 아버지의 중간 이름(middle name)(노후에 주로 쓰던 별명으로 이름을 바꾸었지만)이며, 할아버지(1930년대 중반 과테말라의 대사관 건립을 돕기 위해 과테말라로 이주해 온 중국 외교관)와 상하이로 다시 돌아간 증조부의 이름이다. 두 분 모두 영국 선교사들이 세운 학교를 다녔는데, 선교사들은 학생들의 이름을 발음하기 어려워서 학생들을 톰, 딕, 해리 등의 별칭으로 불렀다.
- 량(Liang): 할아버지의 성으로, 할아버지의 이름은 샤오밍 해리 량(Shaoming Harry Liang)이었다.

만약 한 단계 더 나아가서, 아버지가 원했다면 어머니의 성을 포함하는 스페인의 관습을 가져올 수 있고, 그런 경우에 나의 이름은 후안 해리 량 홀(Juan Harry Liang Hall)이 되었을 것이다—'홀'은 조상들이 세기가 바뀔 즈음, 이름에 유대인식 발음이 덜 표시되길 원하여 조셉탈(Josephthal)에서 줄인 이름이다.

나는 초등학교―코네티컷과 파나마 모두에서― 5학년까지 후안으로 불렸다. 그러나 집에서는 조니(Johnny) 혹은 존으로 불렸다[영어를 할 줄 아는 사람들 사이에서만. 거의 모든 사람들이 나를 존이라고 부르기 시작한 최근까지도 난 후아니토(Juanito)라는 스페인식 이름으로 불렸다].

나는 5학년 때 우연히 존으로 이름을 바꾸게 되었다. 파나마에 있는 학교 첫날, 파나마 운하에 있는 새로운 초등학교에서[디아블로(Diablo) 초등학교―악마의 이름을 딴 초등학교 이름이라니 얼마나 바보 같은가?!?] 선생님이 출석을 확인하면서 우리 이름을 어떻게 불러야 할지 물어볼 때 (아마도 첫날 우리의 이름을 잘못 불러서 우리를 당황케 하지 않으려고 우리가 스스로 이름을 어떻게 발음하는지 듣기 위해서 물어본 것 같다), 나는 무심코 불쑥 "후안"으로 말하려 했지만 "존"이라는 이름을 내뱉었다. 그때 선생님은 놀랍게도 내가 존으로 불리길 원하는지 물어보았고, 나는 그렇다고 답했다. 그래서 나는 존으로 불리게 되었다. 내가 자주 사용하는 나의 미국 여권에 찍힌 후안이라는 이름이 여전히 자랑스럽지만, 나는 평생 공적으로 사적으로 존이라는 별칭을 사용할 것이다.

내가 성장기에 있을 때 다른 아이들의 이름은 살고 있는 곳이 어디인지를 나타내 주었다―과테말라, 코스타리카, 파나마에서는 미겔(Miguel), 로베르토(Roberto), 고메즈(Gómez) 혹은 구티에레스(Gutiérrez)와 같은 이름; 코네티컷에서는 보비(Bobby), 릭(Rick) 혹은 앨런(Alan)과 같은 이름; 모로코와 이집트에서는 아흐마드(Ahmed), 무함마드(Mohammed) 혹은 호삼(Hossam)과 같은 이름이 해당된다. 우리가 카이로에 살 무렵, 학급 친구들의 이름은 세계 모든 곳의 이름을 나타내고 있었는데, 이것은 당시 학교의 국제적인 문화를 반영하는 것이었다. 사실, 나의 졸업앨범에 있는 졸업생 다수는 아니더라도 적어도 절반 정도는 이름 옆에 하나 이상의 국적이 적혀 있었다.

다른 기억은 모로코로 이주한 것인데, 미국과 라틴 문화가 혼합된 우리와 같은 가족에게는 달의 반대편에 사는 것과 같았을 수 있다. 거리를 걸는 남자들은 손을 잡고 있었다. 여성들은 눈을 제외하고 머리부터 발끝까지 덮고 있었다. 그곳의 프랑스어는 모로코식 아랍어 억양이 섞인 것이었다. 떨리는 "r" 소리가 거의 스페인어처럼 들렸다. 남자들은 길고, 두건으로 가려진 젤라바 예복을 입고 있었다. 어떤 남자들은 하루에 다섯 번 탑 밖으로 소리를 질렀다. 거리에서 들리는 모로코식 아랍어는 목 뒷부분에서 나오는 것 같은 후두음이었고 어떤 때는 "외국어" 이상의 소리처럼 들리기조차 했다. 우리가 북아프리카 땅의 스페인 영토의 세우타(Ceuta) 국경을 지날 때, 모로코에서 비로소 벗어났다는 안도감을 느낄 수 있었고, 그때가 되어서야 스페인의 광고 게시판을 읽을 수 있었다.

물론 우리가 관광 명소에 갈 때마다 그 지역 사람들은 우리에게 웃으며 친절했지만, 매일 시내를 걷거나 시장을 가로질러 갈 때, 거리에 있는 사람들은 우리를 빤히 쳐다보았고(노려보는 것 같았고) 나는 그런 시선이 "당신은 여기서 환영받지 못해. 가줘"라는 의미로 해석되곤 했다. 보디랭귀지는 모든 의사소통의 80% 이상을 차지한다고 한다. 프랑스 식민 정권이 모로코인들을 어떻게 대했는지 알고 나서야 한참 후에 나는 그 사람들에게서 내가 느꼈던 적대감을 이해할 수 있었다. 1980년대 초반 여행 책자에도 다음과 같은 이야기가 언급되어 있었다. '모로코인들은 외국인과 친구가 되는 데 시간이 필요하다. 그러나 그들과 친구가 되었을 때 당신은 평생 친구가 되는 것이다.'

이집트로 이동했을 때 대조적으로—그곳 사람들도 외국인을 빤히 쳐다보지만—내가 그들에게 느꼈던 보디랭귀지는 적대감보다는 호기심에 가까웠다. 이집트인에게서 받은 메시지는 이러한 것이었다. "우리는 피라미드를 만든 이후 세계 주요 패권 국가들로부터 침략을 당해왔어. 당신은 여기 왔다 가지만, 우리는 여기 있고 당신이 떠날 때까지 계속 있을 거야. 이집트에 온 것을 환영해."

모로코에서 나는 처음에 카사블랑카 미국인 학교(Casablanca American

School)에 갔었는데, 그곳은 유치원부터 8학년까지 학생이 대략 80명 있는 저택으로 된 학교였다. 내가 8학년 말일 때 학교 교장 선생님은 9학년을 시작하게 해달라는 어머니의 간청을 단호하게 거절했다. 따라서 우리가 할 수 있는 선택은 한 시간 거리의 모로코 수도인 라바트(Rabat)에 있는 미국인 학교—농구 코트와 과학 실험실 등이 갖춰진 정상적인 캠퍼스가 있는 곳—로 옮기거나 지역에 있는 모로코 고등학교로 옮기는 것이었다. 그러나 그때 어머니는 카사블랑카에 있는 스페인 가톨릭계 학교를 알게 되었는데 한 곳은 유치원~8학년을 위한 학교였으며, 다른 한 곳은 9~12학년을 위한 학교였다.

결국 리사는 유치원~8학년까지 있는 학교의 8학년에 등록했다. 리사(전 과목 A를 받는 학생)의 장래 교육을 생각해 볼 때, 어떤 의미에서 그것은 그렇게 나쁜 선택은 아니었다. 8학년은 8학년이었기 때문이다. 그리고 나는 스페인계 고등학교에 등록했다. 나는 아직도 교실에 처음 가던 날, 학교 건물로 들어가던 그때를 기억한다. 학생들은 내 주변을 서성이며 호기심 어린 시선으로 나를 쳐다보고 있었고, 어머니는 "고개 똑바로 들어. 괜찮을 거야"라고 작은 소리로 내게 부탁했지만 나는 어머니의 말을 못 들은 채 앞쪽 땅을 바라보며 걸었다. 학급의 무려 반 정도의 학생들이 작년에 낙제했기 때문에 나보다 한 살에서 세 살 정도 많았고, 그들 중에는 9학년을 두 번째 혹은 세 번째 다니고 있는 학생들도 있었다.

학생으로 내가 했던 첫 번째 행동은 엄청난 실패로 끝났다. 그것은 내이름을 적는 것이었다. 나는 왜 모든 수업에서 선생님들이 나를 "후안 해리"라고 부르는지 이해할 수 없었다. 물론 그 이유는 스페인계 문화 때문이었다. 늘 스페인에서는 끝에서 두 번째 이름이 부계의 성이라고 가정하기 때문이다. 그리고 물론, 가장 최근에 코네티컷에서 살았고 미국인(Gringo)인 나는 후안 해리 량 홀이나 그냥 후안 량 홀 대신에 후안 해리 량이라고 이름을 써왔다. 또한 모든 학생들은 자신의 이름이 네 자 이상일 때 아버지의 성을 대문자로 적어서["호세 안토니오 고메즈 히메네스 가르시아(Jose Antonio GÓMEZ Jiménez García)"처럼] 혼동을 최소화했다.

수업은 주로 기계적으로 암기하여 학습하는 방법으로 이루어졌고, 이러한 수업 방식은 왜 그렇게 많은 학생들이 동일한 학년을 반복해서 다니는지 알게 해주었다. 비판적인 사고는 전혀 배울 수 없었다. 종교 수업 시간에는 교사가 성경의 특정 구절의 의미에 대해 학생들이 이야기하도록 하려고 할 때마다 학생들은 그냥 앉아 있거나 말이 없었다.

내가 어머니에게 더 이상 학교에 다닐 수 없겠다고 말하기 전까지 2개월 동안 이런 공부가 지속되었고, 2개월이 되는 그 즈음에 어머니는 카사블랑카 미국인 학교로 다시 가서 새로 부임한 교장에게 내가 9학년을 그곳에서 시작할 수 있는지 물었다. 그는 "물론 시작할 수 있다"라고 응답했고, 나는 9학년 선생님을 만나게 되었다.

이 결과로, 모로코인인 두 학생의 부모들이 작년에 나와 8학년 같은 반이었던 딸들을 뉴욕과 카이로에 있는 기숙학교에서 데려왔다. 그 친구들은 그곳에서 독립적인 젊은 여성으로 멋진 시간을 보내고 있었다. 다소 보수적인 모로코의 집에 돌아온 딸들은 나를 좋게 여기지 않았다.

스페인계 학교에서 2개월을 보낸 그때부터 오늘날까지 내게 유일하게 남은 것은, 여전히 내 성을 대문자로 쓴다는 것이다.

카이로에서 사람들은 친절했지만, 카이로는 혼돈 상태였고, 지저분했고, 사람들로 너무 붐볐다. 우리와 다른 외국인들이 살았던 마아디(Ma'adi) 지역은 다소 덜 혼란스러웠지만 거리에 쓰레기와 돌무더기들이 많아서, 어머니는 그곳에 처음 간 날, 그 지역에 폭탄이 최근 떨어졌는지 알아봐주길 요청했다. 그곳은 카사블랑카의 넓고 깨끗한 길과 부겐빌레아로 덮인 회칠한 집과 대조를 이루었다.

외국에서 어떻게 적응해야 하는지 긍정적인 교훈을 준 또 다른 기억은 우리가 거주했던 지역의 언어를 배워야 한다고 어머니가 주장한 것이다.

우리는 그 덕에 거리의 사람들과 의사소통할 수 있었다. 카이로에서 살던 첫해에, 어머니와 지역 마켓에 갔을 때 우리는 토마토를 사기 위해 줄을 서서 기다리고 있었다. 우리 앞에 미국 여자가 있었고, 그녀는 본인 차례가 왔을 때 영어로 마켓 직원에게 토마토 몇 킬로그램을 달라고 했다. 그 직원은 토마토를 제대로 쳐다보지도 않고, 빠르면서 점잖게 토마토를 한 움큼씩 담아 저울에 달아보고, 봉지에 넣어 손님에게 건네주었다.

어머니는 차례가 왔을 때, 직원에게 가서 같은 양의 토마토를 달라고 말했다. 그러나 어머니는 이를 간단히 다섯 단어로 된 현지 언어로 이야기했다. "Itnayn kilo tamatem, min fadlak." 직원은 입이 귀에 걸리도록 활짝 웃으며, 외국인들이 그 지역의 언어를 열심히 배운다는 이야기를 듣고 기뻐했으며, 토마토를 하나하나 살펴보고 가장 좋은 토마토를 골라주고, 더 담아주었다. 여동생이 고등학교를 졸업하고 내가 대학교 1학년이 된 이후 카이로로 다시 돌아왔을 때 어머니가 정원사와 유창하게 이야기하는 것을 보고 정말 놀랐다.

점점 나는 이집트에 사는 것에 익숙해졌다. 카이로에 있는 미국인 학교에는 이집트 문화에 적응해야 하는 최근에 이집트에 온 학생들에게 수업도 가르치는 풀타임 정신과 의사/상담사가 두 명 있었다. 상담사가 하는 일 중 하나는 교실 앞에 남학생 두 명을 세우고 서로 손을 맞잡게 하는 것이었다. 상담사가 동성애적인 뉘앙스가 거의 없는 중동 지역의 문화에서 이것은 매우 평범한 것이라 설명할 때까지 학생들은 키득거리며 웃었다. 실제로 몇 년 후에 이라크와 처음 전쟁을 치르는 동안, 조지 부시(George H.W. Bush) 대통령과 페르시아만(Arabian Gulf) 국가들의 수장이 타맥으로 포장된 도로를 손을 맞잡고 함께 걸어가는 사진이 찍혔다. 사진에 대한 설명은 다음과 같았다. "부시 대통령은 ○○○○의 리더 ○○○○와 함께 아랍인의 방식대로 손을 맞잡고 타맥 포장도로를 함께 걸었다."

오리엔테이션 수업에서는 남녀의 다른 성이 아랍 사회에서 어떻게 취급받는지 알려주었다. 나 혼자 카사블랑카나 카이로의 거리를 걸어갈 때 말로 나를 희롱하는 사람은 결코 없을 것이다. 그러나 내 여동생의 경우, 베일로 가리고 다니지 않으면 아무리 수수하게 보수적으로 옷을 입었다 하더라도 희롱당할 수 있다. 분명히 이것은 지금도 변하지 않은 것이다. 나는 오랫동안 이집트를 독재했던 호스니 무라바크(Hosni Mubarak)를 몰락으로 이끈 민중 폭동 기사를 읽었다. 그 기사에는 새로 작성된 헌법에 여성들을 위한 보호가 담겨 있지 않은 것에 대한 염려가 적혀 있었는데, 18일의 혁명 기간 동안 여성들은—당시 그들은 베일을 쓰거나 쓰지 않는 것을 선택했다— 상당한 비율로 시위대를 구성했다.

이 밖에도 학생들의 90%는 나의 여동생과 나처럼 "새로운 학생"이 된다는 것에 대한 똑같은 트라우마를 경험했거나 경험하고 있는 중이었다. 1년 이상 그곳에 있던 학생들뿐 아니라 선생님들도 그 트라우마가 무엇인지 알고 있었다. "새로운 급우 존을 만날 것이다"라고 소개하는 것은 없었으며, "출석을 부를 것이야"라는 것도 없었다. 특정 수업에 갈 때 다른 학생에게 길을 물어보면 어떻게 수업에 가는지를 알려주거나, 혹은 개인물품 보관함을 여는 것을 도와주는 정도였다.

요르단에 있는 대학에서 2학년과 3학년 사이 여름방학을 보내고 있을 때쯤 나는 아랍에 사는 것에 익숙해졌다. 내가 처음 집에 편지를 썼을 때, 이 나라에 도착한 것은 "낡은 청바지를 입는 것과 같다"라고 썼었다. 버스는 아침 일찍 이르비드(Irbid)에 있는 남자들이 사는 빌라, 요르단 북쪽의 야르무크대학교(Yarmouk University) 근처에 멈춰 섰다. 버스에서 내릴 때 나는 그 지역의 모스크에서 기도시간을 알리는 아침 알람소리(Muezzin's morning call)를 들었다. 그 소리는 익숙하고 아름다워서 나를 안심시키는 소리 같았고 내게 더 이상의 위협은 없는 것 같았다. 나는 내가 곧 괜찮아지리라는 것을 알았다. 요르단에서의 여름은 중동 지역에 있는 각 나라의 독특함을 더 인식하게 했다. 기도하는 사람들에게 들려주는 알람이 요르단에서는 찬양하는 것이었는데, 이집트에서는 다른 소리였으며, 모로코의 알람소리도 똑같은 소리는 아니었다.

나는 학교의 "클로즈업(Close-Up)" 프로그램으로 여행을 갔을 때 워싱턴을 사랑하게 되었다. 이 프로그램은 고등학생들을 한 주 동안 워싱턴의 의회, 백악관, 대법원으로 데려가 돌아보게 하는 것이었다. 우리는 국제학교에서 왔기 때문에, 윌리엄스버그, 버지니아에서 식민 정부를 공부하면서 며칠을 더 보냈고(비록 식스 플래그스 부시 가든(Six Flags Busch Gardens)의 놀이동산이 더 기억에 남지만), 뉴욕에서는 여러 장소 중에 증권거래소와 유엔을 방문했다.

카이로에서 온 우리와 미국 전역에서 온 아이들이 서로 어울려 지내는 것은 그 자체로 교육이 되었다. 그러나 나는 미국에 사는 아이들과 해외에서 사는 아이들 중 누가 더 많이 배우게 되었는지는 확신할 수 없다. 우리가 미 해군과 리비아 간에 시드라만(Gulf of Sidra)의 통행권에 대한 갈등으로 당시 발생한 소규모 접전에 관한 신문 기사를 자세히 보고 있을 때 미국 아이들은 우리를 다소 놀란 듯이 쳐다보았다. 미국 아이들에게 그 일은 다른 행성에서 일어난 것이었을지도 모른다. 하지만 우리에게 그 일은 아주 가까이에서 일어난 것이었다. 1980년대 중반에 또한 유럽의 공항에서 다수의 비행기 납치와 테러리스트의 공격이 있었다. 프랑크푸르트에서 비행기를 환승해 미국에 가는 동안 그리고 카이로로 올 때 우리와 동행했던 보호자들은 우리에게 카이로의 독수리(Cairo Eagles) 글자가 있는 재킷을 여행가방이나 휴대가방에 넣으라고 했고, 가능한 한 "눈에 띄게 하지 말라(low-profile)"라고 이야기했다.

나는 국제 관계와 여러 국가들의 언어에 매료되었다. 그래서 국회의사당 앞을 지나 걸어가면서 멀리 백악관 쪽과 워싱턴 기념비를 쳐다보며 걸었다. 클로즈업 여행 기간과 이후 조지타운대학교 학부생으로 있는 동안 나는 당당히 세상의 중심에 서 있는 것 같았다. 내가 조지타운대학교에서 언어학 학위 과정에 있을 때, 2학년 때 "국제 학생을 위한 기숙사(International Student House)"에서 "국제적인" 세계관을 가진 미국인들뿐 아니라 많은 외국인 친구들을 만났다.

대학을 졸업한 이후에 나는 미국 정보국의 2개의 독해 능력 시험—하나는 아랍어로 된 것, 하나는 중국어로 된 것—을 만드는 방위산업 청부업체에서 일했다. 나는 아랍어를 전공했고, 중국어를 부전공했다. 아랍어 시험의 책임을 맡고 있는 사람은 이집트에 있을 때 부모님의 친구였고, 내가 조지타운대학교에 들어갈 때 추천서를 써주신 분이었다. 정부 예산이 1992년도 봄에 끝날 때까지 그곳에서 일했다. 내가 전공을 직장에서 사용해 본 것은 그때가 처음이자 마지막이었다. 대학 등록금을 내주셨던 부모님은 내가 직장에서 전공을 활용하지 못하는 것에 대해 아직도 못마땅해하신다.

그 후 나는 시애틀과 워싱턴에서 18개월을 보냈다. 아버지가 코스타리카로 돌아와서 가족들과 같이 살자고 제안하기 전까지, 그곳에서 미국 공공이익조사 그룹(Public Interest Research Group)의 방문조사원으로 일했지만 별 성과는 거두지 못했다. 1994년에 나는 ≪티코 타임스(The Tico Times)≫의 저널리스트로 일하기 시작했다. ≪티코 타임스≫는 영어로 된 주간신문이었는데, 나는 이 직업을 정말 좋아하게 되었다.

언론 분야에서 나는 그저 보고 들었던 것을 더 깊이 보고, 듣고, 쓸 수 있는 직업을 찾게 되었다. 이것은 내가 삶 전체에서 했던 일들을 확장시키는 것과 같았다. 세계를 돌아다니면서 내가 능동적으로 통제할 수 있었던 몇 안 되는 것 중 하나는 유심히 보고 듣고, 무엇을 기억하고 기억하지 말아야 할지를 결정하는 것이었다.

나는 같은 곳에 머무르고 싶은, 결코 변하지 않았으면 하는 강한, 너무나도 강력한 소망이 있었고, 이것은 아마 국제유목민이 물려주고 싶어 하는 유산일지도 모른다. 워싱턴으로 돌아온 이후, 1997년 초에 대학원 공부를 모두 마친 뒤 나는 2010년 여름까지 한 아파트를 빌려서 그곳에서 계속 살았다. 그때 내 친구들은 다른 곳으로 떠나거나 다시 되돌아오기도 했고, 신경쇠약에 걸린 친구도 있었고, 죽고, 결혼하고 이혼하고, 아이를 갖고, 직업을 바꾼 친구들도 있었다. 이 모든 것들은 평범한 삶에서 일어날 수 있는 모든 것이었다. 나에게는 모든 것이 기분 좋게도 그대로 유지되었다.

어떤 동일한 장소에 내가 생각했던 것보다 오래 사는 것은 어떤 의미에서 하늘이 내게 준 선물과도 같았다. 내가 성장하면서 원했던 것—다시 이동하지 않는 것—이 마침내 이루어진 것이다. 다음에 이동할 때 쓰기 위해 침대 밑에 납작하게 만들어 보관했던, 짐을 쌀 때 사용하는 판지 상자를 버렸다. 슬픔을 경험하지 않아도 되었고, 마지막으로 살았던 곳에서 사귄 친구들과 이별하는 상실의 아픔을 겪지 않아도 되었고, 새롭고 익숙하지 않은 환경에 살아야 한다는 두려움을 겪지 않아도 되었다.

앞에서 이야기한 장소에 몇 년 동안 살면서, 나는 집에 관해 갖고 있는 나의 이상한 감정에 놀랐다. 나는 집주인이 입주자들한테 살충제를 뿌려야 해서 살충 전문가가 단지에 들어온다는 소식을 알릴 때마다 화를 내고 있는 나를 발견했고, 부모님이 방문해서 좋은 의도로 아파트에 작은 변화를 주려고 시도할 때 격렬하게 반응하는 내 모습을 보았다.

그럼에도 불구하고 2010년 6월에, 걸어서 약 5분 거리에 있는 아파트로 이사했고, 나는 예전의 익숙한, 내가 계속 가지고 있어야 하는 것과 버려야 하는 것을 구분해야 하는 "이동할 준비가 되어 있는" 삶의 방식으로 다시 들어가게 되었다. 의심할 바 없이, 과거의 불안한 감정이 여전히 느껴졌지만, 이번에는 이동에 대해 긍정적인 기대가 더 많았다. 그리고 나는 실제로 새로운 집에 들어가는 것에 기대하고 있는 나 자신을 발견했다.

아마도 결국 나는 집을 찾게 된 것 같다. 국제유목민으로서 나는 '아마도' 유목민의 역할에 더는 몰두하지 않을 것 같다.

재구성

/

페이스 에이드스(Faith Eidse)

셸리(Shelly)는 머무르기 위해 왔다. 나는 금요일 밤 그녀를 교회에서 만나 포옹했는데, 절친한 친구를 만난 느낌이었다. 그녀는 거처할 곳 없이 잠시 머무르는 불확실한 상태로, 집이 필요했다. 그녀는 여러 곳에서 살았는데, 시카고에서 마이애미, 댈러스에서 탤러해시까지 그녀의 삶의 조각들은 여기저기 흩어져 있었다. 수년간 나는 콩고에서 수영을 하고, 대서양에서 서핑을 하고, 캐나다의 산비탈에서 썰매를 탔던 기억을 간직하고 있다. 나는 사진, 시, 수필, 여행을 통해 나의 기억을 계속 간직해 오고 있다. 나는 어머니가 돌아가신 후에 캐나다에 사는 가족과 콩고의 내 뿌리를 찾아갔다.

2010년도 크리스마스 때 했던 여행은 모든 여행 중에 가장 자유로운 여행이었다. 아버지와 자매 두 명과 함께 어머니를 기억하기 위해 콩고의 남서부에 있는 내가 태어난 마을로 여행을 갔다. 나는 오랫동안 부인해 왔던 감정을 다시 느꼈고, 이 감정을 비로소 받아들이게 되었다. 나를 키워주었던 마을의 어머니들은 나를 안아주었고, 처음으로 나는 내가 얼마나 그들을 왜소하게 보았는지 깨달았다. 강에서 노래 부르며 함께 뛰어놀았던 소녀들은 나를 환영해 주었다. 지금 그들은 엄마가 되었고, 나도 그들과 같은 나이가 되었다.

그들의 아이들은 나의 아이들이기도 했다. 이 마을의 문화는 모든 관계가 확장된 것이었다. 모든 사람들은 재산부터 시작해서 개인적 필요까지 마을의 사람들과 서로 의지하며 살고 있었다.

셸리는 콩고에서 내가 돌아온 이후 3개월 동안 함께 생활한 사람이다. 그녀는 46살이었고, 텍사스에 장성한 아들이 있었고, 종종 쇼핑을 가거나 근처에 갈 때 그녀를 대신해 이야기하고 운전해 줄 수 있는 사람이 필요했다. 그녀는 버스 통행권이 있었고 버스 타는 법을 알고 있었지만, 자궁에 유섬유종(fibroid) 덩어리 몇 개가 커지고 있어 몸이 점점 약해지고 있었다. 그녀는 어려운 상황 가운데 있었고, 나는 그녀에게 여러 지원을 해주어야 했다.

게다가 나는 그녀를 우리가 사는 곳에 잠시 머무르도록 텔러해시에 오게 한 후, 추억이 많고 인위적인 것이 적었던 나의 과거의 삶에 떠오른 그녀를 보고 극도의 소속되지 못한 뿌리 없는 느낌을 받았다. 나는 팔을 뻗었고, 그녀는 내 팔 안으로 들어와 얼굴을 묻고 눈물을 계속 흘렸다. 그녀는 적갈색 머리를 내 어깨에 기댔는데, 길고 구불구불한 그녀의 머리카락은 어머니와 비슷했다. 그녀의 수척한 볼과 노쇠한 팔은, 숱이 많은 머리에 파란색 스카프를 쓰고 내 어깨에 기댔던, 크리스마스에 어머니를 위해 흐느꼈던 아프리카 여성과 같았다.

그 아프리카 여성은 나병원에서 나왔는데, 그녀는 다른 사람들이 격리에서 해제되고 나서, 농장을 돌보기 위해 머물렀던 두 여성 중 한 명이었다. 그들은 치료해 주고 약을 갖다준 사람들을 위해 하나님께 기도했다. 내 어머니 또한 여러 색깔의 커피콩을 한 움큼 가져다주었고, 사람들은 그것을 심고, 수확하고, 그 열매를 먹고 팔고, 그 나무가 더 튼튼하고 건강하고 풍성해지도록 키웠다.

나는 셸리의 등을 두드리며 그녀를 위로했다. 그녀는 나와 함께 지낼 수 있었다. 나는 이혼소송을 신청한 상태였고, 그녀가 지금 이사 오는 것에 반대할 사람은 없었다. 3년 동안 그녀는 안정적인 집을 찾을 수 없었고, 그녀에게 필요한 의료적 도움도 받을 수 없었다. 나의 안전한 집보다 더 좋은 장소가 어디 있을까? 확실히 내가 이혼하고 나면, 내 집은 그녀와 같은 사람들에게 푸른 초원과 잔잔한 물가 같은 곳이 될 수 있을 것이다. 나도 친구와 가족을 잃어버리지 않았는가—고통과 회복을 견디지 않았는가? 나의 집이 고요하다면, 그녀의 피난처가 나의 집이 되길 바랐다.

문을 열고 남편이 샤워나 저녁을 하기 위해 집에 들어올 때마다 파문이 일었다. 우리 두 사람 간 별거에 대한 합의는 그가 차고로 들어가는 길에 있는 RV 차량에서 지내면서 집의 화장실과 부엌을 사용하는 것이었다. 우리는 정중하게 서로 인사했고, 때로 그는 나에게 카푸치노를 만들어주거나 집의 예산에 대해 간단히 이야기하곤 했다.

그러나 나는 오래전에 그를 붙잡거나 통제할 수 없다는 것을 알았다. 그래서 나는 가르치고 홍보하는 내 일을 잘하면서 크리스천 12단계 프로그램인 회복축제(Celebrate Recovery)에 참석하며 그가 자신만의 삶을 살 수 있도록 놓아주었다.

작은 소그룹 모임에서 나는 경청 기술을 배우기 위해 노력했다—온 마음을 다해 듣고, 자아를 비우고, 다른 사람들이 나누는 내용의 느낌을 따라가며 경청하려 했다. 나는 다른 사람들에게 임시방편책이나 어떤 해결책을 주려는 시도나 방해 없이, 깊이 주의 기울이는 것에만 집중했다. 나는 또한 피상적인 우정 이상을 원하는 사람들과 유대 관계를 맺으려고 애썼다. 그들은 고통을 모두 쏟아낸 후에도 내가 정말 그들을 좋아하는지 알기 원했고, 도움을 받기 위해, 자신들이 느끼고 있는 것에 대해 지지를 받기 위해 나에게 찾아왔다.

심리학자들에 따르면, 사람들은 지지 체계를 통해 자신의 스토리를 이야기하고 어떤 경험을 다른 사람들과 공유할 수 있다(Carnes, 1997: 150). 칼 융(Carl Jung)은 "익명의 알코올중독자(Alcoholics Anonymous)" 모임을 만든 빌(Bill W.)에게 그들이 알코올에 대해 이야기하지 않으면 변화는 일어나지 않을 것이라 언급했다. 이러한 "간증을 하는 방식"은 스테인드글라스로 만든 창문처럼 조각난 기억들을 서로 끌어모으는 것이 핵심이다. 그 조각들은 더 큰 맥락 안에서 일관성을 가지며, 다른 참가자들은 자신의 이야기를 더 큰 그림의 일부로 볼 수 있게 된다. 이를 재구성(reframing)이라 부른다. 이러한 지지 체계는 자신의 이야기를 하는 사람에 대한 깊은 관심을 통해 자신의 존재 가치를 느끼게 하며, 이야기하는 사람과 다른 사람들을 연합시킨다. 회복과 건강한 유대의 과정이 시작되는 것이다.

국제유목민으로 지내온 30년 동안 나는 나의 연약한 자아가 찢어지는 아픔을 겪지 않기 위해, 다른 사람의 이야기에 정서적으로 깊이 경청하며 그들과 유대 관계 맺는 것을 피해왔다. 나는 조심스럽게 자족하는 법을 연습해 왔다. 그리고 내가 선택하는 대로 멀리서라도 혹은 내가 필요할 때 나에게 관심을 줄 수 있는 사랑하는 사람을 통해 나의 공허함이 채워질 것이라 천진난만하게 생각했다.

제3문화 아이로서 나는 갈등과 역경을 다루는 것을 피해왔다. 나는 여러 나라와 문화를 이동하며, 새로운 친구들을 사귀고 이전 친구들과 이별하는 과정을 경험하며 성장했다. 나는 친구들과 오랜 시간을 보내며 차이점을 해결하는 것보다 떠나기 전에 싸움을 거는 쪽이 종종 더 쉽게 느껴졌다.

나는 회복축제 소모임을 이끌 때 사람들이 자신의 원치 않는 행동을 유발하는 압력이 무엇인지 그리고 이러한 행동을 어떻게 처리하는지 스스로 발견하게 해야 했다. 나를 위해서는 다른 사람에게 책임을 돌리는 것을 멈추고 나의 약함을 스스로 인정하는 것을 배워야 했다.

3년 남짓, 나는 아동기에 발생할 수 있는 유기와 학대의 문제를 공부했고, 성인기의 사랑-연애-성 중독에 관해 공부했다. 어린아이일 때 나는 종종 부모와 떨어져 있었고, 선교 기숙사에서 지냈다. 청소년기 때 나는 계속 데이트를 했는데, 남자아이들에게 지속적인 관심을 받기 위해 피상적인 관계를 유지했다. 나는 나 자신이 더 건강하고 더 좋은 관계를 맺고 있다고, 나 자신의 모습을 부인해 왔음을 알게 되었다. 나의 행복을 위해 남자 친구를 계속 만들 필요는 없었다.

또한 관계가 깨어졌을 때 늘 죄책감을 쉽게 느낄 필요는 없었다. 대신 나는 나의 일부분이 상처 입었다는 것을 인정하고, 기회가 왔을 때 상처를 치유할 수 있었다. 나는 내가 수용되고 은혜받고 용서받고 선택된 사람이라는 것을 믿을 수 있었다.

깨진 결혼 관계로 인한 스트레스에서 자유로워졌을 때 나는 12단계, 대부분 모든 것이 치유되는 단계로 올라갈 수 있었다. "3단계의 결과로 영적인 경험을 했었고, 우리는… 이 메시지를 다른 사람들과 나눌 수 있었다. …" 수요일과 목요일에 나는 여자 교도소와 수감 시설에서 프로그램을 진행했다. 그곳 여성들은 나의 깨진 결혼 관계에 대해 깊이 이야기했고, 내가 이혼을 하며 거치는 과정이 이제는 그들을 돕는 데 있어 거의 필수조건이 된 것 같았다. 나는 교도소의 여성들과 상호작용할 때, 어머니가 가졌던 연민의 마음을 느낄 수 있었고, 어머니가 얼마나 많은 사람들을 맞이하고 어떻게 마음을 열었는지 기억할 수 있었다.

집에 셸리가 올 것에 대비해 준비하고 있을 때, 남편은 처음으로 협조적인 태도를 보였고, 나는 욕실이 딸린 안방을 그녀에게 주자고 제안했다. 그는 내가 아들 방으로 옮기는 것을 도와주었고, 내 물건으로 가득 차 있던 침실 서랍 몇 개를 비워주었다. 나는 마치 병원의 특실처럼 침실을 비우고 욕실을 청소했다.

나는 일요일 오후 셸리를 데려와 안방으로 안내했다. 나는 그녀에게 남편이 3년 전 이사를 가서, 나 혼자 이 공간에서 얼마나 외롭고 슬프게 지냈는지 이야기했다. 그런데 저녁에 나는 마음속에서 잘 들리는 목소리로

"페이스"라는 내 이름을 부르는 소리를 들었다.

그것은 1964년 심바(Simba) 혁명이 일어났을 때 집에서 멀리 떨어진 학교까지 여덟 살이던 나와 동행했던 사랑하는 엄마-아빠-하나님의 목소리와도 같았다. 당시 하늘은 검은 연기와 날아다니는 재로 덮여 있었다. 여성들과 아이들이 구조기로 몰려들었을 때 활주로 근처 풀에서 총과 창들이 보였다. 우리는 간신히 강 밀림에서 떠나올 수 있었고 해질녘까지 구조되지 못한 아버지들의 모습이 사라질 때까지 그들을 향해 손을 흔들었다. 우리는 가족들이 기다리고 있던 키크위트(Kikwit)에 착륙했다. 나의 큰언니는 나를 안고 소리를 질렀다. "살아 있구나!" 그때까지 나는 맞닥뜨렸던 위험한 상황으로 인해 아무 감각도 느낄 수 없었다.

그곳에서 우리는 수도인 레오폴드빌(Leopoldville. 지금의 킨샤사)에 있는 유엔 난민 캠프로 옮겨졌다. 나는 그곳에서 콩고강의 해질녘 모습을 그릴 수 있는 색연필과 내 생일날 친구들과 함께 먹을 수 있는 초콜릿 케이크를 갖는 상상을 몇 시간씩 하며 시간을 보내곤 했다.

아홉 살 때, 나는 다시 집에서 이번에는 수도에 위치한 선교 기숙사로 보내졌다. 그곳에서는 밤에, 망고나무에 있는 박쥐가 꽥 하는 소리를 내고 노란 과육을 빨아먹었고, 기숙사의 "아버지"는 우리를 꽉 잡고, 면도하지 않은 구레나룻가 있는 얼굴을, 우리의 볼에 길게 상처가 나 피가 보일 정도로 비비곤 했다.

나는 부모님이 오시기를 간절히 원했다. 부모님은 이곳에 오시지 못했지만, 나의 베개가 하나님의 강한 어깨가 되었고, 나의 침대 시트는 긴 옷을 입은 하나님의 팔이 되었다.

셀리는 우리 집에 와서 기쁨이 더 많아졌고 자신을 집에 맞이한 것에 대해 매일 나를 축복해 주었다. 그녀는 매일 아침 성경을 읽고 기도하기 위해 4시 반이나 5시에 일어났다. 우리는 이른 아침에 같이 집을 나섰고, 그 시간은 그녀의 수술과 치유가 잘되기를 바라는 희망과 평안을 함께 나누는 시간이었다. 나는 그녀가 전공하는 조리학과가 있는 탤러해시전문 대학(Tallahassee Community College)에 그녀를 내려주었다.

그녀는 나에게 "축복된 하루 되세요", "나는 당신을 위해 기도하고 있어요"라고 이야기했다.

셸리가 이곳에 온 지 얼마 되지 않아 나는 그녀가 나의 결혼 생활을 위해서도 기도했다는 사실을 알게 되었다. 결혼 생활을 정리하는 것에 대해 남편이 대답해야 할 날이 가까워 왔을 때, 그는 나에게 다시 파경에 대한 결정을 바꾸길 요청했다. 나는 남편의 제안을 받아들였고, 우리의 냉담했던 관계가 마침내 끝났다는 사실에 기뻤다.

셸리와 나는 교회 수련회를 다녀올 예정이었고 우리가 돌아왔을 때 남편과 나는 데이트를 다시 시작하려 했다. 그러나 교회 수련회가 끝나가기 전, 아버지가 척추 경련이 일어나서 위니펙에 있는 매니토바대학교 건강과학센터(University of Manitoba Health Sciences Centre)에 입원하게 되었다. 나는 비행기 티켓을 사서 곧장 집으로 갔다. 나는 어머니의 임종을 놓쳤기에, 아버지의 임종만은 놓치면 안 된다는 결심을 했기 때문이다. 그러나 내가 병원에 갔을 때, 아버지는 집에 가기로 결정하고 구두를 신고 계셨다. 아버지는 척추 경련이 일어날 때 대처할 수 있는 방법을 찾았고, 의사는 아버지를 퇴원시켜 주었다.

그사이 플로리다에 돌아왔을 때, 셸리가 섬유낭종에 큰 출혈이 있어서, 피를 철철 흘리며 깨어나는 일이 있었다. 그녀는 몸이 약했고 그날 밤 혼자서 더럽혀진 매트리스를 힘들게 치웠다. 아침에 그녀는 교회에서 친구를 불러 응급실에 갔다.

나는 집으로 돌아가, 충격받았지만 여전히 활력 있는 셸리를 발견했다. 그녀는 출혈이 어떤 면에서 치료되고 있는 것이라 믿고 있었다. 그날 목요일 오후 나는 그녀와 함께 부인과 진료가 예약된 곳으로 같이 갔다. 의사는 그녀의 자궁 내벽에서 조직을 떼어내어 검사했고, 고통스러운 절차가 끝난 이후 손을 잡고 그녀를 일으켜 세웠다.

"당신은 특별한 여성입니다." 그가 말했다.

"아니에요. 예수님이 특별합니다." 그녀가 담대히 이야기했다.

"글쎄요. 예수님은 내게 당신이 특별하다고 이야기합니다"라고 의사가 조용히 활짝 웃으며 대답했다.

그 순간 그들 사이의 유대감이 느껴졌다. 그러나 의사는 검사 결과 암이 있는 것으로 나온다면 그가 직접 수술할 수는 없고, 대신 다른 종양 전문 부인과 의사를 소개해 주겠다고 이야기했다. 우리가 진료실을 나올 때 셸리는 오랫동안 기다려온 자궁절제술을 해줄 수 있는 의사를 만나게 되었다고 믿고 있었다. 그녀의 믿음은 나를 든든하게 해주었다.

그러나 한 주가 끝나기 전에 혈액검사 결과에서 암이 나타났다. 수술이 어느 때보다 시급해 보였다. 그러나 노인의료보험제도(Medicare)는 유효하지 않게 될 시점에 있었다. 수술을 할 수 있는 부인과 종양 전문 의사도 탤러해시에는 없었다. 멀리 있는 병원의 의사가 대폭 낮은 비용으로 수술하는 것에 동의했다. 셸리는 수술이 진행되는 데 몇 주 혹은 몇 달을 기다려야 할지 알 수 없었다.

남편은 수술이 지연되는 데 불만스러워했고, 셸리가 앞으로 더 독립적이 되기를 바랐다. 남편 또한 내가 셸리를 아침저녁으로 케어하는 데 부담을 느끼고 있었던 것이다. 그는 또한 집에 손님과 같이 사는 것을 불편해해서, 매일 밤늦게까지 나타나지 않았다. 결국 어느 날 저녁 나는 그에게 결혼 생활을 어떻게 느끼는지 물어보았다. 그는 하숙을 하는 것이 스트레스가 된다고 이야기했고, 나 역시 스트레스받고 있었다.

나는 나에게 처음 결혼하라고 조언해 주었던 상담가를 찾아갔다. 남편은 더 나은 결혼 생활을 하려고 노력했고 나도 모든 사람을 위해 결혼을 계속 유지하고 관계를 더 좋게 만들어가려고 노력하고 있었다. 나는 나의 개인적인 관계에 더 집중하고, 셸리에게 그녀의 문제를 스스로 해결하게 하는 것이 필요했다.

나는 그다음 날 셸리에게 내가 해야 할 책임들 사이에서 얼마나 마음이 힘든지를 이야기했다. 나 스스로, 어머니처럼 될 수 없다는 것을 인정해야 했다. 부모님이 퇴직하여 캐나다로 갔을 때, 아버지는 스타인바흐성경대학(Steinbach Bible College)의 총장이 되었고, 어머니는 노숙자와 단기체류자를 위해 집을 개방했다. 할머니는 어머니의 이러한 평등주의적인 방법에 너무나 당황스러워했고, 어머니가 보다 더 대학 총장 부인처럼 행동해야 한다고 생각했다. 하지만 어머니는 거실에 문을 달고, 마지막 손님맞이 공간까지 집을 잃은 사람들을 위한 침실로 바꾸었다.

콩고에서 어머니는 나병원과 폐결핵 병동의 사람들에게 무료로 약을 보내기 위해 큰 제약회사를 설득한 운동가였다. 셸리가 나타났을 때, 나는 어머니의 힘, 용기와 헌신을 깨달았다. 나는 더 이상 저녁식사 자리에서 어머니를 불러내거나 한밤중 가족을 깨우는 다급한 두드림에 대한 어머니의 선택에, 질투 어리고 억울해하는 어린아이의 시선으로 생각하지 않았다. 나는 더 이상 희생과 봉사로 이미 너무 많은 것을 주었다고 느끼지 않았다. 사실, 나는 "최소한의 것"을 제공하는 가족 미션을 잊었던 것 같았다.

과거 콩고에서 10대였을 시절, 한창 미국의 유행하는 패션, 인기에 관심을 갖는 물질만능주의 소녀가 되어 있을 때 나는 어느 날 우연히 평화롭게 있는 어머니를 발견했다. 어머니는 일찍 일어나 성경을 읽었고 그 얼굴은 빛나고 있었다. 어머니는 일어나 나를 안아주었고, 내가 안겼을 때 어머니는 육체보다는 증기 같았고, 현실 세계보다는 천상에 있는 사람 같아 보였다.

어머니가 삶을 사는 내내 다른 이들에게 주었던 것을, 나는 겨우 한 달 동안 간신히 셸리에게 줄 수 있었다. 나는 한 달 동안 도움이 필요한 사람을 집에 맞는 일을 했지만, 어머니는 여러 해 동안 여러 사람들을 집에 맞이했다. 어머니는 늘 다른 사람들에 둘러싸여 있었고 즐겁게 그들을 섬기고 그들을 하나님이 주신 선물이라 생각하고 받아들였다.

셸리가 나와 함께 있던 마지막 날, 내가 집에 들어갔을 때 알 수 없는 혼란스러움을 알아챈 것은 내가 아니라 셸리였다. 나는 여러 활동들로 기쁨을 잃어갔고, 잠시라도 홀로 시간을 보낼 수 있기를 간절히 원했다. 한번은 아침, 점심, 저녁 식사 준비에 신경 쓰고 싶지 않았다. 나는 남편을 내보내야 할지 말아야 할지 더 이상 걱정하고 싶지 않았다. 나는 오늘 밤에 수업이 있는지, 혹은 밤에 교도소에서 회복축제 프로그램을 할 때 교도소 배지를 챙기는 것과 같은 간단한 것들을 잊어버릴까 걱정하고 싶지 않았다. 나는 피곤으로 점점 잿빛이 되어가고 있었고, 소진된 나머지 활기를 잃어가고 있었다.

그날은 셸리가 수업이 없었는데, 나는 셸리를 매주 금요일에 했던 것처럼 식료품점에 내려주는 대신, 학교에 데려다주었다. 그녀는 내가 잘못 가고 있다는 것을 이야기하지 않고 그냥 내렸고, 내가 떠난 후에 버스를 타고 퍼블릭스(Publix) 마켓에 갔다. 그곳에는 하루 종일 무료로 마실 수 있는 커피가 있었고, 그녀는 그곳에서 숙제를 할 수 있었고, 다른 단기체류자와 이야기를 나누며 시간을 보내거나, 낮잠이 필요할 때는 시내버스를 탈 수 있었다. 그날 저녁, 그녀는 내가 데리러 갔을 때 학교 앞에서 기다리고 있었다. 나는 여전히 혼란 가운데 있었다.

그날 밤 늦게, 셸리는 나를 안고 작별 인사를 하며 다른 교회 친구네로 가게 되었다고 이야기했다. 나는 아침에 그녀의 물건을 가져다주었다. 그리고 집에 오자마자, 그녀의 큰 티셔츠와 세면도구, 그리고 장학금의 남은 돈이 든 봉투를 모아서 그녀의 4개의 캔버스 백과 바퀴가 달린 여행가방 그리고 아이들이 매는 보라색 배낭에 조심스럽게 담았다.

체념한 채로 짐들을 차로 옮기면서 나 역시 여행가방 하나와 휴대 가방 하나를 가지고 바다를 가로질러 집을 이동했던 것을 기억하게 되었다. 때때로 나는 우정을 계속 나눌 수 있는 친구, 모든 풍랑 가운데에서도 늘 나와 함께할 수 있는 누군가, 나를 다른 곳에서도 틀림없이 알아볼 수 있는 누군가를 간절히 원했다. 그러나 그 순간에 내가 원했던 것은 나 혼자 잠시 있는 것이었다. 그러나 셸리의 물건을 싣고 차 문을 닫은 후에 나는 그녀를 계속 돌보아야 한다는 것을 깨달았다.

그다음 주에, 전에 교도소에 있던 친구의 도움으로 우리는 셸리가 살고 있는 작은 아파트를 찾아갔다. 교회 수련회에서 셸리를 만났던 몇몇 여성들에게 도움을 요청했으나 우리는 간신히 그녀의 전세 보증금과 렌트비만 지불해 줄 수 있었다.

그동안, 셸리의 부인과 의사는 레지던트 시절 근무했던 펜서콜라에 있는 성심병원(Sacred Heart Hospital)에 들렀다. 그는 자신의 멘토인 부인과 종양 전문 의사에게 셸리를 위해 무료로 수술해 주기를 요청했고, 그 의사는 동의했다. 그러나 셸리는 여전히 병원 비용을 지불해야 했고, 회복 기간 동안에도 장애 급여가 필요했다.

다른 교회 친구가 플로리다의 사회복지 응급의학 혜택을 담당하는 사람을 알고 있었다. 나는 전화해서 워싱턴에 있는 정부기관의 번호를 받았다. 나는 셸리의 사례를 설명하는 데 "불치병(terminal illness)"이라는 용어를 사용하라는 조언을 받았다.

"당신 이야기는 우리가 3일 안에 보조금을 받을 수 있는 약속을 잡아야 한다는 뜻인가요?" 연방 정부의 셸리 사례를 담당하는 사회복지사가 물어보았다.

그녀는 셸리를 전화 면담 명단에 넣었고, 나는 "이것이 그녀가 치료될 수 없다는 의미는 아니지요?"라고 물어보았다.

"네, 그렇지요." 담당 사회복지사가 대답했다.

내 핸드폰 배터리는 상담으로 바닥이 났고, 나는 응급수당 건도 마무리했다. 셸리는 독립하여 지내고 있었고, 나는 생각했던 것보다 그녀가 더 잘 생활하고 있다는 것을 깨달았다. 나는 그녀가 필요로 하는 것이 무엇인지 식료품점에서 전화하고, 그녀에게 중고 소파와 의자를 찾아주고, 수술이 언제 잡혀 있는지 물어보며 그녀를 계속 도왔다. 마침내 그녀는 내가 그녀를 충분히 도와주었다고 이야기했다.

교회에서 온 친구가 그녀를 펜서콜라로 데려다주었고 그녀는 며칠 후 셸리를 데리러 가라고 내게 전화했다. 의사는 7파운드에 달하는 섬유낭종을 제거했고, 셸리는 자궁절제술이 완벽히 끝난 이후에 몸무게가 14파운드 감소했다. 무엇보다 그 종양은 암 종양이 아니었다.

"하나님이 암을 제거하셨고 의사는 종양을 제거했습니다"라고 셸리가 분명한 목소리로 말했다.

집으로 오는 길에, 나는 마음속으로 노래를 불렀다. 수술 결과를 듣고 기분이 한껏 좋아졌고, 내 마음은 셸리를 위한 기쁨으로 가득 차 있었다.

그동안, 나는 내가 어떤 방향으로 성장했는지 인식하고 있었다. 나는 진실 되게 그러나 현실적인 방법으로 사람들을 돕는 방법을 배우고 있었다. 나는 급진적으로 보였던 부모님의 선택이 생명을 살리기 위한 것이었음을 알게 되었다. 그리고 나는 다른 사람들이 스스로 자신의 문제를 해결할 필요를 느끼게 하는 것과 함께, 다른 사람들의 문제를 해결하기 위해, 노력하고 문제를 고쳐나가야 한다는 학습된 필요 사이에 균형을 맞추는 방법을 찾아가고 있었다.

내가 계속 머무를 수 있는 안전한 집을 원하던 그 지점에서, 나는 어려운 사람을 도와주기 위해 자신의 것을 포기한 부모님의 선택을 받아들이기 시작했다. 나는 주변 세상을 더 좋게 만들기 위해 부모님이 재정적인 보장을 포기한 것과 가족 안에서 희생한 것에 대해 가치를 부여하기 시작했다. 나는 부모님의 회고록을 완성하고 있었고, 비록 어머니의 유산이 내 안에 살아 있음에도 나의 인생에서는 그 유산이 다르게 표현될 것이라는 점을 깨닫고 있었다.

나는 콩고를 다시 여행했고, 그곳에서 나의 잃어버린 굳은 마음이 다시 풀어지기 시작했다. 일요일 아침에 여자 합창단원들은 가족의 죽음으로 인한 고통을, 신음을 내뱉으며 몸을 흔들면서 표현했다. 그러고 나서 그들은 기뻐하며 점점 크게 춤을 추기 시작했다. 어머니는 이런 모든 인생의 감정을 표현하는 리듬 있는 그 지역의 멜로디를 좋아했고, 나는 어머니의 정신이 내 안에 다시 살아나는 것을 느꼈다. 눈물과 웃음을 나눈 일주일 후에, 나의 마음은 다시 부드러워졌다. 나는 마침내 붉은 노을, 에메랄드빛 파도 그리고 다이아몬드보다 더 밝게 빛나는 정서적 조각들을 맞춰갔다. 또한 남편을 더 많이 이해하게 되었다. 심지어 우리가 처음 대학에서 만나 사랑에 빠졌던 버지니아산에 다시 여행가기로 계획했다. 그때 그는 나의 방랑벽에 빠져들었고 나는 그의 안정된 뿌리 깊은 가족에 빠져들었다.

나는 최근 셸리가 아파트 계약을 연장하고 건강이 회복된 이후 여성스러워진 그녀의 모습을 돋보이게 해줄 옷을 찾는 것을 도와주었다. 나는 여성 교도소에서 회복축제 프로그램을 계속 진행하고 재소자들이 사회로 복귀하도록 도와주고 있다. 그러나 나는 더 이상 나 혼자서 모든 경험을 안고 가야 하거나 모든 문제에 반응해야 한다고 생각하지 않는다. 나는 나의 여정에서 협력자들을 키워나가고 있다. 우리는 함께 역경과 우리의 인생을 재구성하는 기쁨을 나누고, 우리의 인생을 보다 큰 전체의 부분에서 바라보고 있다.

참고문헌

Carnes, Patrick J. 1997. *The Betrayal Bond: Breaking Free of Exploitive Relationships*. Deerfield Beach: Health Communications, Incorporated.
Eidse, Faith and Nina Sichel(eds.). 2004. *Unrooted Childhoods: Memoirs of Growing Up Global*. London: Nicholas Brealey/Intercultural Press.

기념일

/

채리티 셸렌버그(Charity Schellenberg)

나의 조상은 러시아 스텝 지대에 살던 재세례파 교도들(Anabaptists)이
다. 이들은 종교에 대한 국가의 개입이 없는 곳에서 신앙생활을 하기 위해
캐나다로 건너왔다. 레드리버 우차(Red River ox cart)를 타고 질퍽한 검은
진흙을 지나, 신발이나 바퀴에 붙어 있는 것들을 떼어내며 매니토바주에
왔다.

3개의 큰 대륙과 대서양을 건넌 룬다 고원(Lunda Plateau)에서 그 길은
맨발의 발가락 사이로 모래가 들어오는 모랫길이 된다. 남부 콩고민주공
화국 영토에 있는 카헴바(Kahemba) 지역에, 선교사였던 내 부모님이 묻혀
있고 나의 마음은 고향을 향해 있다.

"5년 뒤에 우리 함께 콩고에 가는 게 어때?" 1975년 나와 결혼한 존(John)
은 내게 이렇게 프러포즈했다. 그는 낙농을 하는 농부였고 나는 대학생이
었다. 아프리카에 있는 집에 돌아갈 때까지 나는 매우 추운 날씨에 모든
것이 얼어붙는 캐나다의 대초원에서 2년의 시간을 보냈다. 8월 어느 따뜻
했던 저녁, 나는 매니토바에서 그의 프러포즈를 받아들였다. 우리는 정치

적·사회적·경제적 혼란으로 인해 30년 동안 콩고에 가지 못할 것이라 생각하지 못했다.

내 이전 학교 동창인 바셀 파레스(Bassel Fares)가 콩고에서 킨샤사 미국인 학교(The American School of Kinshasa: TASOK) 학생들을 위해 첫 동창회를 계획했을 때 휴식의 시간이 우리에게 주어졌다. 동창회는 2005년 6월에 열릴 계획이었는데, 그때 정확히 콩고가 벨기에에서 1960년에 독립한 이후 처음 민주주의 선거가 열릴 예정이었다. 그러나 대통령 조제프 카빌라(Joseph Kabila)와 동부 지역의 반군 지도자 간의 미약한 평화협정으로 인해 선거는 적기에 준비되지 못하고 다음 해로 연기되었다. 선거가 연기되면서 민주주의로의 전환을 꾀했던 국제단체의 콩고인 학생들 사이에서 더 큰 불안한 시위들이 일어났다. 그러나 바셀은 분쟁 지역에서 특수 임무를 수행한 노련한 조종사이자 용감한 의사의 아들로, 단념하지 않았다. 그는 나에게 동창회에서의 기조연설 및 TASOK 학위수여식의 졸업생 연설자로 서달라고 연락했다. 그 자리에는 미국 대사 로저 미즈(Roger Meese)도 초청 연설자로 참석할 예정이었다.

비행기를 타고 나이로비에 도착했을 때, 열대 지역의 습도와 냄새로 인해 내 몸 깊은 어딘가에서부터 눈물이 마구 쏟아졌다. 우리는 아직 콩고에서 두 나라나 떨어져 있었다. 그래서 존과 조카딸 레이철(Rachel)은 우리 비행기가 킨샤사 상공을 돌 때 내 반응이 어떤지에 더 집중했다.

두 사람은 내가 긴장을 풀지 않고 경계심에 가득 차 몸을 곧게 하고 있는 모습에 매우 놀라워했다! 활주로에는 탱크들과, 군복과 위장복을 입은 사람들이 줄지어 서 있었다. 1964년도 반란 때, 심바(Simba) 반란을 일으킨 사람들은 이미 점령된 지역에 착륙하려는 비행기를 향해 발사하기 위해 활주로에 줄지어 서 있었다.

"무언가 잘못되었어!" 나는 과거의 먼 기억을 떠올리며 이야기했다. "서로 꼭 붙어 있는 게 좋겠어."

비행기가 착륙하자마자, 장갑탱크와 군인들이 우리가 탄 케냐 항공(Kenyan Airways) 비행기를 45분 이상 둘러싸고 있었다. 결국 우리는 공항에 들어가는 것이 허용되었지만, 계속 삼엄한 경비가 이어졌다. 터미널 안에 약속한 대로 "TASOK 동창 여러분, 환영합니다"라는 환영 문구를 들고 있는 사람은 보이지 않았다. 대신, 요원 두 명이 우리를 향해 AK 47s 소총을 겨누고 양옆에서 우리를 감시하고 있었다.

나 혼자 출입국 심사대로 안내받았을 때, 존은 재빨리 아프리카인들의 사고방식을 떠올려 행동했다.

"우리가 함께 서 있을 순 없나요?" 그는 대담하게 총 뒤의 무뚝뚝해 보이는 얼굴에 가까이 대고 말했다. "우리는 콩고에 처음 왔습니다. 여기 있는 제 조카는 프랑스어를 할 수 없습니다. 저기 서 있는 사람은 제 부인 마마 장고(Mama Zango)입니다. 그녀는 초퀘(Chokwe)족입니다. 그녀는 여기서 태어나 성장했고 32년 만에 '어머니의 품에 안기기 위해' 콩고로 처음 돌아온 것입니다."

"뭐라고요? 당신 부인이 초퀘족이라고요? 나도 초퀘족입니다!" 장군이 큰 소리로 이야기했다. 그는 두 팔로 존과 레이철을 따뜻하게 안고 내 쪽으로 그들을 호위하며 안내해 주었다. 나는 질문하고 싶은 것을 참고 기다리고 있었다. "Muoyo, Mama Zango! Kuchi?" 그는 초퀘족 방식으로 인사했다. 또한 그는 더 이상 공식적인 절차를 거치지 않아도 되도록 안내해 주었다. 우리는 심지어 의료카드(health cards)를 보여주지 않아도 되었다! 우리는 이미 수하물을 찾았고 장군과 같은 군복을 입은 다른 군인들과 오래된 친구처럼 이야기하고 있었다. TASOK에서 나온 사람이 허둥지둥 우리가 있는 곳으로 들어와, 그가 어떻게 우리를 통제하지 않고 안내해 주었는지 궁금해했다. 그는 우리가 웃고 있는 것에 주목했다.

"여어~! 어떻게 정식 절차를 밟지 않고 나올 수 있었나요?" TASOK에서 임명한 영어를 구사할 줄 아는 콩고인 목사인 에마뉘엘(Emmanuel)이 말을 더듬으며 우리에게 질문했다. 그는 특별 구역에서 외국인 도착 시 환영하기 위해 나온 목사였다.

"그들은 콩고인들입니다." "그녀는 초췌족입니다!" 요원이 대답했다.

그러고 나서 에마뉘엘은 이야기를 들려주었다. 그 나라의 네 명의 부통령 중 한 명이 우리와 같은 비행기를 타고 도착했다. 1+4의 권력 분점 협정 때문에, 각 주의 대표들은 주 군대를 유지했고, 주 대표들 간에 조금이나마 남아 있던 좋은 감정들은 사라져 버렸다. 부통령의 도착과 서로 대립하고 있는 보안군들의 위협을 보면서, 우리는 당시 콩고에 퍼져 있던 긴장감을 몸으로 느낄 수 있었다.

재미있는 것은, TASOK 학교 버스 운전사는 콩고에 새로 온 사람을 데려오기 위해 공항에 픽업 나가는 것보다 학교 학생들을 태우고 운전하는 것에 더 익숙했다는 것이다. 그는 도착하자마자, 자신도 모르게 VIP 주차장에 들어갔다. 그곳은 고위 관리와 부통령의 만남으로 차들이 가득 차 있었다. 갑자기 군인들이 학교 버스에 올라탔고, 창문으로 기사의 얼굴에 총을 겨누었다.

"후진! 후진!" 그들이 소리쳤다. 기사는 차를 후진시켰고, 가까스로 목숨을 구했지만, 뒤에 새 벤츠가 찌그러져 있었다. 아주 오랜 협상 끝에, 에마뉘엘은 결국 미국 돈 70달러로 화가 난 벤츠 운전자를 달랠 수 있었다.

"나는 당신이 졸업생 중 가장 먼저 도착해서 기쁩니다"라고 바셀이 말했다. 공항 터미널 밖 주차제한구역에 앉아 우리를 기다렸던 그의 얼굴은 기쁨이 넘치는 밝은 표정이었다. "당신은 이런 곳에서 절차 없이 공항을 통과해 나올 수 있는 언어구사력과 인맥이 있군요!" 우리는 그가 이것을 동창회가 어떤 문제없이 진행될 수 있는 사인으로 간주한 것이라 판단할 수 있었다. 적어도 우리가 다룰 수 없는 것이 아닌 한, 문제는 없었을 것이다.

＋ ＋ ＋

시내로 차를 몰고 가면서, 기억들이 의식 속에 한꺼번에 떠오르기 시작했다. 나는 1964년 분쟁과 아버지가 그때 콩고 학생들을 우리 VW 밴에 태워 과거 반란군이 서 있던 곳을 지나 학생들의 집으로 데려다주었던 것이 기억났다. 언니들인 호프(Hope)와 페이스(Faith) 그리고 두 살 위 언니인 그레이스(Grace)와 나는 엄마와 함께 마을에 머물렀다.

"마마 에이드스(Mama Eidse)와 아이들은 카마얄라(Kamayala)에 있을 때 가장 안전할 것이다." 아버지는 마을의 어른들과 전략을 짰으며, 중부와 남부 아프리카 6개 나라들에 걸쳐 있는 룬다초퀘(Lunda-Chokwe)가 영향력을 발휘할 것이라 믿었다.

일곱 살 때, 나는 계획을 세워 베갯잇에 생존 물품을 챙겨 넣었다. 작은 요리 냄비, 숟가락, 날카로운 칼(음식을 준비하거나 은신처를 만드는 데 쓸 노끈을 자르기 위한 것), 추울 때 숄로 입을 수 있는 여분의 디번가(*divunga*) 옷, 짐을 이고 이동할 때 머리 위에 돌돌 말아 쿠션으로 쓸 수 있는 카타(*kata*), 우는 아이를 등에 업고 달랠 때 쓸 수 있는, 엄마들을 자유롭게 계속 일할 수 있게 해주는 아기포대 등. 밖에서 요리를 하는 것은 내가 매일 여자 친구들과 했던 놀이이기도 했다. 우리 나이 또래 여자아이들은 마을 아기들을 돌보았다. 덤불 속에서 밖에서 자면서 이런 일을 할 수 있다는 사실이 나를 흥분시켰다. 나는 이미 우리 집 문 앞 숲길까지 전쟁에 관한 소문을 흘리는 점점 늘어나는 사람들의 행렬에 합류할 준비가 되어 있었다.

반란군들은 결코 그들의 불만을 카헴바 지역에 표출하지 않았다. 룬다초퀘 제국(Lunda-Chokwe Empire)의 지도자인 므완트 야브(Mwant' Yav)는 카탕가주(Katanga Province) 의자에 앉아, 역사적 동맹을 인용하며 심바 반란군이 룬다초퀘 사람들을 건드리지 않은 채로 떠날 것임을 확신했다.

사람들은 데이비드 리빙스턴(David Livingstone)과 로지어(Lozi)와 콜롤로

(Kololo) 말을 하는 동료들이 아프리카를 탐험할 때 이 길을 걸었다고 이야기했다. 이 길에서 동물을 만나는 것은 흔한 일이지만, 나에게는 이것이 모험과 흥미로 가득 찬 것이었다. 당시 원숭이, 아주 오래된 거북이, 아프리카 회색앵무새, 작은 영양, 부모를 여읜, 나중에 우리의 애완동물이 된 갓 태어난 두 마리 여우들을 보았다.

어린 백인 소녀인 나를 따르는 무리가 생겼고, 이것은 어린 나이에 리더십을 키울 수 있는 기회가 되었다. 나는 인형을 가지고 놀아달라는 부탁에 지쳤을 때 혹은 단 한 명의 친구와 놀고 싶을 때, 많은 사람들을 통제하기 위한 나의 전략을 꽤 단호하게 실행했다. 한 번은 여덟 살 때, 우리 집 앞마당에 있는 큰 망고나무의 아주 높은 곳까지 올라갔다. 나보다 몇 살 많은 남자애들이 근처에 와서 밑에서 나를 쳐다보고 있었다. 그 나이 때에 나는 남자아이들은 거의 인간이 아니라고 생각했다.

"꺼져!" 나는 소리쳤다. "내 치마 그만 올려 봐!" 이것은 남자아이들을 더 웃게 만들었다. 나는 재빨리 내려와서 칼을 휘두르며 그들을 쫓아갔다.

룬다초쾌족은 전통적으로 수렵인이었다. 자라면서, 건기에 수 미터 되는 코끼리풀의 불이 꺼진 직후 들쥐를 사냥하거나 우기에 버섯과 고비를 채집하는 여자 탐험단에 들어갈 수 있었다. 연기가 자욱한 건기에 마을의 쾌활한 사냥꾼 마마 비(Mama Bea)는 영양 한 마리가 불을 피해 우리 쪽으로 달려오는 것을 발견했다. 갑자기 그녀는 영양을 향해 괭이를 던졌고, 영양은 목에 괭이를 맞고 그 자리에 쓰러졌다. 우리는 영양을 장대에 매달아 그날 저녁 의기양양하게 마을로 가져갔다. 그날 밤으로 사냥 나간 남자들 중에 동물을 가지고 집에 온 사람은 아무도 없었다. 마마 비의 사냥은 유명한 전설이 되었다.

산림이 우거진 사바나 대초원에서 무코소(mukoso) 나뭇잎을 먹는 마코소(makoso) 애벌레를 마을 여성들과 함께 모아오는 것은 이곳의 통과의례였다. 우리는 네 시간에서 다섯 시간 걸리는 길을 가야 했기에 새벽 4시에 출발했다. 그 길은 가파르게 올라가는 구간도 있고, 악어가 득실대는 강 위로 쓰러진 거대한 나무의 미끄러운 몸통을 밟고 지나가야 하는 구간도 있었다. 10대 소녀들과 함께 여성들은 가벼운 농담을 하며 웃거나 떠들기도 했다.

애벌레가 있는 숲에 도착하자마자 우리는 안개가 채 가시지 않은 아침부터 일을 하기 시작했다. 습기에 찬 부드러운 애벌레 몸이 조심스럽게 우리 손에 있는 나뭇잎에서 미끄러져 빠져나오고 있었다. 우리는 애벌레를 죽이거나 짓밟지 않도록 조심스럽게 돌보았다. 누가 가장 많이 먹을 수 있는지 경쟁이 붙었던 특이한 메뚜기도 있었는데, 우리는 이 메뚜기들을 잡아서 뾰족한 다리를 제거하고 재빨리 생으로 입속에 집어넣었다. 몇 시간 만에 우리는 가져온 용기가 꽉 차서, 수확한 것을 머리에 균형 맞춰 올린 후 손을 쓰지 않고 엉덩이를 흔들며 다시 긴 도보를 시작했다. 어두워지고 나서야 마을에 도착했고, 열광적인 함성으로 환영을 받았다. 나는 그해 시장에서 팔 수 있는 중요한 환금 작물을 가져오는 이러한 존경받는 팀의 일원이라는 것이 자랑스럽게 느껴졌다.

우리는 애벌레를 바로 손질해야 해서 모든 사람들이 불 옆에 모여들었고, 우리 모두 애벌레에서 배설물을 재빨리 짜내는 일을 하는 동안, 사람들은 그날 있었던 우리의 모험 이야기를 듣고 싶어 했다. 배설물을 짜낸후, 애벌레를 건조하기 위해 뜨거운 태양 아래 짚으로 만든 단에 널어놓은후 소금이 들어간 물에 살짝 데쳤다. 그리고 잘 저장한 후에, 팜유 소스에 맛있게 찍어 먹기도 하고, 짭짤하게 튀기기도 하고, 아삭한 스낵으로 먹기도 했다.

깊게 맺어진 신뢰 관계와 정체성은 서로 의사소통을 가능하게 하는 무의식적 신호가 되었다. 비록 우리들은 마을에서 피부가 붉은 "지저분해 보이는" 아이들이었지만, 그 안에서 소속감을 깊이 느낄 수 있었다. 사실 "에이즈"라는 우리 가족의 이름은 초퀘어로 "Ayize"였는데, 이것은 "그들은 하나이다"를 의미한다. 처음 카마얄라에 도착했을 때, 부모님은 언어를 배우기 위해 룬다초쿼족 사람들의 전통과 삶 속으로 들어갔다. 가능한 한 그 사람들과 친밀해지며 그 사람들과 동일시되려는 어머니와 아버지의 바람은 당시 식민지 시대에서는 매우 예외적인 것이었다. 사람들은 우리 부모님을 초쿼족 사람으로 받아들였다. 룬다초쿼의 마을 어른들은 "에이드스는 다른 백인들과 같지 않다. 그들은 백인으로 환생한 진정한 초쿼의 조상이다. 에이드스 가족은 믿을 수 있다"라고 이야기했다. 나에게 이 마을에서 자라는 것은 너무 자연스러운 일이었다. 카마얄라는 분명히 나의 고향이었다.

2005년 6월 콩고에 3주 있는 동안, 선거 준비 기간에 그 지역에 주 1회 운항하는 민간 비행기를 이용해 카헴바 지역에서 한 주를 보낼 수 있었다. 은돌로 지역 공항에서, 우리는 말루(Malu) 항공사의 제2차 세계대전 시기 러시아 안티노프 비행기 꼬리 부분의 밑면을 통해, 머리를 숙인 구부린 자세로 균형을 맞춰가며 탑승했다. 우리는 가장 먼저 탑승했지만, 앉을 수 있는 좌석은 뒤의 오른쪽 좌석들뿐이었다. 앞의 반은 화물로 가득 차 있었고, 화물칸과 승객 칸은 늘어진 그물로만 구분되어 있었다. 금속으로 만든 벽에는 귀청이 터질 듯한 엔진 소리를 방음해 줄 절연재는 없는 것 같았고, 3000미터 고도의 매우 추운 기온에서 우리를 보호해 줄 장치도 없어 보였다. 존이 레이철에게 비디오카메라를 찍기 위해 웃으라고 했을 때, 레이철은 아무 반응도 하지 않았다. 레이철이 듣지 못한 듯하여 존은 레이철의 어깨를 툭툭 쳤다. 그녀가 뻣뻣하게 돌아보았을 때, 그녀는 사색이 된 얼굴에 갈색 눈은 더 커져 있었다. 나는 갑자기 웃음이 터졌지만, 순간 레이철이 웃고 있지 않다는 것을 발견했다. 내게 모험으로 느껴지는 즐거운 것들이 레이철에게는 숨을 쉬지 못할 정도의 공포였던 것이다.

그러나 나는 기분이 좋았다. 처음으로 32년 동안 익숙하게 알고 있던 것들이 나를 뒤덮기 시작했다. 비행기 기장은 나를 집으로 데려다줄 것이다. 새로운 확신과 함께, 비행기가 너무 시끄러워 아무도 내 목소리를 들을 수 없었기 때문에 나는 비행할 때 부르던 흑인 영가「그는 손안에 모든 세계를 가지고 있어요(He's got the whole world in his hands)」를 불렀다.

우리 비행기는 안전하게 카헴바 활주로에 착륙했고, 우리의 친구인 치빌레누 로버트(Chibilenu Robert) 목사가 우리를 만나러 나왔다. 그는 남부 반둔두 지역의 콩고 메노나이트 공동체의 법정대리인이었다. 그는 우리와 짐을 네 시간가량 카마얄라 마을로 실어다 줄 비포장도로용 오토바이 여러 대를 가져왔다. 이륜차보다 큰 수송 수단을 그 지역에서 찾아보기는 어려웠다. 콩고-앙골라 국경 지대에 걸쳐 다이아몬드가 자유롭게 매매되던 때, 카헴바시의 인구가 2500명에서 5만 8000명으로 증가한 1980년대와 1990년대 영광의 날들은 사라진 지 오래였다. 인구는 그대로이지만, 부는 사라졌다. 대조적으로, 호황기 동안 카헴바시에 정착하기 위해, 태어난 마을과 조상 때부터 살았던 지역을 떠나온 사람들은 지금 자급할 땅이나 식량을 재배할 만한 방법이 없었다. 우리는 카헴바시에 집을 잃은 아이가 약 7000명가량 있다고 들었다.

콘조(Konzo)라는 유행병이 돌기 시작했고, 치료약이 없는 이 경련성 마비로 인해 인구의 5%가 감소했다. 콘조는 주식인 마니옥을 적어도 3일 동안 흐르는 깨끗한 물에 충분히 적시지 않은 상태에서 먹음으로써 발생하는 시안화물(청산가리) 독이 발병 원인이다. 이 병은 성인이나 아이 모두 똑같이 걸릴 수 있으며, 이 병에 걸리면 다리부터 후두까지 마비가 진행되면서 하루 만에 사람이 쓰러지기도 한다. 카헴바시는 이 병에 취약한 도시였다. 왜냐하면 영양실조에 걸린 사람들의 비율이 매우 높았고, 마실 수 있는 가장 가까운 데 있는 물이 14킬로미터나 떨어진 곳에 있었기 때문이다.

우리 여행의 마지막 구간은, 레이철에게 실망스럽게도, 깊은 모래 속을 달려가야 하는 곳이었다. 때때로 모래에 빠지는 것을 피하기 위해 깊은 풀 사이 도로가 아닌 곳으로 가야 하기도 했다. 나는 기분이 아주 좋았다! 건기의 시작을 알리는, 저 먼 수풀의 희미한 연기 냄새를 담은 신선한 고원의 공기가 내 코를 간질이고 머리카락을 흩날리게 했다. 굽은 길을 지날 때마다 거기서 걷고, 자전거를 타고, 오토바이와 차 운전을 배우던 기억이 떠올랐다. 뺨과 정강이를 찰싹 때리는 코끼리풀이 생각나면서, 난 주름이 있는 48살 아줌마가 아니라 막 피어나는 17살 아이가 된 것 같았다. 어느새 우리는 카마얄라 변두리에 다다랐다. 길가에 서 있는 사람들은 내 이름을 부르기 시작했다. "장고(Zango)! 장고(Zango)!(사랑해요! 사랑해요!)" 나는 금발의 공주가 되어 마을에 돌아온 느낌이었다. 내가 떠났을 때 모습 그대로, 어린아이에서 성장하여 바로 성숙한 여성이 되기 직전의 모습 그대로 말이다.

교회와 양옆으로 마을 집들이 있는 공터에 들어서며 우리는 북 치는 소리에 내렸고, 학교 아이들은 춤을 추며 우리를 위해 특별히 만든 노래를 하모니에 맞춰 노래했다. 이것은 유명한 초퀘의 음악적 전통이었다. 남녀노소 모두 종려나무와 부겐빌레아로 만든 아치 아래에서 우리를 안아주었다. 나는 존에게 초퀘족이 우리를 환영해 준 것에 대해 이야기했는데, 우리와 같은 환대를 받은 사람은 아무도 없었다. 그는 나의 홈커밍 순간을 남기기 위해 비디오카메라를 준비해 왔고, 이것은 평생 단 한 번일 것 같은, 나에게 했던 그의 약속을 이룬 순간이었다. 사람들은 우리에게 여러 가지 색깔의 스카프를 씌워주었고, 우리 손에 꽃을 건네며 우리와 함께 춤을 추었다. 그리고 활기찬 행렬로 야자수가 늘어선 길을 따라가며 첨탑에서 주철 종소리가 울리는, 석공이 만든 교회를 지나 우리 집으로 향했다.

마을 어른들은 우리를 만나 옛 추억을 나누길 원하는 사람들을 그룹별로 나누어 만날 시간을 공들여 정해놓은 상태였다. 첫 번째 사람들은 지역 모임 대표, 그다음은 그 자리에 있던 여성과 남성, 초등학교 학생, 청소년, 외곽 지역에서 온 여성과 남성들이었다. 나환자촌에서 짧아진 다리로 절뚝이며 길 아래편 2킬로미터를 걸어온 나이 든 여성 세 명은 직접 키우고 생산한 달걀과 다양한 색깔의 "마마 에이드스" 콩을 자랑스러워하며 선물로 주었다. 그들은 어머니에게 배운 경작법으로 계속 농사를 지었고, 자급자족의 농업 유통(agricommerce)으로 영양도 좋아지고 자존감도 향상시킬 수 있었다.

에이드스 삶의 이야기! 평생 지속된 봉사의 삶! 모든 사람들은 같은 이야기를 했다.

"마마와 타타(Tata) 에이드스는 정말로 우리를 사랑했어!"

둘째 날 오후, 거실은 남자들로 가득했다. 그때 나보다 나이가 많은 웬이(Wenyi. 비의 남편이자 농업 발달 분야의 주거 전문가)가 내게 물어보았다. "네 옆에 누가 앉아 있는지 아니?" 나는 빡빡 깎은 머리의 남자를 멍하니 쳐다보았다. 그는 좀 더 일찍 이 장소에 와서, 방 건너편에 앉아 한마디 말도 하지 않고 있었다. 다른 사람들이 도착했을 때 그는 내 옆으로 자리를 옮겼다. "칼레마(Kalema)야!" 웬이는 조용히 이야기했다. 존은 좀 전에 내가 했던 것처럼 그를 관찰했다. 그러나 웬이가 그의 이름을 언급했을 때, 존은 내가 그를 알아보지 못한다는 것을 믿지 못했다. 칼레마는 어렸을 적 내 가슴을 두근거리게 만든 남자였기 때문이다. 그는 1970년대 아프리카의 키 크고 잘생긴 축구 스타였고, 큰 도시 팀에 스카우트되어 갔다. 나는 존에게 칼레마에 관해 이야기했었고, 수년 동안 그와 칼레마가 겨루는 내 악몽 이야기를 존은 계속 참고 들어야 했다. 얼마나 자주 우리가 다시 만날 것을 꿈꾸었던가? 그러나 이런 일은 결코 일어나지 않았었다. 그 순간 나는 너무 당황했고 나는 나의 초쿼족 자아가 실제로 얼마나 깊이 묻혀 있는지 궁금했다.

초쿼어 구사 능력이 부족했던 점이 내게는 문제가 되었다. 내가 말을 하고 싶을 때, 나는 오직 줄라(Jula)어와 아프리카 서부의 혼합어(trade language) 문장들만 구사할 수 있었다. 어떤 사람이 내 언어구사력이 부족하다고 이야기할 때, 나는 "나도 왜 사람들 말에 대답할 수 없는지 잘 모르겠습니다"라고 이야기할 수밖에 없었다.

"말할 수 있을 거야." 칼레마가 내게 확신을 주었다. "넌 사람들에 대한 사랑으로 초쾌어로 이야기했어. 네 사랑이 다시 말을 잘할 수 있게 해줄 거야."

두 번째 날이 지나가고, 우리는 여전히 같은 장소에 있었다. 방문 예정인 사람들은 줄어들 기미가 보이지 않았다. 다음 날은 20킬로미터 떨어진 카헴바시를 구경하기로 했다. 부모님이 계획하여 교회 2개가 처음 이 도시에 세워진 이후 여러 도시 교회들이 들어왔는데 이 교회들을 방문할 예정이었다. 들뜬 마음에 나는 더 적극적이 되었고, 카마얄라강에 가봐야 한다고 주장했다. 이 강은 내가 다시 방문하고 싶었던 곳이고, 레이철과 존에게 보여주고 싶은 곳이었다. 존은 무엇을 할지를 구역장에게 말해야 하는지 확신이 서지 않았다. 성급하게 내가 이야기했다. "그는 우리 보스가 아니야. 이곳은 내 고향이야. 나는 우리에게 중요한 것을 해야 한다고 확신해."

강을 따라 아래로 둑보다 높은 정원이 수 킬로미터 뻗어 있었다. 웬이의 주도로, 카마얄라는 카헴바시에 신선한 농작물을 제공하는 주요 공급원이 되었다. 그는 남의 도움 없이 혼자, 늘 식량 부족 때문에 건기에 유달리 더 높았던 유아 사망률을 감소시켰다. 현재 그곳의 사람들은 연중 채소를 심고 먹으며 지내고 있었다.

강에서 몇 마일 나오면서, 칼레마와 나는 존과 레이철 뒤에서 보조를 맞춰 걸었다. 그는 시선을 돌려 도로 옆의 큰 바위를 가리켰다.

"이 장소 기억나니?" 그가 물어보았다. 나는 기억나지 않았다. "이곳은 비가 어느 날 아침에 우리가 앉아서 이야기하고 있는 것을 본 곳이야. 그녀는 히스테리해져서 너희 부모님께 가서 이야기를 했어. 너와 난 너희 집 거실에 불려갔어. 웬이, 비, 너희 부모님이 거기 있었지. 비와 너희 어머니는 우리가 서로 보지 않기를 원하셨어. 너희 아버지와 웬이는 우리를 서로 못 보게 하는 것은 너무 극단적인 방법이라 생각했고, 시간을 두고 지켜보는 게 좋겠다고 생각했어. 그분들은 우리가 우정을 이어나갈 수 있을 것이라 믿었어."

나는 저스틴(Justin)이 언덕을 내려와 우리 쪽으로 환하게 웃으며 오는 것을 보았다. 저스틴과 그의 부모님인 샴부유유(Shambuyuyu) 목사님과 마마 엘리자베스(Mama Elizabeth)는 우리 이웃이었다. 그 목사님은 구전으로 내려오는 전통을 많이 알고 있었고, 마마 엘리자베스는 자녀들의 친구를 늘 환영해 주었다. 나는 그 집의 불 주변에 앉아 초쾌족의 민간전승 이야기를 들으며 저녁 시간을 보냈다. 그 이야기는 신비로운 숲속의 남자 친간단가디(chingandangadi)가 동물로 변신하고 가장 전략(초쾌족이 존경하는 가치)이 뛰어난 사람이 미숙한 사람을 죽이고 그들의 손톱을 태워 모든 희생된 사람들을 다시 살리는 판타지 이야기들이었다. 샴부유유 목사님은 긴장감이 고조되는 지점에서 청중에게 잊히지 않을 음악적 후렴구를 장면에 넣어 섬세하게 이야기를 전개했다. 그가 마법의 엄지로 우리에게 신호를 주면, 카콜론돈도(kakolondondo)의 갈래에서 나오는 복잡한 리듬에서 하향음의 단조 아르페지오가 마술처럼 나왔다. 그는 손에 초쾌족의 손가락 피아노(칼림바)를 계속 갖고 있었다. 완벽하게 그는 말의 억양과 함께, 나무로 만들어진 작은 악기를 강하게 약하게 하면서 감정을 표현했다. 시간이 늦어져, 내가 불 옆에서 옆 사람의 몸에 기대어 긴장이 풀어질 때 내 귀에 이야기 소리는 자장가 소리로 들리기 시작했다. 어둠에 걸쳐 있는, 두꺼운 적도의 은하수를 바라볼 때, 남십자성은 나의 무거운 눈꺼풀까지 도달해 내 눈은 스르르 감겼다. 이야기의 장면은 내 꿈속으로 들어와, 나의 영혼에 엮였다.

10대 중반에, 여자 친구들이 결혼을 해 다른 곳으로 떠나기 시작하면서 남자아이들과 가까이 지내게 되었다. 나는 저스틴과 친하게 지냈고, 방학 때 그의 형제인 라파엘(Raphael), 칼레마와 그 지역 다른 남자아이들과 매일 어울려 지냈다. 우리는 축구 경기장에서 팀으로 맞붙어 운동을 하거나 배구 기술을 연습하거나 장거리 하이킹을 가거나 사냥을 하기도 했고, 우리가 갖고 싶은 직업을 이야기하거나 그냥 노래를 부르거나 음악을 듣기도 했다. 어느 날 칼레마는 내가 화를 내며 칼을 휘두르며 쫓아갔던, 망고나무 밑에 있던 아이가 자신이었다고 이야기했다. 이런 그가 나의 가장 친한 친구가 될 줄 누가 알았겠는가? 내가 캐나다로 가기 위해 콩고를 떠나기 전에 잠깐, 칼레마와 나는 카헴바에 걸어갔고 그의 어머니는 그곳에서 우리의 작별 선물로 영원한 우정을 위한 토스트로 특별한 식사를 만들어주셨다.

그날 저녁 저스틴과 칼레마는 카헴바로 가고 레이철과 존 그리고 나는 집으로 다시 돌아왔다.

다음 날 오후, 칼레마와 부인인 모니크(Monique)가 큰 연회를 열어 우리를 초대했다. 그들이 얼마나 짧은 시간 동안 큰 연회 준비를 다 해내었는지, 나는 다 알지 못한다.

모니크는 가장 큰 카헴바 교회 여신도 대표로서, 그날 우리를 축하해주기 위해 수천 명이 참석한 특별 예배의 조직과 음악을 담당했다. 키가 크고 늘씬한 그녀는 문 앞에서 그녀의 강한 포옹만큼이나 환한 미소를 지으며 우리를 맞아주었다.

"Soyez les bienvenus(환영합니다)!" 그녀가 활짝 웃으며 말했다.

정말 많은 친구들과의 재회였다! 우리는 밤이 될 때까지 이전에 익숙하게 놀던 대로 게임을 했다. 나는 그들보다 내가 게임과 노래를 더 잘 기억하고 있다는 사실에 놀랐다. 내가 말문이 막혔을 때는 칼레마가 도와주곤했다. 이것은 우리 세대가 했던 게임이었다.

우리는 바닥에 엉덩이를 대고 앉아 아주 힘들게 발목을 잡고 발을 좌우로 빨리 꺼내며 콩고강 개구리와 같은 모습으로 브레이크 댄스를 추었다. 또 다른 몸으로 하는 신체 활동으로, 우리는 다리를 쭉 붙인 채 바닥에 앉았다. 그리고 그 사이사이에 서 있는 사람들이 앉아 있는 우리를 양쪽에서 팔로 들어 올렸다. 서 있는 사람들은 우리의 긴장된 몸을 바퀴살처럼 들어올렸고, 「Ndeke Avion(비행기 새)」이라는 노래 리듬에 맞춰, 원 모양으로 우리를 돌렸다. 인간 프로펠러의 회전 속도가 빨라질수록, 가운데 땅에 대고 있던 우리의 발꿈치가 들어 올려졌다. 엉덩이로 잘못 착륙할 때 우리는 옆구리가 아플 때까지 웃었다.

대부분의 사람들이 떠난 후, 칼레마, 모니크, 저스틴과 그의 아내 아델(Adele)이 남았고, 우리는 선물을 교환했다. 존과 레이철은 지쳐서 결국 잠이 들었다. 나는 평소에는 밤늦게까지 깨어 있기 어려웠지만, 이번에는 모임이 저녁에 끝나지 않길 바랐다. 여기 오면, 오랫동안 연락이 끊겼던 절친했던 친구들이 아무도 날 알아보지 못할 것이라 생각했었다. 그들은 나의 의식 속에 사라져 간 어릴 때의 이야기들을 기억에서 되살려 주었다. 내가 어떤 친구의 이름을 기억하지 못했을 때, 그들은 내가 다시 기억할 수 있는 연결고리가 무엇인지 알고 있었다. 칼레마가 예측했듯이 나는 셋째 날에 초퀘어로 사람들과 대화할 수 있었다. 이곳에서 소속감을 느낄 수 있어 너무 행복했다. 다시 기억이 되살아나, 모든 것을 알고 모든 것을 경험하고 싶었다. 어린 시절 내가 잃어버렸던 모든 것들이 내 인생의 가장 행복한 곳에서 되살아났다.

나는 창고에 갇혀 있던 인생의 녹슬어 닫힌 기억의 테두리를 열어본 것처럼, 매우 강렬한 한 주를 보냈다. 흥분하여 나는 가장 소중한 순간을 다시 기억해 냈고, 존에게 내 기억들을 보여주었다. 존은 『나니아 연대기』에서 옷장을 통해 다른 세계로 들어간 것처럼, 카메라 렌즈를 통해 나의 기억들을 관찰했다. 하지만 그 카메라는 존이 완전히 내 기억에 들어오는 것을 어렵게 만드는 장애물이기도 했다. 그 렌즈를 통해 그는 내가 그와 그리고 우리가 함께 만들어온 삶에서 멀어져 가는 것을 보게 되었다.

도시에서 떨어진 곳에서 보낸 일주일의 마지막 날 저녁, 웬이와 비의 부엌 오두막 앞 불 가에서 식사를 한 후, 달 없이 반짝거리는 하늘 아래에서 여자들과 아이들은 옛날에 함께했던 게임을 하며 웃고 있었고, 남자들은 우리를 응원해 주고 있었다. 우리는 선물 교환을 하면서, 우리가 멀리 떨어져 있어도 이 선물이 우리가 연결되어 있다는 사실을 기억나게 하는 물건이 될 것임을 깨달았다. 나는 룬다초퀘족 사람들이 우리의 홈커밍과 이별을 얼마나 훌륭하게 준비했는지 다시 한번 놀랄 수밖에 없었다. 그들은 기쁘게 아낌없이 주었고, 타인의 중요함을 인정해 주었고, 죄책감이나 자기 연민이 아닌 희망과 위로의 말을 건네주었고, 그리고 미래를 자애로운 전능한 신인 음잠비에게 맡겼다.

나는 존과 레이철이 잠을 자러 간 후에도 오랫동안 남아 있었다. 웬이와 비가 자러 가겠다고 했을 때, 칼레마는 나를 집에 데려다주겠다고 제안했다. 그 주에 많은 사람에게 둘러싸여 있지 않은 시간은 그때가 처음이었다. 나는 우리가 다시 만날 것을 늘 생각해 왔다고 그에게 말할 수 있을 것 같았다.

"난 어릴 때 네가 날 늘 신뢰했던 점을 감사하게 생각해."

"응." 어둠 속에서 조용하고 낮은 목소리로 그가 대답했다.

"감수성 예민한 10대일 때 네가 나를 존중해 주었기 때문에, 이곳을 떠난 후 캐나다에 적응할 때 외로울 때조차도 불건전한 관계를 맺지 않을 수 있었어. 내가 가치 있는 사람이라는 것을 네가 보여주었기 때문에 나를 사랑하는 사람을 남편으로 받아들일 수 있었어."

"매우 따뜻한 사람 같아." 그는 대답했다. "응. 존은 아주 훌륭한 사람이야!"

뒤이은 침묵이 공허하거나 불편하지 않았다. 갑자기 데자뷔가 떠올랐다. 정확히 이 지점에서, 오래전에, 바로 지금과 같은 밤에, 우리는 마지못해 작별 인사를 했었다. 그때 우리는 갑자기 엄마가 나를 찾기 위해 현관에서 나와 우리 쪽으로 오고 있는 것을 발견했다. 나는 어둠 속에서 뒷문으로 들어갔다. 나는 긴 다리로 한 번에 두 계단씩 빨리 올라가 다락방에 있는 침대로 갔다. 나는 침대에 기어 들어가 엄마가 집 안에 들어와 계단을 올라올 때 바로 방풍랜턴을 껐다. 엄마는 남한테 잘 속아 넘어가는 편은 아니었지만, 나는 자는 척했다. 엄마는 랜턴의 유리를 만져보았다. 그때 나는 엄마가 한마디 말도 없이 뒤돌아 나가기 전에 엄마의 눈이 나를 주시하고 있는 것을 느꼈다.

"오늘밤 카헴바로 다시 돌아갈 예정이야?" 나는 칼레마에게 바로 물어보았다.

"아니. 난 웬이의 집에서 잘 거야." 그가 대답했다.

"피곤해?"

"아니, 괜찮아. 넌?"

"나? 난 피곤하지 않아. 난 오늘 밤 계속 자지 않을 거야. 잠시 나와 이야기할 수 있어?"

"존이 뭐라 생각할까?"

"그는 이해해 줄 거야." 나는 장담했다. "피곤하지 않다면 그 사람도 우리와 함께 여기 밖에 있고 싶어 했을 거야."

우리는 하늘의 별자리가 움직이고 건기의 이슬이 내리는 동안 이야기했다. 그리고 잠들지 못한 염소들이 현관 앞 아직 따뜻한 시멘트 위에 자리를 잡으려고 우리 옆을 지나갔다. 우리 삶의 어떤 부분도 우리가 상상했던 것처럼 이루어진 것은 없었다.

"가장 크게 후회하는 것은 뭐야?" 내가 물어보았다.

"나의 가장 큰 후회는 너를 잃은 거야."

솔직하고 분명한 그의 말에 나는 놀랐다. 동시에 그 말들은 묻히지 않고 내게 강한 신뢰로 다시 울려 퍼졌다. 내 안에서 분출되어 나오지 못했던 사랑을 깊이 깨닫게 되자 말 그대로 명치 깊은 곳에서부터 철렁하는 느낌이 들었다. 나는 그의 말이 함축하는 것이 무엇인지 해석하기조차 어려웠다.

◆ ◆ ◆

존은 캐나다로 돌아오는 길에 런던 히스로 공항 환승 라운지에서 테이블 너머 내 맞은편에 앉아 있었다. 그의 입술은 내면의 괴로움을 간직한 영혼의 문지기처럼 긴장된 채 맞물려 있었다.

"채리티, 너와 칼레마 사이에 무슨 일이 있었어?"

"난 두 남자와 사랑에 빠지게 되었어." 나는 힘없이 말했다.

"난 그런 걸 원하지 않아!" 그는 저항하듯 강하게 이야기했다.

"나도 알아. 그러나 분명히 어떤 선례가 있었을 거야." 나는 대답했다. "전쟁으로 인해 사랑하는 사람에게 한마디 말도 하지 못하고 수년간 떨어져 있다가 다시 만나게 되었을 때 사람들은 어떻게 할까?" 나는 구체적으로 매니토바에 있는 내 친구의 아버지가 제2차 세계대전에서 겪은 경험을 생각하고 있었다. 친구의 아버지와 그의 연인은 30년 후에 서로를 다시 찾았고 그들의 가족은 그때부터 지금까지 계속 연락하며 지내고 있다.

존은 나를 의심하듯 쳐다보았고, 존은 나를 이해하지 못했다. 그는 비행기에서 오는 내내 그리고 집에 도착한 후 한 주 동안 계속 울었다. 그는 가슴 통증이 너무 심해서 침대 밖으로 나올 수 없었다. 검사 결과 그의 심장은 아무 이상이 없었지만, 그는 심장에 병이 있는 것처럼 고통을 경험하고 있었다.

우리는 가족과 친구들에게 다시 돌아왔지만, 나는 더 이상 콩고로 가고 싶은 마음을 무시한 채 지낼 수 없었다. 나는 근본적인 본성에 대한 질문의 답을 찾느라 미칠 지경이 되었다. 어떻게 나에게 그렇게 소중한 것 그리고 내가 누구인지 정의했던 것—내가 자랑스럽게 구사했던, 표현력이 풍부한 초쿼언어[400개의 반투(Bantu) 언어 중 가장 어려운 언어이며 아프리카 6개 나라에서 사용하는 언어]와 내가 공들여 만났던 소중한 친구들, 우리의 사랑이 문화와 인종의 차이를 넘어설 수 있을 만큼 충분히 강하다고 믿으며 함께 꿈을 꾸었던 칼레마와의 미래—을 지금까지 버려두는 일이 일어났을까? 이런 일이 성인이 되어 내게 생길 것이라 누가 판단할 수 있었겠는가? 왜 나는 모든 것을 잊게 놔두고 나이가 든 뒤에야 돌아왔을까? 어떻게 내가 사랑했고 나를 늘 사랑해 주었던 사람들을 완전히 포기하고 그들에게 상처를 입힐 수 있는가? 어떻게 내가 지금 떠나면서 이를 '종결'이라 말하며 같은 고통을 다시 그들에게 안길 수 있는가?

실마리를 찾기 위해 나는 내가 지금까지 간직해 왔던 내가 살아온 유일한 삶의 조각조각인, 잊었던 편지를 모아둔 작은 상자를 다시 찾았다. 이 상자는 콩고를 떠난 후, 과거 내가 콩고인이었던 것을 잊어야 한다는 압박을 느끼기 전까지 계속 갖고 있던 것이다. 분리되었다는 느낌이 너무 강해서, 나는 마치 나 자신으로부터 찢겨나가는 것 같았다. 난 혼자 그 고통을 무디게 하기 위해 기억상실 속에 이 느낌을 봉인해 넣었다. 카마얄라에서 길러지고 동일시된 나의 젊은 영혼은 바빌론 강인 여기 홍하의 골짜기(Red River Valley)에서 눈에 띄지 않은 채, 슬퍼할 새 없이 움츠러들어 버렸다. 상실과 슬픔을 느꼈던 사람들은 우주 저 멀리에 있었다. 지금 내가 느끼는 슬픔은 나를 쪼개는 듯했다. 나는 침대에 다리를 꼬고 앉아 있었고, 항공우편 엽서들이 내 주위에 흩어져 있었다. 내가 가졌던 것과 잃어버린 것뿐만 아니라 내가 해왔던 것과 결코 할 수 없는 것들을 다시 확인하며, 나는 아프리카에서 애통해하던 방식으로 흐느껴 울었다.

✦ ✦ ✦

이전 TASOK 학교 친구인 존 메첼(John Metzel)이 우리에게 2006년 7월 45년 만에 열린 콩고의 첫 번째 민주주의 선거에 외국인 선거 참관자로 참여해 달라고 1년 반 동안 설득했다. 내가 사랑하는 콩고에 더 머물 수 있을 것이라는 희망이 나를 흥분시켰다. 하지만 존은 불길한 예감에 직면했다. 그것은 마치 초대받지 않은 사자가 우리 진영 한가운데로 달려오는 것과 같은 느낌이었다. 우리는 정면으로 맞서는 것 외에는 선택의 여지가 없었다. 우리는 콩고에 가기로 결정했다.

돌아가는 길은 단순해 보이지 않았다. 억압된 기억들에 직면하기 시작하면서, 나의 세계가 거꾸로 뒤집히는 것 같았다. 청소년 때 느꼈던 의심과 고통이 갑자기 다시 밀려드는 것 같았다. 해결되지 않은 10대의 사랑, 사랑했던 사람들을 떠나온 것에 대한 죄책감과 멀리 떨어진 기숙학교에서 느꼈던 어렸을 때의 외로움 등. 캐나다에서 느꼈던 여러 감정, 오해했던 마음으로 보낸 수십 년이 콩고 마을 집에서 소중하고 달콤하게 보냈던 시간과 반대되는 쓰라린 경험으로 다가왔다.

존과 나는 귀국 후 도움을 받기로 하고, 선거가 있던 그해를 파경 직전 상태로 마무리했다. 캐나다로 돌아온 후, 토론토의 선교사건강연구소(Missionary Health Institute) 의사인 덩컨 웨스트우드(Duncan Westwood)에게 3주의 외래 상담을 예약했다. 우리의 친구이자 상담가인 그는 몇 해 전 우리에게 해외로 나가기 전에 성격 검사를 해주었고, 해외에서도 서비스를 받을 수 있도록 도와주었으며, 우리의 귀국에 관한 이야기도 들었다. 그 역시 해외에서 살았기 때문에 이런 생활에 대해 잘 알고 있었고, 그가 우리에게 준 선물은 우리가 말하는 이면에 무엇이 있을지 이해하면서 우리의 마음을 잘 들어주는 것이었다. 그는 뛰어난 직관과 사랑으로 우리 이야기를 분석해 주었다. 그는 나의 지금 퇴행하는 상태가 성격이 형성되어 가는 시기의 정체성이 매우 충격적으로 완전히 분리되는 과정에서 비롯된 것이라고 분석했다.

"당신이 미친 것처럼 보인다면" 그는 이렇게 결론을 내렸다. "그것은 당신이 분리되어 있기 때문입니다. 당시의 성인 자아는 이전에 당신의 청소년 시기의 자아와 결코 만난 적이 없습니다. 당신의 2개의 삶은 결코 통합될 기회가 없었습니다." 우리를 어떤 방향으로 이끌어줄 수 있는 전례도 없었고, 따라서 적용할 수 있는 방법도 없었다. 그는 우리를 북미에 있는, 해외 다른 문화에 거주하는 해외 거주자들을 위한 상주 형태의 위기상담 기관에 의뢰했다. 11월에 우리는 캘리포니아 프레즈노의 링크돌봄센터(Link Care Center)의 아파트에 들어갔다. 그곳에서 익명성을 유지한 채, 개인·부부·집단 치료를 몇 개월간 받으면서 우리는 삶의 조각들을 해결할 수 있었고, 우리가 다시 세우려 하는 가치들도 되찾을 수 있었다.

우리의 결혼은 서로를 그때까지 사랑했던 경험이 있었기 때문에 유지될 수 있었다. 우리는 서로 의지하고 함께 무엇을 같이했던 많은 시간들을 공유하고 있었다. 우리는 선거가 있던 해에는 콩고에서 지낼 돈을 저축하면서, 4년 동안 북미 한쪽 끝에서 다른 쪽 끝까지 장거리를 세미트럭으로 운전했다. 우리는 서로에게 더 이상 충분할 수 없었다. 우리는 단지 함께 있는 것을 좋아했다. 우리는 같은 방식으로 삶을 즐겼다.

2007년 3월, 프레즈노에서 돌아온 후, 매니토바 고향 집의 친밀한 분위기 속에서 우리는 자녀와 손녀, 손자들에 둘러싸인 채 결혼서약을 다시 새롭게 함으로써 우리의 30번째 결혼을 자축했다. 반지 세리머니(ring ceremony)로 식을 마무리하며, 세 살 된 손자가 가장 좋아하는 배트맨 옷을 입고 자랑스럽게 우리에게 반지를 건네주었다.

존과 나는 콩고에서 새로운 직업을 갖고 일하기로 되어 있었기 때문에, 주말에 가족들에게 작별 인사를 했다. 이번에 우리는 각자 희망을 갖고 콩고로 귀국할 수 있었는데, 그 이유는 이미 우리가 함께 이루었던, 합심해

왔던 개인적 과정들이 있었기 때문이다. 콩고에 있는 사람들과의 깊은 유대로 인해 콩고에서는 여러 기회들을 우리에게 제안했고, 우리는 용기를 얻을 수 있었다.

✦ ✦ ✦

5년 후, 2010년 6월 30일, 콩고민주공화국에 50번째 독립기념일을 축하하는 기념일이 있었다. 콩고에 계속 살 사람으로, 나는 수십 년간의 강탈과 독재, 그 땅에 있었던 국제적 갈등의 잔재를 제거하려는 콩고의 분투를 높이 생각한다. 용감하게 우리가 회복하고 있는 가치들은 다음과 같은 것이다. 평화, 자유와 공정한 선거로의 전환, 민주적 선거를 위한 희망적인 준비. 새로운 규준을 세우고, 원래 국가에 있던 국기를 다시 복원시키는 것을 보면서, 나는 콩고가 원래 가지고 있던 아름다움, '매일, 진실과 공정성을 드러내고 유지하려는 사람들의 정신'을 다시 확인한다.

콩고와의 연대로, 모든 국가(國歌)들 가운데 가장 아름다운 국가 중 하나로 평가받는 그 노래를 나만의 목소리로 부를 수 있다는 것이 자랑스럽다. "Dressons nos fronts, longtemps courbés(오래 숙여왔던 고개를 들자)." 너무 오랫동안 숙여왔던 고개를 들자! 이것은 나의 귀환, 나의 기념일이다.

고향의 색과 문화

/

낸시 밀러 디목(Nancy Miller Dimmock)

나는 9월의 후덥지근한 날 밤, 벨기에령 콩고의 중심부에서 태어났다. 성장 과정 동안 선교사였던 부모님은 국가기관 교회의 지도자로 일하셨고, 콩고의 중부와 서부 지역의 여러 마을과 도시에서 여러 일들을 하셨다. 나는 오랜 시간 친구들처럼 진한 초콜릿 갈색 피부와 곱슬머리를 갖기를 바랐었다. 파란 눈의 금발 머리는 밤에 "깃발 빼앗기"나 숨바꼭질 놀이를 할 때 너무 불리했다. 마켓에서 친구와 걸어갈 때 나는 네온사인처럼 눈에 두드러지게 띄었다. 나는 정말 튀지 않고 그 아이들과 조화되기를 바랐지만 결코 그렇게 될 수 없었다.

나는 17년 대부분을 콩고에서 살았지만, 그사이 5년마다 미국에 있는 "집(home)"으로 돌아갔다. 그러나 그곳에서 나는 겉으로 보여지는 외모에서 오는 고립감 이상의 소외감을 느꼈다. 사람들은 나를 교외에서 자란 중산층의 미국 아이일 것이라 생각했지만, 사실 나는 종종 그들이 무엇에 대해 이야기하는지 알 수 있는 단서가 없었고, 중요한 것에 대해서도 완전히 다르게 생각하는 것 같았다. 나의 복숭앗빛 피부색으로 인해 내가 갖고 있는 아프리카인의 생각은 드러나지 않았다.

나는 특별히 아홉 살이 되던 해를 기억한다. 테네시의 트라이시티 공항으로 비행기를 타고 가는 도중에, 속이 부글거리는 것을 느꼈다. 비행기 때문인 것은 아니었다. 우리는 3일 전에 아프리카를 떠난 이후, 이미 다섯 번이나 비행기를 탔다. 우리가 착륙해서 비행기가 작은 터미널로 천천히 이동하고 있을 때, 부모님은 흥분해서 공항에 마중 나온 많은 친척들을 가리키기 시작했다. 속은 더욱 부글거렸다. 나는 도망가고 싶었다. 하지만 내가 왜 속이 부글거리는지 알기 전에 이미 우리는 비행기에서 내려 낯선 이들에게 둘러싸여 안기고, 키스받고, 탄성을 지르고 있었다. 그때가 1965년이었다. 나는 그 사람들을 네 살 때 본 것이 마지막이었다. 공항에 있을 때 나는 아홉 살이었고, 그들 중 어느 누구도 기억할 수 없었다.

"속이 불편한 이 아이"에게 이때의 귀국은 무서운 경험이었다. 우리가 5년마다 미국을 한 해 동안 방문할 때 친척들은 정말 거의 이방인이나 다름없었다. 게다가 더 불안했던 것은, 내가 그곳에 있을 때 마치 이방인인 것처럼 느껴졌고, 그해 꼬박 1년 동안 '소외감을 느꼈다'는 것이다. 나는 그곳에서의 일들이 어떻게 돌아가고 있는지, 기계적으로도 혹은 문화적으로도 알지 못했다. 나는 소속감을 느끼지 못했다. 휴가가 끝날 때, 다시 대서양을 건너 집(콩고)으로 돌아온다는 사실은 내게 늘 안도감을 주었다. 나는 네 살, 아홉 살, 열네 살 때 미국으로 돌아갔다. 결과적으로 나는 콩고(그때는 자이르)에 있는 국제고등학교를 졸업하고 미국에 더 오래 머물게 되었다.

나는 애머스트에 있는 매사추세츠대학교에 들어갔고 그곳에서 내가 심리적·신체적으로 "고향(home)"에서 매우 멀리 떨어져 있는 사람이라는 것을 알게 되었다. 어느 날 수업을 들으러 가는 길에 버스 정류소에 앉아, 방송에서 나오는 존 덴버의 노래를 듣고 있었다. 그는 "내 어깨에 내리는 햇빛은 나를 행복하게 하네(Sunshine on my shoulders makes me happy)"라고 노래 부르고 있었다. 나는 땅 위에 2피트 쌓인 눈을 바라보고 울어버렸다.

대학 입학 초에 나는 소외감과 고립감, 그리고 무언가 내가 미국 사회에 맞지 않는다는 생각으로 늘 힘들었다. "이것은 일시적인 것일 뿐이야", "나는 견딜 수 있고, 몇 년 안에 내가 소속된 콩고로 대서양을 건너 돌아갈 거야"라고 속으로 생각했다.

그러나 대학 2학년 어느 날 성경의 사도행전을 공부하고 있을 때, 17장 앞에 있는 구절들이 내게 들어왔다. 사도 바울은 고린도로 가야 했고 그곳에서 알 수 없는 시간을 기다려야 했다. 그는 단지 인내하고 참고만 있었을까? 아니다. 그는 시장에 가서 전도하기 시작했다. 그리고 교회가 세워졌고 그곳에서 교회가 성장하기 시작했다. 주의를 기울여 본 이 메시지는, 내가 미국에서 지내야 하는 것을 수용하고 더 열심히 지내기 위해서 내게 필요한 성경 구절이었다. 마치 고린도 교회에 있는 바울처럼.

그러나 나는 정말 이해할 수 없었다. 왜 하나님은 콩고에서 하나님을 섬기려는 나의 소망을 포기하길 원하셨을까? 어쨌든 나는 콩고에 가기를 원했고, 내가 그곳의 언어와 문화 그리고 음식을 사랑하고 있다는 것도 알고 있었다. 그곳에서 하나님을 섬기는 일은 어렵지 않았을 것이다. 그런데 왜 하나님은 "안 된다"라고 말씀하실까?

내가 순종하려고 할 때, 나는 천천히 하나님은 하나님에 대해서 그리고 그의 말씀에 대해서 내게 가르치길 원하신다는 것을 깨달았다. 그것은 미국에서만 학습할 수 있는 것이었다. 나는 지역 교회에 참여했고 캠퍼스의 기독학생회(InterVarsity Christian Fellowship: IVF)에 나갔다. 내가 이듬해 2년 동안 배운 것은 하나님을 사랑하고 섬기는 것이 삶의 우선순위라는 것이었다. 특별히, 그리고 아마 모든 것 중에 가장 어려운, 매일 재미없는 일상 속에서도, "어디 있는지"는 정말 중요한 것이 아니다. 하나님을 만나야 할 필요는 어느 곳에나 있으며, 사랑받아야 할 사람들도 모든 곳에 존재한다.

나는 대학 4년을 마치고 평화봉사단(Peace Corps)에 들어가서, 남부 아프리카의 아주 작은 산악 지대 왕국인 레소토에서 가축 사육장 관리인으로 일했다. 아! 결국은 마침내 "고향"에 돌아온 것이었다. 그러나 이곳은 진정한 고향은 아니었다. 콩고 중부에 있던 나의 어린 시절의 집과 이곳은 매우 달랐다. 그러나 나는 이 지역의 언어를 매우 빨리 습득했고, 이곳 사회에 빨리 통합될 수 있었다. 내가 미국에서 살았을 때보다 오히려 더 고향에 있다는 느낌이 들었다. 이곳 사회에 필요한 것이 무엇인지 알아보는 동안, 이곳의 언어를 습득하고 또 다른 아프리카 문화에 통합되며 사람들과 관계 맺을 수 있는 능력은 해외에서 하나님을 섬기며 삶을 보내고 싶은 나의 바람을 다시 확인하는 계기가 되었다. 그러나 나는 이미 어느 곳에서나 하나님을 기꺼이 섬겨야 한다는 가르침을 깨달았다.

나는 롤리에 있는 노스캐롤라이나주립대학교의 국제원예발달 석사 과정에 들어가면 식품 생산을 돕는 훈련을 받을 수 있을 것이라 생각하고, 미국으로 다시 돌아갔다. 1983년 초에 나는 다니던 학교의 축산작물학과에서 개최한 기아(Hunger) 심포지엄에서 발표해 줄 것을 요청받았다. 발표 후에, 파란 눈의 청년이 내게 와서 자신을 소개했다. 그의 이름은 프랭크 디목(Frank Dimmock)이었고, 우리는 만나자마자 서로 마음이 잘 통했다. 노스캐롤라이나에서 태어난 그는 나의 옛 고향인 콩고 중부에 자원하여 선교를 갔었다! 그는 콩고에서의 봉사를 좀 더 하기 위해 여름에 콩고로 돌아갈 계획을 갖고 있었다. 그는 나도 알고 있는 많은 사람들을 알고 있었고, 그 사람들에 대해 함께 나눌 수 있는 이야기가 많이 있었다. 저녁에 떠날 때 프랭크는, 많은 사람들과 함께 왔었기 때문에, 재빨리 내게 와서 다음 주에 만날 수 있는 날짜를 적어주고 갔다. 그는 알지 못했지만, 그는 그때 그곳에서 내 마음을 사로잡았다. 그는 칠루바어(Tshiluba, 콩고민주공화국의 언어)로 메모를 적었는데, 그 언어는 내가 어릴 때 사용하던 언어였다.

우리는 그해 12월에 약혼했다. 그러나 우리는 이미 1984년에 서로 해야 할 일이 많았기 때문에 결혼을 연기해야 했다. 나는 여자 목동으로 일하고 육우(肉牛) 생산을 배우기 위해 네브래스카로 갔다. 그리고 프랭크는 교회가 세운 도심의 건강센터 전문의로 일하기 위해 콩고 중부로 돌아갔다. 서로 떨어져 있는 동안 우리는 대서양 양편에서 서로 바쁘게 우편으로 연락했고, 노스캐롤라이나에서 6월 결혼식을 계획했다.

프랭크의 목표와 소명은 나와 비슷했다. 그는 아프리카 교회가 맡고 있는 공중보건 석사 학위를 받기 원했고 우리는 함께 장로교회(미국)를 통해 학기제에 지원했다. 레소토와 교류하고 있는 장로교회는 선교병원에서 큰 공동체의 건강돌봄 프로그램을 실시해 줄 것을 요청하고 있었고 우리는 간절한 마음으로 그 일을 하기로 결정했다. 다음 해인 1985년 6월에 우리는 결혼했고, 7월에 간단한 오리엔테이션을 받은 후 새로운 일에 도전하기 위해 레소토에 도착했다.

우리는 새로운 일에 뛰어들었고, 그 교회와 직원들 그리고 그 지역의 필요에 대해 점점 알아가게 되었다. 그러나 나는 29살, 프랭크는 32살로 우리에게는 생물학적 변화가 크게 일어나고 있었다. 1985년이 끝나갈 무렵 내가 임신했다는 사실을 알게 되어 우리는 무척 기뻤다. 나는 다음 해 7월에 아름다운 사내아이를 출산했다. 그러나 내가 생각했던 것 이상으로 부모가 되는 것은 너무 어려웠다. 아이를 돌보는 것은 모든 것이 소모되는 일이었다. 마을을 여행하거나, 광견병 예방접종 캠페인을 돕거나, 농부와 더 이상 일할 수 없게 되었다. 내 몸은 더 이상 내 것이 아니었다. 내 시간도 내 것이 아니었다. 나는 집에만 있어야 했고, 나의 아들 나단(Nathan)을 제외하고 어느 누구에게도 도움이 되는 사람이 아닌 것 같았다.

그리고 나서 나단이 생후 1개월이 되기 전날, 프랭크는 매우 특이하게, 오전 중에 기도가 필요하다면서 센터에서 집으로 돌아왔다. 6일 된 남자아기가 근처 마을에서 병원으로 보내졌다. 아이의 어머니는 집에서 아이를 출산한 후 합병증으로 사망했다. 그녀는 미혼모였고 고아였다. 다른 가족들은 가난했고, 그 아기를 돌볼 수 있는 방법이 없었다. 아기를 돌볼 수 있는 사람이 병원에 누가 있었겠는가?

우리는 기도하고 이야기하면서, 같은 결론에 도달했다. 우리는 그 아기에게 삶을 살 수 있는 기회를 제공해야 할 것이며, 간단히 말해서, 하나님이 그의 미래를 책임질 것이라는 결론에 이르렀다.

그래서 모시우아(Mosiuoa, "남은 자"를 의미)는 갓 태어난 아기 냄새를 풍기며 무엇이든 다 먹을 수 있을 만큼 배고픈 상태로 우리에게 왔다. 우리는 아기를 목욕시키고 젖 먹는 것을 알려주었다. 아기는 순식간에 먹었고, 곧바로 내 팔에서 잠이 들어버렸다. 바로 유대감이 형성되었다. 아기의 미래가 갑자기 우리에게 명확해졌다.

어떤 친구들은 좋은 뜻에서 우리가 그 아이를 데려오는 것을 반대했다. 당신과 당신 가족에게 있는 인종적·정서적 함의를 당신은 이해할 수 있는가? 미국에 있는 다른 친구는 전화를 해서 우리 가족에 대한, 아이와 아이의 문화에 대한 우리의 "무책임성"에 대해 크게 화를 냈다. 나는 "두 번째로 생긴" 이 귀한 아들만 바라보았고, 아기의 삶이 "함축하는 것"보다 더 중요하다고 생각했다. 우리는 풀 속에서 발견된 이름을 따서 모세(Moses)라 이름을 짓고, 우리의 영원한 가족이 될 수 있는 절차를 계속 진행했다. 9개월의 시간 그리고 많은 불확실한 상황이 지나간 후에, 모세는 드디어 우리 가족이 되었고, 레소토에 있는 고등법원에서 입양을 승인받았다.

나단과 모세는 모든 것을 공유했다—유아용 침대, 2인용 유모차, 엄마까지. 나는 둘을 모두 모유로 키웠다. 나는 아이 한 명이 새로 오면 매우 힘들어져서 아무것도 할 수 없을 것이라 생각했다. 그러나 그때 나는 두 아이를 모두 잘 돌보았다. 그리고 나는 이것이 오직 하나님의 은혜로 가능하다는 것을 알았다!

남아프리카에 인종차별 정책이 있는 동안, 흑인과 백인은 법률에 따라 따로 분리되어 지냈다. 이로 인해 나단과 모세가 함께 어디를 갈 때마다 사람들은 고개를 돌려 아이들을 쳐다보았다. 이 아이들을 2인용 유모차에 태우고 갈 때 우리는 "초콜릿과 바닐라 쌍둥이"라는 소리를 들었고, 사람들의 반응은 무시와 분노에서 축복까지 다양했다. 우리 아이들이 세 살쯤 되었을 때, 아이들은 48색 크레욜라 크레용 박스를 선물 받았다. 그 안의 색깔들을 써보면서, 아이들은 자신이 누구인지 정체성을 찾아나갔다. 모세는 갈색 피부였고, 나단은 복숭아색 피부였다. 그 이후로도 우리는 그렇게 가족 안에서 색깔로 구분했다.

우리 딸 제시(Jessie)는 남자아이들이 두 살 되던 때에 태어났다. 제시는 은소아키(Ntsoaki)라는 그 지역 이름을 붙여주었는데, 이 이름은 혼합(mixture)을 의미했다. 제시는 우리 가족 남자아이들의 조합을 변화시켰다. 그녀는 또한 우리에게 많은 기쁨을 가져왔고, 늘 기쁨을 유지해 주는 존재이기도 했다.

제시가 혼합을 가져왔다면, 케이티(Katie)는 균형을 가져다주었다. 우리는 피부색과 성별 간에 균형을 맞추기 위해 케이티와 같은 아이를 계속 찾았다. 특별히 가족에 모세 같은 아이가 있는 것이 중요했다. 레소토에는 아이를 입양할 수 있는 곳이 없었다. 그러나 우리는 입양을 할 수 있었다. 1월에 우리는 수도에 있는 국제 교회에 참석했고, 그곳에서 심각하게 아픈, 버려진 여자아이를 맡아 기르는 친구를 만났다. 그 여자아이는 5개월 된 아이였고, 체중이 8파운드밖에 되지 않았다. 2월에 우리 가족에게 맡겨진 후, 케이티는 마치 "먹는 기계"처럼 많이 먹었고, 아름다운 아기로 변해갔다. 케이티의 입양은 몇 시간 안에 승인이 났고, 드디어 4월에 우리 가족이 되었다. 4년 안에 네 명의 아이들―두 명의 남자아이, 두 명의 여자아이. 두 명의 갈색 피부 아이, 두 명의 복숭아색 피부 아이―로 멋지게 균형이 맞춰졌고, 누가 봐도 아기를 돌보기 위해 해야 할 일이 정말 많아졌다.

우리는 레소토에 6년 동안 살았다. 신혼부부일 때 레소토에 온 우리는 이제 다섯 살 미만의 아이 네 명과 함께 휴가차 잠시 미국에 갈 준비를 했다. 휴가가 다가올 때 나는 두려운 옛 감정이 다시 느껴졌다. 미국에서 태어난 남편은 나의 감정을 이해할 수 없었다. 그는 미국에 가서 가족을 보고, 박물관, 콘서트, 야구 경기에도 가고, 쇼니스(Shoney's)에서 아침을 먹고 집에서 즐거운 시간을 보내고 싶어 했다. 아마도 고향이라고 느끼는 곳의 차이 때문에 남편과 내가 다른 감정을 느꼈을 것이다. 미국에는 나에게 고향으로 생각될 수 있는 것이 아무것도 없었다. 내게 고향을 나타낼 수 있는 것은 아프리카 밤하늘의 믿을 수 없을 정도로 정말 눈부시게 빛나는 별들, 마을에서 나는 소리, 나무 연기, 익숙한 풍습을 공유했던 사랑하는 친구들이었다. 네온사인이 빛나는 밤, 차량 소리, 익숙지 않은 사람들의 얼굴과 길, 거의 늘 들리는 시끄러운 소리와 움직임은 내게는 너무 무서운 것이었다.

그러나 내가 지금 성인이 되어 느끼는 두려움에 대해 곰곰이 생각해 보면서, 나는 그 두려움이 어린 시절 익숙지 않은 것으로 인해 느꼈던 두려움과 고립의 느낌보다 더 심해졌다는 것을 알게 되었다. 나는 미국에 가서 내가 맞닥뜨릴 유혹들로 인해 내 영혼이 위협받는 것 같았다. 그 유혹들은 나 자신과 내 외모에 집중하는 것, 그리고 불만족스러워지는 것, 많은 "물질"을 쌓고 싶은 것, 그리고 계속되는 활동과 소음으로 인해 하나님에게서 멀어지게 되는 것들이었다. 나는 우리 모두 어느 정도 문화 충격을 경험할 것이라 생각하여, 하나님께 내가 하나님의 관점을 갖고 우리 가족을 보호해 주시길 기도했다.

미국에 도착한 일주일 후, 나는 남편을 찾을 수 없었다. 그는 시리얼과 빵을 사기 위해 길 아래 식료품점으로 갔던 것이다. 두 시간 후(남편이 교통사고가 난 것은 아닌지 염려되기 시작할 무렵이었다), 그는 현관문을 열고 들어와 나에게 "당신, 이 나라에 얼마나 많은 종류의 시리얼이 있는지 알고 있어?"라고 말했다.

첫째 아들인 다섯 살 나단은 인생에서 한 번도 보지 못한 수많은 종류의 장난감들로 채워진 백화점 가게에서 그만 통제력을 잃고 말았다. 많이 소유하고 싶어 하는 어린 마음에 나단은 모든 것을 갖길 원했고, "안 돼"라고 이야기했을 때 절망하여 비명을 지르기 시작했다. 우리는 나단을 가게 밖으로 끌고 나와야 했다.

나는 다른 데서 가져온 카탈로그를 보고 주소 라벨을 주문했고, 이후 우리는 우리에게 필요하지도 않은 물건을 사라고 부추기는, 감당 못 할 정도의 온갖 스팸메일을 받았다. 우리는 또한 텔레비전을 너무 많이 시청했고, 너무 많은 패스트푸드를 먹었으며, 우리에게 필요하지 않은 물건들을 구입했다.

그러나 이렇게 지내던 중에 우리는 계속되는 휴가 기간 동안 우리에게 유용하게 필요한 지혜, 자기 인식, 훈련, 문화적 "노하우"를 얻게 되었다. 그리고 우리는 미국을 여행하며 많은 교회에서 우리의 이야기를 하면서 많은 훌륭한 사람들을 만났다. 전체적으로 우리는 휴가 1년을 정말 즐겁게 보냈다. 그러나 나는 결국 여전히 아프리카 고향으로 돌아가는 것이 내게는 구원과도 같은 것임을 인정해야만 했다.

프랭크는 지역사회 건강 관련 일을 레소토에 있는 동료 의사에게 넘겨서, 1992년 휴가가 끝날 때쯤 교회는 우리에게 남부 아프리카의 말라위에서 해야 할 새로운 일을 맡겼다.

네 명의 우리 아이들이 갖고 있는 다양한 피부색으로 인해, 새로운 나라에서도 레소토와 남동부 아프리카에 있을 때처럼 말라위 사람들이 우리 아이들을 보고 충격을 받았다. 여러 가지 많은 흥미로운 이야기들이 퍼졌다. 내가 가장 좋아했던 이야기는 프랭크가 흑인 부인 한 명, 백인 부인 한 명을 두고 있다는 이야기였다! 입양에 관해 이야기하면 사람들은 매우 흥미로워했다. "이 아이들이 모두 당신 혈육인 것도 아니고 심지어 당신과 같은 인종인 아이들도 아니군요. 그럼에도 불구하고 어떻게 이 아이들을 사랑하고 당신이 낳은 것처럼 기를 수 있나요?" 이 질문에 대답은 언제나 쉬웠다. "우리를 필요로 하는 아이들을 입양하는 것은 오직 우리를 향한 하나님의 무한한 자비와 사랑에서만 비롯될 수 있습니다. 이 아이들이 제게는 축복입니다. 아프리카 속담도 아이들은 축복이라고 이야기하고 있습니다!" 그들은 이렇게 대답하면 고개를 끄덕이며 동의했다. "네, 아이들은 축복입니다. 당신은 축복을 네 배나 받았습니다." 그렇다. 우리는 축복받은 사람들이다.

그러나 나는 이곳의 아기들을 놔두고 갈 수 없을 것 같았다. 말라위에 있는 첫 번째 기간에, 나는 프랭크에게 우리를 필요로 하는 아이가 있는지 병원에 이야기해 보는 것이 어떻냐고 물어보았다. 남편은 대답했다. "안 돼. 하나님이 우리 문 앞에 또 한 명의 아기를 놓는다면, 우리는 그 아이가 하나님이 보내신 아이임을 알게 될 거야. 우리는 더 이상 다른 아이를 찾고 있지 않아." 계속해서 우리 여섯 명은 기도했고, 우리의 가족이 더 늘어나는 것이 좋을지, 이 점에 대한 찬반토론을 계속 자주 했다.

다음 휴가에, 우리는 미국에 있는 짧은 기간 동안 입양할 수 있는 작은 가능성에 대해 논의했다. 우리는 베다니 크리스천(Bethany Christian) 단체에 입양을 지원했고 1997년 부활절 주말에 2주 된 남자 아기를 입양할 수 있다는 연락을 받았다! 앤드루 토머스(Andrew Thomas)가 우리 가족에게 왔고, 우리는 7월 그 아기와 함께 다시 말라위로 가게 되었다.

그다음 해 크리스마스에, 남편은 근처 지역의 조각 만드는 사람에게 돌로 만든 가족상을 주문했다. 엄마, 아빠 그리고 다섯 명의 아이들. 그는 항상 장난하듯 "더 이상은 안 돼"라고 이야기했다. 그러나 하나님은 다른 계획을 갖고 계셨다.

우리가 두 번째 사역을 위해 말라위로 돌아왔을 때, 우리는 그곳에서 에이즈가 퍼지고 있음을 알게 되었다. 아프리카 남부는 매일 에이즈로 황폐화되고 있었고, 그야말로 이 병으로 인해 수십만의 고아들이 생겨나고 있었다. 전통적으로 아프리카 문화에서 대가족은 고아가 된 아이들을 돌보았지만, 에이즈는 부모들의 생명을 빼앗고, 가족의 돌볼 수 있는 능력을 완전히 압도하고 있었다. 나는 여덟 명의 자녀를 둔 목사를 위로했던 기억이 있다. 그의 두 형제에게도 각각 여덟 명의 자녀가 있었다. 형제들은 목사에게 기르고 입히고 교육시켜야 할 24명의 아이들을 남겨놓고 부인들과 함께 에이즈로 사망했다. 이 목사의 이야기는 내게 많은 질문거리를 던져주었다. 나의 책임은 무엇일까? 나는 어떻게 도울 수 있을까?

2000년 2월, 남편과 함께 말라위 호숫가에서 휴가를 보내는 동안 나는 "비전"이라 부를 수 있는 것이 무엇인지 생각해 보았다. 내 머릿속에 거실에 아기침대들이 줄지어 있는 모습이 떠올랐고, 나는 아이들을 알파벳 순서로 이름을 부르고 그들이 건강하게 자랄 수 있도록 강인한 성경 인물의 이름을 붙이는 모습이 떠올랐다. 그 이름은 아담, 벤자민, 갈렙, 디나, 에스더 등이었다. 난 이것을 어떻게 생각해야 할지 알 수 없었다. 남편에게 이야기했고, 그는 내 생각을 듣고 약간 안색이 변하기도 했지만, 자신도 어떻게 생각해야 할지 역시 잘 모르겠다고 이야기했다. 더 정보를 얻기 위해 나는 사회복지사와 병원복지사 그리고 경찰에게 물어보았다. "고아가 된 유아들은 어떻게 되는 건가요?" 사람들은 한결같이 "그 아기들은 보통 죽게 될 거예요"라고 대답했다. 나는 그 대답에 큰 충격을 받아 망연자실했고 끔찍함을 느꼈다. 나는 결코 이 문제에 관해서도 또한 이렇게 죽게 될 정도의 연약한 아이들에 대해서도 생각해 본 적이 없었다. 하나님은 내가 어떻게 개입하길 원하실까?

1999년 4월, 젊은 말라위 목사의 아들이며 우리의 좋은 친구이기도 한 플레처 마탄드카(Fletcher Matandka)는 아프리카성경대학(Africa Bible College)에 참가하고 있었고, 수도 외부에 있는 마을에서 고아들을 위한 목회를 시작했다. 첫 번째 토요일, 다른 친구 몇몇을 데리고, 이 지역에서 특별한 도움이 필요하다고 생각되는 60명의 아이들을 위해 "차(tea)"를 준비하고, 함께 성경공부 할 것을 준비했다. 한 아이는 모임에 참가하기 위해 할머니가 데려왔다. 아이는 네 살이었지만 전형적으로 발육이 잘 이루어지지 않았고, 오렌지색 머리에, 배가 팽창되어 있었고, 극심한 영양실조로 여위고 팔다리가 가늘었다. 내 친구는 할머니에게, 도움을 받고 여분의 음식을 얻을 수 있는 병원으로 아이를 데려가라고 설득했다. 할머니는 아이를 등에 끈으로 묶고, 차가 다니는 도로까지 6마일을 걸어가 버스를 타고 도시에 있는 병원으로 갔다. 할머니는 병원 정문을 지나 현관까지 서둘러 갔는데, 그 앞에서 멈출 수밖에 없었다. 할머니는 고개를 떨구고 깊이 한숨을 쉬었다. 너무 늦은 것이다. 그녀는 뒤를 돌아 왔던 길을 되돌아가서, 버스를 타고 등에 죽은 손자를 업고 먼 길을 걸어 집으로 다시 돌아왔다.

이 이야기는 나의 세계관을 뒤흔들어 놓았다. 할머니가 졌던 부담감과 그 어린아이의 죽음을 받아들이기 어려웠다. 나는 격렬하게 플레처에게 우리는 다시 그 일이 일어나도록 내버려 두어서는 안 된다고 이야기했다. 그는 이와 비슷한 아이를 발견하면 내게 반드시 알려주기로 했다. 그래야 우리는 너무 늦지 않게 개입할 수 있을 것이다. 나는 우리가 무엇을 해야 할지 알 수 없었지만, 우리가 뭔가 조치를 해야 한다는 것은 알고 있었다.

2000년 9월 말에, 플레처는 우리에게 이 지역 마을의 고아돌봄센터에 무슨 일이 일어나고 있는지 센터를 방문해 볼 것을 권유했다. 그는 그곳을 희망센터(Ministry of Hope)라 불렀다. 우리는 그 건물의 모퉁이를 돌다가, 한 아줌마의 무릎에 앉아 있는 가여운 아기를 보았다. 아기의 엄마는 2월에 에이즈로 사망했고, 아기는 심한 영양실조에 걸려 있었다. 나는 나의 비전이 떠올랐고, 필사적으로 또 다른 유아가 죽게 되는 것을 막아야 한다고 생각했다. 나는 무언가 말할 것이 있는 것처럼 남편을 쳐다보았고, 그는 "그 아기를 특별히 돌보지 않으면 곧 죽고 말 거야"라고 말했다. 우리는 그 지역의 사회복지 담당 공무원을 통해 그 가족과 이야기할 수 있도록 준비했고, 마침내 돌봄센터에 있던 그 아기는 우리 가정으로 오게 되었다. 내가 그다음 날 의사에게 그 아기를 데려갔을 때, 의사는 내게 희망적인 이야기를 하지 않았다. 아기의 이름은 알리파(Alifa)였다. 알리파는 2년 6개월 된 여아였고, 체중이 12파운드밖에 나가지 않았다. 그는 우리에게 아기가 살 수 있는 가망성이 50%밖에 되지 않는다고 이야기했다. 나는 "50%의 가능성을 얻기 위해 우리가 무엇을 해야 하나요?"라고 물어보았다. 그는 코에 튜브를 삽입하고 내게 매일 두 시간씩 이 관을 통해 아기에게 진하게 탄 오트밀을 주라고 이야기했다. 나는 한 주 동안 그렇게 했다. 그리고 어느 날 저녁 식사 중에, 아기가 음식에 손을 뻗어 스스로 그 음식을 먹었다. 잠시 정적이 흐른 후, 모든 가족이 아기의 모습을 보고 환호했다! 아기는 죽음이 아닌 생명과 건강으로 돌아가는 길에 있었다. 1년 후에 우리는 아기를 정식으로 입양할 수 있었고, 알리파는 우리의 여섯 번째 자녀가 되었다.

알리파는 "알파(Alpha)", 즉 처음 혹은 시작을 의미한다. 우리는 알리파를 통해 고아가 된 아기들, 극심한 영양실조에 걸린 아기들의 필요를 이해할 수 있게 되었다. 알리파는 이런 아기들을 위해 일하는 교회 기관과 정부를 처음 연결해 준 아기였다. 프랭크가 아기의 이름을 부른 다음 웃으면서 "우리는 이 아기의 이름을 오메가(Omega. 마지막)로 바꾸어야 해!"라고 이야기했다. 그러나 알리파는 희망위기간호사역(Ministry of Hope Crisis Nursery)의 시작에 불과했다. 이윽고 우리는 정말로 우리의 거실 벽에 아기침대를 일렬로 세워놓게 되었다.

탁아소는 공식적으로 2002년 10월 25일, 앤젤리나(Angelina)가 도착했을 때 문을 열었다. 그 아기는 병원에서 죽어가는 엄마의 담요 속에서 발견되었다. 아기의 큰 갈색 눈은 "나이 든" 여성의 쪼글쪼글하게 주름진 얼굴 속에서 내 눈을 응시하고 있었다. 아기의 작은 몸은 천으로 덮여 있었고, 내 팔에 안겼을 때 아기는 깃털처럼 매우 가벼웠다. 집에 돌아와서 싸고 있던 천을 풀어보니, 아기는 애팔래치아 공예품으로 유명한 쪼글쪼글한 사과 사람들 중 한 명처럼 보였다. 아기의 피부는 완전히 뼈가 드러날 정도로 달라붙어 있었다. 마치 살아 있는 골격 체계를 연구할 수 있는, 뼈를 덮고 있는 근육이 없는 연구 대상물처럼 보였다. 아기는 생후 5개월이었고, 몸무게는 5.5파운드였다. 아기를 처음 본 순간, 우리는 아기에게 마음을 뺏겼다. 아기는 주변의 모든 움직임을 따라가며 눈으로 이야기하고 있었고, 때때로 불편하거나 무엇이 필요할 때는 '찍' 하는 소리를 내곤 했다. 아기는 조금의 에너지도 갖고 있지 않았다. 빨아먹거나 삼킬 수 있는 힘이 없었다. 그래서 의사인 내 친구가 아기의 코에 영양관을 삽입했다. 우리는 아기에게 24시간 내내 두 시간마다 생명을 유지할 수 있는 귀한 우유를 관을 통해 공급했다. 저녁에 기도하는 동안 아기는 12살이 된 케이티의 무릎에 조용히 누워 있었다. 알리파는 "아기는 착한 아기예요. 아기는 예배하는 동안 조용히 있어요"라고 이야기했다. 아기는 우리와 함께 있던 첫날 밤 위기를 넘겨 우리는 너무 기뻤다. 다섯 살 된 앤드루는 아기가 "강하고 건강하게 자라기"를 열심히 기도했다. 그러나 아기는 앤드루의 기도대로 되지 않았다.

일요일 새벽 4시에 아기에게 음식을 주어야 할 시간에, 나는 아기를 꼭 안았다. 왜냐하면 아기의 손과 발이 너무 차가웠기 때문이다. 아기는 나를 다시 크고 부드러운 갈색 눈으로 쳐다보았다. 그리고 나서 눈에 초점이 갑자기 없어졌다. 아기의 호흡이 불규칙해졌다. 아기는 두 시간가량 딸꾹하는 소리를 낸 후 사망했다. 우리의 귀한 천사였던 아기가 하늘나라로 가버린 것이다. 나는 아기를 꽉 안고 울고 또 울었다. 우리가 아기의 상황을 좀 더 일찍 알았더라면 얼마나 좋았을까. 아기의 가족과 병원 직원이 우리가 기꺼이 도울 것을 미리 알았더라면 얼마나 좋았을까.

앤젤리나의 죽음은 우리가 사회복지 일을 하도록 자극했고, 우리는 집을 공식적으로 위기돌봄을 위한 장소로 개방했으며, 특별히 아픈 아기들을 위한 장기 비전을 시작했다. 우리는 릴롱궤와 근처 지역에 있는 100명 이상의 도움이 필요한 아기들을 앞으로 6년 동안 돌볼 수 있는 특권을 갖게 되었다.

"앤젤리나는 왜 그렇게 빨리 천국으로 갔어요?" 네 살 된 알리파가 물어왔다.

"하나님이 우리가 사랑하는 것보다 앤젤리나를 더 사랑하셔서, 앤젤리

나와 함께 있기를 원하셨어." 나는 대답했다.

"왜 앤젤리나는 여행가방을 갖고 가지 않았어요?" 알리파는 침대 발치에 있는 등나무 줄기로 만든, 옷을 담았던 작은 가방을 가리키며 물어보았다.

"앤젤리나는 달린이 옷을 입을 수 있게 놓고 간 거야." 나는 아기침대에 있는 3주 된 아기를 보며 이야기했다.

아기의 죽음이 있었던 그 불길한 날 이후, 달린, 벤슨, 모세, 셀리나가 돌봄을 받기 위해 우리 집에 왔다. 우리는 1개의 아기침대로 시작해서, 4개, 9개로 침대를 늘려갔고, 각 아기들 모두 자신만의 스토리가 있었다. 에델, 레이철, 아브라함, 사무엘 등 많은 아기들이 우리 집에 와서 케어를 받았고, 지금은 행복하고 건강하게 자라고 있으며, 사랑스러운 가족의 멤버로 맺어지거나 새로운 가족에게 입양되었다.

입양…, 말라위나 레소토에는 입양을 설명할 수 있는 적절한 단어가 없다. 이 단어는 때로 "혼자 성장하는 것" 혹은 절대 일어나서는 안 될 아이를 "사는" 것으로 번역된다. 말라위의 선교병원에서 일하는 이 지역에 사는 한 부부가 위기간호부(Crisis Nursery)에서 돌보고 있는 아이들이 있다는 소식을 들었다. 그들은 불임 부부였고 자신의 아이가 아닌 다른 아이를 어떻게 키울 수 있는지 궁금해했다. 사회복지센터에서 평가받은 뒤, 버려진 10개월 된 귀여운 아기가 그들 품에 안겼다. 그 아기는 사랑받는 아이로 성장했고, 용감한 결정을 했던 이 부부는 우리의 가장 좋은 지지자가 되었고, 입양의 의미에 대한 교육자가 되었다. 입양한 아이가 정말 내 아이(Mwana wanga)가 된 것이다.

2003년 9월, 말라위의 장로교회는 희망센터에 탁아를 위한 집을 건설할 수 있는 땅 한 구역을 기증했다. 교회는 침실 3개가 있는 집을 지을 수 있도록 승인해 주었고, 10만 개의 벽돌이 이미 그 땅 위에 쌓여 있었다. 도급업자는 당장 일을 시작했고, 9개월의 짧은 시간에 건물을 완성했다. 이 건물이 세워지면서 우리의 거실은 탁아방이 아닌 거실로 다시 사용할 수 있게 되었고, 탁아를 위한 더 나은 환경과 더 넓은 공간이 생겼다. 이 새로운 건물은 수용 가능한 영유아의 수가 25~30명이었지만 한계에 다다를 때가 자주 있었다. 이럴 때 침대와 아기들이 접수처와 놀이 공간으로까지 들어가기도 했다.

이것은 하나님의 계획이었고, 관련된 모든 사람에게 축복이었다. 하나님이 우리에게 이 사역을 시작하라고 강하게 말씀하실 때, 우리는 많은 아기들뿐 아니라 그렇게 많은 과부, 미혼모, 자원봉사자, 피로에 지친 젊은 사람들이 있는지 알지 못했다. 그리고 우리는 또한 탁아소가 우리 가족에게 두 명의 자녀를 더 주게 될 줄은 몰랐다.

탁아소에 초창기에 온 아기는 모세(Moses)였다. 이 아기는 발견되었을 때 갓난아기였고, 릴롱궤 북쪽의 사탕수수 밭에 버려져 있어서 이름을 모세라 지었다. 모세는 특별하게 우리의 마음을 사로잡았고, 2004년도에 디목 가족에게 입양되었다. 우리는 아기의 이름을 "이삭(Issac)"으로 바꾸어 주었다. 구약성경의 아브라함과 사라처럼 그는 "나이 많은 부부의 아들"이 되었기 때문에 이삭이란 이름이 적절해 보였다. 우리는 이 일을 하면서 우리가 계속 나이 들고 있다는 사실을 잘 인지하지 못했다.

2006년 1월 교회에 앉아 있을 때, 하나님은 내 마음속에 위기보육원에서 돌보기 어려운, 무속신앙에 얽힌 13개월 된 아기를 데려오라는 강한 감명을 주셨다. 우리는 1년 동안 이 아기를 입양할 가족이 있게 해달라고 기도했다. 그런데 하나님께서는 "너희가 그 가족이다"라고 말씀하시는 듯했다. 난 애써 이 생각에 반대했다. 전혀 말도 안 되는 이야기였다. 우리는 말라위에서 짐을 싸서 떠나온 지 몇 개월밖에 되지 않았고, 서류 업무만 해도 18개월 혹은 그 이상이 걸릴 일이었다. 게다가 이 아이를 데려오면 우리 집에 아이가 여덟 명이나 있게 된다. 맙소사. 일곱 명만으로도 이미 충분했다. 다른 아기를 데려오면 아이에게 어떻게 재정적인 지원을 할 수 있을까? 우리 나이에 또 다른 아기를 양육할 만큼의 에너지가 또 있을까?

(나는 50살에 들어서고 있었고, 프랭크는 53살이었다.) 우리 집에 아기가 네 명이 되었을 때 프랭크가 "충분해!"라고 말했던 것을 생각하면 더 이상 또 다른 아기의 입양에 관해 생각하고 싶지 않았다. 나는 하나님과 한 주 동안 이 문제로 씨름했다. 결국 나는 프랭크에게 이야기했고, 속으로 그의 반응에 대해 각오하고 있었다. 그가 반응했을 때, 난 겸손해졌다. 그는 내 말을 듣고 조용히 물었다. "하나님이 말씀하신 게 분명하지?" 이 말은 "하자"라는 대답이었다. (그리고) 이 응답은 순종과 믿음으로 따라야 한다는 것을 의미하기도 했다. 이 단순한 질문은 내게 좀 더 넓은 시각을 갖게 했다. 우리는 이 일을 여러 해 동안 하면서, 하나님이 늘 완벽히 신뢰할 수 있는 분이라는 것을 발견해 왔다. 우리가 "네"라고 이야기하면, 하나님은 모든 세부적으로 필요한 일을 기적적으로 잘 풀리게 해주셨다. 우리는 6개월 후 계획하지 않았던 우리의 여덟 번째 아기 잭슨(Jackson)을 데리고 미국에 갔다.

그때 프랭크와 나는 오래된 TV 쇼의 제목인 "여덟 명은 충분해"에 동의했다. 외부에서 우리를 보면, 우리는 분명히 다문화 가족이었다. 우리는 서로 다른 나라에서 출생했다. 민족적으로도 우리는 스코틀랜드/아일랜드/잉글랜드/줄루족(Zulu)/소토족(Sotho)/체와족(Chewa) 등 10개의 서로 다른 혈통이 있다. 사람들은 당연히 외부인의 관점에서 우리에 대해 이야기했다. 나는 첫 번째 휴가 때, 노스캐롤라이나의 식료품점에 갔을 때 일어난 일을 기억하고 있다. 2인용 유모차에 딸들이 타고 있었고, 아들들이 그 유모차를 밀고 있었다. 체구가 큰 백인 남성이 가게 밖으로 나와, 피부색이 다양한 아이들을 보고 이렇게 말했다. "너희들 모두 뭐하고 있니? 데이케어센터 아이들이니?" "네." 우리는 크게 웃으며 대답했다. "데이케어센터 비슷해요!" 우리 아들들이 다섯 명이었고 모두 미국의 유치원에 다니고 있을 때, 반 친구들은 아이들을 "형제들"이라 불렀다. 나단은 그 교실에서, "빈민 주택단지에서 열린 생일 파티에 초대받은 유일한 백인 아이였다.

모세는 "저분이 너희 엄마니?"라고 경멸하거나 의심스러운 어투로 누군가 물어볼 때, 아프리카와 미국에 있는 부모 모두에 대해 불편한 마음을 느꼈다. 조지아 고등학교에서, 아이들은 흑인과 백인이 구내식당에서 나란히 앉지 않는 것을 보았다. 아이들은 서로 양극의 긴장감을 느낄 수 있었지만, 오히려 가운데 자기들만의 함께 "섞여" 앉을 수 있는 테이블을 만들었다. 청년이 되었을 때, 큰 아이 네 명은 남자, 여자 형제들에 관한 모욕과 의심들을 참아야만 했다. 복숭아색 피부든 갈색 피부든, 우리 모두는 "섞이는 것"이 대서양의 건너편 미국 땅에서는 어렵다는 것을 알게 되었다.

사람들은 우리의 차이점을 보고 어려움이 있을 것이라 생각한다. 우리에게는 많은 차이점과 어려움들이 있지만, 그것이 모두 다른 인종 혹은 민족 혈통과 반드시 관련되어 있는 것은 아니다. 갈색 피부 아이들이 겨울에 유난히 피부가 건조해질 때 로션을 많이 발라야 하는 것을 유념해야 하는 것은 사실이다. 그리고 복숭아색 피부 아이들은 여름의 강한 햇볕에 피부가 많이 타지 않도록 로션을 많이 발라야 한다는 것을 기억하고 있어야 한다. 보통 우리의 차이점은 다른 가족과 마찬가지로, 성격과 가족 내 위치와 관련되어 있다. 우리 넷째 아이는 다른 나이 많은 형제들이 자신을 통제하는 것을 싫어했고, 혼자이기를 원했다. 우리 쌍둥이 아이들은 누가 더 남자다운지 늘 겨루며 성장했다. 어린아이들은 무시받지 않기 위해서, 바로 위 형제들이 하는 모든 것을 자신도 간절히 하기를 원했다. 정상적인 가족 역동이었다.

최근 휴가 기간 동안 나는 가족 문화에 대해 곰곰이 생각해 보았다. 나는 모든 가족이, 출생, 입양 혹은 다른 구성원과 합치는 어떤 방식으로든 가족이 될 때 그들만의 독특한 문화를 만들어간다는 것을 깨달았다. 우리는 어떤 식으로든 그러한 문화를 만들어가고 있다. 집에서 우리는 영어로 이야기한다. 우리는 식탁에 둘러앉아 손을 맞잡고 식사하기 전에 돌아가며 축복기도를 한다. 우리는 "부탁합니다(please)", "고맙습니다" 그리고

"네, 엄마" 혹은 "아니에요(no, sir)"라고 이야기하는 것을 많이 장려한다. 모든 가족들은 해야 할 집안일이 있다. 우리는 서로 장난치기도 한다. 우리는 거실 바닥에서 소란스럽게 레슬링 시합을 벌이기도 한다. 이런 것들은 우리 가족 문화를 이루고 있는 것들이다. 모든 가족들은 똑같이 가족에 소속감을 느끼며, 공평하게 사랑받는다. 그래서 우리 가족들은 외적인 차이를 의식하게 만드는 어떤 이야기나 질문을 받을 때마다 깜짝 놀라곤 한다.

성인으로 남부 아프리카에 계속 살면서, 나는 "백인"으로 인한 장점과 단점 모두를 경험했다. 내가 현지 친구와 시장에 갈 때, 그들은 내게 "가격을 올리지 않게 차에 앉아 있어"라고 이야기한다. 혹은 그들은 "이 돈을 환전해 줘. 우리가 하는 것보다 네가 하는 게 더 쉬울 거야"라고 이야기한다. 피부색으로 우리가 누구인지 평가받는 세상이 현실이다. 그러나 그렇게 평가해서는 안 된다. 우리는 다른 문화 때문에 서로 매우 다를 수 있다. 우리는 경제적 지위나 교육 수준이 다르기 때문에 매우 다를 수 있다. 사람을 평가할 때 피부색을 근거로 하는 것은 논리가 없음에도 불구하고, 왜 피부색이 사람들에게 그렇게 중요할까? 우리의 신체는 똑같이 이루어져 있다. 똑같이 피, 땀, 눈물을 갖고 있고, 이것을 덮고 있는 피부만 아주 조금 다를 뿐이다.

요즘, 우리 "큰 아이 네 명"은 미국에서 대학을 다니고 있고, 그들만의 문화적 적응을 경험하고 있다. "작은 아이 네 명"과 프랭크와 나는 레소토로 다시 돌아왔다. 우리는 위기에 있는 아동들의 필요를 채워주기 위해 이 아이들을 도와주고 있는 교회의 초청을 받아, 2007년 이곳의 일을 다시 맡게 되었다. 프랭크가 아프리카 아이들의 더 나은 케어와 보호를 거시적인 수준에서 주장한다면, 나는 똑같은 아이들을 위한 케어와 보호를 미시적인 수준에서 하려고 애쓰고 있다.

지난밤 나는 세 번이나 잠에서 깼다. 두 아기들이 기저귀를 갈아달라고 깨웠고, 한 아이가 우유를 달라고 울어서 깼다. 나는 결코 방해받지 않고 잠을 잘 수가 없었다. 내가 35살일 때 혹은 55살일 때도, 아이들 때문에 밤에 일어나야 하는 것은 여전히 나를 짜증나게 한다. 이 아이들은 하룻밤 혹은 이틀 밤 내내 잠을 자는 내 손주들이 아니다. 이 아이들은 약하고 영양실조에 걸린 고아들이고, 또 다시 난 얼마나 될지 모르는 수많은 개월을 그렇게 거실에서 보내야 한다. 희망센터는 레소토에 설립되고 있다.

언젠가 나는 "정상적인" 생활 주기를 꿈꾸고, 미국 도시 교외의 아주 깨끗하고 정돈된 조용한 집을 간절히 바란다. 그러나 거의 매일 나는 지저분하고 사람 많은, 아프리카 남부의 작은 집을 어떤 것과도 바꿀 수 없다고 이야기한다. 결국 이곳이 나의 고향인 것이다.

아테네로 가는 길의 카나리아 노래

/

캐슬린 대니얼(Kathleen Daniel)

늦은 여름날, 서부 텍사스의 작은 마을에 태양이 강렬히 내리쬐고 있고, 곤충들은 윙윙 소리를 내며 날아다니고 있다. 난 우리 집 뒤편 먼지투성이인 골목에 조용히 웅크려 앉아 있다. 나는 몇 분 전 도마뱀을 보고 놀랐다. 도마뱀은 나를 본 후 근육을 하나도 움직이지 않고 툭 튀어나온 눈을 내게서 떼지 않고 있었다. 나의 계획은 이 도마뱀을 노려보며 눈싸움을 하는 것이었다. 그런데 그때 갑자기 뿔도마뱀이 내 시야에 잽싸게 나타났다. 그 생명체는 아주 신기해보였고 결국 도마뱀과의 눈싸움은 끝이 났다. 나는 배를 채우고, 이 새로운 애완동물을 박스에 넣은 다음, 내가 가장 좋아하는 나무에 올라가 팔로 나무를 껴안고, 우리가 새로 데려온 새끼 고양이 크램퍼스와 현관의 유아용 침대에 누워 있는, 태어난 지 얼마 안 된 내 여동생을 쳐다보았다. 언니는 아주 튼튼한 나뭇가지에 앉아 책을 읽고 있었다. 내일 우리는 이웃의 정돈된 화단을 지나, 데어리 퀸(Dairy Queen)을 지나, 지금은 아니지만 마을에 처음 들어왔을 때 사람들이 많았던, 30센트 버거를 파는 새로운 "패스트푸드"점을 지나, 마을을 가로질러 함께 학교로 반 마일을 걸어갈 것이다. 지금 나는 나를 둘러싼 삶의 여러 변화들을 알아가는 데 만족하고 있다.

1960년대 초에는 작은 도시에서의 나의 생활을 혼란스럽게 할 어떠한 동요도 일어나지 않았다. 내 생활이 어떻게 흘러갈지는 예측 가능했다. 어머니는 가정일을 도맡았고, 아버지는 일을 했으며, 우리는 매일 밤 함께 앉아 저녁을 먹었고, 여름에는 스테이션왜건(역자 주: 좌석 뒷부분에 큰 짐을 실을 수 있는 공간이 있는 차)에 짐을 싣고 장거리 여행을 했으며, 매주 일요일에는 시간에 맞춰 교회에 가기 위해 서둘렀다. 그러나 어린아이가 주변 세상에 대해 무엇을 알겠는가? 나는 어머니의 악센트가 있는 영어 발음으로 인해 우리 동네의 식료품을 파는 아저씨가 어머니를 "거칠고 시끄럽고 소란스러운 여자(Zsa Zsa)"라 불렀고, 또 어머니가 임신했을 때 우리가 마지막으로 살았던 집에서 이사하는 것이 어머니에게 힘든 일이었다는 것을 알았다. 그리고 내가 아주 어렸을 때 막 미국에 도착했을 때, 처음 만난 삼촌이 울먹이던 모습은 나를 혼란스럽게 만들었다. "왜 커틴커(Katinka) 이모와 사촌 알렉사(Alexa)와 에노크(Emoke)는 함께 오지 않았니?" "누가 그들을 이곳에 오지 못하게 했니?"

그러나 3년 후 우리는 텍사스를 떠나 다른 마을로 갔고, 그 후 또 다른 마을로, 집을 떠나는 것이 내 삶의 일부가 될 때까지 이동했다. 그리고 내가 갔던 모든 곳은 내 삶의 일부분이 되었다. 아버지의 일 때문에 우리 가족은 내가 14살이 되기 전에 미국에 있는 2개 주 4개의 작은 도시를 빠르게 이동하며 살았다. 그리고 17살이 되던 해 초에 고등학교를 졸업하고 남미로 이주했다. 나는 8개의 집에서 살았고, 7군데의 학교를 다녔으며, 성인이 된 후 여러 곳을 이동하는 삶은 10년 동안 계속되었다. 나는 아나폴리스에 정착하기 전에, 오스틴, 마드리드, 뉴욕, 샌프란시스코, 뉴델리, 마드라스, 그리고 다시 오스틴에서 살았다. 유럽의 "집으로 돌아오기까지" 거의 20여 년을 오래 살던 곳에서 떠나 있었다. 그럼 내 가족은 어떠할까? 지난 20년 동안 우리 가족은 세 대륙에 퍼져 살고 있었다. 그리고 그 작은 텍사스 마을에서 역대 대통령들이 살았던 곳의 유명세를 경험했다.

"아름답지 않니?" 아직 터질 것 같지 않은 아름다운 붉은 봉오리가 높이 달려 있는, 가늘고 약한 막대기 같은 식물을 보며 아버지가 이야기했다. "이것은 마치 우리 삶 같아, 그렇지 않니? 유지되고, 예상치 못한 방향으로 바뀌고, 갑자기 새로운 꽃을 피우며 널 놀라게 할 거야."

부에노스아이레스

나는 아르헨티나 부에노스아이레스에 카탈리나 마리아 다니엘(Catalina María Daniel)이라는 이름으로, 헝가리 이민자의 자녀로 출생했다. 나는 세계대전 후 유럽 피난민 가족의 구성원으로 태어났다. 당시 피난민의 가족들은 제2차 세계대전의 발발 뒤에 남겨진 각자의 스토리들이 있었다. 우리 가족 역시 다를 바 없었다. 1944년, 점령하고 있는 독일 병력들이 남자들을 거리에서 잡아가 러시아전에서 제일 앞자리에 세워 전쟁을 치르게 했고, 아버지는 오스트리아에 안전히 머물러 있기 위해 대학에서 마련한 도피처로 피신해 있었다. 아버지는 오스트리아 서부의 티롤 지역에서 부에노스아이레스로 이주했고, 음악가, 공학자, 그리고 예술을 열정적으로 사랑하는 사람으로서 결국 아방가르드(avant-garde. 역자 주: 문학예술의 전위적인 사상) 갤러리를 열었다. 1년 후, 헝가리 의회 의원이었던 외할아버지는 러시아의 유럽 지역 점령이 임박해 옴을 알고, 덮개가 있는 차 세 대에 가족 여덟 명을 태워 대피시켰다. 7년 후 부모님은 부에노스아이레스에서 만나 가족으로서의 삶을 시작했다.

그러나 부모님은 미국에 가기를 원했고, 1956년 헝가리 혁명(Hungarian

Revolution) 후 미국이 헝가리 사람들에게 문호를 개방했을 때 부모님은 미국에 갈 준비가 되어 있었다. 석유 공학으로 파타고니아에서 석사 학위를 받고, 회전초가 굴러다니는 서부 텍사스 사막 가운데서 석유 굴착 장치를 확인하는 작업을 했던 아버지를 상상해 보면, 나는 아버지의 적응 능력에 놀랄 수밖에 없다. 나는 아버지가 얼마나 농담하기를 좋아했는지 그리고 그가 바이올리니스트 가운데 최고의 공학자이고 공학자 가운데 최고의 바이올리니스트였음을 기억하고 있다. 어머니도 마찬가지로, 삶을 매우 뛰어나게 예리하게 관찰하는 사람이었으며, 미국 시민권을 따기 위해 부지런히 준비했고, 우리가 새로운 문화를 수용하고 잘 적응하는 데 필요한 여러 가지 에티켓을 훈련시켰다.

텍사스

나는 그때 천천히 혼란이 시작되고, 우리 작은 가족이 상황에 맞지 않게 매우 부적절하게 가고 있다는 직감을 인정해야 했다. 어떻게든 우리는 이 황량한 곳에 있어야 했고, 여기 사람들의 살아가는 방법을 배우고 있었다. 후기 매카시 시대의 미국에 살면서 우리는 매년 우체국에 가서 충실하게 "외국인" 등록을 했다. 우리는 그랜드캐니언에 온 관광객처럼 호기심을 갖고 이 작은 마을 변두리에 있는 이웃들을 쳐다보았다. 미국에 있는 동안 여동생과 나는 학교에서 공산주의자들의 공격에 대비해 책상 밑으로 빨리 대피하는 민간인 공습 대비 훈련을 반복해서 받았다.

부모님은 개인적으로 심리적 외상을 경험했고, 몇 년이 흐르고 나서야 그들이 삶에서 무엇을 잃어버렸는지 비로소 이야기할 수 있었다. 그때 부모님은 삶에 달관한 듯 보였다. 철의 장막 시대에 우편 검열로 인해 부모님은 친족들의 이야기를 이곳에서 들을 수 없다는 것을 알게 되었다. 가족들이 살고 있는 지역들이 서로 연결될 수 없었던 것이다. 내가 아이였을 때 목격한 것은 금욕, 위엄, 호기심뿐이었다. 부모님은 대단히 충실하고 현실적이고 계획적이었고, 늘 "미국이 우리 고향이다"라는 말을 반복하셨다. 그리고 특별히 텍사스에서 동부로 이주할 때, 우리는 지나온 과거를 잊어야만 했다. 새로운 기회는 미래에 있기 때문이다. 부모님이 스스로를 격려하기 위해 이런 말을 했다는 것을 많은 시간이 지난 후에 알게 되었다.

뉴저지

우리는 뉴저지의 새로운 집으로 가는 도중에, 마틴 루터 킹이 멤피스에서 암살당했다는 소식을 아침 뉴스로 들었다. 암살당한 곳은 우리가 묵었던 노스캐롤라이나의 호텔에서 그리 멀지 않은 곳이었다. 케네디 대통령 암살 이후 문화적 긴장감이 다시 표면화되기 시작했고, 베트남 전쟁은 이러한 사회적인 대립을 더욱 심화시켰다. 학생 운동이 연달아 일어났고, 로큰롤·히피·마약 문화가 퍼지고, 보비 케네디의 암살, 1968년 민주당 전당대회에서의 폭동, 우드스톡 페스티벌, 켄트주립대 총격 사건들은 미국 문화의 구조를 바꾸고 있었다. 사회 격변으로 10대 청소년과 보수적인 부모들은 함께 지내기 어려워졌고, 나는 이러한 모든 사건을 내 삶의 주변 환경에서 경험하고 있었다. 폭동과 사회적 불안이 가족과 시민들의 삶에 늘 나타날 수 있다는 것은 알고 있었지만, 그럼에도 불구하고 실제로 이러한 사회 격변이 일어나는 현실에 여러 번 매우 놀랄 수밖에 없었다.

나는 뉴저지 작은 마을의 중학교에 들어가는 어린 소녀를 만났는데, 그 아이가 내가 처음으로 만난 유대인이었다. 이 이야기를 하는 것은 내가 얼마나 문화적 다양성에 무지했는지를 이야기하기 위함이다. 가톨릭계 학교에서 소수의 흑인 아이들을 만났고, 그들과 잘 지내긴 했지만 그들은 여전히 내게 색다른 아이들로 보였다. 공립학교에서 나는 불확실한 그들의 삶을 보고 특징에 따라 재빨리 세 그룹으로 구분했다. 한 집단은 멋있고 인기 있는 아이들이었는데, 이 아이들은 축구, 치어리더, 옷을 중심으로 생활하고 있었다. 담뱃갑을 갖고 다니는 남자아이들은 티셔츠 소매를 말아 올리고 거친 모습을 하고 있었고, 화장실에서 흡연을 하는 여자 친구들을 사귀었고, 여자 친구가 임신해서 사라지고 나면 그들에 대해 무섭게 험담하기도 했다. 그리고 공부만 하고 규칙만 따르는 따분한 아이들도 있었다. 나, 캐시 대니얼은 따분한 그룹에 속했다.

나는 규칙을 따르는 것이 멋있기만 한 것이 아니라는 점을 빨리 알아차렸다. 그러나 규칙들도 만들어진 생각이라는 것을 폭로하는 것은, 권위에 도전하는 많은 아이들에게 적절치 않은 행동이었다. 내가 할 수 있는 여러 선택들을 고려해 볼 때, 따분한 아이로 지내는 것이 중립적이고 안전한 것이었다. 심지어 그렇게 지낼 때 보이지 않는 보호막도 제공되었다. 하지만 나는 아버지가 2년 후에 베네수엘라의 카라카스로 이주해야 한다고 이야기했을 때 너무나도 행복했다. 보호막은 나를 구속했다. 내가 다른 곳에 있었다면 나를 더 많이 표현하며 지냈을 것이다. 반 친구들은 사람들이 나무에서 살 수 있는지 그리고 카누를 타고 베네수엘라에 갈 수 있는지 알고 싶어 했다. 난 그렇게 살 수 있을지 의심이 들었지만, 사실 그때 난 친구들이 궁금해하는 것에 대해 아무것도 알지 못했다.

부모님은 미국 여권을 가지고 여행하는 것을 중요하게 생각했다. 하지만 막상 미국인이 되는 과정은 놀랍게도 사소했던 것으로 기억한다. 우리는 모두 미국에 충성 맹세를 하기 위해 시민권을 발급하는 부서에 특별할 것 없는 방문만 했다. 그게 다였다. 이 일은 이렇게 끝이 났다. 그 당시 미국은 이중 국적을 금지했기 때문에, 나는 아르헨티나 시민권을 포기해야 했다―그러나 아르헨티나는 나의 시민권 포기 승인을 거부했다. 그래서 어떻게 되었나? 아무도 그것에 대해 내게 설명해 줄 수 없었다.

이동하는 것에 단련되어 있었지만 내 몸과 주변의 짐을 챙겨 다시 움직여야 한다는 점에 신물이 났다. 어머니는 갖고 이동해야 할 물건을 대폭 줄였다. 솜이 많이 들어간 크고 뚱뚱한 내 눈사람 인형이 무슨 소용이 있겠는가? 나는 이미 14살이었고, 그 인형은 공간을 많이 차지할 뿐이었다. 그리고 이전 이사 때는 갖고 왔던 내 그림들은? 이번에는 갖고 갈 수 없었다! 난 내성적인 사람이었고, 각 도시에서 나는 중요한, 가장 친한 친구를 두고 왔다. 클로디아 어베이트(Claudia Abate), 마리아 마르티네스(Maria Martinez), 빌 팩스턴(Bill Paxton), 셰릴 리처드슨(Cheryl Richardson). 아버지는 새로운 곳의 모험에 관해 이야기하면서 내가 다시 활기를 찾을 수 있도록 애썼지만, 어머니는 동정심을 갖고 나를 대하셨다. "사는 게 그런 거지", 어머니는 이렇게 이야기하곤 했다.

그리고 놀라운 일이 우리를 기다리고 있었다. 카라카스로 가기 전에, 부모님은 25년 전에 떠나왔던 유럽의 집에 다시, 처음으로 여행을 가게 되어, 무척 신이 나 있었다.

유럽

여행은 정말 놀라웠다. 우리가 폭스바겐 밴을 렌트해서 뮌헨부터 고속도로를 달리는 순간 너무 황홀했다. 시간, 지리, 인종에 대한 생각은 완전히 깨져버렸다. 장엄한 자연 풍경, 역사적인 기록이 남아 있는 세련되고 아름다운 장소를 보며, 나는 영원과 매일매일의 삶이 연결되어 있다는 생각이 확고하게 들었다. 아주 신나는 여행이었다. 우리는 잘 정리된 티롤마을, 아름다운 오스트리아 알프스산맥, 웅장하고 무질서하지만 색다르고 특이한 로마를 여행했고, 로마에서 나와 여동생은 성베드로대성당에 들어가는 것을 허락받기 위해 미니스커트의 단을 뜯기도 했다. 나는 매일 밤

두꺼운 거위털 이불 속에 들어가고 싶었고, 매일 아침 우리 주변에 있는 알프스산맥의 향기를 간직한 신선한 버터를 바른 카이저롤(kaiser roll. 역자 주: 대형 롤빵)을 먹고 싶었다. 난 애도할 친족이 없어 전에는 묘지 같은 곳을 가보지 못했다. 하지만 우리가 마리아 테레지아와 같은 군주가 묻힌 웅장한 묘를 방문했을 때, 부모님에게 합스부르크가(역자 주: 13세기 이래 신성로마제국의 황제 자리를 세습한 왕가로, 오스트리아·스페인 등의 국왕을 배출했다) 유산이 개인적으로 관련된 것임을 알 수 있었다. 그들은 우리 가족의 역사와 관계되어 있었다.

헝가리

그러나 그 몇 주간 나는 헝가리를 방문할 아무 준비도 되어 있지 않았다. 비엔나에서 다소 음울한 국경 검문소를 통과해 들어가기까지, 마치 우리는 다른 세계로 연결되는 철의 장막을 통과하고 있는 것 같았다. 나는 활기가 사라진 평평한 농장, "소비에트 그래스(Soviet grass)"라고 부르는 녹색 구릉지를 보았다. 마치 모든 자연이 애도하고 있는 것처럼 보였고, 보이지 않는 유독 물질의 공격으로 죽어가고 있는 것처럼 보였다. 나는 거리의 무장한 군인들이나 그들이 헝가리 말을 사용하는 것이 어떻게 우리에게 위험해 보일 수 있는지 이해할 수 없었다. 헝가리어는 친밀한 언어, 가족의 언어, 안전한 언어가 아니었나?

우리는 어둡고 허름하고 아름다운, 그리고 화려하지만 쇠퇴해 버린 부다페스트에 큰 밴을 타고 왕족처럼 도착했다. 그리고 거기서 친족들을 다시 만나면서, 기억의 단편에 있었던 낯선 사람들로부터 떠들썩하게 환영 인사를 받았다. 그들에게는 "옛 시간들"에 대한 애통, 다소의 분노와 절망이 뒤섞여 있었다. 내가 헝가리 사람들에 대해 조금 알게 된 점은 그들은 미스터리하다는 것이었다. 내가 얼마나 성장했는지, 그들은 소리를 질렀다! 뭐라고? 나는 전에 그들을 만난 적이 결코 없었다. 그들은 어떻게 나를 안다고 생각할 수 있었는가? 그리고 그들은 왜 큰 소리로 말하고 있었는가? 우리가 그들에게 얼마나 위험해 보였는가? 누가 그들에게 낯선 사람들과 작은 아파트를 함께 쓰도록 했는가? 그들은 우리 가족과 전혀 닮지 않았음에도 불구하고, 내 부모님이 부르는 식으로 나를 커티(Kati), 커티처(Katica)라고 불렀다.

말할 수 없는 많은 이야기들로 어두운 그늘이 드리워져 있었지만, 나는 그들이 활기차고 생기 있는 사람들로 느껴졌다. 80대 이모할머니들은 쇼핑백을 들고 트램과 지하철, 복잡한 거리로 이동했다. 거리는 인도 위까지 주차된 러시아제 소형 승용차들로 연기가 뒤덮여 가지각색의 색깔로 계속 변하고 있었다. 그들은 다른 시대를 살았던 흔적을 담은, 우아하지만 빛바랜 옷을 입고 총격 자국이 있는 부서진 현관을 통해 자물쇠가 지나치게 많은 아파트로 들어갔다. 그들은 삶을 즐겼고, 팔린카(*palinka*) 브랜디를 마셨고, 새벽이 올 때까지 활기차게 대화를 나눴으며, 자신들의 처지를 독특한 유럽 중심의 아이러니한 감각으로, 어두운 유머로 승화시키기도 했다. 나는 몇 년이 지난 후에야 비로소 헝가리인들의 이런 특징들을 높이 평가할 수 있었다.

그러나 여름이 끝났을 때 베네수엘라에서 새로운 삶을 시작해야 했기에, 헝가리 사람들에 대해 생각할 수 있는 시간도 방법도 사라졌다.

카라카스

열대 지역인 카라카스에 도착했을 때 심리적인 충격을 받았다. 녹음이 우거진 계곡의 해발 약 3000피트 되는 곳에 북적거리는 대도시가 위치해 있었다. 산은 매일 장엄한 풍경을 만들어냈고, 대조적으로 밑에 사는 혼란스러워 보이는 생활은 삭막해 보였다. 매일 교통 정체로 경적 소리가 요란하게 울렸고, 고층 건물이 흩어져 있었고, 언덕에는 빌라들이 있었고, 다채로운 색깔의 노천 시장들이 있었다. 혼돈 속에서도 즐거웠고, 스페인어의 서정적인 표현과 여러 풍성한 표현들이 나의 마음을 따뜻하게 해주었다.

하지만 삶은 끊임없이 알아가야 하는 것들로 채워져 있었다. 스페인이 끼로 흠뻑 젖은 열대우림을 굽이굽이 구불구불 굴러가며, 우리가 가장 좋아하는 하얀 백사장 만, 점으로 뒤덮인 야자수와 세차게 치는 파도, 나의 작은 낙원의 조각을 눈으로 확인하며, 특별한 주말 선물로 차를 타고 카타(Cata)로 향했다. 그러고 나서 월요일 아침이 되었을 때, 「천국으로 가는 계단」의 선율에 맞춰 스쿨버스는 이른 아침 구름 속에서 산비탈의 빈민가 구역을 지나 언덕을 올라갔다. 이 도시의 몇몇 구역은 자주 퍼붓는 비로 인해 흘러내리는 진흙더미에 종종 사라졌다 다시 나타나곤 했다. 우리는 더러운 계단과 요란하게 울리는 큰 TV 세트가 있는 임시 오두막 앞에 주차된 큰 차들을 지나갔다. 내가 정말 이 도시에서 좋아하는 기름에 튀긴 플랜테인(역자 주: 바나나의 일종)을 파는, 구걸하는 맨발의 아이들이 누더기 옷을 입고 놀고 있었다. 이후 우리는 국제학교 앞에 도착했다. 그곳은 숨이 멎을 만큼 평온한 오아시스 같았다. 계곡과 도시의 시끄러운 삶이 내려다보이는 언덕 위에 자리 잡고 있는, 마치 꿈과 같은 곳이었다.

제3세계의 빈곤과 특권의 대조와 복잡성은 극명했다. 쉬는 시간에 우리는 풀밭에 앉아 있거나 해먹에 누워 있거나 친구들과 수다를 떨거나 혹은 지역 행상인에게서 산 하얀 옥수수로 만든 아레파스(arepas. 역자 주: 토르티아와 비슷한 음식)와 향긋한 엔칠라다(enchiladas. 역자 주: 토르티아에 고기를 넣고 매운 소스를 뿌린 멕시코 음식)를 점심으로 먹곤 했다. 현지 베네수엘라 사람들과 이스라엘, 일본, 캐나다, 필리핀, 네덜란드, 푸에르토리코, 미국에서 온 나의 많은 친구들은 석유회사 간부의 자녀들이었다. 나와 가장 친했던 친구는 나를 카테리나(Katernia)라고 부른 이탈리아 소녀였다. 그 친구들의 이야기는 내가 전체적으로 이해하기 어려운 여러 삶의 모자이크들로 이루어져 있었다. 나는 그곳이 편안했다. 그곳은 다르다는 점이 지극히 정상으로 여겨지는 곳이었다.

아버지의 회사가 급하게 베네수엘라에서 운영을 중단하기 전까지 난 약간 제멋대로 술을 온종일 마시며 10대 시절을 강렬하고 자유롭게 즐기며 보냈다. 나는 교과 과정을 빨리 이수했는데, 카라카스에서 2년이 되었을 때 3학년으로 진급했고, 9개월 후 대학교 입학을 앞둔 고등학교 졸업반이 되었다.

오스틴

나는 학생 수가 4만 명이 넘는 오스틴의 텍사스대학교에 17살에 1학년으로 입학하면서 다시 미국 땅을 밟았다. 그곳 학교에는 축구, 맥주, 야외 파티, 컨트리 뮤직, 여대생 클럽, 회심한 기독교인들이 많았으며, 근처 작은 마을에서 큰 도시를 경험하기 위해 온, 동창회 퀸(homecoming queen)으로 뽑혔던 학생들도 있었다. 아이러니하게도 나를 미국인으로 만들려는 부모님의 노력에도 불구하고 나는 외국 학생으로 분류되었고, 어디 편안히 앉을 곳 없는 초대형 강의실에서 난 길을 잃어버리고 말았다. 비록 여전히 베트남에 정치적인 행동의 형태로 군부대는 남아 있었지만 학생들이 사회에 저항하던 시대는 거의 지나갔다. 난 미국인이었지만, 다소 내 이야기는 대부분의 또래 친구들이 흥미를 가질 정도의 매우 복잡한 삶으로 이루어진 이야기였다. 헝가리 혹은 베네수엘라에서 살았다는 점에 대해서 사람들은 주의 깊게 생각하지 않을 수 있지만, 철의 장막이 끝날 때쯤 헝가리에 있었다는 것은 사람들의 주의를 끌 수 있는 일이었다. 내가 카라카스에서 경험했던 편안함과 자유는 점점 사라져 갔지만, 미국 사회에서 주변인으로서 내 삶이 시작되고 있었다.

40에이커의 캠퍼스 바로 맞은편 거리인 '드래그'에는 완전히 다른 유형의 주변부 집단의 사람들이 많이 살고 있었다. 그들은 예술가, 치유자, 장인들이었는데, 그들은 거리에 담요를 깔고 직접 조각한 가죽 벨트와 보석을 팔고, 타로 카드를 읽고, 사회 정의와 환경 이슈와 관련된 주제에 참여했다. 예술가와 활동가들의 하위문화가 나의 문화에 콘텐츠를 제공해 주었고, 그들에게서 미국 사회의 현재 주류문화 밑의 움직임 그리고 최근 사회의 전환에 관해 교육받고 통찰을 얻을 수 있었다.

그러나 주류에 비해 주변인으로 존재한다는 것만으로는 집단을 형성하기에 충분한 근거가 되지 못했다. 예술가 친구가 그려준 초상화는 내 삶을 말해주고 있었다. 진보라와 녹색의 화려한 색조의 유화물감으로 그린 그림에는, 키 높은 갈대밭 뒤에 쪼그려 앉아 밖을 내다보고 있는 여자가 있었다. 친구는 그 여자를 숨어 있는 숙녀(Hidden Lady)라 불렀다. 이 예술가에게 나는 외부인이었고, 사회를 관찰하고 사회에 있는 것을 흡수하지만 자신의 것은 잘 드러내지 않는 여자였다. 그녀는 내가 누구에게 무엇을 드러내야 할지 잘 모르며, 어떤 문제가 주어질 때 너무 많은 관점에서 보는 것―하지만 이 관점 중에 나만의 관점이라고 볼 수 있는 것이 없다는 것―을 알지 못했다. 명백히 미국인들이 경험하는 대학생 혹은 하위문화의 목표나 가치를 난 공유하고 있지 않았다. 당연히 난 집단에 속할 수 없었고, 뒤에 혼자 남아 있는 것을 더 선호했다. 지금의 난 그때 경험을 일종의 후천적 자폐증으로 묘사할 수 있을 것 같다. 내 삶의 빠른 속도, 문화 충격으로 인해 계속 변화하는 정체성과 여러 복합적인 사례들에 이름을 붙이거나 나의 경험에 이것들을 흡수하거나 통합할 수도 없었다. 난 혼란스러웠고, 매우 자아 의식적이었으며, 종종 벙어리처럼 말이 없어졌다.

신의 섭리로, 나의 생명줄이 된 책을 캠퍼스 서점에서 우연히 발견했다.

그 책은 캐나다의 정신과 의사인 라무르티 미스라(Rammurti Misra)가 쓴『요가 기초(The Fundamentals of Yoga)』라는 책이었다. 공강 시간에 요가 자세를 취해보는 것은 나에게 매우 깊은 평온을 가져다주었고, 요가의 형이상학적인 면은 나의 심금을 울리기도 했다. 놀랍게도 책의 작가는 문화에 대해 이야기하고 있었다. 그는 문화적 훈련을 일종의 최면에 연결시켰는데, 그것은 사람들에게 굳어진 역할이 무엇인지 알게 해주고 그들이 누구인지 잊게 해주었다. 그래서 그들은 소유, 주의 집중을 방해하는 것들 혹은 경쟁의 세계에서 분리되어 만족을 추구할 수 있었다. 저자는 만족이 그곳에 있는지 찾을 수 없지만, 행복은 오직 만족 안에 있다고 이야기했다.

난 숨 쉴 수 있는 공간이 필요했고, 나의 경험을 이야기할 수 있는 발언권이 필요했다. 나는 내가 누구인지 혹은 내 삶을 어떻게 살아가야 할지 알 수 없었고, 간절히 내 삶을 해석할 수 있는 관점이 필요했다. 부모님은 심리학에 대한 나의 의욕을 좌절시켰고, 난 어디로 가야 할지 방향을 찾을 수 없었다. 나는 학교를 그만두기로 결정했다. 하지만 아버지는 나의 결정을 귀 기울여 듣지 않았고, 해외에서 1년 공부하면 나에게 더 집중할 수 있을 것이라 확신하셨다. 나는 매우 실망스럽게도, 마드리드대학교에서 3학년을 보낼 수 있는 뉴욕대학교의 프로그램에 지원하여 합격했다.

마드리드

마드리드에서 사람들은 나를 미국인으로 생각했다. 스페인 사람들은 칠레에서의 살바도르 아옌데(Salvador Allende)의 죽음과 연관된 CIA 활동에 관한 나의 견해가 무엇인지 궁금해했고, 미국의 베트남 관여와 석유 수출 금지 기간 동안 가스 연료를 많이 소비하는 차를 소유한 사람들의 도덕성을 변호하는 것에 대해 의문을 제기했다. 나는 방어적인 느낌이 들었고,

나도 잘 모르는 내용들이었기에 당황스러울 수밖에 없었다. 미국에서 갖고 온 붓으로 그림을 그린다고 해서 이런 질문들을 받아야 하는 것이 억울했고, 미국 정부가 한 일이 내 책임인 것처럼 여기는 그들의 행동에 화가 났다.

비록 스페인 사람들에게 난 미국식(castellano) 남미 억양을 구사하는 미국인으로 보였겠지만, 난 다시 스페인어와 스페인 사람들의 정서를 느낄 수 있어서 기뻤다. 나는 파에야(paella. 역자 주: 쌀, 닭고기, 생선, 채소를 넣은 스페인 요리), 헤레스데라프론테라(Jerez de la Frontera) 와인, 타파스(tapas. 역자 주: 여러 가지 요리를 조금씩 담아내는 스페인 음식), 소금으로 양념된 대구(생선), 초리조(chorizo. 역자 주: 스페인이나 중남미의 양념을 많이 한 소시지), 하몬 세라노(jamón serrano. 역자 주: 시에라산맥에서 자란 돼지로 만든 햄)를 곁들인 만체고(manchego) 치즈를 정말 좋아했다. 그리고 향기로운 올리브 오일과 요리할 때 주재료로 쓰이는 마늘의 사용법을 배웠다. 나는 스페인 여성들의 화려한 의상과 자기 관리를 열심히 하는 것에 고무되었다. 나는 나만의 독특한 스타일에 자신감을 얻고 나의 스타일을 발전시켜 나갔다. 나는 유럽을 여행했을 때, 스페인 사람들의 유럽인으로서의 특징을 이해하기 시작했다. 그들은 남미를 식민지로 삼았던 스페인 사람들과 똑같지 않았다. 그들의 정체성은 유럽 역사, 무어인(역자 주: 아프리카 북서부에 살았던 이슬람 종족. 8세기에 스페인을 점령했다)의 오랜 스페인 점령, 정복자로서의 역사에 기원을 두고 있었다. 하지만 프랑코(역자 주: 프란시스코 프랑코(Francisco Franco, 1892~1975). 스페인의 장군, 총통. 반정부 쿠데타를 일으켜 일당 독재 정권을 수립했다)는 스페인에서 여전히 영향력을 갖고 있었고, 스페인은 억압되어 있었으며, 보수적이고 매우 종교적인 사회였다. 그래서 죽음이 끊이지 않는 가정의 소녀들과 여성들은 늘 검은 옷을 입고 있었고, 매년 죽은 사람들을 위해 장례를 치르는 것을 관찰할 수 있었다.

그해 봄 『구토(Nausea)』와 『이방인(The stranger)』을 읽고 나서 실존주의에 관한 글을 에스테 공원(Parque del Este)에 있는 나무 아래에서 적고 있을 때, 난 깊이 표류하는 느낌을 받았다. 아마 요가를 하고 있어서 그랬을 수도 있는데, 인생은 정말 마야(*maya*, 현상 세계를 움직이는 원동력), 환영(幻影)과 같은, 이중성을 만드는 마음의 혼돈 같다는 생각이 들었다. 그리고 사르트르와 카뮈의 책에서 얻은 지식이 사실이라면, 인생이 아무 본래의 의미가 없다면 어떻게 되는 거지? 난 선택권을 갖고 있었다. 인생을 계속 탐구하고, 삶에 반응하거나 혹은 나만의 의미를 계속 만들어가기 시작했다. 나는 계속 변화하는 삶을 통찰(epiphany)하게 된 것이었다. 통찰을 통해 얻은 생각은 내게 활기와 힘을 채워주었고, 이전에 느꼈던 우울함을 없애주었다. 그 생각은 바로 '인생은 내가 선택한 창조적인 기회들로 채워지는 진공과 같은 것이다'였다.

그리고 난 창조적인 사람이었다. 아르헨티나인 룸메이트는 솔직한 바르셀로나 건축가이자 시의원 그리고 삶을 대단히 사랑하는 마놀로(Manolo)를 내게 소개시켜 주었다. 그는 내가 겉으로 보기에만 미국인의 가치관을 갖고 있는 것 같다고, 내 정체성에 대한 의문에 반박했다. 나는 그의 이야기를 통해 내 겉모습은 미국인과 비슷하지만 내 안에는 부모님이 양육하면서 물려준 유럽인의 관점이 있다는 것을 알게 되었다. 로맨틱한 연애를 한 후 우리는 약혼했다. 나는 4학년 과정을 마치기 위해 미국으로 다시 떠났고, 스페인 남편의 헝가리·베네수엘라계 미국인 아내, 카탈리나 다니엘 마테스 모랄레스(Catalina Daniel Mates Morales)가 되기 위해 마드리드로 돌아왔다.

오스틴

내 인생에 심각한 위기가 찾아왔다. 결혼 생활은 더 이상 지속되기 어려웠다. 결혼한 그해 봄, 내 친구 존이 오스틴 외곽에서 차 사고로 사망했다. 존은 내 인생에 큰 영향을 미친 친구였다. 대학을 졸업하고 해군으로 복무한 후에 그는 영적 전통(spiritual tradition)에 대한 연구에 몰두했으며, 점성술사로 살아가고 있었다. 그는 나에게 『바가바드 기타(Bhagavad Gita)』 (역자 주: 베다, 우파니샤드와 더불어 힌두교의 3대 경전 중 하나), 『역경(I Ching)』 (역자 주: 중국의 고전), 명상 등을 알려주었다. 그의 넓은 관점은 삶의 의미를 찾게 해주었고, 나의 불연속적이고 분열된 삶에 질서를 가져다주었다. 그는 내가 소녀일 때 마드리드로 떠나 여성으로 돌아왔다고 이야기했다. 그가 죽었을 때, 깨지기 쉬운 연약한 나의 자존감은 나를 황폐화시켰다.

심지어 오늘날까지도 이런 감정을 묘사하기 어려운데, 그때 내가 슬픔 속에 있었다는 것은 말할 것도 없고, 난 계속해야 하는 모든 행동을 더 이상 하기 어려웠다. 비록 나의 배우자도 미국 방문 시 존을 만났었고 존의 죽음을 슬퍼했지만, 그는 이 경험을 내 삶에서 익숙지 않은 전혀 다른 경험으로 인한 결과 정도로 간주하려 했다. 나는 무엇인가 뚜렷이 정의할 수 없는 것으로 인해 무너져 가는 것처럼 보였지만 실상은 깊이 쌓여 있는 상실 감에 시달리고 있었다. 그가 그다음 해에 뉴욕 북부에 있는 아시람(ashram. 역자 주: 힌두교도들이 수행하며 거주하는 곳)에 왔을 때, 난 아주 멀리 도달할 수 없는 곳에 있는 사람같이 되어버렸다. 내가 몇 년 후에 그를 다시 보기 위해 그라나다로 돌아왔을 때, 그는 나에게 거리감을 느꼈고, 화가 나 있었고, 서로 잘 통하기 어려운 사이가 된 것 같았다.

한 해 전 대학에 있을 때 정치적이고 사적인 여러 가지 일들이 나를 급진적인 사람으로 변화시켰다. 난 모든 것에 의문을 품기 시작했다. 기성종교를 고수하던 믿음은 어느 누구도 진리에 대한 독점권을 갖지 못한다는 생각과 함께 오래전 개인적인 영성으로 대체되어 버렸다. 나는 헬스케어부터 농업, 에너지에 이르기까지 삶의 모든 측면에 영향을 미치는 기업 이익의 영향력을 분별해 나가기 시작했다. 냉전이 극에 달하고, 국방부 비밀보고서가 드러나고, 에이전트 오렌지(역자 주: 미국이 베트남전에서 사용한 고엽제), 워터게이트 사건이 드러나면서, 난 정치에 대한 믿음을 잃어버렸다. 이 무렵 난 모스크바, 레닌그라드, 바르샤바, 키이우를 방문했고, 이 도시들을 방문하면서 본질적으로 호기심이 많고 활발한 사람들이 억압된 체제하에서 주도권을 뺏기고 사기가 꺾인 채 계속 찢어지게 가난한 상태로 살고, 그들이 제기한 단일 구조의 위험에 대한 것은 모호한 다른 안건이 되어버리거나, 기껏해야 다른 안건으로 잘못 판단되어 버린다고 결론 내렸다.

카라카스를 떠난 후 생긴 위궤양의 고통을 줄이기 위해 부모님의 주치의를 집에 가는 길에 방문했는데, 의사는 나에게 "괜찮아. 단지 스트레스를 받았을 뿐이야"라며, 신경안정제를 처방해 주었다. 의사가 증상에 대해 더 알아보려 하지 않고 날 무시하는 것 같은 태도에 기분이 불쾌해졌다. 어쨌든 의사가 준 약을 먹고 아침에 졸게 되어, 난 즉시 약을 복용하는 것을 포기했다. 하지만 이러한 건강 상태는 나의 에너지와 집중력을 흐트러뜨렸고, 사회생활도 잘되지 않았고, 나의 내성적인 성격은 더욱 강화되었고, 궁극적으로 내 진로의 방향에도 영향을 미치고 있었다.

난 22살이었고, 내 마음을 알아나가기 시작한 즈음이었다.

뉴욕

존의 죽음과 졸업 이후, 계속 변화하는 삶 속에서 난 유일하게 변하지 않는 내면 자아에 의지해 살아가고 있었고, 고대로부터 이어져 온 전통적인 영적 여정을 시작했다. 제도, 기관과 같이 인위적으로 만들어진 것에 회의감이 들면서, 난 허브로 만든 약을 먹으며 채식주의자가 되었으며, 예술가 집단에서 요가와 명상을 가르치기 시작했다. 그때 놀랍고 기쁘게도,

시카고의 요가 콘퍼런스에서 정신과 의사인 미스라 박사를 만났는데, 그의 요가에 관한 책은 내가 대학 1학년일 때 나의 사고를 형성하는 데 깊은 영향을 미쳤다. 그는 또한 아유르베다(Ayurveda. 역자 주: 인도의 고대 의학 장수법) 의사이자 침술사이며, 산스크리트 학자였고, 뉴욕 북부에서 요가 강사 훈련을 개최했던 아시람에 거주하는 전문가였다. 그와의 만남은 행운이었으며, 난 여름 요가 트레이닝에 참여하기 위해 북부로 이동했고, 그곳에서 아파트를 빌렸다.

미스라 박사를 만난 것보다 더욱 놀라웠던 일은 요가를 위한 공동체를 발견한 것이었다. 사람들이 이렇게 살 수 있을까? 난 내적 자아에 집중하면서, 종종 그토록 바라왔던 "있는 그대로 존재하는" 선물과 같은 삶을 아시람에서 발견했다. 난 마사지와 치유예술(healing arts) 학교에 참여하기 위해 샌프란시스코의 센터에 거주할 준비를 했으며, 당시 인도를 두 번 왔다 갔다 하며 기도와 관련된 활동을 시작했다. 어머니는 내 소식을 듣고 너무 놀라서 내가 어떻게 지내는지 알기 위해 이곳을 방문했다. 짐 존스(Jim Jones)가 가이아나에 있는 이교도 신도들과 집단 자살을 시도했고, 어머니는 최악의 상황이 일어날까 봐 두려워했다. 비록 어머니는 내가 왜 여기 있는지 결코 이해할 수 없었지만, 공동체의 지도자는 어머니의 마음을 사로잡았고, 두려움을 내려놓게 했다. 어머니는 후에 내가 오랫동안 화가 나 있는 것처럼 보였고, 아시람이 나에게 평화로워질 수 있는 방법을 알려준 것 같다고 이야기했다.

샌프란시스코

아시람 생활의 아이러니한 점은 그곳의 삶이 전혀 수동적이지 않다는 것이다. 명상은 평범한 일상적인 삶보다 훨씬 더 긴장된 압력을 주는 행동이다. 나는 가야트리 데비(*Gayatri Devi*)로 알려졌고, 그곳에서의 나의 일상은 아침과 저녁 명상, 산스크리트어 공부, 봉사, 수업, 가정 모임, 병원 인턴 근무, 요가 강의, 일 등으로 이루어졌고, 이런 것들을 통해 난 정체성의 중심인 자의식에 대한 훈련을 더 발전시켜 나갈 수 있었다. 관찰자로서의 자아를 훈련시키는 것은 의식의 경계에서 살아가는 나 자신을 붙잡는 것, 당신이 행동하는 역할로 당신 자신을 규정하는 것을 멈추고, 대신 당신 자신으로서의 모습에 집중하는 중간 상태의 마음으로 살아가는 것을 의미한다. 당신은 당신의 습관, 혹은 당신의 자아, 혹은 즐거워지거나 이기고자 하는 바람, 부모님이나 문화가 가르쳐온 믿음에서, 당신의 심정, 마음을 이야기하고 있는가? 이런 것들을 통해 당신이 지금 인식하고 있는 걸러진 것들은 무엇인가? 당신이 진심으로 표현하고자 하는 것을 막고 있는 것은 무엇인가? 당신이 원하는 것은 무엇인가? 목표는 나의 내면을 중심으로 머무르는 것이다. 그것은 종종 무의식적으로, 의식의 경계—후에 이 부분을 마음의 "백지 공간(white space)"으로 불렀다—에서 일어나는 여러 가지에 선택을 양도하기보다 선택에 책임감을 지는 것이다.

주어진 삶의 많은 부분을 내면과 외면의 전환이 이루어지는 중간 상태에서 살았기 때문에, 나에게 관습은 숨을 쉬는 것처럼 자연스러운 것이었다. 성장하면서 수많은 관점과 신념에 노출되고 이런 것들을 동일시하면서 나는 매우 상대적인 세계—옳거나 그른 것, 공적이거나 사적인 것, 친밀하거나 거슬리는 것—에 살고 있었고, 이것은 일종의 문화적 애착과 같은 것이었다. 절대적인 것은 없었다. 난 스스로 판단해야만 했다. 난 특히 어떤 사람에게 나의 믿음이나 가치를 주입하는 것에 민감했다. 난 침묵을 실천하는 것이 매우 귀중하다는 것을 알게 되었다. 침묵하는 것은 모든 사람에게 사용할 수 없지만, 대화에서 반드시 필요하다. "저녁을 준비할 때 양파를 자를 건가요?"에 고개를 끄덕이며 대답할 수 있다. 매일의 일상 활동을 하는 동안 침묵으로 사람들과 이야기하는 깊은 존재에의 훈련은 나의 판단,

믿음, 견해, 두려움 그리고 겉으로 드러나는 나의 선호가 무엇인지 알게 해주었다. 내면의 생각, 두려움, 선호, 판단 등을 다시 점검해 볼 시간을 가지면서, 생애 처음으로 의식적이며 의미 있는 선택을 할 수 있는 어떤 토대를 내가 갖고 있다는 것을 알게 되었다.

인도

인도에 짧게 체류하는 동안, 난 강사들에게 특전을 주는 단체의 사원들을 방문했고, 불 제례 의식에 참여했으며, 규정된 영적 관례에 참여했고, 향이 매우 강한 카레를 즐겨 먹었다. 난 인도 철학이 인도 사람들의 매일의 삶에 어떻게 통합되어 나타나는지 알고 싶었다. 내가 살던 곳의 반대편 문화에 몰두하면서 "서양"과 "동양"에 대한 가정이 내게 더 극명하게 다가왔다. 나는 고대 우파니샤드(Upanishad. 역자 주: 힌두교의 이론적·사상적 토대를 이루는 철학적 문헌들의 집성체)의 이것도 저것도 아닌(*neti, neti*) 관점(변별적으로 인식할 수 없고 표현할 수 없는 관점)을 가질 수 있었다. 이러한 관점은 나의 믿음과 우선순위를 명확히 하고 진로를 설정해 가는 데 도움을 주었다. 모든 사람이 개인의 정결한 삶을 추구하는 공동체의 공간과 지원으로, 인도에서의 여정은 나에게 마법과도 같은 시간이었다. 대학 생활 동안에는 외부 세계를 보는 가치관을 갖는 데 초점을 맞추었다면, 인도에서 난 나만의 기준을 스스로 정립할 뿐 아니라, 나를 이끄는 내면의 힘을 통제하는 것을 더 잘 의식하는 것에 초점을 두고 있었다. 나는 지압 치료와 인도에서 배운 수행을 가르칠 큰 기대를 가지고 오스틴으로 돌아왔다.

오스틴

비록 난 미국에서 평화롭게 살고 있었지만, 여전히 나에 대한 사람들의 선입견을 접할 때 짜증이 나곤 했다. 캐슬린 대니얼로서, 나는 다른 모든 미국 젊은 여성처럼 보였고 그들처럼 이야기했지만, 출신이 어디인지 질문받았을 때 나에 대한 그들의 상상은 깨지기 시작했다.

정말로, 내가 직업적인 전문성을 더 키워나가려 할 때, 이러한 생각들은 침술을 추구하려는 나의 생각에 영향을 미쳤다. 비록 난 학계에도 관심이 갔지만, 그 무렵 난 전체론적인 사고를 하는 사람이었고, 기계론적으로 상황을 조작하고 지적으로 환경을 분석할 열정이나 인내심을 갖고 있지 않았다. 난 또한 오래 지속되고 있는 나의 건강 문제의 원인을 알고 싶은 마음이 더 컸다. 침술 분야는 개방된 중국에서 시작되었으며, 당시 3개의 침술 학교가 미국에서 문을 열었다. 내가 생각하기에 침술사가 되는 것은 해외에 거주할 수 있는 차선책이었다. 난 미국에서 평범한 미국인으로 오해받으며 살고 싶지 않았다.

침술사가 된다는 것은 좋은 선택이었다. 중국 의술은 자연이 어떻게 유지되고 자연이 생명체에게 어떻게 영양분을 공급하는지 3000년간 관찰한 데서 통찰을 얻은 것이기 때문에, 중국 의술을 통해 문화적·사회적 해석에 구애받지 않고 생물과 생리학에 관한 관점을 가질 수 있었다. 비록 사람들이 갖고 있는 기(*chi*, 氣)라는 에너지도 영향을 주지만—문화적 여과로 이미 많은 사람들이 알고 있는 내용이다!— 요가 좌법, 지압과 "몸의 기(body electric)"는 이미 그 타당성이 충분히 입증된 것이었다. 어쨌든 난 실용주의적인 사람이다. 내게 중요한 것은 결과이고, 중국 의술의 결과들은 나와 내 고객들에게는 명백하게 효과적이었다.

내가 성장하는 동안 습득한, 문화적으로 다양하게 혼합된 요소들로 인해 나는 이런 치료 분야에 더 적합한 사람으로 성장했다. 난 사람들의 특이한 성격 방식도 수용할 수 있었다. 난 의학 중에서 서구 의학의 신체, 사고, 정서의 명확한 구분과는 다른 분야가 내게 더 잘 맞아 보였고, 이런 쪽에서 더 편안하게 일할 수 있었다. 질병을 몸의 불균형으로 보는 중국 의학의 관점은 증상이 없는 임상적 문제를 해결하기에 충분히 민감한 특성을 지니고 있었으며, 또한 중국 의학은 서구 의학에서 신경증이라는 애매한 "다른" 범주로 들어갈 증후군의 문제를 해결하는 데에도 유용했다. 난 환자들 몸의 에너지 균형을 맞춰주기 위해 침을 사용하기도 했고, 환자들의 평소 습관이 그들의 건강에 어떻게 영향을 미쳤는지에 관한 피드백을 환자들에게 제공하기도 했다. 수년간 마음 챙김(mindfulness), 정신신경면역학 그리고 신경과학에서의 여러 발견들은 이러한 습관, 에너지, 신체 등과의 연관성을 계속 밝혀왔다.

아나폴리스

비록 난 "전통적인 백인들"만 있는 단일 사회에 사는 것을 때때로 불평했지만, 금방 미국 생활에 다시 적응해 나갔다. 그리고 난 한 아일랜드계 미국인과 사랑에 빠졌고, 우리는 내 여동생 무키(Muki)가 준비해 준, 여동생이 살고 있던 바베이도스의 목가적인 해변에서 결혼식을 올렸다. 나의 또 다른 여동생 에르즈시(Erzsi)는 브라질에서 결혼식까지 찾아와 주었고, 부모님도 헝가리에서 결혼식에 참석하러 오셨다. 남편은 워싱턴에 있는 전국 뉴스 네트워크 소속으로 백악관에 출입하는 방송인이었다. 그는 해외의 많은 곳을 여행하며, 많은 곳에서 살았다. 어떤 점에서 그 역시 주변인이었는데, 대부분의 사람에게는 당연히 있는 가족이 없이 고아원에서 자란 사람이었다. 우리는 자녀가 없었고, 다양하고 활동적으로 사회생활을 즐겼다.

난 열심히 노력하여 전문적인 지위를 얻었고, 지역 위원회에서 봉사하며 건강에 관한 칼럼을 썼고, 직업과 관련된 저널을 편집하는 일도 했다. 난 가르치는 것에 열정이 있었다. 난 자연적·통합적 의학의 기초를 설명해야 할 필요를 느꼈다. 이러한 의학은 건강과 질병에 관한 가정이 서구 의학과는 매우 달랐기 때문에, 난 세미나와 수련회를 열어 자연 의학 및 통합 의학을 알리기 시작했다. 난 근처 대학에서 대체 의학 교육과정을 개발해 달라는 부탁을 받았는데, 이것은 나에게 새로운 도전이었으며 직업에 대한 자부심을 느끼게 한 일이기도 했다. 나의 환자들과 학생들을 통해 난 인간 규범이 의미하는 것이 무엇인지 이해하게 되었다. 이것이 단순히 의미하는 것은 인간이 되는 것이었다. 우리는 우리에게 영향을 주는 매우 많은 맥락 속에서 우리의 길을 최선을 다해 찾기 위해 우리가 접한 현실을 각자 구성해 나간다. 난 경청하는 것을 학습했는데, 깊은 경청은 사람들이 자신을 새롭게 들을 수 있게 해주고, 자주 그들이 문제에 대한 해결책을 찾게 해주었다.

난 개인적으로 원예에 열정이 있었다. 나는 자연의 변화를 즐겼고, 채소와 요리용 약초를 재배했다. 그리고 전문적인 약초상으로, 소구역에서 약초를 경작하고 식물들을 재배하기 위한 합성 제조법을 만들었다. 또한 남편이 좋아하는 요트를 배웠고, 남편과 함께 요트를 타는 숙달된 첫 번째 파트너가 되었다. 난 심지어 안식년 동안 유능한 동료들에게 일을 맡기고, 요트로 섬으로 가는 내륙 수로를 따라 순례를 했다.

우리는 시간이 유한하기 때문에 삶 속에서 선택을 해야 하며, 우리가 한 선택은 목적과 방향에 따라 새로운 의미로 드러난다. 이러한 통찰은 우리에게 주어진 시간 안에서만 나타나며, 종종 내가 한 선택으로 인해 현재 상황에 불만족스럽기도 하고 미래에 뭔가 더 원하는 것이 생기기도 한다. 확실히 시간이 지남에 따라, 난 계속 무언가 해야 하는 사람이 되어 있었다. 나의 증상을 유발한 스트레스를 이해하게 되었을 때, 건강은 자연스럽게 다시 회복이 되었다. 하지만 솔직히 말하면, 난 환자들을 치료하는 것이 덜 만족스러웠다. 환자들의 기대는 변하지 않았는데, 내과 의사들이 나에게 의뢰하는 환자들은 많아졌다. 문화적으로는 통합 의학의 기술을 받아들이고 있었지만, 중요한 것을 놓치고 있었던 것이다.

난 사람을 치유하는 것이 무엇인지 연구하는 데 흥미를 갖게 되었다. 나를 초기에 찾아왔던 환자들은 매우 용감한 사람들이었다는 생각이 들었다. 그들은 편안히 치료받을 수 있는 곳을 떠나 어떤 것이든 간에 새로운 창의적인 해결책을 찾기 위한 자발성, 개인적인 리더십을 가진 사람들이었다. 난 개인적 성장을 위해 좀 더 치료에 변화를 가져올 수 있는 요인을 치료실 밖의 외부에서 찾기 위해 노력했다. 난 떠오르고 있던 개인 코칭 분야에서 훈련을 받았고, 삶의 중요한 단계 혹은 직업 전환을 할 필요가 있는 사람들을 코칭하기 시작했다. 점차 난 침술을 많이 사용하지 않게 되었다.

20세기에 접어들면서, 24시간, 주 7일의 일상적인 세계는 많이 흔들렸다. 외부 위탁(outsourcing), 소형화(downsizing), 하이테크 버블의 시작, 엔론(Enron)과 같은 대기업의 도산 등으로 인해 리더의 정신적인 성장, 윤리와 리더십의 문제 등이 강조되기 시작했다. 리더십을 더 깊이 이해하기 위해, 난 내 인생에 깊은 영향을 미친 존스홉킨스대학교의 여성 리더십 개발 프로그램에 등록했다. 복잡한 현대 글로벌 조직들에게 전체적인 관점이 더욱 요구되기 때문에, 프로그램은 자기 인식과 자아를 효과적으로 사용할 수 있는 것에 초점이 맞춰져 있었다. 18명의 다른 여성들과 함께, 난 1년 내내 수많은 가치, 학습, 갈등, 소통을 경험했고, 나의 강점과 선호도를 알 수 있는 성격 평가를 받았다. 우리는 권력, 영향력, 정신적 모델, 문화, 성, 변화, 집단 역동, 리더십의 변화된 정의에 관한 내용들을 배웠다. 또한 프로그램을 받는 동안 개인적 변화를 남기기 위해 자아를 성찰하는 일지를 계속 써야 했다.

비록 난 깊이 실존적으로 접근하는 방식이 익숙했지만, 그 프로그램의 내용들이 내 안에 흡수될 때 내 안에 있는 분노를 발견하여 많이 놀랐다. 난 대부분의 그룹에서 멀찍이 떨어져 앉아 있는 것에 익숙했는데, 이번에는 한 명의 심리학자, 한 명의 교사와 함께, 대부분 MBA 기업 관리자, IT 컨설턴트, 군인들과 프로그램을 들었다. 다양성에 대한 피시볼 훈련(fishbowl exercise) 중에 모든 것이 위기에 빠졌다. 한 젊은 흑인 해군 대위가 모든 아프리카계 미국인의 견해를 대변해야 한다는 기대에 질렸다고 강하게 말했다. 난 특정 집단의 자격지심, 민감함에 불편했다고 날카롭게 대꾸했다. 나의 WASP(역자 주: 앵글로색슨계 백인 신교도. 미국 사회의 주류를 이루는 지배 계급으로 여겨진다)의 외모와 말로 인해 그들이 나에 대해 어떻게 가정했는지 생각해 본 사람이 있는가? 난 분노로 몸이 떨릴 지경이었다.

"와! 다시 돌아왔다고요? 제가 그렇게 이야기했나요? 그 이야기는 어디서 나왔죠?" 다르다는 생각이 문제라는 느낌을 가라앉혀야 했다. 명백히 다른 것이 문제가 되는 것은 아니었다.

나는 여러 단편적인 삶의 조각들을 맞춰나가기 시작했다. 몇 년 전에 아버지는 댈러스에 소재한 회사에서 해외에 새로 본부를 설치하는 일을 맡게 되었다. 내가 출가한 후 부모님만 집에 계시던 상황에서, 부모님은 다시 그들의 삶을 유럽에서 시작했다. 처음 여러 해 동안 비엔나에 사셨고, 베를린 장벽이 무너져서 모든 것이 변화하기 불과 몇 개월 전 부다페스트에서 은퇴하셨다. 사람들이 다시 자유롭게 말할 수 있게 되었을 때, 부모님의 초기 삶의 스토리가 다시 표면화되기 시작했다. 난 헝가리인으로서의 뿌리를 갖고 있었고, 부모님이 나와 비슷한 삶을 살았다는 것을 알게 되었다.

역사, 정치, 언어, 거리 및 상황에 가려져 헝가리인 자아를 볼 수 있는 특성들은 인식되지 않았고, 무명으로 남아 있었다. 하지만 다른 문화적인 영향에도 불구하고 난 매우 분명히 헝가리 사람의 관점을 갖고 성장했다. 어머니 정체성의 중심에는 일천 년 전에 카르파티아 분지에 도착한 조상

마자르 부족의 후손과 이후의 몽골 침략과 터키 점령을 받은 헝가리의 점령과 상실의 역사에서 내려온 혈통이 있었다. 아버지의 정체성 뿌리는 부유한 헝가리계 미국 선조들에게서 시작되었다. 이 선조들은 17세기 트란실바니아(역자 주: 루마니아 중부의 한 지방)로 이동한 아르메니아인들로, 이후에는 제1차 세계대전의 여파로 강제로 부다페스트로 재이동해야 했다. 그들은 세기가 바뀌는 시기, 헝가리 문화가 전성기였던 시대에 태어난 부모님들에게 양육받은 경험을 공유했다. 부모님의 세계관을 형성했던, 격식을 차리는 것 그리고 가부장적인 가치들은 나를 양육하는 데에도 영향을 미쳤다. 흠잡을 데 없이 완벽히 단장하고 청바지 문화를 싫어하는 그들의 가치관은 가족들에게도 강조되는 가치관이었다.

사람들은 자신이 가지고 있는 정보를 가지고 자연스럽게 다른 사람들에 대해 가정한다. 그 사람에 대한 직접적인 자료 없이, 그들은 자신들이 잘 모르는 부분에 대해서는 선입견과 추정으로 가정한다. 난 자아의 변화를 잘 따라가지 못했고, 잘 통합하지 못했다는 사실을 깨달았다. 새로운 발견들은 나의 자아 인식, 우선순위, 기대 등을 바꾸어놓거나, 더 잘 드러나게 했다. 자아 인식, 우선순위, 기대 등을 더 잘 인식하고, 발전시키고, 분명하게 표현하는 것은 나의 책임이었다. 어디서부터 시작해야 할까?

나는 문화—문화의 기원, 문화를 묘사하는 데 사용되는 명명법(nomenclature), 문화를 정의하는 특징, 문화를 알아가는 데 요구되는 기술, 한 문화와 또 다른 문화를 구별하기 위한 가치체계, 가정—에 관해 깊은 호기심을 가졌다. 나는 교차문화 리더십을 강조하는 조직 발달 분야에서 석사 학위를 취득하기 위해 대학원에 들어갔다. 난 이 과정이 고등교육 치료라고 남편에게 농담했다. 그는 내가 하는 말이 무슨 의미인지 이해하고 있었다. 남편이 아일랜드에서 보낸 2년은 삶에서 중요한 길을 만들어주었는데, 그는 자신의 본성 안에 부모님의 영향을 받지 않은 어떤 '아일랜드인'의 특징이 있는 것을 느꼈고, 이로 인해 정체성에 대한 의문이 조금 풀릴 수 있었다.

내가 교차문화 리더십에 중요하게 필요한 것으로 글로벌한 사고방식을 연구하고 있을 때, 우연히 '제3문화'를 접하는 사람들의 삶, 그리고 '제3문화 아이'를 키우는 데 어떤 어려움이 있는지에 관한 책을 쓰고 있는 한 여성을 만나게 되었다. 나는 '제3문화(Third Culture)'라는 용어를 구글에서 검색해 보았다. 그 용어를 보고, 난 그 자리에 멈춰 서버렸다. 제3문화 아이들은 대부분 부모님의 일로 인해 그들 여권에 기재된 모국이 아닌 다른 나라에서 어릴 때 몇 년을 지낸 아이들을 의미한다. 그들은 여러 문화에 관계될 수 있으나, 여러 문화 중 어느 하나에도 완전히 소속되지 못한다. 그들은 여권에 기재된 문화에 상관없이, 제3문화 배경을 공유할 수 있는 또래들에게서 소속감을 갖는다. 난 입을 벌리고 구글 화면을 계속 빤히 쳐다보았다. 내가 제3문화 아이 집단의 일부라는 것을 발견했다.

엄밀히 말하자면, 난 제3문화 아이에 대한 모든 기준에 부합되는 것은 아니었지만, 모든 세부적인 사항을 일일이 분석할 필요는 없었다. 난 늘 어떤 집단의 일원이 되지 못하고 소외되곤 했다. 우리는 카라카스로 이주했을 때 여름에 가족에게 들르려고 "고향"에 가지 않았다. 난 카라카스에 도착한 지 6개월이 채 되지 않아 갑자기 내 여권에 기재된 국가의 문화에 속한 사람이 되었다. 자세히 말하자면, 난 같은 집단에 속했던 구성원, 자국 내 이동한 사람뿐 아니라 이민 1세대에게서 평범하게 나타나는 특징들을 공유하고 있었다. 그럼에도 불구하고 내가 제3문화 아이들, 국제유목민에 대해 더 많은 것을 알아갈수록, 이 용어들이 내가 한 경험, 느낌을 더 잘 설명해 주고 있다는 것을 알게 되었다. 친한 친구들은 늘 특별히 여행 경험이 많은 사람들이었다. 이것은 제3문화 아이의 기준에 맞는 것이다! 난 다양한 경우의 많은 문화 충격을 경험했다. 이것도 기준에 부합하는 것이다! 그리고 난 많은 것을 상실했다. 이것도 기준에 부합한다! 고립감을 느꼈고, 어딘가 딱 맞지 않는 주변인이 된 느낌을 경험했다. 이것도 기준에 정말 맞는 것이다! 부합한다! 또한 내가 제3문화 아이인지 바로 식별할 수 있는 것은 다음과 같은 것이다. "당신은 어디 출신입니까?"라고 물어볼 때 어떤 것이 적절한 대답인지 생각이 딱 멈춰버리는 것. 다음과 같은 것도 해당된다. 해외에서 살았던 사람이 누구인지 금방 알아보고 그들에게 동지애를 느끼는 것, 관계에서 뿌리를 찾고 의미를 발견하는 것, 잘 발달된 관찰력과 언어 기술, 사람들의 견해와 동기를 미묘하게 잘 이해하는 것. 그리고 제3문화 아이들은 자신이 속했던 문화의 표면 특징을 흡수할 수 있는 문화적 카멜레온인데 이 사항 역시 내게도 해당되는 것이다.

이러한 발견이 나의 삶을 바꿨는가? 스위스 심리학자인 칼 융은 삶의 딜레마를 풀기 위해 정신적인 해결이 필요하지 않은 35세 이상의 사람을 만난 적이 없다고 이야기했다. 난 직업적 정체성이 내 삶을 형성하고 있는 개인적 정체성을 늘 대신해 왔다는 것을 깨달았다. 내적 정체성을 더 깊이 알아보기 위한 시도를 해야겠다고 생각했으며, 나의 내적인 정체성은 반응할 준비가 되어 있었다.

부다페스트

나는 카탈리나(Catalina), 캐슬린(Kathleen), 카테리나(Katerina), 카탈린(Katalin), 커티(Kati), 가야트리(Gayatri) 그리고 때때로 카타(Kata)로 불리기도 하지만, 지금은 다니엘 카탈린(Daniel Katalin)으로 부다페스트에 살고 있다. 나의 결혼 생활은 지속되지 못했고 다른 곳으로 거주지를 바꾸면서 충동적으로 이곳에 왔다. 난 나이 드신 부모님에 대한 걱정을 오래전부터 하고 있었고, 새로운 언어를 배우고 싶은 마음, 그리고 미국이 아닌 다른 국가에서 살고 싶은 소망을 갖고 있었다. 그리고 내게는 어느 정도 확실히 무언가 본질적인 것을 다시 찾고 싶은 중년기의 충동적인 마음도 있었다. 난 종종 사람들에게 "영어로 생각하고, 스페인 사람처럼 느끼지만, 헝가리어를 구사한다"라고 이야기했다. 미약하고 자신감 없게 표현하는 내 모습은 보다 활력 있고 강하게 변할 필요가 있었다. 난 다시 싱글이 되어 최첨단 21세기 지식에 가득 차서, 계급사회가 엄격하고 경제는 과도기에 있으며 리더십은 불투명한 비즈니스 방식에 갇혀 있고 젊은이들은 자신들에게 번영을 가져다줄 매우 다양한 글로벌 문화를 기대하고 있는 나라에 도착했다.

난 어느 문화에도 잘 섞일 수 있는 문화적 카멜레온 같은 모습을 갖고 있지만, 살고 싶은 곳과 그렇지 않은 곳에 대해서는 매우 신중하게 생각한다. 난 처음으로 나에게 긍정적이고, 고통스럽지만 성장을 가져다준 향수병을 경험했지만, 난 여전히 특별히 어느 곳에도 속해 있지 않다. 내 안의 광활한 세계는 개인적인 선호들이 합쳐져, 최악의 경우 사건에 영향을 미치거나 지시하는 능력에 대해 우울해하고 숙명주의로 흘러가는 이 문화에 살면서 낙관주의, 투명성, 주체성 같은 최고의 미국 문화의 특징을 몹시 그리워할 수 있다.

난 많은 제3문화 아이에 관한 문헌에 나와 있듯이, 어느 정도의 문화적 균형성을 갖추게 되었고, 제3문화 아이의 경험을 표현할 수 있을 정도로 편안함도 갖게 되었다. 난 여러 언어를 구사할 수 있기 때문에, 부다페스트의 많은 하위문화들을 이해할 수 있으며, 때로 난 두 문화를 모두 가지고 있는 사람으로 보이는데, 어떤 사람들에게는 헝가리 사람으로 보이고 또 어떤 사람들에게는 여전히 미국 사람인 것처럼 보인다. 하지만 난 여전히 어디 출신이냐는 질문을 받으면 바로 대답하기 어렵다. 부다페스트는 다양성이 공존하고 매우 많은 문화가 고유하게 존재하고 있지만, 이런 곳에서도 나의 견해를 표명하기란 어렵다. 기술의 발달로 난 이전에 살던 곳의 사람들과 계속 연락을 유지하고 있고, 제3문화 아이들이 일요일마다 저녁 식사를 할 때 조부모님 혹은 친구들과 스카이프로 통화하는 것을 보면 신기하기도 하다.

정말로, 건강함과 온전한 정신을 유지하려는 마음은 늘 내 삶의 축복을 더 유지할 수 있게 하는 비결이 되었다. 문화적인 통합이 증가하면서 더 이상 어린 시절 듣던 언어에 주의를 기울이지 못하지만, 어린 시절 언어의 익숙한 소리를 들으면 의미는 어렴풋이 알아낼 수 있다. 난 헝가리 사람들이 나의 스페인어를 잘 알아듣지 못하는 점이 좋았다. 소속감에서 오는 편안함 역시 좋았다. 부다페스트를 처음 방문했을 때 사촌을 만났는데, "나랑 비슷하게 생겼어!"라는 사촌의 말에 놀랐던 기억이 난다. 거주지에 있는 사람들과 비슷하게 생긴 점은 사람들에게 많은 공감을 불러일으킬 수 있다. 하지만 그럼에도 불구하고, 생활방식에서의 큰 차이와 평생을 살아오면서 겪은 경험의 차이들로 인해 우리들은 매우 다른 특징을 갖게 되며, 이로 인해 개인적 흥미, 습관, 정치적 견해는 많은 면에서 서로 차이를 보인다.

다른 사람들에게 당연한 것을 국제유목민들이 인식하지 못하는 것은 특이한 일이 아니다. 난 이곳 유럽에 체류하면서 비엔나에 살고 있는 여동생과 성인이 되어서야 만날 수 있었다. 내가 대학에 들어갈 때 여동생은 11살이었다. 또한 유럽에 체류하면서 여동생뿐만 아니라 스웨덴에 살고 있는 친척들도 만날 수 있었다. 난 내 주변 사람들이 나이 들어가는 모습을 본 경험이 없었다. 난 연로해지신 부모님과 함께 있으면서 메리 파이퍼(Mary Pipher)의 『또 다른 나라(Another Country)』라는 책의 제목처럼 부모님이 나오는 다른 세계에 살았다는 사실을 깨달았다. 놀랍게도, 나는 교차문화 기술을 사용하여 부모님의 세계에 맞추고 있는 내 모습을 발견했다. 난 관찰했고, 자세히 경청했고, 가정하지 않았고, 보다 효과적으로 반응할 수 있도록 부모님이 나를 인식하는 관점을 이해하는 데 도움이 될 만한 단서에 주의를 기울였다.

내가 국제유목민에 해당한다고 이야기할 수는 없지만, 난 어떤 것을 배우고, 낯선 위기상황을 접하고, 위기 가운데 창의적인 문제해결책을 발견할 때, 그리고 문화·지식·기술과 사회적 연결망들이 서로 교차할 때 내가 가장 살아 있음을 느낀다. 하지만 창의성은 미지의 것을 접할 때도 나타난다. 난 복잡성과 혼돈 이론(complexity and chaos theory)이 처음 등장했을 때 이 이론에 관심이 매우 많았다. 이 이론은 브라질에서 나비의 날갯짓이 텍사스에 토네이도를 일으키는 것과 같은, 아주 작은 행동이 큰 변화에 어떻게 영향을 미칠 수 있는지를 설명해 주고 있다. 이 이론은 처음 환경에 매우 민감한 세계와 다른 탐색이 필요한 세계를 설명하고 있다. 세상은 선형적인 모양으로 이루어져 있지 않다. 사람들은 발견과 마음 챙김의 능력, 섬세하게 자신이 무엇을 지각하고 있으며 어떤 직관을 갖고 있는지 아는 방법, 그리고 패턴을 인식하는 능력을 갖고 있어야 한다. 난 제3문화에서 성장한 아이들은 지속적으로 불확실성과 다른 문화의 모호성, 혼돈을 접하게 되므로 이러한 방법을 자신의 두 번째 특징으로 갖게 된다고 생각한다.

심리학자인 진 시노다 볼린(Jean Shinoda Bolen)은 고대 그리스 신화에서, 사람들이 자극이 있는 곳을 원한다면, 아테네로 갈 것이라고 이야기했다. 사람들은 아테네로 가는 도중에, 보호자 프로크루스테스를 만나게 될 텐데, 이 사람은 당신을 침대에 맞추려고 할 것이다. 만약 몸이 커서 침대 밖으로 튀어나오면, 그는 튀어나온 부분을 잘라버릴 것이다!—그리고 당신은 그 부분을 가지고 아테네로 가지 못할 것이다. 마찬가지로 무언가 부족한 부분을 알게 되면, 그는 당신의 몸을 쭉 당겨 침대에 맞을 때까지 맞춰나갈 것이다. 이렇게 해서 우리는 아테네로 가는 길에서 맞춰진다. 맞춰지고 또 다시 맞춰지면서, 가족의 기대나 직업이나 문화적 기대를 채우기 위해 나를 조절하고, 과거를 억누르고, 입증되지 못한 가능성은 잘라버리는 것들은 문화적 상황이 우리에게 주어진 역할에 어떻게 작용하고 있는지를 보여주는 것이다. 문화적 상황, 조건은 인생의 로드맵과 정체성을 갖게 한다.

하지만 제3문화 아이들은 자신들이 학습한 규범이 적용되지 않는 곳이 있으며, 자신의 정체성과 맞지 않는 곳이 있다는 것을 알게 된다. 그들이 주변인으로 지내는 것에서 나아가 사회에 어떤 기여를 하기 위해서는 자신의 정체성을 다시 정립해야 한다. 제3문화 아이들은 능숙하게 관찰하고 행동 패턴을 발견하는 것을 학습한다. 그들은 언어와 신체 언어, 긴급한 위험, 동료애 혹은 기회를 나타낼 수 있는, 간신히 감지할 수 있는 신호에 적응한다. 이 아이들이 자신을 형성한 경험을 인식할 수 있다면, 자신이 가장 가치 있게 여기는 경험들로부터 정체성을 다시 성공적으로 만들어 나갈 수 있을 것이다. 카멜레온처럼, 그들은 어디서든 잘 적응할 수 있는 적응 유연성을 갖고 있다.

　탄광 산업 초기에 카나리아는 유독 가스를 감지하는 경고 시스템으로 광산에 도입되었다. 카나리아가 노래를 계속하는 동안 광부들은 자신들이 안전하다는 것을 알 수 있었다. 세계의 여러 나라 간에 경계가 허물어지고 서로 상호 연결되면서, 문화는 특히 더욱 중요해지고 있다. 제3문화 아이들은 우리에게 아직 세계의 분위기는 안전하다는 것을 보여준다. 낯선 환경 속에서도 우리의 정체성은 계속 만들어지며 우리가 어떤 선택을 하는지에 따라 다시 형성될 수 있다. 때때로 누군가가 우리 앞에 놓여 있는 미지의 세계로 가는 길을 안내하기 위해 길에 나타날 수 있다.

전환기의 예술

예술과 정체성의·융합

/

캐슬린 해들리(Cathleen Hadley)

어느 날 쿠타(Kuta) 해변에서, 무릎에 스케치북을 놓고 햇볕을 쬐며 명상을 하고 있었다. 쿠타 마을에서 온 어린 소년들이 나에게 다가와 코코넛이 담긴 무거운 바구니를 내 쪽으로 내밀었다. 내게 코코넛을 살 수 있는 루피가 없다는 것을 알고 난 후 소년들은 코코넛과 내가 스케치한 것을 바꾸자고 열심히 팬터마임 하듯 몸짓으로 설명했다. 검은색 펠트펜으로 그린, 그 소년들과 똑같이 크게 웃는 사람들의 공연 모습이 내 스케치북에 담겨 있었다. 그 제안을 받아들이는 것은 쉬웠다. 대서양의 가벼운 바람을 맞으며, 나는 스케치한 페이지들을 가능한 한 깨끗하게 뜯으려고 조심히 접었고, 스케치북에서 몇 점을 뜯어 그들에게 주었다. 나는 그 그림들을 준 것을 후회하지 않는다. 내게 기념이 될 만한 추억을 갖게 되었기 때문이다.

해변가를 떠나, 나는 발리인 가족이 운영하는 호스텔로 돌아갔다. 그곳에서 나는 동생과 방을 같이 쓰고 있었다. 호스텔로 돌아간 나는, 주인 가족이 매우 맛있는 차를 담아둔 보온병이 있는 문 밖 티테이블 한쪽에 앉았다. 아버지가 보낸 편지가 덴파사르(Denpasar)에 있는 우체국으로 왔다. 아버지는 하트퍼드 미술대학(Hartford Art School)에서 나의 3학년 공부 계획이 무엇인지 알고 싶다는 내용을 편지에 쓰셨다. 아버지는 내가 발리를 떠나기 전에 돈이 더 필요하지 않은지 알고 싶어 하셨다. 나는 날짜를 잊고 있었고 아버지의 편지에 답하기 위해 그림 저널에서 빈 페이지를 찾았다. 그림 저널은 이제 페이지가 없어 다르게 느껴진다. 나의 그림 저널은 불안정하게 나의 자화상으로 시작한다. 그 자화상은 1974년 5월 하트퍼드를 떠나기 전에, 연필로 그린 것이다. 나의 얼굴을 묘사한 부분에는 내가 21살에 느꼈던 외로움과 슬픔이 담겨 있다. 그때 나는 세상에서 한두 가지밖에 이해하지 못했다. 나는 그림을 그리기 위해 홀로 있는 것이 필요했고, 나의 고향이 어딘지 알 수 없었다.

다른 나라에서 살고 여행했던 지난 8년을 돌아보며 나는 미국에 영원히 돌아가야 할지 말지를 결정해야 했고, 지금은 내게 남은 적은 돈으로 자바섬을 여행하는 계획을 계속해야 할지 말지를 결정해야 했다. 나는 계속 학생으로 지내야 할까? 아니면 일이 없는 예술인으로 지내야 할까? 나는 인생의 기로에 다시 서서, 내가 무엇을 할지 결정하기 전에 앞에 무엇이 놓여 있는지 찾아야 했다. 그러나 우선 나는 내가 살아온 길을 되돌아보기로 했다.

하트퍼드

19살 때 하트퍼드 미술대학에 대한 나의 첫 인상은 1972년 여름 약 3주 동안 혼자 지내던, 사춘기를 막 보낸 외무 직원 아이의 직감적인 반응 외에 별다른 인상을 받지 못했다. 1970년 집을 잠시 떠나 있을 때를 제외하고 5년 동안 남미에서 산 이후, 이때 처음 고향으로 다시 돌아와 1년을 쭉 지내게 되었다. 나는 나와 같은 여행가들은 자원이 많을 것이라 생각했고, 나에게 잘 맞는 길을 찾을 것이며 나는 이곳에서 태어났기 때문에 소속된 것으로 인정될 것이라 생각했다. 하지만 나는 보호받는 삶을 살았고, 예술을 하는 학생으로서 나의 삶에 대한 기대는 비현실적일 수 있다는 것을 알게 되었다.

학교 친구와 룸메이트들에 대한 나의 관점은 그들은 교양 있는 사람들이고, 세상에서 그들이 무엇이든 자신의 위치, 지위가 확실하고 그들 가족 역시 확실한 지위를 갖고 있는 사람들이라는 것이었다. 사실 그들은 어떤 열광(mania)에 가까울 정도로 확실히 자신이 서 있는 곳이 어디인지 알고 있었다. 그들은 어디에서 왔고, 결국 어디로 가는지 알고 있지만, 반면 나에 대해 이야기하려면 나는 여러 지역을 말하고 설명을 오래 해야만 했다. "어디 출신이에요?"라고 물어본다면, 나는 다른 사람들과 다르게 마지막으로 살았던 곳부터 이야기하거나 아니면 지금 살고 있는 곳을 이야기하는 것이 더 편했다.

강의 첫날 개념 미술(The Conceptual Art) 기초 수업에서, 선생님들은 미술에는 돈이 없으면 그림은 죽은 것이라 이야기했다. 개념 미술은 전통 예술, 근대 예술 개념 혹은 개인적 예술 표현에 무관심한 것이 분명했다. 이 미술 운동은 반(反)전통적인 것이었다. 나는 잘못된 시간에 잘못된 장소에 있다는 느낌이 들었다. 나는 그림을 계속하기 위해 다른 길을 찾아야만 했다. 아무에게도 이야기하지 않고, 나는 밤에는 그림을 그리고 낮에는 새로운 미술 운동을 하는 학생으로, 이중생활을 하며 지냈다.

어느 날, 객원 북미 개념 미술가 두 명이 미술에 관한 우리의 지식을 개별적으로 평가하기 위해 선다형 시험지를 가지고 왔다. 그 시험지에는 미국의 대중문화를 대표하는 미국 TV 쇼에 관한 문제도 있었다. 나는 그들에게 내가 해외에 있었기 때문에 미국 TV 쇼에 익숙하지 않으므로, 테스트의 문항들이 미국에서의 경험에 제한되어 있다면 문제가 잘 만들어진 것이 아닐 것이라고 이야기했다. 그들은 미국에서 무슨 일이 일어났는지 아는 것은 나의 의무이며, 내가 진지한 미술가가 되기 원한다면 미국의 문화에 대해 더 학습해야 할 것이라고 대답했다. 그리고 진지한 미술가가 되는 것은 늘 시련의 과정이라고 이야기했다.

첫해가 거의 절반 정도 지났을 무렵, 나는 부에노스아이레스에서의 미술 수업과 이곳 수업 간의 차이를 인식하고 민감해졌다. 부에노스아이레스에서 나는 회화와 소묘를 배웠고 둘 다 능숙하게 했지만, 이곳 하트퍼드 미술대학의 수업에서는 공격적으로 생각하고 비평적으로 사고하는 개념미술을 해야 했다. 때때로 나는 서투르고 능력이 없다는 생각이 들었다. 왜냐하면 나는 부에노스아이레스에서 배웠던 수업과 이곳에서 배우는 내용을 융합해야 한다고 생각했지만, 어떻게 혹은 왜 융합해야 할지 효과적으로 옹호할 수 없었기 때문이다. 대부분의 내 미술 선생님들은 뛰어난 예술가가 되는 것에 대해 걱정하지 말고 뛰어난 비평가가 되라고 격려했다. 나는 미술 교육을 받으면서 내가 미숙하고 초보자 같다는 생각이 들었다. 선생님들과 이런 점에 대해 이야기해 보면, 그들은 내가 적응하여 다시 이곳에 맞게 변해야 한다고 이야기하셨다.

뉴욕에 방문한 어느 날, 나는 오노 요코(Ono Yoko)가 만든 개념 미술을 보게 되었다. 그것은 하얀 지휘대 끝에 서 있는 깨끗하고 투명한 병이었다. 그 작품에 대한 설명으로, 이 병을 감상하기 위해서는 병이 반드시 깨져야 한다는 설명이 있었다. 나는 내 삶에 대한 느낌을 이 작품이 잘 반영하고 있어서, 작품에 애착이 갔다.

나는 모든 학생들이 성공하기 원하는 이곳 뉴욕의 미술 세계는 과도기적이고, 상황에 따라 달라지며, 수용 혹은 영속성을 보장해 주는 곳이 아니라는 점을 알게 되었다. 나는 구속, 규범, 틀에서 자유로워지고 싶었다. 내가 하트퍼드 미술학교에서 만난 멘토들은 성공한 미술가이자 교사들이었으며, 그들은 뉴욕뿐 아니라 국제적으로도 인정을 받은 사람들이었다.

그들은 무한한 지혜와 친절함으로 개념 미술 기초 프로그램을 끝내도록 지도해 주었지만, 프로그램 후 나는 다른 곳으로, 졸업하기 전에 잠시 이동했다. 나는 할 수 있는 한 많은 여행을 통해 나의 길을 찾으려고 노력했다. 학생인 나에게 여행을 많이 하는 것은 쉽지 않았지만, 여행은 곧 이 세계에서 미술가가 되어보려는 나의 노력이기도 했다. 나는 여행 후 늘 학교로 다시 돌아올 수 있었다.

나는 개념 미술의 주변부에 있는 미술가들과 함께 있을 때 가장 편안했다. 그들 중에는 석사 과정에서 공부 중인 나이가 많은 학생도 있었다. 그들은 석사 과정에 있는 개념 미술 프로그램을 더 해야 할 사람들이었고, 화법과 같은 순수 미술 쪽에서 작업을 자유롭게 하는 사람들이었다. 그들과 함께 있는 모임에서, 나는 부에노스아이레스에 있던 것처럼 화가 본연의 모습으로, 내 미술적 감각을 유지한 채 지낼 수 있었다. 그들은 세속적이고 즉흥적인 사람들로 보였다. 나는 원룸형 아파트를 빌려 그곳에서 시간을 더 많이 보냈다. 그 아파트에는 테레빈유(페인트 희석에 사용하는 기름), 걸레, 그림, 이젤이 여기저기 놓여 있었고, 나는 바닥 위 낡고 찢어진 노스페이스 침낭 안에서 잠을 자곤 했다. 어지를 수 없고 그림을 들여놓을 수 없는 기숙사보다 이곳에서 사는 것이 더 행복했다. 나는 캔버스를 제외한 표면에 그림을 그리기 시작했다. 5×7 크기의 부드러운 나뭇조각을 나는 0.5인치 깊이로 파기 시작했고, 가장자리는 그림틀처럼 만들려고 깎지 않고 그대로 남겨놓았다. 나는 틀에 새겨진 형상이 선명해질 때까지, 투명한 폴리머 코팅 사이에 물감을 채워 넣었다. 풍경이나 얼굴, 나비의 결과물 이미지 아래 층층이 쌓아 올린 레이어들을 통해 제일 바깥 표면에 3차원 효과가 나타나는 것을 볼 수 있었다.

나는 하트퍼드에 있는 동안 매우 자주 이사했고, 심지어 캔버스를 가지고 다닐 수 있는 크기로 줄여서 이동 미술이라 부를 수 있는 나의 도구 상자에 넣어갖고 다녔다. 나는 미술대학 안의 공동체나 그 학교의 평범하게 따라야 하는 것들로부터 늘 멀리 떨어져 있었던 것처럼, 필요로 하는 곳에서 늘 멀어지는 쪽으로 삶의 방식을 선택해 왔다. 이것에 대한 나의 해명이라면, 이러한 나의 모습은 유목민 성격을 가진 미술가가 되는 과정의 모든 부분이라고 말하고 싶다. 미술가가 되는 과정에서, 버려지는 경험은 없다. 가난, 노숙, 감정이 없거나 혹은 일방적인 관계 모두 미술가의 상자나 가방 혹은 바구니에 담긴다.

나는 배고픈 미술가라 할 정도의 소박한 금욕적인 삶을 살았다. 나는 우정, 소속감에 목말라 있었고, 문자 그대로 굶주린 삶을 살았다. 나는 점심시간에 배가 고프지 않았고, 여전히 아르헨티나의 스케줄을 유지하면서, 식사를 거르고, 거의 지하 자판기의 10센트짜리 아이스크림 바와 25센트 말보로 담배 한 팩으로 살았다. 나는 미국에서 내가 마치 난민인 것처럼, 마치 오랫동안 멀리 나가 있던 경험들에 의해 무언가 나의 중요한 것이 바뀐 것처럼 느껴졌다.

미술대학에 있는 동안 여러 미술가들을 만나고 다녔고, 스튜디오와 박물관에 갔다. 미술대학에서의 삶은 다소 들뜬 상태의 삶이었다. 사람들은 자신이 좋아하는 것을 할 때 많이 흥분할 수밖에 없다. 그런 흥분이 내게 있었음에도 나는 엘리트주의와 관련된 것이나 미술가로서의 삶을 사는 것에 도전이 되는 것들이 불편하게 느껴졌다. 나는 한곳에 전념할 수 없는 외부인으로, 눈에 띄지 않게 지내는 것도 귀찮았고, 나는 그래서 궁금했다. 내가 하트퍼드의 미술 현장에서 단절되어 있다면, 이곳 하트퍼드를 다시 찾을 가능성은 얼마나 될까?

미술과 나의 관계는 변하고 있었다. 재능과 야망을 구분하는 것, 미술과 관련된 직업 혹은 그렇지 않은 직업을 갖는 것 사이에서 갈등이 있었다. 나는 새로운 나라나 새로운 장소에서의 자극을 즐기는 사람이었다. 나는 국제유목민(Global Nomad) ─ 이 당시에는 없던 용어 ─ 으로 있을 때 가장 행복했다. 나는 비밀리에 그림을 그릴 수 있는 세계나 장소를 만들었다.

왜냐하면 그것이 내가 가장 하고 싶었던 일이기 때문이다. 학교에 있을 때는 영감이 잘 떠오르지 않았다. 미술가들은 영감이 그들을 움직일 때 자유롭게 창조할 수 있어야 하며, 그 반대가 되어서는 안 된다. 나는 반항적이되려고 애쓰지 않았다. 나는 삶, 호흡, 삶에의 휴식 등의 개념을 깨달아가고 있었다. 소수의 사람들은 왜 이것이 참기가 어려운지 궁금할 것이다. 미술가들은 남들과 다르게 보이려고 한다. 나는 괴짜처럼 보이는 것을 개의치 않았지만, 좀 더 무언가 그 이상의 사람이 되고 싶었다. 그것은 다름을 방패로 삼아, 세계를 여행하는 사람으로서의 독립심, 나의 19, 20살의 자신감이기도 했다.

메릴랜드

내가 늘 미국에서 외국인인 것만은 아니었다. 나는 워싱턴에서 태어났고, 나의 가족은 내가 세 살 때 메릴랜드로 이사 갔다. 나는 이때의 주소와 전화번호를 유일하게 지금까지도 기억하고 있다. 부모님은 남동생 둘과 나에게 우리가 어릴 때 길을 잃어버리지 않도록 그곳의 주소와 전화번호를 알려주었고, 우리는 그 주소를 보고 집을 찾아올 수 있었다. 1967년까지. 1967년 전까지, 우리는 하모니힐스 초등학교(Harmony Hills Elementary School)를 다녔고, 남동생들과 나는 휴일에는 친척과 가족의 지인들과 자전거를 타고, 여름밤에는 피구 게임을 하며 보냈다. 여름에는 로드아일랜드의 프로비던스에서 조부모님과 함께 보냈는데, 아버지의 공식적인 집 주소는 이곳으로 되어 있었다. 아버지가 우리에게 외부 세계에 대해 이야기해 줄 때, 우리는 뒤뜰의 접이식 의자에 앉아 얼린 포도를 먹으며 꿈결같은 밤을 보냈다. 러시아 사람들이 하늘에 스푸트니크호를 발사했고, 당시 미국은 러시아와 우주 개발 경쟁을 하고 있었다. 러시아 인공위성 스푸트니크는 우리 집 위에서 궤도를 돌며 지나갔다.

동생들과 나는 음악을 좋아했고, 기타를 쳤다. 나는 피터 맥스(Peter Max) 같은 대중문화 예술가들을 흉내 내거나 록 앨범 표지를 따라 그리고 풍선 모양 글씨체로 포스터를 만들며, 평생에 이어질 미술 공부를 시작했다. 어머니는 늘 창조적이었고, 우리 옷과 내 인형 옷, 가구 덮개, 커튼을 만드셨다. 재봉틀, 뜨개바늘 그리고 다른 가사 도구들은 어머니의 재능 안에서 모두 기적을 만드는 도구가 되었다.

우리 집 마당에는 식물들이 쭉 놓여 있었다. 나비들이 모이는 포플러 나무는 상쾌한 메릴랜드 가을에 갈퀴로 긁어모아야 하는 수많은 잎사귀를 우리에게 주었다. 사과와 목련 나무들도 있었다. 어머니는 진달래, 팬지꽃, 1년생 화초 등을 완벽하게 영구적인 것처럼 보일 수 있도록 심었다. 고향은 뿌리를 내리는 곳이었다. 그러나 아버지는 다른 나라에서 사는 매력에 관해 이야기하기 시작했다. "그러면 아버지, 우린 언제 다른 곳으로 가요?"라고 물어보았고, 아버지는 "난 포플러 나무의 뿌리를 자르거나 없애고 싶지 않기 때문에, 우리는 포플러 나무의 뿌리가 거리에 닿을 때까지 있을 거다"라고 대답하셨다.

우리는 길 아래나 다른 친척들이 사는 곳 근처로 이사 가는 것이 아니었다. 우리는 외교단(diplomatic corps)의 사회로 진입하고 있었다. 이동하는 것이 우리 생활에 변화와 개선을 가져다줄 것이라는 상상으로 인해 기대감은 더 높아져 갔다. 유럽으로의 이동은 우리 조상들이 그곳에서 왔기 때문에 의미가 있었을 것이다. 그러나 유럽으로 가지 않았다. 우리는 남미로 이동하고 있었다. 달에 있는 외계인처럼 우리는 중남미의 나라에서 사는 삶이 어떨지 궁금했다. 스페인어 카세트테이프가 집에 등장하기 시작했다. "¿Dónde está el baño(화장실이 어디예요)?"가 내가 처음 학습한 스페인어 구절이었다.

포플러 나무의 뿌리가 도로까지 뻗어 있었고, 노랑 데이지 들판에 작별 인사를 해야 할 시간이 다가오고 있었다. 나는 이곳에 다시 혹은 언제 돌아올지 알 수 없었다. 나의 세계관은 내가 상상하지 못한 방식으로 변화하고 있었다.

친구, 가족, 소유물을 뒤로 하고 떠나는 것은 내 인생의 '홍수와 화재'로 비유될 수 있는 상실의 이야기로 옮겨가면서 시작되었다. 메릴랜드에서 카라카스로의 이동은 많은 이동 중에 처음 시작한 이동이었고, 부모님은 우리 집을 팔고 떠나셨다. 미국에 우리의 거처라고 부를 수 있는 집이 없어졌다. 남동생들과 나는 안전하게 보관하기 위해 버지니아에 있는 할머니의 집에 우리의 장난감이나 소유물 중 하나를 선택해 남겨두고 왔다. 나는 나의 고향과 어린 시절의 상징인 바비와 미지 인형, 작은 주방세트를 그곳에 놓고 나왔다.

카라카스

1967년 여름 나는 14살이었고, 아버지의 첫 번째 외무 공무원 근무지는 베네수엘라의 카라카스였다. 나는 깨끗한 방에서 스스로 독학으로 미술 작업을 계속해 나갔고, 내 작업을 가까운 친구들과만 공유했다. 어머니는 나의 예술적 성향을 늘 격려해 주셨고, 나는 새로운 도구를 발견하면 실험적으로 그림을 그려보기도 하고, 펜과 잉크로 새로운 작품을 그려보기도 했다. 동생들과 나는 시, 노래, 새로운 이야기를 모험적으로 만들었고, 이러한 음악과 미술 작업은 우리를 더 친밀하게 만들어주었다. 우리가 다녔던 국제 미국 고등학교는 미술 프로그램이 부족했지만, 학교 친구들은 나의 미술 작업을 격려해 주었다. 학급 규모는 작았다. 대부분의 학생들은 내가 닮고 싶을 정도로 매력적이었고, 관대하고 문화적으로 세련되었다. 나는 친구들처럼 자신감 있고 처세에 능한 사람처럼 보이길 원했다. 평생 지속될 우정이 이곳에서 시작되었다. 그때 만났던 여자 친구들이 지금의 친구들이고 나는 늘 그들에 비추어 나의 인생 경험을 평가했다. 친구들과 나의 공통된 특징은 1개 이상의 언어를 알고 스페인식 영어를 공유한다는 점이었다. 카라카스에서 스페인어를 학습함으로써 나는 해외에서 사는 것에 대한 장점과 특별한 매력을 알게 되었고, 그 이후 나는 유창하게 다른 사람들과 대화할 수 있었다.

카라카스에서 3년을 보낸 후에, 미국 정부는 우리를 부에노스아이레스로 발령 냈다. 그러나 우리는 휴가차 미국으로 다시 돌아갈 수 있었고, 우리는 가족과 친구들과 함께 새로운 이야기를 공유하고 우리가 두고 떠났던 물건들을 되찾을 수 있다는 생각에 흥분되었다. 나는 그때 17살이었는데 내가 떠나기 전에 할머니 집에 놓고 간 물건을 사촌이 가져갔다는 것을 알고 충격을 받았다. 사촌은 같이 놀던 여자아이들에게 내 물건을 주었고, 그 아이들은 그것을 망가뜨렸다. 할머니는 나에게 물건에 가치를 두지 말고, 그 물건들이 내 것이라고 생각하지 말라고 조언하셨다. 나는 그 물건들이 망가진 것이 내 친척들과 내가 다르기 때문에 받게 된 벌이라고 생각했다. 어머니는 내가 낙담하고 있는 것을 이해하고 공감해 주셨다. 하지만 우리는 이제 외국인이었다. 우리가 외국에서 받은 교육과 해외 경험이 그들에게 낯설었던 것처럼, 우리 역시 그들과 동떨어진 사람처럼 생각되었다. 어머니는 내가 학위를 받고 내가 생각지 못했던 더 나은 위치에 가길 원하셨다. 가족들에게 나의 생각을 숨기고, 가족들의 생각에 동의해야 하는 것이 외롭게 느껴졌다. 나는 마치 가면을 쓴 사람처럼, 내가 알게 된 정보나 나의 진실한 이야기, 느낌을 말하지 않기 시작했다. 어머니에게 비밀로 했던 많은 이야기 중에 이것이 첫 번째 비밀이었고, 나는 이 비밀을 유지했다. 나는 그때 잃어버린 신뢰나 잃어버린 물건을 대체할 다른 방법은 없다고 생각했다.

나는 계속 배워야 할 교훈들을 하나하나 깨달아갔다. 내 인생의 '홍수와 화재'가 나의 소유물, 가족들에 대한 신뢰를 앗아갈 때에도, 어쨌든 난 홀로 서 있을 수밖에 없었다.

부에노스아이레스

"좋은 공기"를 지닌 이 도시는 신속하고 무한한 편의성이 존재하는 도시였고, 훌륭한 교통 체계와 많은 자유를 누릴 수 있는 도시였다. 다채로운 이 도시에서 나는 부에노스아이레스에 있는 국제 미국 고등학교를 졸업했고, 판아메리카나 미술학교(Escuela Panamericana de Arte)의 학생이 되어 아르헨티나 사람들의 관점으로 예술을 감상하는 데 몰입했다. 그 학교는 상업 미술/그래픽 디자인 학교였고, 미국 대사관 근처에 위치해 있었다. 나는 세계에 하나의 기준이 있을 때, 세계의 어떤 각도에서든 그 기준을 바라볼 수 있는 관점을 배웠다. 기준을 볼 수 있는 한 가지 방법은 다른 미술 매체에 그 기준들이 나타날 때이다. 지도는 그 경도와 위도를 볼 수 있는 좋은 예로, 나침반의 바늘은 세계와 연결되고 다시 미술가들과 연결되어 있다. 원근법은 작가가 서 있는 위치나 빛이 방이나 캔버스에 들어오는 위치에 따라 모양이 어떻게 그리고 어디서 바뀌는지를 설명해 준다.

부에노스아이레스에 도착했다는 느낌이 들었다. 나는 문화적으로 유동적이고 유연했다. 나는 내가 누구인지 그리고 미술교육과 관점에 관한 공부를 통해 내가 세계의 어떤 기준에 잘 맞는지 알게 되었다. 나는 옷을 창조적으로 입었는데, 기분에 따라 옷 색깔을 골랐고, 이것은 마치 캔버스에 그릴 그림을 고르는 것과 같았다. 대사관과 미술학교 사이에 있는 독일 레스토랑에서 아버지와 점심을 먹기로 한 날, 어머니는 나에게 평범하게 옷을 입으라고 권유했다.

2년의 시간이 빠르게 지나고, 다시 떠나야 할 시간이 왔다. 이 이동을 한 후에 우리 가족은 지구 반대편 멀리 떨어진 거리에서, 서로 소식을 전하며 연락을 유지하고 함께 지내려면 많은 노력이 필요했다. 남동생 한 명은 자카르타로 갔고, 다른 남동생은 위스콘신으로 갔으며, 나는 코네티컷으로 갔다. 처음으로, 마지막은 아니었지만, 내가 그린 그림들을 다른 곳으로 떠나는 동생들에게 선물로 주었다. '잃어버리는 것' 대 '얻게 되는 것'의 계산이 없는 또 다른 경험이었다. 나는 내가 태어난 나라를 사랑하기 위해 내가 자란 나라를 떠나고 있었고, 이것이 행복한 일이 될지 아니면 나의 망가진 장난감이나 깨진 신뢰처럼 남겨두고 떠나 잃어버린 것들 중 하나가 될지 궁금해졌다. 나는 어쨌든 과거에 살았던 삶들과 계속 연결하며 살아야겠다고 결심했다. 나는 1972년, 당시 나의 일부분을 이루고 있던 여러 혼합된 언어, 장소, 예술적 영향을 받은 모습 그대로 미국으로 돌아갔다. 하트퍼드 미술대학에서 나의 입학을 허락했고, 나는 실제 미술가의 삶을 살게 된다는 것에 흥분되었다.

그래서 나는 하트퍼드를 여행했다

하트퍼드 미술대학 오리엔테이션 날, 나는 가족이나 친구 없이 혼자 늦게 도착했다. 부에노스아이레스에서 포트폴리오를 가져오지 못했는데, 그 포트폴리오는 볼티모어에 있었고 되찾을 수 없는 상태였다. 포트폴리오가 없으면 하트퍼드 미술대학의 학장은 부에노스아이레스에서 수업을 들은 것을 인정해 줄 수 없었다. 포트폴리오의 사본만으로는 북미의 자격기준을 충족할 수 없었다. 하루 만에 갑자기, 내가 부에노스아이레스에서 배운 모든 미술 내용은 쓸모없는 것이 되었고, 내가 가지고 있던 또 다른 포트폴리오는 인생의 홍수와 화재로 인해 유실되었다.

돌아보면, 이 일로 인해 나는 미술 수업에서 들은 것을 늘 휴대하고 다니게 되었다. 나는 판아메리카나 미술학교에서 배운 것들이 소중하고, 미래 미술/생활 작품을 할 때 유용하게 쓰일 것이라는 점을 알고 있었다. 학장은 내가 남미의 예술 수업에서 배운 것을 모두 인정해 주지 않았지만, 아무도 내가 그때 그곳에서 구사했던 언어와 문화, 훈련받았던 것은 가져갈 수 없었다. 웨스트 하트퍼드의 규준에 비추어 볼 때, 나는 미국에서 외국인처럼 지냈고 그곳에 동화될 수 없었지만, 내가 경험한 소중한 것들을 보호해야겠다고 결심했다.

　나는 뉴욕에서 예술가들을 접하는 것을 즐겼고, 학업에 심취했던 것을 기억한다. 하지만 나는 순응해야 하는 압력에 계속 저항했다. 하트퍼드는 영속성을 실험하는 곳으로 느껴졌다. 아버지는 인도네시아에서 내게 편지를 보내셨다. "자바섬 사람들은 세계에서 가장 예술적인 사람들이다. 아이들은 발리에 가고, 이곳은 틀에 박혀 있지 않아." 발리가 언급된 순간, 그 어떤 무엇인가가 내 안에 소용돌이치기 시작했고, 그곳에 가고 싶은 마음이 들었다. 나는 떠나고 싶어졌다. 나는 이동하고 싶은 마음을 느꼈다. 하트퍼드에 사는 것은 힘들었고, 그곳을 떠나고 싶어졌다. 나는 매우 좋은 학교에 다닐 수 있는 멋진 기회를 얻었지만, 지루했던 그 시간 동안 어떤 것에도 전념할 수 없었다. 나는 하트퍼드 같은 곳에 소속되고 싶지 않았고, 더 이상 나의 고향이 어디인지 알고 싶지 않았다. 나는 어느 한곳에 뿌리를 내리지 못하는 것이 나의 패턴이 되었다는 것을 알았지만, 나와 같은 사람들을 무어라 불러야 할지 그때는 알지 못했다. 부모님은 내가 여행을 사랑한다고 이해했다. 부모님은 나에게 일정이 정해진 티켓을 보내주기만 하면 되었고, 나의 여행 가방은 이미 준비되어 있었다.

　나는 외가에서 소유에 대한 애착이나 사람을 믿는 것이 고통스러울 수 있다는 것을 배웠다. 그리고 나는 어떤 종류이든 깊이 관여하는 것을 멀리하려 한다는 점을 알게 되었다. 선의로 나를 도와주려고 한 선생님들도 있었지만, 나는 도움이 필요하다는 개념을 거부하는 것 같았다. 나는 내가 한 일을 통제하려는 것처럼 보이는 사람들을 피했다. 나는 하트퍼드 미술대학에서 인정을 받기 위해 힘들게 그림을 그렸다. 나는 자카르타로 가는 것이 학교 일에 전념하는 것에서 도피하는 것인지 그리고 기대가 없기 때문에 실패할 수도 없는 학교 주변부의 외부인 미술가들과 함께 표류하는 것인지 궁금했다. 아마도 나는 내 나라 밖에 있기를 원하는 자극을 받고 싶었거나, 내가 누구인지 알고 싶어서 이동하고 싶었는지도 모른다. 나는 이때에는 여행이 나의 이동 미술에 대한 개념을 반영할 뿐 아니라 미술에 필수적으로 필요하다는 것을 분명하게 설명할 수 없었다. 미술과 여행 간에는 가깝고 일관된 연결고리가 있었다.

발리에서의 첫 번째 여름

모험 삼아 동쪽의 인도네시아, 자카르타, 발리섬으로 여행 가고 싶어질 무렵, 나는 그전까지 미국 여권을 가지고 미국과 남미에서 살았지만 그 어느 곳에도 소속감을 느끼지 못했다. 1973년 6월, 학교에서 첫 번째 여름방학을 맞았을 때, 나의 1학년 생활은 성공적으로 흘러갔다. 나는 20살이었고, 미국에서 북미 사람으로 산다는 것에 지쳐 있었다. 부모님과 형제들이 있을 자카르타 집으로 갈 생각에 흥분되었다. 나는 부모님, 형제들과 내가 함께 공유했던 문화를 잃어버렸고, 우리가 누구인지 그리고 우리가 어디 있었는지 기억하는 것을 통해 우리의 추억을 이어가고 있었다. 난 일시적인 것이 자산일 수 있다는 것을 느끼기 시작했고, 이것은 나의 일시성으로 인해 불편했던 것을 편안하게 하고 소속감의 필요를 이길 수 있는 방법이자, 일시적인 손님, 즐거운 방랑자가 되어 나의 방랑을 숨기는 방법이었다. 나는 이런 재발견(reinvention)이 어쨌든 나를 자유롭게 해줄 것이라 느졌다.

문화적으로 인도네시아 사람들은 평온했으며, 서구 사람들의 과잉, 초조함 등을 보이지 않았다. 대부분의 서양 사람들은 이런 나라에 도착하면 더 참을성 없이 성급하게 굴곤 한다. 그러나 나에게 이런 나라에 있는 경험은 마치 내가 따뜻한, 프랑지파니(frangipani) 향기가 나는 욕조에 몸을 담그고, 머리도 식히고, 몸도 이완되는, 마치 내가 할 수 있는 한 최대로 행복한 상태에 있는 것 같았다. 자카르타는 내 동생들과 내가 발리로 갔을 때 우리의 홈베이스가 되는 곳이었다.

우리는 발리에서, 남동생의 친구들이 여러 해 동안 알고 지냈던 현지인 가정에서 머물렀다. 나는 남동생의 글로벌 국제 고등학교의 친구들에게서 더 강한 유대감을 느낄 수 있었다. 이 친구들은 내가 남미에서 만났던 사람들보다 더 많은 나라에서 살았던 경험이 있는 아이들이었다. 마침내 나는 이곳에서 편안한 기분을 느낄 수 있었다. 사회적인 순응이 이곳에서는 문제가 되지 않았다.

나는 발리 사람들도, 자바 사람들처럼 종교와 문화가 혼합된 생활 속에서 예술을 구현하며 산다는 것을 알게 되었다. 이곳에서 아름다움은 거울 같은 논의 물결무늬에서 발견할 수 있었고, 이 무늬는 확실히 깊은 미술적 감성을 나타내고 있었다. 이곳 농부는 그냥 단순히 농사짓는 사람이 아니었다. 그는 음악가이자, 댄서이자, 화가이자, 조각가였다. 수업을 통해서 늦게 미술을 배우는 것이 아니라, 출생하는 순간부터 미술을 하게 되는 것이었다. 나의 딜레마, 학생 혹은 미술 견습생이 되느냐, 아니면 미술가로서의 삶을 살아가야 하느냐에 대한 해결책을 찾은 것 같았다. 예술로서의 내 삶에 대한 이러한 접근 방식은 부분(piece)과 정체성으로서의 예술에 대한 나의 새로운 개념에 맞는 것이었다.

발리는 여러 세대의 손을 거쳐, 조상들의 믿음의 신비와 조화를 이루며 만들어진 섬이었다. 발리는 내게 영적인 연결감을 일깨워 주었는데, 이곳에서의 미술의 섬세함은 믿는 자들의 손에 달려 있었다. 여기서 형성된 미술은 신의 선물로 간주되었다.

발리에서, 달이 뜰 때 남동생과 함께 있었다. 섬은 아주 고요했다. 내년이 되어야 이 섬에 전기가 들어올 예정이었다. 달빛 경치가 마치 유리잔 안의 우유 같았다. 우리의 그림자가 검게 비치고 있었고, 우리 주변의 모든 그림자와 마찬가지로 가장자리가 뚜렷하게 그려졌다. 나는 '이러한 풍경은 달 위를 걷는 것과 분명 같을 거야'라고 생각했다. 우리가 경외심을 느끼며 서 있을 때, 동생이 옆에서 "이런 순간은 다시 오지 않을 거야. 지금 이곳은 천국이야"라고 이야기했다. 동생은 위스콘신에 정착하고 싶어 했는데, 이것은 나를 두렵게 만들었다. 나는 가족이 함께 지낼 수 있기를 간절히 원했다.

인도네시아에서 맞은 첫 번째 여름에, 나는 계속 여행하거나 이동하면서 미술을 하며 살고 싶다는 생각이 들기 시작했다. 이곳에서 나는 처음으로 자연의 무엇인가를 사용하여 그림을 모방하여 그렸다. 나는 원예를 전공한 학생과 함께 일을 하며, 꽃을 사용해 함께 미술 작업을 하면서 풍부한 색깔과 여러 다양한 형태들을 통해 여러 무한한 이미지를 조합해 냈다. 이러한 이미지들은 삶을 보여주거나 혹은 꽃의 아름다움을 보여주는 것들이었다. 내 삶 가까이에서 그림의 소재들을 찾았고, 이런 소재들이 작품이 되었다. 난 이동하며 미술 작품을 만들 수 있는 수단을 갖게 된 것이다. 나는 새로운 미술적 정체성의 조각들을 통합하고 있었다.

하트퍼드

1973년, 하트퍼드에 2학년 때 다시 돌아왔다. 그러나 인도네시아에서 지낸 후에 이곳에서의 생활은 불편했고 자유롭지 못했다. 나는 다시 떠나는 것에만 관심이 있는, 안절부절못하는 체류자일 뿐이었다. 이곳은 내 모국이었지만 난 여전히 이곳에서 문화 충격을 느꼈다. 나는 수업에 지각하거나, 수업 준비를 성실히 해가지 않았으며, 프로젝트나 과제를 겨우겨우 간신히 해내고 있었다. 내가 은둔해 있지 않거나 캠퍼스 밖의 아파트에서 그림을 그리고 있지 않는 시간에는 학교에서 요구하는 마지막 과제와 시험을 준비하고 있었다.

나는 혼자 있는 것이 더 좋았다. 나는 내 주변의 장소나 이 도시 주변의 어떤 것 혹은 어떤 관계에 대해 애착을 갖고 있지 않았다. 나는 종종 "너는 내가 얼간이(jerk)라고 생각하니?"라고 물었다. 이 질문은 실제로 하트퍼드에서의 관계를 근원적으로 생각해 보게 하는 질문이었다. 나는 항상 대답이 '예'라고 생각할 몇몇 이유가 있었지만, 거의 매번 사람들은 '아니오'라는 대답을 주장했다. 나는 몽상가이고 호기심이 많고 명백히 전통적 야망이 없었다. 나는 내가 유령처럼 다른 이들의 삶을 통과하거나 그 바깥에 존재해 있을 것이라고 생각했던 것을 기억한다.

내가 특별하게 할 수 있는 미술이 무엇인지 새로 그 의미를 찾아야 할 시점에 있었다. 미술을 하는 것 자체가 나이기도 했고, 유일하게 확실했던 것은 내가 갔던 모든 장소에서 미술을 할 수 있다는 것이었다. 나는 정착해야 할 필요가 없으며, 내가 세계 곳곳을 누비며 계속 여행하고 그곳의 소재들을 사용하여 미술을 계속할 수 있다는 것도 이해할 수 있게 되었다. 나는 평생 이렇게 살 수 있을 것 같다는 생각을 했다. 나는 내가 보물상자라고 불렀던 박스들 안에 있는 물건들을 정리하기 시작했다. 조각하여 꾸민 상자부터 평범한 상자까지, 나는 각 상자 안에 각각의 고유 이야기를 지니고 있는 세상의 물건들을 보관해 놓았다. 그 물건들은 쿠타 해변에서 가져온 조개껍데기들을 모아놓은 바구니, 미술 도구를 넣어 다녔던 멕시코에서 가져온 가죽 가방 등이었다. 나는 미술과 삶이 일치될 수 있다는 생각을 점점 더 하고 있었지만, 아직 정확히 그것을 설명하거나 특징짓기는 어려웠다. 단지 미술과 삶을 결합할 수 있을 것이라 느낄 수 있을 뿐이었다.

발리에서의 두 번째 여름

하트퍼드에서 지낸 두 번째 해를, 인도네시아로 돌아갈 계획을 세우면서, 내가 할 수 있는 가능한 모든 여행을 해보자고 결심하며 마무리했다. 온갖 살아 있는 생물들이 모여 사는 빽빽하고 무성한 정글에 한 번 살아본 이후, 세상의 여러 일들 중 끊어내야 할 일들을 효율적으로 끊어내며 살 수 있게 되었다. 그것은 마치 어딘가에 지리적 한계와 시간을 초월하여 존재하는, 가족과 친구에게 인사하며 돌아오는 친숙한 카페 같았다. 매일 공백으로 남아 있던 캔버스가 내 주변의 풍부한 색깔과 움직임을 담은 캔버스로 변해가고 있었다. 나는 그래픽 아티스트로 훈련받았고, 그림을 그리고 색을 칠할 때 전체적으로 어떻게 색상 견본과 격자무늬, 자, 척도를 사용할지 배웠다. 하트퍼드 미술대학은 나에게 다르게 생각하는 법, 전통적인 영역에서 벗어나 다른 외부에서 미술을 어떻게 할 수 있을지를 가르쳐 주었다.

지금 나는 죄책감 없이 그림을 그릴 수 있게 되었다. 지금도 나는 그림을 그리고 있으며, 나는 새롭게 선을 그리는 방법을 잃지 않고 그림을 그리고 있으며, 정해진 것이 아닌 여러 선과 시각이 내포될 수 있도록 이미지를 다듬고 섞어서 그림을 그리고 있다. 나는 정해진 경계선 없이 풍경, 절경을 그릴 수 있게 되었다. 나는 유화를 사용하여, 기도 혹은 명상을 하고 있는 자화상을 그렸다. 나는 고고학적 판타지를 품고 해안가 깊숙이 거닐었다. 해변을 그리는 대신 바다 조개껍데기를 줍고, 껍데기를 만지며 촉각 기억을 만들어갔다. 나는 항상 조개껍데기를 들고 기억할 수 있었다.

나는 마침내 내가 누구이고 나의 존재가 무엇인지 이곳에서 분명히 설명할 수 있었고, 어떤 재료라도 창의적으로 사용함으로써 내 삶을 정의하는 예술적 과정의 융합을 표현할 수 있었고, 이 예술의 융합을 정체성으로 표현하고 그것을 휴대용 미술(Portable Art)이라고 명명했다.

나는 아름다움이나 진실을 표현할 수 있는 것이라면 가까이 있는 매체 그 어떤 것이든 미술 작품이 될 수 있다는 것을 알고 있다. 어떤 흰 물체이든 변화시킬 수 있다. 내 삶의 긴 여정은 나의 미술적 정체성을 나타내고 있었다. 나에게 미술은 평생 동안 계속되는 과정이다. 잠시 미술 활동을 하지 않을 때 여러 곳을 이동하며 산 적이 있었다. 그때 나는 어떤 사람이 되어야 하는지 그리고 내가 세계 여러 지역 중 어떤 곳에 사는 것이 좋을지 알고 싶었다. 나의 휴대용 미술은 나의 교육, 경험 및 상상력을 담는 예술 상자, 가방 또는 바구니에 있으며, 때때로 가장 작은 빈 그림 저널, 연필, 자 및 여행 티켓만 들고 다니며 어디든지 나와 함께 간다. 나는 어느 곳에 가든지 창의적인 사람이 될 수 있다는 것을 안다.

미술가로서, 나는 재능과 기량을 갖고 있고, 이러한 재능들은 내가 다른 곳으로 이동할 때, 새로운 문화권에 들어가면서 학습하게 되는 새로운 기술들과 함께 어우러졌다. 나는 주변의 소재들을 새로운 프로젝트 혹은 작품으로 변형하려 할 때 허가를 받는다. 휴대용 미술은 늘 이동하는, 여행하는 사람이었던 나의 정체성과도 같았고, 새로 배우게 되는 미술과 삶의 교훈을 모두 아우르는 것이었다. 전체적으로 미술의 역사에서, 근본적으로 제기되는 질문은 이것이다. 어떻게 빈 공백에서 미술을 창조해 낼 수 있는가? 세계는 나의 빈 캔버스와 같고, 나는 이동하여 거주하는 곳에 있는 소재를 사용하여 미술 작품을 만든다.

여러 곳을 이동하며 살았던 나의 삶을 되돌아볼 때, 나는 휴대용 미술에 대한 나의 정의가 벽에 걸 수 있는 전통적인 정물화 혹은 초상화를 그리는 대신에, 하트퍼드 미술과 일련의 연필로 스케치한 사람들의 귀 시리즈가 있는 3×5 그림 저널부터 자카르타의 바틱 염색 같은 지역 관련 예술까지, 특정 지역 예술을 포함하는 데까지 확장되면서 어떻게 계속 진화하는지 보고 있다. 지금, 나는 미술 작품을 만드는 것에 정해진 기한이 없으며, 가까이 있는 매체 어떤 것이든 계속 사용하며 계속 창조해 가는 것이 미술 활동이라는 것을 알고 있다.

하나의 작품이나 프로젝트가 완성될 때, 나는 그것이 어디에 속하는지 혹은 여러 곳을 이동하는 나의 삶에 어떻게 어울리는지 결정해야만 한다. 때때로, 내가 선택하지 않은 어떤 사건이나 이동—내 삶의 화재와 홍수라 불렀던 것—이 나를 압도할 때 나는 단절되었던 내 고향의 일부분 혹은 내가 떠나오면서 남긴 것을 다시 찾고 싶었다. 내 마음과 기억에는 영혼의 보물처럼 이런 기념이 될 만한 것들을 지키는 장소가 있다. 나는 매우 많은 포트폴리오와 그림, 인형과 예술작품을 잃어버렸다. 나는 서구권의 미술 박물관이 여러 종류의 미술 작품을 보관할 수 있는 곳으로 보여서, 그곳이 조금 부러웠다.

미술 작품을 계속 갖고 있는 것이 좋을지 아니면 잃어버려도 괜찮을지 고민하는 것은 미술 작품을 다른 사람들에게 기부할 수 있는 선물로 생각할 때 해결될 것이다. 나의 개인적 미술사는 여러 가지들이 섞인 편물 혹은 매우 희귀한 물건 혹은 내가 인도네시아나 발리를 방문했을 때 찾은 선물 같은 것일 수 있다.

발리에서, 시간이 부족하다는 느낌과 예술로서의 삶의 고요함 속에서 나는 내가 얼마나 강하고 회복력 있는지 그리고 앞으로도 그럴 것이며 그것이 얼마나 미국적인지를 인식한다. 나는 격자가 없는 나의 불안정한 그림 저널에 그렸던 발리 지도를 본다. 도로는 자유롭게 대략 그려져 있다. 화사한 색의 기호는 중요한 장소와 행사들을 표시하고 있다.

티 테이블로 돌아가서, 나는 하트퍼드 미술대학으로 되돌아가지 않겠다는 편지를 썼다. 학위는 갖고 싶은 것이지만, 현재 하고 있는 미술 작업

이 지금 내게 영감을 주고 있으며, 영원함을 표현하는 나의 미술 작업이
계속 진행되고 있기 때문이다. 나는 편지를 신중하게 접어, 다른 곳에 치
워두었다. 이제 쿠타 해변의 석양에 자연이 그곳의 가치와 색조를 칠하는
것을 보기 위해 밤마다 있는 마을 이동에 참여해야 할 시간이다.

부모의 이질적인 "고향"으로의 귀국

/

에밀리 허비(Emily G. Hervey)

세계 끝에서의 시작

나는 학교 버스 창밖으로 지나가는 차들을 초점 없이 바라보면서, 눈물이 흐르지 않도록 눈을 계속 깜박였다. 내 뒤로 사람들의 피식 웃는 소리, 통로를 따라 들리는 크게 떠드는 소리들이 다른 언어로 들리고 있었다. 무언가 상황에 적절해 보이는 것은 아무것도 없었다. 나는 여기서 무엇을 했던가? 나는 버스에 있는 다른 많은 고등학생들처럼 코카시안계(백인) 미국인처럼 보인다. 그러나 나는 부모님의 고향인 패서디나(Pasadena)에서 마치 외국인처럼 느껴졌다. 10학년에 올라간 후 둘째 날이 되는 날이었다. 다른 대부분 아이들에게는 새 학기가 시작되는 흥미진진한 날이었다. 그러나 나는 무언가 압도되는 느낌, 이곳이 나와는 어울리지 않는 느낌이었다. 내 주변의 모든 아이들은 서로를 알고 있었다. 그들은 여름 방학 때 떨어져 있던 터라 다시 만나서 이야기하느라 정신없었다. 어떤 아이들은 유치원 이후로 계속 같은 학교를 다녔고, 대부분의 아이들은 사회적으로 어떤 같은 관심사를 공유하는 아이들―스포츠 운동을 좋아하는 남자아이들, 쇼핑에 관심 있는 여자아이들, 컴퓨터 광―이었다. 내 가족들은 카자흐스탄―반 친구 대부분이 이전에 들어보지 못한 중앙아시아에 있는 나라― 에서 남부 캘리포니아로 4개월 전에 도착했다.

언어, 문화, 기후, 시간대가 크게 다른 대륙 간 이동이 이번이 처음은 아니었다. 나는 바람이 많이 부는, 남미 최남단에 있는 칠레에서 태어났다. 푼타아레나스(Punta Arenas)는 엘피 델문도(*El Fin del Mundo*. 역자 주: 세상의 끝)로 알려진, 세계의 가장 끝에 위치한 곳이었고, 남극대륙 여행의 출발 지점이기도 했다. 부모님과 언니들은 내가 출생하기 전에 채 1년이 안 되는 기간을 그곳에서 살았다. 나는 미국인으로 태어났으나, 국기에 대한 맹세(the Pledge of Allegiance)를 외우기 오래전부터 칠레 국가(國歌)를 불렀다. 나는 햄버거를 먹고 7월 4일 미국 독립기념일에 하는 불꽃놀이를 보는 것보다 칠레의 엠파나다(*empanadas*. 역자 주: 중남미의 스페인식 파이 요리)를 즐겨 먹었고, 칠레의 독립기념일에 쿠에카[*cueca*. 칠레의 구애(求愛)하는 춤]를 추곤 했다.

나와 언니들은 학교에서 유일한 미국 학생, 백인 소녀들이었다. 처음 학교에 갔을 때 나는 한 학기 동안 늘 많은 친구들에게 둘러싸여 있었다. 그때 부모님은 내가 학교에 1학년으로 들어가기 위해서 유치원에 다닐 필요가 있다고 생각하셨다. 친구들이 남몰래 나를 빤히 바라보며 다른 아이들과 귓속말로 무슨 이야기를 하는지 오직 상상으로만 짐작할 수 있었다. 그러나 점차 나는 코트를 어디에 놓아야 하는지, 게임을 어떻게 하는지, 언제 이를 닦아야 하는지 등을 배워나갔다. 중간중간 나는 스페인 단어와 문법을 알아듣곤 했다. 결과적으로 나는 영어 성적이 다른 아이들과 차이가 났고, 교사와 학생인 나의 역할이 바뀌었는데, 선생님보다 나의 영어 발음이 더 정확했다. 나는 어머니의 교육 덕분에 『맥거피 리더스(McGuffey Readers)』를 이미 마스터했기 때문에, 대부분의 시간을 내가 가져온 책을 읽으며 보냈다.

칠레가 고향이었지만, 교회에 있는 호주 사람들의 영향으로 난 무의식적으로 칠레 문화뿐 아니라 영국 문화도 받아들였다. 나의 가장 친한 친구는 영국인이었고, 그녀의 언니와 오빠는 나의 두 언니와 동갑이었다. 우리는 각자 인형 이름을 하나씩 갖고 있었고, 조랑말과 놀며 시간을 보냈다. 티타임 때 나는 빵에 마마이트(Marmite. 이스트 추출물 스프레드)를 발랐는데, 이것은 대부분의 미국 사람들에게는 잘 알려지지 않은 것이었다. 내가 쓰는 단어들은 어떤 의미에서 다른 것들이었다―말하는 사람의 시민권은 "dinner"가 정오를 의미하는지 아니면 6시를 의미하는지를 결정했다.

대륙 횡단

내가 여덟 살 때 나의 가족 7명은 로스앤젤레스 근처의 패서디나로 이사 갔다. 이사 가면서 나는 칠레와 영국 친구들, 대부·대모, 학교, 내가 살던 집, 교회, 그리고 짐으로 갖고 오기에는 너무 무거웠던 나의 큰 곰 인형과 작별해야 했다. 부모님은 그 도시에서 성장했기 때문에, 어릴 때의 그들의 문화로 다시 되돌아가는 것이었다. 그러나 나에게 그곳은 외국과 같은 곳이었다. 우리는 캘리포니아에 2년 동안 살았고, 학교 선생님은 친절하셨음에도 불구하고 나는 무언가 잘 맞지 않는 느낌이 들었다. 그리고 나는 다른 아이들이 〈파워레인저〉 TV 쇼를 따라하며 말하는 이야기를 아는 체했다. 나는 우리 가족과 이야기할 때 쓰지 않았던, 영어를 배우기 위해 읽었던 책에서도 보지 못했던 비속어를 아이들이 공통적으로 쓰고 있는 것을 발견했다. 나는 주로 남자아이들과 신체 접촉을 피함으로써 어떻게 해서든 "쿠티스(cooties. 역자 주: 세균, 세균 덩어리)"를 피해야 한다는 것을 알게 되었다. 나는 또한 누군가와 동일한 단어를 말하면 "징크스"가 될 수 있어, 자기 이름을 듣기 전까지 말하지 말아야 한다는 것도 배웠다. 칠레에서 이런 관례를 적절하게 대체할 만한 것은 없지만, 유사하게 칠레에서 비슷한 일이 있을 때 *chocale!*와 새끼손가락을 연결하는 것을 생각해 볼 수 있다. 아이러니하게도, 나의 언어 능력은 3학년 "말하기 대회(Speech Meet)" 때 두각을 보였고, 4학년 때 나는 매년 열리는 철자법 대회에 학교를 대표해 나갔다.

칠레 친구들과 작별을 하고 온 지 2년 후에 다시 살던 곳을 떠나 가족과 함께 차로 미국 대륙을 횡단했다. 많은 시간을 가족 7명이 함께 비좁은 자동차 안에서 보내며, 옛 친구들을 만나기 위해 예전 살던 곳을 방문하기도 하고 새로운 친구들을 사귀기도 했다. 우리는 대서양을 건너, 콘퍼런스에 참석하기 위해 네덜란드에 갔으며, 그곳에서 다양한 국가에서 온, 지구 전역의 여러 인종의 참가자들을 만날 수 있었다. 노래하고, 공예품을 만들고, 수업을 듣고, 강에서 수영도 하며 시간을 보냈다. 부모님의 고향을 떠나 다른 대륙에서 살아왔던 세계 여러 곳에서 온 사람들의 이야기를 들을 수 있었다. 내 삶에 매우 흥미로웠던 첫 콘퍼런스였으며, 더 깊은 수준에서 이해하고 공감할 수 있는 사람들과 가까운 우정을 빠르게 형성할 수 있는 기회였다.

우리 가족은 카자흐스탄, 그 당시 나라가 세워진 지 4년 반밖에 되지 않은 그 국가에 도착하기 전에 마지막 한 군데에서 더 머물렀다. 우리는 러시아에서 마지막 여정을 마치기 전에 먼 친척 가족과 함께 2~3일을 보냈다. 친척의 친절한 남편은 우리를 불친절한 모스크바 공항까지 데려다주었고, 우리 수하물이 용량 초과라고 말한 항공사 담당자와 큰 소리로 싸운 후 아마도 약간의 돈을 쥐어주었던 것 같다. 작별 인사를 하고 보안 구역을 통과한 뒤 우리는 우리의 많은 기내 반입 가방의 무게를 재야 하는 저울 앞에 이르렀고, 주로 손짓으로 의사소통을 해야 했다. 다른 승객들이 게이트를 지날 때, 공항 직원은 우리에게 옆에서 서서 기다리라고 눈짓으로 알려주었다. 다른 사람들이 모두 비행기에 탑승한 후, 우리도 탑승할 수 있다는 허락이 떨어졌고, 비로소 탑승할 수 있게 되었다. 나는 맨 뒤 통로 쪽 빈 좌석에 앉아서, 안전벨트를 매기 위해 손을 뻗었다. 쿠션 사이에서 벨트를 찾던 중, 내 앞 좌석의 주머니에서 분리된 버클 조각을 발견했다. 비행 중에 난기류가 많지 않기를 바랐다. 비록 비행기는 내게 늘 익숙한 곳이었지만, 나는 완전히 새로운 곳에 있는 것 같았다.

카자흐스탄은 역사가 오래되지 않은 나라였고, 구소련이 무너진 후 자체적으로 나라를 세워가기 위해 애쓰고 있었다. 우리가 도착했을 때 카자흐스탄의 문화로 보이는 것은 거의 없었다. 우리는 칙칙한 아파트 건물 사이를 차를 타고 지나갔다. 그곳에는 녹색 잔디나 가꾸어놓은 화단이 거의 보이지 않았고, 여름의 찌는 듯한 태양이 그곳을 비추고 있었다. 그러나 우리가 있는 건물의 거리를 가로질러서는 카스피해의 멋진 풍경이 마주하고 있었다. 바다의 녹색과 파란색의 다양한 음영들이 저녁에는 진홍색과 금색으로 바뀌었다. 바람은 통역할 필요가 없고, 파도 역시 문화적 차이에 대한 판단이 필요 없었기 때문에, 바위가 있는 해안으로 내려가면 그곳이 어떤 나라이건 늘 멋진 순간들이 기다리고 있었다. 건조한 여름에 물이 든 양동이를 5층까지 옮겨놓고 나니, 시원한 물 자체가 매우 호화스러워 보였다. 아파트에 물은 몇 주 지나면 떨어질 것이고, 그때쯤이면 남은 물은 녹슨 색깔로 변하기 전 블랙커피같이 될 것이다. 그래서 우리는 물을 여러 큰 플라스틱 통에 담아두고 마시기 전까지 깨끗이 정수했다.

이 나라의 호의적인 주요 문화적 가치를 경험하는 것은 그리 오래 걸리지 않았다. 가족 중 몇몇은 이곳의 새로운 사람들을 많이 만나면서, 러시아어와 카자흐스탄어로 말하는 것을 연습해 볼 수 있었다. 물론 언어를 배우는 과정 중에 반드시 하게 되는 실수도 있었지만 말이다. 나는 새로운 어휘와 명사와 형용사에 뒤따르는 여러 가지 다양한 어형 변화, 게다가 복잡한 단어의 성별까지 외우기 위해 노력했다. 하지만 더 어려웠던 것은 내가 다른 사람들에 대해 알게 된 것을, 언어를 구사하기 위해 내 자의식은 무시하고 말해야 하는 것이었다. 나는 이 나라의 언어를 이해하지 못한 채 5학년 과정에 들어가서 수업을 어렵게 듣는 것보다 집에서 홈스쿨링을 하게 된 것이 기뻤다. 나는 이곳에서 미국인이 되려는 시도를 많이 하고 있는 것을 의식했다. 우리는 이 도시, 아마도 이 나라 서부 절반 전체에서 첫 번째로 거주하는 미국인이었다. 그러나 그들에게는 놀랍게도, 우리는 부유하지 않았고 할리우드 스타를 만나본 적도 전혀 없었다. 내 나이 또래의 외국인들을 자매 삼아, 나는 다른 미국인 및 호주인 어른들과 공감할 수 있을 정도로 빨리 성장했다. 나는, (내가 다니는) 비영리 교육센터를 통해 지역사회를 돕고 성장을 지원하는 남녀 집단 팀의 일부라고 느꼈다. 우리는 매주 금요일 밤에 함께 모여 옛날 찬양과 새 찬양을 네 시간 동안 불렀으며, 집에서 만들어온 쿠키와 과일을 먹고, 교대로 서로 가르치며, 기도하며 시간을 보냈다.

휴일 동안 우리는 호주/미국 문화의 전통 공예품을 만들기도 했다. 비록 크리스마스는 이 지역에서 중요한 날은 아니었지만, 우리는 양말을 걸기 위해 판지로 벽난로를 만들었다. 거의 매년 한 번씩 우리 팀은 크리스마스 선물 교환 게임을 했고, 그 이후 며칠이 지나면 호주 사람들의 아파트에 "캐럴스 바이 캔들라이트(Carols by Candlelight. 역자 주: 호주 사람들의 전통으로, 야외에서 사람들이 모여 촛불을 켜고 캐럴을 부르는 행사)"가 열렸고, 호주의 여름 날씨를 만들기 위해 하루 종일 난방기를 틀어놓았다. 우리 가족은 재림절 달력을 매일 밤 열어 보고, 다양한 종류의 크리스마스 쿠키를 만들고, 늘 시나몬 케이크와 코코아로 크리스마스 아침을 시작했다.

선물과 크리스마스 음식을 나눈 일주일 뒤, 우리는 이 도시의 다른 곳에서 불꽃놀이를 하고 모든 사람들과 "С Новым Годом(S Novim Godom, 해피 뉴이어)!" 인사를 나누었다. 새해 첫날, 자정 이후 침대에 자러 가는 것은 그곳에서는 새해를 충분히 기념하는 것이 아니었다. 아래층에 사는 러시아인 이웃들이 자정에 우리를 찾아와서, 많은 음식과 토스트가 있는 모임에 우리가 참여해야 한다고 했다. 나는 늦은 시간까지 함께 있는 것이 특별하다고 느껴졌다. 3월, 봄의 시작으로 나우르즈(*Наурыз*, Nauriz, 봄 축제)―카자흐스탄의 새해―가 시작되면, 사람들은 도시 한가운데에 유르트(yurt. 역자 주: 전통 텐트)를 설치하고, 양을 도살하고, 낮은 테이블 주위에 놓인 매트 위에 앉아 중앙 큰 접시에 담긴 파스타, 감자, 양고기 요리인 비시파르막(*бишпармак*, bishparmak)을 맨손으로 먹으며, 축하했다.

카자흐스탄에 있는 동안 많은 즐거운 기념일이 있었지만, 나라 전역에 걸쳐 있는 스텝(steppe) 지대 기후만큼 황량함이 느껴지는 시간들도 있었다. 나는 다섯 자녀들 중 셋째였고, 나와 밑의 두 동생들 간에 나이 차이가 크게 났다. 우리 위 세 명은 "딸들"이었고, 우리는 돌아가며 허드렛일을 하고 밑의 "어린아이들"을 돌보았다. 위의 언니들과 함께 시간을 보낼 때, 나는 종종 나만 별난 사람처럼 느껴졌다. 부모님은 내게 친구를 사귀라고 했고, 때때로 나는 노력했지만, 나의 자의식과 그곳의 언어를 잘 배우지 못하는 점이 친구들에게 닿을 수 없는 경계를 만들었다. 언니들이 친구를 많이 사귀는 것을 보면서, 나는 친구를 만들려고 더 노력하지 않은 것에 죄책감이 들었다. 난 방에 들어와서 쉬고 책에 집중할 때 더 편하고 마음이 놓였다. 그러나 어떤 어두운 밤에는 외로움으로 내 방에서 베개에 조용히 얼굴을 묻고 소리 없이 울곤 했다.

그곳에 간 지 3년 후 다른 곳으로 다시 이동하게 되었는데, 이번에는 부모님의 나라에 단기로 1년 동안 있게 되었다. 캘리포니아로 가는 길에 당시 카자흐스탄의 수도였던 알마티(Almaty)에서 열리는 콘퍼런스에 참여했다. 그 콘퍼런스에서 나는 아이들 케어를 파트타임으로 도와주기도 했고, 청소년을 위한 프로그램에도 참여했다. 그 프로그램에서 재능과 성격 특성 같은 정체성과 관련된 특질을 찾는 책을 받았다[이 책은 마이어스-브리그스(Myers-Briggs) 모델에 기초한 것이었다]. 또한 그 콘퍼런스를 방문한 목사님과 성격의 차이에 관해 이야기를 나누었다. 대화 후 사람들과 함께 밖에 앉아 있을 때 난 내가 받았던 책과 목사님이 설명했던, 홀로 있는 시간이 필요하고 다른 사람에게 세심한 경향이 있는 이런 나의 특성을 만든 성격 특질이 매우 흥미롭게 느껴졌다. 그해 여름, 목사님은 내게 성격에 관한 다른 책을 우편으로 보내주셨고, 나는 가족 캠프에서 아이들을 돌보는 봉사를 하는 동안 그 책을 읽었다. 책을 읽으면서 심리학에 흥미가 생겼고, 나는 동시에 많은 상담자들이 나와 비슷한 성격을 가지고 있다는 것을 발견했다. 가족 캠프에 참여하던 주에 다른 스태프가 내가 훌륭한 상담자가 될 것이라 이야기해 주었다. 마치 하나님이 내게 딱 맞는 자리를 보여주신 것 같았고, 내가 되어야겠다고 생각했던 나의 모습이 아닌, 있는 그대로의 나에게 어울리는 소명을 주신 것 같았다.

캘리포니아의 가을 학기가 시작되었을 때, 나는 패서디나 크리스천 학교(Pasadena Christian School)의 8학년 학급에 있는 미국 10대들과 어울리기 위해 애쓰며 어쩔 줄 몰라 하는 내 모습을 보게 되었다. 3년 동안 나는 우리 팀에서, 성인과 비슷하게 체격이 커졌고, 그 결과 성인과 관련된 것을 배우고 성인처럼 생각했다. 패션, 연예인, 대중매체에 대해 잘 모른 채 친구들이 하는 이야기를 그냥 듣는 것보다ㅡ이러한 것들이 오히려 내게는 피상적이고 나와 어울리는 주제 같아 보이지 않았다ㅡ나는 오히려 선생님들과 대화하는 것이 더 편했다. 나는 종종 학교 사무실에 있는 접수 담당자와 이야기를 했는데, 그와의 우정은 지금까지 지속되고 있다. 나는 말썽을 일으켜서 교장 선생님께 가는 것이 아니라, 크리스천 학교임에도 그곳에 있는 물질주의적이고 피상적인 분위기로 인해 내가 좌절한 것에 대해 교장 선생님을 찾아가서 의미 있는 대화를 나누었던 것을 기억한다. 방과 후에 남아서 반성문을 쓰는 대신, 교장 선생님께서 나에게 여러 다양한 문화에 노출된 것이 장점이 될 것이고, 타인을 이해하는 계기가 될 것이라고 격려하는 편지를 써주셨다. 나를 잘 수용해 주는 친구가 있었는데 그 친구는 부모님이 인도 출신이셨다. 그녀는 미국에서 성장했지만, 그녀가 경험한 여러 교차문화 경험으로 인해 나는 다른 아이들과 다르게 그 친구와는 서로를 더 이해할 수 있었다. 나는 그곳에 1년만 있었지만, 내 마음에는 더 많은 좌절감이 생겼다. 나는 뿌리가 없는 사람 같았고, 또 다른 3년을 기대하면서 카자흐스탄에 돌아갈 준비를 했다.

예기치 않은 결과

언니들이 캘리포니아에 계속 남아 있기로 했기 때문에, 카자흐스탄으로 다시 돌아갔을 때 나는 형제 중 가장 연장자 역할을 해야 했다. 나는 방송통신 강좌를 통해 고등학교 과정 공부를 계속하려고 했기 때문에, 선생님의 설명을 듣기보다는 집에서 많은 교수요목들과 글들을 보며 많은 시간을 보냈다. 그해 1월, 부모님은 터키로 10일 동안 여행을 가셨고, 나는 집에서 요리·청소를 돕고 홈스쿨을 하는 어린 동생들을 돌보았던 도우미 언니와 함께 "대리맘" 역할을 해야 했다. 나는 도시에서 여성 두 명이 며칠 동안 우리 집에 머물렀을 때, 그들이 우리 집 손님으로 환영받는 느낌이 들도록 도와주면서 내가 특별히 성숙해지는 것을 느꼈다. 그러나 부모님이 돌아오셨을 때 대리맘으로서의 책임을 부모님께 다시 돌려드릴 수 있어 행복했다.

얼마 있지 않아 악타우(Aktau)의 부지사는 우리 교육센터를 조사하기 위한 위원회를 만들 것을 지시했다. 시의 여러 부서 대표자들이 센터에 들렀고, 그들은 이전에 우리가 들어보지 못한 여러 요구 사항을 충족하는 데 필요한 작업을 분명히 이야기했다. 그래서 우리는 책장에 내화 페인트를 사용하는 규정을 준수다. 그리고 2월 초 일요일에, 공무원들이 이 지역의 교인들이 매주 예배하고 기도하고 설교를 듣는 건물에 비디오카메라를 들고 왔다. 그들은 한 사람도 빠져나가지 못하도록 문을 잠그고, 예배가 끝나자 우리 아버지를 포함하여 몇몇 미국 남자들뿐 아니라 교회 리더들을 추궁했다. 아버지는 그다음 날 아침, 종교 부서 책임자에게 가서 하루 종일 그리고 화요일 몇 시간 심문을 당했다. 이후 우리 팀의 다른 남자들도 심문을 당해야 했다.

토요일에 한 공무원이 우리 교육센터에 와서 비서에게 모든 멤버의 명단을 요구했다. 우리는 그가 그런 요청을 할 권한이 없다는 것을 알았지만, 아버지는 비서에게, 가서 문제가 일어나지 않도록 그 공무원이 부탁한 것을 주라고 이야기했다. 그러나 월요일에 아버지는 공무원을 찾아가서 위협은 필요하지 않으며, 우리는 문제를 일으키려 하지 않는다는 점을 이야기했다. 이런 이야기를 하고 나서 얼마 있지 않아 우리는 명단을 돌려받았고, 그다음 날 센터로 편지가 도착했다. 이 편지에는 우리가 몇 년 동안 영어와 컴퓨터를 가르치기 위해 사용했던 방이 이제 다른 더 중요한 사람들의 모임을 위해 필요하니 방을 비워주라는 내용이 적혀 있었다. 우리에게 공간을 빌려주었던 유치원 원장은 우리가 떠나라는 요구를 받았다는 것을 직접 이야기하기 전까지 그 사실을 모르고 있었다. 우리가 지불해 왔던 임대료를 받지 못한다는 생각에 그 원장은 기분이 안 좋아졌다. 계속 전개되는 사건들은 마치 소설을 읽는 것처럼 기상천외했다. 우리의 삶을 이곳에 드린다는 심정으로 이 도시에 살았는데, 왜 우리가 이런 대우를 받아야 하는가? 공무원들은 뇌물을 바라는 것인가? 아니면 카자흐스탄 대통령이 외국인들을 더 높은 정부 관료로 보낼 것이라는, 외국인들에 관해 떠돌던 초반의 부정적인 소문에 대한 반응인가?

센터를 위한 새로운 장소를 물색하던 한 달 동안, 우리는 조사에 관한 아무것도 들을 수 없었는데, 아마도 우리가 그들의 정책을 잘 따랐기 때문에 조사에 관한 이야기가 더 이상 나오지 않았다고 생각했다. 부모님은 영국에서 있는 세미나에 참석하기 위해 10일 여행을 계획하고 있었지만, 출발하기 전에 우리의 상황이 어떤지 더 명확히 알고 싶어 하셨다. 아버지는 우리 센터를 조사했던 위원회의 책임자에게 갔다. 아버지는 아무런 문제가 없으며 보고서도 좋았다는 이야기를 들었다. 부모님은 이 이야기를 듣고 안심하셨고, 내가 이전에 가족을 잘 돌본 경험이 있기 때문에, 부모님만 여행 가는 것에 가족들은 모두 동의했다.

부모님이 떠나신 다음 날, 3월 중순 월요일에 나는 임시로 만들어진 팀 리더의 아내에게서 전화 한 통을 받았다. 공무원이 그녀의 남편을 위원회와 관련된 일로 사무실로 소환했고, 그는 그곳에 가서 러시아어로 된 문서를 보았는데, 그 문서에는 조사 결과 우리가 법을 위반했으므로, 우리를 이곳에서 추방할 것을 권고한다는 내용이 적혀 있었다는 것이다. 어떤 내용은 너무 말도 안 되는 터무니없는 내용이기도 했는데, 가령 크리스마스 때 미국에서 온, 성경 이야기의 색칠하기 책을 담은 선물상자를 나누어준 것은 "종교적 인쇄물"을 배포한 것으로 언급되어 있었다. 나는 우리가 이 나라에서 나가야 한다는 보고서의 결론 때문에 놀랐고, 잠깐 부모님이 이 나라에 다시 돌아오시지 못할 수 있다는 생각이 들었다. 나는 가족들과 떠날 준비를 해야 했다. 공간이 한정된 짐 가방에 어떻게 홈스쿨링 교재를 다 넣을 수 있을까? 나는 이 상황을 어린 동생들에게 어떻게 설명할 수 있을까?

다음 날 우리 팀에 있는 모든 어른들은 보고서에서 말하는 것이 무엇인지 명확히 이해하기 위해 만났고, 우리는 보고서에서 의미하는 것이 권고이며 선언하는 것은 아니라는 이야기를 했고, 잠정적으로 취해야 할 조치를 생각했다. 14살의 나이에, 나는 분명히 그 모임에서 가장 어렸지만, 나를 그 모임에 포함시켜 준 것에 대해 여러모로 감사한 마음이 들었다. 아버지가 들은 이야기와 공식적인 자료의 내용이 일치하지 않는 불확실한 상황에도 불구하고, 우리는 일상생활을 계속 이어나갔다. 카자흐스탄 새해 기념행사에도 참여했으며, 매주 금요일 밤의 예배 모임도 그대로 가졌다.

며칠 후에 부모님은 악타우로 돌아오셨고, 그날 오후 2시쯤 관료들의 모임에 불려 가셨다. 그날 저녁, 우리 팀 회의가 열렸다. 우리는 추방 명령이 떨어질 때까지 기다리는 것보다는 이 나라를 떠나는 것이 더 나을 것이라는 데 동의했고, 이런 이야기를 하고 나자 사태의 심각성이 더 와닿았다. 우리는 그다음 날 점심을 함께 먹었고, 그곳에서 한 팀원이 우리가 이곳을 떠나는 허락을 받지 못하게 될 것이라고 위협받았던 일을 알려주었다. 우리는 이곳을 나갈 수 있는 모든 가능한 수단을 함께 토의했는데, 그 순간이 마치 한 편의 드라마 같았다. 카스피해에서 아제르바이잔의 바쿠 (Baku)까지 가는 페리를 구하기에는 이른 시기였고, 북쪽 러시아 국경 지역이나 남쪽 우즈베키스탄으로 가는 기차는, 아무리 관료들이 우리가 다시 나가지 못하게 하는 지시를 내리기까지 시간이 많이 남았다 하더라도, 수일이 걸릴 것임에 틀림없었다. 비행기도 선택할 수 있지만, 관료들이 공항에서 우리를 기다리고 있을 수 있다. 지역 변호사와 이야기해 보고 다른 정부 당국 관계자들과 모임을 가진 후에 우리의 계획은 변경되었다. 우리는 법조계 사람들이 권유해 준 대로 비행기를 타기로 계획을 바꾸었다. 한 주를 망설이며 불확실한 채로, 이곳에 머물러야 할지 이곳을 탈출해야 할지 우리의 계획은 시계추처럼 흔들리고 있었다.

　밤중에 드디어 비행기 티켓을 구입했지만, 우리는 차가운 시멘트로 만들어진 공항에 갇히게 되었고, 정부에서 공항 관료들에게 우리를 내보내면 안 된다는 지시가 떨어지기까지, 그날 비 오는 3월의 새벽까지 계속 공항에서 기다려야 했다. 우리는 지쳐서 집에 돌아왔고, 나는 곧 잠들었지만 큰 전화벨 소리에 다시 잠을 깼다. 나는 전화를 받았고, 전화에서 들리는 관료의 큰 소리의 러시아어에 당황한 채 아버지에게 전화기를 건네주었다. 전화가 온 이후, 다른 카자흐스탄 관료들이 러시아어로 된 소환장을 가지고 와서 우리 집 문을 쾅쾅 두드리며 영어로 이야기했다. 아버지를 포함한 팀에 있는 남자들의 재판이 부활절 다음 날로 정해졌다. 월요일 아침, 아버지는 법원에 가셨고, 어머니는 미국 영사를 마중 나가러 공항에 가셨다. 오전 내내 나는 다른 생각 하지 않고 학교 공부에 집중하려 했다. 전화기를 옆에 가까이 두고 있었는데, 마침내 오후 1시에 전화가 울렸다. 어머니는 전화로 재판은 끝났고, 지금 판사의 판결을 기다리고 있다고 말씀하셨다. 몇 시간이 지났고, 사법 체계가 제대로 잡혀 있지 않기 때문에 우리의 결과는 빤한 것처럼 보였다. 마침내 판결이 내려졌는데, 그 판결은 우리에게 불리한 것이었다. 우리에게 큰 벌금이 내려졌고, 우리는 10일 안에 이 나라를 나가야 했다.

한 주 후, 아버지의 생일 그리고 내 생일 이틀 후에, 우리는 다시 공항으로 갔다. 그곳에는 칠레를 떠날 때의 기억처럼 시원섭섭한 작별은 있지 않았다. 대신 공항에는 우리의 짐을 뒤적거리며 조사하는 보안요원들이 있었다. 보안요원들이 내 생일선물을 뜯어볼 때 나는 눈을 돌렸다. 우리가 보안요원들을 지나갈 때까지 아버지가 더 많이 좌절하는 모습을 보며 나는 애써 침착하게 있으려 했다. 그리고 나서 비행기의 문이 닫혔을 때, 불쑥 모든 것이 끝나버렸다. 카스피해 위를 지나가는 것이 이상하게 느껴졌고, 우리는 이곳을 영원히 떠나는 것 같았다. 마치 이곳에 있었던 삶의 한 순간들이 그냥 끝나는 것이 아니라, 아주 세게 누군가에 의해 쾅 하고 끝나는 것 같았다.

의미를 찾아서

우리가 다시 미국에 도착했을 때, 친구들과 가족들은 우리가 그 나라에서 나와 다시 "고향"으로 돌아오게 된 것이 틀림없이 기뻤을 것이라 이야기하며, 좋은 의도에서 우리를 환영해 주기 위해 공항으로 마중 나왔다. 그러나 나는 방금 내가 살던 집에서 쫓겨난 것이었다. 극도의 괴로운 현실이 시작되려는 것이었다. 나는 내 경험과 관련된 사람이 주변에 아무도 없는 완전히 다른 세계에 오게 된 것이었고, 우리 팀의 사람들도 더 이상 옆집에 사는 것이 아니었다. 어느 날 디브리핑 회기가 예정되어 있던 날, 캘리포니아의 다른 가족들이 할머니 집에 머물고 있는 우리 가족을 만나기 위해 한 시간을 운전하여 찾아왔다. 그러나 그날 오전은 오직 어른들만을 위한 시간이었고, 나는 계속 이야기를 듣고 있어야만 했다. 이곳 미국의 사회적 규범에 따라, 그곳에 있었을 때와는 달리 나는 성인으로 대우받을 수 없었다. 친한 친구들과 보냈던 얼마 안 되는 시간들도 더 이상 가질 수 없었다. 나는 그다음 주가 오기 전에 내 감정을 묻어야 했고, 기말시험 공부를 하며 생각을 바꾸려 했지만 계속 외로움을 느꼈다.

나의 믿음은 나의 삶과 정체성이 통합된 것이었지만, 나는 하나님에게 여전히 "왜"라는 의문이 많이 들었다. 그해 여름, 우리 팀 구성원 모두 우리의 경험을 디브리핑하기 위해 다시 모였고, 나도 이 모임에 포함된 것이 너무 감사했다. 우리에게 일어났던 모든 일을 이야기하는 가운데, 나는 나 자신이 과거의 괴로웠던 여행들만 생각하고 있는 것이 아니라 미래에 대해서도 생각하고 있는 것을 알게 되었다.

성경의 한 구절이 눈에 띄었다.

"찬송하리로다. 그는 우리 주 예수 그리스도의 하나님이시요 자비의 아버지시요 모든 위로의 하나님이시며 우리의 모든 환난 중에서 우리를 위로하사 우리로 하여금 하나님께 받는 위로로써 모든 환난 중에 있는 자들을 능히 위로하게 하시는 이시로다"(고린도후서 1:3~5)

2년 전에 했던 생각이 더 크게 명확히 자라나고 있었다. 난 심리학자가 되고 싶을 뿐 아니라, 디브리핑을 이끄는 사람이 되고 싶었다. 나는 내가 했던 경험이 어떤 대학에서도 제공할 수 없는 준비된 훈련이며, 어려움을 경험한 사람들을 깊이 위로할 수 있다는 것을 깨달았다. 작별 인사를 해야 하는 고통, 나를 이해하는 사람이 별로 없기 때문에 느끼는 외로움, 나의 역할과 정체성에 대한 의문 모두 다른 사람들도 경험할 수 있는 것이며, 나는 내가 받은 위로를 다른 사람에게 전해줄 수 있는 기회를 가지게 되는 것이다.

미래 내가 할 일에 대한 의미, 미래 나의 목표에 대한 생각이 점점 커져 갔지만 이런 생각들로 인해 현재 내가 다니고 있는 미국 고등학교에서의 적응의 어려움이 모두 사라지는 것은 아니었다. 나는 남부 캘리포니아에서 다시 외로움을 견뎌내야만 했다. 나는 4.0의 학점을 유지하기 위해 열심히 노력했고, 대학의 우등 과정을 모두 이수했다. 아마도 나의 유능함을 보여주고 싶은 마음에 이렇게 열심히 노력했던 것 같다. 나는 3년의 스페인어 과정을 건너뛸 수 있었지만, 인기 팝밴드인 백스트리트 보이즈(Back-street Boys)가 누구인지 몰랐다. 나는 미적분학 시험은 완벽히 잘 볼 수 있었지만, 〈ER〉(역자 주: 응급실에서 벌어지는 일들을 담은 미국의 의학 드라마)과 〈아메리카 퍼니스트 홈 비디오(America's Funniest Home Video)〉를 제외한 TV 쇼에 관해서는 말하기 어려웠다. 나는 미술대회에서 "베스트 오브 쇼(Best of Show)" 상을 받았지만, 레이커스(Lakers)와 관련된 스포츠가 무엇인지 몰랐다.

그러나 어릴 때 국제 콘퍼런스 내의 아동을 위한 프로그램에 자원봉사자로 참여했을 때, 나는 마치 집에 와 있는 것 같은 느낌을 받았다. 그곳에서 나는 내가 받았던 돌봄과 이해, 혹은 때때로 결핍되었던 나의 정서를 그 아이들과 공유할 수 있었다.

캘리포니아에 있은 지 2년 후, 나는 휘트먼대학(Whitman College) 심리학과의 높은 학문적 수준 및 뛰어난 명성에 이끌려 이 대학이 있는 워싱턴의 월라월라(Walla Walla)로 떠났다. 작지만 다양한 사람들이 모여 있는 휘트먼대학의 캠퍼스에 들어섰을 때, 나는 나만이 갖고 있는 어려움뿐 아니라 대부분의 제3문화 아이들이 경험하는 도전에 직면했다. 암울했던 시절에도 나의 직업과 소명에 관해 배울 수 있었다는 점이 어떤 면에서 위로가 되기도 했다. 나는 수업에서 배운 심리학 이론을 떠올렸다. 나는 매일의 어려움을 통해 공감을 이해하게 되었다. 어릴 때부터 나는 박사 학위까지 교육을 받아야겠다고 계획했었다. 임상 실무와 연구를 계속하면서 나는 제3문화 아이들을 포함하여, 이동(mobile) 가족, 이주(transition), 문화 적응 그리고 교차문화/문화 간 심리학, 게다가 트라우마에 대한 관심까지 덧붙여 계속 이 분야를 더 알아갔다. 논문을 쓰기 위해 대학에 다니는 제3문화 아이들, 특히 선교사 자녀들에 관한 연구를 진행하면서, 나는 지도교수에게 '제3문화 아이들'이 의미하는 것이 무엇인지 알려주어야 했다. 그러나 나는 대학에 다니는 동안 문화적·정서적 스트레스의 측면에서 이주를 어렵게 만드는 요인이 무엇인지, 현재 문화적 적응에 초기 이주 경험이 어떤 영향을 미치는지 연구를 통해 발견하고 이를 논문으로 발표하게 되어 매우 흥분되었다.

학문의 통합

나는 논문(Hervey, 2009)에서, 다른 나라로 이주하는 과정에서 알려진 어려운 점들이 대학에 있는 선교사 자녀들의 적응에 어떻게 영향을 미치는지 제안했다. 흥미로운 점은 문화 적응의 측면에서, 부모님의 모국으로 돌아갔을 때가 해외로 이주했을 때보다 더 힘들다는 것이다. 문화 적응이 친구와 이별하는 것이나 새로운 친구를 사귀는 것만큼 도전적인 것으로 나타나지는 않았지만, 연구에서 문화 적응은 대학에서의 적응 수준과 매우 강한 관계를 보이며 장기적으로 매우 현저한 효과를 미치는 것으로 나타났다.

모국으로 돌아갔을 때가 해외로 이주할 때보다 적응이 더 어려울 수 있는 몇 가지 가능한 이유들이 있다. 어떤 사람들은, 나처럼 해외의 어떤 부정적인 요인들, 가령 불안정한 정부, 기관 내 문제 혹은 가족 문제로 인해 모국으로 다시 돌아갔을 수도 있다. 이러한 어려운 상황은 어떤 사건을 인식하는 데 있어서 부정적인 영향을 미칠 수 있다. 그러나 많은 아이들은 대학에 가기 위해, 예정했던 대로 모국으로 돌아갔을 것이다. 모국으로 돌아가는 데 영향을 미친 변인들이 더 최근에 일어난 것들이고 더 지속적인 영향을 미칠 수 있다. 모국으로 돌아오기 위해 해외에 있는 친구들과 작별한 기억은 비교적 더 생생하지만, 이전에 해외에 이주하면서 작별했던 아픔들은 이미 많이 누그러들었을 것이다. 덧붙여, 해외에 있을 때는 보통 어느 정도 잠시 다른 나라에 산다고 생각하지만, 모국으로 돌아갈 때는 오랜 친구들과 모국에 있는 친척들을 다시 만날 생각에 기대감이 더 높을 것이다. 그러나 모국에 돌아가기 위해 해외로 이주한 나라 및 문화권에서 다시 떠나와야 할 때는 다시 돌아갈 것이라는 기대가 낮아 최후라는 개념이 더 크다.

문화가 변할 때 경험하는 어려움이 사람마다 다른데, 이런 점이 어떤 사람에게는 매우 놀라워 보일 수 있다. 사람들은 부모의 모국으로 돌아가는 것보다 특정한 새로운 나라나 문화권에 정착하는 것이 더 어려울 것이라 생각할 수 있다. 부모의 모국은 어린 시절 방문했을 수도 있고, 모국에서 온 다른 해외 거주자와 교류해서 어느 정도 경험했을 것이라 생각하기 때문이다. 그러나 주요한 문제는 바로 이러한 생각, 모국으로 가는 것에 대한 기대에서 비롯될 수 있다. 새로운 나라에서 문화 충격을 경험하는 것이 매우 힘든 일이라는 것을 잘 깨닫고, 그 사실만으로도 필요한 지지와 적응하는 방법을 만드는 데 더 큰 의지를 갖고 있을 수 있다.

역문화 충격은 더 쉽게 간과될 수 있는데, 부모의 고향이라고 생각하는 장소로 돌아가는 것이기 때문이다. 부모들은 자녀들이 또래 집단의 문화에 많이 노출되지 않았다는 점을 잊는 것 같다. 모국에 도착하자마자 그들은 자신들이 "숨겨진 이민자"라는 것을 알게 된다(Pollock and Reken, 2001: 63). 그들은 그 나라에 있는 다른 많은 사람들과 비슷하게 보이지만, 실제로는 여러 문화의 영향을 받아 그들과는 다른 사고방식을 보인다. 대중의 일부처럼 보이는 경험이 제3문화 아이에게는 매우 새로운 것일 수 있다. 제3문화 아이는 부모와는 뚜렷이 구별되는 정체성을 갖고 있어서, 미국이나 캐나다로 돌아가는 것이 특히 성인이 되어 돌아갈 때 더 이상 "고향"으로 가는 것을 의미하지 않는다. 역문화 충격이 실제로 존재한다는 것 그리고 이것이 미치는 영향은 결코 간과될 수 없는 것이다.

경험과 연구의 적용

카자흐스탄에서 추방당한 후 미국으로 돌아왔을 때, 나는 "고향에 돌아오신 것을 환영합니다"와 같은 선의의 말을 많이 들었다. 그들은 내가 마지막 고향을 떠나 지금 익숙하지 않은 곳에 와 있다는 것을 알지 못했다. 또한 그들은 떠나온 모국 사회에 다시 들어가려는 나의 노력을 이해할 수도 없었고 이야기하지도 않았다. 미국에 다시 돌아와서 적응하려고 노력하는 동안 나는 무언가 제자리에 있지 않은 것 같았고, 외롭기도 했다. 그리고 이곳의 치열한 환경과 이곳에서 계속 살아야 한다는 사실 때문에 이전에 살던 곳이 더 많이 생각났다. 각 개인 그리고 매 사건마다 어느 정도 차이는 있겠지만, 연구에서 명백하게 드러나는 경향 중 일부는 제3문화 아이들은 부모와 교사, 친구들이 자신의 이러한 특징을 고려해 주기를 원한다는 것이다.

이동 경험이 미치는 장기적인 영향을 볼 때 순조로운 과정을 밟기 위해 몇 가지 조치를 취하는 것이 중요함을 알 수 있다. 부모는 아이의 삶에서 유일하게 같이 계속 있는 사람으로 중요한 역할을 담당하고 있다. 아이에게 일관성과 안정감을 더 많이 느끼게 할 수 있는 몇 가지 간단한 방법들이 있다. 그중 한 가지 방법은 아이에게 국경을 이동할 때마다 몸에 지닐 수 있는 만질 수 있는 물건, 인형 혹은 다른 추억할 만한 물건을 갖게 하는 것이다. 예를 들어, 나의 어머니는 우리 자녀들 각자에게 담요를 떠주었고, 우리는 대륙을 이동할 때마다 그것을 갖고 다녔다. 그리고 전통이나 관습을 유지하여 일관성을 높일 수 있다. 가령 크리스마스 아침 때 양말에 선물을 넣거나 식사 시간마다 식사기도를 하는 것이다. 정기적인 가족 활동을 만드는 것, 가령 각 개인에게 어떤 책임을 주는 것도 안정감을 기르는 데 도움이 될 수 있다.

제3문화 아이들에게 느낌을 자유롭게 표현하고 질문을 편하게 할 수 있도록 하는 점이 중요하다. 가족 안에서의 개방적인 의사소통은 아이가 자신의 정서와 불확실성을 다루게 할 수 있다. 아이는 큰 변화를 경험할 때 그리고 해외로 이주하거나 부모의 모국으로 다시 돌아갈 때 많은 이별에 종종 수반되는 상실감을 표현할 수 있는 안전한 장소가 필요하다. 넓은 범위의 반응을 보이는 것을 정상적으로 인정해 주고 받아줄 때 제3문화 아이는 슬픔과 작별을 건강하게 다룰 수 있다.

해외에 있는 동안 부모의 문화와 지속적인 접촉을 유지하는 것이 중요하다. 나의 연구에서, 부모 나라의 친구들과 장거리로도 상호작용을 계속한 아이가 부모의 문화에서 적응하는 데 그리고 미국이나 캐나다로 돌아갔을 때 새로운 친구를 사귀는 데 어려움을 덜 경험했다. 개인적인 경험에서 볼 때, 나는 인기 있는 매체, 유행하는 옷 스타일, 친숙함을 느낄 수 있는 요소들을 잘 모른 채 귀국했고, 이로 인해 귀국한 이후에도 외부인 같은 느낌을 받았다. 오늘날은 기술이 발달했기 때문에, 대부분의 지역에서 온라인 사회 관계망과 무료 인터넷 전화에 접근할 수 있다. 이런 도구들은 제3문화 아이가 또래와 관계를 유지하는 데 도움을 주고, 해외에 있는 동안 친구들과도 잘 지내며 돌아갔을 때도 수용받는 느낌을 더 많이 느끼게 할 수 있다.

재입국 과정이 순조롭게 되기 위해서는 제3문화 아이의 경험이 무엇인지 그리고 이 아이의 경험이 부모와 어떻게 다른지 더 많이 배워가는 것이 중요하다. 가족, 친구 및 친척들은 매우 따뜻하고 지지적인 집단일 수 있지만, 그럼에도 달리 정보를 받지 않는 한 부정확한 가정을 하고 있을 가능성이 다분하다. 주변에서 제3문화 아이의 경험과 재입국에서 겪는 어려움, 역문화 충격에 대해 잘 이해해 줄 때, 이 아이들은 아무도 자신을 이해해 주지 않는 느낌에 빠져들기보다 섬세하게 자신을 환영해 준다는 느낌을 받을 것이다. 심지어 실용적 특징을 가진 서구 문화에서 다시 생활할 때에도 때로 도움이 필요하며, 특히 친구들의 도움이 필요하다. 친구들 가운데 한 사람이 큰 가게의 한 통로가 토마토소스로 채워진 것에 대해 이야기하여 쇼핑하는 데 적응할 수 있도록 도움을 줄 수 있다. 혹은 현재 유행하고 있는 패션 스타일을 알려주거나 단순히 제3문화 아이의 이야기를 잘 들어줌으로써 이들이 잘 적응하도록 도와줄 수 있다.

결국 제3문화 아이는 새로운 환경에서 과거에 처음 적응했던 상태를 유지시켜 나가는 데 확실히 몇 가지 어려움이 있다. 대학에 들어오기 위해 많은 아이들이 미국에 돌아오는데, 이 아이들은 미국에 오기 전 여러 나라에 거주한 경험이 있다. 이 아이들은 재입국 과정에서 겪는 역문화 충격뿐 아니라 모든 학생들이 경험하는 일상적인 변화, 가령 가족과 떨어져 살게 되는 것, 이전에 비해 더 큰 자율성의 범위에서 살아야 하는 것, 기숙사 같은 다른 환경에서 거주하는 것 등에 직면한다. 처음 적응 기간 동안에 아이들은 주변 환경이나 변화에 더 민감할 수 있으며, 고학년이 되었을 때에 비해 극적인 변화들이 초기 적응 과정 중에 나타난다.

일부 전문대와 종합대에서는 제3문화 아이들의 다른 사람들과의 상호작용을 돕기 위해 몇몇 조치를 취하기도 하지만, 많은 곳에서 이러한 도움들을 마련해 놓고 있지 않은 실정이다. 제3문화 아이들이든 혹은 학교든 점점 증가하는 제3문화 아이들이 서로 상호작용할 수 있도록 어떤 환경을 만들어주는 것은 이 아이들이 느끼는 부적절감, 외로움, 이해받지 못함과 같은 정신적 고통을 다루는 데 도움이 되며, 이 아이들 간의 모임을 통해 계속적인 지지를 제공해 줄 수 있다. 어떤 학생들이 있는 곳은, 워싱턴의 월라월라의 시골 작은 휘트먼대학에 있는 나처럼, 제3문화 아이가 많지 않은 곳일 수 있다. 이런 환경에서는 어떤 형태의 모임, 가령 신앙 단체나 국제 학생들 간의 관계를 위한 모임 등에 참여하는 것이 중요하다. 실제로 이 두 형태의 모임은 모두 나에게 매우 중요했다.

이 장에서는 나와 많은 제3문화 아이들이 경험했던 어려움에 주로 초점을 맞췄는데, 나는 이런 점들만 우리 제3문화 아이의 삶을 이루고 있는 것은 아니라는 점을 강조하고 싶다. 많은 어려움에 직면했을 때 제3문화 아이들은 종종 매우 인상적일 정도로 유연하게 적응하는 모습을 보여주며, 학업과 미래 취업에서 계속 우수한 모습을 보여주기도 한다. 여러 직업에서 제3문화 아이들을 발견할 수 있다. 영국인 부모님과 함께 중국에서 성장한 에릭 리들(Eric Liddell)은 올림픽 금메달리스트가 되었다. 국제 컴패션(Compassion International) 회장인 웨슬리 스태퍼드(Wesley Stafford)는 어릴 때 코트디부아르에 살았다. 세계 유명 리더 중 한 명인 미국의 버락 오바마 대통령은 코카시안 계열의 유럽계 백인 어머니와 케냐인 아버지를 두고 있으며, 어린 시절 많은 시간을 인도네시아에서 보냈다. 나는 이들이 다른 문화로 이주하고 새로 적응하면서 매우 많은 어려움을 경험했다는 것을 알기 때문에, 이들의 성공이 매우 고무적으로 느껴진다. 여기 제시한 지지(support)는 어떤 "치료"를 위한 것이라기보다는 삶의 여러 국면에서 더 큰 성공을 이끌어내는 것, 더 많은 것을 이룰 수 있도록 촉진시켜 주는 것이다.

참고문헌

Hervey, E.G. 2009. "Cultural Transitions during Childhood and Adjustment to College." *Journal of Psychology and Christianity*, 28, pp.3~12.

Pollock, D.C. and R.E. Van Reken. 2001. *Third Culture Kids: The Experience of Growing Up among Worlds*. London, UK: Nicholas Brealey Publishing.

대륙 이동

/

애나 마리아 무어(Anna Maria Moore)

대륙 이동의 움직임: 나의 시작

나의 얼굴을 따뜻하게 한 첫 번째 광선은 지중해의 태양으로부터 왔지만, 그 광선들은 어느 곳에서나 올 수 있는 것이었다. 태어났을 때에도 나는 외부인이었다. 머리카락은 거의 없었고, 살짝 떠진 파란 눈은 나를 확실히 외국인으로 보이게 만들었다. 이곳 바르셀로나의 간호사들은 굵고 검은 머리카락과 감은 눈의 아이들을 보는 데 익숙했다. 그들은 나를 안았을 때 내 모습에 매료되어 소리를 질렀다. 이것이 나의 첫 교차문화 경험이었다. 나는 스웨덴 작은 마을 출신 여성과 시카고 교외에서 온 미국 남자 사이에서 태어났다.

3주가 지나지 않아서, 나는 할아버지의 장례식에 가기 위해 스웨덴행 비행기를 탔다. 여권 사진에서 아버지의 손이 나의 작은 머리를 잡고 있었다. 그의 엄지손가락은 거의 내 얼굴 전체 길이에 걸쳐 있었다. 나는 여권을 수집했는데, 5년마다 다른 나라에 가기 위해 여권을 갱신했고, 내 여권들에는 세관을 통과할 때 여권을 훑어본 손때 묻은 스탬프 도장들로 가득 채워져 있었다.

이렇게 나의 여정은 시작되었고, 지금까지도 줄곧 이어지고 있다. 한 번의 비행에 이은 또 다른 비행, 한 집에서 다른 집으로, 한 도시에서 다른 도시로, 한 나라에서 다른 나라로, 한 대륙에서 다른 대륙으로 이주하는 것이다. 나는 5개 대륙에 살았고, 내가 살았던 대륙의 수가 더 증가하지 않을 것이라 장담할 수 없다. 나는 세계를 계속 경험하고 있고, 더 이상 불안해하지 않는다. 세계는 나의 놀이터이다.

나는 2년 동안 세계 일주를 한 후 몇 년 되지 않았을 때 여행 취미를 줄이려고 애썼다. 그러나 가만히 있었던 것은 잠시였을 뿐 다시 돌아오기까지 얼마 걸리지 않았다. 계속 짐을 싸고 푸는 일은 나를 지치게 했고, 나는 나만의 장소에서 편안하게 있을 수 있는 침대를 간절히 원했다. 그러나 시간이 지날수록 새로운 국가를 향한 나의 그리움은 다시 찾아왔다. 어떤 습관들은 고치기 어렵다. 한곳에서 계속 성장한 친구들은 나의 끝없는 여행 일정을 눈을 굴려가며 경청하고, 내가 도대체 언제쯤 철이 들어 정착할지 궁금해한다. 정착하게 되는 곳이 마지막 목적지가 될 것이라고 예상하며, 여러 곳을 다니는 것은 내가 나이가 들면 사라질 단계라 생각한다. 그러나 여행자의 횃불은 꺼질 수 없는 것이다.

맨틀 대류: 해외 이주 사업가 자녀

나는 국제사업가의 외동딸이다. 아버지는 네덜란드 낙농 사업의 다양한 자회사를 운영하셨다. 아버지는 세계 여러 나라로 파견 근무를 나갔으며, 우리는 4년 혹은 5년마다 꾸준히 아버지를 따라 이주하는 삶을 살았다. 나는 그래도 나와 비슷하게 해외에 거주하지만 평균적으로 2년마다 이주하는 친구들과 비교해서는 운이 좋은 사람이라 생각했다.

내가 전 세계에서 성장했다고 이야기할 때마다, 해외 거주자의 삶을 아는 사람들은 나에게 부모님이 "선교사나 외교관이세요?"라고 물어본다.

그때마다 나는 "둘 다 아니에요"라고 대답한다.

"군인?"

"아니요. 사업가세요."

"무슨 사업을 하시죠?"

나는 웃으며, 그들의 반응을 기대하며 이렇게 대답한다. "아버지는 우유배달원이었어요."

그들은 약간 놀라며 재미있다는 표정으로 나를 쳐다본다. 그들은 낙농 제품을 태국, 나이지리아, 파키스탄, 페루와 같은 곳에 파는 것이 아닌지 생각한다. 물론 그런 곳에 파는 것은 맞다. 그곳들은 주목받는 지역은 아니며 이런 지역 모두 그들이 "힘든 곳"으로 생각하는 곳이다. 그 지역들은 또한 테러리즘이나 마약·여자·무기의 불법 거래가 발생하는 중심지이기도 하다. 상상할 수 있는 그 무엇도 밀매할 수 있는 곳이다. 그러나 우리는 살았던 곳에서 보호를 받았고 특권을 누렸다.

난 "너희 아버지가 스파이가 아닌 게 확실하니?"라는 질문을 좀 받기도 했다. 난 다른 사람들이 우리 아버지가 CIA일 것이라고 생각했다는 점이 재미있다. 아버지의 경우 몇몇 목적지에서 도장이 찍혀 있지 않아 아버지의 여권은 마치 이중간첩의 것처럼 보인다. 아버지는 1980년대 남아프리카공화국에 도착했다는 증거가 찍히지 않도록 해달라고 요청했다. 아버지는 심지어 요즘에도 내가 아버지가 방문하지 않았다고 기억하는 곳을 가봤다고 이야기하여 나를 놀라게 한다. 그런 지역은 뉴질랜드, 브라질, 아이티, 수단이다. 이런 지역은 더 있다. 아버지는 다양한 나라에서 일한 흔치 않은 경력을 갖고 있지만, 그렇다고 해서 스파이 소설의 소재가 될 만한 것은 아니다.

아버지의 직업과 특성은 아버지와 우리 가족이 그의 회사를 대표했음을 의미한다. 선교사, 외교관, 군인 자녀들처럼, 나는 나 자신보다 더 큰 어떤 것의 일부여야 했다. 그것이 좋건 좋지 않건 간에. 나는 아버지가 새로 일하기로 한 곳이 어떤 곳이든 그곳의 사회적 모임(social fabric)에 참여해야 했다. 난 수줍어하는 편이었지만, 사람들은 종종 나와 부모님이 함께 사회적 모임에 참여하기를 요청했다.

우리 집은 비어 있는 적이 전혀 없었다. 어느 지역에 있든 우리 집에는 늘 칵테일, 저녁식사, 파티가 끊이지 않았다. 어머니는 우리 집에 온 사람들을 완벽히 접대하셨고 나는 예의 바른 딸이었다. 수년 동안 나는 멋진 직함과 중요한 역할을 가진 글로벌한 해외 거주자들을 만났다. 모임에서 나를 알리고, 사회적인 에티켓을 배우고, 사교 자리에서 대화하는 것을 배우는 것은 이상적인 일이며, 이런 경험들은 이주할 때 적응을 더 쉽게 만들어주었다. 나는 필요할 때 외향적인 사람이 되는 법, 그리고 내가 어떤 곳에 있든지 친구를 만들 수 있는 방법을 배웠다.

구조적 이동: 따라가기만 하다

나는 작별에 관한 어떤 것도 기억하지 못한다. 오직 처음 인사한 것만 기억하고 있다. 나는 10대가 될 때까지의 어떤 장소나 사람에 대한 슬픔 혹은 상실감을 기억하지 못한다. 나는 오직 짐을 싸고 밴을 타고 이동했던 것만 기억한다. 아버지는 보통 새로운 일을 시작하고 우리가 살 집을 알아보기 위해 우리보다 먼저 이주하셨고, 그동안 나는 여름이 될 때까지 학교에만 틀어박혀 지내야 했다. 어머니는 그동안 가게 문을 닫는 역할을 했다. 아버지가 재정과 사회생활을 도맡아 했다면 어머니는 주로 이사와 집안일을 맡아 하셨다. 우리 가족이 함께 다시 모일 무렵이 되면, 아버지는 우리를 위해 사회관계망, 모임에 벌써 들어가 계셨다. 나는 어떤 것에도 불평하지 않은 것으로 기억한다. 아이 시절의 관점에서 생각해 볼 때, 인생은 다소 이상한 궤도를 따라 부드럽게 미끄러져 가고 있는 것처럼 보였다.

남미와 북미

나의 첫 번째 기억은 페루 리마에서의 기억이다. 나는 다섯 살이 될 때까지 그곳에서 살았다. 나는 지진으로 우리 집이 흔들렸을 때 TV가 미끄러지고 등이 선반에 부딪혀 튕겨 나갔던 것을 기억한다. 나는 부모님에게 스페인어로 이야기했고, 부모님은 스웨덴어나 영어로 대답하셨다. 우리 집은 "카사블랑카"로 불렸고, 내가 살던 도시의 가장 부유한 이웃들이 사는 동네 중 한 곳의 공원에 위치해 있었다. 문이나 높은 벽이 아닌 올리브 나무와 선인장들로 둘러싸인 곳에 있는 유일한 집이었다. 그러나 도둑이 들어오지 못하도록 창문에 빗장을 쳐놓았다.

우리 집 유모였던 리타(Rita)는 나를 돌봐주었고 우리 집 2층 방에서 살았다. 우리 집에는 우리 집의 재산과 우리를 돌봐주던 사람들이 함께 살았지만, 그들은 우리 가족의 일원은 아니었다. 어느 날 밤 한 남자가 우리 집 지붕을 타고 넘어와 열린 마당으로 들어왔을 때, 부모님은 외부 친교 모임에 가 계셨다. 리타가 그를 맞닥뜨렸고 그는 총을 꺼내 우리 집 재산을 가져오지 않으면 나를 유괴하겠다고 위협했다. 리타가 서랍에서 현금을 발견하고 그에게 주자 그는 집에서 나갔다. 그는 우리의 사적 공간에 침입한 첫 번째 사람도 마지막 사람도 아니었다. 다른 사람들이 높은 벽과 문 뒤에 사는 이유가 있었다.

수년 동안 나는 비에 관해 들었지만 전혀 비 내리는 것을 볼 수 없었다. 대부분의 사람들이 알고 있는 비가 리마에는 전혀 내리지 않았다. 많은 리메노(*Limeño*. 역자 주: 리마에 거주하는 주민)는 전혀 우산을 사용해 본 적이 없었다. 밖에서 놀던 어느 날, 나는 내 얼굴이 뭔가 축축해지는 것을 느꼈고, 손을 내밀어, 이것이 사람들이 비라 부르는 신비로운 것이 틀림없다고 생각했다. 나는 흥분으로 가득 차 집으로 들어가 어머니에게 "*¡está lloviendo* (비가 오고 있어요)!"라고 소리쳤다. 그러나 어머니의 "그건 비가 아니라 안개란다"라는 대답에 나의 기쁨은 모두 산산조각 나고 말았다. 리마는 6월에서 8월까지 습한 겨울 동안 도시 전체가 가루아(*garúa*. 역자 주: 이슬비 또는 안개를 의미하는 스페인어), 즉 안개로 덮이는 것으로 유명한 도시였다.

네 살일 때 난 유치원에서 부모님을 위해 춤을 췄었다. 첫 번째 춤은 18세기 프랑스에서 만들어진 미뉴에트에 맞춰 추는 춤이었다. 이 곡에 맞추기 위해 종이로 만든 공 모양의 드레스에, 그 옷에 어울리는 하얀 가발을 쓰고 춤을 추었다. 두 번째 춤은 페루의 대표적인 우아이나(*huayna*)였고, 우리는 라마와 각이 진 기하학적 무늬로 장식된 양모로 만든 판초를 입었다. 하얀 가루 가발과 판초의 어울리지 않는 모습은 나의 다문화적인 삶의 양분된 모습을 완벽히 보여주는 것이었다.

북미와 유럽

나는 여섯 살 생일을 캘리포니아주의 로스앤젤레스에서 보냈고, 스웨덴인 이모와 사촌과 함께 1년을 그곳에서 지냈다. 나는 공립학교 1학년에 한 살 일찍 들어갔다. 나는 영어를 이해할 수 있었지만 처음에는 잘 구사하지 못했고, 1학년 때 선생님은 나의 까맣게 탄 피부와 어두운 피부색 등을 보고 확실히 내가 멕시코계 이민자 자녀라고 생각했다. 난 외부인으로서, 소수 집단, 비주류 사람들과 있을 때 편안하게 느꼈다. 나는 아프리카계 미국인, 중국 여자아이들과 친하게 지냈고, 우리를 놀리는 남학생들과

학교 운동장에서 싸우기도 했다.

한번은 내가 국기에 대한 맹세를 할 때 친구에게 귓속말을 했는데, 선생님이 나를 지적하며 내 입을 마스킹테이프로 붙였지만, 이것은 내게 효과가 없었다. 내가 무엇에 충성을 맹세하겠는가? 이 나라에 있은 지 몇 개월되지 않았고, 난 다시 곧 이곳을 떠날 것이 아닌가? 나는 적응해야만 한다는 것을 이해한 후 빨리 영어를 배웠고, 스페인어는 잊어버리기 시작했다.

샌프란시스코의 북쪽으로 이주하기 전에 로스앤젤레스에서 1년 더 있었고, 이때의 2년의 시간들이 나의 삶에서 가장 행복했던 순간들이다. 난매우 빨리 이곳 삶에 편하게 적응할 수 있었고, 나의 삶은 더욱더 미국인의 특징을 띠기 시작했다. 나는 막다른 골목(cul-de-sac)에 사는 아이들과어울려 놀았고, 그들과 함께 매일 학교에 걸어갔다. 난 짝사랑도 했고, 피구를 하며 놀았고, 놀이터 정글짐에서 키스를 하기도 했다. 삶이 쉽게 느껴졌다. 나는 캘리포니아 여자아이가 되는 것이 좋았고, 미국에 잘 적응하고 있는 이란, 페루-중국인 부모를 둔 아이들과 친구가 되었다. 나는 꼭맞는 곳에 있는 것 같았다.

미국에서 처음으로 롤러스케이트를 사고 스키를 배운 후 바로 다시 그곳을 떠나 다른 곳으로 가게 되었다. 아버지는 이번에 네덜란드로 가셔야했는데, 아버지는 1962년 교환학생으로 그 나라에 있었다. 이주를 준비하기 위해 어머니는 네덜란드어 수업을 들으셨고, 어머니의 네덜란드어 선생님께서 아이들 책을 주셔서 나도 네덜란드어를 배우기 시작했다. 나는캘리포니아의 햇빛이 비치는 곳에 앉아 『*Ik kan lezen*(나는 읽을 수 있어요)』이라는 책을 읽으며, 우리가 곧 고향이라 부를 먼 나라 네덜란드를 머릿속에 그려보았다.

유럽과 아시아

네덜란드 학교에서 첫날을 보낸 후, 나는 어머니를 만나기로 한 장소인 로테르담 중앙역으로 갈 것이라 생각한 스쿨버스에 올라탔다. 퀸의 「또 누군가가 한 줌 흙이 되네(Another one Bites the Dust)」가 라디오에서 흘러나올 때 버스에서 내렸는데, 내린 후 주변을 둘러보니 어머니가 말한 이정표가 그곳에 하나도 없었다. 그리고 어머니는 그곳에 나타나지 않았다.

인도에 몇 시간 앉아 있는 동안 펑크족과 약물중독자들이 근처를 어슬렁거리고 있었는데, 그곳에 있던 하얀 턱수염의 한 상인이 나에게 다가왔다. 그는 내가 이해할 수 없는 몇 가지 질문을 했다. 내가 그에게 "*Ik spreek niet nederlands*(나는 네덜란드어로 말할 수 없습니다)"라고 대답하자, 그는 부자연스러운 영어로 우리 부모님이 어디 계신지 물어보았다. "엄마가 이곳에 오고 계세요"라고 답했고, 계속 난 어머니를 기다렸다. 그는 경찰을 불렀고, 경찰은 나를 우리가 묵고 있는 호텔에 데려다주었다. 그곳에서 부모님은 나에 대한 걱정과 미안함으로 거의 제정신이 아닌 상태로 계셨다.

그것은 새로운 나라로 이주하며 겪게 되는 많은 어려움들 중 하나였다. 우리에게 주변 배경 혹은 참고할 만한 것이 없었다. 어머니는 나만큼 방향감각이 없었다. 어머니는 역의 반대편에서 나를 계속 기다리고 있었고, 역에 출입구가 두 곳임을 알지 못했다. 그때 우리는 핸드폰을 갖고 있지도 않았다. 부모님은 나를 거의 잃을 뻔한 날, 자신들이 할 수 있는 것이 거의 없다는 그 무력함을 결코 잊지 못했다. 아버지는 우리 이야기를 듣는 사람 누구에게나 이 이야기를 멈추지 않고 들려주었다. 우리는 로테르담의 호텔에서 헤이그 근처 바세나르(Waasenaar)로 옮겼다. 나는 파네쿠켄(*pannekoeken*), 포페르티어스(*poffertjes*), 스페퀼라스(*spekulaas*)와 치즈를 매우 좋아했다. 나의 특별한 기쁨은 신선한 바게트 빵과 1킬로그램의 하우다(Gouda. 고다) 치즈를 사서, 치즈 가운데 부드러운 부분을 잘라 따뜻한 빵과 함께 먹는 것이었다. 매년 12월 5일 신터클라스(Sinterklaas) 데이 때마다, 나는 일어나 선물과 캔디로 가득 차 있는 신발로 갔다. 그리고 나서 동네 아이들과 함께 거리로 뛰어나가 검은 얼굴에 16세기의 화려한 의상을 입은 즈바르테 피트(Zwarte Piet. 역자 주: 신터클라스를 도와서 아이들에게 선물을 나눠주는 사람)가 나누어주는 페페르노텐(pepernoten)을 받고 싶어 했다. 그들은 네덜란드의 산타클로스인 신터클라스와 함께 보트같이 생긴 것을 타고 왔다. 신터클라스는 노예들을 데리고 배로 아프리카에서 스페인으로 왔다는 전설이 있었다.

나는 학교에서 수줍어하고 잘 긴장하는 아이였고, 인기가 없었으며, 내가 받고 싶었던 관심은 남자아이들의 괴롭힘으로 돌아왔다. 10대가 거의 끝나갈 무렵, 부모님을 따라 그곳을 떠나 태국으로 가게 된 것은 내게 축복이었다. 그곳을 떠나는 것은 적절한 시기의 도피가 될 수 있었다. 상황이 안 좋게 흘러갈 때, 내가 곧 그곳을 떠날 것이며, 나의 운명을 바꿀 수 있고, 다른 어딘가에서 새로운 생활을 할 수 있다는 것을 알게 되어 안심이 되었다. 일시적으로 사는 것의 장점도 있다. 새로운 곳에서 자신을 재발견할 수 있다. 며칠 만에 나는 샌님 같은 아이에서 새로 온 인기 많은 여학생이 되었다.

아시아와 북미

나는 태국으로 이주한 첫 주에, 요리사의 숙소에 앉아 태국어가 섞인 유창치 못한 영어를 구사하는 요리사의 딸과 함께 대화를 나누었다. 우리가 침대에 앉아 같이 10대 잡지를 보고 있을 때 그녀는 대통에 든 찹쌀밥을 나누어주었다. 그 밥은 캔디처럼 맛있었고, 이국적이지만 매우 달콤한 맛이 났다. 요리사의 딸과 나는 네 살 차이가 났지만 나는 친구가 되고 싶었고, 그녀도 내 친구가 되길 원했다.

　우리는 빨리 친구가 되어, 서로의 언어를 배우고, 영화를 보고, 함께 쇼핑을 했어야 했다. 하지만 나는 국제학교에 8학년으로 들어가게 되어, 갑자기 나의 모든 시간을 외국인 친구들과 보내게 되었다. 나의 10대의 4년을 내 침실 바로 뒤에서 지내던 소녀를 무시한 채 난 외국인 친구들과 함께 어울렸다. 10대의 민감한 시기에 서로 연결되기에 그녀와 나의 세계는 너무 멀리 떨어져 있었다.

　방콕에 살면서 나는 바퀴 3개의 형형색색인 뚝뚝이(tuk-tuk)를 나 혼자 탈 수 있기 전까지, 레드불 에너지 음료를 마구 마시는 중국인이 모는, 에어컨이 달린 차를 타고 등교해야 했다. 배기가스를 뿜으며 차량 사이를 마구 달리는, 사방이 트인 택시들은 나에게 자유를 주었는데, 이것이 부모님에게는 매우 끔찍한 일이었다. 부모님은 나에게 그 택시는 속도가 올라가면 뒤집어져서 사고가 난다는 끔찍한 이야기들을 들려주며 타지 못하게 했다. 하지만 나는 그 택시를 타고 친구들과 도시 이곳저곳을 누비며 다녔다. 우리는 차, 버스, 그리고 우리 주위에 있는 떼를 지어 다니는 오토바이에서 나오는 공해들을 마시고, 시끄러운 엔진 소리 때문에 귀를 감싸곤 했다.

　방콕에서 10대로 사는 것은 곧 대부분의 부모들을 몸서리치게 만드는 광경과 소리에 노출되는 것을 의미했다. 약물, 술, 매춘은 매우 싸게 주변에 널려 있었다. 방콕에서 외출한다는 것은 곧 외국인들과, 잠시 태국에 방문한 미 해군들로 가득 찬 스트립 클럽이나 싸구려 디스코텍에 가는 것을 의미했다. 약물이나 섹스와 관련된 범죄가 만연해 있었고 누구나 할 수 있는 것이었기 때문에, 그것들은 내게 매력적이지 않았다. 그곳에서 보낸 나의 10대는 유리 새장 안에 있는 것과 같았다. 나는 그곳에서 세상 밖을 볼 수 있었지만, 전혀 아무 탈 없이 그 안에서 지낼 수 있었다.

　고등학교를 졸업할 무렵이 되면서, 고학년 학생들 모두 유럽이나 미국에 있는 대학으로 돌아가기를 열망하며 그곳 대학들에 지원했다. 급하게 대학 입학시험과 졸업식을 준비하며, 우리는 졸업이 의미하는 것이 무엇이며 우리 앞에 놓인 것이 무엇인지 생각할 시간을 거의 갖지 못했다. 우리는 서구 사회에서 대학 교육을 받는 것이 인생에서 더 앞으로 나아가는 일이라 믿었다. 미국인으로서 나는 미국에 "돌아가기를" 기대했지만, 그곳 미국에서 난 3년만 살았을 뿐이며, 그곳이 고향처럼 생각되지는 않았다.

대륙 붕괴: 상실과 갈등
아시아와 북미 그리고 아프리카

여권에 나는 미국인으로 기재되어 있고, 아버지가 미국에서 성장하셨기 때문에 나는 미국에 소속된 사람이라 생각하고 있었지만, 정작 미국에 다시 가는 것이 두려웠다. 내가 가진 모든 것은 친척들과 다양한 곳에서 보낸 크리스마스와 여름 방학의 기억과, 캘리포니아에서 보낸 어린 시절 3년 동안의 기억뿐이다.

친구들과 나는 정말로 방콕을 떠나고 싶지 않았다. 우리는 방콕에 함께 있기를 원했다. 그러나 우리는 이곳을 떠나면서 세계 곳곳으로 흩어졌고, 결코 다시 만날 수 없었다. 졸업 후 나는 나에게 기대했던 것을 했다. 비록 나는 태국과 친구들을 떠나야 하는 것이 두려웠지만, 대학을 가기 위해 미국으로 건너갔다. 내게는 태국에 머물 수 있는 선택권이 없었지만, 그곳에 머물러 있는 몇몇 아이들이 부러웠다. 부모님은 나이지리아로 이주하셨다.

난 처음으로 부모님 곁을 떠나 홀로 있게 되었을 뿐 아니라, 내가 사랑하는 태국을 떠나야 했다. 순식간에 난 부모님, 친구들, 나의 집을 잃어버린 것이다. 다른 많은 친구들은 방학 때 방콕에 가겠지만, 난 방학을 보내기 위해 방콕에 돌아가지 못하게 되었다. 대신 난 아무도 모르는 아프리카의 멀리 떨어진 나라에 부모님을 만나러 가야 했다. 내 발이 닿고 있던 땅이 흔들리면서, 나는 내가 서 있어야 할 자리를 잃고 말았다.

아시아와 아프리카

워싱턴주 가장 남쪽의 밀밭 지역에 있는 월라월라(Walla Walla)로 불리는 작은 마을에서 대학 1학년 생활을 하고 있을 때, 나는 부모님에게 크리스마스 때 집(home)에 가고 싶다고 이야기했다.

"그래, 라고스(Lagos)로 오는 표를 사줄 수 있어"라고 부모님은 대답하셨다.

"아니에요." 난 대답했다. "난 고향(home)에 가고 싶어요. 방콕에요."

부모님은 확실히 내 생각에 조금 당황해 하셨고, 가도록 허락해야 할지 고민하셨다. 하지만 부모님은 여러 나라를 이주하는 것이 얼마나 어렵고, 내가 얼마나 친구들과 생활에서의 안정을 그리워하는지 알고 계셨다. 1년 후 난 "고향"인 태국에 갈 수 있었다.

태국은 수년 동안 내게 고향으로 남아 있던 곳이다. 하지만 미국에서 친구들에게 "난 태국에서 왔어"라고 이야기하면 그들은 나를 재밌다는 듯 쳐다보았다. 어쨌든 난 태국어를 하지 못했다. 그런데 어떻게 내가 그곳 "출신"이 될 수 있겠는가? 그들은 나를 불쌍히 여기거나 나를 이해하기 위해, "그런데 넌 아시아 사람 같아 보이지는 않아"라는 말부터 "오, 그래. 넌 조금 아시아 사람 같기도 해"라는 말 등을 했다. 하지만 요새 더욱 난 방콕이 고향처럼 느껴진다. 격동의 치열한 청소년기를 보낸 곳은 강한 유대감이 느껴진다. 난 이 격동의 시기를 방콕에서 보냈던 것 같다.

대학에 들어가서 첫 번째 크리스마스를 보낸 후, 부모님은 나이지리아의 부모님의 새로운 "집"에 내가 오도록 설득하는 데 상당히 많은 시간과 에너지를 쏟으셨다. 그러나 나는 부모님의 뜻에 따르지 않았다. 왜 새로운 지역에 가야 할까? 결국 나는 미국에 정착해야 했고 그곳에서 친척들과 아버지 쪽 미국 혈통을 통해 약한 뿌리를 형성해야 했다. 하지만 또 다른 '고향'을 추가하는 것은 상황을 더욱 혼란스럽고 복잡하게 할 뿐이었다.

대학 2학년이 되었을 때, 나는 크리스마스를 보내기 위해 나이지리아에 갔다. 아버지는 "여기 네가 좋아할 만한 네 또래의 멋있는 아이들이 있어. 여기 있으면 재미있을 거야"라고 하시며 내가 그곳에 있기를 원하셨다. 아버지 말이 맞았다. 부모님이 계신 라고스에서 기숙학교나 대학이 있는 유럽이나 미국으로 비행기를 타고 왔다 갔다 하는 나와 같은 아이들이 그곳에 있었다. 그곳에서 다른 아이들과 재미있게 지냈으며, 나는 나이지리아에서 젊은 여성들이 할 수 있는 최대한의 자유를 누릴 수 있었다. 첫 번째 여행 후, 나는 다시 이동하는 것을 즐기기 시작했다. 나는 이렇게 이동하는 것도 언젠가 끝날 것이라는 점을 알고 있었지만, 내가 할 수 있는 한 많이 이곳 나이지리아에 왔다.

확장된 경계: 나의 고향은 어디인가?

고향은 내게 친구들이 있는 곳, 가족이 이동하는 지역과 내게 영감을 불어넣는 물리적인 장소라는 느낌에 따라 한곳으로 정해져 있지 않고 계속 짧게 변화한다. 때때로 나는 여러 개의 고향을 갖고 있다. "고향은 마음이 있는 곳"이라 볼 수 있겠지만, 마음이 세계 여러 나라 곳곳에 흩어져 있다면 어느 한 곳을 고향이라 부를 수 있을까? 부모님은 고향이 어디인지 알고 성장했지만, 나는 고향이 여러 개이고, 수년에 걸쳐 변화했다. 정말로 내게 고향은 복수의 개념을 갖고 있는 것이다. 종종 한곳에서 계속 성장한 사람들이나 내 인생 전체를 알지 못하는 사람들은 내 생각을 이해하지 못한다.

수년 동안, 비행기는 나의 두 번째 고향이었다. 시카고의 조부모님 집 풀밭에 누워 있을 때, 나는 머리 위로 지나가는 비행기를 보고 저 위에 있으면 좋겠다는 생각을 했다. 나는 비행기에서 수없이 많은 시간을 보냈고, 나의 비행기 캐리어에는 내가 정착하는 데 필요한 모든 것이 담겨 있었다. 나는 아주 어렸을 때 비행기 의자 사이 바닥에서 자기도 했다. 우아한 승무원들이 내게 선물을 주고, 내게 많은 관심을, 특히 내가 혼자 있을 때 더 신경 써주었다. 나의 첫 번째 기내용 가방은 어린아이가 손에 쥘 수 있을 만큼 아주 작은 가방이었고, "프랑스 항공(Air France)"이라는 글자가 가방 전면에 새겨져 있었다.

비행기에서 나는 집에서 볼 수 없는 영화를 볼 수 있었고, 내가 곧 도착할 나라에서 유행하는 노래를 들을 수 있었다. 나는 비행기에서 이전 나라에서 있었던 일들을 추억하고 앞으로 내게 어떤 일이 있을지 생각하는 전환의 시간을 가질 수 있었다. 비행기가 영국해협 위를 날고 있을 때 갑자기 아침식사가 나의 새 밤색 정장에 범벅이 되는 일이 있었다. 그때가 바로 우리가 수직 하강기류를 만나 비행기가 갑자기 아래로 떨어지기 시작한 순간이었다. 속이 뒤틀리는 그 순간, 비행기에 대한 나의 충성심은 바뀌었다. 비행기는 내 기대에 미치지 못했고, 나와 비행기는 불편한 관계가 되었다. 나는 단단한 땅 위에서 나의 소속감을 되찾았다. 현재 나는 비행기 타는 것을 무서워하지만, 여전히 비행기를 타고 있다. 왜냐하면 비행기를 타서 하는 것이 무엇인지 알기 때문이다. 그것은 바로 여행을 하는 것이다.

내게는 고향이라 부를 수 있는 장소들이 많이 있다. 어머니가 자라고 우리 가족의 통나무집이 있던 스웨덴 북쪽의 작은 마을, 내가 태어난 스페인 가장 북쪽의 대도시, 부모님이 미국에서 살았던 열대의 따뜻한 도시, 노르웨이 북부 주요 도시. 이 장소 모두 나의 가족과 내 마음이 머물렀던 곳이다. 나는 언제든 이곳에 갈 수 있고 다른 사람들 눈에 거의 띄지 않게 이곳을 돌아다닐 수 있다. 고향은 관계가 번영하는 곳, 즉 부모님과 가족 그리고 좋은 친구들이 살고 있는 곳이다. 그들이 물리적인 공간을 떠나면, 나의 기억 속을 제외하곤 더 이상 고향으로서의 매력이 없다. 그리고 때때로 고향은 내가 모자를 놓는 곳 어디나 될 수 있다. 호텔 방, 친구 집, 내가 오래전에 살았던 장소 모두.

나는 이 모든 고향을 고둥처럼 등에 짊어지고 다닌다. 내 등의 고향은 움직일 때마다 더 커지고, 방랑하는 삶에서 오는 모든 다양함과 활력을 흡수하면서 껍데기는 바깥쪽으로 나선형으로 나아간다. 내 고향 안에, 나는 추억과 삶에서 받은 감동, 교훈을 넣어둔다. 나는 이동할 때마다 추억, 감동, 교훈 등을 넣어 다니고, 나의 고향은 새로운 경험을 할 때마다 더 커지고 더 성장한다. 그리고 경험이 내게 너무 크게 다가오면, 나는 기억과 함께 안으로 웅크려 들어가며 내가 누구인지 다시 상기하고 내가 어디를 다녀왔는지 다시 생각해 본다.

북미와 유럽

미국에서 대학을 다니는 동안, 여권에 국적이 미국으로 기재되어 있었기 때문에, 그곳에서 나는 잘 적응할 것 같았다. 하지만 난 잘 적응하지 못했다. 나는 다양성이 공존하는 해안가의 큰 도시 중 한 도시에 있는 그런 대학에 갔어야 했다. 그러나 나는 워싱턴주의 월라월라에 있는 작은 대학을 선택했고, 그곳에서 난 아무 존재감 없이 있고 싶지 않았다. 나는 매우 큰 지역의 작은 공동체 안에서 안정감을 느끼고 싶었다. 난 어딘가에 소속되기를 원했다.

미국에서 2년을 보낸 후 더 이상 이곳은 나와 맞지 않는다는 생각이 들었다. 옮길 때가 된 것이다. 나는 프랑스와 스페인에 가는 것을 선택했다. 그곳을 난 어떻게든 더 편안하게 느낄 것이라 알고 있었다. 앞으로 새로운 문화와 언어를 접하면서 받게 될 어려움은 어느 정도 이해할 수 있었지만, 이전과 똑같은 방식으로 북부 워싱턴주의 밀밭에서 사는 것은 더 이상 적절한 일이라 생각되지 않았다. 난 아홉 살 이후 계속 공부해 왔던 프랑스어를 더 완벽하게 구사할 수 있길 바라며, 먼저 프랑스로 이주했다. 변호사가 가장인 프랑스 가족과 첫 한 달을 보냈는데, 그때 머물던 집은 언덕 위 시골 저택이었다. 나는 아침이면 농장 주변과 과수원 주변을 보기 위해 창문을 열었다. 물론 난 스페인으로 갈 때 즈음 프랑스어를 마스터했다.

스페인 북부의 오비에도(Oviedo)로 가는 것은 나에게는 마치 홈커밍을 하는 것과도 같았다. 해외에 있는 친구들은 스페인에서 문화 충격으로 고생했지만, 나에겐 스페인에 있는 모든 것이 자연스러웠다. 스페인에서 지내는 것은 내게 너무 쉬운 일이었다. 나는 언어와 악센트를 익혔고, 친구를 사귀었고, 호스트 가족이 마치 나의 가족인 양 그들을 내가 입양했다. 나는 늘 2시에 제공되는 튀김 요리와 콩 스튜를 정말 좋아했고, 이 요리들은 10시 저녁때까지 계속 채워져 있었다. 음악은 켈트 음악이었고, 사과 주스를 마셨으며, 시골 풍경은 푸르렀다. 학기가 끝나 이곳을 떠나야 할 때 내 마음은 너무 아팠다. 기차가 역을 빠져나갈 때, 난 눈물을 쏟아내며 친구들에게 손을 흔들며 인사했다.

수렴된 경계: 가족과 친구들

할아버지 장례식 때문에 스웨덴에 있을 때, 스웨덴 사촌들이 찍어준 내 사진들이 있다. 우리가 다시 만났을 때, 나는 그들을 몇 년 동안 보지 못했고 심지어 기억하지도 못했다. 스페인에서 내가 세례를 받던 날, 미국인

조부모님이 나를 안고 있는 사진들도 있다. 우리가 미국이나 스웨덴으로 떠날 때 방문했던 사람들이 바로 그 가족들이었다. 그리고 가족들은 늘 내가 나의 뿌리와 연결되도록 도와준 사람들이다.

내가 스웨덴이나 미국에 있는 가족들을 방문하기 위해 "돌아갈" 때마다 나는 사촌들을 통해 문화 경향과 유행하는 것, 많이 쓰는 용어들을 익힐 수 있었기 때문에, 그 나라에 사는 다른 아이들처럼 잘 적응하는 척 지낼 수 있었다. 소속감을 느끼고 싶어서, 나는 가족 곁에 가까이 머물렀고, 할 수 있는 한 최대한 많이 가족들에게 편지를 쓰고, 전화를 하고, 가족들을 방문했다. 나는 사이가 멀어진 가족들의 이야기를 듣고 고민이 되기도 했다. 나는 가족, 친척들을 늘 내 마음 중심 가까이 두려 했다. 왜냐하면 그들은 나와 같은 혈통이며, 그들이 나와 얼마나 멀리 떨어져 있든지 간에, 그들은 늘 나의 가족이기 때문이다. 나는 이러한 변치 않는, 지속되는 관계가 있는 것이 너무 감사했다. 내가 어디를 가든지, 나의 사촌, 이모 그리고 삼촌들은 늘 내 가족이라는 관계로 남아 있다. 우리에게는 어떤 거리도 연결시켜 줄 수 있는 유대감이 있었다.

내가 수년 동안 쌓아온 우정도 나의 가족들이 차지하고 있는 비중만큼 내 삶을 차지하고 있다. 그들은 나의 경험의 지도를 만들어준다. 그러나 그들은 사라질 수 있다. 그들은 나에 대한 책임을 지고 있지 않다. 나는 내 삶의 대부분을 우정과, 서로 멀리 떨어진 지역에 있는 관계를 지속하고 돌보는 데 보냈다. 그들은 뿌리에서 떨어져 나가거나 새로운 토양으로 옮겨지면 연약한 꽃이 되어버렸다. 나는 내 삶에 와준 친구들에게 감사하며 친구들과의 관계를 절대로 잃고 싶지 않다. 나는 친구들에게 편지를 쓰고, 그들을 방문하고, 그들에게 전화한다. 우정은 이렇게 많은 시간을 들이고 애쓰는 노력을 통해 형성되고 유지된다. 난 이렇게 하지 않으면 다르게 할 방법이 없다. 나의 친구들은 내 삶의 기억들을 계속 진행시켜 주는 사람들이고 내 정체성을 유지시켜 주는 사람들이다. 다르게 말하면, 나도 그들에게 그들의 추억을 계속 만들어주는 사람인 것이다.

30년 동안 난 편지를 썼다. 난 펜팔 할 필요가 전혀 없었다. 스웨덴의 사촌들, 미국에 계셨던 조부모님, 그리고 전 세계에 있는 친구들이 나의 편지를 받았다. 전화하거나 방문하는 것이 너무 돈이 많이 들거나 비현실적일 때 난 이들 곁에 가까이 있기 위해 편지를 썼고, 편지는 이들과 나를 연결시켜 주었다. 인터넷이 있기 전에 친구에게 작별 인사를 한다는 것은, 친구의 주소를 잘 챙기고, 언젠가는 갈, 친구가 알려준 그 주소로 수많은 시간 동안 편지를 쓴다는 것을 의미하는 것이기도 했다. 나는 친구들과 관계를 잘 유지하기 위해, 내가 만났던 친구들에게 수천 장의 편지를 계속 썼다. 지금은 편지 대신 이메일을 쓰고 있지만, 난 친구들에게서 받은 편지, 친구들의 삶의 기록들이 담긴 수많은 편지들을 박스에 담아 아직도 보관하고 있다.

내가 보냈던 휴가 대부분은 여행이 아닌 친구들을 방문하기 위한 시간이었다. 출장에는 항상 과거의 누군가를 만나기 위한 짧은 방문이 포함되어 있다. 사람들은 세계 모든 도시에 내가 아는 사람이 있다며 농담한다. 하지만 그 말은 거의 사실이다. 우리 국제유목민은 문자 그대로 세계 곳곳에 흩어져 있고 난 세계를 여행하며 이들과의 관계를 늘 다시 만들어가고 있다. 이것 자체를 본업으로 볼 수도 있을 것이다.

북미와 아프리카

대학 졸업 후 나는 모험을 해보고 싶은 마음, 이타적인 마음으로 인도주의적인 명분을 찾기 위해 나이지리아로 일하러 가고 싶은 마음이 충동적으로 들었다. 나는 다른 곳 어디든 갈 수 있었지만, 부모님은 4년 후에도 여전히 라고스에 계셨다. 나는 6월 나이지리아가 한창 격변기를 겪고 있을 때 그곳에 갔다. 그때 나이지리아는 군부 정권의 수장이 민주주의 선거를 무효화시킨 이후였다. 나이지리아행 비행기 운행이 재개될 때까지 수일을 그곳에 가기를 갈망했고, 아버지는 내가 와도 충분히 안전할 것이라 생각하셨고, 결국 난 라고스에 도착했다.

시민 폭동 때문에 숲에는 들어갈 수 없었다. 난 큰 도시에 머물며 여러 유형의 단기체류자들과 함께 미국 대사관에서 일했다. 우리는 현지와 차단된 채 두꺼운 철창에 갇힌 것처럼 지냈다. 내가 나이지리아 사람들과 유일하게 접하는 때는 일할 때였다. 그곳에서 난 그 나라의 다양한 문화, 언어, 음식을 즐겁게 접할 수 있었다. 난 대사관 옆에 있는 현지 교회와 모스크 사원이 내려다보이는 테라스에 앉아 일광욕을 즐겼다. 내가 비키니를 입고 테라스에 누워 책을 읽거나 헤드폰을 끼고 음악을 듣는 동안 하루 종일 이맘(imam. 역자 주: 예배를 인도하는 성직자)은 기도를 읊었다.

내가 도착한 지 4개월 후에 아버지는 나를 앉히고 15년 동안 일한 회사를 퇴직하기로 결정했다고 이야기하셨다. 라고스에서의 삶은 점점 위험해지고 있었다. 아버지는 국가에서 정해놓은 통금 시간을 위반하지 않기 위해 사무실에서 자기도 하고, 한번은 폭동을 일으킨 군중 가운데 갇힌 적이 있어서 이곳에서 사는 것을 무서워했다. 뿐만 아니라 아버지는 이제 우리도 염려했다. 강도, 차량 탈취범이 점점 증가했고, 불운하게도 이런 범죄 중 일부는 외국인을 대상으로 한 것이었다. 이곳을 떠나야 할 때가 온 것이다.

침입대: 제3문화 아이

이 무렵 어떤 사람이 나에게 『제3문화 아이들: 세상 가운데서 성장하다(Third Culture Kids: Growing Up among Worlds)』라는 책을 건네주었다. 나는 이 책에 푹 빠져 격한 감정을 느끼며 책을 읽었고, 읽는 순간마다 '아하!' 하는 탄성이 절로 나왔다. 나는 마침내 여러 부분으로 조각나 있던 나의 정체성을 하나로 만들어줄 단어를 발견했다. 난 바로 제3문화 아이였던 것이다. 나는 이 책을 통해 갑자기 나처럼 외국에 있는 많은 아이들뿐 아니라, 친구들과 공유했던 하위문화를 이해하게 되었다. 친구들과 만났을 때 우리는 서로 연결되어 있다는 느낌을 받았다.

아이였을 때 난 특권을 누리며 살았다. 우리는 부모님 나라에서라면 결코 가질 수 없는 돈과 혜택을 가질 수 있었다. 우리는 서구 사회의 기준으로 볼 때 "부유"하지 않았지만, 우리가 살았던 나라에 비교해 본다면 왕이나 여왕같이 살 수 있었다. 나는 내 안의 내재된 다름으로 인해 버릇이 없는 아이로 자라고 있었다—난 늘 규칙을 지키지 않아도 되는 외부인이었던 것이다. 나는 몰라서 그랬다고 주장할 수 있었고, 또 종종 그렇게 했다. 나는 이해하든 이해할 수 없든, 운이 좋은 편이었다. 난 세계 여러 나라에서의 경험, 여러 나라의 풍경, 여러 나라의 소리, 사람 그리고 여러 나라의 언어 등 사람들이 만들어낸 귀한 발견물을 접했다. 나는 보통 사립학교에서 좋은 교육을 받을 수 있었다. 그리고 난 나의 경험을 충분히 이해할 수 있는 나이가 되기 전까지는 이 대부분을 그냥 당연한 것으로 받아들였다.

내가 갖고 있는 정서, 특이한 습관은 부모님 모국의 문화 밖에서 성장하는 수천, 수만의 아이들이 공유하고 있는 패턴의 일부인 듯하다. 내가 갖고 있는 특이한 습관 중 하나는 저장하는 것이다. 나는 별로 필요도 없는 것들을 모아놓는다. 내가 수집하는 것 대부분은 개인적인 나의 과거와 연관된 것들이다. 내가 모으는 물건들은 나의 삶을 하나로 묶어주는 실과 같은 역할을 한다. 내가 있었던 장소, 내가 만났던 사람들은 더 이상 물리적으로 나와 함께하지 않는다. 그러나 사람들이 내게 준 노트, 사진, 편지, 티켓, 초대장, 책들은 나와 늘 함께할 수 있다. 그것은 내 정체성의 일부분을 구성하고 있다.

나는 아직도 여러 해변에서 발견한 조개껍데기, 돌들을 보관하고 있다. 나는 그것들을 잘 포장해 다음에 내가 살게 될 장소에 갖고 간다. 나는 애리조나에서 가져온 도자기 파편, 이스라엘에서 가져온 화석, 칠레에서 가져온 작은 인형들을 갖고 있다. 많은 여행객들은 자신이 방문한 장소에서 여행을 기억할 수 있는 기념품을 가져온다. 내가 가져온 기념품들은 내가 만난 사람들을 생각하게 해준다. 그 기념품들에는 엄청나게 많은 정서와 추억들이 담겨 있다.

나는 선반 위에 둘 곳이 없는 빛바랜 종이나 천들도 계속 갖고 있다. 나는 다른 사람들은 별로 보고 싶어 하지 않는 이런 물건들을 박스와 옷장, 스크랩북, 앨범에 보관하고 있다. 내가 수집해 놓은 물건들로 인해 난 내가 살았던 장소와 내가 만난 사람들과 다시 연결된다. 난 이 물건들을 꺼내서 모든 새로운 장소에 놓고 이전에 있었던 일을 기억할 수 있다. 난 내가 어디 있는지, 어디로 갈지 아직 모를 수 있다. 하지만 내가 있던 곳이 어디인지는 알고 있다.

제3문화 아이에 관한 책을 읽거나 이 개념을 아는 사람들은 제3문화 아이들이 제일 무서워하는 질문이 "어디 출신이에요?"라는 질문인 것을 알고 있다. 이것은 내게도 해당된다. 난 어떻게 적절히 반응해야 할지 고민되어서 이런 질문을 외면해 버리기도 한다. 이런 점이 바보 같아 보일 수도 있다. 고작 이 짧은 문장이 어떻게 우리를 이토록 두렵게 만들 수 있을까? 사람들이 나에게 세계 경제 추세나 폴리네시아로의 페루 사람들의 이주 패턴에 관한 자료를 설명해 달라고 요청하는 것이 오히려 날 덜 불편하게 만든다. 누군가 나에게 어디 출신인지 물어볼 때, 추억을 위해 내가 수집해 온 물건들을 그들에게 보여주고, 이 물건들이 나를 대변하게 하는 것이 오히려 더 쉽게 느껴진다.

아프리카, 유럽 그리고 북미

우리 가족 모두 라고스의 집에 있을 때 짐을 옮기는 사람들이 집에 왔다. 그들은 박스를 포장했는데, 박스들은 수년간 내가 모아둔 물건들이 담긴 것이었다. 여기를 떠난다는 것은 곧 나의 정체성이 끝나는 것을 의미하기도 했다. 난 더 이상 해외 이주 사업가의 딸이 아니며, 더 이상 가정 도우미, 연간 휴가, 여러 대륙을 이동할 수 있는 티켓을 얻는 것과 같은 혜택을 받을 수 없게 되었다. 난 나만의 독립된 정체성을 만들어야 했다. 나는 내가 가장 잘한 것—여행 가방을 싸고 스페인으로 밝혀진 다음 목적지로 가는 비행기에 올라탄 것— 외에 어디서, 어떻게 시작해야 할지 알 수 없었다.

난 스페인에서 지내기를 원했다. 난 내가 태어났던 해변, 새로운 집을 만들고 싶었던 그 해변가로 돌아왔다. 하지만 2년 후, 스페인도 만족스럽지 않았다. 난 스웨덴으로 이주했고, 마지막으로 이번에는 스웨덴어를 잘 배우고 이 문화 또한 나의 문화가 될 수 있을 것이라 생각했다. 스웨덴으로 온 지 몇 개월 후, 미국에 최소 1년은 있을 것이라 생각하고, 석사 학위를 따러 미국으로 돌아가기 위해 짐을 다시 꾸렸다.

난 나와 같은 제3문화 아이에게 천국으로 묘사될 수 있는 곳에 있었다. 선더버드 글로벌 경영대학원(Thunderbird School of Global Management)은 국제적인 관심을 많이 받는 곳으로, 40개가 넘는 나라에서 온 학생들이 이곳에 있었다. 우리는 애리조나주의 피닉스 외곽에 있는 글렌데일(Glendale)이라는 마을의 작은 캠퍼스에서 "세계 시민", 여행자, 제3문화 아이들의 공동체를 형성했다. 난 인턴십 기간 동안 또 다른 외국 목적지—벨기에—에 갔고, 브뤼셀에서 일하며 8개월을 보냈는데, 그곳에서 네덜란드어와 프랑스어를 배우고, 식사 시간에 프리츠(*frites*, 감자튀김), 와플(*gaufres*), 말고기 같은 별미를 먹을 수 있었다.

난 석사 학위를 받은 후 가능한 한 오랫동안 학교에서 일하며 학교에 머물렀다. 난 나에게 완벽한 그곳을 떠나고 싶지 않았다. 그곳은 글로벌하고 항상 변화하는 곳이었으며, 다문화 환경을 갖추고 있는 곳이었다. 이 절은, 다음 절을 위한 여지를 남기기 위해 여기서 끝내려고 한다. 난 워싱턴 D.C. 근처에 있는 다국적 회사에 취직했고, 미국의 이 회사에서 7년 동안 일했으며, 세계를 여행하며 돌아다녔다.

변형되는 경계: 정체성

내가 10살 때 네덜란드에 있을 때, 우리 학교 합창단은 「미국의 50개 주 외우기」라는 노래로 공연을 한 적이 있었다. 분위기를 띄우기 위해 우리는 노래를 부를 때 고향 주(state)의 깃발을 흔들라는 요청을 받았다. 그 일로 인해 나의 정체성에 첫 위기가 찾아왔다. 나는 그날 밤 부모님께 물으러 갔다.

"난 어디 출신이에요?" 부모님께 물었다.

부모님은 당황스러워하는 것 같았다. 부모님은 스스로에게 그런 질문을 할 필요가 없었다. 부모님은 자신이 어디 출신인지 정확히 알고 있었다. 아버지는 일리노이주의 중서부 출신이고 어머니는 스웨덴의 북쪽 마을 출신이었다.

부모님은 대답하는 대신 내게 질문했다. "넌 어디 출신이라 생각하니?"

난 어떻게 대답해야 할지 알 수 없었다. 분명히 그때 난 혼란스러웠다. 하지만 혼란스러움과 함께 약간의 자유함도 느꼈다. 난 나의 출신을 스스로 선택할 수 있는 것이다! 난 깃발을 흔들기 원했고, 따라서 난 고향 주를 선택해야 했다. 난 그다음 한 주 동안 펜던트 모양으로 포스터 종이를 자르고, 글자를 색칠하고, 이것을 자에 붙이며 정성 들여 깃발을 만들면서 보냈다. 공연에서, 난 자랑스럽게 나의 "캘리포니아" 기를 흔들었다. 캘리포니아가 내가 살았던 유일한 주였으며, 난 그곳을 사랑했고, 그래서 그곳을 선택하는 것이 내게는 가장 확실한 선택이라 생각되었다. 하지만 그 어느 시점에, 난 5학년 때 공연에서 느꼈던 자부심을 잊어버렸다. 나중에 내가 선택해야 했을 때, 난 대학에 들어가기 위해 캘리포니아로 다시 돌아가는 것을 선택하지 않았다. 대신 나는 워싱턴으로 가는 것을 선택했다.

'제3문화 아이'는 다양하고 독특한 경험과 삶의 양식을 편리하게 묘사할 수 있는 이름표나 마찬가지이다. 내 안에 형성된 것은 내가 스스로 통제할 수 있는 것이 아니었다. 한 지역에 정착하기보다 세계를 돌아다니기로 한 것은 부모님이 한 결정이었고, 이 결정은 여러 곳을 이동하는 삶의 청사진을 낳았다. 난 내가 살아왔던 혹은 내가 일했던 장소들, 나의 삶에서 만났던 사람들, 국제적인 삶으로 인해 내가 갖게 된 능력들이 모두 합쳐진 모자이크와 같은 사람이다. 나의 정체성은 바람과 함께 변한다.

나의 제일 친한 친구는 나를 거친 딸기나무로 묘사한다. 난 어느 곳에서나 뿌리를 내릴 수 있다. 깊지는 않지만 계속 자라기에, 계속 생존하기에, 충분히 뿌리 깊은 나무이다. 난 비록 감자나 당근 밭 한가운데에 떨어질 수 있어도, 내 주위에 깊게 뿌리내린 삶을 신경 쓰지 않고, 가능한 한 할 수 있는 데까지 부드러운 덩굴손을 뻗는다. 나는 탐험해 나가고, 가지들을 보내서 다른 것들과 섞이고 섞이게 한다. 나는 기후가 허락하는 곳이라면 어디든 살아갈 수 있고, 한번 시작하면 내가 풍성히 살 수 있도록 새로운 환경을 창조하며 뻗어나간다.

다음 이동?

이것은 나에게는 삶의 방식일 뿐이다. 초대형 여객기를 타고, 여행가방을 꾸리고, 작별 인사를 하고, 비행기를 타고 세계를 가로질러 다른 곳으로 이동하며 사는 삶…. 14살 무렵 난 세계 일주를 했다. 내가 경험한 장소를 나열한다면, 각 장소에서 살았던 삶 자체가 하나의 이야기가 될 것이며, 노변정담을 할 정도의 가치 있는 이야기가 될 것이다. 이런 이야기가 될 만한 것들이 내게는 너무 많으며, 이것은 나의 유목민과 같은 삶을 반영하는 것이기도 하다. 이 이야기들은 삶의 모든 일부분이지만, 이 자체로 결코 이국적이라 느낀 적은 없다. 그러나 다른 사람들과 비교해 볼 때, 난 지금 내 삶이 어떤 것인지 알고 있다. 내가 축복받았다는 것도 알고 있다. 글로벌하게 성장할 수 있다는 것은 특권이라 볼 수 있다.

여러 곳을 이동하며 사는 과정 속에서, 나의 남편이 된 노르웨이인을 만났고, 그는 나를 자신의 모국으로 데려갔다. 나 스스로 미국을 기꺼이 떠나면서, 다시 한번 나는 노르웨이에서 살면서 새로운 모험을 하고 새로운 문화와 언어를 습득해야 하는 외국인이 되었다. 새로운 나라는 나에게 새로운 경험, 새로운 관점, 새로운 관계를 제공해 주었다. 난 계속 늘어나는 "고향"의 목록에 다른 장소를 또 덧붙일 수 있게 되었다. 노르웨이로 떠나기 전에 우리는 2년 동안 세계 일주를 했다. 난 남편에게 나의 삶을 경험하도록 할 필요가 있었다. 이것을 통해 남편은 나의 관점을 더 잘 이해할 수 있었다. 나에게 이 여행은 새로운 발견의 항해, 나의 개인적인 역사의 장면과 배경을 되돌아보는 여행이었다.

오슬로에 정착하기 위해, 나는 기존의 체계에서 벗어나 여행하는 것을 그만둘 수 있다고 생각했다. 그러나 2주 후에, 난 이곳이 "마지막 정착지"가 아닐 수 있다는 것을 인정하게 되었다. 최종의 정착지라는 곳이 내게 결코 있지 않을 수도 있다. 그리고 왜 나에게 최종의 정착지가 필요한가? 나는 불확실성과 이동성이 나를 위한 삶의 방식이라는 것을 이해했고 이러한 삶을 수용했다. 부모님의 선택은 나의 여행 신드롬(itchy foot syndrome)에 영향을 미쳤다. 나는 결코 가만히 한곳에 있을 수 없다. 나는 결코 "정착하지" 않을 수도 있다. 정신적으로도 한곳에 정착한다는 생각은 받아들이기 어렵다. 이국적이고 매력적인 것은, 경험해 보지 않은 것이다. 나는 정착하는 것에는 자신이 없다.

결국 난 어떤 한 물리적인 장소에 속박되어 있지 않다. 난 내가 하고 싶은 대로 할 수 있는 나만의 영역을 갖고 있다. 어떤 것 혹은 어떤 사람이 결국 날 구속하려 할 수 있지만, 그때까지도, 그날이 다가올 때까지도, 난 나만의 하루하루를 살고 있을 것이다. 휴식하기 위해 오슬로에 살고 있을 때조차도 난 여전히 세계를 여행하며 다닐 것이다. 나는 내가 살았던 곳과 계속 다시 연결되는 느낌을 갖기 위해 나의 또 다른 "고향들"도 계속 방문할 것이다. 나와 여러 장소를 이어주는 유동적인 끈(flexible bands)이 나를 늘 내가 살던 곳에 연결시켜 주고 있다. 이 삶이 나를 선택했고, 현재의 나 역시 이 삶을 선택했다. 새로움, 다양성, 이 모든 것이 삶 속에 있다는 것을 발견할 때 이 삶 속에서 기쁨을 느낀다. 여행은 결코 끝나지 않는다. 모험은 결코 멈추지 않는다.

외부인[*]

/

니나 시셀(Nina Sichel)

밖에는 눈이 오고 있다. 안에서 나는 추위에 말라버릴 것 같고, 내 피부는 추위와 습기 부족으로 갈라지고 있다. '바셀린 인텐시브 케어'를 아무리 많이 발라도 새로 생긴 파충류 같은 피부 표피는 없어지지 않는다. 내가 아는 해변이 멀리 떨어진 대륙에 있고 지금 어두운 북부에서 첫 번째 겨울을 견디고 있다는 사실을 제외한다면, 나는 마치 해변의 태양 아래서 그을린 것같이 피부가 껍질이 벗겨지기 직전의 팽팽한 상태에 있다.

난 설탕 같은 모래 해변에 찰싹거리는 청록색 물, 카리브해 지역의 산들바람에 속삭이는 야자나무, 안개 낀 산에 둘러싸인 해안의 감각적인 곡선 등을 보기 위해 눈을 감을 필요가 없다. 난 아이스크림 카트의 딸랑거리는 벨 소리, 얼린 굴(석화) 두 통을 끌며 모래 위를 터덜거리며 걷는 행상인의 발소리, 소금물과 석회로 가득한 공기의 향내를 기억한다. 나의 입에

---

* 이 글은 2006년 국제교육자협회(NAFSA)에서 격월로 발간하는 ≪국제 교육자(Inter-national Educator)≫(2006년 11/12월 호)와 ≪세상 속에서(Among Worlds)≫(2004년 12월)에 실린 글을 수정한 것이다.

계속 추억이 감도는 것 같다.

1971년, 난 대학교 1학년이다. 매일 아침 나는 일찍 일어나서 물을 끓이기 위해 공용 부엌으로 간다. 난 집에서 가져온 에스프레소 커피를 갈고, 커피를 걸러낼 천도 준비한다. 같은 층에 있는 친구들은 이 의식에 익숙해졌다. 그들은 내가 무엇을 하고 있는지 물어보지 않으며, 맛을 보게 해달라고 요구하지도 않는다. 그들은 나의 카페 크리오요(café criollo)를 잘 마시지 못한다. 특별히 아침에 커피를 마시지 않기 때문이다. 난 이곳의 묽은 커피에 결코 익숙해지지 않는다. 이때는 유리 여과기의 시대였다. 이것은 커피 드립 기계가 나오기 오래전, 스타벅스가 나오기 몇십 년 전의 일이다.

창문 밖에는 눈이 오고, 4층 아래 검은 나뭇가지가 늘어뜨려져 있다. 이미 잔디의 일부는 서리 때문에 갈색으로 변했고, 천천히 죽어가고 있다. 대기는 눈송이들로 덮여가고, 나는 창문 너머, 눈송이 너머의 풍경을 보려고 애를 쓰지만, 너무 가까이 다가가면 창문에 김이 서린다. 눈보라 때문에 흐릿한 풍경은 더 보이지 않는다. 나무와 덤불은 해골 같다. 검고 앙상한 손가락들이 그 사이에서 나오고, 눈이 많이 오는 하늘을 향해 뻗어 있는 것 같다. 단색의 풍경이고, 난 채색 풍경이 너무 보고 싶다.

내가 내린 커피는 걸쭉한 블랙커피이다. 나는 몽상에 잠긴다. 나는 복숭앗빛 망고 열매, 과즙 가득한 주스, 하트 모양의 분홍색 구아바 타르트를 꿈꾼다. 그리고 나는 진하고 달콤한 녹색 코코넛 밀크, 까만 씨가 나오는 촉촉한 오렌지색 파파야, 검은 줄무늬 껍질 안에 숨겨진 깨끗한 상아색 바나나를 꿈꾼다. 난 사실 대부분의 열대 과일을 좋아하지 않지만, 지금은 그 과일들을 그리워하고 있고, 그 과일들에서 느껴지는 활력, 과일들의 톡쏘는 향기가 그립다. 여전히 그곳에는 그 과일들이 있다. 난 내가 자란 열대 지방의 과일이 풍성했던 그때가 그립고, 관 모양의 줄기에서 맺히는 꽃봉오리와 태양, 비, 온기만으로도 피는 꽃이 그립다. 이런 과일들, 이렇게 지속적으로 피는 것들이 그립다.

내가 정말 원하는 것은 감각적인 것들이다. 색깔, 소리, 냄새…. 나는 향수병에 걸렸다고 생각하지 않는다. 나는 내가 자란 곳의 어떤 특징들을 갖고 있지 않다. 결국 그것은 정말로 내게 속해 있던 것들이 아니다. 나는 미국이 진짜 고향이라고 믿는 외국인으로 자랐을 뿐이다. 내가 다닌 국제학교는 전 세계의 학생들이 오는 곳이었지만, 교육 프로그램은 미국 모델에 기초해 있었다. 친구들은 주로 미국, 영국, 스코틀랜드, 아르헨티나, 스위스에 있는 대학에 갔다. 내가 아는 사람은 거의 남아 있지 않다. 우리 중 일부는 방학 동안 집에 오기 때문에 다시 만날 것이고, 일부는 다시 돌아오지 않을 것이다. 우리는 이런 삶에 익숙해져 있고, 우리는 주기적으로 친구들을 예상 밖의 삶에 보내곤 한다. 친구들은 밀물과 썰물 같고, 오기도 하고 가기도 한다. 우리는 2년씩 옮기는 데 익숙한 방랑자들 사이에서, 여러 곳을 이동하는 외교관, 다국적 기업 회사원, 대사관 직원의 자녀들 사이에서 성장했다. 더 오래 머무는 소수의 사람들이 독특한 집단을 만든다. 외국인인 우리는 이상한 연합체와 같은 집단을 결성한다. 마치 그것은 수조 안 물고기들처럼, 제자리에 있지 않은 사람들이 모여 있는 것이다.

우리는 뿌리가 없는 사람들이다. 우리는 우리가 하나의 문화라고 믿으며 자라고 다른 문화에 뛰어들지만, 때때로 우리는 우리 전체 인생에 걸쳐 어디가 진정한 고향인지 궁금해한다. 나의 거주지 증명서에는 베네수엘라가 거주지로 나와 있지만, 여권에 나는 미국 시민으로 기재되어 있다. 나는 미국과 베네수엘라 양쪽의 국가(國歌)를 부를 수 있지만, 둘 중에 더 선호하는 것은 없다. 우리는 추수감사절에 칠면조를 마음껏 먹고, 크리스마스에는 베네수엘라의 요리인 아야카스(*hallacas*)를 먹는다. 대학에서 친구들이 자신의 어린 시절을 이야기할 때 나는 미국인임에도 불구하고 그들이 이야기하는 것을 이해하기 어렵다. 〈비버에게 맡겨둬(Leave it to Beaver?)〉라는 TV쇼? 트윙키스(Twinkies) 과자? 폭격을 피해 책상 아래로 몸을 숨기는? 무슨 폭격인가? 난 카라카스(Carcas)에 있는 미국 대사관 정면에서 폭탄이 폭발한 것을 기억한다. 그때 닉슨이 방문한 것으로 추측하는데, 당시 그는 그곳에서 사람들한테 토마토로 공격을 당했다. 몇 년 후였다면 그는 그곳에 편안하게 방문할 수 있었을 것이다. 우리는 책상 밑으로 들어가지 않았다. 우리는 단지 거리에서 영어로 말하는 것을 피했을 뿐이다.

내게는 베네수엘라 친구가 몇 명 있었다. 그들은 나를 친하게 생각하고 그린거(*la gringa*. 역자 주: 미국 여자를 가리키는 속어)라고 불렀는데, 나는 이 단어가 적절하다고 생각하지는 않았지만, 그들의 이런 악의 없는 장난을 받아들였다. 그 말은 내가 다른 사람들, 그러니까 미국에서 온 미국인들을 부르던 명칭이지 거기 살던 사람을 부르던 것이 아니다. 우리는 어찌되었든 그곳에 있는 사람들과는 달랐다. 가족과 친구들 사이에서 우리는 영어와 스페인어를 사용했고, 두 언어를 섞어서 말하기도 했다. 여름에 미국으로 여행 갔을 때, 막내 여동생은 저녁 먹기 전에 이렇게 말했다. "나는 라스 마노스(*las manos*. 손)를 씻어야 할 것 같아요." 동생은 미국 할머니의 손녀를 자랑스러워하는 웃음을 이해하지 못했다. 카라카스에 살았던 할머니는 우리와 영어로 이야기하고 아버지와는 독일어로 이야기했다. 할머니는 이중언어 능력을 당연한 것으로 받아들였지 어떤 성취로 받아들이지 않았다.

카라카스에 있는 클럽에서 우리는 노르웨이 친구들과 수영했다. 웨이터는 이탈리아 사람이었고, 축구 선수들은 네덜란드, 스웨덴, 영국, 독일 사람들이었다. 나는 늘 다양한 국적의 사람들과 계속 살게 될 것이라고 생각했다. 내가 아는 삶은 여러 국적의 사람들과 함께 있는 것이고, 그때 난 고향에 있다는 느낌이 들었다. 나의 부모님은 국적이 다르다. 한 분은 독일에서 태어났고, 다른 한 분은 뉴욕 출신이다. 나는 미국 대학 친구들과 있을 때 늘 불편하다. 그들은 대부분 롱아일랜드에서 오거나, 북동부의 작은 마을에서 온 친구들이다. 그들은 내가 그들의 판단 기준을 이해하지 못하듯 나의 판단 기준을 이해하지 못하기 때문에, 나의 판단 기준에 대해서 늘 설명해야 한다.

눈이 내린다. 나는 기억을 잠시 내려놓고, 푹신한 소파에서 몸을 일으 킨다. 나는 부드러운 발걸음으로 기숙사 홀에서 내 방으로 내려간다. 나 는 면과 양털 옷을 입고, 방수 부츠를 신고, 파카를 입고, 책을 어쩔 수 없 이 집는다. 수업에 가야 할 시간이다.

◆ ◆ ◆

겨울 방학이 돌아왔고, 난 집으로 돌아가 사람들을 만날 기대를 한다. 내가 했던 경험들을 비교해 보고 싶다. 나는 비행기의 낡은 금속성 공기 속에서 하루를 보낸 후 비행기에서 내리며 습기 찬 카리브해 바닷바람을 얼굴 가득 맞는다. 그 바람을 맞기 위해 난 눈, 귀 등을 크게 열고 내일의 태양을 기대한다. 나는 몇 개월 전의 나와는 다르게 핼쑥하고 창백하다.

산비탈의 반짝이는 작은 빛, 자연초의 톡 쏘는 냄새, 아침의 커피, 생과 즙 오렌지 주스 등 모든 것이 나를 설레게 한다. 그러나 많은 친구들이 영 원히 이곳을 떠났고, 여기에 있는 친구들도 대부분 다른 곳으로 갈 것이 다. 난 결코 그들에게 작별 인사를 하지 않았다. 우리에게 이것은 특별한 상황이 아니다. 계속 진행되는 것이다—나는 삶의 이야기를 어떻게 만들어나 갈까?

나는 선생님들이나 부모님이 말했던 것과는 전혀 다른 일들이 일어났 다는 것을 이야기하고 싶다. 그들은 우리에게 미국은 평등한 기회가 주어 지는 땅이라고 이야기했지만, 나는 흑인 인권 운동 이후에도 계속 비공식 적 차별을 보아왔다. 우리 학교의 흑인과 백인은 서로 어울리는 일이 많지 않았다. 나는 갈색 피부를 가진 사람들이 사는 나라에서 성장했고, 학급에 많은 차별이 있긴 했지만 명백히 겉으로 드러나는 인종차별을 경험하지는 못했다. 대학에서는, 인종이 다른 학생들 간에 친구가 되는 것은 일반적인 일이 아닌 예외적인 것처럼 보인다. 이러한 것이 날 슬프게 만든다. 나는 이런 차별이 끝났다고 생각했다.

뿐만 아니라, 사람들은 내가 예상했던 것보다 훨씬 더 여러 면에서 다르다. 미국 영토에 사는 미국인들은 개인적인 공간과 사적인 자유에 관해 다른 개념을 가지고 있다. 여자 친구들은 내가 너무 가까이 다가갈 때 뒤로 물러나는 모습을 보이고, 난 당연하다고 생각하는 신체적 접촉에 익숙하지 않다. 그러나 성적인 관계는 만연해 있고 거리낌 없다. 매주 금요일과 토요일마다, 침대를 바꾸어 자는 것은 집단적으로 일어나는 일이다. 정해진 룸메이트는 주말 동침 파트너의 선호에 따라 쫓겨날 수도 있다. 잠자리를 누구와 할지 정하는 데 많은 시간을 쏟고, 우리 중 특별한 손님이 없는 사람들은 새로운 방이나 다른 룸메이트들에게 빨리 보내진다.

금요일 오후를 시작할 때는 맥주 통을 차지하기 위한, 밀물과 썰물 같은 돌진이 있다. 음악이 있고 가끔 춤을 추지만 남학생들 클럽 파티의 주요 목적은 술에 취하는 것 같다. 파티는 밤까지 지속되고, 그다음 날 방은 엎질러진 맥주와 시큼한 술 냄새로 가득 차 있다. 이런 방을 보아도 아무도 당황해하지 않는 것 같고, 심지어 충격적인 행동들이 있은 후에도 사람들은 당황스러워하지 않는 것 같다. 나는 이런 종류의 파티에 몇 번 갔는데, 술에 취하지 않는다면, 그곳에서 할 수 있는 것이 별로 없다. 누군가와 이야기를 나누기에 음악 소리는 너무 크고, 어찌되었든 아무도 진지한 대화를 원하지 않는 것 같다.

가끔 와인과 치즈 파티가 열리는데 – 어쨌든 이때는 1970년대이다 – 시 낭송회 후나 교직원과 학생이 함께 어울리는 모임을 위해 열린다. 이런 파티들은 대체로 얌전하고 조용한 분위기이다. 하지만 나에게 이런 모임은 너무 격식을 차리는 모임처럼 보인다. 이런 모임에서 학생들은 마치 교수와 동등한 것처럼 행동하는데, 나는 이것이 부자연스럽고 허례허식의 가식적인 태도로 느껴진다.

이런 파티뿐 아니라 커피 모임과 민속의 밤도 열린다. 나는 이런 모임에 자원봉사 하러 갔는데, 이곳에서 음악을 듣는 대신 쓴 커피와 기름투성이인 도넛을 서빙하곤 했다.

음악은 나를 더 미국적으로 느낄 수 있는 곳으로 데려다준다. 카라카스의 야자수 아래서 기타를 치며 「바람에 날려(Blowin' in the Wind)」와 「그린슬리브스(Greensleeves)」를 부르며 일종의 영혼 같은 것이 연결된 느낌을 느끼며, 집에 있는 내 가족을 떠올린다.

그러나 나는 외로웠다. 이전에 처음 내 소개를 했을 때, 사람들은 놀라워하며 감탄했지만(정말! 베네수엘라에서 오다니! 정확히 그곳이 어디니?), 대학친구들의 나에 관한 흥미와 관심은 줄어들었다. 미국 너머의 삶에 대한 그들의 거의 완전한 이해 부족은 나를 오히려 놀라게 한다. 여행을 해본 사람도 거의 없고, 대부분은 남미에 관한 고정관념이 있어서, 남미는 하나로 이루어진 거대한 지역이고, 그곳의 사람들은 모두 똑같을 것이라 생각한다. 내가 다니는 대학은 아주 작은 대학이고 그곳에는 유학생이 매우 적다. 하지만 내가 유학생들을 만날 때, 우리는 지리적인 이해를 공유한다.

나는 미국 남자아이와 사랑에 빠졌는데, 이 아이는 내 배경을 특별히 인상 깊게 생각하거나 내 배경 때문에 나를 싫어하는 것이 없고, 그에게 내 배경은 중요하지 않다. 우리는 서로 배우고, 서로의 관계에 더욱 빠져들며 하나의 세계가 되고, 경계와 국경은 더 이상 중요하지 않다. 나는 운이 좋은 편이다. 그 역시 어느 정도 외부인에 속한 사람이기 때문에, 참여자보다는 관찰자에 가깝고, 대학 생활에 대한 냉소적인 말들을 즐겨하곤 했다. 하지만 그는 한곳에 가만있지 못하고, 고향에 정착하는 것을 불편해한다. 그는 2년 후 다른 대학으로 편입했고, 난 여느 때보다 더 외로움을 느꼈다. 우리는 2년 후를 기다리며, 서로가 있는 곳에 자주 방문하고, 난 외로움을 달래기 위해 공부와 대학 잡지 만드는 일을 더 열심히 했다. 난 잠시 친하게 지낼 한두 명의 친구를 사귀고, 시간이 지나 그들과는 영원한 우정을 나눈다.

어쨌든 난 이곳에서 다른 사람들과 같은 소속감을 갖고 있지 못하다. 난 이곳에 속하지 않은 것 같은 느낌이 든다. 난 대학 혹은 이곳 마을에 정말로 어떤 유대감도 느낄 수 없다. 난 나의 환경에 맞게 정체성을 만들어갈 수 없다. 난 특별히 어떤 곳에 소속되어 있다는 느낌을 가질 수 없다. 비록 난 베네수엘라를 그리워하지만, 그곳이 나의 고향은 아니라는 것을 안다. 나의 국적은 미국인으로 되어 있다. 난 이곳에 소속되어야 한다. 아마도 내가 소속감을 느끼지 못하는 것은 이곳을 나의 고향이라 부를 정도로 충분히 오래 머무르지 않았기 때문일 수 있다.

✦ ✦ ✦

난 이후 9년 동안 일곱 번 이동했는데, 처음에 뉴욕으로 그다음에는 노스캐롤라이나로, 그리고 미시간, 플로리다로 이동했다. 이동하는 것은 쉬운 일이다. 난 내가 살았고 친구를 사귀었던 장소에 거의 애착을 갖고 있지 않다. 난 어느 한곳에 정착하고 싶지 않고, 한 장소에서 다른 곳으로 이동할 때마다 한 번도 완전히 짐을 풀어놓은 적이 없다. 하지만 난 어느 곳엔가 소속되기를 원하고, 다른 사람들이 당연하게 여기는 공동체에서의 편안함을 나도 느껴보고 싶다.

난 이런 바람이 어디서 비롯되었는지 확실히 알 수 없지만, 한곳에 정착하고 싶지 않으면서 소속감을 느끼고 싶어 하는 나의 모순된 욕구로 인해 당혹스럽기도 하다. 나의 배경에는 결코 어느 한곳에 뿌리를 내리는 것이 포함되어 있지 않았다. 아버지는 11살 때 가족과 함께 독일을 떠났고, 결코 그곳을 돌아보지 않으셨다. 아버지는 다시 정착하고 싶어 했던 우루과이를 떠나 대학에 들어갔고, 그 후 방학 기간에만 우루과이로 돌아가셨다. 아버지는 결국 베네수엘라로 가셨지만 그곳에 애착을 가진 적은 한 번도 없으셨다. 어머니는 늘 뉴욕 북부에 있는 가족들과 함께 하얀 울타리가 쳐진 전형적인 미국 집에서 살고 싶다고 하셨지만, 대학에 가기 위해 고향을 처음 떠날 때 잠에 들지 못할 정도로 여행 다니는 것을 좋아하셨다. 어머니는 베네수엘라에 남고 싶어 하실 때조차도, 영원히 한곳에 살고 싶어 하지는 않으셨다. 나는 렌트할 집을 찾기 위해, 카라카스의 새로운 지역을 돌아보며 다니던 수많은 일요일 오후를 기억한다. 내가 성장하는 동안 우리 가족은 여섯 번 이사했고, 모두 같은 도시 안에서 움직였다.

어딘가에 소속되기를 원하는 바람은, 내가 한 번도 알지 못했던, 뿌리와 역사를 가진 집에 대한 생각, 일종의 향수일 수 있다. 난 이러한 바람이 어디서 비롯되는지 궁금하다.

✦ ✦ ✦

뉴욕은 사람도 많고, 시끄럽고, 우울한 도시이다. 나는 작은 출판사에서 일하고 있고, 사람이 붐비는 밤에 집으로 돌아간다. 붐비는 밤에 냄새나는 지하철을 타고, 나, 남자친구, 친구가 살고 있는, 방 하나에 욕실 없이 화장실 하나 있는, 엘리베이터가 없는 4층짜리 아파트로 돌아간다. 쓰레기 수거하는 사람들이 파업해서, 아파트는 바퀴벌레로 들끓고, 심지어 쥐도 있다—다른 사람들은 보지 못했다. 그럼에도 나는 뉴욕을 사랑한다. 신문을 읽으면서 보내는 공원에서의 일요일을 사랑하고, 뉴욕 메츠를 사랑하고, 브로드웨이나 5번가를 걷는 긴 산책을 사랑하고, 그리니치빌리지의 사람들을 구경하는 것을 사랑한다. 난 뉴욕에서 여러 인종과 함께 어울려 사는 것을 즐기고, 여러 다양한 사람들을 보는 것이 좋다. 난 다양한 사람들이 자신의 세계관을 갖고 돌아다니며, 나에게는 낯선 자신들의 모국어로 이야기하는 모습을 보는 것이 좋다. 내 남자친구는 대학원생이다. 우리는 공유할 수 있는 시간을 잘 활용하려고 애쓴다. 우리는 여유 있지는 않지만, 적은 재산으로도 행복하게 지낸다.

봄이 될 무렵, 우리는 이 도시의 더러움, 끊임없이 밀쳐대는 사람들, 악취, 공격적인 사람들, 불안한 도시의 삶에 익숙해져 가고 있었다. 이 도시에는 녹지가 별로 없다. 맑은 날에도 플라스틱 썩어가는 냄새가 난다. 난 발전이 없는 내 일에 지쳐가고 있었다. 다른 일을 찾아보았지만, 출판업계는 이미 여러 회사들이 통합·정리되어 가기 시작했다. 작은 출판사는 큰 출판사에 넘어가고, 큰 출판사는 기업에 넘어갔다. 더 발전할 수 있는 가능성은 거의 없고, 대학원에서 석사 학위를 받은 내 애인은 직업을 찾지 못하고 있다.

내 애인이 노스캐롤라이나에 있는 직장에서 일해달라는 제의를 받았을 때, 우리는 매우 흥분한다. 나라 경제가 불경기인 중에, 운이 좋게도 우리 중 한 명이 안정된 직업을 가질 수 있게 된 것이다. 우리는 렌트한 밴에 짐을 싣고 바이블 벨트(Bible Belt)의 중부에 있는 큰 마을 근처 작은 마을까지 운전해 간다. 거기까지 가면서, 난 제임스 테일러(James Taylor)의 노래를 부른다. 확실히 그곳은 아름다울 것이다. 우리는 완만하게 경사진 언덕과 따뜻한 환대가 있는 달콤하고 화창한 남쪽으로 이사 가고 있다. 아마 그곳은 내가 알아왔던 진정한 미국, 내가 미국인이라 생각할 수 있는 그런 곳일 것이다.

도착한 직후, 우리가 이사 가는 연립주택의 우편함이 있는 공동 구역에서 모스(Moss) 씨를 만난다.

"너 양키가 무엇인지 알지?" 그가 느릿느릿 이야기한다.

난 꿀 먹은 벙어리처럼 아무 말을 할 수 없다. 과거 외국에 있을 때는 내가 아무 말 할 수 없다는 점이 여러 상황에서 모면할 수 있게 해주었지만, 이번에는 그렇지 않다.

"아니요. 그게 무엇이죠?" 내가 대답한다.

"남부로 이사 온 북부 사람." 그는 킬킬 웃으며 대답한다. 그리고 자기 말이 이해되도록 잠깐 멈춘 후 다시 물어본다. "너 더러운 양키가 무엇인지 아니?"

"아니요."

"계속 머무르는 사람."

나는 할 말을 잃고 멍하니 서 있다.

노스캐롤라이나에 온 것을 환영합니다.

나는 발걸음을 돌려 그 자리를 떠난다. 난 화가 나서 속으로 이렇게 소리 지른다. "바보 같으니라고. 난 당신이 여태까지 들어본 것보다 훨씬 더 남쪽에 있는 지역에서 왔다고!" 후진 미국인(*gringo*) 같으니라고!

이 이상, 상황은 좋아지지 않는다. 우리가 살고 있는 주는 건조한 지역이고, 우리는 옆 주에 있는 멋진 레스토랑에 갈 때마다 갈색 종이 가방에 와인을 가져가야 하는데, 이것은 우리의 식사를 맛있게 해주는 것이라기보다 우리를 부끄럽게 만드는 것이다. 난초들이 가득 피어 있는 세피아 호숫가에는 특정 인종만 들어갈 수 있다. 그곳을 클럽이라 부르는데, 백인만 들어갈 수 있는 곳이다. 지금은 전문 저널리스트인 내 남자친구는 인종차별적인 묘지에 관한 이야기를 쓰고 있다. 나는 샬럿(Charlotte)에 있는, 만들어진 지 얼마 되지 않은 국제 커뮤니티에 관한 기사를 쓰고 있다. 잡지의 편집장은 나를 속여서 내 임금을 가로채려 한다.

나는 지금까지 살아오면서 다른 어떤 곳보다 노스캐롤라이나에 있을 때 가장 우울하다. 나는 이곳을 떠나는 것을 더 이상 망설일 수 없다. 나는 괜찮은 직업을 찾을 수 없고, 결국 남자친구가 일하는 신문사의 뒷방에서 조판하는 일을 하게 된다. 나의 상사는 이가 빠져 있다. 유산 후 하루 만에, 창백하고 허약한 젊은 여성이 급료 5센트 인상을 받고 다른 노동자들이 이를 투덜거릴 때, 난 그들에게 노조를 만들라고 이야기한다. 그들은 몹시 두려워하며, 손가락을 입술에 갖다 대고 나한테 조용히 하라는 신호를 보낸다. 난 이곳에서의 생활을 이해할 수 없고, 빨리 달아나고 싶다. 나는 이 차이가 북부와 남부의 차이인지 아니면 큰 도시와 작은 도시의 차이인지, 아니면 그냥 나 때문인지 알 수 없다. 나는 미국에서 5년을 살았는데, 여전히 이곳에서 이방인 같다는 생각이 든다.

✦ ✦ ✦

우리는 미시간 시골 지역으로 이사 가는데, 그곳은 1000명 정도가 사는 마을이고, 마을 사람 대다수는 이미 우리가 도착하기 전부터 우리가 잘 오고 있다는 것을 알고 있다. "새로운 기자와 그의 여자친구, 같이 동거하는 커플이 이곳에 왔다"라는, 우리에 관한 소문이 돈다. 우리는 나중에 이 이야기를 들었고, 이런 이야기가 도는 것이 매우 재밌다.

우리는 이전 기자가 비우고 간 작은 아파트로 이사 간다. 우리는 옆 마을로 음식을 사러 가는데, 그곳에는 편의점이 아닌 일반 슈퍼마켓이 있다. 다음 날, 찬장을 편안하게 가득 채운 우리는 눈보라에 휩싸였다. 눈이 도로에 6피트 높이로 쌓이고, 그것을 치우는 데 일주일이나 걸린다. 미시간 호는 달 표면처럼 보인다. 처음으로 수십 년 만에 호수 전체가 얼어, 얼음 덩어리가 으스스한 모습으로 여기저기 떠 있고, 수평선 끝까지 호수는 눈으로 덮여버렸다. 바람을 맞은 호수 물이 호수 안 말뚝과 부표 가까이 얼어 있고, 교각 주변에 얼음 조각이 생성되어 있다. 봄에 서서히 녹는 눈 밑으로 드러나는 호수의 윤곽선을 발견하는 것도 재미있는 일이다.

미시간 서부는 아주 멋진 곳이다. 우리는 매 계절 완만히 경사진 지역 이곳저곳을 찾아다니고, 크로스컨트리 스키를 알게 되고, 주립공원 안의 완만한 산길을 따라 하이킹을 하기도 하고, 미시간 국립공원(Sleeping Bear Dunes)을 오르고 밑에까지 경주하여 달려가기도 하고, 체리 과수원을 방문하고, 집으로 돌아가는 길 내내 차 창문 밖으로 체리를 먹고 난 씨앗을 내뱉고, 손가락을 진한 자주색으로 물들이기도 했다. 우리는 주말마다, 미술관(Art Institute)이 있고 서점이 있는 시카고까지 여행을 다닌다. 그리고 그랜드래피즈(Grand Rapids)에서 하는 첫 상영 영화를 보기 위해 두 시간을 운전해 간다.

미시간에서, 나는 이주 농부들과 함께 일을 하기 시작한다. 난 스페인어를 유창하게 할 수 있기 때문에 학교의 ESL 반에 매우 도움이 되고, 부모 회의에서도 마찬가지이다. 일자리를 찾아 떠돌아다니는 가난한 멕시코 농부 노동자들의 삶과 나의 삶이 공통점이 있는 것은 아니지만, 우리는 같은 언어를 사용하고, 계층 차이에 대한 인식을 함께하고, 나는 그들에게 많은 감동을 받는다. 특히 한 가정은 자녀들이 공립학교에서 나와 같이 일하는데, 그 가정의 부모님은 우리를 보살피며 도와주신다. 우리는 그곳 식사에 초대받아 가고, 아스파라거스 수확 후 매년 열리는 축제에 참여한다. 그 축제 때 남자들은 비축한 맥주를 쉽게 찾을 수 있도록 야외로 옮겨놓은 냉장고를 천천히 비우고, 여성들은 오븐에 토르티야를 굽고 코카콜라를 조금씩 마신다. 아스파라거스 축제에서 농부들이 띄울 종이꽃을 몇 주 동안 만들고 난 후 마리아치 밴드와 의상을 입은 어린이 무용수들이 주요 거리를 걸어갈 때 합류해 달라는 요청을 받았을 때 정말 영광이었다. 난 손님으로 그들의 축제에 간다. 난 그들처럼 멕시코인 중 한 명이 될 수는 없다.

하지만 이곳에서도 난 고립감을 느낀다. 이곳에서조차, 강한 편견이 자리 잡고 있다. 부동산 중개사무소에서 잠깐 단기간 일을 맡아 할 때, 난 반유대주의적 발언을 듣는다. 고용주들은 여기 농장에서 일하는 근로자를 페퍼벨리(pepper-belly. 역자 주: 히스패닉계 사람들을 부르는 속어)라고 부른다. 학교에서, 이주 온 아이들은 자기들끼리 어울린다. 나는 여름 프로그램에 등록한 유치원 아이들을 데려오는 것을 돕기 위해 학교 버스에 탑승하는데, 그곳 아이들이 사는 곳에는 부서진 주택, 비좁은 판잣집 건물들이 있고, 이곳을 볼 때 나의 마음은 찢어지는 듯하다.

$\bigstar\ \bigstar\ \bigstar$

마이애미로 옮긴 지 3년이 지나서야 나는 이곳 환경에 익숙해지기 시작하고, 이곳이 내가 고향이라 부를 수 있는 곳 같다는 생각을 한다. 이곳은 내가 사랑하는 빛과 색깔—선명한 자주색 부겐빌레아, 푸크시아 올리앤더(fuchsia oleander), 샤르트뢰즈 종려나무(chartreuse palm), 새파란 하늘—로 가득 차 있는 도시이다. 감람과의 나무(gumbo limbo)에서 뿌리들이 구불구불 내려와 있고, 비스케인만(Biscayne Bay)은 다이아몬드 빛으로 반짝인다. 펠리컨들이 급하강하다 활공하고 갑자기 바다로 곤두박질쳐 들어가고, 부리에 먹이를 채워 수면 위로 올라오고, 먹이를 잡기 위해 머리를 다시 갑자기 홱 움직여 바닷속에 집어넣기도 한다. 이곳의 빛은 강렬하다. 열기가 빛에 일렁거린다. 바다에 부는 바람은 따뜻하고 짭짤한 내음이 난다.

마이애미에는 내게 친숙한 소수 집단 거주지들이 있다. 카예 오초(Calle Ocho)를 걸을 때, 내가 아는 많은 요리에 기본적으로 들어가는 튀긴 질경이, 커피, 양파-마늘-녹색 피망-토마토 향신료의 냄새를 맡을 수 있다. 속사포 같은 연음으로 이루어진 쿠바식 스페인어는 내가 성장하며 썼던 스페인어와 비슷하며, 가게 앞에 울려 퍼지는 음악은 내가 자라면서 들었던 음악과 똑같은 것이다. 내가 건물 옆의 창가로 다가가 쿠바 카페에서 파는 진한 커피인 코타디토(*cortadito*)를 주문하고 설탕을 넣지 말아달라고 말하자 그들은 전혀 믿을 수 없다는 표정을 내게 지어 보인다. 커피에 설탕이 안 들어간다고? 그것은 신성모독이야!

남쪽 마이애미에 유대인 식품가게가 있는데, 우리는 일요일 아침 훈제된 연어와 베이글을 사기 위해 남동생 부부와 그 가게에서 만난다. 마이애미 해변의 월피스(Wolfie's)에서는 뉴욕 밖에서 한 번도 보지 못한 가장 높이 쌓은 샌드위치를 팔고 있다. 구불구불한 머리에 반바지를 입은 창백한 노인들이 황폐한 호텔 현관 앞의 접이식 플라스틱 의자에 앉아 있다. 이 호텔이 있는 곳은 남쪽 해변의 아르 데코(Art Deco) 구역으로 세련된 곳으로 변화할 것이다.

우리는 낚싯배에서 바로 잡은 생선을 사기 위해 부두로 간다. 우리는 길 한쪽에 주차된 트럭 노점상에게서 새우를 산다. 그는 그날 일찍 키웨스트(Key West) 해변에서 새우들을 실어왔다. 나는 코럴게이블스(Coral Gables) 근처의 과일 가판대에 있는 사람에게 마메이 밀크쉐이크(*batido de mamey*)를 주문한다. 그는 내가 스페인어로 이야기하자 놀라워한다.

나는 내가 그들과 다르다는 것을 알고 있다—생김새가 다르고, 행동이 다르고, 생각이 다르다. 그러나 나는 이곳이 좀 더 편안하고 차이점에 익숙해져 있다. 이것이 내가 성장한 방식이다.

갑자기 마이애미에 폭동과 분노의 날들이 찾아온다. 리버티 시티가 폭발하고, 갑작스런 큰 불로 인해 멀리 떨어져 있는 코코넛그로브에 사는 이웃들에게까지 밤에 통행금지 명령이 떨어진다. 블랙그로브에서 쓰레기통이 불에 타고, 바하마 사람들이 처음 정착했던 이 지역은 약탈의 공포에 휩싸인 곳이 되어버린다. 마이애미 헤럴드(Miami Herald)에서 근무하고 있는 남자 친구는 비상사태를 보도하기 위해 잭슨메모리얼 병원(Jackson Memorial Hospital)으로 간다. 폭동을 목격한 그는 보도 일을 끝낸 후 충격을 받고 돌아온다. 국민 위병(National Guard)들은 늘 긴 장총을 소지하고 이웃을 돌며 순찰한다. 하지만 이런 상황에서도 난 무섭다는 생각이 들지 않는다. 나는 카라카스에서 총검이나 기계총을 갖고 있던 경비원들에게 익숙해 있다. 그러나 그럼에도 우리는 이곳의 동요, 소란과는 거리가 먼 교외에 살고 있는 남동생의 집에서 밤을 보내기 위해 간다.

나는 가톨릭 여학교에서 1년 일하고, 우리가 살고 있는 남부에서 한 시간 떨어진 홈스테드(Homestead)에서 상담자로 일하게 된다. 남부에서 나는 그곳에 "정착한" 젊은 농부들과 일하는데 그곳 농부들은 이주를 많이 하는 사람들은 아니며, 그 가족들은 남부 플로리다의 농산물을 생산하는 대규모 농장에서 일한다. 나는 이주자 캠프에 있는 그들의 집을 방문하고, 그들이 여름에 할 일을 확실히 보고하도록 한다. 그리고 가을에 지역 학교에 튜터링 프로그램을 만들 계획을 세운다. 나는 두세 명의 10대들과 친해진다. 내가 멕시코 농부들이 입는 블라우스를 입었을 때, 그들은 내가 임신했다고 생각하고 내게 베이비 샤워를 해주려고 계획했다. 그들 중 한 명이 비밀로 한 이 계획을 내게 이야기해 주고, 우리는 듣고 나서 깔깔거리며 웃는다. 그리고 다른 종류의 파티를 하기로 계획한다.

남자친구가 다음 해 웨스트팜비치(West Palm Beach) 지부로 발령받았을 때, 난 새벽에 사탕수수 밭을 가로질러 한 시간 걸리는 거리의 지역 고등학교에 가서 그곳의 이주자들과 함께 계속 일을 한다. 벨글레이드(Belle Glade)는 규모가 큰 빈민가이고, 라틴계 이주자들, 흑인들은 그 많은 사람들 중에서도 가장 하류층에 위치한 사람들이다. 아니, 이들 대부분은 거의 하류층에 속한다. 이들 밑에, 많은 현지인들이 한 번도 본 적 없는, 물이 새는 배를 타고 정원 초과인 상태로 목숨 걸고 대서양을 건너온 새로운 도착자들, 아이티 난민들이 있다. 새로운 인종차별이 나타난다. 아이티인들은 심지어 미국 흑인들에게도 무시당한다. 특별히 미국 흑인들은 가장 안 좋은 욕을 할 때 서로를 "아이티인"으로 내뱉어 부르기도 한다. 난 이런 종류의 혐오를 이해하기 어렵다. 난 이런 인종차별의 벽을 허물기 위해 열심히 노력한다. 점심시간에 선생님들과 함께 있는 대신 학생들과 같이 앉아 식사하기도 한다. 새로 이 지역에 온 아이들이 빨리 익숙해지길 원하는 바람에서 새로 온 아이들과 기존에 있던 아이들을 짝지어 주기도 한다. 난 마틴 루터 킹에 대해 이야기하며, 인종차별을 극복한 이야기를 해준다. 하지만 아무것도 달라진 것은 없다. 하루가 끝날 무렵, 난 다시 해안가에 있는 집으로 퇴근한다. 보이지 않는 경계를 헤쳐 나가며, 외국인들을 중재하는 일은 초현실적인 것처럼 느껴진다.

우리가 마이애미로 다시 돌아갔을 때, 난 다른 피난민 그룹과 일하게 되는데, 그들은 마리엘(Mariel) 선박 수송 작전으로 이곳에 도착한 사람들이다. 난 그들에게 기초 영어를 가르치고, 지원서를 어떻게 쓰면 되는지, 이력서를 어떻게 작성하면 되는지 등을 가르친다. 하지만 난 다시 그들을 향한 차별에 놀라고, 충격받고, 당황하지 않을 수 없다. 구조된 후 따뜻한 환영을 받으며 이곳에 정착한 쿠바인들이 많은 마리엘리토(Marielito. 역자 주: 쿠바의 마리엘에서 미국으로 집단 이주해 온 망명자들)들을 적대시했다. 너무 많은 수의 마리엘리토가 있어서, 쿠바 사회는 이 많은 사람들을 어떻게 할 수가 없다. 숫자에 압도된 것이다. 미처 예견하지 못한 일이다. 그들 중 많은 수의 사람들이 집을 잃고, 병이 들었다. 많은 수의 사람들이 정치적 이유에서 혹은 제정신이 아니라는 이유로 교도소에서 오랜 시간을 보내야 했다. 수십 년의 공산주의 체제는 한 개인이 스스로 더 나은 삶을 살기 위해 노력할 수 있다는 그리고 이러한 개인의 노력이 보상받는다는 혹은 일부 학생들이 나에게 알려준 것처럼 최소한의 보상이라도 있을 것이라는 믿음을 무너뜨렸다. 첫 번째 쿠바 이주민들의 물결은 확고한 공화당과 카스트로에 반대하는(anti-Castro) 세력들이고, 이들은 쿠바 정부 체제에 반대하는 의견을 기탄없이 말하며, 마리엘리토들은 정치적 탄압, 억압된 언론과 위협 그리고 투옥과 죽음과 함께 수년 동안(일부는 평생 동안) 살았다.

난 문화 적응에 대한 내용을 가르쳐야 했는데, 이것이 의미하는 것은 미국적 방식, 미국적 이상에 익숙해지게 하는 것이다. 난 이를 가르치기 위해 노력한다. 그러나 미국적 방식이 정확하게 무엇인가? 내가 자라면서 생각했던 미국은 정말로 전형적으로 자유의 땅, 용기 있는 사람들의 땅이고, 공평한 기회, 개인주의적인 사고가 있는 곳인가? 프로테스탄트 윤리가 있는 곳인가? 내가 시민권리장전 운동에 필수적이라고 생각했던 가슴 뭉클하게 만드는 인류애, 평등 그리고 그 시민운동 정신이 내 안에 아직 죽지 않고 살아 있는가? 혹은 이러한 것들은 반제국주의 중남미 좌파들이 주장해 왔던 단지 미국인들의 선전에 불과한 것이었나? 마이애미에 다음과 같은, 자동차에 붙이는 선전 광고 스티커가 등장했다. "마이애미로 떠나는 중남미인들은 라이트를 꺼주시겠어요?" 사람들이 이야기하는 영국계 미국인들의 백인 탈출(white flight, 역자 주: 도심지의 범죄를 우려한 백인 중산층의 교외 이주)은 지금의 마이애미를 만든 이들이 소위 소수 민족이라는 사실을 무시하는 것이다. 아직도 내가 잘 이해할 수 없는 것들, 내게 도무지 이해되지 않는 것들이 너무 많다.

몇몇 학생이 일한 후에 자신들의 아파트에서 열리는 파티에 나를 초대했는데, 그들은 아과르디엔테(*aguardiente*)류를 유리잔에 계속 부어 마신다. 이 술은 혼합물을 넣어 만든 술이어서, 우리는 그다음 날까지 속이 안 좋아 고생한다. 하지만 밤이 되면 우리는 다시 모여 즐거워한다. 난 학생들 사이에서 발전하는 새로운 유대, 새로운 우정 형성, 공통점을 본다. 난 비록 그 친구들, 그들의 웃음과 그들의 음악 그리고 그들의 온정에 둘러싸여 있지만, 마치 이런 것들을 먼 거리에서 바라보고 있는 것 같다. 그날 밤 난 그들과 함께 있지만, 난 그들 중 하나는 아니다. 그래도 나름 괜찮다.

난 늘 외부인 같았다는 사실을 알게 된다. 비록 난 미국인이지만, 이주민 같고, 늘 미국 안에서 다른 문화를 갖고 살 것이다. 내가 어떤 특정한 장소에 얼마나 오래 살든지, 얼마나 많이 이동을 하든지, 나의 외모가 어떤지에 상관없다. 나의 문화적 정체성은 분명히 표현하기 어렵다. 나의 정체성은 미국인-독일인-세속적인 유대인 가족의 배경이 혼합된 것이며, 난 다국적 공동체에서 자랐고, 가톨릭계 중남미 국가에서 성장했으며, 여행의 영향도 받았고, 여러 문화에 대한 독서, 여러 문화에서 온 친구들 또한 나를 형성하는 데 영향을 주었다. 난 아직 이것이 무엇인지 명명할 수 없지만, 내 안에 이러한 차이를 수용하는 것, 한 장소에서 사는 것도 괜찮다는 것 그리고 한 장소의 일부가 아니어도 됨을 인지하고 관찰하고 즐기고 그리고 반드시 소유하지 않아도 된다는 것을 학습해 가고 있다. 밖에 서 있으면서 안을 들여다보는, 그러면서도 편안하게 느끼는 것을 말이다.

1980년대 초반 마이애미에서, 난 정의 내리기 어려운 장소에 있는 것 같다. 이곳은 새로운 곳에서 온 이민자들의 물결로 인해 변화와 재정착의 정체성이 있는 곳이다. 그러나 난 이런 매우 복잡한 정체성이 내게 가장 익숙하고 내가 이것을 즐기고 있다는 것을 알게 된다. 매일, 하루 종일 계층, 문화, 전통, 언어들이 서로 떠밀리는 곳이고, 때때로 이런 것들이 효과적으로 잘 움직이기도 하고, 어떤 때는 그렇지 않다. 하지만 이곳은 늘 가능성이 살아 움직이는 곳 같다.

그리고 아마 장소만 그런 것이 아닐 것이다. 아마도 움직임과 동요 모두 내적인 가능성에서 비롯되었을 것이다. 그리고 나는 이제 이런 점을 수용할 수 있게 된 것 같다. 어떤 경우에도, 내가 이해하게 된 것은 내가 많은 문화들과 많은 견해들이 있는 곳, 다양성이 있는 곳에서 편안함을 느낀다는 것이다. 나는 주류 밖에 있는 사람들을 찾아내는 것을 좋아한다. 한곳에서 태어나서 다른 곳에서 자란, 특별히 영구적인 것에 관심을 두지 않거나 혹은 어떤 한곳에 뿌리를 두지 않는 사람들. 이동하는 사람들, 고향을 찾는 사람들, 나와 같은 사람들이다.

3부

탐색

중남미에 사는
국제유목민 청소년을 위한 레모네이드

청소년 국제유목민을 위한 조언과 충고

/

퍼트리샤 린더먼(Patricia Linderman)

나라 간 이동으로 가장 어려움을 겪는 이들은 10대들이다. 자신의 독립적인 정체성을 확립하기 시작한 시기에, 보통 자신의 의지에 반하는 새로운 동료 집단, 학업 상황, 문화적 환경에 갑자기 적응해야만 하기 때문이다. 국제유목민 청소년들(Global Nomad teens)에 대한 나의 관심은 수년 동안 해외 이주 가정들(expat families)을 위해 일하면서, 미국에서 에콰도르의 과야킬(Guayaquil)로 2008년 이주하여 13살과 16살의 아들들을 키우며 때때로 힘든 시간을 보냈던 때보다 훨씬 더 커졌다.

나는 이주 가정과 그 가정의 청소년들이 어떻게 하면 이 어려운 과도기를 수월하게 통과할 수 있을지 알아보기 위해 국제유목민 청소년들 그리고 그들과 일하는 몇몇 성인들을 인터뷰했다. 대부분 내가 편집을 맡은 해외 거주자들을 위한 온라인 잡지 《작은 행성에서 온 이야기(Tales from a Small Planet)》의 게재물에 응답한 청소년들을 대상으로 한 전화 인터뷰였다.

여섯 가지 광범위한 주제들이 핵심적인 관심사로 드러났다. 이들은 도착 단계, 학교 교육, 친구 사귀기, 과외활동, 모국 방문, 청소년들의 미래이다. 그들과 함께 나누었던 아이디어를 제시하면서, 이 주제들에 대해 차례로 살펴볼 것이다. 이제 막 세계적인 탐험을 시작하는 이주 가정과 그들의 청소년들에게 많은 도움이 되길 바란다.

도착 단계: 네트워킹과 가족의 유대감 형성

전문가들은 10대들에게 이주하기 전에 자신이 마주할 새로운 환경(그들의 여권 기재국으로 귀환하는 것을 포함하여)에 대해 조사해 보라고 조언한다. 『국제유목민의 대학 진학에 관한 가이드(The Global Nomad's Guide to University Transition)』의 저자 티나 퀵(Tina Quick)은 대중문화, 패션, 음악, 관습, 사회적 금기사항, 지리, 역사를 포함해 할 수 있는 것이 무엇인지, 그리고 이웃, 도시, 나라의 어디를 방문해야 할지 조사해 보라고 말한다. 만약 학교 시작 몇 주 전에 도착했다면, 부모님이나 형제들과 이러한 조사와 탐험을 "현장에서" 행할 수 있다.

나와 이야기를 나누었던 10대들은 도착한 직후 몇 주가 가장 오랫동안 영향을 주었으며, 가족과 친밀해질 수 있는 시간이라는 데 대부분 동의했다. 미국에서 케이맨제도로 예상보다 1년 일찍 이주한, 부끄러움을 많이 타는 엘시(Elsie, 15살)는 부모님 곁에 머물면서 엄마와 함께 섬들을 탐험했고, 브라질 태생의 영국식 억양을 구사하는 멕시코와 독일에서 살았던 스테퍼니(Stefanie, 19살)는 몇 년 전 텍사스 휴스턴으로 이주했을 때 도착한 직후였던 여름 대부분을 새집을 단장하는 부모님을 도우며 보냈다. "제 생각에, 함께 이주하는 것은 가족 간 결속을 견고하게 합니다. 계속 지속되는 것은 가족뿐이에요. 인생은 흘러가지만 가족은 여전히 함께해요."

나와 인터뷰한 10대들의 경험에 따르면, 새로운 사회적 환경에 진입하는 가장 좋은 방법은, 학교를 시작하기 전에 비슷한 또래가 있는 다른 이주 가정을 찾는 것이다. 만약 방학 기간에 도착할 경우에는 많은 이주 가정들이 방학 동안 여행을 떠나므로, 누가 마을에 남아 있는지 온라인을 통해 찾아보면 된다. 10대 시절 많은 이주 경험을 했고(엘살바도르, 베네수엘라, 이집트), 지금은 콜롬비아대학교 신입생인 모건(Morgan, 18살)은 온라인 인간관계는 면대면 인간관계와는 달라서 항상 끈끈한 친구 관계로 발전하지는 않는다는 점을 깨달을 필요가 있다고 지적한다.

엘시와 모건은 도착 후 초기 몇 주 혹은 몇 달 동안 이전 살던 곳 친구들과 컴퓨터를 통해 연락을 주고받았다고 한다. 이들은 이 "편안한 지대"에 너무 오랫동안 머물지 말라고 조언한다. 모건은, "이전 친구들과 자주 접촉해 여러분이 현재 있는 이곳의 사람들을 만날 기회를 잃지 마세요"라고 충고한다. 엘시는, "새로운 곳에서 누군가와 가까워지는 것을 상상하기 힘들겠지만, 결국 그렇게 될 거예요. 위험을 감수하고 새로운 친구를 사귀세요"라고 충고한다.

『국제유목민 키우기(Raising Global Nomads)』의 저자 로빈 패스코(Robin Pascoe)는 젊은이들이 특히 이주 초기에는, 그들 자신과 부모를 덜 비난할 것을 권고한다. 그녀는 이메일을 통해 다음과 같이 덧붙였다. "아이들은 자신을 탓하기 쉽고, 동료 집단에 즉각적으로 받아들여지고 기분이 좋아지길 원해요. 그것은 당장 일어나지 않을 겁니다. 나는 그들에게 성공적으로 친구를 사귀었던 경험을 상기시킵니다. 새 친구를 사귈 수 있을지 걱정되면, 전에 걱정했으나 친구를 많이 사귀었던 경험을 생각해 보라고 합니다. 부모님에 대해서 부모님들도 최선을 다하고 있으며, 부모님 또한 이주로 인한 중압감을 느끼고 있고, 무엇이든 늘 사랑과 좋은 의도로 하고 있음을 상기시킵니다."

12살부터 콜롬비아, 앙골라, 베네수엘라, 에콰도르, 브라질로 해외 이주를 다섯 번이나 한 브라질의 수의과 대학생 엔히키(Henrique, 18살)는 지역사회 참여를 지체할 필요가 없다고 말한다. "열린 마음을 가지세요. 새로운 것을 거부하지 말아요. 아무튼 여러분은 해야만 합니다. 그러므로 초기부터 하세요. 여러분이 누구인지 사람들에게 알려주세요. 누구도 여러분에게 관심을 보이지 않으면, 카멜레온으로 변하세요"라고 말한다.

비슷한 폭넓은 이주 경험을 한 모건은 약간 다른 교훈을 한다. 그녀는 처음에는 다른 사람들이 어떻게 하는지 관찰하기 위해 약간 물러나라고 조언한다. "사회적 단서들을 확인하고 그 맛을 보세요. 일들이 어떻게 돌아가는지 살펴보세요"라고 조언한다. 내가 만난 모든 10대들은 "카멜레온"이 되라는 충고는 단지 표면적 수준에만 적용이 된다고 말한다. 카멜레온은 색은 변하지만 근본적으로는 변하지 않기 때문이다. 10대들은 자기 자신의 가치를 지키면서(예를 들어, 술 마시지 않기, 디자이너 옷에 집착하지 않기 등) 자신이 진정으로 흥미 있어 하는 것을 추구하라고 말한다. 모건은 "여러분이 끊임없이 맞추려 하면, 여러분은 맞는 사람을 찾지 못할 거예요"라고 충고한다.

학교 교육: 좌절과 기회

나와 이야기를 나눈 청소년 대부분이 국제학교에 다니고 있었다. 대부분 학교들이 각 학년당 13~20명 안팎이었다. 어린이보다 우정을 더욱 중요시하는 10대에게는 제한적인 사회적 상황이다. 크기가 작은 학교는 제공하는 코스도 제한적일 수밖에 없다. 예를 들어, 현재 18살인 나의 큰아들 앨릭스(Alex)는 학교에 원하는 코스가 없어 온라인으로 미국 역사와 컴퓨터를 배웠다.

일반적으로 많은 이주민을 받아들이는 도시들은 한 개 이상의 국제학교가 있다. 청소년 국제유목민 교육 전문가 베키 그래포(Becky Grappo)에 따르면, 교육적인 제공뿐만 아니라 학교의 사회적 환경을 살펴보는 것이 매우 중요하다. 그녀는 어떤 학교는 "다양하고 훌륭한" 반면, 어떤 학교는 보통 "파티 하고, 쇼핑하고, 시시한" 학교라며 중동 지역의 예를 들고 있다. 콜롬비아 보고타의 한 학교에서 어려움을 겪은 후에 엔히키는 "단지 한 명의 학생이 아니라 한 사람의 인간으로 대우하는" 다른 작은 학교로 전학했고, 더 큰 만족과 행복을 느꼈다.

스테퍼니는 휴스턴에 있는 미국 공립학교 대신 영국 대학을 목표로 영국식 학교에 가기 위해 국제학력평가시험(International Baccalaureate)을 치르기로 결정했다. 그녀는 자신의 결정에 만족하지만 다소 문제점이 있었다. 매일 학교를 오가는 데 세 시간이 소요되고, 저녁이나 주말에 친구들과 어울릴 수도 없었다. 친구들은 모두 콜롬비아, 앙골라, 오만 등에서 온 국제 학생들이었고, 학교 밖 미국 10대들을 진정으로 알 수 없었다. 그녀는 다시 나라를 떠나야만 한다.

만약 건강하지 못한 학교 환경이나 차별화된 교육 기회를 충분히 제공하지 못하는 경우처럼, 이주한 곳의 교육적·문화적 환경이 10대 개인에게 맞지 않을 때, 홈스쿨링이나 기숙학교 같은 다른 선택을 할 수 있다. 고맙게도 인터넷의 발달로 홈스쿨링 기회는 기하급수적으로 증가했다. 학생들은 심지어 온라인으로 세계 각처의 동료 학생들과 토론 수업을 할 수 있고, 부모들은 시간이 없어서 혹은 미적분학을 가르칠 수 없어서 걱정할 필요가 없게 되었다. 베키 그래포는 종종 "마지막 수단"으로 여기는 기숙학교의 이점을 면밀히 살펴보라고 권한다. 그녀는 좋은 기숙학교는 성취욕이 강한 사람에게 공동체를 제공하고, 효과적으로 교육받을 수 있으며, 갈등을 겪는 10대들에게 인생의 전환점이 될 수 있는 환경이라고 본다.

많은 해외 이주 가정의 모국 학교들과 달리 국제학교는 사립학교이고, 비록 문제가 상대적으로 경미할지라도 행동장애나 학습장애를 가진 학생들을 받아들일 의무가 없다. 국제학교들은 보통 정원이 꽉 차 대기자가 있는 편이다. 내 친구 하나는 10대인 두 아들과 에콰도르에서 파나마로 이주했는데, 아들들이 영어를 사용하는 국제학교에 다닐 수 없어, 다시 에콰도르로 돌아왔다.

엔히키는 10대를 둔 가정이 보통 꺼려 하는, 새로 이주한 나라에서 고등학교 마지막 학년을 보내야만 하는 상황에 직면했었다. 그는 두려워했던 것만큼 나쁘지 않았다고 말한다. 사실상, 이전의 이주들보다 사회적 환경으로 볼 때 더 수월했다. 그는 "상급생의 힘"이 핵심 요소임을 알게 되었다. 그는 상급생이기 때문에 쉽게 다른 학생들의 존경을 받았다. 그는 나이도 많고, 경험도 많고, 자신감도 높아 더 쉽게 적응했다. 그러나 신참 상급생으로서 학문적인 어려움은 있었다. 그는 영어 수업 두 과목을 같은 선생님께 연이어 들어야만 했다. 어떤 수업은 나이가 훨씬 어린 학생들과 들었다. 그러나 그는 용감하게 버텼고, 지금은 브라질에 있는 대학교에서 1학년을 즐겁게 보내고 있다.

친구 사귀기: "다가가기" 그리고 노력하기

스테퍼니는 휴스턴에 있을 때 잘못된 태도로 10학년을 시작했던 것을 생각하며 머리를 흔들며 웃었다. "처음에 저는 '2년만 있으면 대학에 갈 거니까 친구를 사귈 필요가 없을 거야'라고 생각했어요." 지금은 그것이 비현실적이라는 것을 알지만 장점도 있었다. 그녀는 친구를 사귀어야만 한다고 집착하지 않았기 때문에 학교에서 불안해하거나 친구를 사귀기 위해 지나치게 노력을 기울이지 않았고, 결과적으로 20명의 반 친구들을 쉽게 사귈 수 있었다고 여긴다.

베네수엘라에 있는 모건의 학교 상담자는 모건이 어떤 학급에서 공부하고 싶은지 물었다. 모건은 학생부를 살짝 엿보고 미국식 이름들이 있는 반을 선택했다. 초기에는 미국인들이 마음에 끌려 사귀려 노력했는데, 이것이 적응을 방해한 것 같다고 지금은 생각한다. 왜냐하면 그들은 그녀에게 어울리지 않는 사람들일 수 있기 때문이다. 아무튼 그 시기에 만나 관계를 지금까지 지속하고 있는 친구들은 노르웨이나 페루 혹은 에콰도르에서 온 학생들이다.

현재 15살인 내 아들 잭(Zack)은 나이나 국적을 불문하고 친구들에게 다가가라고 조언한다. 같은 관심사를 나눌 수 있는 사람들을 찾으라고 말한다. 에콰도르에 간 첫해, 잭의 가장 친한 친구는 동급생이 아닌 동네에서 단순히 어울리다 만난 자기보다 두 살 위인 에콰도르 학생이었다.

케이맨제도에 살 때, 엘시는 아르헨티나, 스코틀랜드, 캐나다에서 온 해외 이주 가정의 아이들과 바로 연대감을 느낄 수 있어 매우 놀랍고 기뻤다. "그들은 내가 겪고 있는 동일한 어려움을 겪고 있었어요." 엔히키는 이 우정을 좀 다르긴 하지만 그러나 여전히 긍정적인 각도에서 살펴본다. 그의 말에 따르면, "정반대의 친구"인, 중국, 엘살바도르, 멕시코, 미국에서 온 학생들로 인해 그는 "다른 방식"으로 생각하게 되었다.

여러 차례의 해외 이주 경험을 통해, 모건은 새로운 친구 관계를 형성하는 하나의 패턴을 알게 되었다. 그녀는 이주 후 6개월이 지나자 "꽤 괜찮은 그룹의 학생들"을 발견했다. 그리고 1년이 지나자 친한 친구를 적어도 한 명 이상 사귀게 되었다. 그러고 나서 1년 7개월 후에는 "결코 헤어질 수 없는 정말 좋은 친구들"이 생겼다. 그녀는 이 과정은 많은 노력이 필요하다고 말한다. "적당히 좋은" 친구를 사귀고, 더 이상 다른 사람에게 다가가지 않으려 하는 유혹이 있을 수 있다. "초기 6개월에 만난 친구들에게 너무 집착하지 마세요. 왜냐하면 어느 날 아침 그 친구들을 진정으로 좋아하지 않는다는 것을 알아차릴 수 있기 때문이에요"라고 그녀는 조언한다.

과외활동: 참여와 행복

조직이든 단순한 친구 모임이든 학교 밖 과외활동은 해외에 거주하는 청소년들의 적응에 매우 중요하다. 모건은 "이런 과외활동이야말로 여러분에게 소속감을 주고 행복하게 해요"라고 일러준다. 내가 인터뷰했던 대부분의 청소년에게 과외활동은 인생의 매우 중요한 부분이었다. 나의 큰아들 앨릭스는 성인 농구 준프로팀에서 경기했고, 또한 경험이 부족함에도 불구하고 학교 농구 대표팀에서 뛰었다. 왜냐하면 학교가 매우 작아서 누구나 원하는 사람은 참여할 수 있었기 때문이다. 휴스턴에 있을 때, 스테퍼니는 춤과 오일 페인팅 등 지역사회 단체에서 제공하는 프로그램에 참여했다. 나이 차이에도 불구하고, 그녀는 많은 성인 학생들과 좋은 친구가 되었다. 그랜드케이맨에 살 때, 엘시는 어머니와 함께 스쿠버 레슨을 받고 자격증을 땄다. 잭은 에콰도르에서 스케이트보드에 관심 있는 젊은 사람들을 많이 만날 수 없었으나, 세 명의 친구에게 그것을 가르쳐주었고, 지금은 그들과 매우 절친한 사이이다.

내가 아는 한 가정은 많은 어려움에도 불구하고, 딸이 승마를 배울 수 있도록 말에 대해 우호적인 나라를 찾아 네덜란드에서 포르투갈로 이주했다. 어쨌든 그들은 성공적인 투자였다고 믿고 있다. 그 어머니는 "딸과 말 사이의 강한 결속력 덕분에 딸은 지역사회와 진정으로 연결될 수 있었고, 아마도 17살에 스코틀랜드의 수의과 대학에 입학할 수 있었던 것 같아요. 여러분의 아이가 열정을 갖고 있는 어떤 것을 '현지인처럼' 할 수 있도록 밀어주세요"라고 말한다.

그러나 많은 경우, 접할 수 있는 과외활동들이 건전하지 않을 수도 있다. 이주 문제를 겪는 청소년들을 위해 일하고 있는 베키는 술, 약물 남용, 성적인 실험 등이 도처에서 일어나고 있다고 말한다. 심지어 엄격한 법과 관습이 있는 사회에서도 마찬가지이다. 그녀는 이주 청소년들이 상실, 적응, 외톨이, 자존감 문제에 대한 미봉책으로 위험한 행동들을 한다고 생각한다. 그녀는 일부 부모들이 해외 거주의 잠재적인 혜택에만 주의를 기울이고 문제를 부인하는 데 심각성이 있다고 본다. 베키는 언제 거짓된 안전감으로 현지 주민들에게 조종당하게 되는지, 자기 아이가 무엇을 하고 있는지 주의를 기울이고, 가족 간 의사소통과 결속을 다지는 일에 힘쓰라고 조언한다. 또한 가족들은 학업의 흥미 상실, 사회로부터의 철수, 상반된 행동 등 경고성 조짐들에 주의를 기울여야 한다. 이는 이주에 따른 일시적인 반응일 수도 있지만, 그렇지 않은 경우도 있다. 만약 몇 달 이상 지속된다면 상담을 받아야 한다.

심지어 국제유목민 청소년이 술, 약물, 섹스에 분별력 있는 태도를 갖고 있어도 현지 적응이 쉽지 않을 수 있다. 예를 들어, 15살에 술을 마시고, 밤 11시에 파티를 시작하는 "파티 문화"가 있는 사회에서는 더욱 그렇다. 베키는 "얼마나 허용해야 할지 부모들이 알기 쉽지 않아요"라고 말한다. 다행히도 나와 이야기를 나누었던 청소년들은 자신의 가치를 현지의 관습에 조화시키는 방법을 찾은 것처럼 보였다. 엘살바도르에 막 도착했을 무렵 모건은 새로 알게 된 친구들과 쇼핑몰에 갔었다. 놀랍게도 그들 일행은 술집에서 술을 마시게 되었다. 하지만 모건은 레모네이드를 주문했고, 누구도 신경 쓰지 않아 안심했었다.

로빈 패스코는 부모들이 10대 자녀들의 행동과 적응 상태에 대해 이주를 탓하지 않는 것이 중요하다고 본다. "일반적으로 10대가 되는 게 쉽지 않아요. 게다가 이주한 10대 청소년은 더 어렵고 혼란스럽지요. 제 말은, 이주한 후에 직면하는 어떤 어려움들은 이주와 무관하게 일어날 수 있다는 겁니다. 10대들은 항상 부모를 시험하는 행동들을 합니다. 부모로부터 분리되려는 과정이죠. 그런데도 너무나 자주 해외 이주 가정의 부모들은 퉁명스러운 소년이 된 것을 이주와 연관된 행동상의 문제로 혼동하곤 합니다." 로빈은 이주에 대한 죄책감으로 아이를 응석받이로 만들지 말 것을 당부한다. 그녀는 "단지 이주를 하게 했다는 이유만으로, 그 어떤 연령이든, 아이들을 끊임없이 행복하게 해야 할 의무는 없어요"라고 말한다.

모국 방문: 현실성 확인

나와 이야기를 나눈 몇몇 젊은이들에게 모국 방문은 적응의 전환점이었다. 이주 3개월 후 엘시는 심한 향수병을 앓았고, 부모님을 설득해 고향 마을을 방문했다. 그녀는 방문하는 동안 "거기 머물고 싶기도 했지만", 그랜드케이맨의 현실적인 삶에 직면하도록 도움을 주었다고 말한다. 그녀는 그랜드케이맨에서 어떻게 해나가야 할지 다짐하며 돌아왔다.

내 아들 잭은 첫 번째 여름방학을 미국에서 친구들과 지냈다. 친구 관계가 여전히 유지되는 것처럼 느껴졌다. 잭은 두 번째 여름방학에도 친구들을 만나러 방문했으나, 오래 머물 필요성을 더 이상 느끼지 않았다. 심지어 그는 비행기 스케줄을 조정하여 일찍 에콰도르로 돌아왔다.

스테퍼니는 미국으로 이주한 후 1년간 독일을 방문했다. "친구들은 나를 보고 좋아했어요. 그러나 나는 사람들이 달라졌음을 알았어요." 그녀는 여행은 즐거웠지만 자신이 더 이상 그곳에 살고 있지 않음을 깨달았다.

미래를 내다보기

나와 이야기를 나눈 청소년과 성인들 모두 이주한 처음 6~12개월이 힘들었다고 말했다. 모건은, 이 시기에 행복하리라 기대하지 말라고 직설적으로 충고한다. 좀 더 나이가 많은 청소년들은 한결같이 자신들의 해외 경험이 가치가 있었다고 대답했다. "이집트는 살기에 환상적인 나라였어요." 모건은 말한다. 앨릭스는 에콰도르에서 고등학교 2학년과 3학년을 다녀서, 미국 도시 근교의 또래에 비해 대학 지원이 수월했다고 믿는다.

스테퍼니는 여러 사람을 만나고 다양한 문화를 접할 수 있었던 것에 감사한다. 그녀는 지금까지의 생애 전부를 국제학교에서 보냈다. 그녀는 그 경험으로 인해, 그렇지 않았을 경우에 비해 더 개방적이 되었다고 생각한다. 엘시는 케이맨제도로 이주했기 때문에 "더 세계적"이 되었다고 생각한다. 그녀는 "어디를 가든 사람들은 사람들이다"라는 말을 알게 되었다. 엔히키는 모국어 외 다른 언어를 배울 수 있는 기회를 강조하면서 유창하지만 별난 그의 영어로 "많지 않은 아이들만 외국에 나갈 수 있고 세상을 탐험할 수 있어요"라고 주장한다.

모건은 수년간 국제유목민으로 지낸 후, 이전에 살던 곳의 친구들과 관계가 끊긴 아픔을 아직도 느끼고 있다고 한다. 그녀는 페이스북, 이메일, 인스턴트 메시지를 통해 계속 연락을 주고받지만, 그들을 방문할 기회는 없다. 그녀는 "저는 지구촌이라는 개념을 갖고 있어요"라고 말한다. "만약 내가 뉴욕이나 런던에 살게 된다면, 거기에도 친구 몇이 생기게 될 거예요."

이 10대들이 미래를 보는 것처럼, 그들 대부분은 그들의 다문화 경험 혜택을 지속하기 원한다. 스테퍼니는 "한 장소에 머무는 것을 상상할 수 없어요"라고 말한다. 잭은 우리가 미국으로 돌아가면 에콰도르 친구들을 초대하여 우리와 함께 여름을 보내길 원한다. 엘시는 미국 대학에 진학할 계획이지만, 전 세계에서 온 사람들을 케이맨제도의 국제학교에서 알게 되어 감사히 여기며, 그들의 나라를 방문할 수 있길 바란다.

티나 퀵에 따르면, 국제유목민 청소년은 똑똑하고 성숙한 편이며, 넓고 큰 렌즈를 통해 세상을 보며, 다양성을 받아들이는 경향이 있다. 그들은 진정한 지구촌 시민이다. 비록 과학적인 샘플 수집은 아니었지만 내가 인터뷰한 청소년 모두 분명 그와 같았다. "나는 다른 나라에서 온 사람들을 대할 때 자연스러워요"라고, 콜롬비아의 카르타헤나(Cartagena)에서 대학에 진학하기 전 남은 시간 동안 스페인어를 마스터하고 있는 스테퍼니는 말한다. "세상은 점점 좁아지고 있어요. 당연하지요."

참고문헌

Pascoe, Robin. 2006. *Raising Global Nomads: Parenting Abroad in an On Demand World*. Vancouver: Expatriate Press.

Quick, Tina L. 2010. *The Global Nomad's Guide to University Transition*. London: Summertime Press.

다른 관점의 짧은 글들

국제학교의 문화적 계층*

/

다나우 타누(Danau Tanu)

"여기는 우리나라예요. 그러니 백인들(bules)[1]이 우리나라를 엉망으로 만들면 안 되죠"라며 벤치 등받이에 위태롭게 걸터앉은 국제학교 학생 대식이는 말했다. 대식이는 자신이 성장한 인도네시아에 대해 말하고 있었다. 엄밀히 말하자면 그는 한국인이다. 여권이 그렇고, 이름도 그렇고, 인종적으로도 그렇다. 나는, "그렇지만 넌 한국인이지 않니?"라고 물었다. "물론 그렇죠. 혈통으로는 그렇죠"라고 대답했다. 대식이는 자신을 한국인으로 인식하고 인도네시아를 자신의 나라로 여기는 데 아무 문제가 없어 보였다.

이처럼 정체성은 표면적으로 보이는 것보다 훨씬 복잡하며, 법적·민족

---

* 이 에세이의 일부는 온라인 잡지 ≪인사이드 인도네시아(Inside Indonesia)≫(2010년 10-12월 호)에 처음 게재되었고, 호주 애들레이드에서 2010년 7월 5~8일 열린 호주 아시아연구협회(Asian Studies Association of Australia) 제18차 콘퍼런스에서도 발표된 내용이다(Tanu, 2010a; 2010b).

1 "bule"는 "백인"을 일컫는 인도네시아 속어이다.

적 테두리를 벗어난다. 나는 다음 몇 페이지를 통해 국제학교 체제가 학생들의 정체성 형성과 사회적 신분에 대한 인식에 미치는 복잡한 방식을 몇몇 학생들의 개인적인 경험과 동창회를 중심으로 탐색할 것이다.

대식이가 다니는 고등학교는 국제유목민 청소년(expatriate youth)과 인도네시아 청소년들이 섞여 있는 곳이다. 인도네시아 수도 자카르타의 분주함이나 스모그와 어울리지 않게 잘 관리된 오아시스 같은 캠퍼스가 정문 안쪽에 자리 잡고 있다. 만약 쉬는 시간에 밀려 나오는 학생들을 볼 기회가 있다면, 여러분은 친구에게 유창하게 인도네시아어를 구사하는 러시아 10대, 미국식 억양으로 영어를 말하다 인디언 억양으로 말하다 그 대상에 따라 갑자기 다시 미국식 억양으로 바꾸는 인디언 10대, 한 문장에 영어·중국어·인도네시아어를 사용하는 대만 10대들을 볼 수 있다. 그러는 동안 그 누구도 놀라지 않는다. 왜냐하면 이는 국제학교에서 흔히 볼 수 있는 장면이기 때문이다.

이 다양한 환경은 "정체성 게임(identity game)"의 비옥한 토양을 제공한다. 이 게임은 이들 학생들에게 매우 친숙하다. 이 게임의 주된 도구는 "우리" 또는 "그들"과 같은 대명사를 사용해 보여주는 경제적 지위(economic standing)와 사회적 자산(social assets)이다. 사회적 자산은 언어를 유창하게 구사하거나 "올바른" 억양으로 말하거나 특정한 형식으로 옷 입고 행동하는 것 등이다. 학교에서 그들의 일차 목표는 교육이지만, 지위를 얻고 사회에 소속되는 정체성 게임도 그 못지않게 중요하다.

국제학교는 종종 세계적인 안목과 서로 다른 문화 간의 이해(intercultural understanding)를 촉진한다. 다양한 국적의 학생과 선생님들이 있음을 자랑스럽게 여기며, 유엔의 날에는 만국기를 내걸고 축하한다. 인도네시아에서 국제학교는 학비가 가장 비싼 곳 중 하나이며, 영어로 가르치는 서구식 교육을 한다. 이 학교들은 지역사회로부터 비난과 칭찬 모두를 받는다. 그들이 제공하는 질 높은 교육은 칭찬을 받지만, 동시에 그들의 배타성으로 인해 비난을 받고 있다. 이들 비난은 상황을 지나치게 단순화하지만, "세상의 가운데서" 성장하고 있는 학생들에게 세계적인 안목을 키우면서 문화적 계층에서 벗어나도록 교육하기 쉽지 않음을 보여준다. 서로 다름을 적극적으로 평화롭게 인정하는 그들의 노력은 다문화 국가들에게 큰 가르침이 될 수 있다. 그러나 역설적이게도, 국제학교 학생들도 세계적·지역적 조건에 따른 문화적 계층을 내면화한다.

이제 나는 몇몇 학생들의 경험과 국제학교 동창회들을 살펴보고 검토할 것이다. 그러나 그보다 앞서 내 연구에 대한 약간의 배경 설명을 하고자 한다.

국제학교에서 "국제학교 학생처럼 행동하기"

나는 인도네시아의 한 국제학교에서 2009년 한 해 동안 민속학적 연구(ethnographic study)를 수행했다. 9~12학년까지 고등학생 참가자들을 두 학기 동안 관찰했다. 그들의 수업을 관찰하거나, 선생님들이 허락한 토론에 참여하거나, 쉬는 시간에 학생들과 어울리거나, 학생들이 하는 방과 후 활동들을 지켜보거나, 어떤 때는 저녁이나 주말에 학생들이 친구들과 외출할 때 합석하면서 상당한 시간을 보냈다. 다시 말해, 나는 국제학교에서 "국제학교 학생처럼 행동하는" 연구 방법을 사용했다. 나는 재학생과 졸업생, 학부모, 교직원들을 대상으로 총 100건 이상의 깊이 있는 인터뷰를 수행했다. 이 장은 그 연구의 일부분을 반영하고 있다. 이것은 학문적인 용어를 탈피해 나 자신의 작은 경험과 특정한 현장을 보여주는 현장 연구 자료들이다.

학교: 배경 설명

배경을 설명하면, 내가 연구한 학교는 사회경제적 지위가 평균 이상인 지역에 있고, 인도네시아의 다른 사립학교들처럼 배타적이어 종종 비난을 받고 있었다. 반면 학교는 40여 개국 이상의 국적을 가진 학생들로 유명했다. 그들 대부분은 한국, 인도네시아, 미국, 호주 그리고 캐나다 출신들이다.[2] 교직원 또한 비록 대부분 영어를 사용하는 서구 출신이지만, 국적이 매우 다양했다.

인도네시아 국민들은 이전에는 국제학교에 다니는 데 제한을 받았다. 국제학교는 주로 국제유목민 집단을 위한 것이었다. 이 제한은 수하르토(Suharto) 대통령의 32년간 통치에 종지부를 찍은 1998년 인도네시아 인종 폭동 이후 몇 년간에 걸쳐 완화되었다. 그 이후 특히 영어로 가르치는 국제학교가 경제적 특권층 사이에서 큰 인기를 얻었다. 내가 연구했던 학교의 약 20% 학생이 인도네시아 출신이었다. 자녀가 세계시장에서 경쟁적 우위를 선점하기 바라는 사람들에게 주어진 특혜이다. 경쟁적 우위를 차지하려는 모습은 이곳에선 심각한 문제가 아닐 수 없다. 왜냐하면 이 도시에서는 에어컨이 있는 방에서 짙은 색 유리창을 통해 팔다리가 없는 불쌍한 사람들과 화려하게 줄지어 선 고층 빌딩들을 한꺼번에 볼 수 있기 때문이다.

인식하든 못 하든, 모든 연구자들처럼 나도 내 배경에 영향을 받았다. 나는 중국계 인도네시아인 아버지와 일본계 어머니 사이에서 캐나다에서 태어나, 몇몇 나라에서 성장했고, 대부분의 시절을 국제학교에서 보냈다. 나는 성인이 되어 "제3문화 아이"라는 용어를 들었다. 우연히 루스 반 레켄이 쓴 제3문화 아이들에 관한 저술(루스 반 레켄이 데이비드 폴록과 공동 집

---

2 학교의 익명성을 보장하기 위해 이 에세이에서는 대략적인 수치를 사용했다.

필한 책을 포함해)과 브라이스 로이어(Brice Royer)가 시작한 "TCKid.com"이라는 웹사이트를 접했다.[3] 이는 인생을 바꾸는 경험이었다. 정체성으로 혼란스러워하며 '틈새(inbetween)'에 살던 사람에게, 문화적으로 혼합되어도 "괜찮다"라는 깨달음은 엄청난 치유 경험이다.

아시아 배경을 가진 사람으로서, 나는 제3문화 아이들에 관한 문헌에서 거의 논의되지 않은, 국적을 초월하는 나만의 경험을 하게 되었다. 문헌들은 문화적 충돌, 즉 모국으로 돌아가거나 해외 이주자들끼리만 모여 사는 삶 등에 치중하고 있다. 그에 반해 나는 매우 서구화된, 제3문화 아이들이 많이 있는 인도네시아 국제학교를 경험했다. 내게 낮은 "서양" 문화였고 밤은 "아시아" 문화였다. 나는, 동일하진 않지만, 서양에서 자라는 이민 2세대가 경험하는 것과 매우 유사한 문화적 충돌을 경험했다.

많은 사람들이, 사람은 어디서나 적응할 수 있다며, "인종",[4] 민족, 국적, 문화 등 미묘하지만 많은 영향을 주는 요인들을 인식하지 못하는 경향이 있다. 기존의 많은 연구들은 서양인들을 대상으로 서양 연구자들이 수행했다. 이들은 중요하기는 하지만 제한적인 관점을 보여준다. 특히, 국제학교 환경에서는 더욱 그렇다. 섀티(Schaetti, 2000: 74)가 말한 것처럼, "국제 소문화 집단(microcultures)의 힘과 문화적인 우위 그리고 국제유목민에게 미치는 이들의 영향(issues of power and cultural dominance in international micro-cultures)"을 다루는 연구가 부족한 실정이다. 연구들은 "인종", 민족, 문화, 재정, 심지어 여권에 찍힌 나라 이름과 같은 요인들이 국제간 이주, 타국에서 모국처럼 느끼는 능력, 그리고 타인이 우리와 관계 맺는 방식에 어떤 영향을 주는지 간과하고 있다. 제3문화 아이들이 여러 층의 국적을 초월

---

3 브라이스 로이어와 루스 반 레켄의 책은 나에게 깊은 감명을 주었다. 소속감 문제로 어려움을 겪는 사람들에 대한 그들의 애정과 노력에 깊이 감사드린다.

4 나는 "인종(race)"이라는 용어를 사용할 때마다 인용 부호를 사용했다. 이 용어는 사회적 개념으로서 관련 이슈나 관점에 따라 달라지기 때문이다.

하는 경험을 한다는 것을 이해할 필요가 있다. 이어지는 짧은 글들에서 이 층들을 다룰 수 있길 희망한다.

짧은 이야기 1. "영어로 말할 때, 똑똑하게 느껴졌어요!"

나는 엘시(Elsie)의 새 부엌에서 아침식사를 하며 인터뷰를 했다. 아침 햇살이 자카르타의 아파트 유리창을 통해 빛나고 있었다. 에어컨이 돌아가고, 그녀의 남편은 옆방에서 아직 자고 있었다. 인터뷰를 시작한 지 10분쯤 지났을 때, 인도네시아에서 유치원생으로 국제학교를 처음 시작해 제2 언어로 영어를 배우는 게 어땠는지 물어보았다.

"영어로 말할 때, 똑똑하게 느껴졌어요"라고 매력적이고 카리스마 넘치는 태도로 그녀는 응답했다. 이렇게 말하면서 등을 의자에 기대고, 머리를 똑바로 들고, 콧대를 높이며, 영어를 할 수 있기 때문에 가졌던 거만한 태도를 그녀는 장난스럽게 연출했다.

엘시는 대부분의 사람들과 대화할 때 미국식 영어를 구사하지만, 그녀의 여권은 그녀가 싱가포르 사람임을 보여준다. 그녀의 아버지는 싱가포르 사람이고, 어머니는 인도네시아 사람이다. 어렸을 때 그녀는 부자연스럽던 어머니의 영어 회화보다 자신의 영어 회화가 더 낫기 때문에 자신이 '훨씬 더 똑똑하다'고 여겼다.

인도네시아를 포함해 여러 나라에서 영어를 말할 수 있는 능력은 특권의 상징이다. 영어는 개발도상국에서 종종 높은 교육 수준과, 선진국이나 국제시장에서 기회를 얻고 부유해질 수 있음을 의미한다. 이 특권의 상징으로 인도네시아에서는 때때로 모국어인 인도네시아어를 잃을 정도이다.[5]

심지어 어떤 인도네시아 부모들은 자녀들이 인도네시아에서 자랐음에도 불구하고 인도네시아어를 유창하게 하지 못하는 것을 자랑스러워하기도 한다. 나와 이야기했던 한 부부는 초등학교 나이의 큰 손주가 인도네시아어를 말할 때 가끔 어순이 틀린다고 말했다. "인도네시아어를 말할 때 조차도 그 애는 백인처럼 말해요"라고 남편이 빙그레 웃으며 덧붙였다. 이를 우려하기는커녕, 기뻐하는 것처럼 보였다. 언어의 능력(혹은 그 결핍)은 종종 전략적으로 우위를 선점할 수 있게 하는 도구이다.

엘시의 경험이 특별한 것이 아니다. 몇몇 국가의(인도네시아는 아니지만) 국제학교를 다녔던 알제리 국적의 애프라(Afra)도 영어 사용이 지위를 높여준다는 비슷한 견해를 보였다. 애프라는 영어를 포함해 8개 언어를 구사한다. "아시겠지만, 저는 영어 수준을 계속 유지하려 해요. 왜냐하면, 아시다시피 영어를 사용하지 않는 나라에서 영어를 사용하는 것은 큰 혜택이거든요." 인터뷰 말미에 애프라는 특히 미국식 영어는 특권층의 언어인 것 같다며 이 점을 자세히 설명했다. 그녀의 결론은, 그녀가 영어로 유창하게 표현할 때 다른 사람들이 그녀에게 더 우호적이었다는 것이다.

나도 엘시나 애프라와 동일한 경험을 했다. 자라면서 영어를 말할 수 있어 우월감을 느꼈다. 예를 들어, 10대 시절에 어머니와 논쟁을 했던 기억이 난다. 한참 논쟁을 하던 중에 나는 갑자기 일본어에서 영어로 바꾸어 말했다. 어머니가 이해할 수 없는 영어 표현을 사용하면서 빠르게 말했다. 영어는 나의 제1 언어이며 엄마는 그것을 이해해야만 한다고 말대꾸했다. 나의 감정 표현을 영어로는 할 수 있지만 일본어로는 할 수 없는 어려움 때문이기도 했지만, 엄마보다는 영어를 잘할 수 있다는 우쭐함도 있었다.

---

5   외국인들은 인도네시아 국어를 종종 "바하사 인도네시아(Bahasa Indonesia)" 또는 간단히 "바하사(Bahasa)"라고 말한다. 후자는 문법적으로 잘못 사용될 여지가 있다. 예를 들어, "나는 바하사를 말한다"라고 말할 때, "나는 언어를 말한다"라는 의미일 수 있다. 그래서 여기서는 "바하사 인도네시아"를 나타내는 의미로 "인도네시아어(Indonesian)"를 사용한다.

어머니는 이에 맞서서 국제학교를 그만두라고 협박하셨다. 매우 화가 나서, "나는 받은 교육으로 인해 내면이 썩은 아이보다 선한 마음을 가진, 교육받지 못한 아이를 더 원해!"라고 하시며 교과서를 다 버리겠다며 아래층으로 가져오라고 하셨다. 나는 마지못해 무겁고 두꺼운 교과서들을 가지고 내려갔다. 어머니는 그것들을 묶어서 밖에 있는 쓰레기통에 던져버리려 했다. 다행스럽게도 나는 어머니가 던져버리기 전에 어머니에게 사과했다. 이것은 어머니가 가르친 하나의 훌륭한 교훈이었고 나는 그 점에 지금 깊이 감사하고 있다. 어머니는 내가 아직 어릴 때 나의 우쭐함의 뿌리를 뽑고자 자신이 가진 모든 정서적 에너지를 쏟았다. 나의 경험에서 보듯이, 우쭐해지고 싶은 끊임없는 유혹이 있다.

엘시의 이야기도 비슷하다. 나는 엘시에게 어머니보다 "더 영리하다고" 느껴 말대꾸했을 때, 어머니가 어떻게 반응했는지 물어보았다. 성인으로서 엘시는 어머니의 처지를 깊이 이해하고 있었다.

그때는 엄마가 어떻게 느끼는지 엄마의 반응을 생각하지 못했어요. 나중에 아버지가 돌아가시고 난 후에 나는 인도네시아에 정착했고, 그때서야 그것이 엄마에게 도전이었음을 깨달았어요. 왜냐하면 엄마는 정말로 엄마가 배운 가치들을 나에게 가르치길 원하셨거든요. 엄마는 내가 인도네시아인으로 자라길 바라셨어요.

그녀의 아버지는 싱가포르가 영국의 식민 통치를 받던 때 영어로 교육을 받은 분이다. 그녀의 아버지는 고액의 국제학교 수업료를 납부해 주는 자신의 회사의 혜택을 자녀들이 누리길 원했다.

아버지는 자녀들이 회사의 모든 혜택을 누리길 원하셨어요. 내 생각에 아버지는 교육에 관한 싸움에서 엄마를 이기셨던 것 같아요. 그 당시 엄마는 내 생각에, 참았던 것 같아요. 엄마는 교육이나 문화적인 면에서 우리의 삶에 많은 영향을 주지 못했어요.

성인으로서 엘시는 자녀들에게 양질의 교육을 시키고자 하는 부모의 바람이 부모-자녀 간의 문화 간 세대 차이를 일으킨다고 생각한다. 이러한 이해에도 불구하고, 손짓이나 표정, 처신하는 법, 생각하고 세상을 지각하는 방식 등 그녀의 서구화된 방식은 거의 변화가 없다.

엘시의 이야기는 국제학교 교육의 보이지 않는 혜택과 불이익을 동시에 보여준다. 영어를 마스터할 수 있고 국제학교 교육을 받을 수 있다는 점이 부모들이 학교를 선택하는 중요한 요인이다. 이는 시장에서 더 좋은 기회를 선점할 수 있음을 의미한다. 하지만 가족 간 보이지 않는 문화적 세대 차이라는 손실이 따른다. 어린아이 엘시는 영어나 그와 연관된 문화적 신호들을 어머니의 모국어인 인도네시아어보다 더 우수한 것으로 재빨리 받아들였다. 학교의 지배적인 문화를 흡수하고 그에 따르는 우월감으로 인해, 문화적 가치나 관계상 어머니와 어려움을 겪었다. 우리는 또한 서로 상충되는 이면에서 그녀를 위해 최선을 다한 그녀의 부모를 본다. 엘시는 성인이 되어 인도네시아에서 일하면서 인도네시아어를 사용하기 시작한 이후로 유창하게 구사하고 있다. 그녀가 한때 지녔던 우월감은 지나갔지만, 무시할 수 없을 정도로 문화적 세대 차이는 여전히 남아 있다. 그녀는 어린아이로서 영어 구사 능력이 제공하는 높은 지위를 선택한 반면, 다른 한편으로 자신에게 거의 선택권이 없던 서구화된 학교 문화의 영향을 받았다. 그녀에게 해외 이주(international moves)는 단지 간접 경험일 수 있는데, 왜냐하면 그녀는 친구들이 오가는 것을 단지 지켜보는 "체류자(stayer)"였기 때문이다. 그럼에도 불구하고 그녀는 국제학교 교육을 통해 모국 문화와 학교 문화 등 여러 문화에 노출될 수 있었다.

이런 경험은 드물지 않다. 학교에서 지배 문화에 동화하려는 많은 사람들이 문화적 계층이나 인종차별을 내면화하는 것은 "세상의 가운데서 성장하는" 데 따르는 당연한 결과이다(Pollock and Van Reken, 2001).

짧은 이야기 2. "인종"과 인기

문화적 계층(cultural hierarchies)은 개인의 정체성과 가족 관계뿐만 아니라 국제학교의 사회적 역동성에도 영향을 준다. 위상을 정립하는 것은 고등학교 때 해야 할 중요한 일이며 국제학교도 별반 다르지 않다.

인기는 흔히 개성의 문제로 여겨진다. 그러나 계급, 문화, 국적, 민족 같은 요인들 모두가 위상을 수립하는 데 기여한다. 학교는, 우리 모두는 하나의 "세계 시민(global citizenship)"이라고 주장하지만, 학생들은 종종 "인종"에 따라 선호하는 사람이 다르다. 다음의 짧은 글이 이것을 말해준다.

"누가 인기가 있니?" 나는 정문 근처 그늘이 잘 드리워진 곳에 앉아 있는 상급생 두 명에게 물어보았다. 열대성 햇살이 강하게 내리쬐는 날이었다. 자카르타에서 보기 드문 녹지대인, 잎이 넓은 잔디가 깔린 교정은 잘 관리되어 있었다. "글쎄요, 여기서 인기는 별로 중요하지 않아요. 제 생각에, 저기 앉아 있는 백인 아이들이 아닐까 싶네요." 멜린다(Melinda)는 학교 사무실 근처 벤치를 가리키며 말했다. "백인 아이들?" 옥스퍼드 영어사전적 의미에서, 그들 모두 "백인"이 아님을 확신하며 미심쩍은 듯이 반문했다. "네, 백인 아이들요." 멜린다가 대답했다. 나는 후에 아이가 말한 그룹을 자세히 살펴보았다. 정말로 대다수는 백인이었고 최소한 백인처럼 보였지만, 흑인, 아시아인 또는 혼혈인처럼 보이는 아이들도 있었다. 그 아이들 모두는 매너에 있어서 매우 서구적이었다. "백인 아이들"은 신체적 외모가 아니라 오히려 문화적 성향을 의미했다.

나는 또한 "백인"이라 불리는 그룹의 아이 두 명이 학교에서 철야하기 위해 텐트를 치고 있는 한국 학생들을 돕는 것을 지켜보았다. 그때 그 그룹의 한 아이가 다가와 "안녕, 백인 애들이 한국 애들을 도와주고 있네!"라고 말했다. 잠시 침묵이 흘렀다. 한 "백인 아이"가 침묵을 깨고 말했다. "야, 나는 파키스탄인이야." 치고 있던 텐트를 잡고 있던 다른 "백인 아이"도, "그래, 나는 아시아 사람이야. 엄마가 중국인이거든…. 너는 반은 일본인이잖아"라고 말했다. 이를 듣고, 다가왔던 학생은 빙그레 웃으며 사라졌고, 친구들은 다시 바쁘게 텐트를 쳤다. 그동안 나는 이에 대해 곰곰이 생각해 보았다.

"인종"은 항상 신체적 외모를 의미하지는 않는다. 인기 있는 학생 그룹은 모두가 백인은 아니더라도 보통 다른 그룹보다 백인 학생이 더 많은 편이다. 백인이 아닌 멤버들도 보통 원어민이고 그들의 매너는 매우 서구화되어 있다. 앉고, 걷고, 말하고, 움직이고, 옷 입고, 화장하는 법 등 모두 서양식이다. 이들 특징들로 인해 백인이 아닐지라도 그룹 구성원들은 종종 백인으로 여겨진다. 그러므로 인기는 "백인"처럼 하는 데 있다. 백인이 된다는 것은 항상 피부색을 의미하지 않으며, 마치 서양 사회에서 자란 것처럼 보이고 말하는 데에 있다.

짧은 이야기 3. 현재의 상황에 도전하기

인기 그룹은 보통 백인이 독점한다. 그러나 사회적 계층의 우위를 선점하고자 돈을 주저 없이 사용하는 인도네시아 특권 계층의 학생들에 의해 바뀔 수도 있다. 대부분의 인도네시아 학생들은 외국 학생들(백인이든 아니든)과 잘 지내지만, 일부 학생들은 국수주의 태도로 백인이나 다른 학생들을 대하기도 한다.

앤드루(Andrew)는, "가끔씩 그 애들은 너무 거만해요. 마치 이곳을 소유한 것처럼 행동해요. 그래서 우리는 그 애들에게 알려주죠. 여기는 우리 나라예요. 우리 집이죠. 그러므로 방문객들은 우리를 존중해야 합니다. 그런데 일부 학생들은 그렇게 하지 않아요"라고 주장한다. 이것은 앤드루의 느낌이다. 아이러니하게도 앤드루의 어머니는 인도네시아인이고, 아버지는 영국계 백인이다. 내가 이 점을 지적하자, 그는 자신을 영국인보다는 인도네시아인으로 여긴다고 말했다. 그는, "여기 인도네시아에서는 발리든 어디든 내가 가는 곳 어디에서든, 상위 계층이든 하위 계층이든, 심지어 삼륜차 운전수든 거지든, 나는 내가 만나는 누구와도 얘기를 할 수 있어요. 그런데 영국에 가면 얘기가 다르죠. 무슨 얘기들을 하는지 나는 정말 못 알아들어요"라고 말했다. 그는 백인 학생들과 어울려도 연결되는 느낌이 없으며, 편안하지 않고, 뭔가 잘못된 느낌이 든다고 말했다. 나는 학교의 사회적 계층이 어떤지, 누가 정상에 있고 누가 바닥에 있는지 물어보았다. 그는 자신 있게 인도네시아인, 백인, 다음에 한국인 그리고 일본인이라고 대답했다.

학교의 사회 계층(social hierarchies)은 계급(class)이라기보다는 대개 개성(personalities)이다. 국제학교에서 정상의 자리는 서구식에 익숙한 백인 학생들과 그 지역 부유한 엘리트 학생들 간에 결정된다. 서구식으로 단련된 학생들은 학교 운영 체제에 익숙한 이점이 있다. 대부분의 선생님과 학교 관계자들이 보통 영어를 사용하는 백인 국가 출신들이기 때문이다. 인도네시아 학생들은 자신들의 부를 과시함으로써 이에 대항한다. 예를 들어, 돈을 거둬 보디가드를 고용하고 호화로운 자카르타 클럽을 대여하여 파티를 한다.

의도적이진 않을지라도, 학교는 여러 가지 미묘한 방법으로 학생들을 지배 문화에 물들게 한다. 문학 수업 시간에 읽은 소설 속의 문화적 관습을 토론하는 것에서부터 학생들의 영국식 이름, 과외활동 스포츠 종류, 학생-선생님 간의 유대 관계까지 매우 다양하다.

동일한 문화를 공유하는 서양 국가들에서 온 학생들은 교실 안팎에서 선생님이나 학교 관계자들과 더 쉽게 관계를 형성할 수 있다. 일반적으로 일본 학생들은 영어를 사용하는 국가에서 온 선생님이 가르치는 수업에서는 매우 조용하지만, 그들의 문화를 이해하고 일본어를 말할 수 있는 일본 선생님의 수업 시간에는 큰 소리로 참여한다. 비슷하게, 인도네시아 선생님도 다음과 같이 인도네시아 학생들에 관해 말했다. "그들은 이 수업 시간을 편안해해요. 영어가 그들의 언어일지라도, 피곤하거든요. 제가 보기에는 그래요."

문화를 공유하면, 신체적으로 달라도 학생과 선생님 간의 유대 관계가 촉진된다. 영어를 사용하는 많은 아시아 태생의 학생들이 어떤 특정한 선생님을 좋아해 휴식시간에 그 선생님 교실에서 보내곤 했다. 한 학생은, "우리는 그 선생님이 편해요. 왜냐하면 우리를 이해해 주시고 10대가 어떤지 아시니까요"라고 말했다. 이 학생들은 이 백인 미국인 선생님이 홍콩에서 자랐고, 중국 사람들이 더 편하고, 미국인들이 덜 편하다는 것을 거의 알지 못했다. 선생님은 백인이고 학생들은 아시아인일지라도, 눈에 보이지는 않지만 그들의 유대 관계에 기여한 것은 그들이 공유하는 문화이다.

결론: 피부색으로 인종차별하지 않는 국제주의?

매너가 매우 서구화된 원어민 영어 사용자가 백인으로 여겨지듯, 생김새에 관계없이 인도네시아어를 말하는 학생은 인도네시아인으로 간주된다. 학생들뿐만 아니라 선생님과 학교 관계자들도 인도네시아인들(한국, 대만, 필리핀, 팔레스타인뿐만 아니라 중국, 인도, 혼혈인 등 다른 민족적 배경을 갖고 있는 인도네시아 국적의 인도네시아인)은 분리하기 좋아한다고 말한다. 학교 관계자들이 보기에 이는 그들의 지위와 관계가 있다. 학교 관계자들이 보는 이상적인 학생은 "세계 시민"이다. 단지 자국 출신의 사람들과만 여전히 어울리는 사람은 개선할 필요가 있다. 그들은 눈에 보이는 학교의 다양성에 이바지하겠지만, "국제적(international)"이 되지는 못한다. 반면, 영어 사용 그룹은 그룹 내의 다양한 국적과 외모로 인해 종종 가장 국제적으로 여겨진다. 지위상 그들은 학생들에게 "백인"으로 불릴지 모르지만, 국제화(internationalism)에 초점을 둔다면, 익숙한 서구 문화를 공유하고 있다는 사실은 보이지 않게 될 것이다. "백인" 그룹, "인도네시아인" 그룹, "국제인" 그룹 등으로 불리는 것은 이슈가 무엇인지, 누가 지배하는지에 달려 있다. 때때로 지배 그룹은 색(color)을 구별하지 않기도 하고(공유하는 문화가 눈에 보이지 않을 때처럼), 또 어떤 때는 "색"을 구별하기도 한다(다양성이 눈에 보일 때처럼).

돈과 문화적 계층은 캠퍼스에서 일어나는 상호작용과 인식에 영향을 준다. 인종과 신분을 나타내는 라벨이 지위와 문화적 다름을 나타내는 데 종종 사용되지만, 그것의 의미는 시시각각 변하며, 신체적 외모와 동일하지 않을 수 있다. 사용하는 언어, 말씨, 매너, 돈과 같은 다양한 형태의 사회적 자산이 지위를 나타내고, 그것을 얻기 위한 경쟁에 사용된다. 그러므로 "국제적이다"는 단순하지 않다. 국제학교는 좋은 다문화 상황(international bubble)일지 모르지만, 학교 밖 세상의 다이내믹(힘)에 면역성은 없다.

대부분이 "세상의 가운데서 성장하는 것(growing up among worlds)"은 큰 특권이라는 점에 동의했다. 그것은 세상에 대해 폭넓은 시각을 갖게 된 경험이었다. 그러나 특히 국제학교의 경우 문화적 계층의 다이내믹에 대항해 학생들이 그것을 내면화하지 않도록 아직도 해야 할 일이 많다. 더 다양한 관점을 포함하는 폭넓은 논의와 우리 자신의 편견을 찾는 것에서부터 시작할 수 있다.

참고문헌

Pollock, D.C. and R.E. Van Reken. 2001. *Third Culture Kids: The Experience of Growing Up among Worlds.* Boston & London: Nicholas Brealey Publishing.

Schaetti, B.F. 2000. *Global Nomad Identity: Hypothesizing a Developmental Model.* Unpublished PhD dissertation, The Union Institute, Ohio.

Tanu, D. 2010a. "Educating Global Citizens?" *Inside Indonesia*, 102, Oct-Dec. Retrieved from http://www.insideindonesia.org/edition-102/educating-global-citizens-04101355.

_____. 2010b. *Negotiating the Global in a Local Setting: Exploring Cultural Hierarchies in International Schools in Indonesia.* Paper presented at the 18th Biennial Conference of the Asian Studies Association of Australia Adelaide.

선교사 자녀들의 종교적 삶

/

낸시 헨더슨제임스(Nancy Henderson-James)

나는 1993년, 앙골라와 콩고에서 학교를 다닌 성인이 된 제3문화 아이들을 설문 조사했다. "당신은 신앙인입니까? 외국에 살 때 종교가 당신의 삶에 커다란 역할을 했나요?"라고 물어보았다. 응답자의 84%가 선교사 자녀이므로, 나는 대부분이 크리스천이라고 공언하리라 기대했다. 나는 성인이 되어, 다른 선교사 자녀들에게 말하기에는 좀 불편하지만, 하나님에 대한 신앙을 버렸다. 신앙심이 부족해서 그런지 몰라도 나는 편안해야 할 그룹에서 이방인 같았다.

나는, 단지 53%의 선교사 자녀들이 모든 것을 창조하신 하나님을 믿으며, 필요할 때, 불확실할 때, 승리와 감사의 순간에 항상 동행하신다고 응답한 것에 놀랐다. 계속 살펴보겠지만, 53%조차도 매우 독실한 기독교인들이 아니다. 있었던 나라, 받은 교육의 유형, 도덕적 토대, 다른 나라 사람들과의 관계 등이 부모가 선교사라는 사실과 별개일 수 없으므로, 당연히 그 사람의 삶에서 종교적인 위치가 차지하는 비중은 매우 크다고 볼 수 있다. 성장하면서, "청소년으로서 그리고 성인으로서 나는 이 사실을 어떻게 다루어야 하나? 부모님을 모델로 따라야 하나 아니면 다른 방향으로 자아를 개발해야 하나?" 고심했을 가능성이 많다. 이 질문에 대한 응답은 내 예상보다 훨씬 넓은 범위의 신앙 스펙트럼을 보여준다.

절반이 자신을 신자라고 말한 반면, 23%는 종교가 자신의 삶에서 중요한 역할을 담당하지 않는다고 답했다. 7%는 모호하게 답했고, 18%는 응답하지 않았다. 한 남자는, "나와 내 형제들 모두 종교적이지 않아요. 누이는 관습에 얽매이지 않는 (비제도적인) 신앙을 갖고 있고, 나와 형제들은 대체로 교회에 관심이 없습니다. 한 형제는 자신을 무신론자라고 말해요. 우리는 종종 우리 부모님의 헌신과 가치에 매우 불편함을 느껴요. 나는 나의 배교 행위를 비난하는 사람들에게, 나는 나를 크리스천이라고 여기지 않는다고 말해요. 왜냐하면 저는 좋은 사람이 되려면 어떤 것들을 갖춰야 할지 알거든요."

어떤 사람들에게 이는 곤란한 질문이었다. "(우리 부모님의 직업을 생각해 볼 때 미묘한 주제인) 종교에 대해 말하자면, 나는 어떤 종교기관에도 속해 있지 않아요. 항상 교회, 기도 모임, 저녁 기도 모임, 새벽 기도 등에 참석하며 성장했지만, 나는 만 20살이 되었을 때 내 할당량을 다했다는 느낌이 들었어요." 이런 감정이 아마도 이 질문에 응답하지 않은 20%의 사람들을 설명하고 있는지도 모른다.

미국인의 삶에서 종교가 수행하는 역할에 대해 최근 몇 년간 여론조사를 실시했다. 2003년 11월 실시한 갤럽 여론조사에 따르면, 미국인의 60%가 자신의 삶에서 종교가 "매우 중요하다"고 말했다. 2004년 미국 대선부터, 다른 후보보다 조지 W. 부시가 더 도덕적이고 종교적으로 보이므로 조지 W. 부시를 지지한다는 보수적인 기독교 유권자들이 증가했다. 내 조사가 비록 과학적이지 않은 작은 샘플이었지만, 강한 종교적 공동체 출신인 나의 응답자들과 미국 일반 대중의 견해가 일치하지 않음을 보여준다. 무엇이 선교사 자녀들을 일반 미국인들보다 종교적이지 않게 하는지 알아보고자 한다.

많은 응답자들이 자신의 신앙에 대해 분명하고 솔직하게 말해주었다. 각각의 인용문 끝에 부모의 소속 교회를 표시했다.

저는 12살에 예수님께 내 삶을 드리기로 했어요. 그래서 몇 년간 종종 혼자 있었지만 결코 외롭다고 느끼지 않았어요. 예수님께 속해 있다는 느낌이 나를 지탱해 주고 동기를 부여해 줬어요. 지금도 그래요. 저는 항상 기쁘게 교회에 참석했고 성가대, 주일학교 교사로 봉사도 하고 도서관에도 갔어요. 심지어 남편과 연애할 때도 함께 교회에 다녔고, 지금도 같이 다니고 있어요. 나는 성공회 교회로 옮겼는데, 남편이 성공회 교회에서 자랐기 때문이라기보다는 더 풍성하고 치유력 있는 예배와 의식 그리고 역사적인 느낌들이 좋았기 때문이에요. 나는 "종교적"이 아니라 믿음이 있는 사람이라고 말하고 싶어요. 즉, 내 믿음은 "보여주기 위한" "기계적인" 것이 아니라, 나의 모든 것을 떠받치는 거예요. 나는 하나님이 나에게 관심이 있고, 나를 보살펴 주신다는 것을 알아요. 내 소망은 (구원을 얻기 위해서가 아니라 구원을 기쁘게 받음으로써) 하나님을 기쁘시게 하는 거예요. (캐나다의 연합교회)

나와 하나님의 관계는 종교적인 관계가 아니에요. 하나님은 내 친구예요. 선한 모든 것을 주시고 유지하시는, 이 위대한 창조자가 나를 사랑하고 받아줘요. 나는 그런 관계를 두려워했었어요. 왜냐하면 "광적인 그리스도인"들을 보고, 나도 그렇게 될까 봐서요. 예수님은 내가 훌륭할 때나 끔찍할 때나 나를 소중히 여기시고 받아주신다는 것을 깨닫게 되었어요. 그는 나를 팔로 안으시고, 내 모습 그대로 받아준다고 말씀하세요. 내가 훌륭히 변하면, 그렇게 하신다는 것이 아니라, 지금 내 모습 그대로 나를 받아주신다는 거예요. 예수님의 얼굴을 바라볼 때 나는 자유함을 느끼고 변화하고자 하는 마음이 생깁니다. 내가 실수할 때 그에게로 기꺼이 돌아가고자 하는 것은, 값없이 주어진 그의 은혜 때문이며, 내 귀에 "나는 너를 사랑한다. 너는 나의 것이다. 나의 일부분이다"라고 속삭이는 음성을 듣기 때문이에요. (메노파 교회)

나는 일을 통해 하나님을 기쁘게 하려는 사람이 종교적이라고 생각해요. 이것이 헛되다는 것을 알아요. 하나님은 자신의 창조물과 말씀 그리고 아들 예수 그리스도를 통해 자신을 나와 다른 사람들에게 나타내셨죠. 나는 부활하신 주님과 그리고 하나님 아버지와 관계 맺고 있으며, 성령이 내 안에 거하고 계시죠. 내가 나 자신을 주님께 내어드릴 때, 하나님은 내 안에 거하십니다. 나는 미국에서 여덟 살까지는 크리스천이 아니었어요. 그 이후로, 세상 어디에 살고 있든 저와 가장 의미 있는 관계가 되었어요. (침례교회)

앙골라에 살았던 경험이 나의 종교와 신앙에 어떤 영향을 주었는지 모르겠어요. 내 신앙의 표현을 통해 알 수 있을 것 같네요. 교회와 신앙은 개인의 구원보다는 하나님의 사람들을 돌보는 것과 관계가 있어요. 앙골라에서 선교사들은 "사람들을 예수님께 인도하는 것" 이상으로, 그들 한 사람 한 사람을 사랑하시는 하나님의 사랑에 대해 가르쳐요. 즉, 선교사들은 사람들에게 하나님의 사람임을 가르침으로써 이 사랑을 가르쳐요. 나는 복음주의자는 아니지만… 심지어 주일 아침 설교 시간을 제외하고는 내 신앙에 관해 터놓고 말하지 않지만, 신앙은 내가 하는 것과 말하는 것 그리고 사는 방식, 나의 희망과 꿈을 말해줍니다. 이것이 내 생애 초기에 앙골라에서 만났던 선교사님들의 방식이었던 것 같아요. (그리스도 통일교회)

앞의 응답자들은 자신들의 종교적 삶에 의심을 품지 않는다. 반면, 자신을 종교적이라고 답한 다음의 사람들에게서, "무엇이 선교사 자녀들을 일반 미국인보다 종교적이지 않게 하는가?"라는 나의 물음에 대한 단서들을 얻을 수 있다.

그래요, 나를 "종교적"이라고 말할 수 있을 거예요. 나는 비록 항상 미약하기는 하지만, 하나님께 헌신하고 있어요. 그러나 함께 자랐던 사람들이나 선교사님들과 같은 그런 종교관을 갖고 있진 않아요. 사실상, 메노파 교도로서, 특히 대부분이 불교도인 캄보디아에 살면서, 나는 자신을 크리스천이라 부르는 사람들만 오직 "영생"의 축복을 받는다는 것을 받아들이기 어려웠어요. 내 신앙 체계는 "복음주의"에서 약간 변질되었다고 말할 수 있을 거예요. 다시 말해, 나는 부모님이나 다른 선교사들이 말하는 방법으로 하나님이 세상을 심판하지는 않으실 거라는 더욱 열린 마음을 갖고 있어요. 이런 결론이 내 부모님께는 매우 급진적이겠지만, 나는 부모님께 나의 새로운 신앙에 관해 얼마든지 자세히 설명할 수 있어요. 나는 여전히 신에 대한 강한 개인적인 열망이 있고, 예수님의 믿음 안에서 나의 의미를 찾고 있어요. (메노파 교회)

그녀는 여전히 하나님께 헌신적이었지만, 다른 종교와 문화를 접한 후에 어릴 때 가졌던 것보다는 덜 엄격한 믿음을 갖게 되었다. 그녀는 제3문화 아이들이 나라 간 삶을 통해 어떻게 적응하고 차이점을 받아들이는지 잘 보여준다. 그들은 부모의 문화에 강하게 묶여 있지 않고, 주변 문화와 관계를 형성할 수 있다. 위에 있는 사람은 비록 종교적이라고 주장하지만 약간 다른 신앙을 갖고 있다.

성인이 되어 선교사가 된 사람은 자신의 개인적 신앙과 교파를 구분했다. 그녀는 성장하면서 "더 폭넓은 관점"을 갖게 되었다.

종교적인 사람이냐고요? 예, 물론이죠. 몇 해 후에 우리는 미국 본토로 돌아왔고, 우리의 교회 생활은 매우 보편적이 되었어요. 아마도 우리가 어떤 특정 교파에 속하지 않았기 때문일 거예요. 우리는 아프리카에서 미국나병선교회(American Leprosy Missions)와 함께 일했는데, 그들 대부분은 신교도들이지만 특정 교파에 속해 있지 않았어요. 우리는 여러 선교 단체나 선교사들과 협력하여 하나님의 역사 가운데 적극적으로 기독교 기관과 개인들을 후원하고 있어요. 내 남편은 현재 의학 연구 분야에 있고, 아프리카뿐만 아니라 종종 세계 여러 나라에서 온 사람들과 일할 기회가 있어요. 처음에는 단지 아프리카에서 일을 시작했지만 어떤 면에서 이제는 전 세계적이 되었죠. 우리의 종교적 삶은 개인적이라고 볼 수 있어요. 우리의 일은 기관이나 개인들과 함께하는 거예요. 넓은 시야를 갖고 자라서 그런지 내가 보기에 약간 답답하고 편협해 보이지만, 나는 지역 교회나 교단에서 할 일을 찾고 있어요. 나는 나를 한 나라의 시민이 아니라세계 시민으로 생각해요. 확신컨대, 제가 해외에서 자랐기 때문에 그런 것 같아요. (아프리카 내륙 선교회)

간혹 진학 문제로 부모와 떨어져 지낸 경험이 종교적인 태도에 영향을 주었다.

나는 공개적으로 말하진 않지만 종교적인 사람이라고 생각해요. 내 가치들은 종교를 기반으로 하고 있고, 나는 하나님을 믿어요. 나는 "종교적"이기보다는 실제로 사람들을 돕는 것이 더 중요하다고 생각해요. 다시 말해, 음식, 옷, 의료 서비스, 교육 등을 제공하고, "이교도들(the heathens)"이 개종하도록 돕는게 더 중요하다고 생각해요. 나는 하나님을 믿고 있음에도 불구하고, 내가 하나님을 좋아하는지는 모르겠어요. 성장하는 동안 우리 부모님은 모든 것을 하나님의 부르심에 따라 하셨어요. 나는 그분들이 하신 일이 중요하다는 것을 알아요. 그러나 결과적으로 나는 방치된 느낌이었죠. 부모님은 보통 수천 마일떨어져 있었어요. 나는 가끔 부모님이 나보다 하나님을 더 중요하게 여긴다는 사실에 화나곤 했죠. 나는 때때로 내가 사랑하는 사람들을 내게서 떼어놓는 게하나님의 뜻이라는 생각이 들었어요. 나는 매주 교회에 갑니다. 이것은 우리부모님의 규칙이기도 하고, 내가 자이르에서 살았던 호스텔의 규칙이기도 했어요. 너무 철저해서 하나님에 대한 내 느낌에 관계없이 나는 교회에 결석하는

것을 결코 생각해 본 적이 없어요. (감리교회)

이 여성은 부모를 빼앗아 간 하나님에 대한 분노와 원망에도 불구하고, 교회 공동체에서 떨어져 나가지는 않았다. 하나님에 대한 미움으로 그녀의 믿음은 갈팡질팡하고 있었다.

다음과 같이, 원거리 학교 입학으로 영적이 아니라 종교적인 삶에서 벗어나 자신의 주관을 뚜렷하게 갖게 된 경우도 있었다. 그녀는 떨어져 자유롭게 지냄으로써 자신의 철학을 발전시킬 수 있었다고 믿는다.

아니요, 저는 종교적인 사람이라 생각지 않아요. 그렇지만 영적으로 깨어 있는 사람이 되려고 노력해요. 나는 우리 부모님과 전혀 다른 세계관으로 둘러싸인 환경에서 자라면서 다른 시각들을 탐색하는 데 흥미를 갖게 되었어요. 영적인 가능성을 탐색하는 것은 매우 흥미로웠고, 어떤 종교도 문제가 되지 않았어요. 학교 진학으로 부모님과 떨어져 지내게 되었는데, 이때 내가 누구인지 알게 된 것 같아요. 부모님과 함께 살았다면 아마도 부모님이나 신도들의 종교적 영향을 훨씬 많이 받았을 거예요. 떨어져 지내게 되어 내 주관을 확립할 여지가 있었죠. 나는 개종하지 않는 자이르인들을 만났어요. 부모님의 시각을 존중하지만, 나는 하나의 시각에서 벗어나 다양한 시각을 나의 철학에 통합시키게 되어 기뻐요. (메노파교회)

나는 고등학교 3학년 때 철학 수업을 통해 종교적 방향이 바뀌었다. 그 당시에는 의식하지 못했지만, 그 수업을 통해 14살 때부터 시작된 영적인 탐색이 최고조에 달했던 것 같다. 부모님은 나와 내 여동생이 영어를 사용하는 학교에 가길 원하셨다. 가장 가까운 학교는 앙골라의 우리 집에서 수천 마일 떨어진 로디지아의 솔즈베리에 있었다. 나는 선교사 자녀들을 돌보는 그레그(Glegg)라는 영국 부부가 운영하는 호스텔에서 살았다. 부모님은 자유주의 개신교인이셨고, 나중에 그리스도 통일교회(the United Church of Christ)가 된 회중파교회(the Congregational Church)와 함께 일하셨다. 그레그 부부가 어떤 종파였는지는 모르겠지만, 호스텔은 상당히 복음주의적이고 근본주의적인 환경이었다. 나는 그런 기독교 분위기를 처음으로 접했다.

14살에 솔즈베리에 도착했을 무렵, 빌리 그레이엄(Billy Graham)이 그 도시에서 10일 동안 전도집회를 하고 있었다. 그레그 부부는 미니밴에 짐을 싣고 우리 무리를 전도집회에 데려갔고, 나는 6일간 열심히 참석했다. 나는 부모님의 교회보다 훨씬 더 열렬하고 열정적인 분위기에 빠져들었다. 우리는 "만세 반석" 찬양 대신에, 죄로부터 속량되고 구원받았음을 노래했다. "축복의 근원, 예수님은 나의 주님! 거룩한 영광의 주님을 맛보세! 하나님이 사신 구원의 상속자, 성령으로 거듭나고, 그의 피로 씻겼네"(역자 주: 저자가 말한 찬송가의 한국어 제목은 「예수로 나의 구주 삼고」이다). 나는 한번도 "피로 씻겼네"를 말해본 적이 없었다. 나는 집에서 멀리 떨어져 있었다. 나 자신이 되기에는 너무 어렸고, 그레그 부부가 부모처럼 하는 것을 발견하고 부모님을 그리워했다. 하나님의 사랑에 대한 빌리 그레이엄의 설교는 내 마음에 바로 와닿았다. 집회 첫날 밤에 그의 보조 설교자의 초청을 받아들인 빌리 그레이엄의 본보기에 자극을 받아서, 나도 전도집회 마지막 날에 강단으로 나가 구원 초청을 받아들였다.

하나님의 사랑과 용서를 내 마음에 채울 수 있도록 머리를 약간 뒤로 젖히고, 나는 무리와 함께 잔디밭 통로를 통해 천천히 걸어 나갔다. 우리는 무대 앞에 죽 늘어섰고, 빌리 그레이엄은 우리에게 하나님을 영접하라고 격려하고 우리를 위해 서서 기도했다. 고개를 숙인 채, 나는 텅 빈 하찮은 사람이지만 진실로 구원받기 원하는 사람임을 깨달았다. 하나님의 사랑이 억수처럼 쏟아져 내 영혼을 흠뻑 적시고, 내 마음을 은혜로 채웠다. 사랑이 내게서 솟구쳐 내 주변 사람들에게 흘러갔다. 나는 그 주 내내 둥둥

떠 빛에 둘러싸여 있는 듯했다. 나는 구석에 있는 내 침대에서 방 안 전체로 부드러운 빛을 내뿜었다. 매일 밤, 신실하게 나는 가져온 팸플릿과 성경을 읽었다. 그러고는 빛이 점점 흐려지기 시작했다. 10일간 부흥집회 동안 스며들었던 온정과 사랑의 빛은 점점 흐려지고 삶은 예전같이 좋았다 나빴다 했다. 나를 뒤흔드는 전도집회 없이는 하나님은 너무 추상적이고 전기와 같은 사랑으로 나의 충전 상태를 유지시킬 수 없는 모호한 존재였다. 나는 전도집회의 열정과 강렬함에 감동을 받았지만, 현실 속에서 하나님은 멀리 계셨다. 자연 발생적으로 하나님과 하나가 되리라는 나의 환상에 하나님은 부응하지 못했다. 아마도 자연 발생적으로 하나님과 함께하는 것을 내가 두려워했는지도 모른다. 이성을 잃을까 봐 무서웠던 것 같다. 어쨌든 나는 그때 느꼈던 열정을 유지하는 방법을 몰랐다. 정반대로, 나는 정서적으로 텅 빈, 영적으로 이도 저도 아닌 길을 걷게 되었다.

로디지아에 온 이후 줄곧 다녔던 호스텔 근처의 회중파교회는 이제 시시해 보였다. 대부분의 기숙사 친구들처럼 나는 침례교회에 참석하기로 했다. 나는 그곳이 삶과 에너지로 가득할 거라 상상했다. 그레그 여사는 부모님과 상의하지 않고 내가 교회를 옮기는 것은 안 되지만, 금요일 밤마다 하는 침례교회 청소년 모임에는 가도 좋다고 했다. 청소년 모임은 활기가 있었고 침례교인들이 어떻게 찬송을 부르는지 알게 되었다. 그들의 찬송은 피가 흘러나와 죄인을 구속한다는, 외우기 쉽고 활기찬 노랫말이었다. 그들은 소속감과 열정에 대한 나의 갈증을 어느 정도 만족시켜 주었다. 그럼에도 불구하고 결국 금요일 밤의 설교와 영화 상영은 내가 회중파교회에서 느꼈던 것과 별반 다르지 않았다. 나는 여전히 꼭 붙잡혀 뼛속까지 요동치길 갈망했다.

1년 후에 앙골라 독립전쟁이 발발했다. 내 인생의 가장 힘든 시기가 시작되었다. 불확실한 상황 가운데, 아버지는 앙골라에 남기로 하고, 주어진 일주일 만에 어머니는 우리 네 남매를 데리고 미국으로 갔다. 인정사정없이, 아무런 경고도 없이, 아프리카 고향에서 뜯겨내지는 느낌이었다. 워싱턴 터코마(Tacoma)에 있는 회중파교회에 정착했을 때, 나는 처음으로 내 영적인 삶이 아프리카 교회의 솟구치는 음악에 강하게 묶여 있음을 알았다. 아마도 내가 빌리 그레이엄의 복음전도집회에 이끌린 이유는 열정적인 찬송 때문이었던 것 같다. 미국 교회의 예배는 말씀과 교리를 지루하게 계속 암송하고 웅얼거리는 것이었다. 정서와 의미는 어디에 있는지 의심스러웠다. 열정적으로 크게 노래하는 것이 당황스러운지 성가대와 회중의 목소리는 가냘프고 떨렸다. 나는 내가 얼마나 자연스럽게 음악, 영혼, 믿음과 하나 되어 있었는지 깨달았다. 아프리카 교회에서 내가 느꼈던 기쁨과 하나님에 대한 경외는 종교적 신념보다는 조화롭게 찬송을 부르는 정서와 더 관련된 것 같다.

미국에 온 지 1년 후에 어머니는 남동생들과 앙골라로 돌아갔다. 언니는 대학에 진학했고, 나는 고등학교 마지막 학년을 보내고 있었다. 혼자 남자(물론 교회에서 알게 된 가족과 함께 살았지만), 나의 종교적인 삶도 흔들리기 시작했다. 나는 영적으로 굶주렸다. 지금 생각해 보면, 가족이나 고향을 그리워한 만큼의 종교적인 갈급함은 아니었다. 나는 아프리카를 그리워했다. 가족과 친구들로부터 강제로 떨어져 내던져진 고등학교 상황이 싫었다. 미래도, 어떤 대학을 가야 할지도 불확실했다. 고통 가운데 있을 때 하나님으로부터 힘을 얻는다는 말은 거짓말처럼 보였다. 나에게 그는 비인격적이고, 무기력하고, 보잘것없는 존재였다. 나는 그에 대한 믿음이나 신앙을 가질 수 없는 존재 같았다.

고등학교 3학년 때 철학 수업을 통해 나는 새로운 방식으로 세상에 대해 생각하게 되었다. 소크라테스, 아리스토텔레스, 칸트가 내가 품었던 의문들과 똑같은 질문들을 하는 것을 발견하고 나는 매우 흥분했다. 무엇이 인생을 가치 있게 하는가? 그것은 어째서 가치 있는가? 누가 가치를 부여하는가? 무엇이 가치를 유지하게 하는가? 어떻게 나는 미국, 아프리카, 그리고 좀 더 넓은 세상과 연결될 수 있나? 이런 질문을 하면서, 기독교는 선하고 도덕적인 삶을 사는 여러 방법 중 하나라고 깨닫게 되었다. 나는 사실상 내 길을 선택할 수 있었다. 개인의 성장과 지적 발달을 신봉하는 자유주의 기독교 가정 출신이므로 나는 크게 우회할 필요도 없었다. 평행선에서 약간 옆으로 이동하면 되었다. 그러나 혁명처럼 느껴졌다. 하나님의 신성뿐만 아니라 기독교 중심의 내 삶에 의문을 품기 시작했다. 아프리카에 살 때 종교는 나에게 고향이자 삶의 이유였다. 선교 공동체 사회에서 교회는 중심이었다. 교회가 공동체 사회였다. 나는 미국에 와서 그러한 공동체를 발견하지 못했다. 교회는 일주일에 한 번씩 가야 하는, 그저 삶의 한 측면이었다. 앙골라, 가족, 선교 공동체를 떠나자, 철학으로 나의 믿음을 점검하게 되었고, 나는 자유롭게 내 고향과 본질적인 자아를 찾게 되었다.

다문화에 노출된 경험, 어린 시절 부모로부터 분리, 친숙하지 않은 미국 "집(home)"으로 가기 위해 아프리카를 떠난 충격이 제3문화 아이들을 미국 아이들보다 덜 종교적이게 한다고 말하기는 어려울 것 같다.

자신이 종교적이지 않다고 말하는 사람들조차, 부모들이 믿는 사회적 복음을 종종 믿고 있었다. 한 남자는 다음과 같이 말했다.

> 부모님과 달리, 사회 정의에 대한 나의 믿음은 신앙심과 연결되어 있지 않아요. 성인이 되어 나는 점차 무신론자가 되었어요. 캐나다에 살던 어린 시절 우리 가족은 다른 친구 가족들보다도 ─적응 시 갈등의 중요한 다른 요소인─ 종교적 활동을 많이 했어요. 내가 열한두 살 무렵 우리 부모님은 우리가 교회에 가야만 한다는 주장을 굽히셨어요. 내 생각에, 주일 아침마다 떨었던 야단법석으로 부모님만 예배를 드리기로 했던 것 같아요. 역설적이지만, 내 친구들을 조사해 본다면, 그들 중 누구도 자신을 무신론자로 생각하는 사람은 없을 거예요. 나는 나를 하나님에 대한 믿음이 없는 무신론자로 보지만, 나의 가치나 도덕, 사회 정의감 등은 생애 초기에 노출되었던 부모님의 기독교적 믿음과 교회

의 가르침에 기인하고 있어요. (캐나다 연합교회)

아니요. 저는 교회에 종종 출석하지 않고 전통적인 형식적 예배에 관심도 없어요. 그러나 어린 시절에 주입된 가치들로 인해 공식적인 예배를 드리지는 않지만, 내 생각에, 나는 많은 종교적인 가이드라인을 따르는 것 같아요. 나의 "교회 가족들", 즉 부모님 친구들과 내 어린 시절 친구들은 신뢰할 만하고, 그리고 도움이 필요할 때면, 항상 내 곁에서 지원해 줄 거라 믿어요. 장인어른이 백혈병을 진단받았을 때, 갑자기 조직된 전 세계적인 기도 모임에 깜짝 놀랐어요. 교회의 공동체 의식은 내게 편안함과 종교에 대한 관심을 불러일으켜요. (사도교회)

나는 종교를 태도나 실행과 연합된 하나님에 대한 믿음 혹은 신앙으로 본다. 가치, 이념, 도덕, 윤리, 그리고 우리가 지켜야 할 원칙들은 종교로부터 나온다. 우리의 선교사 부모님은 단지 종교적인 삶만 살지 않았다. 그들은 또한 동료들을 사랑하고 보살피고, 겸손히 실천하며, 진실 되게 평화를 수호해야 한다는 강한 메시지를 전했다. 산상수훈은 이 메시지를 호소력 있게 선포하고 있다(마태복음 5 : 3~11).

마음이 가난한 사람은 복이 있다. 하늘 나라가 그들의 것이다.
슬퍼하는 사람은 복이 있다. 하나님이 그들을 위로하실 것이다.
온유한 사람은 복이 있다. 그들이 땅을 차지할 것이다.
의에 주리고 목마른 사람은 복이 있다. 그들이 배부를 것이다.
자비한 사람은 복이 있다. 하나님이 그들을 자비롭게 대하실 것이다.
마음이 깨끗한 사람은 복이 있다. 그들이 하나님을 볼 것이다.
평화를 이루는 사람은 복이 있다. 하나님이 그들을 자기의 자녀라고 부르실 것이다.
의를 위하여 박해를 받은 사람은 복이 있다. 하늘 나라가 그들의 것이다.

너희가 나 때문에 모욕을 당하고, 박해를 받고, 터무니없는 말로 온갖 비난을 받으면 복이 있다(역자 주: 『새번역 성경』).

팔복(八福)은 하나님에 대한 신앙으로 이끌든 이끌지 않든 삶의 강력한 가이드라인이다. 대부분의 선교사 자녀들에게 종교는 남아 있지 않을지 몰라도 가치들은 남아 있었다.

일부는 자라며 종교에 지속적으로 노출되었던 이유로 인해, 성인이 되어서는 기독교에 질식당하지 않으려 경계했다. 이들은 부모님보다는 덜 비판적이고, 다른 종교들에 더 열린 마음을 갖고 있었다.

종교는 어린 시절에 주어진 것이었고 그저 믿었어요. 또래 집단의 압력처럼 그것은 사회적 관습이었고, 만약 거부한다면, 사탄의 영향을 받고 있는 구원이 필요한 경우였죠. 분명 냉혹한 권위적인 시스템은 아니었지만 폐쇄된 시스템이었어요. 아프리카에 우리가 있다는 것 자체가 신앙의 다른 길들을 배척하는 강한 메시지였죠. 우리 부모님은 그곳에서 기독교를 보살핌과 인도주의적 방식으로뿐 아니라, "믿음" 아니면 "멸망"이라는 획일적인 방식으로도 가르치셨어요. 그래서 나는 어떤 형태의 조직화된 종교 집단에 참여하기를 개인적으로 꺼려 해요. 왜냐하면 다른 신앙들에 적대적이고, 배타적이고, 그리고 군중심리가 있기 때문이죠. 저는 다른 신앙에 대해 열린 마음을 갖고 있고, 그들에 대해 가치판단을 하지 않으려 노력해요. (침례교)

다음은 비록 특별한 소명을 느끼지는 않았지만 성인이 되어 선교사가 되었던 한 여성의 예이다. 결국 그녀와 남편은 선교를 그만두었다.

나의 종교적인 경험에 관해 말하자면, 나는 점점 더 전통적인 신앙에 회의를 느껴요. 내 본성은 영적이라기보다는 매우 합리적인 것 같아요. 나는 영적인 영역을 지각하는 능력이 정말로 없어요. 나는 더 이상 교회로부터 재정적인 지원을 받지 않기 때문에 죄책감을 느낄 필요가 없어요! 그러나 여전히 이전의 동료 선교사들과 연락을 주고받고, 그중 일부와는 매우 가까운 관계죠. 나는 그들이 생각하는 나이이어야만 하는 내가 아니기 때문에 약간 불편합니다. 역설적이게도 남편의 형제들과 친정아버지의 사촌들 모두 열성적인 복음주의자나 근본주의자들이에요. 그래서 종교적인 주제가 나오면 우리는 거의 공유하지 못해요. (감리교)

나는 그녀의 불편함을 충분히 이해할 수 있다. 이제 중년을 넘긴 선교사 자녀인 나에게 누가 어떤 교회를 다니는지 물으면 여전히 몹시 당혹스럽다. 특히 내 부모님이나 내 배경을 아는 사람들에게 나는 다니지 않는다고 말할 때 어떤 수치심을 느낀다.

비록 많은 이들이 자신은 종교적이지 않다고 말함에도 불구하고, 그들은 영적인 추구를 여전히 하고 있었다.

아니요. 저는 극단적인 종교적 배경을 갖고 있지만 더 이상 종교적인 사람이 아니에요. 저는 내적으로는 매우 영적이지만, 어떤 종교적인 집단에 속해 있지 않고, 어떤 정해진 종교를 믿지 않아요. 자이르에서 많은 선교사들을 만난 이후 종교에 대해 다른 생각을 갖게 되었어요. 나는 어떤 한 민족이나 종교가 "옳다"라고 생각지 않아요. 어떤 사람들이 하나님이라 부르는 위대한 영은 그러기에는 너무나 어마어마해요. (침례교)

침례교회는 주일예배 의식은 제공했지만, 자이르와 고향을 떠나며 생긴 나의 영적인 공허함을 채워주지는 못했어요. 나는 내성적이 되었고, 비가 오나 눈이 오나 밤이나 낮이나 캠퍼스 근처 숲길을 오랫동안 산책했어요. 나는 몇 시간 동안 걷거나 앉아서 내 주변 인간세계와 자연에 대한 느낌을 글로 썼고, 그렇게 많은 글을 썼어요. 많은 종교적·영적인 책과 경험들이 내가 길을 찾는 데 도움을 주었어요. (캐나다 연합교회)

응답자의 절반은 종교적이었고, 23%는 믿지 않았으며, 7%는 떠났다 돌아오기를 반복하는 애매모호한 상태였다.

저는 특별히 종교적인 사람은 아니에요. 그렇지만 저는 제가 매우 도덕적인 사람이라고 생각해요. 저는 예배 의식이나 역사적 해석에 의존하는 "형식화된 종교"를 매우 싫어합니다. 저는 교회를 다니다 말다 했어요. 아이들이 생겨서 다시 교회에 다니게 되었죠. 아이들에게 종교에 접할 수 있게 해주고 그리고 그 종교 안에서 단합된 가정의 모습을 보여주고 싶었어요. 지난해 저는 킨샤사 국제개신교교회(the International Protestant Church of Kinshasa)의 12인 위원회(the Commission of 12)의 일원으로 일했으며, 우리 교회에 적으나마 영향을 주게 되어 기뻤어요. 매우 흥미로운 일이었고, 그 정도의 봉사로도 오랫동안 나를 알았던 사람들에게 매우 깊은 감명을 주었죠. (제자교회)

대부분의 사람들은 내가 종교 단체에 소속되어 있지 않고 예배에 참석하지도 않기 때문에 종교적인 사람이 아니라고 생각할 거예요. 그러나 내 생각에 나는 누구보다 종교적인 사람입니다. 나는 미국 교회는 지나치게 사회적 고려를 하고 무지에 빠져 있기 때문에 참으로 암울하다고 봅니다. 나는 미국 중서부에서 살았기 때문에 감리교, 가톨릭 성당, 유니테리언 교회 등을 다 다녔지만, 결국 다 떠나게 되었어요. 교회들의 교리 때문이 아니라, 일반적으로 사회적인 교제 장소로 여기는 분위기 때문이에요. (감리교)

종교적인 사람이냐고요? 제 생각에 저희 부모님과 같은 종교를 믿고 있느냐는 질문 같은데요. 아무튼 오랫동안, 대학 시절을 통틀어 저는 부모님과 같은 종교를 믿었다고 볼 수 있어요. 그런데 지난 몇 년간 내가 정말로 믿고 있는 것을 파악하기 위해 여러 길들을 가봤어요. 나는 기독교 환경에서 자랐기 때문에 부모님이 믿는 것을 믿었어요. 매주 교회에 가고, 식사 전에 기도드리고, 자기 전에 기도했죠. 나는 부모님의 영향에서 벗어나기 위해 탐색하기 시작했어요. 부모님의 믿음이 잘못되었다는 것이 아니에요. 저는 큰 조직화된 종교에 약간 환멸을 느끼는 것 같아요. 그러나 아직 그것을 대체할 만한 다른 종교를 찾지는 못했어요. 그래서 지금은 이도 저도 아닌 상태에 있어요. (감리교)

저는 교회에 왔다 갔다 하는 일종의 종교적인 사람이라고 볼 수 있어요. 성인이 되어 앙골라를 방문했을 때, 우리 부모님의 딸로서 사람들이 기대하는 종교적인 사람처럼 행동했어요. 하지만 저는 더 이상 제가 성장했던 교회에 속하지 않아요. 더 넓은 시각을 갖게 되었어요.

교회에 규칙적으로 출석하는 것에 관해 말하자면, 저는 적극적으로 활동하는 종교인은 아니죠. 활발히 활동하다 슬럼프를 겪고 있어요. 술을 입에도 대지 않는 종교적 환경에서 자랐지만, 고등학교 시절에는 자유주의적인 침례교회를 다녔죠. 빌리 그레이엄의 십자군 운동에 "푹 빠져" 있다가, 침례교회 목사님과의 논쟁으로 막을 내렸죠. 저는 완전히 물에 잠기는 침례를 받기 원했지만, 제가 미성년자이고 부모님은 감리교인이었기 때문에 거절당했죠.

성인 초기에 나는 심지어 설교를 할 정도로 활동적이었어요. 그런데 가톨릭 신자였던 사람과 결혼하면서 감리교 선교위원회(the Methodist Church of Board of Mission)로부터 거부를 당한 후에, 많은 의심을 갖게 되었죠. 가정을 이룬 후에, 남편과 나는 그리스도 연합교회(the United Church of Christ)에 등록하기로 했죠. 우리가 당한 것처럼 우리가 우리 아이들에게 하고 있다는 것을 느끼기 전까지는 다녔죠. 아이들이 커가면서 교회 참석을 점점 꺼려 하고, 남편과 나의 욕구도 채워지지 않았어요. 내가 청소년기에 불렀던 오래된 찬송들만 여전히 남아 있었죠. 나의 최근 영적 상태는 덜 형식적이고 더 포괄적입니다. 예배드릴 만한 의미 있는 공동체를 찾고 있어요. (감리교)

선교사 자녀들의 최근 종교적인 현황을 살펴보는 다른 방법은 그들의 부모님의 종파를 통해서이다. 침례교와 메노파 같은 좀 더 근본적이고 보수적인 종파의 사람들이 훨씬 더 높은 비율로 자신이 종교적이라고 답했다. 메노파의 80% 그리고 침례교파의 78%가 종교적이라고 답했다. 반면, 감리교, 장로교, 그리스도 연합교회와 같은 진보적인 교파는 종교적이라고 덜 응답하는 경향이 있었다. 감리교의 40%, 그리스도 연합교회의 38%, 장로교의 33%가 교회에 다니며 예배를 드린다고 응답했다. 지금은 그리스도 연합교회와 제휴하고 있는 제자파는 50%로 이들 중간에 위치했다.

진보적인 그룹과 보수적인 그룹을 별도로 살펴보면, 신앙 부족의 현저한 차이를 볼 수 있다. 진보적인 교파의 단지 37%만이 신앙이 있다고 고백한 반면, 보수적인 교파의 77%가 종교적이라고 응답했다.

우리 네 남매는 신앙인이 아니다. 아버지께서 한번은 내게 이렇게 쓰셨다. "기독교 신앙을 전수하는 데 나는 비참하게 실패한 것 같다. 그럼에도 나는 너의 삶을 비난하거나 너의 삶을 나의 명예로 삼지 않아야만 한다고 생각한다." 만약 아버지가 살아계셨다면, 나는 아버지께 아버지와 어머니는 종교적, 도덕적, 윤리적인 기반을 마련해 주셨다고 말씀드렸을 것이다. 그것들을 평가하고 어떻게 우리의 삶 속에 적용할지는 우리에게 달려 있다.

어떤 면에서, 선교사 자녀들은 내가 생각하는 것보다 미국인의 일부와 같을지도 모른다. 미국인 종교 실태 조사(the American Religious Identification Survey)에 따르면, 종종 다른 조사에서 얻지 못하는 사실이지만, 미국은 가장 다양하고 변화가 심한 가장 종교적인 나라임에도 불구하고, 무신론자들이 증가하는 추세에 있다고 한다. 첫 실태 조사는 1990년에 이루어졌고 후속 연구는 2001년과 2008년에 있었다. 이 연구들 간 주요한 변화는 다음과 같다.

1. 기독교인이라고 분류할 수 있는 인구는 1990년 86%에서 2008년 76%로 감소했다.
2. 자신을 비기독교인으로 분류한 성인의 숫자가 580만 명에서 약 880만 명으로 증가했음에도 불구하고 비기독교인의 비율은 3.3%에서 4%로 매우 적은 증가를 보였다.
3. 어떤 종교도 갖고 있지 않은 성인들의 백분율과 절대적인 비율에 큰 증가가 있었다. 그들의 숫자는 1990년 1430만 명에서 2008년 3410만 명으로 두 배 이상 증가를 보였다. 그들의 비율은 1990년 단지 전체 8%에서 2008년 전체 15%로 증가했다.

1993년 연구를 약간 수정한 나의 2005년 연구에서 비신앙인 비율은 23% 였다. 90명이 응답한 나의 소규모 샘플과 5만 명 샘플의 미국인 종교 실태 조사가 정확히 일치하지는 않는다. 그럼에도 불구하고 나는 미국인 종교 실태 조사가 일반 미국인과 선교사 자녀 집단 모두에서 비신앙인 비율이 의미 있게 증가하고 있다는 내 연구 결과를 지지하고 있다고 생각한다. 나의 작은 샘플에서 나온 23%가 얼마나 신뢰할 만할지는 모르겠다.

일반적으로 왜 선교사 자녀들이 일반 미국인보다 더 종교적이지 않은 지는 매우 알기 어렵다. 내가 찾은 가장 설득력 있는 요인은 부모가 진보 적 교파인지 아니면 보수적 교파인지이다. 그리고 많은 문화를 접하고 다 양한 삶에 노출된 경우, 하나의 신앙이 아니라 대안적인 여러 신앙을 갖고 있었다. 또한 부모와 오랫동안 떨어져 지내면, 하나님에 대해 원망하거나, 독립적이고 자기 의존적인 사람이 되었다. 그리고 아프리카, 안정감, 고향 을 잃은 상실감도 믿음에 의문을 갖게 했다.

상실의 메아리

제3문화 아이들의 지속되는 슬픔과 적응

/

캐슬린 길버트(Kathleen R. Gilbert)·리베카 길버트(Rebecca J. Gilbert)

제3문화 아이들에 관한 많은 연구들은 "문화 가운데서(between and among cultures)" 자라는 긍정적인 측면을 강조한다. 다양한 문화에 노출되고 많은 변화에 적응해야만 하는 경험은 분명 강점이 될 수 있다. 그러나 그에 못지않게 그들의 삶은 많은 이동과 불확실함과 상실이 따른다. 이 글에서 우리는 최근 제3문화 아이들과 관련된, 특히 상실을 다룬 연구들을 논의하고, 그리고 성인 제3문화 아이들의 상실에 대한 장기적인 적응을 살펴볼 것이다.

제3문화 아이들의 슬픔

여기에서 슬픔은 상실을 경험한 후에 정상이 무엇인지를 재정립하는 내적인 과정을 외적으로 표현하는 것으로 본다(Gilbert, 1996). 슬픔은 다면적이며, 정서적·인지적·행동적·신체적·사회적·영적인 요소를 포함한다. 해결되지 않은 슬픔은 성인 제3문화 아이들, 즉 어렸을 때 제3문화 아이였던 성인들 가운데 사라지지 않고 지속되는 관심사로 보통 알려져 있다(Barringer, 2000; Cockburn, 2002; Pollock and Van Reken, 1999; Schaetti, 2002). 제3문화 아이들을 특징짓는 속성들인 오래 지속되는 사춘기, 뿌리가 없는 느낌, 소외감, 몰두하기 어려운 점 등이 미해결된 슬픔과 관련되어 있을 수 있다(Schaetti, 2002).

이 연구는 상실과 슬픔의 직접적인 영향을 강조한 이전의 연구를 바탕으로 이루어졌다(Gilbert, 2008). 여기에서 우리는 어린 시절 동안 반복적으로 상실을 경험한 성인 제3문화 아이들의 상실에 따른 영향에 관해 논의할 것이다. 이전 연구는 슬픔의 즉각적인 경험에 관해 연구했다면, 여기서는 어린 시절에 경험한 상실의 장기적인 영향을 강조하는 문헌들을 조사했다. 다른 연구와 마찬가지로, 그들의 상실은 사람, 장소, 애완동물, 소유물 등을 총망라한다. 또한 참여자들은 상징적, 실존적 측면뿐만 아니라 실용적인 측면도 언급했다. 참여자들이 경험했던 실존적인 상실은 안전한 느낌의 상실, 신뢰할 만한 세상을 잃은 느낌, 정체성(즉, 자신이 누구인지를 아는) 상실, "고향"이라고 부를 만한 장소를 잃은 것 등이다. 이들 상실과 그에 따른 슬픔은 성인 제3문화 아이의 삶에 지속적으로 영향을 주는 것처럼 보인다.

폴록과 반 레켄(Pollock and Van Reken, 1999)은 성인 제3문화 아이들의 미해결된 슬픔에 잠재적으로 영향을 미치는 몇몇 특성들을 확인했다. 상실은 흔히 감추어져 있으며, 사람들은 이를 인정하려 하지 않는다. 제3문화 아이들은 보통 슬퍼하는 것이 허용되지 않으며 슬퍼할 시간도 없다. 그들이 상실을 다루려 할 때조차 충분한 위로를 받지 못한다. 아이들은 부모에 대한 모종의 책임감을 느끼고, 그래서 어른들에게 자신의 감정을 숨기려 한다(Pollock and Van Reken, 1999). 그들은 상실과 연관된 감정들을 부인하거나 억압하는 경향이 있으며, 이는 나중에 복잡한 증상으로 발전할 수 있다(Oltjenbruns, 2007).

제3문화 아이들이 경험하는 상실은 대개 명료하지 않고 모호하다. 그러므로 누가 무엇을 잃었는지 명확히 평가할 필요가 있다(Boss, 2004). 심지어 상실이 발생했는지, 발생했다면, 얼마나 깊은 감정적 반응을 일으켰는지 살펴봐야 한다. 또한 제3문화 아이들의 슬픔은 권리를 박탈당한 슬픔이라는 특징이 있다(Doka, 2002; Schaetti, 2002). 권리의 박탈뿐 아니라, 애완동물과의 사별, 유산이나 임신중절, 학대하던 배우자의 사망처럼 사회적으로 슬픔이 용납되지 않거나 최소화되는 경우가 있다. 가까운 관계에 있는 사람들은 그 슬픔을 이해하지 못하고, 지지하지 않을 수 있다. 알다시피, 권리를 박탈당한 슬픔은 사회적으로 모호한 슬픔으로, 공개적으로 슬퍼할 수도, 사회적 지지를 받을 수도 없다. 제3문화 아이들의 슬픔은 부모나 다른 가족 구성원들조차 실제로 인식하지 못하는, 아이들 개개인의 특수한 상실에 기초한다. 첫 번째 저자 캐슬린 길버트가 인터뷰했던 제3문화 아이들은 소유물을 잃는 것이 얼마나 힘들고, 슬픔을 최소화하거나 도외시하기 어려운지 설명했다(Gilbert, 2008).

권리를 박탈당한 슬픔은 사회와 문화에 속한 "슬퍼하는 법(grieving rules)"에 제약을 받는다. 제3문화 아이들은 공적으로 슬퍼할 수 없는데, 왜냐하면, 상실의 어떤 측면이 공적인 인정을 얻기 어렵기 때문이다. 뿐만 아니라 제3문화 아이들은 자신의 슬픔이 적절한지에 대한 확신이 없으므로 자기 스스로 박탈할 수도 있다. 또한 그들은 부모를 보호하기 원하므로 자신의 감정을 숨기고 있을 수도 있다(Crenshaw, 2002).

도카(Doka, 2002)에 따르면, 권리를 박탈당한 슬픔은 슬퍼하는 자와 잃어버린 것 사이의 관계가 사회적으로 인정받을 수 없는 경우에 주로 발생한다. 상실 자체가 사회적으로 인정받지 못하거나 다른 사람들에게 드러나지 않는다. 슬퍼하는 자는 사회적으로 인정받지 못하고, 사람들은 상실의 상황을 낙인찍거나 부정적인 판단을 하는 데 사용한다. 그리고 어떤 식으로든 슬퍼하는 것은 사회적으로 용납되지 않는다. 예를 들어, 제3문화 아이들이 매우 사랑한 애완동물을 쉽게 다른 것으로 대체할 수 있다고 여기거나, 친구 가족의 이사를 상실이 아닌 축하할 일로 여겨 슬퍼하지 못하게 하거나, 어린아이들은 슬퍼할 수 없는 줄 알고 슬퍼할 때 정서적 고통의 표현이 아닌 행실이 좋지 않은 것으로 취급할 수 있다. 아무튼, 이런 종류의 상실은 실제로 일어나며, 경험하고 있는 슬픔은 종종 매우 강렬하다 (Gilbert, 2008).

제대로 해결되지 않은 어린 시절의 상실은 성인기에 되풀이될 가능성이 높다. 그러므로 상실과 그에 따른 슬픔이 어떻게 지속적으로 성인 제3문화 아이들의 삶에 영향을 주는지 살펴보자.

제3문화 아이들의 긍정적 속성
: 강점을 기반으로 상실에 대처하기

앞서 지적한 바와 같이, 제3문화 아이들에 관한 연구들은 강점에 초점을 두고 몇몇 회복탄력적 요인들을 규명했다. 높은 자기의존성, 뛰어난 적응력, 폭넓은 시각, 융통성, 새로운 환경에 대한 높은 적응력, 새로운 도전을 추구하는 열정 등이다. 이들 긍정적 결과물들은 종종 다양한 문화 가운데 생활한 결과 얻게 된 독특한 특성들이다.

잦은 지역 간 이주와 이동에 따른 빈번한 관계의 단절과 새로운 시작으로 인해, 제3문화 아이들은 강한 독립심과 자기의존성을 발달시키는 것 같다(Pollock, 1998). 또한 그들은 가족과 더 가까운 관계를 맺는 경향이 있는데, 아마도 문화 간 이주에 따른 변화의 한복판에서 가족이 안전한 구심점이 되기 때문인 것 같다(McCaig, 1994; Peterson and Plamondon, 2009). 가족은 완충지대로서, 외적·지리적·문화적인 고향이 없을 때, 내적인 고향이 된다(McCaig, 1994). 당연한 결과겠지만, 제3문화 아이들은 안정된 상태를 유지하고 장기간 지속되는 관계를 유지하는 데 어려움을 더 호소하고, 외로움과 고립감을 더 느끼는 경향이 있다(Gillies, 1998; Pollock, 1998). 어린 시절 가족이 아닌 사람들과 관계를 많이 맺지 못했던 독립적인 경향은 성인이 되어 친구를 사귀거나 친밀한 관계를 형성하는 데 어려움을 줄 수도 있다.

한 문화에서 다른 문화로 이주할 때마다 제3문화 아이들은 서로 다른 문화적 요구와 기대에 부응해야만 한다. 그들은 다양한 문화에 적응해야만 하기 때문에 새로운 환경에 더 성공적으로 적응하는지도 모른다(Gillies, 1998). 현지의 문화와 고향의 문화에 성공적으로 적응해야만 하는 계속되는 상황으로 인해 그들은 다른 나라에 가본 적이 없는 사람들보다 새로운 환경에 접근하는 데 더 큰 자신감을 갖기 쉬울 것이다(Stultz, 2003).

제3문화 아이들이 갖는 삶에 대한 폭넓은 시각은 종종 적응하기 위해 변화해야만 하기 때문에 생긴 결과이다(Pollock, 1998). 매케이그(McCaig, 1996)는 제3문화 아이들의 "문화적 카멜레온(cultural chameleon)" 현상을 언급한다. 그들은 폭넓은 경험을 하기 때문에, 그와 같은 적응 경험이 없었던 사람들보다 어려운 상황을 더 잘 이해할 수 있다. 다른 나라에 거주한 이유에 따라 다르겠지만, 제3문화 아이들은 기근이나 극심한 가난, 불평등, 전쟁, 질병, 불의한 상황에 더 많이 노출되는 편이다(Pollock, 1998). 이와 같은 초기 시절 노출은 어떤 스트레스 요인들의 효과를 완화시킬 수 있다. 예를 들어, 극심한 가난에 노출되었던 사람은 일시적으로 소득이 없는 상황을 덜 위협적으로 느낄 수 있다.

폭넓은 시각을 요구하는 곤란한 상황뿐만 아니라, 그들은 상이한 문화들에 노출되기도 한다. 어떤 경우에는 현지 문화의 기대에 부응하고 문화적 활동에 참여해야만 한다. 이는 그들이 모국에서 경험했던 것과 매우 다른 것일 수 있다. 다양한 문화에 이렇게 광범위하게 노출됨으로써, 그들은 성인이 되어 다양성을 더욱 용인할 가능성이 높다(Gillies, 1998).

제3문화 아이들은 여러 언어를 말할 수 있어 이종 문화 간 의사소통이나 외교적 중재 등 국제적인 무대에 더욱 적합한 경향이 있다. 그들 중 많은 이들이 안정된 한 장소보다는 국제간 여행이 잦은 생활방식을 더욱 편안해한다(McCaig, 1994). 어떤 제3문화 아이들은 한 장소에 뿌리를 내리지 않은 채, 한시적인 상태에서 살고 있다. 그들은 한 장소에 매이는 것을 불편해하며, 성인이 되어서도 "국제유목민(global nomad)"으로 계속 살아간다(Stultz, 2003). 이는 강점일 수도 있다. 국제경제적 상황이 여러 문화적 틀에 쉽게 적응하는 능력을 더욱 강조하는 추세이기 때문이다. 생애 초기에 다양한 문화에 노출된 경험은 고향 문화(home culture)와 현지 문화(host culture)에 쉽게 적응하게 하면서 문화 간 이동을 수월하게 한다(Selmer and Lam, 2004).

그러므로 제3문화 아이들은 반복된 상실과 슬픔의 경험을 통해 배우게 된 신념, 태도, 능력, 기술 등의 결합체라고 볼 수 있다. 이제 우리는 앞서 언급한 강점을 어려움에 대한 반작용으로 사용하거나 또는 상실을 처리하는 한 방편으로 발달시켰다는 연구를 논의할 것이다.

슬픔에 관한 정보들을 모아 제3문화 아이들에 적용하면서 우리는 다음 물음에 답하고자 이 연구를 설계했다. '상실과 관련하여, 성인기까지 지속되는 미해결된 과제가 있는가? 그리고 상실로 인한 긍정적 효과가 있는가?'

연구 방법

이 연구는 자연적 질적 연구(a qualitative naturalistic inquiry)로 이루어졌다(Lincoln and Guba, 1985). 이 연구에 사용된 방법은 이전 연구에 매우 자

세하게 기술되어 있다(Gilbert, 2008). 연구가 진행됨에 따라, 내용과 초점은 더욱 좁혀지고 상세히 기술되었다. 자연적 연구의 목표는 서술적 모델을 만드는 것이고, 데이터로부터 모델이 생겨날 것이라 가정한다.

초기에 연구는 폭넓은 질문, 즉 "제3문화 아이들의 상실과 슬픔의 특성은 무엇인가?"로 시작했다. 최근 연구는 미해결된 슬픔의 문제뿐만 아니라 장기적인 적응 문제에도 초점을 두고 있다. 데이터는 심도 있는 인터뷰나 이메일을 통해 수집했다. 각 참여자들로부터 동일한 정보를 수집하는 것이 아니라 주제에 대한 새로운 패턴을 찾는 것이 목표이다.

광범위하게 유도 질문들이 사용되었으나, 관계없더라도 어떤 것이든 생각나는 것들을 적으라고 했다. 인터뷰 질문들은 다양한 주제에 대해 언급하는 개방형 질문들이었다. 이메일 응답자들은, 주어진 문항들에 답하거나 아니면 연구의 핵심 질문들에 대해 서술하거나 둘 중 하나를 선택할 수 있었다. 그들 모두 질문 문항에 응답하는 것을 선택했지만, 후속 질문을 했을 때 모두 응답해 주었다. 인터뷰 응답자의 관점을 존중하는 것이 중요한 철칙이었다(Patton, 2002). 가능한 한 이를 반영하려 했다.

이 연구를 이끌어낸 이전 대규모 연구의 응답자들은 18세 이상의 성인 제3문화 아이들로서, 여권 기재국이 아닌 나라에서 일하는 부모나 보호자의 보호를 받으며, 적어도 지속적으로 1년 이상 그곳에서 살았던 사람들이었다. 그러나 이 연구에서는 제3문화 아이로 살았던 장기적 효과를 알고자 했으므로 30세 이상인 사람들을 살펴보았다. 우리는, 모국이 아닌 곳에서 특별한 기간 혹은 일정 기간을 보낸 경우의 장기적 효과를 살펴보려면, 적어도 10년간 법적 성인이었던 사람들을 조사해야 한다고 믿었다. 그래서 30세 이상으로 표본을 제한했다.

큰 표본과 마찬가지로 이 표본에 있는 사람들 대부분이 모국이 아닌 여러 국가에서 어린 시절의 상당 기간을 보냈다. 이 연구의 참여자는 여자 21명, 남자 8명으로, 총 29명이었다. 최소 나이는 30세이고 최대 나이는 61세였다. 응답자의 평균 연령은 43세였다. 국적은 미국인 23명, 캐나다인 1명, 인도인 1명, 남아프리카공화국인 1명, 이중국적을 가진 사람이 3명(미국과 브라질, 영국과 캐나다, 영국과 칠레)이었다.

데이터는 추상적으로 범주화하고 데이터의 의미를 논의하는(Erlandson, 1993) 개방적인 귀납법이 사용되었다(Lincoln and Guba, 1985; Patton, 2002). 발견한 내용의 신뢰성을 확보하기 위해 다음의 방법을 사용했다. 장기적인 자료 수집(prolonged engagement), 자료 출처의 삼각 측정(triangulation of data source), 동료 간 협의(peer debriefing), 부정적 사례 분석(negative case analysis), 연구 대상자 검증(member checking)(Erlandson, 1993; Lincoln and Guba, 1985). 분석은 형태분석으로 자료 수집 중에도 계속되었다. 연구 초점이 점점 좁혀지고 질문들이 중심 주제로 모아졌다.

연구 결과

길버트(Gilbert, 2008)의 연구 데이터를 사용한 우리는 단지 30세 이상 참여자들의 응답만을 살펴보았다. 응답자들은 그들의 경험뿐만 아니라 어릴 적 문화 간 살았던 삶의 지속적 영향을 다루는 방식이 일반적인 샘플과 달랐다. 우리는 어떤 점에서 다른지 언급할 것이다. 또한 이들 30세 이상 응답자들이 그들의 독특한 제3문화 상태를 언급하는 방식들을 탐색했다.

길버트(Gilbert, 2008) 연구의 중요한 발견은 상실의 실존적 측면을 발견했다는 점이다. 다시 말해, 응답자들은 여러 상실들의 실질적 측면뿐만 아니라 그것들의 상징적, 실존적인 의미에 대해 말했다. 세상을 믿을 만하고 예측 가능한 곳으로 생각했는데 실상은 그렇지 않을 때 상실감을 느낀다(Janoff-Bulman, 1992). 많은 제3문화 아이들에게, 기본적으로 변하지 않는 것은 변화하지 않을 수 없다는 사실이다(Gilbert, 2008; Schaetti, 2002). 그들은 적응 기술을 발달시켜야만 한다.

상실을 경험한 후에 의미는 삶에서 목적과 질서와 통제력을 다시 얻을 수 있을 때 가능하다(Gilbert, 1996). 그들이 누구인지, 무엇인지, 어디에서 왔는지, 누구를, 무엇을 믿어야 할지 등이 다뤄야 하는 실존적인 상실에 대한 물음들이다. 이 상실을 다루는 방식은 변화할 것이다. 그렇지 않으면 어린 시절이 지난 이후에도 오래도록 남아 있을 것이다. 45세의 한 응답자가 말한 것과 같다. "한 가지 사실은, 많은 사람들이 30세, 35세, 40세쯤에 이를 다루기 시작한다는 거예요. 저의 경우도 분명히 그래요."

장기적인 면에서 살펴본 실존적 상실과 적응

앞서 지적한 바와 같이, 성인 제3문화 아이들은 일반적으로 세 범주의 실존적 상실을 경험한다. 안전하고 믿을 만한 세상의 상실, '내가 누구인가' 하는 정체감의 상실, 그리고 집 또는 고향이라 여기는 곳의 상실이다 (Gilbert, 2008). 이것들은 수년간 헤쳐 나가야 하는 삶의 한 부분이다.

안전하고 믿을 만한 세상

제3문화 아이들은 성인이 되어도 친구 관계를 유지하고 새로운 사람을 사귀고 특정 집단에 소속된 느낌 등의 문제를 다루어야 한다. 한 응답자는 이렇게 말했다. "저는 나와 친구가 될 만한 사람을 결코 찾을 수 없을 것 같아요. 저는 친구를 어떻게 사귀는지 모르고, 믿지 못하고, (잠시 말을 멈추었다가), 사실 그게 어떤 것인지도 잘 몰라요. 그 점에서 저는 상실감을 느끼는 것 같아요."

이런 어려움과 함께, 응답자들은 왜 그렇게 다른 사람을 신뢰하기 어려운지 해답을 찾고 있었다.

제 생각에, 저는 관계가 편해지는 것을 두려워해요. 특히, 남자와의 관계요. 저는 항상 그들이 떠날까 봐 불안해요. 아마도 그게 제일 큰 이유일 거예요. 모든 게 훌륭해 보여 그에게 홀딱 반했는데 어떤 이유로 그가 떠나버린다면, 내 마음은 무너질 거고 난 감당이 안 될 것 같아서요.

저는 제 주변의 것들을 볼 수 있지만 느끼지는 못하는 것 같아요. 그것이 주는 만큼 감동을 받지 못해요. 그 점이 절 매우 괴롭게 해요. 정말로 정말로 절 귀찮게 해요. 왜냐하면, 저는 항상 어딘가 엉뚱한 곳에 있는 것 같은 느낌이 들거든요. 아시다시피, 엉뚱한 곳에 있는 것 같은 느낌은 회복되어야 하잖아요. 그런데 결코 회복될 것 같지 않아요. 물론 이 모든 것은 환상일지 몰라요. 아마도 상실을 다루는 방법일 수도 있어요. 어디선가 다시 그 느낌을 회복할 수 있을 거라 여기면서 말이죠. 그러나 내가 할 수 있을 것 같지는 않네요. 내가 한 장소에 오랫동안 있었더라면, 그 느낌을 다시 얻을 수 있었을 것 같아요. 충분히 오랫동안 한 장소에 머문다면 연결될 수 있을 테니까요.

어떤 응답자들은 관계를 형성할 수는 있으나 관계에 온전히 몰입하는 데 시간이 걸렸다. 어쨌든 일단 관계를 맺으면, 그들은 관계를 유지하는 데 매우 헌신적이라고 보았다. 그러나 이주하면 이 관계를 지속하지 않았으며, 새로운 곳에서 다시 시작했다. 한 응답자가 말한 것을 들어보자.

저는 친해지는 데 시간이 좀 걸리지만, 한번 친구가 된 사람에게는 매우 충실해요. 그러나 지금도 여전히 이주하면, 교회를 옮기는 것처럼, 옛 친구를 멀리하고 오래된 관계를 지속하지 않고, 새로운 곳에서 다시 시작하는 그런 경향이 있어요.

이 모든 것에는 자신의 행위를 이해하려는 노력이 엿보인다. 관계에 충실하려는 노력과 변화에 따라 관계를 바꾸려는 경향 사이의 갈등을 서술하면서 다음과 같이 말했다. "때때로 저는 그것이 내 성격이려니 해요." 다른 제3문화 아이도 쉽게 친구 사귀기가 어렵다고 토로했다.

전 항상 사람들이 나에게 흥미 없는 것같이 느껴요. 아마도 나도 모르게 내가 다른 사람들에게 내 마음을 터놓지 않아 그런 것 같아요. 왜냐하면, 저는 내 문제로 다른 사람들을 따분하게 하길 원치 않으므로, 사람들에게 나에 대해 말해서는 안 된다는 생각을 하는 것 같아요.

정체성: 나는 누구인가?

정체성 형성은 일반적인 청소년 발달과 관련하여 종종 논의되는 주제이다. 에릭슨(Erikson, 1963)은 청소년기의 핵심 과제인 "나는 누구인가?"라는 물음에 성공적으로 답할 수 있느냐 못 하느냐에 따라 정체성을 확립할 수도 정체성 혼란을 겪을 수도 있다고 보았다. 이 연구에 참여한 성인 제3문화 아이들은 어린 시절 이후에도 여전히 정체성 혼란을 겪고 있었다.

저는 단지 두려워요. 거울을 보고 있으면 누군가 다른 사람이 나를 보고 있는 것 같은 느낌이 들어요. 내가 뿌리내린 것처럼 느끼든 느끼지 않든 간에 그것을 갑자기 잃을 것 같고, 아니 심지어 연결될 수 없을 것 같아요. 이 미묘한 느낌을 잘 모르겠어요. 알 수 없을 것 같아요.

우심과 코트렐(Useem and Cottrell, 1996)뿐만 아니라 섀티(Schaetti, 2002)
도 성인 제3문화 아이들은 정체성 혼란을 겪으며 지체된 청소년기를 경험
한다고 보고했다. 이 지속되는 갈등을 이들에게서 볼 수 있었다.

저는 저의 독특한 상황을 매우 긍정적으로 보며, 다른 사람들이 누릴 수 없는
혜택이라고 스스로 상기시키곤 했어요. 그럼에도 늘 전혀 어울리지 않는 사람
이라고 느껴져요. 제 삶에는 누구도 이해하지 못하는 부분이 있어요. 저는 어
떻게 되어가고 있는지, 내가 어디에 있는지 전혀 모르겠어요.

한 장소에서만 자라거나 하나의 국적만 소유한 경우에 얻게 되는 정체
성을 제3문화 아이들은 갖지 못하는 경향이 있다. 특히, 국적과 관련된 정
체성에서 많은 내적 갈등을 겪는다. "나는 겉은 미국인이지만, 속은 일본
인이에요. 내 마음의 고향은 일본이에요." "내가 죽을 때까지 내 마음속에
는 브라질 사람인 부분이 있을 거예요. 나는 항상 미국인이지만 여전히 브
라질 사람이에요." "우리는 '나라가 없는 사람들'이 아니에요. 우리는 '두
나라 사이에 있는 사람들'이에요. 결코 둘로 나눌 수 없을 거예요. 영원히
둘인 것과 같아요."

일부 응답자들은 국가 범위를 초월하여 자신을 세계시민으로 지각했
다. "저는 미국인이라고 느끼지 않아요. 제 말은 미국인처럼 느껴지지 않
는다는 거예요. 만약 어떤 사람이 저에게 미국인이냐고 묻는다면, '아니요,
저는 세계시민이에요'라고 말할 거예요. 저는 전 세계를 상상하거든요."

특히 선교사 자녀들은 신앙과 기도 가운데서 정체성을 찾고 있었다.

저는 제게 꼭 맞는 정체성을 찾으려고 정말 노력했어요. 제 생각에, 아직도 저
는 찾으려 애쓰고 있는 것 같아요. 제게 정말 도움이 되었던 것은 기도였어요.
아시겠지만, 기도는 지금도 제게 도움이 돼요.

"고향" 이슈 다루기

정체성 이슈는 '고향이 무엇인가' 하는 이슈와도 연관된다. 왜냐하면, 정체성은 고향이나 모국과 매우 밀접한 것으로 보이기 때문이다. 응답자들은 종종 자신이 누구인지와 어디에 속해 있는지를 밀접하게 관련지었다. 뿌리가 없는 느낌을 다루는 방법은 다양했다. 일부 응답자는 같은 역사를 공유한 이유로 제3문화 출신 배우자와 결혼했다고 말한 반면, 다른 응답자는 단지 어린 시절 둘 다 이주 경험이 있었다고 해서 서로 경험을 공유하는 것은 아니라는 사실을 깨달았다.

어떤 사람들은 제3문화 아이가 아닌 사람과 결혼했고, 자신의 경험을 배우자나 주변사람들의 경험과 맞추느라 고군분투하고 있었다.

다른 문화권에서 자란 것에 매우 감사하면서도 때때로 저는 한곳에서 자랐더라면 좋았을 텐데 하고 생각해요. 제 남편은 미국의 작은 마을에서, 성인이 될 때까지 같은 집에서 살았대요. 나는 가끔 그것이 아쉬워요.

일부는 한 장소에서 오랫동안 안정적으로 살고 있었다. "저는 같은 마을에서 8년을 살았어요. 이것이 얼마나 놀라운 일인지 사람들은 이해할 수 없을 거예요." 일부는 새로 이주를 할 때마다 어린 시절의 이주에 대한 기억으로 인해 불안해했다. "저는 몇 년 후에야 우울증을 겪고 있음을 알게 됐어요. 지금 성인이 돼서도 그래요. 저는 간신히 짐을 싸요."

어떤 사람들은 한 장소에서 오랫동안 사는 삶에 숨 막혀 했다. "만약 내가 이곳에 계속 있게 된다면 죽을 것 같아요. 나와 작별하게 될 거예요."

어떤 응답자들은 고향을 특정한 장소로 여기지 않았다. 어떤 사례에서는, 로디지아(지금의 짐바브웨)와 같이 더 이상 존재하지 않는 나라이기 때문이었고, 다른 사례에서는, 성인이 되어 어린 시절 살던 나라를 찾아갔을 때 그들이 알던 더 이상 의미 있는 곳이 아니었기 때문이었다. "나는 고향으로 돌아가길 원했어요. 그러나 그곳이 진정한 '고향'이 아니라는 걸 이제 알아요. 고향은 내 머릿속에 있습니다."

이를 다루는 한 가지 방법은 어린 시절 제3문화 아이로 살았던 나라의 물건을 이용해 '안전한 장소(safe space)'를 창조하는 것이다. 한 여성은 어릴 적 친구들을 만난 이야기를 하며 웃었다. 친구들은 그녀가 만든 에콰도르 음식을 먹고, 그녀의 에콰도르 음악 선집들을 들으며, 그녀의 에콰도르 미술품들을 감상했다. 친구들은 그녀가 '그들보다 더 에콰도르 사람' 같다고 말했다.

많은 사람들이 어린 시절 고향에서 찍은 사진들을 간직하고 있었고 살펴보곤 했다.

이 문제를 다루는 또 다른 방법은 그들의 정서적인 고향인 "마음의 고향"에 집중하는 것이다. 많은 사례에서 이 마음의 고향은 그들이 어린 시절을 보낸 나라였다. 열대 지방에서 성장한 한 응답자는 다음과 같이 말했다. "어느 곳으로 이사를 가든 저는 제일 먼저 식물들을 벽에 걸어요. 왜냐하면 그렇게 하면 고향처럼 느껴지거든요." 다른 응답자는 마음의 고향에서 가져온 흙을 담은 필름 통을 갖고 있었다. "집 앞에서 담아온 흙이 들어 있는 필름 통이에요. 네, 제게는 매우 소중한 거예요."

다른 사람들은 교회나 신앙 모임 장소를 개인적인 마음의 고향으로 여겼다. "정말로 뿌리내린 느낌이 들 때는 교회에서 성찬식에 참여할 때예요. 그때는 정말 우주와 내가 진정으로 하나 되는 느낌이 들거든요."

경계인 상태와 사라지지 않는 걱정

앞서 살펴보았듯이, 제3문화 아이들은 끊임없이 계속되는 "둘 사이"의 경계 상태에서 살고 있다. 그들은 문화 사이에서, 세상 사이에서, 정체성 사이에서 살고 있다. 이 연구에 참여한 한 응답자가 말한 것과 같다. "저는 물고기도 새도 아니에요. 저는 물고기도 새도 아닌 것도 아니에요. 저는 전적으로 다른 어떤 것이에요."

추측할 수 있듯이, 둘 사이의 경계는 불확실한 요소들을 포함하고 있다. 이는 전형적으로 하나의 문화적 규정에서 다른 상태로의 전환과 연관되며(Turner, 1969), 불확실성은 스트레스를 야기한다. 불확실한 세상에서 사는 것은 불안하며 그러므로 우리는 예측 가능한 세상을 만들려고 노력하거나 의미를 찾음으로써 스트레스를 감소하거나 없애려는 경향이 있다 (Gilbert, 1996). 앞서 보았듯이, 소속감은 특정한 문화나 국가가 아니라, 유사한 배경을 가진 사람들과의 관계 속에 있다(Pollock and Van Reken, 1999; Storti, 1997). 섀티가 주목한 것처럼, "제3문화 아이들에게 연속성의 주된 원천은 불연속성"(Schaetti, 2002: 109)이다. 제3문화 아이들은 경계 상태를 다루어야만 하는 어려움으로 인해 강점을 발달시켰고, 성인이 되어서도 계속 개발하고 있다. 예상할 수 있듯이, 이 연구의 많은 응답자들이 하나님과의 관계와 신앙을, 하나님을 누구로 이해하든지 간에, 안정감의 원천으로 그리고 삶의 위안으로 여겼다.

제3문화 아이들이 갖고 있는 독특한 경계 상태를 다루는 또 다른 방법은 다른 제3문화 아이들이나 어린 시절부터 알던 사람들과 관계를 지속하는 것이다. 많은 사람들이 수년간 자신을 방문했던 어린 시절 친구들에 관해 말했다. 관계를 계속 유지하는 다른 방법은 웹사이트, 그룹 채팅, SNS, 이메일 등을 사용하는 것이다.

마지막으로, 몇몇은 가족과 연락하고 지내기, 가족사진과 추억이 담긴 물건 수집하기, 가족 모임에 참여하기 등 가족 관계를 유지하라고 말했다. 어느 곳이 고향인지 20대들에게 물어보았을 때, 보통 일관되게 말하는 곳은 "어디든 나의 가족이 있는 곳"이었다.

성인기의 적응

이 장 앞부분에서 살펴본 것처럼, 제3문화 아이들은 강한 회복탄력성을 보여준다. 이 긍정적인 측면을 논의하기 전에, 응답자들이 제3문화 아이로서 겪은 부정적인 경험의 여파를 극복하고자 계속해서 노력하고 있음을 주목할 필요가 있다.

지속되는 어려움

누구나 힘든 어린 시절이 있겠지만, 일부 선교사 자녀들은 더 힘든 경험을 했다. 그들은 자신에게 쏟아진 특별한 기대를 저버리기 매우 어려웠음을 토로했다. 한 선교사 자녀는 부모님을 의심하는 것은 하나님을 의심하는 것이므로 자신의 감정을 억압했다.

저는 많은 분노를 품고 있었어요. 내 아이들에게 소리 지르곤 했죠. 제 생각에, 많은 경우 저는 틀에 맞추려 노력했던 것 같아요. 더 이상 맞출 수가 없었어요. 이제 내게 울 수 있도록 허락해 주는 법을 배우고 있어요. 실제로 느끼고 울 수 있도록 말이죠. 그게 성숙한 감정인 거죠.

어떤 사람들은 어린 시절에 확립된 패턴을, 심지어 배우자가 표현할 수 있도록 도와줘도, 깰 수 없을 것 같았다.

저는 슬프거나 불행해 보이지 않고, 모든 게 통제되고 있는 것처럼 보이기 원해 제 감정을 꾹꾹 누르는 경향이 있는 것 같아요. 저는 지금도 감정을 숨기는 경향이 있어요. 뭐랄까, 정말로 쉽게 소리 내어 울지 않아요. 어떤 이유인지는 몰라도 저는 감정 보이는 것을 좋아하지 않아요.

어떤 사람들은 어린 시절에 학대를 받았거나 방치된 경험이 있었다. 한 선교사 자녀는 그녀가 살았던 선교촌 리더의 자녀로부터 성적 학대를 받았으나, 그 당시에는 누구도 믿어주지 않았다고 한다. 또 다른 사람은 여섯 살 때부터 기숙학교에서 "정서적, 신체적, 성적으로 때때로 학대받았다"라고 털어놓았다.

어린 시절의 여파로 여전히 고군분투하고 있음에도 불구하고 응답자들은 제3문화 아이의 삶을 통해 얻은 많은 개인적 강점들에 대해 말했다.

성인기의 개인적 강점

이 연구 응답자들의 공통적인 두 가지 특징은 매우 사려 깊게 자기 분석을 한다는 점과 상황을 긍정적으로 재구성하는 경향이 있다는 점이다. 대부분의 경우에, 매우 힘들었을 상황을 서술할 때조차도 자신이나 관련된 다른 사람들에 대해 긍정적으로 진술하는 경향이 있었다. 최근 연구들은 긍정적인 시각을 유지하는 것이 장수와 신체적·정신적 건강과 연관되어 있음을 보여준다(Seligman and Csikszentmihalyi, 2000). 그러므로 자신을 긍정적으로 볼 수 있다는 것은 매우 건강한 속성이다.

배경이 다른 사람에게도 연관될지 모르겠지만, 제3문화 아이로서 여러분이 개발한 적응적이고, 다양한 시각으로 볼 수 있고, 그저 잘할 수 있는 기술들을 사용해 보세요. 여러분의 경험이 준 매우 귀중한 강점들을 활용할 방법을 찾아보세요.

응답자들은 제3문화 아이로 살면서 얻은 많은 혜택들을 서술했다. 즉, 세계적인 시각을 갖고 있고, 손님 접대를 잘하며, 다른 사람들에게 민감하고, 그들을 잘 수용할 수 있는 능력 등이다. 한 응답자는 다음과 같이 열거했다.

이 나라 사람들뿐만 아니라 다른 여러 나라 출신의 사람들에게 우리가 보이는 큰 관용과 인내를 들 수 있겠죠. 내 생각에 이 모든 것은 다른 문화에 노출된 결과인 것 같아요. 그것이 얼마나 힘든지 알죠. 이주가 얼마나 힘든지 알기 때문에, 누가 이주한다고 하면 나는 '도와드릴까요?'라고 말하고 싶어요.

제3문화 아이들이 다른 사람들에게 이런 식으로 다가가는 것은 흔한 일이다. 한 제3문화 아이는 기아 구제를 위해 어린 시절에 살았던 나라로 돌아갔다가, 그곳에서 마을 사람들을 돌보는 일을 계속하고 있었다.

일부 사람들은 다양한 형태의 지원 활동에 관여하고 있었다. 선교사가 되려 했던 제3문화 아이는 어떻게 제2외국어인 영어를 가르치게 되었는지 말했다. 또 한 사람은 제3문화 아이의 삶이 어떻게 다른 사람들에게 관심을 보이고 그들의 필요에 민감하게 하는지 말해주었다. 많은 응답자들이 그들이 가입한 한 개 이상의 이메일 리스트서브 그룹을 언급하면서, 스트레스에 대처하기 위해 서로 어떻게 도움을 주고받았는지 말했다.

제3문화 아이들은 다른 사람들이 보기에 부정적인 특성(예를 들어, 일정한 정서적 거리 유지, 이주로 인한 상실)조차 긍정적으로 보았다. 그들은 이런 잦은 이주와 그에 따른 상실을 좀 더 쉽고 덜 고통스럽게 대처할 수 있다. 두 남자 응답자가 다음과 같이 말했다.

난 항상 회복될 거라는 걸 알아요. 상황이 좋아지고 나아질 거라 생각해요. 모든 상실에는 얻는 것도 있어요. 그러므로 어떤 면에서 나는 상실을 두려워하지 않아요. 왜냐하면, 항상 동일하게 좋은 것도 있다는 것을 아니까요.

나도 당신처럼 상실을 보는 경향이 있어요. 나는 항상 실제적이 되려 해요. 상실은 자연발생적인 것이죠. 아마도 그것이 내가 내 삶의 문제들을 다루는 방식일지도 몰라요. 음, 난 거의 운명론적이라고나 할까. "그게 전부고, 그게 끝이야"라고 말해요. 여러분은 슬픔을 느낄지 모르지만 가능한 한 빨리 그것을 극복하려 할 거예요. 왜냐하면 그 안에 있으면 있을수록 더욱 오랫동안 고통을 받을 테니까요.

결론

이 연구의 목적은 성인 제3문화 아이들의 상실에 따른 영향, 즉 제3문화 아이로 성장하기 때문에 경험하는 상실의 장기적인 영향을 탐색하는 것이다. 연구 결과는 제3문화 아이들의 강점, 특히 제3문화 아이들이 성인기에 보이는 적응력에 관한 초기 연구를 지지하고 있으나, 우리는 성인 제3문화 아이들에게서 보다 복잡한 적응적 모습을 발견했다.

이 연구를 위해 수행한 인터뷰 전체를 통틀어서, 비록 생활방식에 따라 다르겠지만, 상실을 다루는 것이 그들의 삶에서 계속되고 있음을 알 수 있었다. 우리는 오래 지속되는 사춘기(Schaetti, 2002)와 온전히 몰두하지 못함(Barringer, 2000), 지속되는 경계인 상태(Schaetti and Ramsey, 1999)를 발견했다.

문화 사이에서 성장하는 것과 관련된 많은 어려움에도 불구하고, 이들은 또한 강점을 갖고 있었다. 적응력이 높은 편이며 일반적으로 긍정적인 시각을 갖고 있었다. 그리고 비슷한 삶의 경험을 가진 사람들을 찾는 경향이 있는데(Pollock and Van Reken, 1999; Storti, 1997), 이 연구의 경우에도 그러했다. 또한 가족은 그들의 삶의 핵심 요소였다(McCaig, 1994; Peterson and Plamondon, 2009). 그들이 상실을 다루는 데 있어서 내적·외적인 자원들이 많은 공헌을 했다.

참고문헌

Barringer, C.F. 2000. "Counseling Third Culture Kids." Paper presented at the Annual Conference of the American Counseling Association, San Antonio, TX. Available at http://www.eric.ed.gov ERIC #:ED451459. Retrieved November 5, 2007.

Boss, P. 2004. "Ambiguous Loss." in F. Wash and M. McGoldrick(eds.). *Living beyond Loss: Death in the Family* (2nd ed.). New York: Norton.

Crenshaw, D.A. 2002. "The Disenfranchised Grief of Children." in K.J. Doka(ed.). *Disenfranchised Grief: New Directions, Challenges, and Strategies for Practice*. Champaign, IL: Research Press.

Doka, K.J. 2002. "Introduction." in K.J. Doka(ed.). *Disenfranchised Grief: New Directions, Challenges, and Strategies for Practice*. Champaign, IL: Research Press.

Erikson, E.H. 1963. *Childhood and Society* (2nd ed.). New York: W.W. Norton.

Erlandson, D.A. 1993. *Doing Naturalistic Inquiry: A Guide to Method*. Newbury Park, CA: Sage.

Gilbert, K.R. 1996. "'We've had the same loss, why don't we have the same grief?' Loss and Differential Grief in Families." *Death Studies*, 20, pp.269~283.

_____. 2008. "Loss and Grief between and among Cultures: The Experience of Third Culture Kids." *Illness, Crisis and Loss*, 16, pp.93~109.

Gillies, W.D. 1998. "Children on the Move: Third Culture Kids." *Childhood Education*, 77, pp.36~38.

Janoff-Bulman, R. 1992. *Shattered Assumptions: Towards a New Psychology of Trauma*. New York: Free Press.

Lincoln, Y.S. and E.G. Guba. 1985. *Naturalistic Inquiry.* Beverly Hills, CA: Sage Pub.

McCaig, N.M. 1994. "Growing Up with a World View: Nomad Children Develop Multicultural Skills." *Foreign Service Journal*, September, pp.32~41.

_____. 1996. "Understanding Global Nomads." in C.D. Smith(ed.). *Strangers at Home.* Bayside, NY: Aletheia Pub.

Oltjenbruns, K.A. 2007. "Life Span Issues and Loss, Grief, and Mourning Part 1: The Importance of a Developmental Context: Childhood and Adolescence as an Example." in D. Balk, C. Wogrin, G. Thornton and D. Megher(eds.). *Handbook of Thanatology: The Essential Body of Knowledge for the Study of Death, Dying, and Bereavement.* Northbrook, IL: The Association for Death Education and Counseling, The Thanatology Association.

Patton, M.Q. 2002. *Qualitative Research & Evaluation Methods* (3rd ed.). Thousand Oaks, CA: Sage Pub.

Peterson, B.E. and L.T. Plamondon. 2009. "Third Culture Kids and the Consequences of International Sojourns on Authoritarianism, Acculturative Balance, and Positive Affect." *Journal of Research in Personality*, 43, pp.755~763.

Pollock, D.C. 1998. "Being a Third-Culture Kid: A Profile." in J.M. Bowers(ed.). *Resilient MKs: Resources for Caregivers, Parents, and Teachers.* Colorado Springs, CO: Association of Christian Schools International.

Pollock, D.C. and R. Van Reken. 1999. *Third Culture Kids: The Experience of Growing Up among Worlds.* Yarmouth, ME: Intercultural Press.

Schaetti, B.F. 2002. "Attachment Theory: A View into the Global Nomad Experience." in M.G. Ender(ed.). *Military Brats and Other Global Nomads Growing up in Organization Families.* Westport, CT: Praeger Publishers.

Schaetti, B.F. and S.J. Ramsey. 1999. "The Global Nomad Experience: Living in liminality." Available: http://transition-dynamics.com/liminality. Retrieved October, 26, 2007.

Seligman, M.E.P. and M. Csikszentmihalyi. 2000. "Positive Psychology: An Introduction." *American Psychologist*, 55, pp.5~14.

Selmer, J. and H. Lam. 2004. "'Third Culture Kids': Future Business Expatriates?" *Personnel Review*, 33, pp.430~445.

Storti, C. 1997. *The Art of Coming Home.* Boston, MA: Intercultural Press.

Stultz, W. 2003. "Global and Domestic Nomad or Third Culture Kids: Who Are They and What the University Needs to Know." Available: http://www.colostate.edu/Depts/SAHE/JOURNAL2/2003/Stultz.htm (Retrieved 10/1/10).

Turner, V.W. 1969. *The Ritual Process.* New York, NY: Penguin.

Useem, R.H. and A.B. Cottrell. 1996. "Adult Third Culture Kids." in C.D. Smith (ed.). *Strangers at Home.* Bayside, NY: Aletheia Pub.

네 명의 제3문화 아이들

하나의 초상화

/

라일라 플래몬든(Laila Plamondon)

(빌 피터슨 교수님의 격려와 지지에 특히 감사를 드리며)

가까운 친구 사이인 라라, 켈리, 수전, 브리트니 네 명은 방글라데시에 있는 미국 국제고등학교에 다녔다.[1] 둘은 미국인, 한 명은 독일인, 한 명은 방글라데시와 미국인 혼혈이다. 그들은 해외 근무, 개발, 교육, 선교 등의 영역에서 일하는 아버지를 따라 미국, 영국, 독일, 볼리비아, 필리핀, 태국, 케냐 그리고 방글라데시에서 살았다. 그들끼리는 5개 국어를 유창하게 구사하고 "인사" 정도의 말은 더 많이 할 수 있다. 그들 모두 각기 다르나 비슷하기도 하다.

그들은 고등학교에서 배구, 농구, 축구 등 스포츠를 하면서 친해졌다. 그들은 지금은 훨씬 더 비슷하다. 네 명 모두 본국으로 돌아왔고, 대학을 마쳤으며, 더 높은 학위 과정을 밟고 있다. 자신들의 모국에서 살고 있음에도 불구하고, 그들은 세계화된 삶을 살고 있다. 즉, 국제적 이슈를 공부하거나 국제기관에서

---

1   라라, 켈리, 수전, 브리트니는 가명이다.

일하거나 외국 남자와 데이트를 하고 있다. 그들 모두 각기 다르나 유사하다. 그들은 제3문화 아이들이다.

제3문화 아이들은 매우 다른 배경을 갖고 있을 수 있다. 예를 들어, 콜롬비아에서 태어나 세 나라에서 자란 혼혈 미국인 소녀, 독일과 프랑스에서 자란 터키 여성, 동남아시아에서 자란 인도 소년 등 모두 자신을 제3문화 아이로 여길 것이다. 인류학, 사회학 그리고 질적 연구들은 제3문화 아이들이 독특한 특성과 발달 패턴으로 응집력 있는 집단을 형성할 것이라 말한다. 그들은 공유하는 경험들로 규정된다.

사회학자 루스 힐 우심과 존 우심(예를 들어, Useem, 1973)은 인도에 거주하는 미국인 아이들과 그들이 살고 있는 3개의 문화를 묘사하기 위해 1950년대에 제3문화 아이라는 용어를 만들어냈다. "제1문화"는 제3문화 아이가 휴가를 가는 모국(부모의 문화)을 말한다. "제2문화"는 "제3문화"(이는 제3세계와 관련이 없다)가 존재하는, 거주하는 나라의 문화(인도)이다. 제3문화는 해외 거주자들의 임시 공동체로, 전 세계에서 온 가족들을 포함한다. 그들은 미국이나 영국 국제학교, 위락시설, 각종 생활편의시설을 이용한다.

폴록과 반 레켄(Pollock and Van Reken, 1999)이 용어의 범위를 확장한 것처럼, 이제 이 용어는 어떤 나라 출신이든, 그들 부모의 문화보다는 제2문화와 제3문화에서 발달상 중요한 시기를 여러 해 보낸 사람들 모두를 포함한다. 그들은 보통 선교사, 군인, 외교관, 사업상 해외에 거주하는 사람들의 자녀들이다. 사회학자들은 모두를 포함하기 위해 정의를 확장했고, 하위 범주들이 생겼다. 하위 범주들은 성격 발달에 중요한 의미를 갖는다. 예로서, 일부 어린 이민자들은 제3문화 아이들과는 다른 동화 과정을 경험함에도 불구하고 자신들을 제3문화 아이로 여긴다. 제3문화 아이들은 전형적으로 자기 모국의 여권을 여전히 소유하고 있고, 그리고 다시 돌아갈 것으로 여겨진다. 이민자가 아닌 제3문화 아이들은 이민자가 하듯이, 제2문화의 시민권자가 되고자 거의 시도하지 않는다. 또한 제3문화 아이들은 일시 체류자가 아니고 일시 체류자의 자녀들이다. 일시 체류자는 자신이 해외로 가기로 결정한 반면, 제3문화 아이들은 원하든 원치 않든 부모를 따라가야 한다.

제3문화 아이들은 서로 매우 다르지만 몇몇 결정적인 면에서 매우 유사하다. 폴록과 반 레켄(Pollock and Van Reken, 1999)에 따르면, 그들은 어떤 영역에서는 발달상 조기 성숙을 보이는 반면, 어떤 영역에서는 성숙의 지연을 경험한다. 예로서, 제3문화 아이들은 더 큰 세상에 관한 폭넓은 지식 기반을 획득할 수 있다. 그들은 적응하는 법을 배우고 성인과 함께하는 경험을 한다. "제3문화" 사회는 사실상 공동체이므로, 다른 동료나 그들의 부모들과 상호작용할 수 있는 충분한 기회들이 있다. 그러나 이런 조숙한 특성은 지체된 성숙으로 인해 약화될 수 있다. 예를 들면, 제3문화 아이들은 더 심한 정체성 혼란을 경험할 수 있고, 본국으로 돌아간 후에 정체감을 재정립할 필요를 느끼며, 그들이 생각하는 것처럼 주류 문화에 속하지 않음을 깨달을 수 있다.

제3문화 아이들은 종종 잦은 이주, 환경적 재난, 정치적 불안, 긴급 피난과 같은 독특한 스트레스로 고생한다. 그러나 무엇보다도 본국으로 돌아갔을 때 받는 "역문화 충격(reverse culture shock)" 혹은 문화적 재적응(re-acculturation)이 정체성 발달에 가장 심각한 영향을 줄 수 있다. 해외에서 종종 미국을 대표하던 미국인 아이들은 귀국 후에 자신이 갖고 있는 문화와 모국 문화가 다름을 발견한다. 미국인이 아닌 제3문화 아이들도, 미국 국제학교에 다니므로, 자신들의 문화보다 북미 문화에 더 친숙할 수 있다. 그들이 해외에서 경험하는 세계관과 가치들로 인해, 제3문화 아이들은 신체적으로는 같아 보일지라도, 모국의 또래들과 매우 다를 수 있다. 이 딜레마로 인해 어떤 사람들은 제3문화 아이들을 "숨겨진 이민자"로 본다(Pollock and Van Reken, 1999: 53). 진짜 이민자의 신체적 모습과 억양은 그들의 정체성을 나타낼지 모르지만, 많은 제3문화 아이들은 그와 같은 신체적 표시가 없으므로, 본국으로 돌아왔을 때 모국 아이들처럼 생각하고 행동하리라 여겨지고, 그렇게 하지 않을 때 문제가 생긴다.

제3문화 아이들의 당면 과제에 관한 많은 아이디어에도 불구하고, 심리학 양적 연구는 초기 단계에 있다. 스미스대학에서 심리학을 전공할 때 썼던 논문들에서 나는 제3문화 아이들에 관한 양적 정보를 제공했다. 모국으로 돌아온 성인 초기의 제3문화 아이들의 심리적 행복을 예측할 만한 요인들을 탐색함으로써 나의 연구를 정리하고자 한다. 어떤 제3문화 아이들은 급속히 세계화되는 세상에서 모범적인 시민으로 잘 자라는 반면, 어떤 제3문화 아이들은 소속감을 발달시키는 데 어려움을 겪고 있다. 무엇이 이런 차이를 가져올까? 우리는 어떻게 제3문화 아이들의 심리건강과 행복을 증진시킬 수 있을까?

문화 재적응과 성인 정체감의 심리학

나는 미국으로 돌아온 18~25세 사이의 미국인 제3문화 아이들에게 전자 설문 조사를 광고하기 위해 페이스북을 사용했다. 나는 클라크대학교 발달심리학자(청소년과 초기 성인 전문가) 제프리 젠슨 아넷(Arnett, 2000)이 개발한 용어, "초기 성인"에 역점을 두었다. 이 시기 사람들은 자율성은 획득했지만, 여전히 사회적 역할과 직장인의 규범적 기대에 따라야만 한다. 이 단계는 사랑, 일, 세계관을 탐색하는 시기이고, 종종 빈번하게 거주지를 변경한다. 정체성에 대한 물음은 이 시기의 중요한 사회적·성격적 이슈이다. 아넷의 초기 성인에 대한 기준을 사용하여 나의 표본의 나이를 18~25세로 제한했다.

설문 조사에 응한 170명의 응답자에 대해 간략히 기술하면 다음과 같다. 남성 응답자는 표본의 25%, 여성 응답자는 75%였다. 평균 연령은 20.63세였다(SD 2.20). 성별에 있어서 불균형을 이루는 것처럼 보이지만, 이와 같은 응답률은 설문 조사에서 비교적 흔한 편이다. 이 차이의 잠재적 원인들에 대해서는 결론에서 자세히 말할 것이다. 응답자 대부분이 자신을 백인(75%)으로 기술했다. 아시아계 미국인(13%)이 다음으로 많았고, 라틴계(7%), 아랍계(2%), 아프리카계(1%), 북미 원주민(1%), 그리고 다인종(2%) 순이었다. 약 71%가 크리스천이고, 19%는 종교가 없다고 주장했다.

발령과 관련해 말하자면, 응답자들은 평균 11.17년을 해외에서 보냈고, 미국에서 9.75년을 보냈다(비록 해외나 미국에서 연속해 있지는 않았지만). 그들은 평균 3.12년 해외 근무 발령을 받은 부모를 따라갔는데, 때때로 근무 발령을 받는 사이에 본국으로 돌아오기도 했다. 응답자들은 평균 1.69번을 미국으로 돌아왔다. 해외 거주 시, 표본의 64%는 유럽에서, 62%는 아시아에서, 22%는 중남미에서, 18%는 아프리카에서, 13%는 중동에서, 4%는 호주에서 그리고 2%는 캐나다에서 살았다.

또한 응답자들은 부모의 국적을 기술했다. 부모 대부분은 미국인으로 성장했고(아버지 72%, 어머니 70%), 아시아에서 성장한 경우는 어머니 12%와 아버지 11%, 유럽은 어머니 7%와 아버지 8%였다. 우리 표본의 가장 큰 비율은 선교 영역(36%)이었고, 그다음으로 사업 부분(21%), 교육 분야(13%), 군대(11%), 국무부(8%) 순이었다.

인구통계학적인 배경 외에도, 내 연구에서는 다음과 같은 네 가지를 물어보았다.

- 정서측정척도 2(The Affectometer 2)를 통해 심리건강을 측정했다(Kammann and Flett, 1983).
- 정체성 주요 모델(The Identity Capital Model)을 통해 성인기에 지역사회에

통합하는 수준과 자아 인식 수준을 측정했다(Côté, 1997).

- 문화 재적응 척도는 제3문화 아이나 일시 체류자들의 문화 재적응 상태를 판단하는 훌륭한 길잡이인 레이철 티먼스(Timmons, 2006)의 측정표에 기초했다. 척도를 통해 응답자들이 해외에 체류했던 때와 미국으로 돌아온 후에 느낀 긍정적, 부정적 감정들을 측정했다.
- 부모 자녀 간 관계성을 알아보고자, 응답자들에게 부모와 얼마나 가깝다고 느끼는지 점수를 매기도록 했다.

이 연구를 통해 나는 정체성과 행복 간의 관계, 그리고 제3문화 아이들의 삶[발령받았던 제2문화의 수, 해외에서 보낸 연수(年數), 본국으로 돌아온 횟수]을 탐색하고자 한다. 나는 라라, 켈리, 수전, 브리트니를 각각 자세히 살펴보고 분석할 것이다. 소녀들의 이야기는 이 연구에서 발견한 하나의 핵심적인 사항을 잘 보여준다.

심리건강과 정서측정척도 2(Affectometer 2)

라라는 응답자의 표준이라 할 수 있다. 그녀는 21세이고, 백인이고, 기독교인이다. 사업하는 아버지를 따라 아랍에미리트, 런던, 방글라데시 세 곳에서 살았다. 총 11년 이상을 해외에서 보냈고, 이주 중간에 한 번, 대학에 가기 위해 한 번, 두 번을 미국에 돌아왔으며, 총 10년 이상을 미국에서 보냈다.

고등학생 시절에 그녀는 사교적이고 인기가 많았다. 본국으로 돌아온 후에 라라는 매우 다른 어린 시절을 보냈음에도 불구하고, 미국 또래 학생들과 구별하기 어려울 정도로 매우 정상적인 삶을 살고 있는 것처럼 보인다. 그녀는 활동적인 사회생활과 음악에 대한 열정으로 대학 생활에 비교적 만족하고 있다. 그녀는 전통적 의미에서 "안정된" 어린 시절을 보냈다고 할 수 없지만, 어린 시절의 이주에도 불구하고, 성인 초기에 안정감을 성취했다. 라라는 어떻게 이 안정감을 얻었을까? 행복에 영향을 준 것은 무엇일까?

전반적인 심리건강을 측정하기 위해 신뢰도와 타당도가 있는 40개 문항으로 된 정서측정척도 2를 사용했다. 캐먼과 플렛(Kammann and Flett, 1983)은 행복을 측정하기 위해 정서측정척도 2를 만들었다. 이것은 "최근 경험들에 대한 긍정적인 정서와 부정적인 정서의 균형"을 측정한다. 척도는 낙관주의, 자존감, 사회적 지지, 자유, 생기발랄 등을 포함하는 행복의 열 가지 속성들로 이루어진다. 구체적으로 말해, 응답자들은 "내 인생은 정상 궤도에 있다", "나는 내 삶의 어떤 부분을 변화시켰으면 한다(역환산 문항)"와 같은 20문항에 점수를 표시했다.

나는 전반적인 심리건강을 예측하고 상관관계가 있는 요인들을 탐색하고자 이 척도를 사용했다. 응답자들은 리커트 5점 척도상에서 평균 3.73(표준편차 .57)을 표시했다. 이 점수는 심리학과 관련 없는 사람들에게는 별 의미가 없을지 모르나, 제3문화 아이들이, 우리가 기대했던 것처럼, 일반적으로 말해 심리적으로 건강한 집단임을 보여준다. 더 흥미로운 것은, 정서측정척도 2 또는 심리건강은 그들이 해외에서 보낸 연수나 해외에 발령받은 횟수와 상관관계를 보이지 않았다는 것이다. 이는, 그 밖의 모든 것이 동일하다고 할 경우에, 제3문화 아이가 해외에서 보낸 연수는 직접적으로 그의 전반적인 심리건강에 영향을 주지 않음을 의미한다. 우리는 제3문화 아이들의 일시적 체류와 심리건강 사이에 더 복잡한 연관성이 있을지 모르지만, 다른 문화에서 보낸 체류 기간이 심리건강에 직접적으로 영향을 주지 않는다고 본다.

정체성: 정체성 발달 지수

켈리는 어떤 면에서 정말 미국인이다. 고등학교 때, 금발 머리에 파란 눈을 가진 농구 스타였고, 아베크롬비앤피치 옷을 입고, 아이팟으로 아메리칸 톱 40 음악을 들었다. 그녀가 때때로 이마에 붙이는 빈디[2]와 선택적으로 사용하는 언어를 제외하면 그렇다(그녀는 축구를 "soccer"라고 하지 않고 "football"이라고 말한다). 켈리는 방글라데시에 있는 그룹에 합류하기 전까지 이집트와 베네수엘라에서 국제학교의 교육자로 일하는 부모님과 살았다.

베네수엘라에 도착한 초기에 그녀는, "나는 미국인이지만 베네수엘라 사람처럼 느껴요"라고 말하곤 했다. 나중에 그녀는, "나는 미국인이지만, 방글라데시가 집처럼 느껴져요"라고 말했다. 본국으로 돌아간 켈리에게 어떤 나라 출신인지 묻는다면, 그녀는 "세상 출신"이라거나 혹은 익살스럽게, "나는 어느 나라 출신인지 모르겠어요. … 미국인들은 '혼란스럽다'라는 단어를 좋아하는 것 같아요"라고 말할 것이다. 일종의 어떤 손상처럼 보임에도 불구하고, 켈리는 편안해 보이고, 심지어 자신의 이야기를 자랑스러워하는 것 같다. "내가 혼란스러우면 여러분도 그 문제를 다루어야만 할 거예요. 그러나 나는 혼란스러운 것이 괜찮아요. 그러니 여러분도 혼란스러운 '내'가 괜찮을 거예요. 내 인생은 늘 다른 정체성을 가진 여러 나라들에서 경험한 것들을 수집하는 것이죠. 그리고 그것들을 일관된 어떤 것으로 조합하는 것은 내가 할 수 있는 일이 아니에요."

내 연구는 심리건강 외에 정체성 발달의 이슈에도 초점을 두었다. 에릭 에릭슨(Erikson, 1950)은 성격 발달의 단계 모델을 수립했는데, 성인 정체성 발달의 중요한 전조로 자율성과 근면성 같은 어린 시절과 청소년기의 발달 이슈에 초점을 둔다. 에릭슨은 단계 모델을 서로 상반되는 두 심리적

---

2 남아시아에서, 이마에 붙이는 장식.

이슈들의 대조로 표현했다. 즉, 요람기의 신뢰성 대 불신감, 유아기의 자율성 대 수치감, 학령 전기의 주도성 대 죄책감, 초등학교 시기의 근면성 대 열등감, 청소년기의 정체성 대 정체성 혼란, 성인 초기의 친밀감 대 고립감, 중년기의 생산성 대 침체감, 그리고 노년기의 통합성 대 절망감이다.

에릭슨은 청소년과 성인 초기의 발달 과제로 정체성 수립 대 정체성 혼란에 중점을 둔다. 이들은 종종 서로 상반되는 욕구들이 충돌하는 가운데 자아감의 발달에 집중한다. 예를 들어, 청소년들은 독립하고자 반항적이지만, 또한 여전히 소속감의 필요를 채우고자 하므로 또래 집단이 그들에게 중요하다. 청소년의 관계들은 자신을 탐색하는 방편이며, 종종 친구들과 긴 대화를 한다. 오늘날에는 이 단계가 자신과 직업 기회를 탐색하는 시간인 대학 진학으로 인해 종종 지연된다.

에릭슨의 정체성 발달 단계 성취 여부를 측정하기 위해 캐나다 심리학자 제임스 코테(Côté, 1970)는 정체성 발달 지수(Identity Stage Resolution Index) 혹은 정체성 주요 모델(Identity Capital Model)이라 부르는 척도를 개발했다. 이 지수 표는 정체성의 구체적인 두 측면, 즉 성인으로서 기능하고 있다는 자아 인식(혹은 개인적 정체성)과 지역사회와의 통합 수준(혹은 공동사회적 정체성)을 측정한다. 응답자들은, 여한 없이 만족할 만한 생활양식과 공동체에 정착한 것같이 느끼는지 아닌지, 자신을 온전히 성숙한 어른으로 여기는지 아닌지, 성인으로서 타인으로부터 존중을 받고 있다고 느끼는지 아닌지 등 일곱 가지 문항에 점수를 표시했다.

응답자들은 지수 표의 개인적 정체성에는 5점 척도상에 3.58(표준편차 .82)을, 공동사회적 정체성에는 2.76(표준편차 .79)의 점수를 주었다. 기대했던 것처럼, 개인적 정체성과 공동사회적 정체성은 정서측정척도 2(p<.001 수준에서, 각각 .33 그리고 .55)와 유의미한 상관관계가 있었다. 이는 개인적·공동사회적 정체성이 강한 제3문화 아이들일수록 더욱 행복하다는 의미이며, 그 반대로 행복한 제3문화 아이들일수록 개인적·공동사회적 정체성

이 강하다는 의미이다.

경험과의 상관관계는 매우 흥미롭다. 해외에 거주한 연수와 발령받은 횟수와 같은 불안정성은 정체성에 부정적 영향을 미치고, 순차적으로 심리건강에 부정적 영향을 미칠 것이라고 가정했다. 그러나 실제로는 해외에 거주한 연수와 발령받은 횟수는 정체성 발달 지수와 상관관계를 보이지 않았다. 기본적으로, 정체성 발달 측면에서 이는 아이가 해외에서 2년 혹은 10년을 보냈든지, 아니면 두 나라 혹은 열 나라에서 살았든지, 아무 문제가 없다는 것을 의미한다. 물론 이 변화들이 그들이 정체성을 형성하는 데 영향을 줄지 모르지만, 본국으로 돌아온 후의 정체감에는 영향을 주지 않는 것 같다.

나는 또한 좀 더 복잡한 관계들을 살펴보았다. 심리적 건강에 영향을 줄 수 있는 다른 요인들(해외 거주 체류 기간, 발령받은 횟수, 본국 귀환과 문화 재적응 횟수)이 통제될 때조차도, 견고한 정체성(개인적·공동사회적)은 심리건강에 긍정적·직접적 영향을 준다. 다시 말해, 성숙한 개인적 정체성을 발달시킬 수 있는 제3문화 아이들과 공동사회적 정체성을 가진 사람들은, 해외 거주 연수나 발령받은 횟수, 본국에 귀환한 횟수에도 불구하고, 더 좋은 정신건강을 보일 수 있다(p<.05 수준에서, 표준 베타계수가 개인적 정체성은 .17, 공동사회적 정체성은 .21). 정체성에 대한 켈리의 설명이 이 발견의 가슴 뭉클한 예이다. 제3문화 아이들이 정체성을 형성하는 것은 좀 더 복잡한 과정일 수 있다. 왜냐하면 그들은 물리적 장소(켈리는 세 나라에서 살았고 많은 학교를 다녔다)나 국적(켈리는 미국인이지만 미국인으로 느껴지지 않는다)에 강하게 의존할 수 없기 때문이다. 켈리와 같은 제3문화 아이는 세계적인 특성이 있고 잦은 이주로 인해 어려움도 많지만, 자신의 삶의 측면들을 통합하여 정체성을 만들어낼 수 있다. 켈리처럼 어떤 사람들은 복잡하고 유동적인 정체성을 갖는 것이 더 편안할 수 있다. 어쨌든, 그녀는 비록 외부인일지 몰라도 미국 사회에 적합할 뿐 아니라 "경험들이 모인" 강한 정

체감을 갖고 있다. 혼란 가운데도 편안해하며 자신의 정체성에 대해 농담을 할 정도로 분명한 그녀의 정체감은 그녀의 심리건강과 행복에 긍정적인 영향을 미친다. 여느 다른 성인처럼, 켈리의 정체성은 그녀가 성숙함에 따라 변화하고 견고해질 것이다. 그녀의 이야기는 여전히 흥미롭고 인상적이다.

모국 귀환과 문화 재적응: 문화 재적응 척도

선교사 자녀인 수전은 4년마다 1년 동안 본국에서 지냈으며 생애 대부분을 해외에서 보냈다. 수전은 미국식 국제학교에서 매우 똑똑하고 활발했으며, 제3문화를 무척 좋아할 뿐 아니라 주재국의 문화와도 교류했다. 심지어 그녀는 자신이 살았던 나라들의 지역 방언을 할 수 있었다. 나이가 들어감에 따라 그녀는 미국에 있는 학교로 돌아가는 것을 꺼려 했다. 그녀는 친구를 사귀고 학교 활동에 참여하는 게 힘들다는 것을 알게 되었다. 그녀는 다음과 같이 말하면서 오히려 해외에서 살고 싶다고 말했다. "아시아나 아프리카에 있는 나라들로 이주하는 게 매우 어려운 건 사실이에요. 왜냐하면 전혀 새로운 문화이니까요. 그렇지만 예를 들어, 만약 내가 대부분의 삶을 해외에서 살았던 사람들로 둘러싸인 아프리카 어딘가로 이주해야 한다 해도… 그게 여기 미국에서 사는 '정상적인 삶'보다 더 쉬울 것 같아요. 내가 보기에 나는 미국에서 자란 미국인보다 일본에서 자란 미국인과 더 잘 지낼 수 있을 것 같아요. 왜냐하면 그들은 다른 나라에서 살았던 경험이 있으니까요."

본국 귀환과 모국 문화에 적응하는 문제는 제3문화 아이들의 큰 관심사이다. 기대했던 것처럼, 이것은 내 연구에서 가장 흥미로운 결과를 보인 주제들이다. 나는 문화 재적응 정도를 측정하기 위해 레이철 티먼스(Timmons,

2006)의 항목들을 토대로 척도를 개발했다. 척도는 해외 체류 시 그리고 본국으로 돌아갔을 때 응답자들의 느낌을 평가한다. 4점 척도의 10개 항목에 응답자들이 점수를 체크한다(1=나는 결코 그렇게 느끼지 않는다, 4=나는 항상 그렇게 느낀다). 이 문항들은 "나는 미국과 해외 둘 다에서 온전한 삶을 살아갈 수 있다고 느낀다"와 역환산 문항으로 "나는 미국에 대해 부정적인 감정을 느끼며 해외에 있기를 고대한다"와 같은 것들이다. 본국과 주재국에 대한 긍정적 감정과 균형 잡힌 감정이 높은 점수를 받는다. 응답자들이 미국과 해외에서 보낸 시간 둘 다 좋았다고 말한 경우이다.

마지막으로, 나는 해외에 발령받았다가 미국으로 귀환한 횟수를 측정했다. 이것은 앞서 보고했던 간단한 인구통계학적 변인이었다. 본국으로 귀환한 평균치는 1.69였다.

연구 결과는 해외에 발령받은 횟수와 해외에서 보낸 연수가 성공적인 문화 재적응에 아무런 영향이 없음을 보여준다. 이는 제3문화 아이가 다른 두 나라 혹은 열 나라에서, 2년을 보냈든 10년을 보냈든 문화 재적응 능력은 동일하다는 의미이다. 기대한 것처럼, 문화 재적응 수치는, 다른 모든 요인들이 통제될 때(p<.001의 유의미한 수준에서, 표준계수 .43), 심리건강에 직접적인 유의미한 영향을 준다. 이는 해외에서나 미국에서 보낸 시간을 긍정적으로 보는 능력이 제3문화 아이들이 바람직한 심리건강을 증진하도록 도와준다는 말이다.

놀랍지 않게도, 미국으로 돌아온 절대적인 횟수는 정체성과 심리건강 둘 다에 강한 부정적인 효과를 보였다. 미국으로 돌아온 횟수가 많을수록 성인 정체성을 견고히 하기 어려운 것으로 보이며, 공동사회적 정체감도 얻기 어려운 것으로 보인다. 알다시피, 개인적·공동사회적 정체성은 심리건강에 영향을 준다. 이를 통제하더라도, 본국으로의 잦은 귀환은 심리적 행복에 직접적인 부정적 영향을 준다.

이 결과는, 해외에서 일시적으로 일하고 있는 사람들의 경우에 본국으로의 송환은 높은 수준의 스트레스를 야기한다는 일화적인 질적 증거(Sussman, 2000)를 지지하고 있다. 서스먼은 본국 귀환은 새로운 문화에 적응하는 것과는 다른 인지적 과정을 겪는다고 본다. 심리건강에 본국으로의 귀환 횟수와 해외에 발령받은 횟수가 미치는 예리한 차이점을 이로 설명할 수 있다. 본국으로의 귀환은 더 큰 위험부담일 수 있는데, 왜냐하면 제3문화 아이들은 자신들의 모국에서 "고향 같은 편안함"을 기대하지만, 그렇지 않을 경우에도 모국을 떠날 수 없기 때문이다.

그러나 어떤 질적 연구는 본국 귀환에 대한 기대와 실제 경험 사이의 불일치가 심리적 적응에 영향 있음을 보여준다(Sussman, 2000). 논리적으로, 더 많이 본국 귀환을 할 경우에 그들의 기대는 더욱 현실적일 것이며, 그러므로 본국으로의 귀환 횟수는 심리적 적응에 긍정적인 영향을 주어야만 한다. 이는 성인 일시 체류자의 경우일지 모른다(비록 양적 연구 결과는 이것이 사실임을 보여주지 않지만). 아마도 제3문화 아이들이 이와 같은 합리화를 할 수 있는 인지 능력과 정서적 통제 능력을 갖추기 전에 이러한 이주들을 했으므로 이런 부정적인 효과를 나타낸다고 설명할 수 있겠다.

재배치를 해롭게 하는 구체적 요인들(이는 나중에 언급할 것이다)에 대해 더 많은 연구가 필요하겠지만, 이 증거는 후원 단체들에게 시사하는 바가 매우 크다. 많은 경우에, 예를 들어 공무원들은 훈련받기 위해, 선교사들은 선교후원금을 모금하기 위해, 본국으로 돌아가는 것을 긍정적으로 여겼다. 선교사 자녀인 수전의 모국 방문 경험이 이 점을 잘 나타낸다. 처음에 언급한 네 명의 소녀 중 가장 지적이고 재치 있음에도 불구하고, 그녀가 가장 적응하지 못하고 대학 졸업에 어려움을 겪고 있다. "고향"으로 주기적으로 돌아가는 것이 이론적으로는 좋게 들리지만, 이 연구에서 보여주듯 어린이에게 부정적 영향이 더 큰 것 같다. 모든 것이 동일할 경우, 발령받는 중간중간에 여러 차례 미국으로 돌아오는 것보다 오히려 일정 기간 꾸준히 해외에 머무는 것이 제3문화 아이들에게 더 나은 것 같다.

부모 자녀 관계

브리트니는 방글라데시로 이주하기 전까지 모국인 독일에서 대부분 살았다. 4년 후에 고등학교 3학년 과정을 위해 독일로 돌아갔지만 매우 만족스럽지 못했다. 그녀는 방글라데시 고등학교에서 성실하고 가장 인기 있는 학생이었는데, 모든 것을 잃은 것 같다. 브리트니는 옛 친구들을 그리워하고 새 학교를 싫어한다—사람들, 수업, 스포츠팀, 사회적 삶 등. 그녀는 통제력을 잃을 것 같아서 매일 달리고, 성경에서 도움을 찾고⋯ 그리고 아버지와 더 이상 이야기하지 않는다.

부모 자녀 간 관계를 측정하기 위해 어머니, 아버지와 얼마나 가깝다고 느끼는지 점수를 매기도록 했다. 친밀한 부모와의 관계가 심리건강에 긍정적 영향을 줄 것이라 기대했는데, 관련성 자체는 매우 흥미로운 방식을 보였다. 어머니와의 친밀성은 정체성 척도 둘 다에 긍정적 영향을 주었다. 이는 아마도 전통적으로 아이를 키우고 양육하는 데 어머니에게 책임이 있기 때문인 것 같다. 특히 제3문화의 상황에서는, 보통 아버지가 일하는 부모이고, 일하는 부모는 그만큼 양육에 전념하지 못할지도 모른다. 결과에 따르면, 아버지 또한 중요한 인물이다. 아버지와의 친밀함은 문화 재적응을 쉽게 했으며, 어머니와의 친밀함은 그렇지 않았다. 왜 부모들은 결과에 서로 다른 영향을 줄까?

일부 연구들은 일하는 부모(대개 아버지)는 보통 아이들이나 따라온 배우자만큼 강렬하게 이주의 강도를 느끼지 않음을 보여준다. 왜냐하면, 일하는 부모는 (보통 선택의 여지가 없이) 사무실로 곧장 출근하여 이전에 했던 것과 본질적으로 동일한 일을 시작하고, 이전에 하던 역할을 계속 수행한다. 반면, 보통 배우자는 짐을 싸고, 짐을 풀고, 새로 살 곳을 꾸미는 등 이주에 따르는 문제를 다루어야 하며, 나머지 가족이 현실 사회에 맞추어나

갈 수 있도록 돕는다(Pascoe, 2006; Lang, 2003.10.25). 잠재적으로, 이는 해외에서는 어머니들이 아이들이 직면하는 발달적 이슈를 다루는 반면, 아버지들은 부부에게 익숙한, 보낸 나라에 가족들이 문화적으로 재적응하도록 도움을 의미한다.

이 연구의 결과는 제3문화 아이들의 삶에서 부모 자녀 간의 관계가 중요함을 보여준다. 부모와의 실제적 친밀함이 어떻게 지각되고, 심리건강에 어떤 영향을 주는지, 제3문화 아이들은 이주에 책임이 있는 부모에게 분노를 품고 있는지, 그리고 이는 관계에 어떤 영향을 주는지, 이 측면에 대한 좀 더 자세한 더 많은 연구가 수행될 필요가 있다. 아버지가 문화 재적응 과정에 의미 있는 영향을 준다는 것은 사실 불분명하다.

브리트니는 삶의 중요한 시점에, 이주하게 "만든" 장본인인 아버지에게서 원인을 찾았다. 브리트니의 어머니도 브리트니처럼 이주에 따른 압박을 느끼고 있다. 그녀의 아버지는 이주의 시점을 바꾸기 위해 할 수 있는 일이 많지 않을지 모르지만, 모국 귀환에 따르는 스트레스를 줄일 수 있는 선택권은 갖고 있다.

결론

정리해 보면, 이 연구를 통해 네 가지 중요한 관계를 발견했다. 첫째, 정체성(개인적 정체성과 공동사회적 정체성)과 문화 재적응은 심리건강과 행복을 잘 예견해 준다. 둘째, 본국으로 귀환한 횟수는 발령받은 횟수나 해외에서 보낸 연수보다도 더 심리적 행복뿐만 아니라 정체성에도 부정적인 영향을 주는 것처럼 보인다. 여러 번의 귀환이 제3문화 아이들에게 쉽지 않으며 장기적인 영향을 줄 수 있다.

셋째, 놀랍게도, 발령받은 횟수와 해외에서 보낸 연수는 문화 재적응,

성인 정체감, 공동사회적 정체감이나 정신건강에 영향을 주지 않는다. 이는 체류한 기간보다는 오히려 해외에서 살았던 경험 자체가 제3문화 아이들에게 깊은 영향을 준다는 것을 의미한다. 이는 제3문화 아이들이, 그들의 배경에 상관없이, 왜 그와 같은 강한 유대감을 서로 느끼는지를 설명해준다. 사실상, 폴록과 반 레켄(Pollock and Van Reken, 1999: 31)에 따르면, "유사한 배경을 가진 사람들과 관계 속에서 느끼는 소속감"이 제3문화 아이들을 규정하는 한 부분이다.

마지막으로, 이 연구는 제3문화 아이 문헌들에서 강조하듯이, 부모 자녀 간 관계의 중요성을 강조한다. 어머니와의 친밀함은 정체성에 긍정적 영향을 주는 반면, 아버지와의 친밀함은 문화 재적응을 쉽게 했다. 부모는 귀환으로 인한 부정적인 영향에 긍정적인 영향을 줄 수 있다.

연구 결과가 고무적이긴 하지만, 제3문화 아이들에 관한 연구를 제한하는 많은 요인들이 있다. 폴록과 반 레켄(Pollock and Van Reken, 1999)이 "숨겨진 이민자"라 부르는, 돌아온 제3문화 아이들은 신체적으로 다른 특징이 있는 것도 아니고, 앞서 언급했듯이 한 지리적 장소나 조직에 속한 것도 아니어서 찾기 어렵다. 제3문화 아이에 대한 정의가 제한적인 반면(예를 들어, 우리는 18~25세 사이의 본국으로 돌아온 미국인 제3문화 아이들만 대상으로 했다), 제3문화 아이들은 매우 다양한 수준에서 넓게 분포하고 있으므로 큰 표본이 아니면 많은 변인들을 통제하기 어렵다.

이 연구에는 몇몇 제한점이 있었다. 제3문화 아이들의 남녀 비율이 동일해야 함에도 불구하고, 더 많은 여성들이(75%) 조사에 응했다. 이 비율의 불균형에 일조한 몇 가지 요인이 있다. 서스먼(Sussman, 2000)은 여성 일시 체류자들이(제3문화 아이들이 아님) 남성들보다 문화적 변화에 더 잘 적응하지만, 귀환의 경우에는 더 어려움을 겪는다고 보고했다. 사회적 통념상 여성들이 더 정서적이므로 여성 참여자 비율이 더 높다고 볼 수 있다. 그들은 귀환 과정에 대한 심리학 연구에 남성들보다 단순히 더 흥미가 있을 수도 있다.

또한 연구는 각 분야에서 수집한 동일한 표본을 갖고 있지 않다. 선교사 집단이 너무 많았다. 이는 부분적으로, 이용 가능한 제3문화 아이들 단체나 눈덩이 표집의 결과 때문이다. 뮤 카파(Mu Kappa)나 몇몇 페이스북 그룹 등 특별히 선교사 자녀들을 위해 만든 많은 활발한 그룹들이 있다. 문헌 자료는 선교사 자녀들은 다른 제3문화 아이들과 약간 다른 특성이 있음을 보여주며(Young, 2006), 이와 같이 많은 그룹이 존재하는 것은 지지 그룹의 필요성 때문일 수도 있고, 아니면 단순히 기독교의 사회 조직적인 역사 때문일 수도 있다. 다른 분야의 제3문화 아이들은 찾기도 어렵고, 특히 개인 사업이나 학계와 같이 더욱 독립적인 분야의 제3문화 아이들은 반응을 덜 보였다.

이 연구를 통해 정체성의 견고함과 심리건강 사이의 연결을 탐색했지만, 우리는 여전히 심리적으로 건강한 제3문화 아이들이 보이는 정체성의 유형에 관해 그리 많이 알지 못한다. 제3문화 아이들은 자신을 미국인으로 생각할 수도 있고, 자신의 정체성을 더욱 세계적인 관점에서 채택할 수도 있다. 헤르만스와 켐펀(Hermans and Kempen, 1998)은 문화적 정체성의 새로운 형태라 할 수 있는 문화적 교배(cultural hybridization) 현상을 제안한다. 즉, 심리적으로 건강한 제3문화 아이가 순수한 "미국인"의 정체성이라 볼 수 없는, 자신의 삶의 측면을 수용하기 위해 이와 같이 교배된 정체성을 형성할 수 있다. 헤르만스와 켐펀은 이 교배가 많은 수준에서 일어날 수 있다고 본다. 문화는 기능적인 도구로서, 개인은 둘 또는 그 이상의 문화들에 편안할 수 있고 한 문화의 구성원에서 다른 문화의 구성원으로 자연스럽게 이동하거나 또는 통합 정체성의 일부인 새로운 교배된 문화를 만들어낼 수도 있다. 스미스(Smith, 1996)는 문화적 환경에 따라 확장하거나 수축할 수 있는 자아감인 "탄력 있는(rubber-band)" 정체성의 개념을 소개한다.

우리가 탐색했던 것처럼, 이와 같은 연구는 파송하는 기관들이 정책을 수립하고 수정하는 데 기초가 될 수 있다. 인사부 관리가 고용인과 상호작용하는 방식을 바꾸는 것과 같이 작은 것일 수도 있고, 귀환 전이나 귀환해 있는 동안, 귀환한 후에 도움을 주는 등 더 근본적인 것일 수도 있다. 기대와 경험에 관한 서스먼의 연구(Sussman, 2000)는 아이와 부모들에게 귀환에 대한 적절한, 현실적인 기대를 갖도록 도움으로써 이주에 따른 스트레스를 줄일 수 있으며, 이것이 해외 거주의 핵심이 될 것이라 제안한다.

참고문헌

Arnett, J.J. 2000. "Emerging Adulthood: A Theory of Development from the Late Teens through the Twenties." *American Psychologist*, 55(5), pp.469~480.

_____. 2002. "The Psychology of Globalization." *American Psychologist*, 57(10), pp.774~783.

Côté, J.E. 1997. "An Empirical Test of the Identity Capital Model." *Journal of Adolescence*, 20, pp.577~597.

Erikson, E. 1950. *Childhood and Society*. New York: Norton.

Hermans, H.J.M. and H.J.G. Kempen. 1998. "Moving Cultures: The Perilous Problems of Cultural Dichotomies in Globalizing Society." *American Psychologist*, 53(10), pp.1111~1120.

Kammann, R. and R. Flett. 1983. "Affectometer 2: A Scale to Measure Current Level of General Happiness." *Australian Journal of Psychology*, 35(2), pp.259~265.

Lang, G. 2003.10.25. "At Home Abroad: Stresses of a Move Can Expose Wide Cracks in a Marriage." *International Herald Tribune*. Retrieved April 1, 2008, from http://www.iht.com/articles/2003/10/25/rwed_ed2_.php?page=2.

Pascoe, R. 2006. *Raising Global Nomads: Parenting in an On-demand World*. North Vancouver, BC: Expatriate Press Limited.

Pollock, D.C. and R.E. Van Reken. 1999. *Third Culture Kids: The Experience of Growing Up among Worlds*. Yarmouth, ME: Intercultural Press.

Smith, C.D. 1996. "World Citizen and 'Rubber-band Nationality.'" in C.D. Smith (ed.). *Strangers at Home*. Bayside, NY: Aletheia Publications.

Sussman, N.M. 2000. "The Dynamic Nature of Cultural Identity throughout Cultural Transitions: Why Home Is Not So Sweet." *Personality and Social Psychology Review*, 4(4), pp.355~373.

Timmons, R. 2006. "A Third Culture Reacculturation Rubric." Unpublished conference material. California Baptist University.

Useem, R.H. 1973. "Third Culture Factors in Educational Change." in C.S. Brembeck and W.H. Hill(eds.). *Cultural Challenges to Education: The Influence of Cultural Factors in School Learning*. Lexington, MA: Lexington Books.

Young, S.C. 2006. "Correlational Factors in the College Adjustment of Missionary Kids." Unpublished master's thesis, Southwestern Baptist Theological Seminary, Fort Worth, Texas, USA.

기억, 언어, 정체성

자아 탐색

/

릴리애나 메네세(Liliana Meneses)

포르투갈어로 나의 삶을 이야기하면, 아마도 여러분은 정서적이고 매우 정돈되지 않은 나의 기억을 알아차릴 것이다. 가족, 좋은 친구, 신나는 사건, 변덕스러운 감정, 풍성한 대화, 많은 웃음들이 기억난다. 여러분은 축제에 빠져 부끄러운 줄 모르는 젊은이들의 감상적인 사랑, 군사독재 정치, 그리고 혁명을 외치는 활동적인 이상주의자들에 대해 듣게 될 것이다.

우리 시대의 영웅들은 끓어오르는 에너지를 분출해 우리의 영웅이 되었다. 정치, 스포츠, 음악, 문학 등 모든 분야에서 우리는 한없는 세계적 재능을 보이는 리더들을 발견한다. 거기에는 열정적인 혁명가 체 게바라(Che Guevara), 천부적인 운동선수 펠레(Pelé), 전위파(avant-garde) 음악가 카에타누 벨로주(Caetano Veloso), 다방면에 재능 있는 작가 호베르투 프레이르(Roberto Freire)가 있다.

그리고 무엇보다도, 그 안에 엉켜 있는, 오직 포르투갈어만이 포착할 수 있는 에너지가 있다. 포르투갈어는 나의 어린 시절 언어였고, 브라질은 나를 움직이는 힘이었다. 오직 포르투갈어로만 나는 내 이야기의 고유한 의미를 전달할 수 있다. 포르투갈어는 마음의 언어이다.

만약 내가 내 이야기를 영어로 말한다면, 여러분은 문어체로 미지의 세계를 탐험했던 한 소녀의 이야기를 듣게 될 것이다. 영어는 모험, 기대, 미스터리, 인물들과의 만남을 통해 상상의 나래를 펼 수 있게 했다. 이 인물들 역시 영웅이고, 브라질 사회의 인물들 못지않으나, 다른 영웅이고 다른 에너지였다. 나의 어린 시절 친구들은 '톰 소여'와 '허클베리 핀', '용감한 형제(Hardy Boys)'와 '낸시 드루(Nancy Drew)', '트릭시 벨든(Trixie Belden)'과 '박스카 칠드런(Boxcar Children)'이었다. 그들과 함께 나는 어디든 갈 수 있었고 매우 위험한 상황도 용감하게 마주할 수 있었다.

나는 종종 혼자였고, 글쓰기에 몰두했다. 내 주변에 있는 사람들보다 이들 상상의 친구들에게 더 편안함을 느꼈다. 이 친구들은 나와 영어로 소통했고, 영어는 그들의 삶으로 나를 이끄는 언어였다. 영어는 이 인물들, 그들의 삶, 그들의 환경, 그들의 야망, 그들의 의도, 그들의 인간적 특성 등을 묘사했다. 재밌게도, 영어는 나에게 속임수를 써서, 세워주고, 한 길로 인도하고, 그러고는 다른 길로 인도했다. 영어는 나의 감정, 나의 좌절, 나의 불안을 통제했다. 그것은 책의 언어, 작가의 언어, 모험의 언어, 이야기를 말하는 언어였다. 영어는 나의 상상을 불러일으켰는데, 왜냐하면 바로 그렇게 하도록 지적으로 디자인돼 있기 때문이다. 그리고 이 모험적인 영웅들은 영어로 말했다. 그들은 나의 정신의 언어를 사용했다.

그러므로 나의 정체성은 2개의 다른 언어, 즉 내 마음의 언어인 포르투갈어와 내 정신의 언어인 영어로 발달되었다.

✦ ✦ ✦

언어가 우리에게 정체감을 준다는 말이 무슨 뜻일까? 다른 언어를 사용함으로 결국 우리가 다른 삶을 사는 것이 어떻게 가능할까? 이는 내가 제3문화 아이들의 정체성에 대해 연구하기로 결정했을 때 가졌던 질문들이다. 나는 전 세계 여러 지역의 이중언어 혹은 다중 언어를 구사하는 12명 이상의 제3문화 아이들을 인터뷰하면서 그들의 삶을 이야기해 달라고 부탁했다. 인터뷰 내용은 원고지 400쪽 정도였고, 나는 응답자들의 경험을 해석하고자 그것을 정체성과 언어의 주제로 바꾸었다(사회과학에서는 흔한 현상학적 접근).

영국계 캐나다인 소설가 낸시 휴스턴(Nancy Huston)은 자신의 에세이 모음집 『잃어버린 북쪽(Losing North)』(Huston, 2002: 38)에서 "문제는 언어는 단지 언어가 아니라는 데 있다. 언어는 또한 세계관이며, 그러므로 어느 정도는, 해석할 수 없으며… 그리고 어떤 면에서는, 만약 여러분이 한 가지 이상의 세계관을 갖고 있다면, 여러분은 하나도 갖고 있지 않을 수 있다"라고 말한다. 프랑스어에 관한 아무런 지식 없이 10대 후반에 프랑스로 이주한 휴스턴은 나중에 파리에 정착하고 프랑스 소설가가 되었다. 그녀는 "나는 내 나라를 배반했어요. 그리고 그것을 잃었죠"라고 말한다. 그러나 아직도 "당신은 프랑스 사람처럼 느껴지나요?"라는 질문을 받으면, 사반세기가 지났음에도 불구하고 그녀의 대답은 여전히 "아니요"(Huston, 2002: 6~7)이다.

정체성은 깊은 통찰과 성찰이 필요한 복잡한 이슈이다. 세계관은 확립된 관점으로, 그러나 만약 언어가 우리에게 하나 이상의 입장을 갖도록 할 경우에, 우리는 하나 이상의 관점을 갖게 된다. 개인의 정체성은 언어와 언어 습득에 달려 있고 그것들에서 나온다. 그러나 관점처럼, 정체성은 다른 요인으로 약화되기도 하고 다른 요소를 약화시키기도 한다. 그러므로 여러 언어를 구사하는 제3문화 아이들이 의미 있는 세계관과 균형 잡힌 정체성을 창조하려면 언어와 연결된 정체성을 약화시키는 요인을 축소해야만 하고, 그리고 여러 언어를 한 정체성에 통합하는 방법을 찾아야만 한다.

정체성 연구는, 정체성 발달에 대한 이해, 기억의 구성, 정체성에서 언어가 담당하는 역할을 통해 이 경험을 분명히 보여준다. 언어는 기억으로 전환되는데, 이 기억은 경험했던 바로 그 언어가 아니고는 접근할 수 없다. 건강한 정신을 유지하기 위해 사람들은 정체성의 서로 다른 조각들을 통합해야만 한다. 삶의 스토리를 이야기로 구성하면 틈새를 채워 성인 제3문화 아이들이 여러 언어와 혼란스런 정체성 간에 균형을 잡고, 마침내는 하나 된 느낌을 갖도록 도울 수 있다.

언어와 정체성: 통합 추구

정체감은 부분적으로는 의식적이지만, 대부분은 무의식적이다. 이는 개인으로서 그리고 사회 구성원으로서 내가 누구인가 하는 느낌이다(Erikson, 1980). 역으로, 무엇이 특별한 사람이 되게 하는지 알지 못한다는 것은 자신의 정체성을 깨닫지 못했다는 것이다. 오직 그 사람만이 무엇이 자신을 특별하게 하는지 진정으로 이해할 수 있다. 그에게 투사된 그 밖의 것들은 보편적인 것들로, 어떤 특정 그룹이나 사회나 문화에 속하는 것이다.

어린아이들도 자아감을 갖고 있지만, 자기규정을 할 수 있을 정도로 정교하지는 못하다. 그러므로 아이의 정체성은 우리가 맨 처음에 속한 가족이나 학교, 친구, 이웃과 같은 집단에 뿌리를 둔다(Hoare, 1991). 어린이나 청소년은 자신이 누구와 같은지 아니면 같지 않은지를 확립하여 자신의 정체성의 통합을 추구한다.

어린아이들은 자신을 규정할 수 없기 때문에, 부모나 친구, 이웃 등 모방할 만한 모델을 찾는다. 이 모델들은 아이가 속해 있는 문화 속에 있으며, 그러므로 언어가 중요한 부분을 차지하는 그들의 문화적 정체성(cultural identity)을 지니고 있다. "언어는 같은 문화의 집단 구성원들이 서로 소통하고 의미를 공유하는 수단이며, 일시 체류자들에게는 문화 속으로 진입

할 수 있는 수단이다"(Paige, 1993: 83).

언어가 어떻게 정체성을 형성할까?

1. 사회적 정체성(social identity)을 띤 그 사회집단에 소속할 수 있게 한다.
2. 언어를 공유하는 구성원 간에 의미를 공유할 수 있게 한다.
3. 우리의 정체성의 일부로 오직 원어(original language)로만 얻을 수 있는 정
   서를 느끼게 한다.

우리는 사회 정체성을 집단 개념이나 이론으로 보는 경향이 있지만, 연
구 결과는 집단적이라기보다는 개인적이다. 그것은 특정 집단의 "구성원"
으로서 그가 규정하고 개념화하고 가치를 부여한 것이다. 그러므로 비록
프랑스어를 말하는 사람이나 영어를 말하는 사람들에게는 그 차이가 매
우 미미할지 모르나, 미국에서 태어나 모나코와 프랑스에서 자란 카테리
나는 "프랑스어를 사용하는 나"와 "영어를 사용하는 나"를 구별할 수 있다.

우리는 심지어 집단에서조차 계속해서 개별감(a sense of the individual)
을 유지하려 하므로, 무엇보다 정체성은 사회문화적 요인들을 고려한 개
인적인 인식과 추구이다. 자아 정체감(self identity)을 추구할 때, 자아(ego)
의 중요한 임무는 "통합된 자아(integrated self)"를 이루는 것이다. 달리 말
해, 우리는 우리의 정체감이 이치에 맞고, 우리가 살아가는 동안 우리의
삶을 통합해 줄 수 있길 원한다.

그러므로 이중언어나 다중 언어를 구사하는 제3문화 아이들은 어려움
을 겪는다. 자아는 연합된 정체성을 이루고자 통합과 패턴을 추구하는 반
면, 제3문화 어린이와 청소년은 언어를 통해 개별적 사회 정체성을 갖는
하나 이상의 문화 집단(culture-groups)에 속했기 때문이다. 통합에 대한 필
요성과 서로 매우 다른 "정체감들" 간의 이 긴장이 제3문화 아이들의 정체
성 발달을 어렵게 할 수 있다.

에릭슨이 "건강한 성격(The Healthy Personality)"에서 표현한 것처럼,

자아 정체감(ego identity) 형태의 통합은 어린 시절의 존재를 발견하고 인식하는 것 이상이다. 자신의 동일함과 연속성을 유지하는 능력과 타인에 대한 자신의 의미를 동일하게 연속적으로 매치하는 것이 자신감이다. 사람들은 자신이 이해하는 사회 현실 안에서 성격을 발달시킨다. 인간 실존의 사회적 정글에서 자아 정체감이 없이는 살아 있는 느낌도 없다(Erikson, 1980: 95).

인간 실존의 사회적 정글에서 정체성을 획득하기 위해서는 서로 연합해야 하는 많은 요인들이 있다. 만약 제3문화 아이들처럼, 이중언어 습득과 같은 부가적인 요인들이 있다면, 순수한 자아감과 정체감을 발달시키기는 더욱 어려울 것이다. 통합의 추구가 여러 언어를 구사하는 빈약한 세계관을 가진 사람에게는 만병통치약이 아닐 수도 있다. 서로 다른 자료와 결과들을 통합할 수 있도록 언어 주도적이고 정체성 기반의 세계관은 단편화로 보강될 필요가 있다.

언어와 정체성: 단편화의 문제

1920년대에 사회학자 로버트 파크(Robert Park)는 "더 이방인 같든 덜 이방인 같든 두 세상에서 살고 있는 한 사람"인 주변인(marginal man)이라는 개념을 소개했다(Park, 1928). 그는 혁명적인 세계관의 변화를 보여주고자 주변인이라는 개념을 사용했다. 침략이나 전쟁이나 이주로 인해 급격한 사회 변화가 일어난다. 그의 글은 그가 살던 시대의 사회문화적인 맥락을 보여주지만, 그가 서술한 많은 부분이 오늘날 제3문화 아이들과 정말 비슷하다. 사실상, 국제유목민 경험은 분열의 경험 또는 주변인의 경험으로

묘사할 수 있다.

이전 글에서, 우리는 다른 문화나 언어들을 경험한 결과 다른 정체감을 갖게 되면, 쉽게 정서적·심리적인 딜레마에 빠질 수 있음을 알게 되었다. 어린 자아가 서로 다른 그리고 때때로 서로 대립되는 사회 가치와 규범들에 노출된 채 통합된 정체감을 추구하면 정체감의 분열이 일어나지 않겠는가?

제3문화 아이들이 여권에 기재된 모국으로 귀환했을 때, 편안하지 않고 주변인처럼 느끼는 것이 분명 사실이지만, 제3문화를 경험하는 자체가 아이의 정체성 발달을 방해하거나 해롭게 한다는 증거는 없다. 사실상, 많은 연구가 차이가 없음을 보여주거나, 아니면 다양한 문화와 여러 언어를 경험한 아이들이 자존감이 더 높고 문화적 적응력과 참을성이 있음을 보여준다(Phinney and Alipuria, 1996; Hall, 1992; Lam and Selmer, 2004; Pollock and Van Reken, 2001; Ramirez, 1984; Seelye and Wasilewski, 1996; Selmer and Lam, 2004; Stephan and Stephan, 1991; Wilson, 1984).

이 연구의 제3문화 아이들은 인터뷰를 통해 소속감, 이미지, 정서의 중요한 세 가지 이슈를 되새겨 보면서 이 분열의 경험을 서술했다.

소속은 제3문화 아이가 속해 있는 사회집단을 말한다. 언어는 사람들이 서로를 어떻게 보는지, 그리하여 결과적으로 그들이 어떻게 특정 집단에 속하게 되는지(소속)에 영향을 미친다. 반대로, 언어를 소유하지 못하면 집단이나 문화에 주목하기도 주목받기도 어렵고, 그리고 온전히 소속될 수 없다. 심지어 제3문화 아이들은 모국어의 사용이 사회집단의 소속에 도움이 될 수도 있고 해가 될 수도 있음을 느낀다. 예를 들면, 그들이 대중적인 용어나 속어를 이해할 수 없어 외부인으로 밀려난 경우이다.

"인기 가요를 모르면 외부인이 돼요. 말에 악센트가 있으면, 바로 외부인이 되죠"라고, 부모와 함께 영국과 미국으로 이주했던 터키 제3문화 아이 엘머는 말한다. 포르투갈에서 태어나 미국에서 자란 매리언은 언어가 자신의 성격에 끼친 영향을 말해주었다. "언어를 모르면 당신의 진정한 모습이 아닌 고립된 느낌과 수치스러운 느낌을 갖게 돼요."

다른 언어에 노출된 제3문화 아이들이 소속의 느낌을 더 쉽게 다루는 것 같다. 제2언어나 제3언어는 "여권"처럼 쓰이고, 사회집단에 진입할 수 있게 하며 따라서 사회적 정체감을 발달시킬 수 있게 도움을 준다.

두 번째 이슈는 이미지이다. 그것은 제3문화 아이들이 사회집단에 속하는지 아니면 속하지 않는지 다른 사람들이 보는 시각이다. 이미지에서 언어의 역할은 주로 "식별자(identifier)"이다. 달리 말해, 언어의 범위 내에서 그리고 언어가 어떻게 쓰이는지에 따라, 사람들은 자신이 집단에 포함되는지 스스로 판단하기도 하고 다른 사람들의 판단을 받기도 한다. 제3문화 아이들은 다른 문화 간 이주가 빈번하므로, "새로운 문화 규칙을 배워야 할 뿐 아니라 주변 문화와의 관계 속에서 자신이 누구인지 이해해야만 한다"(Pollock and Van Reken, 2001: 54). 이는 제3문화 아이들을 혼란스럽게 한다. 왜냐하면 그들의 신체 모습과 지배적 언어가 그들이 누구인지에 대해 혼란스런 메시지를 주기 때문이다.

벤은 브라질에서 태어나 18살 때까지 그곳에서 자랐다. 부모님은 미국인 선교사였다. 대학교에 다닐 때, 그는 "어색한 글쟁이(awkward writer)"라는 별명이 있었다고 한다. 그는, "내 생각들은 대부분 포르투갈어로 이루어져요. 때문에 내가 뭔가를 쓰면 이상하게 보이죠. 선생님은 '생각이 좀 어색하니 글 쓰는 스타일에 신경을 좀 쓸 필요가 있겠다'라고 쓰곤 하셨죠. 선생님은 내가 미국인처럼 보이므로 영어가 나의 지배적인 언어가 아니라는 것을 알지 못하셨죠."

사람들이 제3문화 아이들을 인식하는 방식이 제3문화 아이들에게 왜 그렇게 중요할까? 어떤 사람이 어떤 소리를 들었을 경우를 생각해 보자. 그는 즉시 옆 사람에게 몸을 돌려, "너도 들었지?" 하며 말할 것이다. 누군가도 역시 그 소리를 들었다는 것을 알고 확인하면 편안해진다. 비슷하게, 사회집단이 긍정적으로 여기는 이미지를 소유하면 소속감을 느끼고 편안해진다.

사람들은 현실을 확신할 수 없을 때, 누군가가 자신이 지각한 것을 확인해 주길 원한다. 제3문화 아이들은 종종 자신이 누구인지, 어디에 속하는지 확신하지 못한다. 이런 이유로, 그들은 다른 사람들이 자신의 정체성을 확인해 주길 원하며, 이는 불편한 경험일 수 있다. "정체성(identity)" 대신에 "구조화(structure)"라는 말로 사용해 보면, 우리는 J.E. 마샤(J.E. Marcia)가 의미하는 이미지의 중요성을 잘 이해할 수 있다.

구조화[정체성]가 될수록, 사람은 다른 사람과 자신의 독특함과 유사함을 더 잘 깨닫는다. 이 구조화[정체성]가 덜 될수록, 다른 사람과 자신을 구별하지 못하고 자신을 평가하기 위해 외적인 자료들에 의존해야만 한다(Marcia, 1980: 159).

단편화(fragmentation)는 더 큰 이슈이다. 왜냐하면, 제3문화 아이들의 관계 패턴은 그 순간 어디에 살고 있느냐에 따라 달라질 수 있기 때문이다. 달리 말해, 그들은 자신이 누구인지를 보여줄 만한 일관된 외적 자료를 갖고 있지 못하다. 어떤 나라에서 그들은 주변의 사람들과 다른 외모와 다른 세계관을 가질 수 있다. 그들도 알고 있고 다른 사람들도 그들이 다르다는 것을 알고 있다. 그러나 또 다른 나라에서 그들은 다수의 사람들과 같은 외모를 갖고 있어 외국인처럼 보이지 않지만, 자신이 다르다고 느낄 수 있다. 폴록과 반 레켄(Pollock and Van Reken, 2001)이 숨겨진 이민자라고 부르는 경우이다. 숨겨진 이민자와 같은 상태는 그들이 모국으로 돌아갔을 때 훨씬 일어나기 쉽다. 그들은 해외에 사는 동안 모국과 다른 문화와 세계관을 발달시켰지만, 신체적으로는 모국의 사람들과 닮았기 때문이다. 사실상, 이것이 모국으로 돌아온 제3문화 아이들이 주로 언급하는 어려움이다. 모국에서는 누구도 다르다는 점을 감안해 혜택을 주지 않기 때문이다.

외적인 자료들이 제3문화 아이들이 느끼는 것을 입증해 주지 못하므로, 그들은 통합체의 느낌을 유지하기 위해 강한 자아 인식과 자아감(a awareness and sense of self)을 발달시킬 필요가 있다. 이는 전형적으로, 그것이 여권에 쓰여 있는 나라든 아니면 제2의 나라든 또는 제3문화 아이들 집단이든 간에, 제3문화 아이가 "뿌리내린 느낌(a sense of roots)"과 안정감을 갖고 있다면 더욱 쉽다.

단편화를 일으키는 세 번째 이슈는 정서적인 영역과 관련이 있다. 정서는 언어로 전달되고, 언어를 통해 흡수된다. 정서는 매우 강해, 어떤 응답자들은 말하는 언어에 따라 자신들의 다른 정체성을 언급하기도 했다.

로레나는 "저는 히브리어로 생각할 때 그리고 히브리어로 말할 때 나의 이스라엘 사람 모습이 나타나요"라고 말한다. 그녀는 이스라엘에서 청소년기의 일부를 보냈다.

벤은 "저는 포르투갈어를 말할 때 편해요. 그리고 포르투갈어를 말하는 나는 영어로는 결코 할 수 없는 것들을 할 수 있어요"라고 덧붙였다.

정서적 반응에 대한 언어의 고유한 효과를 나타내는 이 예들은, 세계관이 사용된 언어의 편안한 정도와 정체감에 의해 영향받음을 보여준다. 사용된 언어가 개인의 정서를 "분열된(split)" 모습으로 나눌지 몰라도, 이 현상은 통합적 정체감을 발달시키기 위해 전체론적 자아(holistic self)가 이해를 도모하고 융합하는 과정으로 볼 수 있다.

영어가 모국어이지만 프랑스어를 구사하는 소설가 낸시 휴스턴은 말했다. "프랑스어는 내 모국어보다 덜 정서적이므로 덜 위험했어요. 난 동요되지 않았죠. 그것은 나에게 말하지도, 노래하지도, 나를 흔들지도, 때리지도, 충격을 주지도, 몹시 놀라게 하지도 않았어요. 나에게 무관심했어요. 한마디로, 그것은 내 모국어가 아니었어요"(Huston, 2002: 49~50).

칠레에서 태어난 제3문화 아이 로레나는 "스페인어는 어린 시절 기억들을 되살려 줘요"라고 말한다. "중남미의 음악과 자연환경, 가족들, 안데스산맥, 바다… 깊이 결속되는 느낌과 더 온화한 감정들을 불러일으켜요. 물론 영어는 더 업무용이죠. 영어는 나의 하루하루의 언어이고 그리고 내가 일할 때 사용하는 언어예요. 영어는 분명 나의 성인 정체성을 나타내는 언어예요."

이 글의 앞에서 살펴본 것처럼 개별적 자아들은 통합을 이루려 고군분투한다. 인간은 그들이 느끼고 공유하는 정서들 간에 균형이나 대칭을 이룰 필요가 있다(언어와 교류를 통하여). 제3문화 아이들은 균형 잡기가 매우 어려운데, 왜냐하면 그들이 속하고 싶은 집단이나 사람들에게 그들이 공유할 수 없는 언어로 표현해야만 하기 때문이다. 언어와 정서 사이의 관계는 너무 강해서 심리학자들은 심리 치료가 제1언어나 모국어로 수행되지 않으면 초기 기억과 발달적 사건들에 접근할 수 없을 것이라 믿는다(Marcos, 1976).

자신이 누구인지를 형성하는 정서와 경험을 나누고 싶어 하는 사람들에게 언어는 도구가 아니라 장애물일 수 있다. 사람은 기억으로 남기려는 욕구도 있지만, 삶의 이야기를 나누고 싶어 하는 욕구도 있다. 더 깊고 친밀한 관계로 발전할수록 제3문화 아이들은 단지 한 언어를 통해서만 접근 가능한 그들의 단편들이 아니라, 자신의 전부를 나누고 싶어 한다.

단편화의 문제에도 불구하고, 좋은 소식은 기능적이고 건강한 정신을 만들 수 있는 길이 있다는 것이다. 우리의 연구에 참여한 대부분의 사람들이 건강한 자아 개념과 자존감을 발달시켰을 뿐만 아니라 그들이 누구인지 그리고 제3문화 아이의 경험이 자신들의 정체성 발달에 어떻게 기여했는지 매우 잘 이해했다. 이제 마지막으로 언어와 이야기 서술이 어떻게 정체성의 모든 부분들을 화합하여 통합적인 자아를 형성하도록 하는지 알아보자.

기억과 인생 이야기: 틈새 메우기

19세기 후반까지도 기억은 영구히 두뇌에 저장되는 것으로 여겨졌다. 지금도 여전히 많은 사람들이 그렇게 하듯, 의사와 심리학자들은 암묵기억

(implicit memories)을 분석이나 최면 또는 두뇌의 전기자극을 통해 다시 살릴 수 있다고 믿었다.

그러나 최근에는 기억을 "재구성(reconstruction)"의 관점에서 본다(Schacter, 1996). 기억과 인생 이야기 분야의 선구자 중 한 명인 심리학자 댄 매캐덤스(Dan McAdams)는 "과거를 주관적으로 미화함으로 현재가 구성된다. 즉, 역사는 만들어진다"(McAdams, 1993: 28)라고 했다. 사람들은 경험에 기초한 자신의 기억을 재구성하므로 기억은 끊임없이 다른 모습을 띠고 개조된다. 우리는 이 무의식적인 정신 과정을 아직 온전히 이해하지는 못하지만, 건강한 정신이 통합을 이루려 하는 하나의 전략으로 알고 있다.

많은 경우에 기억은 과도하게 재구성되어 사람들은 종종 사실과 허구를 구별할 수 없게 되고, 그리고 기억이 아무리 생생하고 매우 자세하다 할지라도, 정확도에서 그것은 실제로 일어난 일과는 매우 다를 수 있다. 이 "거짓 기억들(false memories)"에 관하여 오늘날 많이 알려졌음에도 불구하고, 개인이 과거 경험들을 어떻게 기억하는지는 여전히 심리학 연구에서 중요한데, 왜냐하면 관련성이 사건 자체의 현실성에 있지 않고, 그 사건이 그 개인에게 의미하는 바에 있기 때문이다. 심리학자들에게, 재구성된 기억은 그 사건이 그 개인에게 의미하는 바를 말하며, 그것은 적어도 그 사건 자체만큼 중요하다.

그러므로 나는, '나는 누구인가?'라는 물음은 삶의 자전적 이야기로 답변될 수 있다고 본다. 자신의 이야기를 개작하면서, 삶의 경험들이 묘사되고 그 경험들에 대한 의미가 창출된다. 경험들을 묘사하고 의미를 부여하는 이 구조화 과정을 통해 덜 분열되고 더 통합된 정체성을 갖게 된다.

어떤 면에서, 제3문화에서 사는 동안에는 정체성을 통합하는 것이 실제로 가능하지 않을 수도 있다. 사람들이 자신의 경험을 되돌아보고 성찰할 수 있을 때 정체성 이슈들이 통합될 수 있기 때문이다. 달리 말해, 성인 제3문화 아이는 자신의 삶의 이야기를 재구성하고 개작하면서, 자기 자신을 어떻게 지각하는지(정체성)뿐만 아니라 다른 사람들에게 자신이 어떻게 지각되는지(이미지)를 동시에 서술한다. 이것이 사람들이 자기 자신과 자신의 정체성을 파악하는 하나의 방법이다. 우리의 정서와 이미지와 정체성을 통합한 언어로 재구성된 이야기는 이들 모두를 하나로 묶으려는 우리의 정신을 만족시킨다.

삶의 이야기는 과거와 현재를 재구성하여 미래의 틀을 만든다. 화자는 그가 전에 어디에서도 보지 못한 일관성과 연속성을 얻는다. 어떻게 하느냐는 중요하지 않다. 글쓰기를 통해서든, 이야기를 통해서든, 스크랩북 만들기를 통해서든 다 가능하다. 중요한 것은 우리의 기억과 우리의 현재 사이에 교량을 만드는 것이다. 미드(Mead, 1932; 1934)가 말한 것처럼, 과거는 존재하지 않는다. 왜냐하면, 과거는 기억 속에만 있고, 그 기억은 조작될 수 있기 때문이다. 미래도 존재하지 않는다. 왜냐하면, 미래는 단지 예측할 수 있기 때문이다. 존재하는 모든 것은 변화된 혹은 변화될 과거에 대한 현재의 해석과 현재뿐이다. 우리는 이 창을 통해 우리 자신을 볼 수 있고 또한 우리 자신을 다른 사람들에게 보여줄 수 있으며, 우리의 삶과 정체성을 이 창을 통해서만 상호보완하고 마침내 하나로 합칠 수 있다.

이름	나이	성별	사용 가능한 언어	체류한 국가
카테리나	45	여성	프랑스어, 영어	미국, 프랑스
엘머	42	남성	영어, 터키어	영국, 미국, 터키
매리언	38	여성	포르투갈어, 영어	포르투갈, 미국
벤	49	남성	포르투갈어, 스페인어, 영어	브라질, 멕시코, 미국
로레나	40	여성	스페인어, 영어, 히브리어	칠레, 미국, 이스라엘

인터뷰 내용을 이 연구에 쓸 수 있도록 허락해 준 응답자들에게 감사의 마음을 전한다. 이름은 인터뷰한 사람의 사생활을 보호하기 위해 변경했다.

참고문헌

Bennet, M.J. 1993. "Towards Ethnorelativism: A Developmental Model of Intercultural Sensitivity." in R.M. Paige(ed.). *Education for the Intercultural Experience*. Yarmouth, Maine: Intercultural Press.

Erikson, E.H. 1980. *Identity and Life Cycle*. New York, NY: W.W. Norton & Company.

Hall, C. 1992. "Coloring outside the Lines." in M.P.P. Root(ed.). *Racially Mixed People in America*. Newbury Park, CA: Sage.

Hoare, C. 1991. "Psychosocial Identity Development and Cultural Others." *Journal of Counseling and Development*, 70, pp.45~53.

Huston, N. 2002. *Losing North*. Toronto, Canada: McArthur and Company.

Lam, H. and J. Selmer. 2004. "Are Former 'Third-Culture Kids' the Ideal Business Expatriates?" *Career Development International*, 9(2), pp.109~122.

Marcia, J.E. 1980. "Identity in Adolescence." in J. Adelson(ed.). *Handbook of Adolescent Psychology*. New York: Wiley-Interscience.

Marcos, L.R. 1976. "Bilinguals in Psychotherapy: Language as an Emotional Barrier." *American Journal of Psychotherapy*, 30(4), pp.552~560.

McAdams, D.P. 1993. *The Stories We Live by: Personal Myths and the Making of Self*. New York: Morrow.

Mead, G.H. 1932. *The Philosophy of the Present*. Lasalle, IL: The Open Court Publishing Company.

_____. 1934. *Mind, Self and Society*. Chicago, IL: University of Chicago Press.

Paige, R.M. 1993. "On the Nature of Intercultural Experiences and Intercultural Education." in R.M. Paige(ed.). *Education for the Intercultural Experience*. Yarmouth, Maine: Intercultural Press.

Park, R.E. 1928. "Human Migration and the Marginal Man." *The American Journal of Sociology*, 33(6), pp.881~893.

Phinney, J. and L. Alipuria. 1996. "At the Interface of Cultures: Multiethnic/Multiracial High School and College Students." *The Journal of Social Psychology*, 136(2), pp.139~158.

Pollock, D. and R. Van Reken. 2001. *Third Culture Kids: The Experience of Grow-

ing Up among Worlds. Yarmouth, MA: Intercultural Press.

Ramirez, M. 1984. "Assessing and Understanding Biculturalism-Multiculturalism in Mexican-American Adults." in J. Martinez and R. Mendoza(eds.). *Chicano Psychology.* Orlando, FL: Academic Press.

Schacter, D. 1996. *Searching for Memory: the Brain, the Mind, and the Past.* New York, NY: Basic Books.

Schaetti, B. and S. Ramsey. 1999. "The Global Nomad Experience: Living in Liminality." *Mobility*, September, pp.40~45.

Seelye, H.N. and J.H. Wasilewski. 1996. *Between Cultures: Developing Self-Identity in a World of Diversity.* Chicago, IL: NTC Publishing Group.

Selmer, J. and H. Lam. 2004. "'Third-Culture Kids': Future Business Expatriates?" *Personnel Review*, 33(4), pp.430~445.

Stephan, C. and W. Stephan. 1991. "Intermarriage: Effects on Personality, Adjustment and the Intergroup Relations in Two Samples of Students." *Journal of Marriage and the Family*, 53(1), pp.241~250.

Wilson, A. 1984. "'Mixed Race' Children in British Society: Some Theoretical Considerations." *The British Journal of Sociology*, 35, pp.42~61.

핀란드 해외 거주 가정과 자녀들

상호보완적 관점

/

아누 와리노스키(Anu Warinowski)

세계화로 인해 사업상 해외 이주를 하는 사람들이 전 세계적으로 많아졌다. 세계화에 따라, 해외에 거주하든 모국으로 돌아오든 해외 거주자들과 가족들은 더 많은 이주 경험을 하고 있다. 이 글에서 언급하는 해외 거주자 가정은 어린이가 있고, 한쪽 부모의 직업상 해외로 이주한 가정이다. 해외 거주에 관한 연구에서, 해외 거주자들은 전형적으로 일 때문에 다른 나라로 이주한 경우로 한정해 정의한다. 이러한 정의는 단지 사업상 이주한 사람들뿐만 아니라 연구자, 선교사, 외교관들을 모두 포함한다. 나는 직업상 발령받아 간 경우뿐만 아니라 자발적 이주까지 모두 포함하는 폭넓은 관점을 취했다.

기본적으로 해외 거주자들은 해외 이주와 모국 귀환이라는 두 가지 국제적 이동을 겪는다. 이 글에서는 해외 거주를 해외로 이주하여 그곳에서 살고 있는 경우로 국한할 것이다.

일반적으로 가정은 아이의 발달에 가장 중요한 환경이다. 변하지 않는 것은 아니지만, 가정은 해외 거주 가정의 어린이에게 가장 안정된 환경이다. 그래서 나는 아이들을 단지 개별적으로 조사하기보다는 가정의 맥락에서 조사했다. 이 연구는 가족과 어린 시절, 이민 등 여러 연구 분야를 기초로 해외 거주자와 제3문화 아이들에 주로 역점을 두었다.

해외 거주 가정들은 문화적 배경이 달라도 공유하는 특징이 많다. 이점에서 핀란드도 예외는 아니다. 그런데 내 연구에 따르면, 해외 거주 가정의 자원과 아이들의 적응 과정은 나라에 따라 다른 측면이 있는 것 같다. 여기서는 미국인 해외 거주자들과 유럽인, 특히 핀란드인 해외 거주자들 간의 주된 차이점을 논의할 것이다. 이 글의 목적은 자녀가 있는 핀란드인 해외 거주 가정이 갖는 독특한 특징을 논함으로써, 지금까지는 주로 미국인과 일본인 가정에 집중되었던 해외 거주 가정과 그 자녀들에 관한 주류 연구에 상호보완적인 관점을 제공하는 것이다. 나는 핀란드인 이주 가정과 그 자녀들과 관련된 언어와 학교 문제들을 살펴볼 것이다.

우선, 핀란드인 해외 거주 가정과 그 자녀들의 상황을 서술하기 전에 해외 거주에 관한 몇몇 이론적 연구들을 간단히 살펴볼 것이다. 그런 다음에, 이 연구에 사용된 데이터를 어떻게 수집했는지 설명하고 결과를 말할 것이다. 마지막으로 핀란드인 해외 거주 가정과 미국인 해외 거주 가정을 구별 짓는 이슈들을 논의할 것이다.

이론적 문헌 고찰

해외 거주 가정의 어린이들에 대한 미국과 일본의 문헌 연구를 대략적으로 살펴볼 것이다. 개념적 이슈들을 살펴보고 왜 해외 거주 가정의 어린이들에게 역점을 두어야 하는지 논할 것이다. 그런 후에, 이전 연구의 맥락에서 핀란드인 해외 거주 가정을 논의할 것이다.

해외 거주 가정의 어린이들에 관한
미국과 일본의 연구

해외 거주 가정의 어린이들에 관한 이전 연구들은 수세기 동안 미국에서 주로 이루어졌다. 미국 연구들은 주로 이주 양육에 따른 아이들의 개인적 특성에 역점을 둔다(Kano Podolsky, 2004). 미국 연구에서 사용되는 해외 거주 가정의 어린이들과 관련된 가장 일반적인 개념 두 가지는 제3문화 아이(TCK)와 국제유목민(Global Nomad)이다. 이 개념들은 이 책 다른 곳에 언급되어 있으므로 그 역사와 정의는 여기에서는 생략하겠다.

제3문화 아이라는 개념이 널리 사용되고 있지만, 그 용어에 대한 비판적인 시각 또한 존재한다(Pollock and Van Reken, 2009: 14, 16). 제3문화 아이라는 개념은 1950년대 만들어졌으며, 세상은 지난 반세기 동안 급변했다. 게다가, 과학 분야의 개념적 정의는 연구 결과에 따라 변하기 마련이다. 제3문화 아이라는 용어를 만들어낸 루스 힐 우심(Ruth Hill Useem)은 1994년에 데이비드 폴록에게 다음과 같은 편지를 썼다. "사회학자이자 윤리학자로서 나는 어떤 개념도 영구히 고정될 수 없다고 생각합니다. … 우리가 더 알게 되면 개념들은 변하게 되지요. 세상이 변하고 시대가 달라지면 개념도 달라져야 한다고 생각합니다"(Pollock and Van Reken, 2009: 16). 이를 염두에 두고, 나는 개념들은 시대뿐만 아니라 문화와도 관련된다는 사실에 입각해 핀란드 해외 거주 가정의 맥락에서 나의 해석을 제공할 것이다.

나는 제3문화 아이라는 개념이 매우 유용하다고 생각한다. 특히 해외 거주 가정 아이들의 독특한 정체성을 표현하는 데 있어서 그렇다. 그럼에도 불구하고, 현대 핀란드인 해외 거주 가정의 연구에 이 개념은 분명 불충분하다. 내 생각에 이는 개념이 지니고 있는 일시적 특성과 문화적 특성 때문인 것 같다.

우선, 개념이 최초로 정의된 이래로 많은 시간이 흘렀다. 주목할 점은, 세계화와 국제간 이동이 빈번한 요즘은 단지 한두 번의 이주가 아닌 여러 번의 이주가 발생한다는 점이다. 왔다 갔다를 반복하거나 또는 제4 혹은 제5의 나라로 이주를 한다. 이런 빈번한 이주는 첫 번째 문화나 두 번째 문화 혹은 세 번째 문화 간의 구별을 흐릿하게 하는 경향이 있는 것 같다. 두 번째 이유는 대부분 문화와 관련이 있다. 핀란드인 해외 거주 가정은 많은 미국인 해외 거주 가정처럼 광범위한 국제 거주 공동체를 이루지 못한다. 이는 핀란드인 해외 거주 가정의 어린이들이 해외에서 제3문화를 형성하기 어렵게 한다. 세 번째 이유는 루스 힐 우심이 언급한 것과 같이 과학적 개념(scientific concept)과 관련이 있다. 문화에 대한 요즘의 이론적 관점은 —제1문화, 제2문화, 제3문화와 같은— 고정된 범주론적 관점에서 문화적 과정으로 보는 관점으로 이동했다. 움직이지 않는 고정된 정체성에서 유동적인, 다수의, 상황적인 정체성으로 옮겨가고 있고, 게다가 이종문화(intercultural), 2개 이상의 문화에 걸쳐 있는 문화(transcultural), 다국적 주의(transnationalism)와 같은 새로운 용어들이 사용되고 있다. 제3문화라는 개념을 버리게 된 네 번째이자 마지막 이유는 학문 분야에서 그 용어가 인문학과 자연과학(hard science)이 연관된 것처럼 잘못 사용될 수 있다는 점이다(Brockman, 1995). 스노(Snow, 1964)는 새로운 제3문화의 출현으로 문학인과 과학자들 간에 의사소통의 간격이 좁혀질 것이라 보았다. 이 네 가지 이유들로 인해 나는 잘 알려진 제3문화 아이라는 용어를 채용하지 않았다. 그렇다면 국제유목민은 어떠할까? 이 용어는 여러 사람이 포함되는 이점이 있으나 내 연구의 중심 주제가 되는 어린이를 명확히 표현하지 못하므로 또한 수용하지 않았다.

게다가, 미국—제3문화 아이 연구의 대표 국가—의 해외 거주 어린이들에 관한 연구는 일본에서 광범위하게 이루어졌다. 일본에서는 "가이가이/기코쿠 시조(Kaigai/Kikoku shijo)"라는 개념이 연구에 사용된다. 이 연구법은 미국식 연구법에 비해 더욱 사회적이다. 이 방법은 교육 시스템이나 일본 사회와 같은 거시적 수준에 역점을 둔다(Kano Podolsky, 2004).

나의 연구는 많은 미국 연구들처럼 개인적 수준에 초점을 맞추지도 않았고, 그렇다고 일본 연구들처럼 거시적 수준에 맞추지도 않았다. 내 연구는 가족 단위 수준에 초점을 맞추었다. 유일한 것은 아니지만, 가정은 해외 거주 가정의 어린이들에게 매우 중요한 환경인데, 이들에 대한 연구에서 대부분 도외시되는 경향이 있다. 그래서 가정과 아이들의 연관성을 강조하고자 '해외 거주 가정의 아이(a child of expatriate family)'라는 개념을 사용했다. 이 개념은 가족 내 연계를 강조하면서 해외 거주의 상황과 해외 거주자 부모의 일 또한 부각시킨다. 게다가 해외 거주 가정의 아이라는 이 개념은 아이들에게 분명히 역점을 둔다.

미국인과 일본인 해외 거주 가정의 어린이들에 관한 연구들은 있지만, 유럽인, 특히 핀란드인 해외 거주 가정과 그 자녀들에 관한 연구는 드물다. 나는 여기에서 핀란드인 해외 거주 가정에 역점을 둘 것이다. 문화 연구에서 (핀란드와 같은) 문화적 범주 사용만이 원칙은 아니다. 왜냐하면, 해외 거주 후에 자신들을 핀란드인 가족으로 규정하지 않을 수도 있기 때문이다. 그러나 이 글에서는 미국 태생의 가족들과 핀란드 태생의 가족들을 비교하는 것이 목표이므로 그 취약성에도 불구하고 범주가 사용되었다. 여기에서 "핀란드인(Finnishness)"이란 부모가 핀란드에서 태어났음을 의미한다. 유럽의 북동쪽 구석에 위치해 있고 유럽연합의 구성원인 핀란드는 유럽에 속하며 핀란드인 가정 역시 유럽인 가정이다.

잘 알려진 윌리엄 호프스테더(William Hofstede)의 비교연구에서 핀란드는 문화적으로 미국과 일본 사이의 어딘가에 있다(Hofstede, 2001). 그는 다섯 가지 문화 차원에서 53개국을 비교했다. 이 문화 차원들은 1) 권력 간격(power distance), 2) 불확실성 회피(uncertainty avoidance), 3) 개인주의/집단주의(individualism/collectivism), 4) 남성성/여성성(masculinity/femininity), 5) 장기

표 1 호프스테더의 다섯 가지 문화적 차원에서 살펴본 몇몇 나라의 순위

	문화 차원	핀란드	미국	일본	영국	프랑스	독일	벨기에	네덜란드
1	권력 간격	46	38	33	42~44	15~16	42~44	20	40
2	불확실성 회피	31~32	43	7	47~48	10~15	29	5~6	35
3	개인주의/ 집단주의	17	1	22~23	3	10~11	15	8	4~5
4	남성성/여성성	47	15	1	9~10	35~36	9~10	22	51
5	장기적/ 단기적 적응	14	27	4	28~29	17	28~29	18	11~12

자료: Hofstede(2001: 500).

적/단기적 적응(long/short-term orientation)이다. 권력 간격은 대인 관계 간 힘의 수치로 위계질서상에 있는 두 사람 중 힘이 약한 사람이 지각하는 상급자와 하급자 간 영향력의 수치이다(Hofstede, 2001: 83). 핀란드는 3개의 문화 차원인 불확실성 회피, 개인주의, 장기적 적응 면에서 일본과 미국의 중간쯤에 위치했다(〈표 1〉). 남은 두 가지 차원인 권력 간격과 남성성에서는 미국이 세 나라 중 중간이었다. 이런 문화적 차이들로 인해 미국과 일본의 해외 거주 가정 연구 결과를 핀란드 해외 거주 가정의 논의에 단순히 적용할 수 없으므로 핀란드 해외 이주 가정을 자체적으로 연구하는 것이 현명할 것이다.

〈표 1〉의 순위를 살펴보면, 핀란드와 미국의 주요한 차이점은 남성성/여성성과 개인주의/집단주의 문화 차원에 있다. 우선, 남성성/여성성의 수치는 성 역할의 차이를 나타내는 수치였다. 이 순위는 핀란드가 "여성" 국가라는 의미가 아니라, 핀란드는 남녀 간의 성 역할에 차이를 덜 보인다는 의미이다. 핀란드에서는 보통 둘 다 돈을 벌고, 유아가 있는 여성을 제외하고는 전형적인 형태의 가정주부는 존재하지 않는다. 둘째로, 개인주의/집단주의와 관련하여 미국은 가장 개인주의적인 국가였고, 핀란드는

비록 덜하기는 하지만 역시 개인주의 국가였다.

해외 거주 시 문화적 적응과 관련하여, 모국과 주재국 간에 문화적으로 유사하면 주재국에서 성공적으로 적응할 가능성이 높다고 가정한다(〈표 1〉 참조). 이런 가정에도 불구하고, 성공적인 적응은 문화 간의 문화적 유사성이 아니라 주재국에 맞추는 개인의 능력에 있다는 연구 결과들이 있다(Jun and Gentry, 2005).

핀란드 해외 거주 가정과 자녀들의 이슈

세계적으로 나라 간 이동이 늘어난 것처럼, 핀란드인들의 이동도 증가했다. 핀란드인의 경우에는 사업상 해외에 거주하는 사람이 대부분이다. 핀란드인 해외 거주 가정에는 군인 가족이나 군인 자녀들이 없는데, 이는 핀란드 군인 해외 거주자들은 가족과 함께 이주하지 않기 때문이다. 핀란드 해외 거주자들은 대부분 대학교 연구자들이다.

핀란드에는 해외 거주 가정에 대한 연구가 매우 드물며 이들 가정의 어린이들을 다루는 연구는 거의 없는 실정이다. 해외 발령을 받은 남편을 따라 해외로 이주한 핀란드 여성을 대상으로 한 첫 번째 질적 연구는 옥사넌(Oksanen, 2006)의 연구이다. 그는 배우자를 따라 싱가포르로 이주한 핀란드 여성들을 분석했다. 옥사넌은 이 여성들이 자신의 현실을 다른 사람에게 이해시키기 어려워하는 것을 발견했는데, 그 이유는 핀란드에는 가정주부 문화가 없기 때문이라고 결론을 내렸다.

두케(Duque, 2009)는 브라질에 있는 핀란드인 사업가들의 정신건강 상태를 조사했다. 그녀의 주된 관심은 해외 거주자들에게 있었지만 그들의 배우자와 자녀들에 대해서도 살펴보았다. 그녀는 해외 거주자 배우자들의 상황이 해외 거주자 본인들의 상황과 매우 다르다는 것을 알게 되었다.

옥사년처럼, 두케는 해외 거주 상황은 특히 배우자들이 하던 일을 그만두게 하므로 배우자들의 역할에 변화가 있음을 발견했다.

핀란드 해외 거주자에 대한 리우살라와 수타리(Riusala and Suutari, 2000)의 연구를 살펴보면, 해외 거주자 배우자들의 67%가 해외 이주 전에 핀란드에서 일을 했으나, 이주한 후에는 단지 20%만이 일을 하고 있었다. 가장 필요한 지원은 출국 전과 재입국 시 제공하는 상담 서비스이다. 리우살라와 수타리는 필요하리라 예상되는 것과 실제 지원되는 서비스 간의 불일치를 발견했다. 가장 흔히 사용되는 지원 프로그램은 해외 거주자의 39%에게 실시된 출국 전 경력 개발 모임이었다. 가장 드물게 사용된 지원 프로그램은 가족 모국 귀환 프로그램(6%)으로, 주로 해외 거주자와 그 가족이 모국으로 돌아온 후에 직면하는 많은 적응 관련 문제들을 다루도록 돕는 프로그램이다. 독일, 일본, 영국, 미국 그리고 다국적 기업들의 해외 거주자 프로그램을 연구한 국제 비교연구는 전반적으로 일본, 미국 순으로 많은 지원을 제공하고 있음을 보여준다(Tungli and Peiperl, 2009).

다른 해외 거주자, 특히 같은 나라 출신의 해외 거주자가 제공하는 사회적 지원이 해외 거주자 가정에 매우 중요하다. "해외 거주자 버블(expatriate bubble)"이라는 개념이 종종 연구에 사용되는데, 이는 다른 해외 거주자와의 관계를 강조하는 비유로, 해외 거주자들은 그들의 언어를 계속 사용하면서 문화적 결속을 유지하고, 지역 주민들과 대비되는 그들만의 특권적 생활양식을 고수한다(Neault, 2005). 싱가포르와 에스토니아에 살고 있는 핀란드 여성들에 관한 옥사년(Oksanen, 2006)과 히보년(Hyvonen, 2009)의 연구 결과는 동료 해외 거주자와 해외 거주자 공동체의 중요성을 강조하는 국제 해외 거주자 연구와 유사한 특징을 보여준다(해외 거주자들의 숫자는 핀란드 공동체보다는 미국 공동체가 훨씬 더 많다).

해외 거주 가정의 맥락에서 "가족 버블(family bubble)"이라는 또 다른 개념이 있다(Schaetti and Ramsey, 1999; McLachlan, 2007). 가족 시스템이라는

이론적 개념틀에서 가족 응집력은 "가족 버블"과 동의어로 생각할 수 있다. 응집력은 시스템이 분리 대 연합의 균형을 어떻게 이루는지를 말한다. 가족 응집력은 부부와 가족 구성원이 서로를 향해 갖는 정서적 결속력이다(Olson and Gorall, 2003: 516). 나는 "해외 거주자 버블"과 "가족 버블"을 결합하여 해외 거주자 가정이라는 맥락하에서 "이중 버블(double bubble)"이라는 용어를 제안하고 싶다.

핀란드인과 미국인 해외 거주자가 해외에 살면서 언어에서 서로 다른 경험을 하는 것은 분명하다. 미국과 유럽(프랑스, 영국, 스웨덴)의 해외 거주자들에 대한 한 비교연구에서, 영어가 모국어인 사람들은 상호작용과 직업 적응 면에서 이득이 있으리라는 가정이 입증되었다(Selmer, 1999). 핀란드 해외 거주 가정의 어른이ー영어에 능숙해도 원어민이 아닌 경우ー 언어에 문제가 있으면 상황은 아이들에게 더욱 좋지 않다. 국제학교들은 영어를 사용하는 해외 거주 집단을 위해 설립되었으므로(Murphy, 2003), 언어 문제는 해외에서 학교를 시작할 때 정점에 이른다. 해외에 거주하는 많은 핀란드인 가정의 어린이들은 학교 언어에 능숙하지 않은 채 학교를 시작한다.

학교 환경은 모든 아이들에게 중요하지만, 아마도 해외 거주 가정의 어린이들에게는 훨씬 더 중요한 것 같다. 학교는 문화 속으로 진입할 수 있는 입구이다(Bruner, 1996). 많은 연구들이 해외 거주 가정의 어린이들과 국제학교를 관련짓지만(McLachlan, 2007), 제2언어를 사용하며 국제학교에 다니는 어린이들에 대한 연구는 매우 적은 편이다. 머피(Murphy, 2003: 26)는 국제학교의 주요 수혜자는 영어를 사용하는 학생들이고 잠재적으로 가장 불이익을 당할 수 있는 아이들은 영어가 모국어가 아닌 학생들이라고 주장한다. 머피에 따르면, 국제학교는 영어가 모국어가 아닌 아이들의 모국어와 그들의 문화를 박탈할 수 있다. 영어가 모국어가 아닌 학생들에게 새로운 것은 단지 영어만이 아니라 국제학교 상황에서 다루어야 하는 다양한 종류의 시험, 입학, 커리큘럼, 상담 등이다(Murphy, 2003: 39).

언어 문제는 대학 진학에도 영향을 끼친다. 폴록과 반 레켄(Pollock and Van Reken, 2009: 53~54)은 사실상 미국 학교인 대만에 있는 선교사 자녀들을 위한 학교에 다니며 그곳에서 자란 일포(Ilpo)라는 핀란드인 제3문화 아이에 관해 썼다. 결과적으로 말하자면, 그는 핀란드어와 핀란드의 교과 과정에 대한 충분한 지식이 없었으므로, 핀란드에 있는 대학 대신에 미국에 있는 대학에 가야만 했다. 게다가 졸업 후에도 핀란드 직업 관련 어휘가 부족해 핀란드에서 일할 가능성도 희박해 보였다. 그래서 대만에서 살았던 핀란드 소년은 결국 미국 문화 속으로 진입하게 되었다.

연구 방법과 데이터

여기서는 핀란드 해외 거주 부모들의 온라인 설문 조사에서 얻은 자료를 바탕으로 핀란드와 미국 해외 거주 가정 그리고 그 자녀들의 차이점들을 살펴볼 것이다. 자료는 202 가정(N=202), 333명의 어린이에게서 얻었다. 인터넷 질문지의 응답률은 73%였고, 대부분의 경우(72%의 가정, n=145), 질문에 응답한 사람은 어머니였다.

이들 핀란드 해외 거주 가정들은 핀란드로 돌아온 후에 만났다. 그러므로 이 연구는 사후 연구(ex-post-facto research)였다. 부모들의 연락처는 8개 도시, 399개 학교에서 얻었다. 도시들은 에스포, 탐페레, 반타, 투르쿠, 오울루, 라티, 쿠오피오, 유배스퀼래이다.

설문지 질문은 일부는 개방형이었으나 대부분은 폐쇄형이었다. 어린이들의 적응 정도를 측정하기 위해 핀란드 버전으로 수정한 다음의 측정도구들을 사용했다.

• 중 자가평가 우울척도(Zung Self-Rating Depression Scale: ZSDS)(Zung, 1972)

심리적 적응

• 사회문화 적응척도(Sociocultural Adaptation Scale: SCAS)(Ward and Kennedy, 1999) 사회문화 적응

• 다중문화 성격질문지(Multicultural Personality Questionnaire: MPQ)(Van der Zee and Van Oudenhoven, 2000; 2001) 사회심리 적응

• 문화 적응척도(Acculturation Index)(Ward and Rana-Deuba, 1999) 문화 정체성

이 연구의 해외 거주자는 사업상 해외에 거주하는 사람이 대부분이었고, 그다음은 연구자 집단이었다(〈표 2〉). 해외 거주자들 대부분(69%, n=139)은 직업상 해외에 거주했다. 열 가정 중 여덟 가정(81%, n=162)이 해외로 이주한 이유가 아버지의 일 때문이었다. 그러므로 각 가정은 한 명의 남성 해외 거주자가 있었다. 열 가정 중 한 가정이 여성 해외 거주자(10%, n=20)였고, 한 집에 두 명의 해외 거주자가 있는 가정도 동일한 비율(10%, n=19)이었다. 어머니의 68%(n=137)가 대학 졸업인 반면, 아버지는 85%(n=166)였다. 핀란드 상황에서 예외적 요인은 아버지의 학력이 어머니의 학력보다 더 높다는 것이다(p<.001).

가정의 거의 절반(n=99)은 유럽 국가에서 살았다. 4분의 1 정도(22%, n=44)는 북미에서, 그리고 5분의 1 정도(20%, n=39)는 아시아에서 살았다. 핀란드 해외 거주 가정이 보통 대부분 살았던 유럽 나라들은 〈표 3〉에 나타나 있다.

절반 이상의 가정이 해외에서 2년 이상 살았고, 37%는 3년 이상 살았음을 〈표 4〉에서 알 수 있다.

해외 거주 가정의 어린이들 대부분이 이주 당시 학령 전 연령이었다(핀란드에서는 일곱 살에 학교에 입학한다)(〈표 5〉). 본국 귀환 시에 대부분의 어린이들은 학령기 연령이었다.

표2 해외 거주자 집단

	해외 거주자 수 (n)	해외 거주자 (%)
사업상 해외 거주자	141	63
연구자	31	14
해외 근무 직원	10	5
유럽연합 직원	8	4
운동선수	5	2
선교사	3	1
인도주의 단체 직원	2	1
그 외	23	10
합계	223*	100

* 주의: 일부 가정에는 두 명의 해외 거주자가 있었음.

표3 해외 거주 가정이 대부분 살았던 유럽 국가들

순위	유럽 나라	수
1	영국	14
2	프랑스	12
3	독일	12
4	벨기에	10
5	네덜란드	9

표4 해외에 살았던 기간과 본국 귀환 이후 기간

	1년 미만		1~2년		2~3년		3년 이상		합계	
	n	%	n	%	n	%	n	%	n	%
해외에 살았던 기간	18	9.0	67	33.3	42	20.9	74	36.8	201	100
본국 귀환 이후 기간	46	23.0	29	14.5	32	16.0	93	46.5	200	100

표5 연구 당시, 이주 시, 본국 귀환 시 어린이들 연령

	평균	중간 값	최소	최대
연구 당시 연령	11.2	11.0	6	16
해외 이주 시 연령	4.8	5.0	0	14
본국 귀환 시 연령	8.2	7.0	6	15

이들 가정의 어린이 대부분(78%, n=258)이 해외에서 학교에 다녔다. 그들 중 절반(49%, n=128)은 지역 학교에 그리고 37%(n=97)는 국제학교에 다녔다. 5%(n=12)의 어린이들이 해외 거주 시 핀란드식 학교에 출석했고 (기본 교육을 위해) 그리고 3%(n=8)는 "유럽식 학교"에 다녔다. 학교에서 가장 흔히 사용하는 언어는 영어였다(72%, n=183).

핀란드 해외 거주 가정들에 관한 결과

호주(M 1.64, SD .38)와 북미(M 1.71, SD .48)에 살았던 가정들이 가장 문제가 적었다. 핀란드 가정, 다시 말해 유럽인 가정이 다른 유럽 국가에 살 때 적응 문제가 가장 적은 것이 아니었다. 살았던 대륙과 관련된 결과는 마지막 부분에서 다룰 것이다.

이 연구에서 해외 거주 시 일하지 않았던 부모는 보통 어머니였다(61%, n=124). 두케(Duque, 2009: 53)의 연구 결과가 이를 잘 뒷받침해 준다. 그의 연구에서도 가족이 해외에 살고 있는 동안에, 핀란드 해외 거주자의 배우자의 33%가 일을 하고 있었다. 사업상 해외에 거주하는 경우, 한 부모가 일을 하지 않는 경우가 다른 유형의 가정보다 의미 있게 많았다[t(327)= 4.50, p<.001]. 또한 3분의 1 정도의 가정(33%, n=67)은 부모 둘 다 일을 하는 가정이었다.

표 6 가정에서 외국어의 사용

외국어 사용			형제자매 간		어머니 자녀 간		아버지 자녀 간		부모 간	
1(전혀)	n	%	75	40.5	118	59.3	127	64.5	135	68.5
2	n	%	53	28.6	69	34.7	55	27.9	49	24.9
3	n	%	32	17.3	7	3.5	10	5.1	7	3.6
4(많이)	n	%	25	13.5	5	2.5	5	2.5	6	3.0
합계	n	%	185	99.9	199	100.0	197	100.0	197	100.0
평균			2.04		1.49		1.46		1.41	
표준편차			1.06		0.69		0.71		0.71	

해외에 거주하는 동안, 몇몇 핀란드 가정은 집에서 다른 외국어도 사용했다(〈표 6〉). 이는 특히 형제자매 간에 일어났다. 형제자매의 반 이상(59%)이 의사소통할 때 약간이라도 외국어를 사용했다. 가정에서 외국어를 사용하는 것은 문화적 정체성(.343**)과 본국으로 돌아간 후의 사회문화적 적응(.230**) 그리고 해외 학교에서의 학업적 성공(.182**)과 유의미한 상관관계가 있었다. 또한 본국으로 돌아간 이후의 심리적인 적응과도 상관관계가 있었다(.136*).

일부의 경우, 본국으로 귀환했을 때 다음의 가정과 같은 상황에 처할 수 있다.

게다가 언어기술은 적응에 영향을 줍니다. 온전한 핀란드 가정임에도 불구하고, 우리 아이들은 더 이상 핀란드어를 사용하지 않으려 해요. 핀란드에 산 지 3년이나 지났는데도, 나는 아이들이 핀란드어로 말하는 걸 듣지 못했어요! 해외에 체류하는 동안에 아이들이 모국어를 유지하도록 하는 것이 중요해요. 우리 아이들은 해외에 있을 때 핀란드어를 사용하지 않으려 했었어요. (38번 응답자)

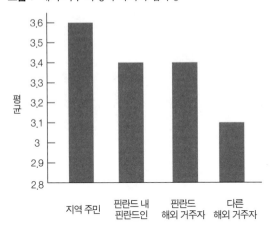

그림 1 해외 거주 가정의 사회적 접촉망

내 연구에 따르면, 해외 거주 시 핀란드 해외 거주 가정의 가장 중요한 자원은 가족 내 사회적 지지였다. 가족 응집력 또는 "가족 버블"의 개념을 이 연구에서 볼 수 있었다.

〈그림 1〉은 해외 거주 가정 밖의 사회적 접촉망을 보여준다. 우선, 핀란드 가정은 주재국의 지역 주민들과 많이 접촉하는 것을 볼 수 있다. 아버지들이 어머니들보다 유의미하게 지역 주민들과 더 많이 접촉했다[t(190)= −4.69, p<.001]. 이는 아버지들이 일을 통해 지역 주민들과 더 많이 접촉할 수 있기 때문일 것이다.

둘째로, 비록 연구 가정과 다른 거주자들 간에 접촉이 있었지만, 접촉이 얼마나 의미 있는지는 증명되지 않았다. 〈그림 1〉을 보면, 접촉한 해외 거주자들은 핀란드 해외 거주자들과 그 외 해외 거주자들 두 그룹이 있음을 주목할 필요가 있다. 내 자료에 따르면, 다른 핀란드 해외 거주자들과 어떤 접촉도 하지 않았던 일부 가정들이 있었다.

주재국에 핀란드 가정은 우리뿐이었고, 이는 분명 우리에게 영향을 주었어요.

만약 동일한 언어를 사용하는 네트워크가 있었다면, 의심할 여지없이 달랐을 거예요. 지역 주민과 다른 해외 거주자들만이 우리의 친구이고 지지 그룹이었어요. (59번 응답자)

직원을 해외에 발령 보낸 회사들은 해외 거주와 관련하여 사전에 핀란드 해외 거주자들에게 훈련 프로그램을 제공했다. 87%의 가정(n=32)에 무료로 제공되었으나, 해외 거주자의 단지 19%(n=37)만이 참석했다. 부모들은 가게 될 나라에 사전에 가보는 것을 특히 가치 있게 여겼다. 네 가정 중 세 가정(74%, n=148)이 주재국으로 이주하기 전에 그곳을 미리 방문했다. 여행 경비는 보통 회사가 지불했다(77%, n=113).

핀란드 해외 거주 가정의 어린이들에 관한 결과

핀란드와 미국의 어린이들은 해외 거주 시 다양한 언어적 상황에 놓인다. 핀란드 해외 거주 가정의 가장 큰 어려움은 언어를 익히는 문제였다. 언어 이슈는 앞서 모국어의 맥락에서 이미 언급했다. 여기서는 외국에서 학교를 시작할 때 어린이들의 언어 숙달 정도를 조사했다.

외국에서 학교를 시작할 때, 핀란드 어린이 대부분(57%, n=147)은 학교에서 사용하는 언어를 할 수 없었다. 학교에서 사용하는 언어에 능숙한 경우는 10%(n=25)였다. 어린이들은 학교에 다니는 동안에 학교 언어를 익혔다. 예를 들어, 본국으로 돌아오기 전 언어에 능숙한 비율은 50%(n=130) 정도까지 높아졌다. 이러한 언어 습득 과정에 대해 한 응답자는 말한다.

우리 큰아들은 2년 동안 수업 시간에 한 번도 자발적으로 말하지 않았던 것 같아요. ESL(역자 주: 제2언어인 영어를 배우는 수업) 시간에도 혼자 있었죠. 그럼에도 불구하고 아이는 정확하고, 문법적으로도 흠이 없는 영어를 배웠어요. 그것이 아이에게 쉽지는 않았어요! "아이들은 매우 쉽게 배우지!"라고 쉽게 말하면 안 돼요. (65번 응답자)

이 연구에서는 학령기 초기에 학교 언어에 능숙한 어린이들과 능숙하지 않은 어린이들을 비교했다. 심리적 적응 면에서 이 두 집단 간에 유의미한 차이(p=.758)는 없었다. 이 연구는 결과에 어떤 영향을 줄 수 있는, 입학 후 몇 년간 이루어졌음을 기억할 필요가 있다. 언어가 능숙하지 않았던 어린이들이 능숙했던 어린이들보다 유의미하게(p=.001) 더 많은 사회 문화적 문제를 보였다. 언어 문제가 사회문화 적응의 측정(SCAS)에 포함된다는 점을 감안할 때, 이는 매우 이해할 만하다.

해외에서 학교에 다니는 어린이들의 약 절반이 지역 학교에 다녔다(이전 절 참조). 지역 학교에 다니는 어린이와 국제학교에 다니는 어린이 간 차이점을 조사했다. 이 두 집단 간에 심리적 적응 면에서 통계적으로 유의미한 차이점(p=.004)이 발견되었다. 국제학교에 다니는 어린이들이 지역 학교에 다니는 어린이들보다 심리적 적응 면에서 더 많은 문제가 있었다. 이 결과는 개방형 질문에 대답한, 다음과 같은 국제학교의 끊임없는 변화와 독특한 특성으로 설명할 수 있다.

국제학교에 다니는 해외 거주 가정의 어린이들은 어떤 면에서 특별해요. 그들의 삶도 그래요. 국제학교 어린이들과 그 가족들은 일종의 거품 같은 삶을 살고 있는 것 같아요. 현실적이지 않죠. 많은 아이들이 자신의 문화를 경험하지 못했고, 모국에서 오랫동안 살지도 못했죠. 대부분의 아이들이 종종 친구, 학교, 특정 문화, 관습 등을 포기해야만 했어요. 그리고 새로운 곳에서 다시 새롭게 시작해야만 했죠. 이는 말할 필요도 없이, 아이의 성격, 자아 존중감, 사회적 행동 그리고 소위 놀이 등에 영향을 주지요. (65번 응답자)

한편, 개방형 질문을 통해 다른 의견도 들을 수 있었다. 어떤 부모들은 국제학교가 자녀에게 도움이 된다고 보았다.

우리가 살던 도시에서, 우리 아이들은 다른 해외 거주 어린이들과의 국제학교 경험으로 인해 학교에 쉽게 적응했고 해외 거주도 용이했어요. 지역 문화와 국제적 특성을 학업을 통해 분명히 볼 수 있었어요. (49번 응답자)

연구에 참여한 어린이들의 단지 5%만이 해외에서 핀란드 학교에 다녔다. 해외에 거주하는 동안 핀란드식 학교 교육을 받는 것은 해외 거주 가정의 선택 사항이다. 핀란드에는 해외에 거주하는 어린이들을 위해 원격교육을 실시하는 두 기관이 있다. 이 연구에서는 34명(10%)의 어린이들이 원격교육 서비스를 이용했다. 원격교육 서비스를 이용하지 않는 주원인은 이런 종류의 서비스에 대한 정보를 얻지 못했기 때문인 것 같다. 원격교육에 대한 정보가 부족한 부모들의 비율이 한 기관에서는 62%였고, 다른 기관에서는 87%였다. 어떤 가정의 경우에는 이 서비스를 이용하지 못하는 이유가 시간이 없기 때문이었다. 다음 사례처럼, 어머니가 그 가정의 해외 거주자였기 때문이다.

우리 가정은 어머니가 해외 거주자였고 아버지가 아이들을 돌보며 집에 계셨어요. 일반적인 가정과 비교할 때 매우 드문 경우죠. 학교에서 사용하는 언어는 영어였고, 아버지는 (핀란드어를 제외하고) 어떤 언어도 할 수 없어 숙제를 도와주지 못해 학교 다니기 어려웠어요. 어머니가 오후 6시에 "힘차게" 집에 돌아오면, 숙제가 시작되었죠. 여기에다 핀란드 학교의 숙제까지 한다는 것은 상상도 할 수 없었죠. (56번 응답자)

결론 및 논의

미국인 해외 거주 가정과 비교하여 핀란드 해외 거주 가정과 그 자녀들의 독특한 특성을 논의하기에 앞서, 이 연구의 주된 제한점을 강조할 필요가 있다. 이 연구는 본래 비교연구가 아니다. 그런 이유로 나는 비교를 단지 반영을 위한 하나의 관점으로 사용한다. 이런 제한점으로 인해 추가 연구의 필요성이 대두된다. 즉, 문화 배경이 다른 해외 거주 가정과 그 자녀들에 대한 비교연구가 참으로 필요하다. 나는 어린이와 관련된 결과들로 논의를 시작하고, 그런 다음에 핀란드 해외 거주 가정과 연관된 이슈들로 옮겨갈 것이다.

학교 관련 연구 결과를 보면, 일부 핀란드 어린이들은 원격교육을 통해 핀란드 교과과정을 공부하고 있었다. 이런 종류의 이중 학습이 어린이나 가족 전체에게 분명 힘든 일임에 틀림없다. 미국 아이들은 미국식 국제학교를 보통 이용할 수 있으므로, 해외 거주 시 이런 종류의 방법을 사용할 필요가 없다.

해외 거주 시 학교교육과 관련해, 많은 핀란드 어린이들은 국제학교가 아닌 지역 학교에 다니고 있었다. 이는 단지 한 번 해외 거주를 경험하는 핀란드 아이들에게 적절한 해결책인 것처럼 보인다. 같은 이유로, 국제학교가 항상 해외 거주 가정의 모든 어린이들에게 최선의 해결책은 아닐 수 있다. 해외에서 국제학교에 다니는 핀란드 어린이들은 지역 문화에 적응하고 핀란드의 학교 문화와 상이한 영미 문화에도 적응해야만 하는 이중 부담이 있을 수 있다. 그러나 만약 해외 거주 가정이 여러 번 이주를 해야 할 경우에는, 이주한 나라들에서 국제학교를 선택하는 것이 아이에게 일종의 지속성을 주므로 유용한 해결책이 될 수 있다.

핀란드와 미국 해외 거주 아이들을 구분 짓는 중요한 이슈는 언어적 상황이다. 절반 이상의 핀란드 어린이들이 해외에서 학교를 시작할 때 학교에서 사용하는 언어에 전혀 능숙하지 않았다. 이 시점에서 이들 어린이들은 도움이 필요하다. 이들이 이것을 어떻게 경험하는지 그리고 아직 언어적 역량이 없는데도 어떻게 이런 상황에 대처하는지 후속 연구가 필요하다. 학교에서 핀란드어를 쓰지 못하고, 게다가 집에서도 핀란드어 사용이 부족한 것은 걱정이 아닐 수 없다. 많은 핀란드 가정들이 집에서 부분적으로 영어를 사용했다. 이 이면에는 많은 이유들이 있을 수 있다. 한 가지는 핀란드어와 영어가 차지하는 다른 지위, 특히 아이들이 마음에 지니고 있는 지위와 관련이 있을 수 있다. 즉, 핀란드어를 말하는 것보다 영어를 말하는 것이 "더 멋져" 보이는 것이다. 이와 같이 모국어의 박탈은, 일포의 경우처럼(Pollock and Van Reken, 2009), 그들의 삶에 지대한 영향을 줄 수 있다. 사실상, 아이가 핀란드어를 충분히 알지 못하면, 핀란드로 다시 돌아가기 매우 어렵다.

일부 나라들에는 핀란드인 해외 거주자 공동체가 매우 소규모이거나 심지어 아예 없으므로, 해외 거주자 공동체에서 핀란드인 정체성이 생기기 어렵다. 나는 미국인 해외 거주자들이 핀란드인 해외 거주자들보다 "해외 거주자 응집력(expat bubble)"을 갖기 훨씬 더 쉽다고 본다. 왜냐하면, 해외 동포의 숫자나 해외 거주 공동체의 범위가 상당히 다르기 때문이다. 핀란드 해외 거주 가정은 지역 주민들과의 접촉이 중요해 보인다. 나는 해외 거주 가정들은 해외 거주 시 "이중 응집력(double bubble)", 즉 해외 거주자 응집력(expatriate bubble)과 가족 응집력(family bubble) 안에서 살고 있다고 본다. 핀란드 해외 거주 가정의 경우, 가족 응집력이 주된 응집력이고 자산이었다.

많은 해외 거주 가정들의 경우, 어머니는 직장에 다니지 않고 살림을 하는데, 핀란드인 가정의 경우도 그렇다. 해외 이주 전에 (그리고 모국으로 귀환했던 이 연구 중에도) 대부분의 핀란드인 해외 거주 가정은 남편과 아내 둘 다 직업이 있었으나, 해외에 살 때는 상황이 달랐다. 이는 이들 해외 거주 가정이 내적 역동을 겪을 수 있음을 의미한다. 부모의 직업적 역할의 변화는 부부간 관계뿐만 아니라 가족 간 관계 전체에 영향을 미친다. 옥사넌(Oksanen, 2006)이 지적한 것처럼, 핀란드에는 일반적으로 가정주부가 존재하지 않으므로, 이는 특히 핀란드인 해외 거주 가정들에게 어려움이 될 수 있다.

나는 유럽인 가정인 핀란드인 해외 거주 가정을 조사했다. 그럼에도 핀란드인 가정은 호주나 북미보다 유럽에서 더 어려움을 겪었다. 어떻게 이런 결과가 나올 수 있을까? 우선 결과를 설명하고자, 핀란드 해외 거주 가정 대부분이 거주한 유럽 다섯 나라에 대한 호프스테더(Hofstede, 2001)의 연구 또한 이론적 문헌으로 검토했다(〈표 1〉). 이들 유럽 국가들은 세 가지 문화적 차원인, 불확실성의 회피, 권력 간격 그리고 남성성/여성성에서 특히 다른 것처럼 보인다. 호프스테더의 결과에 따르면, 유럽은 그 자체가 하나의 문화적 독립체가 아닌 것처럼 보인다. 유럽 내 나라들은 다섯 가지 문화 차원에서 차이점이 있다. 핀란드와 이들 유럽 5개국 간의 핵심적 차이점은 차원에 따라 각기 다르다(〈표 1〉). 핀란드는 권력 간격에 있어서는 프랑스, 벨기에와 차이가 있고, 벨기에와 불확실성 회피에서 다른 점수를 보였다. 개인주의/집단주의 차원에서 핀란드는 영국, 네덜란드와 차이가 있었고, 남성성/여성성의 경우에는 영국, 독일과 차이가 있었다. 둘째로, 핀란드 일반 대중은 중유럽의 문화보다 영미 문화에 더 익숙할 수 있다. 게다가, 핀란드인 해외 거주자들은 호주나 북미에서 사용하는 영어를 프랑스어나 독일어보다 더욱 잘한다. 셋째로, 호주, 미국, 캐나다처럼 영어를 모국어로 사용하는 나라들은 해외 거주자들의 적응을 돕는 광범위한 이민의 역사가 있다.

이 연구에서 제안한 것처럼, 다른 유럽 출신 해외 거주 가정들을 더 조사할 필요가 있다. 해외 거주 가정들에 관한 유럽의 연구들은 아주 미미한 편이다. 해외 거주 시 적응은 국가에 따라 다르다. 주재국 자체의 영향뿐만 아니라 출신국의 문화도 해외 거주 과정에 영향을 준다. 그러므로 출신 배경이 다른 해외 거주 가정들을 비교하는 연구가 필요하다. 해외 거주 가정들과 제3문화 아이들에 관한 광범위한 미국 주도의 연구들을 보완하는 후속 연구들이 절실히 필요하다고 본다.

참고문헌

Brockman, J. 1995. *The Third Culture: Beyond the Scientific Revolution*. New York: Simon & Schuster.

Bruner, J. 1996. *The Culture of Education*. Cambridge, Massachusetts: Harvard University.

Duque, L. 2009. *Mental Health of Expatriates in Finnish Enterprises in Brazil*. Annales Universitatis Turkuensis D 879. Turku: Painosalama.

Hofstede, G. 2001. *Culture's Consequences: Comparing Values, Behaviors, Institutions, and Organizations across Nations*. Thousand Oaks, California: Sage Publications.

Hyvonen, H. 2009. *Lähellä mutta niin kaukana: Tutkimus naisten muuttoliikkeestä Suomen ja uudelleen itsenäistyneen Viron välillä* (in Finnish with an English abstract). Väestöntutkimuslaitoksen julkaisusarja D 51. Helsinki: Väestöliitto.

Jun, S. and J.W. Gentry. 2005. "An Exploratory Investigation of the Relative Importance of Cultural Similarity and Personal Fit in the Selection and Performance of Expatriates." *Journal of World Business*, 40, pp.1~8.

Kano Podolsky, M. 2004. "Cross-cultural Upbringing: A Comparison of the 'Third Culture Kids' Framework and "Kaigai/Kikoku-shijo" Studies." *Contemporary Society: Kyoto Women's University Bulletin*, 6, pp.11~28.

McLachlan, D.A. 2007. "Global Nomads in an International School: Families in Transition." *Journal of Research in International Education*, 6(2), pp.233~249.

Murphy, E. 2003. "Monolingual International Schools and the Young non-English-speaking Child." *Journal of Research in International Education*, 2(1), pp.25~45.

Neault, R.A. 2005. "Managing Global Careers: Challenges for the 21st Century." *International Journal for Educational and Vocational Guidance*, 5, pp.149~161.

Oksanen, A. 2006. "Siirtonaisena Singaporessa: Ulkomaantyökomennuksille mukaan muuttaneet suomalaisnaiset kertovat kokemuksistaan." (in Finnish with an English summary). *Yhteiskuntapolitiikan laitoksen tutkimuksia* 2. Helsinki: Yliopistopaino.

Olson, D.H. and D.M. Gorall. 2003. "Circumplax Model of Marital and Family Systems." in F. Walsh(ed.). *Normal Family Processes*. New York: Guilford.

Pollock, D.C. and R.E. Van Reken. 2009. *Third Culture Kids: The Experience of Growing Up among Worlds*. Boston: Nicholas Brealey.

Riusala, K. and V. Suutari. 2000. "Expatriation and Careers: Perspectives of Expatriates and Spouses." *Career Development International*, 5(2), pp.81~90.

Schaetti, B.F. and S.J. Ramsey. 1999. "The Expatriate Family: Practicing Practical Leadership." Retrieved October 7, 2010 from http://www.transition-dynamics.com/expatfamily.html.

Selmer, J. 1999. "Adjustment to Hong Kong: US v European Expatriates." *Human Resource Management Journal*, 9(3), pp.83~93.

Snow, C.P. 1964. *The Two Cultures: And a Second Look*. Cambridge: Cambridge University Press.

Tungli, Z. and M. Peiperl. 2009. "Expatriate Practices in German, Japanese, U.K., and U.S. Multinational Companies: A Comparative Survey of Changes." *Human Resource Management*, 48(1), pp.153~171.

Ward, C. and A. Kennedy. 1999. "The Measurement of Sociocultural Adaptation." *International Journal of Intercultural Relations*, 23(4), pp.659~677.

Ward, C. and A. Rana-Deuba. 1999. "Acculturation and Adaptation Revisited." *Journal of Cross-Cultural Psychology*, 30(4), pp.422~442.

Van der Zee, K.I. and J.P. Van Oudenhoven. 2000. "The Multicultural Personality Questionnaire: A Multidimensional Instrument of Multicultural Effectiveness." *European Journal of Personality*, 14, pp.291~309.

_____. 2001. "The Multicultural Personality Questionnaire: Reliability and Validity of Self- and Other Ratings of Multicultural Effectiveness." *Journal of Research in Personality*, 35, pp.278~288.

Zung, W.W.K. 1972. "A Cross-Cultural Survey of Depressive Symptomatology in Normal Adults." *Journal of Cross-Cultural Psychology*, 3(2), pp.177~183.

국내 학생인가? 국제 학생인가?

미국 국제유목민이 대학 진학을 위해 "고향"으로 돌아왔을 때*

/

브루스 라 브랙(Bruce La Brack)

소개

미국 대학에는 특별한 종류의 학생들, 즉 대학 진학을 위해 "고향"으로 돌아오는 국제유목민 자녀들이 점점 증가하고 있다. 비록 미국 정부의 해외 거주 미국인의 총 숫자에 대한 신뢰할 만한 최근 통계 수치는 없지만, 이 부류가 미국 인구의 상당한 부분을 차지할 것이라는 데에는 의심의 여지가 없다. 총 숫자는 500만~600만 명으로 추산된다.[1] 그 수치 중에서 해

---

* 이 글은 2003년 5월 25~30일 유타주 솔트레이크시티에서 열린 국제교육자협회(Association of International Educators)의 제55차 연례회의 "새로운 고지에 도달하기: 국제유목민 프로그램의 최선의 실천(Reaching New Heights: Best Practices in Global Nomad Programming)"에서 발표한 글을 대폭 수정·보완한 것이다. "국제유목민(Global Nomad)"과 "제3문화 아이들(Third Culture Kids)"이란 명칭은 엄밀히 말해 동일하지는 않지만 서술적으로 상호 교환하여 쓴다.

1   해외에 살고 있는 미국인 숫자에 관한 신뢰할 만한 데이터는 없다. 내가 알 수 있었던 가장 큰 측정치는 해외 이주(Transitions Abroad) 웹사이트에서 얻은 것으로, 최근 미국

외에 살고 있는 학령기 어린이들은 40만 명이 넘으며, 21세기 초에는 50만 명에 도달할 것으로 보인다. 이 어린이들은 수치로 나타낸 제3문화 아이들이다. 이들은 대개 다른 나라의 말을 하고 그곳의 문화적 배경을 가지고 있다. 이들은 보통 여러 나라에서 오랫동안 살았고, 국제적인 시각을 지녔으며, 다양한 부류의 학교 환경에서 교육을 잘 받았으며, 다른 문화와 교

국무부에 따르면, 해외에 거주하고 있는 미국인은 660만 명 정도로 매사추세츠 전체 인구보다 좀 더 많다(http://www.transitionsabroad.com/listings/living/living_abroad/living_abroad_by_country.shtml). 2008년 9월 26일 발행된 ≪에스콰이어≫ 지의 "미국인 디아스포라(The American Diaspora)"라는 기사에서 무명 저자는 다음과 같이 적었다. "얼마나 많은 미국인이 해외에 살고 있는지 아무도 모른다. 해외에 살고 있는, 군 관련이 아닌 민간 미국인 수치로 가장 자주 인용되는 수치는 300만에서 600만으로, 1999년 미 국무부의 대략적인 계산치에 토대를 두고 있으며, 이후 한 번도 업데이트되지 않았다. (국무부 대변인은, 보다 최근 수치를 가지고 있지만 '보안상 이유'로 일반에 공개할 수 없다고 알려주었다.) 인구조사국은 해외에 있는 미국인 수를 알아보는 데 소극적이고, 각 대사관은 단지 대략적인 측정치만 제공하고 있으며, 인구통계학자들도 면밀한 연구를 할 만한 자료를 갖고 있지 않았다. 미국은 이민자 수를 세려고 하지 않는 유일한 선진국이다"(Esquire, 2008.9.26).
분명 그와 같은 조사를 하는 것은 비용도 많이 소요되고, 어렵고, 방법론적으로도 복잡하다. 국제노동연구소(International Labor Office) 제이슨 샤흐터(Jason P. Schachter)는 이와 관련된 국무부의 수치와 다른 통계치를 2006년 11월 유엔 경제사회국 통계부에 보고한 「국제 데이터를 이용한 미국 출신 이민자의 수치(Estimation of Emigration from the United States Using International Data Sources)」(ESA/STAT/AC.119/19)라는 보고서에서 분석했다. 샤흐터는 2006년경에 해외에 살고 있는 미국인 숫자를 410만 명으로 추정했다(Schachter, 2006).
해외거주 미국인협회(Association of Americans Resident Overseas)의 최근 자료는 160여 개국 이상에 살고 있는 정부 관리와 군 인사들을 포함한 미국 시민의 수를 508만 명이라 주장한다(http://aaro.org/). 해외에 살고 있는 정부와 군 관련 인사 그 가족의 수는 약 55만 명으로, 대부분 유럽과 아시아에 있다. 실제 숫자가 얼마든, 미국 사회에서 큰 부분을 차지하고 있으며, 학업을 계속하기 위해 미국으로 돌아오는 이들은 이들의 자녀이다.
대학 진학을 위해 매년 미국으로 돌아오는 국제유목민·제3문화 아이 집단의 크기를 고(Gaw)는 2007년 3만 7000명으로 추산했다. 고(Gaw, 2007) 참조.

류할 수 있는 풍부한 능력과 행동 양식을 소유하고 있다.

그럼에도 불구하고 미국으로 돌아온 많은 국제유목민들은 미국 대학 생활이 만족스럽지 못하다. 결과적으로 이들은 자주 전공을 바꾸거나 대학을 바꾼다. 연구들은 국제유목민들이 지속적으로 빈번하게 이동하는 경향이 있으며, 그 결과 대학을 마칠 때까지 여러 대학을 돌아다님을 보여준다. 대략 2.4~2.7개 정도의 대학을 거친다.

국제유목민들은 대개 국내 학생과 구별되지 않으므로 주목을 받거나 지지를 받지 못한다. 이 글은 미국 여권을 소지한 국제유목민을 국내 미국인과 다르게 인식하고 대우하는 것이 왜 그들이 학교에 더 머물고 학교 교육에 만족할 수 있게 하는지를 논할 것이다. 또한 그들이 새로운 환경에 다시 적응할 때 필요한 다양한 심리적·학문적 필요들에 대해서도 살펴볼 것이다.

지구촌이 "고향"이 될 때

만약 어떤 국제유목민이, "아이를 키우려면 마을이 필요하다"라는 말을 듣는다면, 자신의 성장 경험을 되돌아보며 양육을 받는 데 그렇게 "많은 마을"이 있었는지 의아해할 것이다. 적잖은 사람들이 이 표현이 불완전하고 사회적으로도 매우 제한적이라고 여길 것이다.

국제간 이동이 잦은 아이들은 다양한 장소에서 살고 여러 명의 보호자를 만나며 다양한 교육 상황과 사회 환경에 노출된 직접적인 경험이 있다. 이런 반복적 변동이 여행을 잘하지 않는 사람들에게는 당혹스럽고 혼란스럽겠지만, 국제유목민·제3문화 아이들에게는, 비록 때때로 힘들기는 하지만, 일반적인 일이며 종종 흥미진진한 삶의 방식이기도 하다.[2] 이들은 더 다양한 사람을 만나고 더 많은 장소를 방문한다. 그리고 15세가 되기 전에 벌써 다른 사람들이 일생 동안 경험하는 것보다 더 강렬한—슬픔과 상실을 포함하는— 문화 간 어려움을 겪는다.[3]

대다수 국제유목민은 고등교육을 받기 위해 여권에 쓰어 있는 나라로 돌아간다. 그들이 얼마나 대학 생활에 잘 적응하는지 알 수 없다. 그들은 국내 학생들과는 문화적 배경이나 어린 시절의 경험이 상당히 다른 비전형적인 학생들이다. "고향"과 새로운 캠퍼스는 많은 국제유목민에게 다소 외국처럼 보일 수 있다.

이들은 누구인가?

국제유목민은 대학 행정관, 입학사정관 그리고 입학기관의 직원들에게 흥미로운 대상이다. 구체적으로 말해 다음과 같다. 미국 대학에 다니는

---

2   노마 매케이그(Norma McCaig)는 국제유목민(1984)이라는 용어를 만들었고, 국제유목민위원회(Global Nomads International)의 창설자이자 국제유목민기관(Global Nomads Resources)의 회장이다. 반면, 데이비드 폴록은 지난 몇십 년 동안 통찰력 있는 제3문화 아이 특성을 포함하여 국제유목민들의 특징을 가장 잘 체계화했다. 『제3문화 아이들: 세계 가운데서 성장하는 경험(Third Culture Kids: The Experience of Growing Up among Worlds)』(개정 2판)(Pollock and Van Reken, 2001)에서 그의 통찰력을 살펴볼 수 있다.

3   국제유목민·제3문화 아이에 관한 미국 대학의 최근 프로그램들과 관련해 식견 있는 사람들을 접촉하는 과정에서, 나는 많은 전문가, 교수, 해외 유학생 사무소 직원, 대학 행정직원들이 있는 것에 다시 한번 놀랐다. 미국 몇몇 대학에서 전문가이자 행정가로 일하는, 그리스와 이집트의 가정 배경이 있는 한 동료의 가슴 아픈 이야기가 주목을 끌었다. "여름 동안 나는 (역시 국제유목민인) 어머니와 함께 '모국'을 두 달간 여행했어요. 우리는 이집트에서 그리고 그리스(어머니의 여권 기재국)에서 거의 한 달간 지냈죠. '나는 몇 번이나 내 모국을 잃게 되는 건가' 생각했어요. 이라크는 쿠웨이트(내 어린 시절의 나라)를 침공했고, 9·11사태가 이곳 워싱턴(내가 적응한 나라)에서 일어났고, 그리스(어머니의 나라)의 경제는 몰락했고, 그리고 지금 이집트(아버지의 나라)는 데모가 한창이에요. 반복적으로 '모국을 잃는, 일종의 상실감을 느껴요. '일반적'인 미국인이나 단일 문화집단 사람들은 이런 경험을 하지 않지요"(2011년 2월 1일 자 이메일).

미국 여권을 소지한 국제유목민은 전형적인 미국인 학생일까? 아니면 그들의 문화적 특징이 그들을 특징지을까? 전형적인 미국인 학생과 유사할까, 아니면 다른 국제 학생일까?

대부분 학교들이 이 문제를 외면한 채, 어떤 유형의 얼마나 많은 국제유목민이 학교에 등록했는지 모른다. 그러나 퍼시픽대학교(University of the Pacific) 국제연구원(School of International Studies. 이하 SIS)은 이 문제를 직접 다루어왔다. 그들은 국제유목민들이 원하는 것을 선택할 수 있도록 하며, 이 문제에 대한 유일한 해결책처럼 보이는 정책과 대안들을 실행해 왔다. 지금까지도 이와 같은 선택지를 제공하는 다른 대학은 없는 것 같다.

SIS의 주된 역할은 미국이나 해외에서 온 입학생과 국제 전문가들을 훈련하는 데 있으며, 항상 국제유목민을 수용하는 데 관심을 가져왔다. 신입생 정원을 50명으로 제한하고 있으며, 국제유목민이 아닌 사람들이 포함되어 있다.

SIS는 미국 여권을 소지한 국제유목민들의 서로 다른 필요를 충족시켜주기 위해 대조적인 두 프로그램을 만들었다. 하나는 자신을 기본적으로 국내 학생으로 여기는 사람을 위한 것이고, 다른 하나는 자신을 국제 학생이라 느끼는 사람을 위한 것이다. 어떤 면에서, 이 이중 트랙(two-tracks)은 거의 서로의 "거울상(mirror images)"이다. 이중 트랙은 서로 다른 국제유목민에게 더 적합한 대학 교육을 제공하기 위해 만들었다. 그들이 가진 특별한 능력은 무엇이고 필요로 하는 것은 무엇인가? 우리는 어떻게 언어 능력과 같은 그들의 독특한 특성을 인식하고, 그들의 정체성을 존중할 수 있을까?

이제 우리가 질문들을 어떻게 만들어냈는지 그리고 우리가 개발한 일부 교과과정을 소개할 것이다. 우리 상황을 좀 더 이해할 수 있도록 학문 기관들에 대해 간단히 살펴볼 것이다.

배경

캘리포니아 스톡턴에 위치한 퍼시픽대학교는 캘리포니아에서 최초로 인가받은(1851) 대학교로 환태평양 지역과 깊은 유대 관계가 있다. 본래 감리교 소속의 사립학교로서 오랫동안 많은 교사와 전도자들을 배출한 것으로 잘 알려져 있다. 이처럼 퍼시픽대학교는 그 명칭이 공식화되기 오래전부터 125년 이상 국제유목민·제3문화 아이들을 위해 봉사해 왔다.

해외에 살고 있는 퍼시픽대학교 졸업생의 자녀들이 대학 진학을 위해 스톡턴으로 돌아오는 추세에 따라 선교사 자녀들의 학생 수도 증가했다. 이는 교사와 선교사로 전 세계로 뻗어나간 결과로 확대된 미국의 영향력을 방증해 준다. 좀 더 최근인 1960년대에는 유럽, 중남미, 아시아에 역점을 둔 3개의 "대학 내 독립된 학부(cluster college)"가 설치되었고 그 결과 더 많은 국제유목민 학생들이 퍼시픽대학교에 매력을 갖게 되었다. 많은 이들에게 이곳은 부모의 모교이자, 또한 교육적, 군사적, 외교적 이유로 그리고 사업상 부모와 함께해야만 했던 그들의 인생 초기의 경험들에 지속성을 부여하고 편안함을 제공해 주는 장소이다.

그 당시에 우리는 그들을 제3문화 아이들이라고 부르지 않았지만, 그들을 "국제적 경험이 있는(internationally experienced)", 여러 언어를 구사하고 다양한 문화를 체험한, 그리고 국제적 시각을 지닌 사람들로 높이 평가했다. 이렇게 국제유목민·제3문화 아이들은 오랫동안 퍼시픽대학교의 학생 집단에 긍정적 영향을 제공했다. 우리는 10여 년 이상 국제유목민에게 대안적인 두 학문적 선택 과정을 제공해 그들의 특별한 재능과 필요에 부응했다.

국제유목민들을 위해 조정된 교과과정

비교문화 훈련(cross-cultural training)과 국제교환 교육(international educational exchange)[4]의 혁신적인 도입자로 널리 알려져 있는 국제연구원(SIS)은 1998년 가을에 국제유목민의 특수한 성격과 필요를 다시 한번 인정하면서, 그들을 겨냥한 특별한 프로그램을 시작했다. 전형적인 미국 대학에 진학하기 위해 돌아오는 미국 여권을 가진 국제유목민들은 자동으로 "정규(regular)" 학부생이 되었고, 엄밀히 말해 그들은 국제 학생은 아니지만, "국제 학생"이 아닌 다른 대안은 없었다. SIS는 국제적 경험을 한 이런 학생들에게 두 갈래의 교과과정 중에서 하나를 선택할 수 있도록 했다.

SIS의 현재 교과과정은 매우 광범위하다. 졸업하기 위해서는 언어 연구(language study), 비교문화 훈련, 해외 연수(a study abroad experience) 등 많은 필수과목을 수강해야 한다. 우리는 학생들이 단지 "외국" 문화만을 배우는 것이 아니라 적어도 한 나라 혹은, 가능하다면 여러 "다른 나라" 문화에서 생활해 보고, 공부하고, 일해보는 것이 중요하다고 생각한다. 우리는 4개 학부 과정으로, 국제 관계(International Relations), 세계 연구(Global Studies), 국제 문제와 교섭(International Affairs and Commerce), 발달과 문화적 변천(Development and Cultural Change) 과정을 제공하고 있다. 학제 간 팀으로

---

4   국제연구원 비교문화 훈련 과정에 대한 자세한 교과과정과 역사는 배서스트·라 브랙 (Bathurst and La Brack, 2012)에서 알 수 있다. 국제연구원의 비교문화 훈련 프로그램의 발전 과정에 대한 추가 정보는 밴드 버그·페이지(Vande Berg and Paige, 2009: 419~437)에서 얻을 수 있다.

비록 국제유목민에게 초점을 맞춘 것은 아니지만, 퍼시픽의 비교문화 훈련을 다룬 초기 보고서들은 온라인에서 확인할 수 있다. 라 브랙의 두 문헌(La Brack, 1993; 1999)은 서던캘리포니아대학 국제교육센터(http://www.globaled.us/)의 프로젝트로 SAFETI(Safety Abroad First – Educational Travel Information) 온라인 뉴스레터(Volume 1, Number 1, Fall 1999-Winter 2000)에 발표되었다.

가르치는 것을 교과과정의 중요한 부분으로 여기며, 인류학, 정치학, 역사, 경제 분야의 교수진들이 있다. 학생들은 이들 학문의 입문 과정을 반드시 수강해야만 한다.

미국 여권을 소지한 많은 국제유목민들이 이 "정규" 과정을 이수하고 나서 성공적으로 외국이나 국내의 직업 세계로 진출했다. 비록 정규 과정이 많은 국제유목민들에게 매력적이고, 그들의 지적 필요를 채워주고, 국제적인 것에 역점을 두고, 문화적 배경에 관계없이 그들에게 도전을 줄지 모르나, 모든 국제유목민들의 심리적·실질적·학문적 필요를 다 채워주지는 못하는 것 같다.

"숨겨진 이민자"인 국제유목민

모든 국제유목민이 특정한 시기를 해외에서 살지만, 많은 국제유목민이 대부분의 삶을, 일부는 전 생애를 미국 밖에서 보낸다. 그러므로 SIS는 어떤 학생들에게는 "미국에서의 경험"이 상당히 "이국적"일 수 있다고 본다. 오랫동안 해외에서 생활한 국제유목민들을 위해 SIS는 "거울상(mirror image)"이라 부르는 대안적인 학위 과정을 신설했다. 이 과정의 학생들은 국제 학생들과 똑같은 대우를 받는다. (난민 출신의 국내 학생들을 포함한) 미국인이 아닌 국제 학생들처럼 이들 국제유목민들은 문화인류학(Cultural Anthropology)이나 현대 세계 문제들(Contemporary World Issues), 세계 역사관(Perspectives on World History), 고급 세미나(Senior Seminar)와 같은 필수 과목을 수강해야 할 뿐만 아니라 관련 과목과 미국 내에서의 경험들에 집중한다.

이는 미국 여권을 소지한 국제유목민들이 더 이상 "숨겨진 이민자"가 아니며, 미국 여권을 갖고 있지만, "일반적인" 국내 학생들과 다른 경험적 배경이나 지식, 실용적 기술들, 문화적 방향성 등을 가졌다고 볼 수 있음을 말한다. 또한 이들 국제유목민 학생들 각자도 서로 다른 기술, 언어 능력, 문화적 관점들을 갖고 있을 수 있다.

"거울상" 학생임을 선택할 경우에, 코스는 자연히 다소 구별되는 측면이 있으며, 교양과목이나 사회과학 교과과정들이 국내 동료 학생들과 조금 다르다. 예를 들어, 수준 높은 어학 실력을 갖춘 국제유목민 학생들은 이를 입증한 후에, (1) 언어 과정을 생략하든지 아니면, (2) 가능할 경우, 동일한 언어를 계속 공부할 수도 있고, (3) 졸업 이수 학점의 한 부분으로 새로운 언어를 배울 수도 있다. 해외 연수는 "거울상" 학생과 국제 학생을 제외한 모든 학생들에게 SIS의 졸업 요건이므로, 많은 국제유목민들은 어렵게 얻은 언어 능력과 문화 간 소통 능력을 졸업 요건으로 사용할 수도 있고, 다시 해외로 나갈 수도 있다. 그러나 미국 여권을 소지한 "거울상" 국제유목민 학생이 4년간의 전 과정 동안 미국에 머물기 원한다면, 그렇게 할 수 있다. 아마도 퍼시픽에서의 시간이 미국 여권을 가진 국제유목민들이 그들의 여권에 기재된 나라에서 사는 가장 긴 기간일 것이다.

국제유목민의 전형은 없지만 그들이 공통으로 보이는 가치나 태도, 행동들은 있다. 데이비드 폴록의 제3문화 아이들 특성(Third Culture Kid Profile)은 특수한 문화적 배경을 초월해 이들이 공통으로 보이는 특징과 경향들을 매우 잘 표현해 준다. 실제로, 국제유목민들은 경험적 배경이 유사한 다른 사람들을 더 잘 인식하고 긍정적으로 반응하는 특징이 있었다. 일반적으로 국제유목민들은, 얼마나 다양하고 폭넓은 문화적 환경 가운데 자랐느냐에 상관없이, 미국 동료들보다 훨씬 쉽고 강렬하게 서로를 알아본다. 미국 여권을 소지하고 표면상 미국인처럼 보이며 미국인처럼 말함에도 불구하고, 국제유목민들은 미국 여권을 지닌, 미국 밖에서 성장한 다른 국제유목민들과 훨씬 더 관계 맺기 수월하다는 것을 안다. 그들은 또한 그 관계집단의 일원으로 대우받기를 더 선호하는 것 같다.

숨겨진 국제유목민의 전형인 제시카

미국에서 오랜 기간 살아본 적은 없지만 대학에 진학하기 위해 돌아온 전형적인 국제유목민 가정 출신인 제시카(가명)가 이런 학생의 훌륭한 본보기일 것이다. 제시카는 이중문화 가정환경에서 자랐다. 아버지는 미국 태생의 사업가로 대부분 동남아시아에서 일했고, 태국에 정착하기 전에는 멕시코와 싱가포르에서 살았다. 어머니는 태국인이다. 그녀의 언니는 싱가포르에서 태어났다. 제시카는 태국에서 태어났고 태국의 촌부리에 있는 영국식 국제학교에서 초등학교 3학년부터 고등학교까지 다녔다. 부모님은 은퇴하셨고, 지금도 여전히 태국에서 살고 계신다.

제시카는 태국어에 능통하고 영어도 악센트를 식별할 수 없을 정도로 잘한다. 비록 그녀의 가족들이 여름휴가로 몇 주나 몇 달 동안 미국에 있는 아버지의 친척들을 방문하곤 했지만, 그녀가 미국에 거주했던 가장 긴 기간은 여섯 살 때 일곱 달 머문 것이었다. 성장하는 동안 그녀는 휴가를 유럽이나 동아시아, 중남미, 오세아니아로 갔고, 국제학술회의에도 참석했다. 그녀는 또한 교환학생 프로그램의 일환으로 호주에서도 살았다.

다시 말해, 퍼시픽대학교에 온 것은 그녀가 여섯 살 이후 처음으로 두 달 이상 미국에 체류한 것이었다. 그러므로 그녀는 "숨겨진 이민자"의 대표적 사례였다. SIS 교수진과 교직원들은 그녀의 성적증명서와 기타 서류들을 통해 그녀가 국제유목민·제3문화 아이임을 확인했고, 정규 학생 코스나 아니면 국제 학생/거울상 코스로 입학할 수 있는 선택권을 주었다. 결국 그녀는 국제 학생/거울상 코스를 선택했고, 그 결정에 매우 편안해했다. 그녀는 상담자와 선택에 대해 논의하면서 매우 이치에 맞는 결정을 했다고 결론지었다.

제시카는 '발달과 문화적 변천'과 '경제학' 복수 전공을 마치기 위해 해외에서 공부하지 않기로 결정했다. 그녀가 다시 해외로 나갔다면 아마도 힘들었을지도 모른다. 사실상, 그녀와 SIS는 미국에서 보내는 그녀의 시간을 다양한 차원에서 미지의 문화를 탐험하고 참여하는 시간으로 보았다. SIS의 시각에서 볼 때, 그녀는 자신의 나라에서 "이국적인" 경험을 하고 있으며, 그것이 그녀의 현실이었다. 미국 문화에 대한 그녀의 반응은 종종 국제 학생들의 반응과 비슷했고 그녀는 자신이 국제 학생들처럼 관찰하고 반응하고 있음을 알아차렸다.

제시카는 국내 미국인들의 행동, 의사소통 패턴, 문화, 종교적 가치, 남녀 관계, 상호작용 등 많은 측면들이 처음에는 매우 수수께끼 같았다고 한다. 그녀에게는 매일매일이 미국 대학생들이 어떻게 생각하고 행동하는지 배우는 기회이자, 문화적인 실수를 저지르고, 오해를 받고, 어떻게 적절히 행동해야 할지 모르는 난감한 순간들이었다.

어떤 면에서, 그녀는 "모국"이라 할 수 있는 곳에서 "새로운" 문화를 배우고, 대부분의 사람들이 해외에 나가면 직면하는 불확실함과 도전들을 경험하고 있었다. 인류학의 관점에서 볼 때, 그녀는 새로운 미국 문화와 캠퍼스 생활을 동시에 성공적으로 통합하고 적응하기 위해 예전 태국의 문화 적응 패턴에 의존하기보다는 새로이 동화되어야만 했다. 우리는 국제 학생으로 고려하는 것이 일반 학생으로 고려하는 것과 어떤 측면에서 다른지 논의할 때 잠깐 다시 제시카의 사례를 얘기할 것이다. 좁은 의미에서, 제시카와 같은 학생들에게 이와 같이 옵션을 제공하는 것이 왜 중요한지 보여줄 것이다.

문화 간 훈련 과정과 순서의 융통성과 다양성

미국 여권을 소지한 일반 국제유목민과 거울상/국제 학생 간의 또 다른 차이점은 거울상 학생들이 교차문화 훈련 과정을 이수하는 순서이다. 퍼시픽대학교의 모든 학생들은 해외로 나가기 전에 다른 나라에서 어떻게 공부하는지 알려주는 "교차문화 교육 1: 오리엔테이션(Cross Cultural Training 1: Orientation)" 코스를 들어야만 한다. 미국으로 돌아온 후에는 그들의 재적응 과정과 해외에서의 경험을 분석하는 과목인 "교차문화 교육 2: 재진입(Cross Cultural Training 2: Reentry)"을 이수해야만 한다. 정규 교과과정에 등록한 국제유목민 학생들은 다른 학생들처럼 해외로 나가서 공부하고 캠퍼스로 돌아오는 순서를 밟는다.

반면, 거울상 학생들은 대학 생활에 도움이 될 것 같으면 재사회화(resocialization)와 "역문화 충격(reverse cultural shock)"을 강조하는 재진입 코스를 첫 학기에 수강할 수 있다. 재진입 코스는 일주일에 세 시간씩, 7주 동안, 총 21시간이고, 2학점을 받는다. 이것은 원래 일정 기간 해외에서 살다가 최근에 돌아온 SIS 학생들이 그들의 경험을 지적으로 재해석하고, 그들의 새로운 기량과 인식을 수업 활동에 통합할 수 있도록 디자인되었다. 무엇보다도 이는 문화적 경계를 넘나드는 데 따른 변화들을 깊이 반영한 것으로서, 다시 모국으로 돌아와 불가피하게 발생하는 혼란과 적응 문제에 도움을 주고자 한다.

해외 생활이 익숙하고 경계를 넘나드는 데 능숙한 미국 여권을 소지한 국제유목민은 재진입 코스에 바로 들어가길 선호할지도 모른다. 왜냐하면, 국제유목민에게 적용 가능한 가장 핵심적인 주제를 언급하기 때문이다. 재진입 코스는 변화된 다양한 정체성, 역문화 충격, 경험을 현재와 미래의 수업 활동을 통해 통합하는 문제들에 가장 실질적인 도움을 줄 수 있다. 예를 들어, 탄자니아에서 선교사 부모님 밑에서 자란 미국 국제유목민 조시 기딩스(Josh Giddings)는 21년 생애 중에 16년을 그곳에서 보냈다. 그가 SIS에 입학했을 때, 우리는 그에게 재진입 코스를 바로 수강하도록 권했다. 그는 과제물에서, "이건 최고였어요! 내 시각과 경험들을 어느 정도 학생들과 논의하고 분출할 수 있어 정말 좋았어요"라고 썼다.

재진입 코스 대상자인 해외 연수 학생들처럼, 미국 여권을 가진 국제유목민들도 모국으로 돌아온다. 그러나 이들은 해외에서 한 학기나 두 학기를 보낸 학생들과 비교해, 익숙하지도 않고 아마도 정서적으로는 더 강렬한 이슈들을 갖고 돌아온다. 그러므로 일부 국제유목민들의 경우, 캠퍼스에 도착하자마자 재진입 코스를 먼저 수강하는 것이 더 적절할 것 같고 순조로운 대학 생활에도 도움이 될 것이다.

만약 국제유목민 학생이 해외에 나가길 원한다면, 일부 학생들은 오리엔테이션 코스를 할 필요가 없다. 오리엔테이션 코스는 전형적인 해외 이슈들(문화 충격, 문화 간 의사소통, 문화 습득 방법 등)과 새로운 사회적 상황에서 성공적으로 대처하는 방법들을 다룬다. 구조상 재진입 코스와 유사하게 오리엔테이션 코스는 일주일에 세 시간씩, 8주간, 총 24시간을 수강하고, 2학점을 받는다. 대부분의 국제유목민들은 보통 문화 간 의사소통과 교차문화 적응론을 배우기를 원하고, 해외 연수 프로그램으로 해외에 나가기 전에 오리엔테이션 코스를 수강한다. 조시와 같은 일부 국제유목민들은, 비록 해외에 나갈 의향이 없어도, 재진입 코스를 수강한 후에 오리엔테이션 코스를 수강하기도 한다.

경우에 따라 국제유목민 학생은 해외에 나가려는 미국 학생의 눈으로 본 미국인의 삶을 배우는 오리엔테이션 코스를 첫 번째 학기에 수강하기도 한다. 제시카는 대학교 3학년이 되기 전 이를 수강했다면 좋았을 것이라 지금은 생각한다. 캠퍼스에 처음 도착했을 당시 다양한 문화 충격이 있었음에도 불구하고 수강하지 않았다. 해외에 나가기 직전 학기에 오리엔테이션 코스를 수강하려고 했다. 그리고 나서 3학년 때 해외에 나가지 않기로 결정했다. 그러나 오리엔테이션 코스가 다루는 정체성, 상반된 문화적 가치들, "미국인"의 행위 등을 논의하는 것은 매우 유용하고 캠퍼스 경험을 더 잘 이해하는 데 도움이 될 것 같았다.

제시카가 초기에 당면한 이슈들은 사소한 것부터(그녀는 글을 쓸 때 영국식 맞춤법을 사용했는데, 때때로 교수들이 이를 인정해 주지 않았다. 그리고 캠퍼스와 미국 음식에 적응하려 애쓰고 있었다) 좀 더 성가신 것까지(데이트할 때 사회적 계약을 알아차리는 것이나 미국 이성 친구들과 연관된 미묘한 행위 등) 광범위했다. 초창기에, 그녀의 태국 본성은 때때로 적절하지 않아 친구들은 이해하지 못했다. 퍼시픽에서의 첫 학기에 그녀는 미국인 흉내를 냈으나 비효과적이었고, 결국 옳지 않다고 느꼈다. 그녀는 오리엔테이션 코스에서 그동안 품고 있던 문화적 의구심들에 대한 해답을 찾았으며, 비록 대학 생활 중반에 이 과목을 수강했지만 유용했다고 여긴다.

제시카는 오리엔테이션 코스에서는 이전 수업과는 매우 다른 방식으로 접근했다. 미국의 문화적 가치나 미국인이 해외에서 어떻게 인식되는지 등을 그룹으로 논의할 때, 그녀의 정신 과정은 반대로 이루어졌다. 그녀는 자신에게 더 친숙하고 편안한 신념들(즉, 태국/불교 양식)에 역점을 두고 미국 패턴이 이와 어떻게 다른지 살펴보았다. 달리 말해, 거울상 학생으로서 제시카는 자신의 핵심 가치들을 다른 사람들이 미국 패턴과 대조되는 외국 가치들로 보는 것에 유념했다. 달리 표현하면, 그녀는 미국의 가치들이 자신의 가치와 어떻게 왜 다른지 그리고 이 다름이 어떻게 갈등과 오해를 불러일으키는지 이 코스를 통해 이해하게 되었다. 더 중요한 것은 그녀가 이런 문화적 차이들을 이해하고 마침내 능숙하게 다룰 수 있게 되었다는 점이다.

제시카는 오리엔테이션 코스를 수강한 것이 매우 유익했으며, 지금도 문화적 혼란을 겪을 때 그때 읽었던 것이나 논의했던 것들을 찾아보곤 한다. 그녀는 그다음 학기에 재진입 코스를 수강했는데, 그것은 유익하지만, 미국으로의 재진입을 집중적으로 탐험하기보다 태국으로 돌아가 살게 될 경우 직면하게 될 것들을 미리 살펴보는 것에 더 가까웠다 한다. 어쨌든, 그녀는 여전히 외국 생활을 하고 있는 중이었다. 이것이 바로 우리가 거울상 코스를 만들 때 기대했던 것이다. 즉, 학생들이 관료주의의 장애를 받지 않고 자신의 교과과정을 조정해 현재의 필요를 채우고 제때에 졸업하게 하는 것이다.

성공적인 이중 트랙 시스템

제시카와 같이 일부 국제유목민 학생들은 해외에 나갈 때까지 기다리기보다는 일찍 오리엔테이션 코스를 수강하는 것이 더 유익할 것이다. 반면 조시와 같은 경우는 재진입 코스를 먼저 수강한 것이 더 좋은 선택이었다. 우리는 SIS에 입학하는 미국 여권을 소지한 국제유목민 학생들에게 그들의 이전 경험을 최대한 활용할 수 있도록 적절한 선택권을 주기 원한다. 오리엔테이션 코스와 재진입 코스는 매 학기 제공되므로 그들은 원하는 코스를 얼마든지 수강할 수 있다. 조시는 이중 트랙 프로그램에 대해 다음과 같이 말했다. "제 생각에 그것은 SIS의 대표적인 매우 좋은 프로그램이에요. 이용하는 국제유목민들에게 분명 도움이 될 거예요. 저도 그랬어요."

미국 여권을 소지한 국제유목민들은 언제든 SIS를 선택할 수 있고, 자신을 국제유목민으로 규정하지 않고, 일반 학생들과 같은 과정을 밟을 수도 있음을 강조해야 할 것 같다. 이런 경우에 그들은 오리엔테이션 코스, 해외 연수, 재진입 코스 수강 등 다른 학생들과 동일한 학습 과정을 거친다. 그러나 만약 국제유목민이 거울상 학생이 되는 혜택을 누리길 원한다면, 우리는 그렇게 하길 제안한다. 이런 결정은 항상 진로 상담자나 교차문화 연수 프로그램의 교수진과 상의하에 이루어진다. 이중 트랙 시스템을 제공하는 목적은, 어떤 식으로든 국제유목민과 그들의 경험을 낙인찍거나 정형화하거나 가려내려는 데 있지 않다. 대학 입시에 필요한 코스도 아니다. 우리는 학생들이 최선의 정확한 결정을 할 수 있다고 믿는다. 거의 그런 일이 일어나지 않지만, 학생이 한 길을 선택했다가 결국 잘못된 결정이었음을 깨닫고 변경을 원할 경우에 이를 허락해 준다.

국제유목민들이, 그들의 이질적인 배경에도 불구하고, 이곳에서 그들의 필요와 목표에 맞는 프로그램을 찾고, 높은 수준의 대학 교육을 받을 수 있도록 하기 위해서이다. 또한 우리 학생 집단에 국제적인 다양한 학생들을 추가할 뿐만 아니라 그들이 우리와 함께 보내는 시간을 극대화할 수 있는 매우 융통성 있는 접근이라 생각한다.

우리는 경험을 통해 우리와 함께했던 국제유목민들이 매우 독특하고 재능 있는 사람들임을 알게 되었다. 다양한 국제유목민들로 구성되어 있지 않은 국제학교는 매우 흥미롭지 않은 곳이다. 그동안 우리 강의실과 지역사회에 보인 그들의 특별한 공헌에 깊이 감사하며 앞으로도 참여해 주길 기대해 본다.

SIS가 제공하는 이중 트랙 시스템은 미국 여권을 소지한 국제유목민을 수용하려는 하나의 방법이다. 지금까지 SIS는 그 역할을 훌륭히 수행했다. 흥미롭게도 미국 여권을 소지하고 모국으로 돌아온 국제유목민 대부분이 거울상 코스가 아닌 일반 코스를 선택한다. 미국 여권을 소지한 국제유목민의 단지 20~30명 정도만이 거울상 학생이었다. 그들에게 이는 매우 현명하고 적절한 선택이었다. 그들에게 선택권이 있다는 점이 중요하다. 선택하는 사람은 그들이다. 우리는 단지 가능한 대안적 형태들을 제공할 뿐이다.

다른 유형의 국제유목민들

이 글에서 우리는 미국 여권을 소지한 국제유목민들의 귀환에 주로 역점을 두었지만 다른 유형의 국제유목민들도 많이 있다. 다른 나라에서 SIS

에 온 사람들은 중남미와 유럽에서 자란 일본 국적의 사람, 대부분을 스페인에서 자란 멕시코 국적의 사람, 아조레스 제도에서 자란 포르투갈 국적의 사람, 독일에서 자란 유럽 태생의 터키인 등이 있다. 이들은 외국 교육 증명서와 여권으로 인해 SIS에서 국제 학생으로 자동 분류된다. 더 나아가 우리는 일본 여권을 소지했지만 결코 일본에서 어떤 의미 있는 시간을 살지 않았던 일본인 국제유목민 학생과 교토에서 태어나 자란 후에 막 도착한 일본인 국제 학생을 명백히 구분 짓는다. 그럼에도 불구하고 이 모든 학생들은 거울상 학생이 되기로 선택한 미국 여권을 소지한 국제유목민들과 동일한 교과과정을 거치며 국제 학생 대우를 받는다.

우리는 이 두 갈래의 학습 선택권이 국제유목민 학생들의 다양한 경험을 다루는 타당한 방법이라 생각한다. 게다가 관료적 형식주의를 최소화할 수 있고 추가 부대비용도 들지 않는다. 우리는 국제유목민들이 우리 학교에서 두 갈래 중에 어떤 길을 선택하든 모두 도움이 된다고 본다. 다른 기관들도 대학 진학을 위해 "모국"으로 돌아오는 미국 여권을 소지한 국제유목민들에게 다양한 범위의 적절한 교과과정들을 제공하길 권장한다.

다른 기관들은 무엇을 하고 있는가?

나는 수년 동안 미국 내 다른 기관들도 SIS의 국제유목민 프로그램을 채택하도록 홍보해 왔다. 일부 교수진과 행정관들은 퍼시픽의 노고를 칭찬하며 원칙적으로 지지한다. 그러나 내가 독려했던 사람들 대부분이, 자신의 캠퍼스에 국제유목민이 일부 있음에도 불구하고, 아직까지 어떤 형태의 이중 트랙 시스템을 실험하지는 않았다.

그렇기는 하지만 많은 미국 대학들이 미국 여권을 소지한 국제유목민과 다른 국제유목민들을 확인하려 하고 있다. 일부 대학들은 입학 서류에

"부모님의 직업 관계로 해외에서 의미 있는 기간 동안 살았는지 또는 여행을 했거나 공부를 했는지" 체크하는 공란을 만들었다. 일부 입학사정관들은 학생이 여권에 기재된 나라가 아닌 다른 나라에서 초등학교나 중고등학교를 졸업했는지 성적증명서나 교육 배경을 통상적으로 살펴본다.

이러한 모습은, 가장 빈번하게는 국제유목민의 특성을 인식하고, 환영하며, 그리고/또는 활발한 국제유목민 학생 그룹이나 조직이 있는 대학에서 볼 수 있다. 활동적인 거대한 국제유목민 단체가 있는 대학들은 아메리칸대학교(American University), 조지메이슨대학교(George Mason University), 코넬대학교(Cornell University), 콜로라도주립대학교-포트콜린스(Colorado State University-Fort Collins), 우스터대학(College of Wooster), 시러큐스대학교(Syracuse University), 루이스앤드클라크대학(Lewis and Clark) 등이다. 그러나 국제유목민들은 일반적으로 독립적이다. 그러므로 이런 클럽의 크기, 가시성, 지속성 등은 학생 지도 집단의 자발적인 헌신이나 그 기관에 있는 국제유목민들의 관심의 정도에 따라 흥하다가 기울기를 반복하는 경향이 있다. 국제유목민들은 보통 가입하지 않는 경향이 있다.

흥미롭게도 퍼시픽대학교에는 특별한 국제유목민 단체가 없다. 이에 대해 두 가지 설명이 가능하다. 첫째, SIS는 OASIS(Open Assembly of the School of International Studies)라 부르는 매우 활동적인 학생회를 후원하고 있다. 국제유목민들은 보통 이 단체에 참여해 임원으로 선출되기도 한다. 둘째, ISA(International Students Association)라는 꽤 규모가 큰 활동적인 또 다른 단체가 있다. 이 단체는 벡텔국제센터(Bechtel International Center)의 후원을 받고 있다. 적절하게도 그 단체의 회장은 미국 여권을 소지한 돌아온 국제유목민들이었다. 스톡턴 캠퍼스의 학부생 수(약 3700명 정도)와 SIS의 학생 수(약 150명 정도)가 상대적으로 적기 때문에 OASIS와 ISA가 효과적으로 국제유목민 단체를 대체한 것 같다. 그들은 전통적으로 국내외 국제유목민들을 정회원으로 받고 있다.

지금까지도 국제유목민·제3문화 아이들에게 퍼시픽의 이중 트랙과 같은 프로그램을 제공하는 기관은 없다. 게다가, 미국 캠퍼스의 국제유목민 숫자는 전국적으로 꾸준히 증가하고 있음에도 불구하고, 그들을 적극적으로 지원하고 그들의 관심을 자극하는 교내 단체들의 숫자도 상대적으로 미미한 편이다. 이런 현상은 이와 같은 집단을 대상으로 한 현존하는 연구가 매우 부족한 점에서도 알 수 있다.[5] 우리는 분명 이보다 더 잘할 수 있으며 아마도 더 잘해야 할 것이다. 그럼에도 국제유목민들은 여전히 다소 이국적이고, 특징짓기 어렵고, 상대적으로 덜 알려져 있으며, 연구 대상에서 보통 제외되는, 미국의 전형적인 학생이 아닌 하위집단의 학생들이다.[6]

미국 캠퍼스에 있는 국제유목민을 위해 우리는 무엇을 할 수 있을까?

이중 트랙 시스템을 도입하지는 못한다 할지라도 기관이나 교수진들이 미국 여권을 소지한 국제유목민이나 여타 국제유목민의 적응을 도울 수 있는 상대적으로 쉬운 방법들이 있다. 목표는 자연스럽게 미국에서의 대학 생활에 안착하도록 돕고, 졸업할 수 있도록 인도하는 것이다. 다음과

---

5   고등교육을 받기 위해 여권에 기재된 나라로 돌아오는 국제유목민들을 특별히 언급하는 연구는 많지 않은 편이다. 심지어 국제유목민 대학생 자체를 겨냥한 연구는 더 적은 편이다. 아무튼, 이는 변화하고 있다. 비교적 최근에 출판된 『국제유목민의 대학 진학에 관한 가이드(The Global Nomad's Guide to University Transition)』(Quick, 2010)는 국제유목민들의 성공적인 대학 생활에 필요한 심리적·문화적 적응을 돕고자 일종의 충고와 지원을 제공한다.
6   나는 이 주제와 관련된 더 많은 연구들이 나오고, 연구자나 학자 또는 국제유목민·제3문화 아이들 스스로가 이런 과정과 집단을 직접적인 대상으로 연구하길 기대해 본다. 제3문화 아이들에 관한 최근의 몇몇 석사 및 박사 학위 논문이 있으나, 쉽게 접하기 어려우며, 특정 독자층을 대상으로 쓰였다.

같은 것들이 있다.

(1) 대학 입학 전 잠재적인 국제유목민을 확인하는 방법을 개발한다.

(2) 국제유목민·제3문화 아이들에 관한 의식을 일깨우고 그들에 대한 관심을 확산하기 위해 캠퍼스에 그들에 관한 정보를 널리 알린다.

(3) 이들이 수용받고 있음을 느끼게 하는 기관의 자원들을 개발한다(예를 들어, 신입생 오리엔테이션, 국제 학생 박람회 등).

(4) 국제유목민·제3문화 아이들이 필요로 하는 서비스를 스스로 선택할 수 있도록 교직원과 직원들이 융통성 있는 정책을 추진한다.

(5) 필수 코스와 관련하여 규칙과 규정들을 적절하고 합리적으로 고려한다.

(6) 주거와 다른 이슈에 대해 보통 학생 생활 규칙 내에서 일종의 자유재량권을 허락해 준다.

(7) 국제적인 프로그램뿐만 아니라 국내 프로그램과 학생회 등에 참여하도록 국제유목민·제3문화 아이들을 독려한다.

(8) 이들 집단에 대한 데이터를 수집하고 연구를 지원한다. 예를 들어, 기관이 이들의 필요에 얼마나 부응하는지 보여주는 재적률과 졸업률을 추적할 방법을 고안한다.

캠퍼스에 있는 미국 여권을 소지한 국제유목민이나 다른 국제유목민들을 발견하고 지원하는 데 이와 같이 상대적으로 쉽고 비용이 많이 들지 않는 방법들이 많은 도움이 될 것이다. 또한 여권에 기재된 나라에서 마치 "낯선 나라에 온 이방인" 같은 학생들에게 "집에 온 것 같은 느낌"을 적절하게 제공해 줄 수 있다. 비록 생전 처음이라 할지라도, 캠퍼스에 있는 누군가가 자신들에 관해 알고, 자신들의 독특한 특성을 인정하며, 그리고 국제적인 삶이 그들에게 끼친 영향을 이해한다는 사실을 단지 알게 되는 것만으로도 그들은 환영받고 있음을 느낄 수 있다.

참고문헌

Association of Americans Resident Overseas. "5.08 Million Americans Abroad Map." http://aaro.org/.

Bathurst, L. and Bruce La Brack. 2012. "Shifting the Locus of Intercultural Learning: Intervening Prior to and After Student Experiences Abroad." in M. Vande Berg, Michael Paige and Kris Lou(eds.). *Student Learning Abroad: What Our Students Are Learning, What They're Not, and What We Can Do About It.* Sterling, VA: Stylus Publishing.

Esquire. 2008.9.26. "The American Diaspora." http://www.esquire.com/features /american-diaspora-1008.

Gaw, K.F. 2007. "Mobility, Multiculturalism, and Marginality: Counseling Third Culture Kids." in J.A. Lippincott and R.B. Lippincott(eds.). *Special Populations in College Counseling: A Handbook for Mental Health Professionals.* Alexandria, VA: ACA Books.

La Brack, Bruce. 1993. "The Missing Linkage: The Process of Integrating Orientation and ReEntry." in R.M. Paige(ed.). *Education for the Intercultural Experience.* Yarmouth, ME: Intercultural Press. Also available online through the Center for Global Education, SAFETI Clearinghouse: http://www.global ed.us/safeti/v1n1_la_brack.html.

_____. 1999. "The Evolution Continues: The UOP Cross-Cultural Training Courses." Available online: http://www.globaled.us/safeti/v1n1_evo_cont.html through the Center for Global Education(http://www.globaled.us/), SAFETI Clearinghouse, a project of the University of Southern California Center for Global Education.

Pollock, David C. and Ruth E. Van Reken. 2009. *Third Culture Kids: Growing Up among Worlds*, Revised Edition. Yarmouth, Maine: Nicholas Brealey.

Quick, Tina L. 2010. *The Global Nomad's Guide to University Transition.* Easton on the Hill, Stamford Lincolnshire, England: Summer Time Publishing.

Schachter, Jason P. 2006. "Estimation of Emigration from the United States Using International Data Sources." November. http://www.docstoc.com/docs/14 623592/Immigration-From-United-States.

Transitions Abroad. "Living Abroad by Country." http://www.transitionsabroad.com/listings/living/living_abroad/living_abroad_by_country.shtml.

Useem, Ruth Hill, with research and technical assistance by Sonya E. Schryer. 1999. *Third Culture Kid Bibliography*, 2nd ed. Available directly from Ann B. Cottrell, 5111 Manhasset Dr., San Diego, California 92115.

Vande Berg, M. and R.M. Paige. 2009. "The Evolution of Intercultural Competence in U.S. Study Abroad." in D.K. Deardorff(ed.). *The SAGE Handbook of Intercultural Competence*. Newbury Park, CA: Sage Publications.

국제유목민
미래의 문화적 교량

/

앨리스 슈셴 우(Alice Shu-Hsien Wu)

"여러분은 여러분이 살았던 문화의 가장 좋은 부분으로 하나의 문화를 만들려 할 거예요. 그리고… 그것은 단지 한 문화보다는 훨씬 더 만족감을 주죠… 특히 오늘날처럼 다른 문화를 소유한 사람을 만날 기회가 점점 많아질 때는 문화가 일종의 장애가 될 수 있어요. 우리 문화의 가장 좋은 점은 아마도 그것이 제한적이지 않다는 것일 거예요."

— 마리아네, 국제유목민

나는 덴마크 출신 국제유목민 마리아네에게 다음과 같이 물었다. "마리아네, 너는 설문지에 '할 말이 너무 많아요. 우리는 비디오를 만들어야 해요'라고 썼구나. 정말이니?"

"네! 국제유목민을 위해 비디오를 만들고 싶어요!" 마리아네는 따뜻한 갈색 눈을 반짝이며 소리쳤다.

1993년에 마리아네는 코넬대에서 정치학을 공부하고 있었고, 나는 그곳에서 대학원생들을 가르치고 있었다. 나는 또한 여러 학과의 요청을 받아 의사소통 방식, 적응, 이주 같은 주제로 다문화에 대한 워크숍을 자주 했었다. 코넬대 학생과 교수 그리고 직원들이 워크숍의 주된 청중이었다.

매번 워크숍이 끝날 때마다 학생이나 직원 중 한두 사람이 다가와 국제 유목민이나 문화적 소외감에 관한 더 많은 정보를 요청했다. 그들은 수줍어하며 자신의 여권에 있는 나라가 아닌 다른 나라들에서 살았음을 고백하면서 "문화 사이에 끼여 있는(between cultures)" 느낌을 말했다. 그들은 이런 국제유목민 배경이 의사결정 과정이나 몰입 혹은 기타 여러 이슈에 어떻게 영향을 주는지 더 알고 싶어 했다.

나는 이종 문화 간 의사소통에 관한 여름 캠프(Summer Institute for Inter-cultural Communication)에서 인턴을 하면서 문화적 정체성이나 소외감 같은 개념을 배웠고 국제유목민에 관해 알게 되었다. 내가 이 주제들을 접하게 된 것은 뜻밖의 일이었다. 나는 강하게 끌렸고 더욱 알고 싶었다. 마침내 나는 일정 부분 나의 가족 배경 때문일 것이라 생각했다. 내 어머니는 외교관이셨던 부모님을 따라 어린 시절부터 여러 나라를 여행하셨던 국제유목민이고, 나 또한 어린 시절에 해외에서 살았다. 여행하며 다른 문화의 사람들을 만나는 것은 많은 깨우침을 준다는 할머니의 이야기를 들으며 나는 자랐다. 비록 내가 만났던 대부분의 국제유목민들만큼 여러 나라에서 살지는 않았지만, 나는 그들과 강한 유대감을 느꼈다.

나는 코넬대에서 이런 유형의 많은 학생들을 접한 이후에 강한 호기심을 품게 되었고, 그들의 성숙함과 통찰력에 감동을 받았다. 이 매력적인 학생들을 접한 후에 나는 그들에 관해 더 많은 정보를 수집하고자 비공식적인 연구를 하게 되었다. 처음에 언급했던 덴마크 국제유목민 마리아네가 내 질문지에 답한 한 사람이다. 코넬 국제교육 네트워크(Cornell Inter-national Education Network: CIEN, 국제 관련 프로그램 및 사무실에서 일하는 교수와 직원들의 모임)에서 문화적 소외감과 제3문화에 관해 몇 차례 논의가 있은 이후에, 그 모임의 회장인 힐러리 포드(Hilary Ford)가 국제유목민 학생들로 이루어진 패널을 만들어달라고 부탁했다. 그래서 1993년 가을에 나는 국제교육 네트워크 모임에서 연설할 학생 패널을 구성했다.

모임에 온 국제유목민 학생 패널들은 이주로 인해 세계관이 어떻게 달라졌는지 그리고 이것이 시사 문제나 타국인을 보는 방식에 영향을 주었는지 말했다. 그들은 또한 잦은 이주에 따른 문화적 정체성의 혼란과 문화적 소외감을 느끼고 있다고 말했다. 그들은 언어적 재능도 있지만 부모님의 언어를 잘 구사하지 못하는 데 따르는 어려움도 있음을 언급했다. 뿌리가 없고 여권에 기재된 나라와 어울리지 않지만 한 장소를 고향으로 부르지 않아도 되는 자유함에 대해서도 말했다. 학생들은 국제적 이주로 인한 기쁨과 어려움을 나이보다 유창한 말솜씨로 정직하고 명료하게 말했다.

청중은 넋을 잃은 채 듣고 있었으며 나중에 많은 질문을 쏟아냈다. 논의에 참석했던 많은 사람이, 더 많은 사람들이 볼 수 있도록 녹화를 했더라면 좋았을 것 같다고 제안했다. 그리하여 그다음 해 1994년 봄에 첫 번째 국제유목민 비디오테이프가 만들어졌다.

16명의 학생 패널이 두 번의 논의에 참여했고, 그리고 국제유목민에 대한 연구로 저명한 문화상호주의자(interculturalist) 네 명(이미 고인이 된 데이비드 폴록과 노마 매케이그 그리고 브루스 라 브랙과 바버라 섀티)이 새로운 인터넷 기반 기술인 시유시미(CU-SeeMe)를 통해 비디오 콘퍼런스에 동참했다. 또한 세 명의 대학 관계자들이 인터뷰에 응했고, 국제유목민의 캠퍼스에서의 중요한 역할에 대해 언급했다. 국제교육자협회(USIA/NAFSA: Association of International Educators)[1]의 도움으로 1994년 코넬대에서 만든 비디오 〈국제유목민: 미래의 문화적 교량(Global Nomads: Cultural Bridges for the Future)〉에 이들 다양한 논의들이 담겼다. 처음으로 비디오 제작을 제안했던 학생인 마리아네가 이를 만드는 데 많은 도움을 주었다.

---

1   이것이 NAFSA의 공식 이름이다. 이후로는 간략하게 NAFSA라 부를 것이다.

국제유목민 학생 패널들의 생각

국제유목민 학생 패널들이 함께 만나자 시너지 효과가 나타났다. 자신을 진정으로 이해하는 사람들과 그리고 자신과 같은 해외 이주 경험이 있는 사람들과 배우고 경험한 것들을 나눌수록 그들은 더욱 기뻐했다. 자신들의 이야기가 미소를 자아내든, 고개를 끄덕이게 하든, 웃게 하든, 동정심을 유발하든 상관없이, 그들은 자신과 같은 집단의 사람들을 마침내 만났다고 느꼈다. 이란 출신의 알라는 다음과 같이 말했다. "저는 정말 지금 내가 느낄 정도로 영향받을 줄 몰랐어요. 저는 우정이나 정체성에서 내가 독특하며 다른 사람들은 나와 동일한 정서나 우정이나 관점을 공유할 수 없을 거라 항상 생각했어요."

학생 패널들의 이야기에는 몇 가지 공통적인 주제들이 있었다. 그들의 중대한 이슈는, 큰 문제라면 문제일 수도 있는, 그들이 누구인지를 규정하는 문화적 정체성과 문화적 주변성이다. 그리고 그들은 잦은 국제적 이동으로 인해 친구 사귀기도, 오랜 기간 우정을 지속하기도 어렵다. 또한 언제 또 다른 이주가 있을지 모른다는 걱정으로 뿌리를 내리지도 못한다. 의사결정에도 어려움이 있는데 이는 다양한 문화적 기준들에 노출되었기 때문이다. 국제유목민들은 종종 각기 다른 일련의 규칙들과 기대가 요구되는 다양한 상황과 여러 장소에서 살았기 때문에 그 결과, 그들은 어떤 것을 선택해야 할지 확신하지 못한다. 다음은 패널 토론에서 언급된 일부 국제유목민 학생들의 이야기이다.

문화적 정체성

"저는 제 어린 시절이 독특하다는 것을 일찍 깨달았어요. 여름마다 이집트에서 미국으로 돌아와 제 또래 아이들을 만나곤 했는데, 모두들 매우 호기심 어린

눈빛으로 내가 낙타를 타고 학교에 가는지, 피라미드에서 사는지, 상형문자를 말할 수 있는지 궁금해했어요. 내가 살고 있던 삶이 평범하지 않다는 것을 누가 봐도 금방 알 수 있었죠."

— 그레그, 미국

"문화적 카멜레온" 되기

"저는 늘 쉽게 변해요. 비록 사람들은 내가 미국인임을 금방 알아차리지만… 제가 쿠웨이트에 있을 때, 사람들은 제가 쿠웨이트 사람인 줄 알았죠. 영국에 있을 때는 바로 영국인이 되었어요. 어떤 문화든 전 접하는 문화에 매우 빠르게 섞이는 편이에요."

— 아지즈, 쿠웨이트

"나는 잠시 망설이다가 사람들에게 터키인이라고 말하지만, 나는 터키인이라 할 수 있어요. 터키 전통문화를 좋아하고, 터키 음악을 좋아하고… 그럼에도 불구하고 다른 나라에 가면 그 나라 사람들을 배우려고 해요. 그래서 저는 그들의 부분적인 특성을 갖고 있죠. 나는 시간을 매우 잘 지키는 독일인 특성이 있고, 미국인과 같은 면은 글쎄요, 아마도 텔레비전을 보는 것 아닐까요?"

— 알리, 터키

문화적 주변성

"부모님이 태국인임에도 불구하고, 사람들은 보통 저를 태국인으로 보지 않고, 서구화된 태국계 미국인으로 봐요. 저는 그렇게 생각하지 않아요. 왜냐하면, 저는 어린 시절의 중요한 시기에 태국에서 자랐기 때문이에요. 여러분도 여기에 있게 된다면 일종의 이중 정체성을 갖게 될 거예요. 미국인들은 확실히 나를 아시아인이나 태국인으로 보지만, 나의 태국 친구들은 내가 태국인임에도 불구하고 나를 매우 서구화된 사람으로 여기죠."

— 와디, 태국

문화적 정체성과 매우 밀접하게 연관된 다른 주제는 누구나 말할 수 있는, 고향이 어디냐는 매우 평범한 질문이다. 이런 질문을 받을 때 그들은 어떻게 대답할까?

어디 출신이니?

"솔직히 말해서 그날그날 기분에 따라 그리고 사람들이 어떻게 묻는지에 따라 달라요. 어렸을 때는 누가 물어보면, 줄줄이 목록을 다 말했어요. 사람들이 '와우, 정말 멋지다'라고 생각할 거라며 자랑스러워했죠. 그러나 지금은 나에 대해 설명하고 싶지 않은 날도 있고, 사람들도 별로 관심 없는 것 같아 보일 때도 있어요. 그래서 단순히 '가나 출신이에요'라고만 말해요."

— 릴리오나, 가나

고향이 어디니?

"사람들이 가끔 '고향이 어디라고 생각하니?' 하고 물으면, 저는 약간 감정적이 돼요. 한방 맞은 것 같죠. 그것이야말로 유목민의 본질을 묻는 질문이죠. 사람들이 어디를 고향으로 여기는지 물을 때, 나의 본능적인 반응은 고개를 흔들며 '나도 몰라요'예요."

— 알라, 이란

"우스울지 모르지만… 우리가 늘 여름에 했던 여행 같아요. 여름이 되면, 부모님은 '고향에 갈 거야'라고 말씀하시고 우리는 '휴가 갈 거예요'라고 말했죠. 여름이 끝나고 필리핀으로 돌아올 때, 여동생과 내가 '고향으로 갈 거예요'라고 말하면, 우리 부모님은 '아니야, 일터로 돌아가는 거야'라고 말하곤 하셨죠."

— 린, 미국

"외교관의 딸인 나에게 고향은… 우리 가족이 항상 옮겨 다닌 곳이거나, 아니 더 정확히 말하면, 우리 가족이었어요. 나는 과테말라나 호주나 그게 어디든 결코 고향이라 부르지 않아요. 그곳들이 내 인생의 중요한 부분인 것은 분명해요. 언제나 나를 위해 그 자리에 있었죠."

— 나딘, 이집트

친구 관계

"사람들은 '와우, 멋지다. 너는 전 세계에 친구들이 있구나!'라고 말해요. 그러나 그들은 내가 어려울 때 전화할 수 있는 그런 친구들이 아니죠. 여러 차례 친구들과 헤어지다 보면 그들에게 많이 의지하지 않게 돼요. 여전히 연락은 하고 지내겠지만, 정을 주지 않고 많이 의존하지 않게 되죠."

— 마리아네, 덴마크

"저는 진정으로 알게 되기까지 많은 시간을 관찰해요. 관찰하면서 이 사람이 내 친구가 될지 되지 못할지 결정해요. 한동안 관찰하면서… 그리고 제 생각에 이것은 나의 이주 때문에 생긴 것 같아요. 뒷짐 지고 앉아 기다리면서 듣고, 귀기울이고, 살펴보고 그런 다음에 성격을 보여줘요."

— 태미, 미국

"누군가를 남기고 떠나가야만 할 때 저는 반사적으로 끊어버려요. 왜냐하면,

상실에 따르는 애도의 기간을 갖고 싶지 않기 때문이에요.

— 제시카, 미국

정착과 뿌리

"제 생각에 내 문제는 뿌리내리려 하지 않는다는 거예요. 찢기고 다시 뽑히게 될 뿌리죠…."

— 브라이언, 미국

"한 장소에서 얼마나 오랫동안 살게 될지 나는 전혀 알 수 없었어요. 우리는 보통 3년마다 다른 나라로 이동했어요. 그런데 이상하게도 제가 십 대일 때, 8~10년 동안 이주하지 않았어요. 그럼에도 불구하고 저는 이주할 거라 예상하며 그 당시 내가 살던 곳에 오롯이 머물지 못했어요. 뿌리내리는 법을 전혀 배우지 못했죠.

— 마이클, 북아일랜드

의사결정

"나는 많은 결정을 사회적 규범에 따라 내리는 것 같아요. 일부 바꿔보려고 노력하지만 쉽지가 않아요. 왜냐하면, 문화에 따라 뭔가 해서는 안 되는 것을 내 친구들에게 할 수도 있기 때문이죠. 그러므로 무엇을 하든 내적 갈등이 있죠. 머리에서 항상 전투가 벌어져요. '이것을 해야 하나 하지 말아야 하나?'"

— 미로, 아프가니스탄

국제유목민에게 가장 중대한 전환점은 해외에 살다가 대학 진학을 위해 여권에 기재된 나라로 돌아올 때이다.

전환/재입국

"저는 대학 진학을 위해 이곳으로 돌아오는 걸 당연하게 생각했어요. 우리는 매년 여름 왔었고, 나는 나를 미국인으로 여겼고, 우리 부모님도 이곳 출신이시고, 의심의 여지가 없었죠. 초창기에 저는 고향에 돌아온 것 같았어요. 필리핀에 있을 때, 나는 늘 '나는 미국인이야'라고 말했죠. 그런데 막상 여기에 도착해 보니 적응, 정체성 같은 큰 문제들이 생겼어요. 나는 미국인 같지 않았죠. 나는 많은 미국 문화를 이해하지 못했고, 내 미국인 룸메이트나 그녀의 친구들을 이해할 수 없었고, 일반적인 미국인들이 매우 관심 있는 것들을 이해할 수 없었어요. 나는 바로 내가 전혀 미국인이 아니라는 걸 알아차렸죠."

— 린, 미국

패널들은 또한 그들의 배경이 독특한 통찰력과 국제적 안목을 갖게 해 주었다고 인식하고 있었다.

문화적 교량인 국제유목민

"국제유목민이던 나의 경험을 어떻게 활용할 수 있을지 상상할 때 떠오르는 이미지는 벌판에 씨 뿌리는 사람이에요. 태국 상황에서 말하자면, 벼를 심고 (비료 주고, 타가수분 하고) 그리고 색다른 것들을 새로운 장소로 가져오는 것이죠. 아마도 내가 경험한 것들과 나 자신을 발견했던 곳들을 다른 사람들과 공유하고, 그들이 세상을 대략적으로 볼 수 있도록 도와주어 다른 나라 사람들과 얼마나 비슷한 경험과 관심을 갖고 있는지 알려주는 걸 거예요.

— 마이클, 북아일랜드

비디오 제작 효과는?

그 당시에는 깨닫지 못했지만, 코넬대에서 시작되어 지속적으로 제작된 국제유목민 비디오는 여러 영역에 걸쳐 꾸준히 영향을 주었다. 국제유목민 패널 토론이 끝난 후 세계 여러 나라에서 살았던 이집트 출신의 한 학생은 "온전하게 동질감을 느끼는" 기회였다고 말했다. 영국과 나이지리아에서 살았던 홍콩과 미국 출신의 다른 학생은 몇 년 후에 말하기를, 만약 그가 국제유목민에 대해 듣지 못하고 유사한 학생들을 만나지 못했더라면, 아직도 자신과 자신의 경험들을 정의하는 데 "매우 혼란스러웠을 것"이라고 말했다.

학생 패널들이 1994년 비디오를 시청하는 행사를 가진 후에 그와 이집트 출신 학생과 마리아네 그리고 다른 학생 패널들이 모여서 코넬대 국제유목민회(Cornell Global Nomads Society)를 조직했다. 그들은 국제유목민이라는 단어를 캠퍼스 안팎에 널리 보급하며 동아리를 매우 활발하게 이끌었다. 그들은 국제유목민에 관한 정보지를 국제교수학생회와 건강센터 그리고 그 밖의 캠퍼스 내 사무실들에 비치했고, 기숙사에서 비디오 토론을 인도하고, 버지니아에서 개최된 대학생 국제유목민 국제회의에서 비디오를 상영했다. 또한 홍보하고, 첫 모임을 성공적으로 시작하고, 많은 멤버들을 모으고, 매주 캠퍼스에서 모임을 갖고, 지역의 다른 나라 식당들에서 저녁 모임을 했다. 그리고 대형 사진과 공예품들을 전시하고, (동아리의 역사, 나라들의 정보, 지역에 있는 여러 나라 식당들에 대한 리뷰 등이 있는) 웹사이트를 만들고, 국제교수학생회 뉴스레터에 기사를 썼다. 심지어 그들은 이 분야의 전문가인 데이비드 폴록을 초청해 캠퍼스에서 국제유목민에 대한 토론과 저녁 식사도 했다.

몇 년 후에 NAFSA 콘퍼런스에서 국제유목민 특별관심집단(Global Nomads Special Interest Group: GN-SIG)의 몇몇 회원들은 국제유목민 비디오를 새롭게 제작하기 위해 소속 학교에서 패널들을 찾아보기로 했다. 전국에 있는 6개 학교에서 패널들을 촬영했다(노마 매케이그, 앤 베이커 코트렐, 앨프리드 플로러스, 태미 욱턱, 캐런 에드워즈, 뮤리엘 커비직 그리고 알린 알레에스의 도움이 있었다). 조지메이슨대학교, 샌디에이고주립대학교, 콜로라도주립대학교, 우스터대학, 시러큐스대학교 그리고 코넬대학교에서 촬영되었다. 이들 모든 패널들의 동영상이 비디오 〈국제유목민: 새 천년의 문화적 교량(Global Nomads: Cultural Bridges for the New Millennium)〉(2001) 제작에 사용되었다. 뮤리엘과 알린은 비디오의 학생 패널로 참여한 후에 시러큐스대학교에 활동적인 국제유목민 학생동아리를 조직했다. 그들은 멤버들이 인적 네트워크를 만들고 국제 활동을 활발히 할 수 있도록 도왔다.

비디오 제작은 국제유목민 학생뿐만 아니라 캠퍼스 공동체에도 긍정적인 영향을 주었다. 코넬대학교 총장 프랭크 로즈는 다음과 같이 대학에서의 국제유목민들의 역할에 대해 논평했다. "단지 지금 여기에 존재하는 것 이상으로 그들은 동정적이고… 다른 문화에 열린 마음을 갖고 있고… 중요한 언어적 기술을 가진 사람들입니다. … 다른 전통과 문화를 이해할 수 있고… 단지 안으로부터뿐만 아니라 밖으로까지, 그들은 다른 나라에서 경험한 것들 간에 균형을 잡을 수 있는… 우리 대학 공동체를 균형 있고 성숙하게 하는, 그래서 누구나 혜택을 누리게 해주는 사람들입니다."

2001년 NAFSA에서 국제유목민 비디오 상영이 끝나자 한 국제적인 교육자가 다가와서, "감사합니다. 마침내 내 이름을 갖게 되었네요"라고 말했다. 이 교육자는 국제유목민 특별관심집단(GN-SIG)의 열렬한 멤버가 되었고, 적극적으로 그녀가 사는 대도시 지역에 국제유목민 네트워크를 조직했다. 5년 후에는 내가 국제유목민 패널들을 대상으로 후속 연구를 계획할 때 도움을 주었다. 국제유목민 특별관심집단의 멤버들은 NAFSA나 그들의 캠퍼스에 있는 국제유목민들을 지속적으로 지원하고 있다.

국제유목민 학생 패널에 관한 후속 연구

우리는 2006년과 2010년에 간단한 인터넷 설문 조사(이 장 끝에 첨부)를 통해 국제유목민들이 어디에 있는지, 무엇을 하고 있는지 후속 연구를 했다. 가장 힘든 부분은 학생들을 찾아내는 일이었다. 왜냐하면, 그들은 높은 이동률을 보이는 집단이므로 그들의 이전 이메일 주소는 보통 더 이상 존재하지 않는다. 우리는 대학 동창회 사무실, 구글·페이스북·링크트인 등 인터넷을 이용해 일부 학생들의 이메일 주소를 찾을 수 있었다. 대부분의 학생이 이메일을 받은 즉시 보통 하루 안에 응답해 주었다. 또한 거의 대부분이 신속하게 설문지를 보내왔으며 기꺼이 참여했다. 심지어 한 패널은 늦게 응답해 미안하다며, 아기를 낳은 지 몇 주밖에 되지 않았다고 했다. 우리는 2001년 국제유목민 비디오에 나왔던 패널 24명 가운데 16명과 접촉해 그중 14명으로부터 설문지를 받았다. 패널들은 2001년 비디오에 참여했던 6개 대학 출신들이었다.

학생 패널들의 대답은 놀라울 정도로 매우 유사했다. 거의 대부분이 그들의 국제유목민 배경이 매우 의미 있게 삶의 중요한 선택(경력/교육, 배우자, 자녀 교육 등)에 영향을 주었다고 답했다. 그들의 이러한 관점은 2006년이나 2010년 설문 조사에 응했든, 1994년이나 2001년 비디오 촬영에 참여했든 관계없이, 다양한 학교와 배경에 걸쳐 유사했다. 그들은 평균 6개 나라에서 살았고, 7번 이주했다. 거의 대부분이 석사 이상의 학위를 받았다. 아버지는 대부분 외교관, 엔지니어, 사업가이거나 국제기구에서 일했고, 한 사람은 목사였다. 어머니 대부분은 가정주부였고, 일부는 선생님, 사서, 예술가, 변호사, 외교관이었다. 8명의 패널은 결혼한 상태였고, 5명은 아이가 있었다. 대부분이 자신의 여권에 기재된 국가에서 살고 있지 않았다.

전공과 직업 선택

사실상 모든 학생들이 자신의 배경이, 이주, 언어, 국제적 이슈, 타인 돕기 등 무엇이든 간에, 전공이나 직업을 선택하는 데 영향을 주었다고 보았다. 그들의 배경이 전공이나 직업을 선택하는 데 영향을 주었는지 물었을 때 그들의 답변은 다음과 같았다.

2006년 조사

"내가 의학을 선택한 주된 이유 중 하나는 서비스가 충분치 못한 지역에서 일할 의사들이 해외든 미국이든 얼마나 필요한지 보았기 때문이에요. (델리에서처럼) 나병 환자가 도움을 청하며 여러분 집 문을 두드린다면, 여러분은 매우 어린 나이에도 인생의 우선순위가 무엇이 되어야 할지 알게 될 거예요."

"저는 언어에 친밀감을 느껴요. 아마도 자라면서 가족과 했던 이주들 때문인 것 같아요. 부모님과 누이를 포함해 우리 가족은 이 열정을 갖고 있어요. 외교관이셨던 부모님의 영향인 것 같아요."

"네, 사회복지와 국제 이슈 관련 일을 하고 있어요. 제 일의 많은 부분이 문화 간 의사소통과 연관돼요."

2010년 조사

"네, 한 곳 특히, 미국의 어떤 한 곳에 장기간 머물고 싶지 않아요. 국제학교 교사가 되면 이동할 수 있지요."

"네, 대단히 영향을 주었어요. 저는 항상 국제 관련 일에 관심이 있었고, 국제 개발 분야에서 일하게 되었어요."

"분명해요. … 고등학교 때… 지식 이론이라는 과목을 수강하는데… 이것이 다른 영역의 공부를 생각해 보게 했고… 일종의 나의 국제 경험에 관해 더 배우고 탐구하게 했죠. 진로상담자가 사람들과 문화에 관해 공부하는 것이 '인류학'이라고 알려주었고… 인류학에 관심이 생겼어요. 저는 저의 '국제유목민' 경험을 분명히 자각하고 있었고, 그것으로 뭔가를 하고 싶었어요. … 인류학을 가르치고자 결국 석사 과정을 하게 되었어요. 비록 요즘은 마음에 꿈꾸던 인류학을 가르치고 있지는 않지만, 매일매일의 삶에서, 아이들을 키우면서 나의 '국제유목민' 경험을 꾸준히 적용하며 편향적이지 않은 시각을 유지하려 애쓰고 있어요."

"작가가 되는 데 영향을 준 것 같지는 않지만, 분명 글을 쓰는 주제들에는 영향을 준 것 같아요. 저는 관세국경보호청(Customs and Border Protection)에서 의회사무소(congressional affairs office)를 위해 글을 쓰는 작가이자 편집자입니다. 또한 해외 생활과 제3문화 아이·국제유목민에 관한 에세이를 출간하고 있어요."

배우자 선택

학생 패널들의 국제적 이주 배경은 결혼 결정에 핵심적 요인으로 작용했다. 패널 모두가 그들의 배경이 배우자 선택에 영향을 주었다고 응답했다. 일반적으로 그들은 열린 마음을 갖고 있고 다른 문화에 관심 있으며 여행을 좋아하는 사람을 원했다. 흥미롭게도 2006년 설문 조사에 응한 학생들 모두 다른 국적을 가진 사람과 결혼했다. 커플들은 이집트와 이탈리아, 덴마크와 남아프리카공화국, 터키와 미국, 레바논과 캐나다 출신들이었다. 다음은 그들이 어떻게 배우자를 선택했는지 보여준다.

2006년 조사

"네, 배우자 결정에 영향을 주었어요. 왜냐하면, 만약 내가 베이루트로 다시 돌아올 수 없을지도 모르는 해외여행에 선뜻 동의하지 않았다면, 우리 관계는 더 이상 진척되지 않았을 거예요. 내 배우자 역시 외국에서 살았던 적이 있고, 다른 문화나 종교를 존중하고 지역 전통문화에 관심이 많아요."

"네, 분명히 그래요. 저는 배경이 나와 비슷하고 기꺼이 다른 문화를 경험하려는, 특히 기꺼이 다른 나라를 여행하려는 사람을 찾아요."

"제 경우에는 다양한 문화에 노출된 것이 유사한 배우자가 아니라 상이한 배우자를 찾게 한 것 같아요. 실제로 저는 제가 전혀 접해본 적이 없는 이탈리아 사람과 결혼했거든요."

2010년 조사

"네, 그래요. 저는 100% 아시아 사람이나 100% 미국인과는 잘 지내지 못하지만, 해외에서 살았던 비슷한 경험이 있는, 오로지 한 문화에만 살지 않았던 사람들과 잘 지내요. 제 남편은 홍콩 출신이지만 뉴욕에서 자랐고, 토착화된 미국 시민이에요. 그와 나는 100% 아시아인도 100% 미국인도 아니지만 유사성이 있어요."

"그래요! 제 남편 또한 이주를 많이 했어요(비록 미국 내이지만). 그래서 그는 뿌리 뽑힌 것 같은 느낌을 이해해요. 또한 그는 매우 국제적인 시각을 갖고 있는데, 그 점이 나의 흥미를 끌었어요."

자녀 양육

응답자 전원이 국제유목민 배경이 자녀를 양육하는 방식에 영향을 줄 것이라 답했다. 그들은 자녀들이 국제적인 경험과 기회를 누리고, 세계적인 시각을 소유하길 원했다.

2006년 조사

"네, 큰 영향을 줄 거라고 생각해요. 부모 둘 다 다른 나라에 관해 말해줄 수 있으니까요. 다른 문화에 대한 존중을 교육하고, 아이들의 지평을 넓혀주는 해외여행도 반대하지 않을 거예요."

"저는 우리 아이들에게 나와 비슷한, 적어도 어린 시절의 일부분을 해외에서 보낼 기회를 주고 싶어요."

"우리 아이들은 섞일 거예요. 나는 국제 교육을 가치 있게 여기며, 3년마다 해외 이주하는 남편과 나의 해외 이주자 생활방식으로 인해, 우리 아이들 또한 국제유목민이 될 거라 생각해요.

"그래요. 제 아들은 어릴 때부터 4개 국어를 하게 될 거예요. 저는 가족의 중요성을 잘 알고 있어요. 그러므로 지리적인 안정감을 갖지는 못하겠지만, 저는 다른 방법으로 안정감을 제공할 수 있도록 노력할 겁니다."

2010년 조사

"아이들이 어린 시절에 다문화 환경에 노출되었으면 해요. 내가 어릴 때 했던 것처럼, 우리 아이들이 국제학교에 다닐 기회가 있었으면 좋겠어요."

"전적으로 그렇다고 생각해요. 나는 아이들이 다른 문화와 나라들에 대해 배우고 진가를 알아볼 수 있었으면 해요."

"물론이죠. 저는 부모의 삶이 아이들이 태어나기도 전부터 영향을 준다고 믿고 있어요. 우리 부모님도 국제유목민이셨어요."

"네, 저는 아이들이 세계적인 시각을 갖길 매우 원해요. '평범한' 미국인이 되길 원치 않아요. 제 두 아들은 생애 초기 몇 년을 해외에서 살았고, 딸은 우리가 미국으로 돌아왔을 때 태어났어요. 우리는 아이들이 더 많은 문화를 접할 수 있도록 적절한 시기에 다시 해외로 이주하고 싶어요. 만약 해외에서 살 수 없다면, 가능한 한 함께 여행을 하려 해요."

혜택과 불이익

이 조사에서는 또한 국제유목민 학생 패널들에게 그들의 배경으로 인한 혜택과 불이익에 대해 물어보았다. 혜택과 불이익을 보는 시각이 매우 유사했으며, 국제유목민에 관한 데이비드 폴록, 루스 반 레켄, 노마 매케이그, 바버라 섀티, 브루스 라 브랙 등의 연구와 상당히 일치하는 결과를 보였다. 혜택으로는 폭넓은 국제적 시각, 많은 여행 기회, 우수한 언어적 기량, 융통성, 대인 관계 기술의 발달이 있는 반면, 불이익으로는 문화적 정체성의 상실, 주변인, 친구나 가족에게 미치는 국제적 이동의 영향, 과도기, 적응, 지속성의 어려움, 뿌리 없는 느낌이 있다. 다음과 같은 응답들이 있었다.

2006년 조사

"혜택으로는 우리의 '세계관', 세계 정책들에 대한 관심, 지구 반대편에 있는 사람들에 대한 공감, 새로운 것을 기꺼이 하려는 태도죠. 반대로 불이익은 우리의 직업이나 삶에 가족이나 친구들의 지원을 받을 수 없다는 점이에요."

"매우 간략히 말하자면, 혜택으로는 세상을 더 열린 마음으로 바라보고, 다른 문화와 삶의 경험들을 사랑하고, 나 자신을 어떤 상황이나 환경에 맞출 수 있는 능력이죠. 세상을 '민족주의적' 시각이 아니라 하나로 느끼며 사랑하는 점이죠. 불이익은 내가 누구인지 규정하기 어렵다는 점이죠. 이것이 가장 큰 불이익이에요. 나는 외가나 친가 사람들이 낯설고, 미국에서 태어나 자란 내 친구들과도 어울리지 않아요. 나는 누구이고 어디에 속하는지, 내가 누구인지 받아들이고 편안해지는 데 10년 이상이 걸렸어요. 그다음으로 불이익은 나의 과거와의 단절이에요. 나는 과거에 있었던 내 친구들과 연락할 수 없어요. 어릴 때 나는 이사를 많이 다녔고, 그래서 어떻게 관계를 맺고 지속하는지 배우지 못했어요. 이 점이 아쉬워요…."

"혜택은 매우 다양한 사람들을 많이 접해 어떤 사람과도 어느 정도 시간이 지나면 어떻게 관계를 맺어야 할지 알 수 있다는 거예요. 제 생각에 이 점은 친절하지 않은 사람들과 함께 일을 해야 할 경우에 특히 중요한 것 같아요. 어떻게

든 관계 맺는 방법을 찾게 돼요. 나이가 들수록 아마도 이것이 가장 큰 혜택이 아닌가 생각합니다. 불이익으로는 너무 자주 이주를 하다 보니 미리 계획을 세우기 어렵다는 거예요. 그렇게 하려면 안정이 필요하죠. 해외에 살면서 매우 틀이 잡힌 삶을 사는 게 불가능한 것은 아니지만, 미국에서 그렇게 하기가 훨씬 더 쉽지요…."

"혜택이라면 미지의 세계를 묵묵히 받아들일 수 있고, 큰 문화적 차이를 감내해 낼 수 있다는 점이죠. 물론, 어린 나이에 세상 여러 곳을 볼 수 있고, 다른 언어를 배울 수 있으며, 사람들이 일평생 꿈꾸는 경험들을 할 수 있는 표면적인 혜택들도 있어요. 단점은 뿌리내리지 못하고, 친구 관계를 오래 지속하기 힘들고, 정체성과 문화적 유대감을 견고히 하기 어렵고, 그리고 한 장소에 오랫동안 머물기 어렵다는 점이죠."

"혜택은 폭넓은 국제적인 시각, 높은 적응력, 먼 곳에서 일어나는 사건들을 지적·정서적으로 파악하는 능력, 언어나 새로운 상황에 쉽게 적응하는 능력, 나의 추정에 기꺼이 의문을 제기하고 집착하지 않는 점이라고 볼 수 있어요. 단점은 뿌리가 약하고, 가족의 전통을 잘 알지 못하며, 가족과 친구들을 만나기 위해 먼 거리를 여행해야 한다는 점, 그리고 배우자에게 헌신하기 위해 의식적으로 노력해야 한다는 점이에요."

2010년 조사

"혜택은 국제적인 시각을 갖고 있고, 대안적인 시각을 잘 파악하며, 어린 시절의 경험이 풍요롭다는 거예요. 반면, 가족과 친구들이 있는 고향 같은 곳이 없다는 점이 조금 슬프네요. 저는 미국에 속한 것 같지 않아요. 그렇다고 어떤 특정한 곳에 속하는 것 같지도 않아요. 이 점이 어려운 점이죠."

"혜택은 세상과 사람에 대해 열린 마음을 갖고, 배경이 다른 사람들과 쉽게 잘 어울린다는 점이죠. 여행할 기회도 많고, 여러 이국적인 장소들을 어려서부터 접하고, 어른이 되어서도 세상을 더 탐험하고 싶은 욕구가 있다는 거예요. 단점은 진정한 뿌리가 없어서 어디 출신이냐는 물음에 답하기 어렵다는 점이죠. 어른이 되어 고향(또는 부모님 나라)으로 돌아왔을 때, 우리는 종종 외국인처럼 느껴져요. 그렇다고 우리가 성장하고 일했던 '제3국'에 완전히 동화된 것도 아니죠."

조언

만약 다시 대학생으로 돌아간다면, 어떤 조언을 해주고 싶은지 물어보았다. 패널들은 다음과 같은 통찰력 있는 조언을 해주었다.

"뿌리나 고향과 같은 개념을 확고히 하려고 애쓰지 말라고 나 자신에게 말할 거예요. '적합해지려는' 유혹에 맞서 싸우고, 결코 그렇게 할 수 없다는 사실을 받아들이고, 노력했지만 아주 어릴 때는 알지 못했음을 인정하고, 내 본성을 믿으라고 강하게 주장할 겁니다."

"배움에 더 집중하세요. 왜 배우는지, 무엇을 배우고 있는지, 그리고 공식적인 필수과목들에 너무 매이지 말고 개인적 성장에 역점을 두세요. 상황이 나에게 끼치는 영향에 주목하고, 그것이 일어나도록 내버려 두지 말고 스스로 선택하세요. 내 앞에 발생하는 일들에 그저 반응하기보다는 창조적으로 기회를 살리고 사전에 대비하세요. 당신의 경험들을 적어보세요. 나중에 그것을 매우 귀하게 여기게 될 거예요."

"이주할 때마다 애도의 시간을 가지세요. 괜찮은 척한다고 문제가 없어지진 않아요. 익숙해진 삶에 이별을 고하는 게 쉽지는 않아요. 애도하는 시간을 가지면 나중에 나타날 반응을 완화할 수 있어요. 또한 즐기도록 하세요. 왜냐하면 어른이 되면, 그 모든 것이 다 먼 옛날이야기 같으니까요. 제3문화 아이들은 보통 그들이 살았던 곳을 다시 방문하거나 돌아가기 쉽지 않거든요. 그러니까 할 수 있을 때 맘껏 경험하도록 하세요."

국제유목민에 관한 정보 제공

몇몇 패널들은 좀 더 일찍 국제유목민에 관해 들었더라면 좋았을 것 같다면서, 이런 유형의 국제유목민 생활양식을 살고 있거나 시작하려는 사람들에게 정보를 제공해 주는 것이 매우 중요하다고 말했다.

2006년 조사

"저는 콜로라도주립대학교에서 플로러스 씨가 국제유목민에 관해 말할 때까지 결코 들어본 적이 없었어요. 저는 해외 근무나 가족과 함께 이주를 하려는 사람은 누구나 그것에 관해 교육을 받아야 한다고 봅니다. 많은 부모들이 그 삶이 얼마나 다른지 생각지 못해요. 부모가 신경 써야 할 매우 구체적인 것들이 있어요. 제 생각에는 일찍 교육을 받을수록 국제유목민이 얻을 수 있는 어떤 혜택이나 대가를 알게 되어 혜택을 극대화하고 대가를 최소화할 방법을 찾을 수 있다고 봅니다. 예를 들어, 소책자를 통해 아이들이 이주한 나라의 언어를 학교에서 배우게 될 거라 추측하지 않고, 등교 첫날부터 아이들을 언어반에 보내야 한다는 사실을 알게 될 겁니다. 종종 아이들은 다른 언어는 사용하지 않는 영어만 사용하는 학교에 다닙니다. 그러고는 짧은 기간이든 혹은 긴 기간이든 그들에게 주어졌던 혜택을 누리지 못하고 끝나게 되지요."

"나는 코넬대에 다닐 때, 이 비디오를 만든다거나 국제유목민 동아리에 참여할 생각을 해보지 못했어요. 그 이후에, 내가 가르쳤던 한 학교에서 국제유목민·제3문화 아이들을 이해하려는 하나의 시도로 비디오가 상영되어 보게 되었죠. 경제와 문화가 점점 세계화되어 전보다 더 많은 사람들이 빈번히 이동하고 있어요. 제 생각에 이 시도는 우리에게 혜택을 줄 뿐만 아니라 이런 현상에 대처할 수 있도록 도와주기 때문에 매우 중요하다고 봅니다."

2010년 조사

"대학교 1학년 때부터 국제유목민이나 나와 배경이 비슷한 사람들과 접했더라면 좋았을 거예요. 캠퍼스에 국제유목민들을 위한 공식적인 단체들이 있었으면 해요. 그리고 국제서비스 사무실에 제3문화 아이 이슈에 익숙한 상담자들이 몇 명 있다면 훨씬 더 유용하겠죠. 다시 돌아갈 수 있다면, 저는 분명 대학 1학년 때부터 국제유목민 네트워크를 형성할 거예요."

그들의 시각은 1997년에 코넬대 국제유목민 모임에 있던 두 학생이 했던 조언과 매우 흡사하다.

"이 학생들에게 국제유목민들에 관한 정보를 제공하고, 비슷한 국제 이주 경험을 한 다른 사람들과 만날 수 있게 해주세요. 이는 그들에게 자신을 세계시민으로 규정할 수 있도록 도와주고, 다름을 인정하는 집단에 소속된 느낌을 제공해 줄 거예요. 또한 그들의 능력과 문화를 공유하려는 동기를 촉진하고 문화적 교량의 역할을 수행하게 할 거예요."

— 한스 위케와 켈빈 인

결론: 문화적 교량 역할

1994년 시유시미 영상 콘퍼런스에서 퍼시픽대학교의 명예교수 브루스라 브랙이 유사한 내용을 말했다. "국제유목민은 이해하는 능력이 있고… 모국에서 보통 내국인처럼 보이지만, 그들은 매우 세계적인 시각을 갖고 있으므로… 그러므로 그들은 특히 문화적 교량 역할을 하기 좋은 위치에 있습니다."

국제유목민 학생 패널들을 대상으로 한 후속 연구에서 한 가지는 분명했다. 거의 대부분이 일종의 국제 관련 일들을 하고 있었다. 국제학교에서 가르치거나 국제 학생 고문으로 일하거나 유엔 같은 국제기구에서 일하는 등 대부분이 문화적 교량 역할을 하고 있었다. 다음은 실례들이다.

한 패널은 다음과 같이 썼다.

"저는 레바논에 있는 고향으로 돌아와 전 수상의 홍보 담당 부서 영어 편집자로 일했어요. 나중에 유엔 서아시아경제사회위원회(UNESCWA) 정보실로 옮겼어요. 아이러니하지 않나요? 저는 전형적인 유목민처럼 유엔에서 일했죠. 종종 친구나 친척들에게 국제유목민에 관해 이야기해요. 제 생각에, 저는 우리 지역사회를 일깨우는 사람 같아요!"

프리랜서 작가인 다른 패널은 해외 거주자 배우자들의 해외 적응을 돕기 위해 만든 ≪해외 서비스 저널(Foreign Service Journal)≫에 기고한 적이 있었다. 또한 그녀는 문화적 정체성, 재입국, 국제유목민들과 그 부모들의 이주에 관한 리포트를 썼다.

태국에 있는 쓰나미 구호단체(Tsunami Relief organization)는 세 번째 패널의 도움을 받았다. 그는 최근에는 아시아재단(Asia Foundation)에서 일한다. 그 기관은 "평화, 번영, 공정, 그리고 개방된 아시아-태평양 지역을 건립하는" 데 전념하고 있다. 또한 재단은 "지역 정부 관리들과 연계하도록 지역공동체를 훈련시키고, 소외 계층 출신의 여성과 젊은 리더들이 지역사회의 정치사회적 변혁에 참여할 수 있도록 그들을 교육하고 있다"(아시아재단 웹사이트).

다른 한 패널은 해외에 있는 국제학교에서 미국으로 진학하려는 학생들을 돕고 있다. 그는 다음과 같이 말했다.

"나는 인도 뉴델리에 있는 미국 대사관 학교(American Embassy School)에서 가르칩니다. 미국 대사관 학교는 내가 다녔던, 카이로에 있던 카이로 미국인 학교와 매우 비슷해요. 학생들은 여러 언어를 조금씩 할 수 있고, 모국에 대한 소속감이 없으며, 비행기에 있을 때 집처럼 느끼죠. 나는 그들을 이해할 수 있어요. 그들도 나를 이해할 거예요. 나처럼 그들 대부분도 미국 대학으로 진학할 텐데, 나는 그들이 무엇을 기대하는지, 어떻게 느낄지, 어떤 종류의 사람들을 만나게 될지 말해줄 수 있죠."

코넬대에서 첫 번째 국제유목민 비디오를 만들 때 도움을 주었던 마리아네가 '변화의 개척자들(Pioneers of Change)'을 설립할 때 도움을 주었다. 이 기관은 "사회변혁을 이루고자 하는 젊은 실천가들에게 필요한 지식, 역량, 관계 등을 촉진하고 영감을 제공한다. '변화의 개척자들'은 세계적인 학습 네트워크로 20대에서 30대 중반의 사회개혁 실천가들을 지원하고 있다. 1999년 16개국에서 온 사람들이 설립했으나 지금은 전 세계의 사람들이 참여하고 있다"(웹사이트에서). 2008년에 마리아네는 『맵핑 대화법: 사회변혁을 위해 필요한 도구(Mapping Dialogue: Essential Tools For Social Change)』라는 책을 공동 집필했다. 이 책은 "사회 변화를 일으키는 변혁적 대화법과 과정들을 자세히 제공한다"(뒤표지에서).

이들 국제유목민은 분명 여러 영역에서 긍정적 변화를 일으킬 만한 엄청난 잠재력이 있고, 세계적 시각과 기량으로 다양한 집단에서 문화적 교량 역할을 할 수 있다. 국제유목민이 그들의 세계적 재능을 십분 활용할 수 있도록 이런 종류의 배경으로 인한 수많은 장점과 상당한 도전들에 관한 정보를 더 많이 알릴 필요가 있다.

> "국제유목민은 다른 사람을 교육할 수 있는 능력이 있어요. ⋯ 그들만이 할 수 있는, 경계를 가로지르는⋯ 관점을 달리 볼 수 있죠. 한 면 이상을 볼 수 있고, 중재할 수 있고, 바라건대 포용과 관용을 이끌어낼 수도 있을 거예요."
>
> — 릴리오나, 가나

미래를 위한 조언

국제유목민들의 "작은 세상" 덕분에 나는 운 좋게도 2001년 학생 패널인 그레그를 만났다. 그는 지금 인도 뉴델리에 있는 한 국제학교에서 가르치고 있다. 나는 그를 비디오로 촬영했다. 그는 여러 나라에서 성장한 경험이 그의 삶에 어떤 영향을 주었는지 그리고 아이들을 가르치는 데 그의 국제학교 경험을 어떻게 사용하고 있는지 알려주었다. 그레그는 '떠돌이 학자(Wandering Academic)'라는 웹사이트를 운영하고, 국제유목민에 관한 연구와 정보를 일반인에게 널리 보급하고 있다. 다른 제3문화 아이나 국제유목민 그리고 가족들도 그들의 웹사이트에 일부 학생 패널들의 사례를 인용하며 국제유목민에 대한 이해를 촉진하고 있다.

2001년 비디오의 한 국제유목민 학생 패널은 하나의 소중한 도구로서 테크놀로지의 역할을 거론하며 그와 다른 학생 패널들이 어떻게 "웹 뿌리"를 가질 수 있었는지 말해주었다. 그들은 서로 연락을 주고받고 관계를 유지하는 데 인터넷이 지대한 영향을 준다고 말한다. 다른 패널도 최근의 후속 연구에서 비슷한 생각을 갖고 있었다. "전 세계에 살고 있는 생각이 비슷한 사람들과 계속 연락을 주고받을 수 있도록 국제유목민 네트워크를 확장하는 게 많은 도움이 될 거예요. 집단을 생동감 있게 연결해 주는 페이스북이나 다른 소셜미디어 같은 현대적인 의사소통 도구들을 활용하면 좋을 거예요."

이와 관련해, 나는 국제유목민 학생 패널들과 소통할 수 있는 새로운 방법들을 찾고 있다. 사후 조사를 하거나 새로운 비디오 제작을 위해 스카이프(Skype)나 고도로 발달된 폴리콤(Polycom) 같은 장비가 사용될 수 있을 것이다. 비디오는 패널들의 국제유목민 경험이 얼마나 삶의 선택에 영향을 주고, 많은 경우에 그들이 어떻게 문화적 교량 역할을 하게 했는지 분명히 보여줄 것이다. 나는 최근에 '세계적 전환기에 있는 가족들(Families in Global Transition: FIGT)'이라는 단체가 후원하는 콘퍼런스에서 국제유목민에 관한 나의 후속 연구를 발표했다. 이 단체는 국제 가족과 그들을 위해 일하는 사람들을 지원한다. 나는 몇몇 학생들의 2001년 비디오 동영상과 그리고 국제유목민 배경을 최근에 어떻게 활용하고 있는지 말해준 그레그의 인터뷰 동영상을 함께 보여주었다. 콘퍼런스 도중에 몇몇 학생들이 국제유목민 경험의 중대한 영향에 관한 정보 제공이 매우 중요하다고 강조했다.

나는 이들 국제유목민 학생들과 대화를 지속하고 그들의 다문화적 배경에 내재된 가능성을 강조하면서, 상담과 지원 가운데, 그들은 현재와 미래에 중요한 문화적 교량 역할을 할 수 있음을 힘주어 말하고 싶다.

국제유목민 학생 패널 비디오 설문지

우·마카(Wu and Makar, 2006)

1. 출생지

2. 나이

3. 여권 기재국

4. 18세 이전에 어떤 나라(들)에서 살았습니까? 살았던 나라들을 열거하고 그 곳에서 살았던 시기를 쓰세요.

5. 18세 이후에 어떤 나라(들)에서 살았습니까? 살았던 나라들을 열거하고 그 곳에서 살았던 시기를 쓰세요.

6. 교육 수준은? (문학사, 이학사, 법학 박사, 문학 석사, 이학 석사, 의학 박사, 박사, 교육학 박사 등)

7. 다녔던 대학(들)과 다녔던 시기를 쓰세요. (예를 들어, 코넬대학교, 1990~1994)

8. 성장기에 아버지의 직업은 무엇이었나요?

9. 성장기에 어머니의 직업은 무엇이었나요?

10. 현재 여러분의 직업은 무엇인가요?

11. 국제유목민 비디오 제작에 패널로 참가한 후에 여러분이 가졌던 직업들을 쓰세요. (정확한 날짜와 직업을 써주세요.)

12. 결혼 여부는? (미혼, 기혼, 사실혼 관계, 이혼, 기타)

13. 여러분 생각에 국제유목민 경험이 배우자나 중요한 상대를 선택하는 데 영향을 준 것 같나요/줄 것 같나요? 그렇다면 어떤 면에서 그런가요?

14. 아이가 있나요? 있다면, 몇 명인가요?

15. 여러분 생각에 국제유목민 경험이 아이를 키우는 방식에 영향을 주는 것 같나요/줄 것 같나요?

16. 여러분 생각에 국제유목민 경험이 전공을 선택하거나 직업을 선택하는 데 영향을 준 것 같나요? 그렇다면 어떤 면에서 그런가요?

17. 국제유목민 경험의 혜택은 무엇이고 불이익은 무엇이라고 생각하나요?

18. 만약 대학 시절로 돌아가서 여러분 자신을 만난다면, 어떤 국제유목민이 되라고 말해주고 싶나요? (어떤 것이든!)

19. 그 밖에 무엇이든 말해주고 싶은 것이 있나요?

참고문헌

Bennett, Janet M. 1993. "Cultural Marginality: Identity Issues in Intercultural Training." in R. Michael Paige(ed.). *Education for the Intercultural Experience*. Yarmouth, ME: Intercultural Press.

Bojer, Marianne Mille, Heiko Roehl, Marianne Knuth and Colleen Magner. 2008. *Mapping Dialogue: Essential Tools for Social Change*. Taos, NM: Taos Institute Publications.

Families in Global Transition. 2011. "Resource Center." http://www.figt.org/.

Pioneers of Change. 2011. "Pioneers of Change." http://pioneersofchange.net/change.

Pollock, David C. and Ruth E. Van Reken. 1999. *The Third Culture Kid Experience: Growing Up among Worlds*. Yarmouth, ME: Intercultural Press.

The Asia Foundation. 2011. "About the Asia Foundation." http://asiafoundation.org/.

Wu, Alice. 2001. *Global Nomads: Cultural Bridges for the Next Millennium*. Video. Cornell University.

Wu, Alice, Ilan Barzilay, Marianne Bojer and Lewis Clark. 1994. *Global Nomads: Cultural Bridges for the Future*. Wu and Clark, Bojer and Barzilay. Video. Cornell University.

감사의 글

1994년과 2001년 코넬대학교에서 비디오를 제작할 때 참여했던 모든 국제유목민 학생 패널과 후속 연구와 인터뷰에서 자신의 경험과 통찰을 말해준 모든 사람들에게 따뜻한 감사의 말을 전한다. 그리고 2006년 국제유목민 후속 연구를 설계하고 분석하는 데 도움을 준 호다 마카에게 고마움을 전한다. 또한 유익한 논평을 해준 내 시누 다이애나 석 우, 유용한 제안과 길잡이를 해준 편저자 니나 시셀과 진 벨빌라다에게 감사드린다. 더 나아가, 논평을 해준 코넬대 국제유목민회 학생 회원들, 고인이 된 노마 매케이그, 명예교수 브루스 라 브랙, 그리고 코넬대 명예총장 프랭크 로즈에게 감사의 말을 전하고 싶다.

4부

재구성

이동 경로 기록

/

모린 번스(Maureen A. Burns)

나임 아시프는 "당신의 글에서 나를 신중하게 소개해 달라"라고 조심스럽게 말했다. 그는 마지못해 인터뷰에 응한 후, 탁자 건너편에 앉아 자신의 이야기 중 몇 부분은 자신의 평판을 해치거나 심지어 직장에서 해고를 당하게 할 위험까지도 있다고 했다. 나는 그 이야기를 듣고 놀랐고 인터뷰를 계속해도 되는지 걱정이 되었다. 나는 20대 후반의 젊은 남자 나임 아시프가 그러한 상처를 가질 수밖에 없었던 이야기가 궁금해졌다.[1] 나는 당시 16살이었고, 고등학교 신문 수업의 영어 숙제를 위해 인터뷰한 것이었다.

돌아보면, 나는 그때 그가 어떤 마음이었는지 완전히 이해하지 못했다. 하지만 몇 년 후 초국가적 이동의 정치학(politics of transnational movement)에 관한 연구를 수행하면서 그때 했던 인터뷰가 떠올랐다. 10년을 지나면서 여덟 번이나 이사를 했음에도 불구하고 나는 여전히 그 낡은 종이 묶음

---

1   이름은 사생활 보호를 위해 바꾸었다.

을 기적적으로 가지고 있었고 다시 그 내용을 읽었다. 글은 길지 않았지만, 전에는 볼 수 없었던 풍부한 정보가 담겨 있었다.

나임이 당시에 내게 들려주었던 이야기 때문에, 나는 몇 년 후에도 그 인터뷰를 기억했다. 당시에 그의 이야기는 불명확하고 완전히 주제를 벗어난 것처럼 들려서 내 글의 완성본에 신지는 않았지만, 어떤 까닭인지 그 이야기는 지금까지도 내 마음속에 머물러 있다.

몇 년이 지난 뒤에 나는 그의 이야기가 내가 어렸을 적 여러 나라를 이동할 때마다 잘 적응하도록 돕는 수단이 되었다는 것을 무의식적으로 깨달았다. 나는 제3문화 아이로 성장했고 18살이 되기 전까지 4개국과 4개 대륙을 돌아다니며 일곱 번 이사를 했다. 나는 나임의 이야기를 통해 초국가적인 이동이 어떻게 한 사람의 주체성이나 주변 환경에 영향력을 끼치는 그의 역량에 작용하는지를 살펴보고 싶다. 특별히, 잦은 이동으로 인해 새로운 문화에서 자신에 대해 말하고 대변하는 능력이 달라짐으로 인하여 어떻게 주체성이 약화되는지 살펴보고자 한다. 제3문화 아이들은 다른 이민자들과 비교할 때 이동하면서 독특한 도전에 직면하기 때문에 나는 나임의 비유를 활용하여 어떻게 제3문화 아이들이 자신의 정체감과 개인 역사를 문서화하고 보관하고 소통하는 중요한 도구로 사물들을 사용할 수 있는지에 대한 교훈을 얻고자 한다.

우리가 인터뷰를 하기 위해 만났을 때는 11월 아침이었다. 나는 나임을 자주 봤지만 그에 관해서 잘 몰랐기 때문에 그를 인터뷰하고자 했다. 내가 나임을 처음 본 것은 도하(Doha)로 이사 온 지 얼마 되지 않아서였다. 그는 내가 친구들과 자주 모이는 집 근처 카페에서 일하고 있었다. 우리의 어색한 관계는 그가 이미 유창하게 하고 있는 영어를 더 공부하기 위해 내게 영어 잡지를 가져다 달라고 부탁하면서 시작되었다. 인터뷰를 위해 카페에 갔을 때 그는 늘 그랬던 것처럼 가장자리가 말린 ≪내셔널 지오그래픽≫ 잡지를 읽고 있었다. 우리는 아무도 없는 식당 안 입구 쪽 창가에 있는 작은 테이블에 앉았다. 나임은 큰 키의 마른 몸을 앞쪽으로 구부리며 뻣뻣하게 의자에 앉아 있었다. 이른 아침이었지만 창문 틈으로 들어오는 습기와 사막의 열기 때문에 그의 검은 곱슬머리는 벌써 헝클어져 있었다. 바깥 하늘은 도하의 전형적이고 특징적인 모습으로 눈이 부시면서도 흐릿한 모습을 보이기 시작했다. 준비가 미흡한 상태로 나는 어떤 제목이나 주제로 이야기해야 하는지 모른 채 인터뷰를 시작했다. 그러나 지금 와서 생각해 보니 특정한 주제를 미리 정하지 않은 것이 오히려 나임과 자유롭게 대화하는 과정에서 흥미로운 내용들을 이끌 수 있게 했다. 그는 대부분의 이민자와 자신이 겪은 이민에 관해 많은 이야기를 들려주었다. 마치 인터뷰가 카타르시스를 경험하는 기회를 주는 것 같았다.

나임이 파키스탄 이슬라마바드의 한 외곽 마을을 떠나 카타르로 이동하게 된 과정은 비극적인 상황에서 시작되었다. 그의 아버지는 죽었고, 그는 가정을 책임져야 할 가장이 되는 이야기로부터 시작했는데, 그 사건 이전이나 아버지의 죽음을 둘러싼 상황에 대해서는 말을 아꼈다. 마치 어깨 위에 놓여 있는 우뚝 솟은 책임감이 다른 모든 것을 밀어내는 것 같았다. 그는 묵직한 파키스탄 악센트와 묘하게 거친 억양으로 "남동생들은 무직이에요"라고 말했다. "내가 남동생들과 다른 사람의 교육을 모두 책임져야 해요"(Asif, 2001.11.13). 그는 가족을 돕기 위해 월급을 더 높게 받을 것을 기대하고, 어렵게 카페의 점장 자리를 구하여 카타르로 오게 되었다. 카타르에 올 때 그는 갓 결혼했고 어린 딸도 있었지만 부인은 취업 비자를 거절당해 파키스탄에 두고 홀로 오게 되었다. 카타르에 와서 비자와 재정 문제로 나임은 3년 동안 가족을 보러가지 못했고 내가 그를 인터뷰한 후 4년이 되던 해에도 아내를 만날 수 있을지는 여전히 불확실했다.

이러한 어려움에도 불구하고, 나임은 도하에서 얻은 기회들이 자신에게 매우 행운이라고 이야기했다. "이 직장은 신께서 내게 축복으로 주신 거예요. 나는 겨우 고졸이기 때문에 이 직장을 떠날 수 없어요. 1년에

7000카타르 리얄만 내고 방 두 개가 있는 집에 살고 있다는 것도 행운이라고 생각해요"(Asif, 2001.11.13).[2] 그가 책임의 무게를 느끼는 것은 누가 봐도 알 수 있었다. 내가 그를 볼 때마다 그의 옷차림은 항상 같았다. 고정된 넥타이에 헌터 녹색 재킷을 단정하게 입고 있었다. 친구들과 카페에 늦게까지 머무는 밤이면, 나는 그가 도하 시내 근처 오래된 건물과 회색빛 아파트가 있는 움콸래나(UmmGhawalena)로 자전거로 퇴근하기 위해 재킷과 넥타이를 조심스럽게 정리하는 모습을 호기심을 갖고 지켜보았다.

자신의 말을 내가 이해하도록, 그는 자신이 가진 기회들에 대한 감사의 표시로 자기 고향 출신 남자에 관한 씁쓸한 일화 하나를 내게 들려주었다. 그 남자는 박사 학위 수준의 교육을 받고 직장을 구하러 사우디아라비아로 건너갔는데 사우디에 도착하자마자 사막에서 베두인족에게 포로로 잡혀갔다. 그는 10년 정도 그곳에서 노예로 일하며 베두인의 소와 말, 염소들을 키웠다. 마침내 도망쳤을 때 그는 다시 자신의 고향과 농장으로 돌아갈 수밖에 없었다. "그의 삶과 교육은 망가져 버린 거죠." 나임은 말했다. 그는 이 이야기를 토대로 카타르로 찾아오는 이주자, 이민자, 해외 거주자, 여행자들에게 공통적으로 말해주는 농담을 이야기해 주었다.

"누군가가 도하로 오면 우린 이런 이야기를 해줘요. 사자가 걸프 국가를 오기 위해 비자를 받을 때, 아프리카에 살던 사자는 도하에 가면 아주 좋은 터전과 맛있는 음식을 대접받으리라 생각했어요. 하지만 그가 막상 도하에 도착했을 때 그는 풀과 채소를 대접받았지요. 사자는 그들이 장난으로 그런다고 생각했을 거예요. 하지만 그가 왜 자신에게는 고기를 주지 않느냐고 불평을 하자 후원자는 '자네는 사자지만 코끼리 비자로 왔기 때문에 풀과 채소를 먹는 거야. 그래서 자네는 풀과 채소만 먹어야 해'라고 말했죠"(Asif, 2001.11.13).

---

2 2001년 기준, 7000카타르 리얄은 1920달러 정도였다.

그가 웃으며 이 이야기를 할 때 나도 따라 웃었지만 당시는 그 농담을 이해하지 못한 채 예의상 함께 웃어준 것이었다. 그러나 지금 나는 초국가적인 이동의 위험성에 대해 중요한 메시지가 포함된 그의 이야기를 다시 생각해 본다. 그의 농담이 재미있는 것만은 아닌데, 그 이유는 사자가 단지 후원자에게 터무니없고 의도적인 오해를 받은 것 때문이 아니라 애초부터 코끼리는 없었다는 근본적인 추정 때문이다. 이 세상에서 우리는 모두 사자인 것이다.

여기서 중요한 것은 이 이야기의 상황적 유머는 인식의 문제들에 기초하는데, 여기에서는 잘못된 인식에 문제가 있다는 것이다. 여기서 상징적 동물은 사자이다. 그는 아프리카의 먹이사슬에서 맨 위에 있었기 때문에 카타르에서도 좋은 대우를 받을 것이라고 생각했지만 반대의 상황이 뒤따랐다. 사자는 자신이 대우받는 방식을 도저히 받아들일 수 없었기 때문에 이 상황이 심한 장난일 거라고 생각할 수밖에 없었다. 그것 말고는 숲속의 왕인 자신이 이러한 대우를 받는 것을 이해할 수 있는 방법이 없었기 때문이다. 하지만 사자가 중대한 실수를 지적했을 때, 후원자는 비록 사자일지라도 비자에는 다르게 명시되어 있어서 고려할 가치는 없다고 말했다. 비자는 그를 다른 존재로 표시하고, 그 존재의 분류에 맞는 대우를 요구하는 것이다.

여기서 중요한 것은 이 이야기의 상황적 유머가 인식의 문제에 기초한다는 것인데, 이 경우엔 인식의 오류에 기초한다. 이 경우는 한 사람이 국경과 문화를 넘어 이동함에 따라 자신을 표현하는 능력이 변화할 때 일어나는 일을 보여준다. 나임이 말해준 농담은 이러한 변화들이 얼마나 극적으로 일어날 수 있는지를 보여준다. 사자는 자신의 고향에서 사자로 대우받았기 때문에, 그것은 어디에서나 부인할 수 없는 사실일 것이라고 생각했다. 왜냐하면 그것은 그의 본질이자 정체성이기 때문이다. 하지만 이 이야기는 또한 어떻게 이것이 단순히 잘못 인식된 사례 이상의 의미를 갖는지를 암시한다. 이 이야기에서 사자가 어떻게 다른 존재의 비자를 발급받게 되는지에 대한 설명은 없는데 아무런 언급이 없는 것 자체가 무언가를 말해준다. 그것은 이 문제가 불가피하다는 것을 시사하는 대신에, 우리가 사자의 비자처럼 사람들을 의도적으로 잘못 인식하거나 식별하기 위해 어떻게 도구들을 사용하는지에 초점을 맞춘다.

여기에서의 교훈은 한 개인과 관련된 것이 국경을 건넌 후 끊임없이 변화한다는 것이다. 한 개인이 새로운 환경에 처하면, 소통할 수 있는 능력이 급격하게 변화한다. 의사소통 능력은 단순히 그 지역의 언어를 배우는 것 이상을 포함한다. 예를 들면, 새로운 나라로 이동한 이주자들은 상징적으로 쫓겨난 사람들이 되는데, 이는 자신이 살던 지역의 지식이나 문화적 상징성을 포함하고 있는 언어를 더 이상 사용할 수 없고, 새로운 거주지에서 읽을 수 있는 특정한 문화적 표현을 만들어낼 수 없기 때문이다. 이것이 바로 이론가이자 이주 학자인 호아킨 바리엔도스 로드리게스(Joaquín Barriendos Rodríguez)가 인간 이동의 상징적 차원이라고 부르는 것이다. 바리엔도스 로드리게스에 따르면 "인간 이동의 상징적 차원은 몸의 공간적 위치 변화뿐만 아니라, 사회적 표현의 이동과 개인의 자기표현의 힘의 이동과도 관련된다"(Barriendos Rodríguez, 2007: 4). 바리엔도스 로드리게스는 우리가 자신을 표현하는 능력은 문화적 이미지, 몸짓 언어와 문맥에 따른 다른 형태의 표현들을 사용하는 능력에 따라 다르다고 설명한다. 새로운 장소와 문화 속으로 들어갈 때, 초국가적 이주민들은 현지 국가의 의미 시스템에 종속되며 그들이 이해할 수 있는 상징적 언어를 사용할 수 없을 때 어떻게 자신을 표현하느냐 하는 문제를 갖는다. 상징적 언어와 시스템이란 몸짓, 상징, 빗대어 하는 말, 이미지, 보디랭귀지와 사람들이 형성한 대중문화를 말한다. 이것은 특정한 문화적 트렌드 또는 이슈에 대한 개인의 신념과 사회적 태도를 가르치며 이야기하는 태도와 다른 사람과의 관계로 개인의 정체성을 형성하는 것 등을 말한다. 이것은 특정 문화가 쓰고 말하는 언어를 사용하는 것보다 배우고 이해하고 적용하기 훨씬 어려운 "언어"의 한 종류이다. 이주자들은 일련의 새로운 상징과 아직 접근해 보지 않은 문화적 암호들을 이용하여 과거 경험과 익숙하지 않은 문화들을 밝혀 연결하는 방법을 적극적으로 상상해 보아야 한다. 이것은 새로운 방식으로 그들이 누구인지 의사소통하기 위함이다. 아르준 아파두라이(Arjun Appadurai)라는 이론가에 따르면, 상상력을 사용하는 것은 현재 개인이 가지고 있는 모든 부분 중 핵심이다. 그는 "상상력은 사회적 실제, 일의 형태와 개인들이 머문 공간들 간의 협상 형태와 가능성의 영역을 글로벌하게 규정하는 조직된 부분이 된다"라고 설명한다(Appadurai, 2008: 31). 이런 방식으로 정치, 문화와 커뮤니케이션은 몸짓, 이미지, 사물, 언어와 특히 상상이 정체성의 문화적 형태를 만들어내는 사회적 관례가 되는 좀 더 세분화된 차원으로 접근하게 된다(Appadurai, 2008: 31; van Alphen, 2002: 57).

상징적 이동은 심각한 결과를 초래할 수 있다. 우리가 다른 문화로 이동할 때, 우리가 보고 이해하고 대우받길 원하는 조건대로 타협하는 것이 어렵게 된다. 문화적 개념이 변하며 이것은 우리가 주변 상황에 의해 인간으로 이해되는 방식에 영향을 미친다. 또한 이에 근거하여 우리에게 주어지는 권리의 유형에도 영향을 미칠 수 있다. 사자가 곤경에 빠진 예화는, 다른 사람이 우리를 인간으로서, 권리를 가진 "사회적으로 기능 가능한 존재"로서 인정해야만 우리가 그러한 존재로 받아들여진다는 문화 이론가 주디스 버틀러(Judith Butler)의 주장을 보여주는 전형적인 예가 된다. 또한 우리가 받아들여지는 조건은 상황과 환경에 따라 영원히 변할 수 있다(Butler, 2004: 2). 우리는 이러한 영향력을 앞의 예화에서 확인했다. 사자는 그를 둘러싼 주변 사람들과 이민 제도를 형성하는 사회정치적 시스템에 의해 하위 계층의 시민으로 간주되고 있다. 그가 알지 못한다는 이유로, 그는 코끼리로 분류되고 간주되는데 이것은 그가 바꿀 수 없는 상황이다. 따라서 다른 사람에게 자기 자신을 대변하고 그에 맞게 의사소통하는 능력은 주변 환경에 반응하는 그의 능력의 중요한 부분이다.

　개인을 대변하는 능력의 필요성은 국경을 횡단하는 모든 이들에게 매우 중요하다. 그리고 이 이야기는 카타르의 이주자 공동체뿐만 아니라 다른 지역에도 해당되는데, 이는 이동 가운데 특정한 위험을 감수하는 다양하고 많은 초국가적 이주자들 사이에 널리 퍼져 있는 인식의 일치를 드러내어 보여준다. 대부분의 우화처럼 이야기의 의미는 은유적이다. 그러나 이 이야기는 사자가 제대로 대우를 받지 못하는 것이 잘못된 정체성이 과장되거나 잘못 해석된 것이 아님을 암시한다. 카타르에 왔을 때 이주민들 중 많은 이들이 느끼는 위험은 이 유머에 드리운 우울한 현실의 그림자이다. 새로 오는 이주민에게 경고의 메시지를 주고자 이 우화를 그들에게 다시 말해줄 때 이야기의 유머는 가장 최근의 상황과 현실에 맞추어 현재적이고 살아 있는 것으로 발전한다. 나임이 이민에 대한 자신의 이야기를 너무 상세히 공유하는 것이 미치는 파장에 대해 경계했을지도 모른다는 것은 놀랄 일이 아니다. 그는 분명히 잘못 받아들여지는 것에 대해 의심했고 그의 웃음은 그 이야기 속에서 그가 직접 보았던 진실의 일면을 확인시켜주었다. 그의 경험은 어쩌면 그 이야기의 신뢰성에 힘을 실어주는 것일 것이다.

　많은 시간이 흘러 먼지 묻은 낡은 인터뷰 원고를 일요일 이른 아침에 발견했을 때, 나 자신이 얼마나 나임이 해준 이야기와 관련 있는지 깨닫고 놀랐다. 나임과의 인터뷰를 숙고할수록 개인과 개인을 대변하는 것과 관련된 이슈들이 제3문화 아이라고 부르는 소수집단 이주민 아이들에게 얼마나 중요한 이슈인지도 깨달았다. 많은 제3문화 아이들은 변화하는 문화적 상징에 계속적으로 적응하도록 요구받는 생활방식 속에서 살아가고 있다. 사실 나 자신이 제3문화 아이로서 겪은 상징적인 이동 경험은 그 씁쓸한 풍자를 직접적으로 반영하고 있다.

　특별히 나는 한 사건을 기억한다. 이키토스(Iquitos)는 정글이 모든 것을 뒤덮기 전 보트나 비행기로 갈 수 있는 아마존의 마지막 주요 항구였다. 고무로 호황을 맞은, 페루의 신흥도시인 이키토스에서 나는 두 명의 아이들에게 강한 호기심을 불러일으킨 특이한 사람이었다. 페루에서 사는 동안 나의 빨간 머리카락은 신기한 것이었다. 이 색깔은 나를 호기심의 대상으로 만들었고, 나를 특별한 사람으로 만들었다. 얼굴형을 따라 바가지 모양으로 머리카락을 자른 한 남자아이와 여자아이는 공항에서 가족과 함께 기다리고 있는 나를 발견했다. 그들은 남매 같았다.

그 아이들은 자신들의 작은 마을로 오는 새로운 손님들을 호기심을 가지고 구경하기 위해 보호자도 없이 공항에 온 것 같았다. 나는 그때 그 아이들을 염두에 두지 않고 등을 돌리고 있었지만, 어머니는 그들이 우리를 힐끔힐끔 보며 킥킥거리는 것을 지켜보았다. 아이들은 처음에 깜짝 놀랐고 호기심에 압도되어 벽 주변에 숨어 나를 자세히 쳐다보았다. 그 호기심은 재빨리 서로를 부추기는 놀이가 되었고, 그들은 신나게 밀고 밀치며 장난을 시작했다. 한 아이가 다른 아이를 우리 쪽으로 민 뒤 숨어버리면, 밀린 아이가 숨은 아이를 다시 미는 식이었다. 신나게 달려 나갔다 다시 돌아오기를 반복하면서 흥분은 더욱 배가되었고, 남자아이가 마침내 뛰어나와 마지막 한 발자국을 남겨두고 용기를 내어 내 등을 쳤다. 누군가 힘껏 밀치는 기분이 들어 무슨 일이 일어났는지 확인하려고 뒤돌아보았을 때, 아이는 자랑스럽게 재빨리 뒤돌아 걸어가고 있었고 그 얼굴은 자부심과 경외감으로 희미하게 빛났다.

나는 그때 13살이었고 이 경험으로 인해 수치심을 느꼈다. 나는 내가 괴물이나 외계인이 된 것 같았다. 나는 아이들을 진실을 숨길 수 없는 순수한 존재로 보았기 때문에, 그가 나를 예의 바르게 외면하기에는 내가 너무 특이해서 어른과 아이가 뚫어지게 보도록 만들 수밖에 없을 만큼 내가 괴상한 존재라고 느껴졌다. 비록 그들이 기껏해야 아이들이고, 보통 아이들이 할 만한 행동을 했지만, 나는 고통스러울 정도로 부끄럽고 당황스러웠다. 그 남자아이가 나를 건드렸던 그 순간, 내가 새로운 문화에 동화되고 수용되기 위해 걸어야 할 길과 연결해 주는 다리가 점점 멀어지고 걷잡을 수 없게 된 것 같은 느낌을 받았다.

나는 이것이 나와 비슷한 상황에서 성장한 대부분의 제3문화 아이들이 느끼는 공통된 감정이라고 믿는다. 잦은 이동과 명확한 문화적 연결성이 없는 생활방식 속에서는 상징적인 이동의 압박이 때때로 혼란과 고립을 줄 정도로 크게 느껴질 수 있다. 사실 공항에서 겪었던 그 사건과 관련해 가장 고통스러웠던 것은 그 남자아이의 호기심 어린 행동이 내가 그 지역사회에서 지목당하고 외부인으로 받아들여진다는 의미라는 것이었다. 어린 시절 이동이 잦았기 때문에 집이나 소속감에 대한 분명한 감각을 가져보지 못한 것은 더욱 고통스러운 일이었다. 비록 그 당시에 나는 페루에 살고 있었지만, 그 아이들은 내가 거기에 속하지 않았다는 것을 다시 한번 알려주었다. 하지만 나는 돌아갈 집이 어디인지도 알 수 없었다.

제3문화 아이들은 다른 사람들이 초국가적 이동을 경험하는 것과 달리 개인의 주체성과 표현에 관한 이슈에 직면한다. 제3문화 아이들은 나이가 어리기 때문에 더욱 어려운 도전을 받는다. 폴록과 반 레켄(Pollock and Van Reken, 2004: 19)이 "제3문화 아이는 각 문화로부터 온 요소들이 삶의 경험과 동화된다"라고 설명한 것처럼, 이들은 다른 이주자들과 구분되는 독특한 특징이 있다. 이러한 "제3의 문화(Third Culture)" 형성은 어린 나이에 잦은 이동을 하는 생활방식을 경험하는 아이들에게만 나타나는 것으로 보인다. 사실 많은 연구들이 한곳에서 꾸준히 성장하거나 어른이 되고 난 후 이주자의 삶을 살아가는 사람들과 달리, 제3문화 아이는 구별된 문화적 패턴을 발전시킨다고 설명한다(Polock and Van Reken, 2004: 6). 잦은 문화적 이동성이 대부분의 제3문화 아이들과 그들의 경험을 정의하기 때문에, 이것은 그들의 발달 양식에 영향을 주고 만성적인 상실감을 만들어낼 수도 있다. 이런 개인들에게 이동이 매우 어려운 것은 그들이 막 자신의 정체성을 만들려고 노력하는 동안 문화적 상징의 끊임없는 변화에 적응하도록 강요받기 때문이다. 아직 어린 나이와 잘 변하는 정체성 때문에 제3문화 아이들은 다른 이주민들이 경험하지 않는 방식으로 개인 영역에 막대한 영향을 미치는 자기표현의 많은 어려운 이슈들에 직면한다. 새로운 문화에서 주체성 및 표현과 관련된 이슈들을 다루는 것에 무능함을 느끼는 것은 제3문화 아이들이 침묵하게 하거나 상징적 혹은 언어적으로 의사소통하지 못하도록 만들 수 있다.

이러한 현상은 내가 네 살이었을 때, 우리 가족이 미국에서 영국으로 이주한 후 얼마 지나지 않아 내게 일어났다. 우리가 처음으로 외국으로 이사한 때였다. 도착한 지 얼마 되지 않아 부모님은 여동생과 나를 데리고 근처 공원으로 놀러나갔다. 모래 박스 더미 위에, 탄력 있는 금발 곱슬머리에 피부가 하얀 작은 여자아이가 있었는데, 그 아이가 같이 모래 마을을 만들자고 나를 불렀다. 나는 내 삽을 보여주며 제안을 받아들였다. 그 아이가 내 이름을 물어보았을 때, 나는 대답하고 싶지 않아 그 아이를 계속 쳐다보며 공포에 질린 채 앉아 있었다. 비록 나는 내 또래 다른 아이들과 겉모습은 비슷했지만, 내가 입을 여는 순간 내 입에서 나올 미국 억양은 나를 놀이터의 불청객으로 만들어버릴 것을 알고 있었다. 어쩌면 부서지기 쉬운 모래집에도 위협이 될 수 있었다. 나는 용기가 없어 무릎을 꿇은 채 아무 말도 안 했고, 내가 이들에게 받아들여질 수 있을지 걱정했다. 영국으로 이사 간 후 몇 개월 동안 나는 공공장소에서 말하기를 거부했다. 네 살이던 나는 주위의 아이들과 다른 내 모습을 보며 나의 정체성을 감당할 수 없었다.

그때가 처음이었지만, 그 후에도 이러한 경험은 여러 번 있었다. 성장하면서 나는 몇몇 나라와 대륙, 문화를 오고 갔는데, 다른 사람들이 나를 보고 대하는 방식에 대응할 수 있는 강한 자아를 항상 갖고 있던 것은 아니다. 나는 잘못 발행된 비자를 가진 사자보다 훨씬 더 어려운 도전에 직면했다. 어린아이였던 나는 여전히 정체성을 발달시키는 중이었고, 나를 평가한 바로 그 환경에서 자아를 발전시키기 위한 생각과 표현을 끌어내고 있었다. 이것은 문화적 관습, 사회적 가치와 진실에 대한 관념이 비행기를 타고 이동하는 과정에서 바뀔 것이기 때문에 더욱 어려웠다. 보통 남미의 한 학교에서 멋지게 여겨졌던 것들이 중동의 아이들에게는 가장 찌질한 것이 되었다. 나는 새로운 환경에 적응하고 그 일부가 되면서, 동시에 일관된 자기 이미지를 구축하기 위한 끊임없는 투쟁을 해야 했다. 네 살 때 느꼈던 두려움이 말해주듯이 나는 다른 사람의 확신에 대항할 수 있는 나 자신에 대한 다른 이미지나 생각을 갖고 있지 않았다. 내 상황과는 반대로 나임의 이야기 속 사자는 다른 사람들의 부정적인 판단에 강하게 맞서기 위해 의지할 수 있는 일관된 정체성을 갖고 있었다. 네 살짜리 아이에게는 그러한 능력이 아직 없다.

이러한 이유 때문에 제3문화 아이들은 매번 다른 곳으로 이동할 때마다 그들과 지속적으로 함께할 수 있는 일관된 표현이 더 필요할 것이다. 문화 이론가 로지 브라이도티(Rosi Braidotti)는 끊임없이 옮겨 다니는 사람, 몇 개의 언어를 구사하는 사람, 다문화 환경에 사는 사람들이 흔히 자신의 근원과 출신에 대한 필요를 더욱 강하게 나타내는 것을 확인했다(Braidotti, 1994: 13). 사실 작가이자 문화 이론가인 벨 훅스(bell hooks)는 표현과 정치적 주체성에 대한 연구 결과에서 "한 사람의 심리적 역사가 지속되는 상실로 특징지어져 모든 이야기들이 부인되고 숨겨져 있고 지워질 때 문서로 남기고자 하는 것이 강박적으로 나타날 수 있다"라고 말했다(bell hooks, 1994: 42~53). 자신을 기록하고 표현하려는 집착은 자신의 소속감과 자아 감각이 입증되는 어떤 상황으로부터 소외되거나 영원히 쫓겨날지 모른다는 상실감에 의해 움직인다. 시각 이론가이자 소설가, 영화 작가인 존 버거(John Berger)가 지적했듯이, 표현은 우리의 자아감과 소속감 및 과거를 만들어낸다. 그리고 "그 자신의 과거로부터 단절된 사람이나 집단은 역사

속에 스스로를 특정한 위치에 둘 수 있었던 사람들보다 무언가를 선택하고 행동하는 것이 훨씬 덜 자유롭다"(Berger, 1973: 26).

제3문화 아이들처럼 이주자였던 나에게도 이런 일이 일어났다. 표현은 그들이 나중에 다른 사람들을 반박하고 반증할 필요가 있을 때, 특히 이동이 계속 있을 경우, 그것이 제시되고 참조되고 사용될 수 있는 방법으로 보존될 때에만 효과적일 수 있다. 그러므로 이와 같은 표현은 문서화(docu-mentation)하는 문제와 연결된다(bell hooks, 1994: 42~53). 문서에는 다음과 같이 세 가지 종류가 있다. 여러 나라와 상황에 걸쳐 동일한 의미를 유지하고 전달하는 대상, 의미가 맥락적인 상황에 기초한 대상, 그리고 이 두 가지 사이에 있는 대상이다(Norris, 2008: 429). 특히 다양한 문화에서 동일한 의미를 유지하는 대상은 제3문화 아이들에게 매우 중요한 도구가 될 수 있다. 이것은 그들이 다른 문화적·상징적 명령들을 통해 움직이면서 자신의 위치를 찾고, 제한하고, 움직일 수 있도록 한다. 또한 개인의 역사를 유지한 채 이동할 수 있는 통합적인 방법을 제공할 수 있고, 이전의 정체성과 친화성, 소속감의 흔적을 보존하는 동시에, 다른 장소에서 읽거나 번역할 수 있는 텍스트의 준거 대상이 될 수도 있다. 벨 훅스는 1950년대에 아프리카계 미국인들이 미국의 인종차별적 주장에 대항할 수 있도록한 중요한 문서 형태로서 사진의 예를 제시한다. 그들은 "삶을 진실하게 반영한(true-to-life)" 사진들을 대신함으로써 인종차별주의자들이 제시한 이미지가 오류라는 것을 입증하는 데 중심적인 역할을 했다(bell hooks, 1994: 48). 사진 기록물은 저장, 포장, 이동, 공유, 숨기기 및 재발견하는 면에 있어 다른 표현 방법들과 구분된다. 그녀는 사진 기록물의 유용성과 인기는, 기억과 역사를 기록하고 특히 손실로부터 보호해 주는 능력에 있다고 말한다. 이런 식으로 자신과 자신의 과거 경험을 기록하는 능력은, 비록 자기표현의 역할과 연결되기는 하지만 또한 별개인 주체성 그 자체의 한 측면이다.

그러나 문서화는 표현을 보존하거나 기록하여 나중에 다른 사람과 공유하기 위해 저장, 이동 및 가져올 수 있는 모든 수단을 포함할 수 있다. 그것들 또한 기억을 떠올리고 개인의 역사 일부분을 드러내는 대상으로 나타날 수도 있다. 비록 문서에 대한 벨 훅스의 논의는 문자 그대로의 개념을 받아들이지만, 나는 그것이 사진의 경계를 넘어 많은 다양한 형태로 나타날 수 있다고 믿는다. 예를 들어 문화 이론가인 조이 스미스(Joy Smith)는 토니 모리슨(Toni Morrison)의 책『빌러비드(Beloved)』와 같은 문화 기념물, 그리고 2002년 7월 1일 세워진 네덜란드의 국가 노예 기념비와 같은 것들도 잊히고 듣지 못한 자들에게 시각적 인식과 목소리를 제공해 주는, 문화를 뛰어넘는 문서의 한 형태라고 제시했다(Smith, 2007: 81~94).

문서화는 이동하면서 잃어버린 정체성을 되찾기 위한 표현을 만들어내도록 이주민, 유목민, 난민 등 초국가적 이동과 관련된 사람들을 도울 수 있다. 인류학자인 폴 바수(Paul Basu)와 사이먼 콜먼(Simon Coleman)은 특정한 형식의 자료가 "지위나 이주자 자신의 색인을 만드는 막강한 방식으로 제공될 수 있으며… 그 중요성은 시간이 지날수록 이주자의 상태를 변화시킬 수 있다"라고 주장한다(Basu and Coleman, 2008: 323~324). 물질문화와 초국가적 이동에 대한 데이비드 파킨(David Parkin)의 연구에 따르면, 자주 이동하는 사람들은 "소중히 여기는 작은 물건, 노래, 춤과 의식을 포함한 정신과 물질의 기념품(memento) 속에 그들의 배제된 사회적 인격"을 저장한다. 이러한 기념품은 유리한 상황에서 사회적 기초로 재구성될 수 있다(Parkin, 1999: 315). 다시 말해서, 물건들은 제3문화 아이가 사회문화적 정체성의 변화하는 경계를 재설계할 수 있도록 돕는 과거의 경험과 이전 고향들에 대한 개인적인 기억으로 사용될 수 있다. 어떤 대상에 강렬한 개인적 의미와 정체성을 단단히 연결하는 단순한 행위는 중요한 의미가 있으며, 반대로 그렇게 하지 못하는 것은 그만큼이나 무참한 결과를 초래한다. 파킨이 제안하듯 문서화는 제3문화 아이들의 분리된 감정과 좌초된 상황에 기회를 부여해 준다. 특히 우리의 개인적 경험을 정의하고 설명하며 개인사를 발전시킬 수 있는, 보존된 표현들을 통해서이다. 바수와 콜먼이 주장하듯이 사물(material objects)은 이것을 가능하게 한다. 그 이유는 사물이 단지 우리가 자신을 누구라고 생각하는지 대변하는 것뿐 아니라, 우리의 자아 감각을 깨닫도록 하는 매개체가 되기 때문이다(Basu and Coleman, 2008: 325).

나는 내 여권 나라인 미국으로 돌아가기 전까지 내 인생에서 표현의 통합적인 역할이나 나임의 이야기를 완전히 이해할 수 없었다. 내가 대학 때문에 미국으로 돌아갈 것을 결정했을 때, 우리 아버지의 회사는 내 물건들을 무료로 운송해 주며 나를 보냈다. 이러한 기회를 활용해 나는 대형 상자에 모든 옷가지, 신발, 사진과 여러 가지 소중한 전부를 담았다. 그 상자는 세관을 통과했지만 시카고의 통관항에 배달 트럭이 도착했을 때 사라졌다. 모든 것이 사라진 것이다. 나는 마치 벌거벗은 듯했고 내 인생이 증거도 없이 사라지는 느낌을 받았다. 내가 누구였고 다른 사람과 비교해 나의 나 됨을 나타낼 수 있는 증거들이 사라졌기 때문이다. 내 인생의 부분들을 정의하고 구성하는 것은 찾을 수 없었고, 오직 일주일 정도 입을 수 있는 옷 몇 벌이 전부였다. 개인 소지품이 없는 상태에서 통합적인 자아의 감각을 갖고 소통하는 것이 얼마나 어려운지 깨달았다. 여권 국가에서 나 자신을 외국인으로 충분히 입증할 방법을 찾기 어려웠다. 나중에야 나는 지난 세월 동안 매번 새로운 이동과 문화를 경험할 때 내가 재탄생된 정체성을 엮어내기 위한 방법으로 이 물건들을 축적해 왔다는 생각이 들었다. 그 물건들은 내가 달리 의사소통할 수 없는 무형의 감정에 대한 외부적 증거였다. 내 인생의 모든 기억, 획득한 것, 구축된 증거들이 강제적으로 재빨리 망각의 양탄자 밑으로 휩쓸려 들어갔다. 7년이 지나서도 여전히 내 물건을 찾지 못했다.

이렇게 막대한 손실을 경험한 후 나는 내가 누구인지 확실히 알지 못하고 허둥댔다. 되돌아보니 나는 본능적으로 내게 남아 있는 것들로부터 증거를 끌어내기 시작했는데, 그것은 내가 걸치고 있던 것들이다. 여기에는 내가 성장하면서 수집한 반지도 포함되었다. 내 소지품을 크게 분실한 이후, 나는 이 반지들을 매일 의무감을 가지고 꼈다. 반지의 디자인이 특이했을 뿐 아니라 손에 낀 반지 수가 많았기 때문에 반지들은 사람들의 호기심을 자극하는 동시에 내 경험을 나누는 중요한 대화 소재가 되었다. 이러한 방식으로, 내 반지는 문서의 한 종류였다. 내 반지는 내 인생의 그릇이었다. 지속적으로 옮겨 다니는 제3문화 아이들의 현실 속에서 반지들은 나의 과거를 잃어버리지 않도록 내 개인사를 저장하고 보호하는 역할을 했다. 이렇게 반지는 내 자아가 흩어지지 않도록 도왔다(bell hooks, 1994: 53). 내 반지와 같이, 우리의 문서가 다양하고 파편화된 과거를 재연결하는 것을 도울 때, 벨 훅스는 "우리의 근본적인 정체성을 구성하도록 돕는 기억들을 묶을, 살아 있는 끈을 되찾고 다시 새롭게 할 수 있다"라고 설명한다(bell hooks, 1994: 53).

나는 몇 년이 지난 후에야 개인적인 물건이 강력하게 우리 삶 속에서 중요한 역할을 함을 이해했다. 하지만 내가 내 짐을 잃어버렸을 그 당시에는 내가 그 속에 얼마나 많은 물건들을 넣었는지에 놀랐다. 나는 당황했고 그 물건들이 나에게 얼마나 많은 것을 의미했는지 인정하기가 부끄러웠다. 내가 슬퍼했던 이유는 각각의 물건 때문이 아니었다. 전체로서 그것들이 나에게 무엇을 의미하는지가 더 컸다. 나에게 물건들의 가치는 그것들이 있던 곳에 있었다. 이러한 물건들은 함께 모여서 내가 누구인지에 대한 이야기를 들려주었다. 그리고 이것은 내가 점차 이해하기 시작했던 것처럼, 내가 어디에 살았었는지에 달려 있었다.

또 다른 비극적인 이야기는 제3문화 아이들에게 물건들이 얼마나 중요한 것이 될 수 있는지 알려준다. 처음에 탁송한 짐을 잃어버렸을 때, 나는 오래된 제3문화 아이 친구와 슬픔을 나누었다. 그는 나의 반지와 같은 보물 상자를 자신도 갖고 있다고 말해주면서 나를 위로해 주었다. 그는 아주 어려서 사우디아라비아에서 살 때 친한 친구였던 테일러—호주 출신의 제3문화 아이로, 대부분의 시간을 파키스탄 카라치에서 보냈다—와 함께, 둘 다 가족이 이곳저곳 이주하는 까닭에 소중한 물건을 간직하려고 보물 상자를 샀다고 이야기해 주었다. 시간이 흐름에 따라 그들은 상자를 추억이 될 만한 콘서트 티켓과 어린 시절 담요, 학급 사진으로 채웠고, 걸프전 때 사용했던 방독면과 가장 좋아하는 티셔츠를 넣었다. 10년 전 테일러는 가족이 싱가포르로 이주한 지 얼마 되지 않아 갑작스러운 죽음을 맞이했다. 그의 죽음을 둘러싼 상황을 아무도 알진 못하지만 그가 한밤중에 친구 집 옥상에서 떨어진 것만은 분명했다. 종종 테일러와 친구는 한밤중에 담배를 피우려고 안방 창문 근처 난간에 올라가곤 했다. 그러나 사고가 있던 그날 밤에 대해 테일러의 친구는 테일러가 혼자 나가 있는 동안 자신은 잠들어 있었다고 주장했다. 다음 날 아침 그는 죽은 채 발견되었다. 테일러의 가족은 절망에 빠졌고 가족은 테일러의 짧은 생애에 대한 추억을 어떻게 기려야 할지 몰랐다. 테일러가 살지 않았던 도시에 시신을 묻어야 할까, 아니면 그가 사랑했던 장소 중 한 곳에 묻어야 할까?

그의 어머니는 마침내 그의 유품이 들어 있는 보물 상자에 그의 유골을 넣는 것이 가장 좋겠다고 결정했다. "그는 제자리로 돌아갔어"라고 내 친구는 설명했다. "보물 상자는 그의 인생의 내용이고 그것은 그의 삶이야. 모든 것이 거기에 들어 있고 그는 제자리로 되돌아갔어."

내 친구가 그들의 보물 상자의 상징과 관련해 목격했던 것은 전혀 극단적이지도 이상하지도 않다. 인류학자들은 개인의 정체성이 개인을 둘러싼 물건들의 의미와 사회적 상호작용에 의해 만들어진다고 이해했다(Parkin, 1999: 314). 이런 식으로, 문화 이론가인 뮤랫 에이데머(Murat Aydemir)와 앨릭스 로터스(Alex Rotas)는 제3문화 아이들의 문서를 "장소와 인물 사이 혹은 배경과 인물 사이"의 변증법적 관계로 설명한다(Aydemir and Rotas, 2008:

20). "문서 링크"만 수정하면, 문서는 제3문화 아이의 특징과 사회적 배경에 대해 카메라 렌즈 속 이미지처럼 서로의 관계에 초점을 맞추도록 할 수 있다. 그러나 문서는 또한 매우 중요한 역할을 수행할 수 있다. 파킨은 자아감을 발전시키기 위해 물건과 우리의 관계가 얼마나 중요한지 흥미로운 예를 제공한다. 그는 사람들이 매우 위협적인 상황에서 도망칠 때, 그들이 챙겨 가지고 가는 몇 안 되는 물건과 지난 이야기들은 그들이 일관된 자아 감각을 유지하는 것을 돕기 위해 남기고 간 모든 것일 수 있다고 설명한다. "그들이 지닌 작은 것들을 가져가라. 그러면 사회적 죽음이 가까워지고, 어쩌면 트라우마가 선행되는 생물학적 죽음 자체가 더욱 가능해질지 모른다"(Parkin, 1999: 314). 게다가 이러한 트라우마는 "소외감, 몰개인화, 신체적 둔감과 때때로 움직이지 못하고 심지어는 로봇화"되는 상황을 초래할 수도 있다. 이것들은 제3문화 아이들이 이동하면서 경험한 것들을 묘사할 때 종종 사용하는 단어들이다(Parkin, 1999: 314).

제3문화 아이에 대해 연구할 때 문서화의 이슈를 생각하는 것은 몇 가지 이유로 도움이 될지도 모른다. 첫째, 문서화 아이디어는 제3문화 아이들이 새로운 사회적 맥락에 성공적으로 적응하는 방법으로 자신들의 특이한 과거를 상징하는 물건을 어떻게 이용하는지를 이해하는 데 유용한 분석적 도구가 될 수 있다. 또한 문맥 속에서 제3문화 아이들이 자신들을 이해할 수 있는 방식으로 어떻게 개인적 문서를 사용하는지 보여줄 수 있다. 특히 우리의 보관된 표현물들은 우리가 자신의 개인적 경험뿐만 아니라 세계 속에서 우리의 위치를 정의하고 표현하는 기회들을 갖게 한다. 이러한 이슈를 표현과 문서라는 개념과 함께 이해하는 것이 매우 중요하다. 문화 연구가 그레이엄 허건(Graham Huggan)은 개인을 어디에 어떻게 귀속시킬지 결정하는 것은 창조적 능력을 키우는 것과 단지 영향력을 다시 빼앗기기 시작하는 것 사이의 차이를 의미할 수 있다고 설명한다(Huggan, 2007: 137).

돌아보면 나는 나임이 사자 이야기를 해준 것에 놀라지 않았었다. 그는 자기 삶의 모든 영역을 매우 신중하게 생각했기 때문에 그의 설명도 다르지 않았을 것이다. 사실 나임은 우리 둘 다 이 어두운 유머에 해당한다고 생각했기 때문에 웃음을 나누고 싶었을 것이다. 사실 그날 아침에 그는 테이블 반대편에 앉아 있는 나를 충고의 말이 필요한 새로운 이주자로 인식하고 거기에 앉아 있었음에 틀림없다. 그 우화의 교훈이 나의 경험에 대해 직접적으로 말할 수 있었던 것이 사실이지만, 나임의 이야기는 제3문화 아이로서 나의 독특한 경험에 대한 통찰력 때문에 지속적으로 내 심금을 울려왔다. 이것은 성장하면서 내가 마주쳤던 힘든 문제들의 맥락을 이해하고 네 살 때 내 이름도 말하지 못한 채 젖은 모래에 아무 말 없이 앉아 있던 이유를 깨닫는 데 도움이 되었다.

참고문헌

Appadurai, Arjun. 2008[1996]. *Modernity at Large: Cultural Dimensions of Globalization*. Minneapolis: University of Minnesota Press.

Asif, Naim. 2001.11.13. Interview by author. Doha, Qatar.

Aydemir, Murat and Alex Rotas. 2008. *Migratory Settings*. Amsterdam: Rodopi.

Barriendos Rodríguez, Joaquín. 2007. "Global Art and Politics of Mobility: (Trans) Cultural Shifts in the International Art-system." in Mieke Bal(ed.). I Internacional 'Encuentro' *Thinking Mobility Two-Ways: On Migratory Aesthetics*. Murcia: CENDEAC.

Basu, Paul and Simon Coleman. 2008. "Introduction: Migrant Worlds, Material Cultures." *Mobilities*, 3, no.3, pp.313~330.

bell hooks. 1994. "In Our Glory: Photography and Black Life." in Deborah Willis (ed.). *Picturing Us: African American Identity in Photography*. New York: The New York Press.

Berger, John. 1973. *Ways of Seeing*. New York City: New York, Viking Press.

Braidotti, Rosi. 1994. *Nomadic Subjects: Embodiment and Sexual Difference in Contemporary Feminist Theory*. New York: Colombia University Press.

Butler, Judith. 2004. *Undoing Gender*. New York: Routlege.

Huggan, Graham. 2007. "Unsettled Settlers: Postcolonialism, Traveling Theory and the New Migrant Aesthetics." in Sam Durrant and Catherine M. Lord(eds.). *Essays in Migratory Aesthetics: Cultural Practices between Migration and Art-making*. Amsterdam: Rodopi.

Norris, Lucy. 2008. "Recycling and Reincarnation: The Journeys of Indian Saris." *Mobilities*, 3, no.3(November), pp.415~436.

Parkin, David. 1999. "Mementos as Transnational Objects in Human Displacement." *Journal of Material Culture*, 4, no.3, pp.303~320.

Pollock, David E. and Ruth E. Van Reken. 2004[1999]. *Third Culture Kids: The Experience of Growing Up among Worlds*. Boston and London: Nicholas Brealey Publishing.

Smith, Joy. 2007. "Diasporic Slavery Memorials and Dutch Moral Geographies." in Sam Durrant and Catherine M. Lord(eds.). *Essays in Migratory Aesthetics: Cultural Practice Between Migration and Art-making*. Amsterdam: Rodopi.

van Alphen, Ernest. 2002. "Imagined Homelands: Remapping Cultural Identity." in Ginette Verstraete and Tim Cresswell(eds.). *Mobilizing Place, Placing Mobility*. Amsterdam: Rodopi.

—

하르툼 로미오와 델리 줄리엣

/

그레그 클린턴(Greg Clinton)

그는 소년에게 부모를 잃었다 하더라도 방황을 멈추고 세상에서 정착할 곳을 찾아야 하며, 그 이유는 방황은 열정을 갖게 하고 그러한 열정은 다른 사람, 더 나아가 자기 자신과도 멀어지게 하기 때문이라고 충고했다.

　　　　　 — 코맥 매카시, 『국경을 넘어(The Crossing)』(MacCarthy, 1995: 134)

나는 간절히 바란다 — 내 모든 생애를 걸쳐 나는 갈망한다 —
내 본향을 여행하고 나의 귀환의 새벽을 본다.
그리고 신이 짙은 바다에서 나를 파괴한다면,
나도 견딜 수 있는 영혼으로 그것을 참을 수 있다.
나는 많은 고통을 받았고 긴 노동을 감내했으며 지금까지
파도와 전쟁의 소용돌이에서 힘이 들었다. 이것을 덧붙여라 —
시련을 가져오라!

　　　　　 —『오디세이』, 페이글스 번역(Homer, 1997: V, 242~248)

프랑스어로 "terroir(테루아르)"는 영어로 번역하기 어렵다. 글자 그대로 "토지" 혹은 "지역"이라고 번역되는데, 이것은 "위치 감각"을 함축한다. 프랑스 사람들은 와인의 원산지 환경에 따라 와인을 대변하는 특이한 특징으로 이 용어를 사용한다. 포도나무 주변의 토양과 식물들, 기후·바람·햇빛의 종류 등 모든 것들은 포도가 자랄 때 특성을 만들어주고 완성품의 맛과 향기에 영향을 준다. 와인 원산지의 장소와 환경이라는 뜻을 가진 테루아르는 와인의 본질과 정체성의 중심을 설명한다.

나는 아홉 살 때 인디애나 외곽 지역에서 이집트 카이로로 이주해 살며 제3문화 아이로 성장했다. 나는 몇 년 동안 우리 부모님이 일하고 있는 카이로 아메리칸대학(Cairo American College)에 속해 있던 중학교와 고등학교를 다녔다. 나와 쌍둥이 남동생은 간단한 아랍어를 배웠고, 국제 바칼로레아(International Baccalaureate) 학위 프로그램을 거쳤다. 학위를 마치고 나는 오하이오의 시골 지역에 있는 대학에 들어갔고, 남동생은 1년간 일과 여행을 한 후에 미네소타 세인트폴에 있는 대학에 입학했다. 현재 우리는 모두 전문직에 종사한다. 그는 비즈니스, 컴퓨터, 재무 영역에서 두각을 드러내고 있으며, 나는 국제 교육 영역에서 활동하고 있다. 나는 수단의 하르툼에서 가르쳤으며 최근에는 인도 뉴델리에 있다. 나는 고등학교에서 영문학을 가르친다.

나는 수업에서 국제 학생과 제3문화 아이로서 내가 겪은 경험을 적용한다. 나는 고등학생들에게 그들이 고향을 떠나 대학을 가면 함께 자랐던 친구들과는 다른 방식으로 적응해야 할 것이라고 말하곤 한다. 그들은 매우 다르게 느낄 것이며, 주변에 있던 사람들보다 "세상에 대해" 훨씬 더 많이 알게 될 것이다. 사람들은 그들이 이상하거나 독특하다고 생각할지 모른다. 비록 고향으로 돌아가더라도 다른 국제 학생들을 찾고 자신이 국제 학생이라는 것을 염두에 두라고 나는 학생들을 격려한다.

내가 우스터대학(Wooster College)에 다닐 때, 비록 내 생김새는 중서부 출신이었지만, 당연히 난 국제 학생 그룹 소속이었다(나는 전형적인 백인 남자이다). 심지어 나는 미국 전역 기차에서 나오는 뉴스 프로 진행자 같은 중서부 억양을 사용했다.

나는 음악 전공으로 학업을 시작했고 첼리스트가 되고 싶었다. 사실, 나는 단지 음악을 좋아했으며 특별히 어떤 음악에 야망을 두진 않았다. 음악처럼 나의 정체성과 의미를 간접적이고 추상적으로 탐색하도록 하는 학문이 내게 필요하다는 것이 거의 즉각적으로 명확해졌다. 어떻게 첼로로 질문을 하겠는가? 그런 일은 일어나지 않았다.

더욱이, 때때로 젊은 사람들이 하듯 나는 내가 최근에 잃어버린 것을 대신하여 나의 이미지를 만들길 원했다. 몇 개월 전만 해도 나는 쌍둥이였고, 우리 동네에서 유명한 음악가였으며, 한 가정의 아들이었다. 그리고 나는 어떻게 살아야 할지 알았고, 도우미 아줌마, 다양한 친구들, 내 멘토와 선생님들, 채소가게 사장님 마흐무드, 택시 운전기사인 사이드와 내 가족들로 구성된, 비교적 배타적인 우리 동네에서 어떻게 어울려 살아가야 하는지 알았다. 대학은 나 자신을 재계발하는 기회였다.

사실 이건 내게 농담을 하는 거다. 그것은 기회보다는 위기에 가까웠다. 나는 내가 누구인지 알지 못했고 향수병이 생겼을 때 어느 쪽의 지평선을 바라봐야 할지 몰랐다.

그런 점에서 나는 신앙적 믿음이 부러웠다. 적어도 무슬림들은 본향을 갖고 있었고, 본향을 향한 갈망은 메카를 향해 특정한 방향으로 기도하는 형식으로 표현될 수 있었다(우연히도, 기도의 형식은 눈에 띄게 땅과 맞닿는 형식이다). 그들의 자아는 유대인들과 공유했던 '테루아르' 같은 특정한 장소에 의해 규정된다. 당연하게 그 장소의 중앙에는 돌이 있다.

그래서 나는 철학과 문학에 관심을 돌렸다. 그 분야는 내가 고통받는 지식인의 이미지를 구축하도록 해주었는데, 그 이미지에는 일부지만 가식도 있었다. 소크라테스의 덕목, 데카르트의 의심, 칸트의 명령, 사르트르의 불안과 마주했을 때 나는 그것에 매료되었다. 그곳에는 존재할 수 있는 아이디어의 세계가 있으며 그 세계에서 나는 특정한 장소를 생각하지 않고도 살 수 있었다. 나는 머릿속에서 살 수 있었고, 내 발 밑에서 돌고 있는 행성을 무시할 수 있었다. 위대한 문학이 나 자신의 고향에 대한 그리움에 바탕을 둔다는 것을 알았을 때, 서구의 고귀한 문화 전체가 지속적으로 떠났다가 돌아오고, 흙에서 나왔다가 그것으로 다시 돌아가는 것으로 이해될 수 있다는 걸 알았다. … 대학 시절에 그런 생각을 했고, 그 후로는 내 삶에서 책을 읽고, 다른 사람들에게 책 읽는 법을 가르치는 것보다 더 좋은 일은 없다는 생각을 했다.

어떤 질문이든 내 변함없는 첫 번째 응답 중 하나는 모든 것이 시작되었던 처음으로 돌아가자는 것이다. 우리가 태어났을 때, 우리는 준비된 상태로 태어난다. 아리스토텔레스가 시사하듯이 우리는 빈 상태가 아니다. 우리는 정보나 이해하는 것 등 몇 가지 방식에서는 비어 있지만 내가 이해하는 바로 유아의 뇌는 행동이 준비되어 있다. 유아들은 촘스키가 "정신 기관(mental organ)"이라 부르는 타고난 능력과 정신적 구조를 갖고 있다. 촘스키의 생각은 물론 인간들이 언어가 준비되었다는 데 있다. 그것은 타당해 보이는데 결국 우리는 매우 언어적인 존재인 것이다. 우리는 많이 말하고 쓰고 읽으며, 인간의 언어적 힘에 대한 결정적 암시는 이야기를 말하고 반응할 준비가 되어 있다는 것이다.

강한 언어적 소질과 함께, 인간은 의미에 갈증을 느낀다. 왜 그럴까? 왜 그것들은 그렇게 되는 것일까? 우리가 직접 만들어내지 않으면, 불가능하지는 않지만 그 의미는 얻기 힘들다. 간단히 말해서, 인간은 얻지 못한 무언가에 강한 내적 갈증이 있다. 그런 의미에서 우리는 실망하거나, 무관심한 세계의 침묵에 직면하도록 지어졌다. 보드리야르(Baudrillard)는 세속적 서구에 대해 말하며 『악의 투명함(The Transparency of Evil)』이라는 책에서 다음과 같이 설명한다.

우리 문화보다 낯선 문화에서 우리는 (천국 앞에, 운명 앞에) 부복하는 자세를 취한다. 우리는 (정해진 운명이 없이) 실망 속에서 산다. 우리에게서 오지 않은 것은 없다. 어떤 면에서 그것이 가장 절대적인 불행이다(Baudrillard, 2009: 165).

의미의 부재는 구름 한 점 없는 밤하늘에 있는 별을 바라보고 광대함을 느낄 때처럼 불안감을 가져다준다. 우리는 세상 가운데 던져졌다. 아무도 우리가 세상에 태어나는 것에 대해 우리의 허락을 구하지 않았고, 아무도 우리에게 언제, 어디서, 어느 가정에 우리가 태어날지에 대한 선택권을 주지 않았다. 인생은 끔찍할 수도 있고 절망스러울 수도 있다. 맥베스는 인생이 "백치가 지껄이는 이야기와 같아서 시끄럽고 정신없으며 아무 뜻도 없다"라고 표현함으로써 이러한 감정의 핵심을 찔렀다(Shakespeare, 2009a: V, 5, 26~28). 나는 낯선 타향에서 그저 아무것도 이해하지 못한 채 소리를 질러대는 어린아이들에게 연민을 느낀다. 하지만 우리는 언어와 그 파트너인 문학을 사용해, 세상에서 우리의 위치와 역할을 이해하고 우리의 적합성을 찾아낼 수 있다.

우리는 다른 어떤 학문보다도 문학을 통해, 특별히 이야기를 통해 사람들의 공통적인 경험들을 연구할 수 있다. 이야기와 이야기를 말하는 것(storytelling)은 사람들이 스스로를 이해할 수 있는 가장 기본적인 방법이다. 따라서 학교에서 문학 공부를 강조하는 것은 당연하다.

문학에서 주요한 주제는 와인의 테루아르처럼 정체성과 장소를 연결 짓는 것이다. 영웅은 여행을 떠났다가 집으로 돌아간다. 이 이야기는 되풀이되는데, 주인공 영웅은 성공하기 위해서는 멀리 집을 떠나야 한다고 믿지만, 그가 찾던 것은 결국 떠나온 고향 집에 있다는 사실을 깨닫는다는 식이다. 에덴동산에서의 추방은 길을 떠나는 것이며, 돌아가는 것은 우리가 어떤 이야기를 읽는지에 따라, 우리가 빚어진 흙으로 돌아가거나 천국으로 돌아가는 것이 된다. 길가메시는 영원한 생명을 얻기 위해 길을 나섰지만, 그의 정체성의 근원은 그의 고향, 그 도시의 돌담 벽에 있다는 것을 깨달으며 다시 집으로 돌아간다. 오디세우스의 위대한 여정은 모든 영웅들, 어쩌면 우리 모두의 여정이다. 즉, 우리도 그처럼 고향으로 돌아가고 싶어 한다. 고향은 정체성과 장소의 교차점인 것이다.

제3문화 아이가 된다는 것은 자신의 정체성을 지키기 위해 아주 다양하게 새로운 것들과 투쟁하는 것과 같다. 당신은 당신의 고향으로부터 분리되어 낯선 곳, 낯선 문화로 던져졌다. 당신은 종종 남들과 외모가 다르며, 당신을 둘러싼 세상은 언어 장벽으로 인해 위축될 수도 있다. 문화 충격에 맞서기도 한다. 충격은 우리를 고통스럽게 하며, 적어도 불안정하게 만든다. 두 공간 사이에 만들어진 세계에 살면서 "고향"과 관련된 우리의 모든 느낌을 잃기도 한다. 마치 새로 태어나는 것처럼, 당신은 처음부터 다시 시작하게 된다. 따라서 제3문화 아이로 사는 것은 당신을 슬프게 하고 그리움에 사무치게 하기도 하지만, 또한 당신의 삶을 신나는 일로 가득 채우고 자부심을 느끼게 할 수도 있다.

대다수의 제3문화 아이는 "어디 출신이세요?"라는 질문을 싫어한다. 그 싫어함은 그러한 질문 자체를 하는 사람이 제3문화 아이에 대한 경험이 부족한 것을 나타내고 있음에 대한 피곤함과 아울러, 정직한 대답을 어떻게 해야 하는지와 연관된 두려움에 대한 반감이다. "어디 출신이세요?"라는 질문에 대한 좋은 대답은 없으며, 대부분의 사람이 다 들을 시간도 없는 긴 이야기만 존재할 뿐이다. 어디 출신이세요? 아, 또 시작이군.

사람들이 이 질문을 하며 미처 깨닫지 못하는 것은 그 질문 안에 이미 어떤 전제들이 깔려 있다는 것이다. 첫째, 이 질문은 당신에게 고향이 있다는 것을 전제한다. 그러나 제3문화 아이에게 고향은 존재하지 않으며 그 사실을 인정하는 것이 부끄럽거나 두렵다. 둘째, 삶은 요요와 같다고 전제하는 것이다. 문학작품에 나오는 영웅처럼 우리도 고향을 떠나 크고 작은 일들을 겪다가 마침내 돌아갈 고향이 있다는 것이다. 이 질문은 뭔가가 잘못되어 가고 위험한 일들이 닥칠 때, 우리에게 필요할 때 돌아갈 안전한 곳이 있다고 순진하게 믿고 질문하고 있다는 것이다. "저는 그 어느 곳 출신도 아니에요. 여러 나라를 다니며 성장했기 때문에 사실 어느 한 곳이 제 고향이라고 할 수는 없지요." 이러한 대답은 대부분의 사람을 불편하게 하는 대답이며, 제3문화 아이가 자신의 삶이 정처 없이 떠도는 뿌리 없는 인생임을 끊임없이 상기하며 고통을 느끼게 할 뿐이다.

그래서 우리는 그 질문에 대해 거짓말을 시작한다. 나는 이제 상투적으로 "뉴욕이요"라고 대답한다. 이것은 어느 정도 사실이다(어머니가 현재 이타카(Ithaka)에 사시므로 어쨌든 그곳에 우리 가족이 살고 있기 때문이다). 미국인이 아닌 사람들은 내가 뉴욕시(New York City)를 말한다고 여기며 그 범주 안에 나를 포함시켜 생각한다. 내가 가르치는 제3문화 아이 학생들 역시 이런 상투적인 대답을 하나씩은 갖고 있다. 몇몇은 때에 따라 독일에서 왔다거나 텍사스에서 왔다는 둥 장난을 치기도 하고, 몇몇은 내가 뉴욕이라고 말하는 것처럼 어느 정도 사실에 기초한 답을 찾는다. 지정학적 위치에 따라 이러한 답은 진실이 되기도 한다.

최근 몇 년 동안 이집트나 터키, 수단과 같은 곳에서 자신이 미국 출신임을 밝히는 것은 예의를 갖추고 하는 것이든 아니든 가끔씩 비판이나 분노를 일으켰다. 유럽에서 그렇게 답하면 무시를 당하거나 혐오를 일으키기도 했다.

내가 벨기에에서 다닌 철학 대학원은 꽤 유명한 곳으로 약 6만 명의 학생이 있었다. 그러나 그 많은 학생 가운데서 캐나다인이나 미국인이 아닌 다른 나라 사람과 친구가 되는 것은 시간이 오래 걸리는 일이었다.

하루는 문학 전공의 플라망인 동료와 카페에 앉아 커피를 마시며 지나가는 사람들을 보고 있는데, 그의 친구가 다가왔다. 그들은 플라망어로 뭐라고 굉장히 빠르게 이야기를 나누었다. 나는 예의상 창밖을 바라보며 그들의 대화에 무관심한 척했는데, 사실은 맥주를 주문하는 정도의 기본적인 플라망어밖에 몰랐기 때문에 일부러 엿들을 수도 없는 노릇이었다. 내가 알아들은 유일한 단어는 "미국인" 하나였다. 그의 친구가 간 후에 무슨 대화가 오갔는지 묻자, 동료는 "아까 그 친구 이름은 마르크인데 너에 대해 이야기했더니, 너 같은 아이와 노느냐고 하면서 네가 미국인인 걸 모르냐고 했어"라고 말했다. 그 이후로 몇 년 동안 나는 캐나다인 행세를 했다. 그게 훨씬 쉬웠다. 나의 진짜 출신은 비밀스럽게 감춰져 있었다.

오디세우스의 현대 후손은 클라크 켄트, 슈퍼맨으로 알려진 칼엘이다. 오디세우스나 슈퍼맨은 모두 초인들이다. 그들은 모두 자신의 비밀스러운 정체에 기인한 초인적 힘을 발휘하는 전형적인 영웅들이다. 슈퍼맨이 자신의 파괴된 고향을 그리워했던 것처럼 오디세우스 또한 "매일을 고통 속에서 신음하고 흐느끼고 고통스러워하며"(Homer, 1997: V, 92~93) 세월을 보낸 것이 호메로스의 서사시에 나오는 첫 장면이다. 두 영웅이 경험하는 비극적 긴장은 자신들이 소속된 곳에 현재 있지 못할 뿐만 아니라 앞으로도 그럴 수 있을 것이라는 희망이 거의 보이지 않는다는 데 있다.

우리는 의식(ritual)을 통해 출생, 죽음, 성인기의 시작, 수용, 상실과 같은, 의미 있는 인생의 전환기를 기념한다. 문학은 그러한 전환기에 대해 종종 기술하며, 그러한 전환기는 자신이 누구인지를 세워갈 때 중요성과 특별한 의미를 더한다. 평범한 삶은 주요한 전환기들로 찍힌 점들의 연속이다. 제3문화의 삶은 중요한 정체의 순간들로 점 찍힌 전환기를 통해 이루어진 삶이다.

군인이 전쟁으로 경험하는 심리적 변화와 제3문화 아이가 겪는 심리적 변화에 비슷한 면이 있을까? 군인들은 전투의 공포로 존재가 정의되고 간간이 비극적이나 아름다운 경험을 하고, 기나긴 전쟁이 끝나고 집으로 돌아오지만 예전처럼 고향에서의 삶에 스며들지 못한다. 수많은 전투와 전우들과의 일상에 익숙해진 군인은 이제 고향에서 소속감을 느끼지 못하고 자신을 정의해 주던 전쟁과 동료들, 무엇보다 그러한 장소를 찾아 헤매지만 그런 곳은 더 이상 존재하지 않는다. 그곳은 잠시 강렬하게 존재한 장소였지만 이제 더 이상 없으며 고향에 돌아온 병사는 돌아오는 동시에 잃어버린 신세가 된다. 이것은 자주 있는 일이다.

제3문화 아이들은 이와 같은 시나리오를 때때로 중요한 방법으로 비슷하게 경험한다. 나는 세계를 쏘다니며 성장하는 "방랑자"들이 참전 군인처럼 동일한 책임, 열정, 명예, 헌신, 두려움, 폭력 같은 경험을 강하게 겪었다고 여기지는 않지만, 비슷한 것을 얻고 비슷한 것을 잃었다고 본다.

셰익스피어는 전 세계 영문학 커리큘럼에 포함되어 있다고 할 정도로 공통의 필수 과정이다. 이에 따라 고등학교 영어 수업에서는 가능하면 매년 하나씩 셰익스피어 희곡을 공부해야 한다는 암묵적인 규칙이 있고 나 또한 이러한 신비스러운 규칙에 몇 가지 이유로 동의하는 바이다. 나는 셰익스피어가 대단하다고 생각하며 희곡의 구성과 내용을 공부하는 것 이상으로, 사람이 된다는 것이 어떤 의미인지에 대해 많은 것을 작품을 통해 가르쳐주고 있다고 본다. 해럴드 블룸(Harold Bloom)은 『서구 문학 정전 (The Western Canon)』에 다음과 같이 기술했다.

> 셰익스피어는 우리를 더 좋게 하거나 더 나쁘게 만들지는 않는다. 다만 그는 우리가 우리의 내면과 대화할 때 우리 자신을 듣는 방법을 가르쳐준다. 이후에 그는 우리가 타인 안에서 일어나는 변화와 같이 우리 자신 안에서 일어나는 변화를 받아들이도록 가르치며 궁극적인 변화까지도 받아들이게 한다(Bloom, 1995: 30).

셰익스피어는 우리가 누구인지를 알아가도록 도와주고 우리가 DNA의 조합으로 이루어졌든 창조되었든 타고난 우리의 모습에 적응하고 기념하도록 해준다.

나는 하르툼에서 9학년을 대상으로 『로미오와 줄리엣』을 가르친 적이 있다. 그들 대부분은 수단인과 미국인이었고, 한국인, 중국인, 남아프리카인, 프랑스인 그리고 혼혈인도 소수 있었다.

우리가 희곡을 공부하는 동안 서쪽으로 500마일 정도 떨어진 다르푸르에서는 학살이 일어나고 있었다. 내 학생들은 수단의 경제 대부분을 쥐락펴락하는 최상위 계층에 속하는 아이들이었다. 죽음, 가난 그리고 불운한 상황은 이 젊은이들에게 낯선 문제가 아니었다. 셰익스피어는 그들의 생존에 있어 필요한 조건이 아니었다.

하지만 이런 상황에서도 로미오의 자살은 이들에게 충격적으로 다가왔다. 그의 자살을 막을 수 없다는 사실이 그 상황을 더욱 비극적으로 만들었다. (제발! 멈춰! 줄리엣은 살아 있단 말이야!) 그들은 극 속에서 관계를 맺고 서로에게 헌신되며 필사적이고 죽음에까지 이른다. 충격을 받은 학생들 사이에는 고요한 적막만이 맴돌았다.

오 여기서,
나도 영원한 안식을 찾겠소
그리고 세상에 지친 육신에서 불길한 별들의 멍에를 떨쳐버리겠소(Shakespeare, 2009b: V, 3, 113~116).

한참 지나 인도 뉴델리에서 9학년 학생들을 가르칠 때의 일이다. 그들 역시 줄리엣이 위장 죽음에서 깨어나 로미오가 죽은 것을 보고 따라 죽으려 하는 장면에서 큰 충격에 휩싸였다.

서둘러야 해, 오 단검이여!
[로미오의 단검을 움켜잡으며]
내 가슴이 칼집이니
[스스로 칼을 찌른다]

녹슬면서 날 죽게 해다오.

[로미오의 시신 위로 고꾸라지며, 죽는다](Shakespeare, 2009b: V, 3, 178~179)

"이 모든 일이 지나가고, 그들은 결국 죽고 말았습니다." 나는 로미오와 줄리엣의 죽음을 학생들에게 상기시켜 줄 필요가 있었다.

연극으로 표현하거나 희곡을 단순히 읽기만 해도 사람들의 첫 반응은 항상 경악 그 자체였다. 그들은 무거운 분위기 속에서 불편하게 몸을 뒤척이고 목을 가다듬으며 침묵을 지켰다. 무슨 말을 할 수 있겠는가? 우리의 인간성을 직면하는 순간이다. 이것이 희곡의 포인트이다.

셰익스피어를 통해 우리는 제1문화, 제2문화, 제3문화 사람들 사이에 별 차이가 없음을 알 수 있다. 부모님이 우리를 데리고 고향을 떠난 이유가 무엇이건(그렇다. 그들을 비난하든 안 하든 우리를 고향에서 떠나게 만든 것은 부모님이다) 우리는 우리의 고향과 그리 동떨어진 존재가 아니다. 근본적으로 제3문화 아이들은 심리학적인 면에서 "일반" 아이들과 구별되지만, 셰익스피어를 통해 내가 깨달은 바로는, 심리학적으로나 감정적으로나 그 차이는 매우 미미하다. 어떻게 보면 우리 모두는 고향을 찾아 헤매는 삶을 살고 있다.

대학 생활과 그 이후의 삶을 위해 내가 나의 학생들을 어떻게 준비시킬 수 있을까? 그저 셰익스피어를 함께 읽으며 (그의 극 중 어느 것이든) 400년 전에 쓰인 것이지만 셰익스피어는 우리가 지금 겪는 경험들을 이미 알고 있었던 것 같다고 말해줄 뿐이다. 우리는 이곳에 있거나 저곳에 있기도 하고, 고향에 있기도 하고, 길을 잃기도 한다.

하르툼의 로미오, 델리의 줄리엣처럼.

참고문헌

Baudrillard, Jean. 2009. *Transparency of Evil: Essays on Extreme Phenomena*. translated by James Benedict. London: Verso.

Bloom, Harold. 1995. *The Western Canon*. New York: Riverhead Books.

Homer. 1997. *The Odyssey*. translated by Robert Fagles and Bernard Knox. Hammondsworth, UK: Penguin.

McCarthy, Cormack. 1995. *The Crossing*. New York: Vintage Books.

Shakespeare, William. 2009a. *Macbeth*. New York: Modern Library.

_____. 2009b. *Romeo and Juliet*. New York: Modern Library.

"나는 내가 누군지 안다"

/

레일라 로히(Leyla Rouhi)

왜 20세기 이란 사람이 중세와 르네상스 시대의 스페인에 관심을 갖게 되었을까?

나는 1960년대 후반과 1970년대에 테헤란에서 성장하면서 스페인에 대해 아무것도 몰랐고, 가끔 노래를 들은 적은 있었다. 그때는 심지어 이탈리아어도 몰라 스페인어와 이탈리아어를 혼동하기도 했다. 스페인은 나의 헌신적인 친프랑스파 가족 어른들에게는 알려지지 않은 국가였다. 내 할아버지는 1930년대에 프랑스에서 에콜 폴리테크니크(École Polytechnique)를 마치셨고, 아버지는 1950년대에 파리에 있는 파스퇴르연구소(Institut Pasteur)에서 공부하셨다. 어머니는 프랑스어를 유창하게 하셨고, 테헤란에 있는 프랑스 학교에 다니셨다. 나를 비롯해 영어권 국가에서 공부한 성인들이 많아서 우리 주변에서 익숙한 언어는 영어였다. 영어에 대한 친숙함은 부모님이 나와 오빠를 테헤란에 있는 영어권 학교에 보냄으로써 그들의 프랑스-이란 문화권에 새로운 문화 경험을 추가하면서 극적으로 커졌다.

하지만 이 결정은 우리 가족이 샤(Shah)의 가장 부적절한 프로젝트였던 '서구화'의 부산물인 서구화의 우월성을 자동적으로 지지했다는 의미는 아니었다. 오래전부터 혼종성(Hybridity), 다문화주의 그리고 포스트모던 관점의 다양한 기원들이 유행하면서 우리 부모님은 자연스럽게 한 지역에 매이지 않는 삶을 살았다. 우리 집은 다양한 맥락 속에서 살았다. 우리는 페르시아의 클래식, 모차르트, 샤를 아즈나부르(Charles Aznavour)의 음악을 들었고, 페르시아와 서양의 음식을 먹었으며, 발자크(Balzac), 사데크 헤다야트(Sadegh Hedayat), 땡땡(Tintin)과 페르시아의 『샤나마(Shah Nama)』 전설들을 읽었다. 그러나 스페인은 이 그림의 일부가 전혀 아니었다. 나는 어린이 백과사전 하단에 있는 만화에서 "세르반테스(Cervantes)"라는 이름을 본 것을 기억한다. 그리고 페르시아의 알파벳 배치 때문에 그를 "서 반테스(Sir Vantes, 반테스 경)"라고 불리는 영국 사람이라고 생각했다.

1979년의 기념비적 혁명과 뒤를 이어 이란-이라크 전쟁이 일어난 1980년대 초에 많은 이란 젊은이들이 서양에 보내졌던 것처럼, 나도 영국으로 가게 되었다. 내가 공학이나 의학을 공부할 것이라는 기대가 있었고, 이것들은 유용한 학문이었다. 나는 대학에서 과학 분야 학사 학위를 받을 생각으로, 미국 고등학교 마지막 2년에 해당하는 영국 'A' 레벨의 순수수학, 응용수학, 심화 수학(Further Mathematics)을 성실하게 준비했다. 또한 내가 좀더 쉽게 접근할 수 있는 과목이라고 생각하고 고전 페르시아어와 프랑스어를 수강했다. 공교롭게도 프랑스어를 가르치는 여자 선생님은 스페인어도 알고 있었다. 나는 농담으로 선생님에게 스페인어를 가르쳐줄 수 있냐고 물었다. 그녀는 매우 친절하게 그러겠다고 말했다. 그것으로 내 인생의 진로는 나 자신도 모르게 정해지고 있었다. 나는 16살이었고 이라크는 막 이란에 전쟁을 선포한 상태였다.

내가 영국의 칙칙한 하숙방에서 평범한 삶을 살려고 노력하며 성실하게 A 레벨을 준비하고 있을 때, 내 조국은 사담 후세인의 미사일에 폭격당하고 있었고, 우리 가족의 삶은 극단적으로 바뀌었다. 나는 일찍부터 집과 단절되어 있었기 때문에 이러한 것들을 무덤덤하게 느꼈다. 그러는 동안 스페인 문화는 점점 나의 문화 중 하나가 되어갔고 동시에 수학에는 소질이 없다는 것이 분명해졌다. 대학 진학을 선택해야 할 시간이 다가왔을 때, 나는 언어에 대한 친숙함과 나와 수학의 평범한 관계를 다시금 생각해보았다. 수학에서 평범한 직업을 갖는 것이 나은지 아니면 어문학에서 유망한 직업을 갖는 게 더 나은지 나 자신에게 물어보아야 했다.

나는 훨씬 덜 알려진 언어와 관련된 진로를 선택하고 뛰어들었다. 오늘날 인문학이나 사회과학에 종사하는 이란 사람을 찾는 것은 어렵지 않다. 우리의 최근 역사가 30년 전에는 우리와 관련 없어 보이던 영역을 탐색해보도록 만들었기 때문이다. 그러나 내가 대학에 입학한 1983년에 "현대어"를 선택했다는 것은 좋게 보았을 때 별난 것이고, 아주 나쁘게 보면 이란에 있는 내 이웃이나 친구들에게 전혀 도움이 되지 않는 것이었다. 부모님은 이런 일을 문제 삼지 않으셨다. 부모님은 딸이 해외에서 무엇을 하느냐고 사람들이 물었을 때, 공손하게 웃으며 명성 있는 의학이나 전기공학 대신 작은 목소리로 현대어를 공부하고 있다고 말하는 것이 힘든 일이었지만, 몇천 마일이나 떨어져 있는 그곳에서도 내 편이 되어주셨다.

부모님은 사전에 나의 선택을 승낙하셨기 때문에 어떤 비판도 막아주셨다. 한 친구는 냉소적으로 "그래서 너는 백수가 되는 길을 선택한 거야?"라고 말했다. "너는 왜 그런 쓸모없는 과목을 공부하는 거니? 여기는 전쟁 중이야. 우리는 의사, 과학자가 필요해!"라고 나보다 나이 많은 친척이 편지를 보내기도 했다. 누가 그들을 비난할 수 있을까? 과학과 문학 사이의 분명한 차이는 그들이나 나에게 명확했다. 우월한 학문과 열등한 학문의 분명한 구분을 용감하게 거절하신 부모님의 태도는 나에게 큰 도움이 되었다. 이러한 지지는 이메일과 휴대전화가 있기 이전 시대에 몇 마일이나 떨어져서 회신하는 데 두 주가 걸리는 편지로 이루어졌으며 부모님은 내게 맞는 것을 하라고 부드럽게 권하셨다.

　나는 운이 좋게도, 이전에 들어본 적이 없는 스페인의 황금기와 중남미의 저항음악의 권위자인 로버트 프링밀(Robert Pring-Mill)이 있는 옥스퍼드대학교에 다니게 되었다. 라몬 륜(Ramón Lull)과 파블로 네루다(Pable Neruda)에 정통한 그는 다양한 분야를 알고 있었고 각 분야에 깊은 지식이 있었다. 그는 많은 재능을 통해 각 분야의 명확한 경계에 관해 질문을 해왔다. 몇 년이 지난 후, 나는 로버트의 '다면적 접근'이 단순한 경계에 대해서도 내가 질문할 수 있도록 도왔다는 것을 어느 정도 깨달았다. 그때 당시 나의 세계관은 완전히 이분법적이었다. 나는 상황 간에 깔끔한 경계를 만들었다. 이질감과 소속감, 좋은 학문과 나쁜 학문, 고향과 해외.

　내가 수십 년 뒤 교수가 된 후에야 비로소 제대로 감상할 수 있었던 스페인과 중남미의 고전을 나에게 가르쳐주었던 이 친절하고 부드러운 옥스퍼드대학의 교수가 최고의 교사로서 나의 단순함을 견디어냈다는 것을 깨달았다. 그를 통해 나는 처음으로 공고라(Góngora), 로페(Lope) 그리고 세르반테스 같은 스페인 문학의 황금기 거장들의 이름을 듣게 되었다. 이들 중 마지막 사람은, 그 당시에 전혀 몰랐다. 책을 읽으면서 스페인어에서 아랍어의 흔적을 보았다. 수많은 중동인처럼 나는 흥분했고 또 자랑스러웠다. 내가 스페인 내 이슬람 문화의 윤곽을 어렴풋이 파악하고 있을 때, 내가 알던 알파벳과 그 친숙함이 서방세계의 절정에서 내게 슬금슬금 다가왔다. 그것은 프링밀의 전공이 아니었기에 우리는 집중하지는 않았으나 나는 볼 수 있었다. 나는 언뜻 코르도바 사원, 알함브라에 대해 읽었고, 스페인에서 수세기 동안 기억된 만수르(Mansour), 아흐메드(Ahmed), 야히아(Yahya)를 사람들이 말하는 것을 알아차렸다. 이 이름들은 모두 친숙하게 들렸다.

　나의 대학 공부는 스페인이 지닌 서양 유산에 중점을 두고 있었다. 아랍과 관련된 요소들은 그림자 속에 머물렀고 나는 실제적인 공부도 하지 않은 채 이를 쉽게 일반화하고 있었다. 나는 "이슬람은 기독교에 과학과 철학을 전해주었다"라든지, "스페인어의 많은 말들은 아랍어를 기원으로 한다", "스페인에는 무슬림들이 800년 동안 살아왔다"와 같은, 관광지를 소개하는 책자나 피상적인 대학 교육과정에서 소개하는 말들을 반복하고 있었다. 단순하게 문장들을 반복했을 뿐만 아니라 아랍어에 대해 아는 것이 없었기 때문에 아랍 문화의 주요한 차원에 대해 아무것도 모르는 상태였다. 일반적인 생각과 달리, 대부분의 이란 사람들은 아랍어를 사용하지 않는다. 우리는 몇몇 아랍어 단어는 알지만 문법은 이를 공부하지 않은 우리가 알 수가 없다. 이슬람 철학과 안달루시아 건축물을 보는 것은 내게 구름 속에 있는 것과 같았다. 나는 아랍어를 이해하지 못했지만 몇몇 단어들은 알아볼 수 있었다. 나는 단어들의 정확한 뜻을 알지는 못했지만 내게서 멀리 있는 단어의 불명확한 개념을 느꼈다.

스페인 문화에 대해 글을 쓰고 수업을 듣는 동안, 실제의 삶은 내게 내가 어디에서 왔는지 예 혹은 아니요로 대답하도록 만들었고, 지금도 그렇지만 나는 항상 "이란"이라고 대답했다. 그러나 예 혹은 아니요로만 대답이 가능한 "너는 이곳 출신이니?"와 같은 질문의 타당성에 대한 의심이 마음속에서 서서히 자라기 시작했다. 관료제 체제는 이런 변증법으로 구성되어 있었다. 학생 신분으로 있는 동안 나는 집 주소가 없었다. 대학 직원들이 나의 개인정보를 물어볼 때 그 칸에 무엇을 채워 넣어야 할지 몰랐다. 대부분의 학생들처럼 나는 항상 초라한 방으로 이사를 다녔고 그 집들의 주소는 더운 날에 내리는 눈과 같이 빨리 사라져 버렸다. 게다가 테헤란의 내 주소가 무슨 소용이 있었을까? 대부분의 관료제 체제는 즉각 연락 가능한 주소지를 원했고, 나는 테헤란에 1년에 한두 번만 갔기 때문에 그곳이 내 기반이 될 수 없었다. 그렇다, 나는 테헤란에서 왔다. 그 도시는 내가 사랑했던 도시이지만 이제 더 이상 내가 알던 도시가 아니었다. 내가 학업을 끝마친 후에 어디로 갈지는 아직 완전히 불명확했다. 그렇기 때문에 나의 "본적"이나 "집 주소"는 없었다.

그러는 동안 나는 옥스퍼드대학교의 3학년 해외 과정 중에 처음으로 스페인에 살게 되었다. 나는 영국에서 온, 스페인어를 전공하는 이란 학생이었고 마드리드에서 영어를 가르쳤다. 나를 완전히 외국인으로 생각하는 스페인과 영국, 이 두 국가에서 주는 비자 유효기간을 유지하기 위해서 내가 부렸던 묘기를 언급하지 않고 나를 사람들에게 설명하는 것은 매우 어려운 일이었다. 그 시기에 나는 마드리드에서 이란 사람들과 주로 사귀었다. 이후 스페인은 내가 사랑하고 편안하게 느끼는 곳이 되었지만 이 나라에 처음 진출할 때 내가 이란 이민자들을 통했다는 사실은 주목할 만하다. 페르시아, 스페인, 영국이라는 세 종류의 문화들이 한 문화에만 맞추거나 정형화되는 것을 거부하면서 서로 영향을 주며 대체했다.

곧 나는 미국에서 대학원 과정을 시작했다. 스페인 문화를 구성하는 이슬람적 요소들은 여전히 나를 매혹시켰고 나는 이것에 대해 더 공부하기 시작했다. 나는 아랍 선조들의 중세 스페인 문학의 불경스러운 사랑이나 신비주의의 중요한 모티브들에 대해 읽기 시작했다. 이런 읽을거리들은 내가 유럽과 미국에서 자주 했던 경험들을 반영하고 있었다. 나는 여러 도시에 먼 친척들이 있었고 그들을 방문하며 천천히 우리와 연결되어 있는 관계들과 또한 연결되어 있지 않던 다양한 길들과도 친숙해져 감을 알게 되었다. 개인적으로나 교육기관을 통해서나 나의 배움의 발자취들은 먼 친척들에 대해 공부하는 것에 집중되어 있었다.

나의 지적 삶을 스페인어가 더욱 많이 차지하는 동안에 이란은 1990년대에 들어섰고, 가장 경험이 많은 정치 분석가들도 놀랄 만한 변화들이 계속되고 있었다. 나의 박사 학위는 사람들이 우습다고 하거나 무례하게는 쓸모없다고까지 할 수 있는 중세 스페인어로 결정되었다. 내가 중세 기간을 선택한 이유는 이때가 모슬렘이 스페인으로 들어가는 때였다는 것을 알았기 때문이다. 중세 스페인어는 훌륭한 프란시스코 마르케스 비야누

에바(Francisco Márquez Villanueva)의 지도 아래 나를 문화와 언어들이 활발하게 교류하는 카스티야 왕국(Castile)으로 인도했다. 나는 아랍어를 배우기 시작했고, 심지어 페르시아어도 스페인에서 문학과 연관된 이슈들에 대한 토론과 지적인 교류를 하기에 유용하다는 것을 발견했다. 이는 나를 숨 막힐 정도로 흥분시켰는데 마치 몇 년 동안 닻을 내리지 못하다가 멀리서 지평선을 보게 된 것과 같았다.

그럼에도 불구하고 나는 여전히 단순했다. 스페인어에 대한 이해는 내가 낯선 것을 감지할 때의 감각을 지배하는 이분법적 사고에 따라 움직였다. 나는 스스로를 속여서, 탁월한 훈련을 받았음에도 불구하고 유대교, 이슬람교, 기독교 세 문화를 깔끔하게 설명하고 확실한 범주로 구분할 수 있으며, 한 문화에 미친 다른 문화의 영향을 음식 안에 있는 재료처럼 정확히 측정할 수 있다고 생각했다. 내 관점에서는 스페인 기독교의 웅장하고 중요한 모든 것은 이슬람에 의한 것이었고, 가장 중요한 카스티야의 유물 역시 이슬람에 영향받은 것이라고 여겼다. 오늘날 나는 이것이 단지 아직 불안정한 나의 상태에 대한 빈약한 해석이라는 것을 깨달았다. 나는 구체적인 정체성을 원했으나 갖고 있지 않아서 어딘가에 투사했던 것이다. 세 가지 신앙이 관용과 조화 속에서 함께 공존하고 그들 사이의 과학적·문화적 영향을 측정하는 것이 쉽다고 생각하는 것은 사실과 거리가 멀다. 오늘날의 미디어는 종종 중세의 스페인을 옛적의 종교적 관용 지역의 예시로 보여주지만, 실제로는 적대감과 갈등으로 가득 찬 시기였다. 그것은 또한 800년이라는 긴 시간 동안 어떤 하나의 정의도 허용하지 않았다. 스페인에서 일어난 모든 일들은 다른 곳에서처럼 매우 복잡하고 모호했다. 누구의 책임하에 있으며 누가 부를 통제하는지에 따라 관계와 정체성은 바뀌고 변했다. 나는 그것을 알아차리는 데 꽤 오랜 시간이 걸렸다.

스페인에서 이슬람에 대한 이해를 찾고자 하는 나의 여정은 외국 땅에서 가족을 갖는 것과 같았다. 나는 스페인 내 이슬람의 역할에 특별한 관심이 있는 중세 스페인 전문가로서 경력을 쌓아갔다. 그러나 아주 오랫동안, 경력을 쌓을 뿐 아니라 외국인들 사이에서 친숙한 얼굴들을 찾고 있었다. 오늘날, 초기 연구 시절을 생각할 때 나는 그것이 무엇보다도 고향을 찾기 위한 반복적 노력이었던 것을 알 수 있다. 외국인이나 유목민 아이가 되기를 멈추려는 노력, "나는 안정적인 자아 정체성이 있고, 가족들이 여기에 있습니다"라고 말할 수 있는 노력이다. 그 결과 나는 종종 복잡성을 간과했다. 나는 중세 스페인에 존재하는 이슬람 문화 그대로의 뉘앙스를 알 수 없었다. 주로 나는 수백 년이나 떨어진 역사적이고 문화적인 현상을 알아볼 수 있는 모습으로 번역하여, 유목민이 되는 것을 멈추고 나 자신의 문화라고 부르기 시작했다.

그때, 세르반테스를 다시 만났다.

만약 우리가 복잡한 역사를 중세와 르네상스로 깔끔하게 나누는 인위적 범주에 동의한다면, 미겔 데 세르반테스(Miguel de Cervantes, 1547~1616)는 중세의 작가는 아니다. 하지만 여전히 스페인 반도의 선생님들은 그를 알아야만 하고 우리 대부분은 그의 작품을 가르치는 특권이 있다. 그는 명작인 『돈키호테(Don Quijote)』로 널리 알려졌지만, 시, 희곡, 단편소설 같은 다른 다양한 이야기들의 작가이기도 하다.

학생일 때 나는 훌륭한 선생님들을 통해 『돈키호테』를 접했는데, 기껏해야 압도되는 기분, 최악의 경우 지루함을 느꼈다. 나는 그 책을 제대로 읽어본 적이 없었다. 나는 세르반테스의 작품을 가르쳐야 할 때가 되어서야 비로소 그 책이 나의 정체성인 스페인 내 이슬람 세계, 초기 현대 스페인에 대한 이해를 돕는다는 것을 깨달았다. 이 책을 수년에 걸쳐 새롭게 발견하고 있고, 앞으로도 그러할 것이다. 나의 동료와 학생들이 세르반테스의 글에 대해 토론하는 것을 듣는 것은 이러한 깨달음의 중요한 요소이다. 라일리(E.C. Riley), 프란시스코 마르케스 비야누에바, 루이스 안드레스 무리요(Luis Andrés Murillo), 루스 엘 사파(Ruth El Saffar), 찰스 프레스버그

(Charles Presberg)와 같은 학자들은 정체성과 문화에 대해 복잡한 질문을 만드는 데 세르반테스가 어떻게 공헌했는지 이해하도록 도움을 주었다.

나는 해체 이론과 포스트모던 이론의 전성기에 대학원을 다녔다. 데리다(Derrida)와 크리스테바(Kristeva)의 주저하고 애매하고 고집스럽게 비선형인 글에는 무엇인가 엄청나게 매력적인 부분이 있었다. 그것들에 깔려 있는 이중적 대립과 잘못된 믿음은 내가 거의 모든 것에 대해 생각하는 방식을 바꾸어놓았다. 지금까지도 나는 모든 자세에 결함이 있음을 증명할 수 있는 지독히 민첩한 사고방식과 그 능력에 매료되어 있다. 나의 정체성이 이것인지 저것인지 생각하는 피곤함의 한계에 이른 나는 이론을 통해 해방을 얻은 것에 대단히 감사했다. 그러나 세르반테스는 데리다가 했던 것보다 400년 전에 이미 그 모든 것을 해냈고 내가 포스트모던 사고방식으로 놓쳐버린 진실함과 견고한 도덕적 태도도 덧붙이고 있었다.

세르반테스는 종교재판의 심판 아래서 두려움에 떠는 경직된 계급사회에서 살았다. 그는 생애 동안 오늘날의 서양 사람들이 감히 상상할 수 없는 종류의 자유 침해를 목격했다. 모리스코스(Moriscos)—기독교로 개종한 무슬림 자손—들은 그들 땅에서 추방당했고 가족들은 대중에게 수치와 심판과 의심을 받으며 이동하는 것조차 심각한 제한을 받았다. 사람들은 계급사회에 갇혔고, 그런 가운데 어떤 사람들은 법률적 관점에서 공식적으로 다른 사람들보다 더 가치가 있었다. 국가의 리더들은 그들의 다문화적이고 다종교적인 과거를 청산하려고 필사적으로 노력했고, 가짜 기독교인으로부터 진짜들을 구별하기 위해 극단적인 방법을 사용하기도 했다. 검열과, 감히 교회나 정부를 비판하는 사람들에 대한 강한 보복과 일반적인 두려움들이 매일 일상의 현실이었다. 표현의 자유나 예술가의 권리와 같은 사치는 오늘날 많은 사람이 알고 있는 것처럼 당시에는 알려지지 않았다. 그러나 예술가들은 정체성이나 행동에 대해 단순히 정의하려는 공적인 이야기들이 만들어지는 현실에 대항하여 복잡한 작품들을 창조했다.

나는 세르반테스의 작품을 읽고 가르치면서, 양자택일의 사고방식을 제외하고는 모든 것을 인정하지 않는 시대에 맞서 살아 있는 생생한 주인공들을 창조해 내는 그의 능력을 알게 되었다. 세르반테스는 실제적인 세계를 창조했고 망상적이거나 환상적인 상황을 설정하지 않았다. 그가 만든 세계는 문학적 전통을 아는 사람, 스페인이나 스페인과 연관된 문화를 잘 알고 있는 모든 사람들이 공감할 만했다. 이와 같이 신뢰할 수 있고 실제적인 설정에서 세르반테스는 대화에 특권을 주어, 나는 그의 작품에서 모두가 대화하고 그러나 이슈들에 대한 정의에는 모든 단계에서 ─비록 약할지라도─ 의문이 제기됨을 보기 시작했다. 만약 한 인물이 이야기를 하면 거기에는 항상 그 이야기를 듣고 반응하며 새로운 관점을 제공하는 사람이 있었다. 만약 한 가지 버전의 진실이 주어진다면, 최소 다른 관찰자 한 명이 다른 버전의 진실을 제시하기 위해 개입했다. 세르반테스의 작품을 깊이 읽어갈수록, 나는 그의 작품 중 어느 하나도 주인공 혼자 이야기하는 것이 거의 없음을 알게 되었다. 어느 순간에 나는 같은 삶을 목격하고 자신의 관점에서 그것을 말할 수 있는 또 다른 등장인물을 만날 것이다.

✦ ✦ ✦

세상에 대해 이렇게 끊임없이 재정의하는 최고의 예시로서, 즉 사실들에 당연한 복잡성을 부여하기 위해 끈질기게 관계해 온 것은 물론 돈키호테 자신이다. 800쪽이 넘도록 우리의 미친 기사는 스페인을 휘젓고 다니며 자신이 보는 것에 대해 언급한다. 물론 다른 사람들도 그에 대한 이야기를 한다. 상인, 매춘부, 아이들, 귀족, 아랍인, 이야기꾼, 통역사, 작가, 성직자, 죄수, 학생, 경찰, 가정부, 시민 등 그를 본 모든 사람들은 각자의 방식과 언어로 그에게 또는 그에 대해 이야기한다. 이러한 과정 속에서 우리는 이런저런 판단을 넘어서는 어떤 주요한 설명으로 초대받는다. 만약 우리가 '광기'가 무엇인지 안다고 생각한다면, 우리는 맥락에 따라 광기가 다양한 의미를 가지고 있다는 것에 주의해야 한다. 만약 우리가 가상과 현실을 구별하는 경계에 대해 확신이 있다면, 우리는 그 둘이 뒤얽혀 있는 경우에 대해 훨씬 더 곰곰이 생각해 봐야 할 것이다. 만약에 우리가 누구인지에 대해, 천주교인인지 무슬림인지로 정하는 것이 비교적 쉽게 정체성을 찾는 방법이라고 생각한다면, 우리는 그렇지 않은 특정한 상황까지도 들여다볼 필요가 있다. 종교, 성, 국가, 배경, 이름 등과 같이 한 사람의 정체성을 인식하는 일반적인 모든 기준들이 대화 중에 오고 갈 때 그러한 구별들은 늘 역동적이며 정체되기보다는 변화를 갖는다. 그럴 때 이야기 내내 생생한 이야기가 전개되며 독자는 앞서 나온 구분에 따라 전혀 분석하지 않고 이야기만을 그저 즐길 수 있다. 이것 역시 한 가지 방법이다.

어떻게 이 모든 것이 유목민 아이의 이국성(foreign-ness)과 관련이 있을까?

세르반테스는 정체성에 대한 질문에 양자택일로 대답하는 대신, 묘사하는 것을 가르쳐주었다. 그의 소설은 내가 단순히 대답하는 대신, 실제를 보여주도록 했다. 나의 배경에 대해 구체적이고 포괄적인 한마디 말로 대답하기보다는 이야기를 하거나 예를 드는 것이 최선이다. 나는 매일 일상의 대화와 공식적인 서류를 위해 필요한 범주들이 있음을 안다. 이런 범주가 없다면 어떻게 여권이나 비자, 세금, 대출금 납부 등을 정리할 수 있을까? 당신은 기혼이거나 미혼일 것이며, 미국 시민이거나 아닐 것이며, 기독교인이거나 아닐 것이다. 세르반테스는 이와 같은 카테고리가 필요 없다고 하는 것이 아니라, 그것들에 대해 말하면서 그 의미가 무엇인지 좀더 깊이 들어가 보라고 제안하는 것이다. 나는 당신이 누구인지에 대해 완전히 알 수는 없다. 당신의 정체성이 이미 결정되었다고 생각하거나 당신이 누구인지 확실히 안다고 결코 생각하지 말라. 의심은 늘 새로운 발전을 가져오므로 늘 의심의 여지를 남겨놓아라.

나는 이러한 강조들이 현대의 독자들에게는 너무 당연한 것임을 안다.

오늘날 우리는 다양한 정의와 관점이 요구되는 시대로 접어들었다. 우리는 다른 것에 대한 민감성과 관련하여 대학의 오리엔테이션이나 워크숍 등을 안내를 가지고 들어야 하는 시대에 살고 있다. 그러나 그러한 것들과 세르반테스의 접근 사이에는 두 가지 근본적인 차이가 있는데, 먼저는 그가 삶과 웃음, 슬픔으로 가득 찬 탁월한 이야기를 하는 데 궁극적인 관심을 가지고 있다는 것이다. 둘째는 내가 이미 말한 것의 반복이지만, 그는 우리가 오늘날 서로 다름을 지지하고, 외국어 배우는 것을 격려하는 장학금을 주고, 다양한 종류의 소외를 설명하기 위해 장황한 단어를 사용하는 것과는 전혀 다른 생활을 살았다는 것이다. 그가 다름에 노출된 것은 전쟁과 감옥살이를 통해서이지, 안내와 존중이 의무적으로 요구되는 풀브라이트 장학금과 평화봉사단을 통해서가 아니었다.

이것은 현대 초기 스페인뿐만 아니라 스페인에서 이슬람을 탐색했던 나의 경험과 연결된다. 세르반테스는 스페인에서 이슬람 문화의 특정 유형의 마지막 흔적을 목격했다. 그는 또한 다른 유형의 이슬람을 대표하는 오스만제국에 대항해 싸우기도 했다. 그의 소설은 무슬림이나 이슬람에서 개종한 사람들의 몇몇 대표들을 포함하고 있어 그와 같은 이슈들에 관심이 있는 사람들이 연구할 만한 문서가 된다. 그의 묘사의 복잡성은 연구자들이 쉽게 정의 내리거나 일반화하는 함정에 빠지는 것을 경고한다. 즉, 방법론적으로 세르반테스가 내게 가르쳐준 것도 있는데, 그는 인물 묘사에서 정체감의 복잡성, 특별히 한 사람이 고향을 떠나 다양한 다른 문화 속에서 살 때 얼마나 복잡한지를 가르치고 있다.

이것에 대한 좋은 예시는—이것은 『돈키호테』의 독자들의 마음을 사로잡았고 많은 학자들이 분석했다—『돈키호테』의 가상의 "실제" 작가인 상상 속의 인물, 시데 아메테 베넨헬리(Cide Hamete Benengeli)가 놀랍게도 아랍인이라는 것이다. 거짓으로 "진짜" 작가를 만들어서 글을 쓰는 것은 세르반테스 당시 잘 알려진 글쓰기 요령이었는데, 작품에 진정성을 부여하기 위해 기사도 이야기의 작가들이 종종 자신의 원고가 알 수 없는 외국 작가의 것이라고 말하며, 그래서 그 이야기는 역사적인 타당성이 있다고 주장하는 것이다. 그러나 정부와 이슬람 사이에 증오가 있던 17세기 스페인에서 세르반테스가 글을 쓴 것을 고려하면, 그는 자신의 "진짜" 작가를 아랍인으로 설정하면서 적개심의 틀을 즉시 만들었다. 800여 장에 달하는 소설을 읽으면서 학자나 독자들은 세르반테스가 다양한 측면에서 이 화자를 묘사하고 있음을 알아차렸다. 그는 독자들이 이 아랍인 화자가 이야기 내용을 빠뜨린 부분은 없는지, 사실을 말하고 있는지, 그 이야기의 어느 정도가 자신의 진짜 이야기인지, 또 그가 얼마나 재주 있는 사람인지 등을 의심해 보도록 한다. 우리가 화자의 모순됨으로 인하여 고민하는 동안 그의 책은 등장인물이 이야기를 할 때마다 그 이야기가 사실인지, 그의 이야기가 맞는지, 동시에 의문을 품게 한다. 따라서 우리는 우리가 몇 번이고 확신하는 훌륭한 이야기가 사실이고 그 때문에 믿을 만하다고 말해주는 믿을 만하지 못한 아랍인을 만난다. 한편, 소설의 등장인물들은 끊임없이 자신들의 믿을 만하거나 믿기 어려운 삶을 말하는 방식에서, 결국 믿을 만하거나 믿기 어려운 삶의 이야기를 듣는 것으로 움직인다. 따라서 우리는 그 누구에 대해서도 100% 확신할 수 없는 가운데 다른 사람의 이야기를 듣는 멋진 시간을 갖는다. 세르반테스는 냉소적인 설교나 오만한 미사여구가 아니라 신랄한 이야기와 유머를 가지고 역설과 복잡성에 대해 논한다. 그의 이야기는 재미있고 우리가 누군지 추측할 수 있는 사람들에 대한 묘사로 가득 차 있다. 그는 우리가 경험의 특별함을 강조하며 많은 양의 이야기를 하면 우리가 누구인지를 스스로 더 잘 보여줄 수 있다는 것을 보여준다. 그러므로 오늘날 내가 만약 "고향이 어디입니까?"라는 질문을 받는다면, 나는 고향을 탐색하기 위해 청자의 도움을 빌려 구체적인 순간과 일화와 기억들을 이야기하는 것으로 대응할 것이다.

『돈키호테』의 초반부에, 우리의 정신 나간 기사는 마을 근처에서 말에서 떨어진다. 지나가던 이웃이 그를 알아보고 일어날 수 있도록 도와준다. 돈키호테는 단순히 그 이웃을 고결하고 매력적인 만투아 후작 돈 로드리고 데 나르바에스로 부를 뿐 아니라, 현재 실제로 나타나고 있다고 믿는 영웅적 행위의 발라드를 인용하여 묘사한다. 당황한 이웃은 이를 바로잡는다.

"보세요, 나리. 저는 돈 로드리고 데 나르바에스도, 만투아 후작도 아닌 나리의 이웃 페드로 알론소입니다. 나리께서도 발도비노스나 아빈다라에스가 아니라 그저 정직한 신사 키하나 나리란 말입니다."

이에 기사가 대답한다. "나는 내가 누구인지 알고 있소. 그리고 내가 말한 사람들뿐만 아니라, 프랑스의 열두 귀족과 심지어는 라 파마의 아홉 용사 전부도 될 수 있다는 것을 알고 있소. 왜냐하면 내 행위가 그들이 이룬 모두를 합한 것을 능가하기 때문이오"(Cervantes, 2003: 43). 그 대답은 물론 돈키호테가 정신이 나간 상태에서 한 것이기에 맥락적으로 비합리적이다. 이와 같이 기존의 이야기에 끌어들여 대답하는 것은 사실과 허구를 혼동시켜, 예 혹은 아니요로 묘사하는 것을 어렵게 하는데, 이는 소설 주요 등장인물들의 트레이드마크가 된다. 만일 돈키호테 자신이 이번에 확신하지 못한다면 그가 가지고 있는 자아 정체감의 방법은 다른 인물들에 의해 단순해 보이는 범위를 확장하고 자아 정체감을 풍성하게 하기 위한 질문 "당신은 누구십니까?"로 계속 이어질 것이다. 몇몇 등장인물들은 확신이 가는 묘사를 하고 다른 사람들은 그렇지 못한 경우도 있지만, 소설에서는 "당신은 누구십니까?"에 대한 질문에 대답하기 위해서는 구체성이 정말 필요하다고 강조하고 있다.

그래서 1960년대에 이란에서 유목민 생활을 시작했던 한 여성은 350년 전 스페인에서 죽은 한 사람의 문장 표현을 통해 자신을 가장 잘 표현할 수 있는 방법을 발견했다. 유럽과 북미를 넘나든 나의 이민생활, 말을 하기 위해 몇몇 언어와 기술들을 이용하고자 했던 것, 사담 후세인의 미사일과 인질극과 문명 충돌에 대한 직접적인 경험들은 세르반테스의 세상에서 공존할 수 있는 자리를 찾았다. 이것이 오늘날 나의 책상에 유일하게 놓여 있는 액자가 왜 그의 그림이 있는 엽서인지 말해준다. 그 엽서는 사실 그가 어떻게 생겼는지 아무도 모르기 때문에 잘못된 것으로 보인다. 그 엽서는 "사마르칸트"라는, 이란의 페르시아 문학잡지의 돈키호테와 세르반테스 기념 특별 호에서 가져온 것이다.

페르시아어로 그곳에 적힌 이름은 "서 반테스"(반테스 경)처럼 보인다.

참고문헌

Cervantes, Miguel de. 2003. *Don Quixote*. translated by Edith Grossman. New York: HarperCollins.

이방인으로서의 나

이야기 속의 패턴

/

일레인 닐 오어(Elaine Neil Orr)

서문

나는 문학 연구가이면서, 회고록 집필가이고, 두 문화의 딸이다. 이제 두 문화를 경험한 아이들을 보는 것은 더 이상 새로운 현상이 아니다. 한국인 어머니와 미국인 아버지를 둔 소녀도 있고, 러시아인 아버지와 프랑스인 어머니를 둔 소년도 있다. 이 글을 통해서 내가 언급하고자 하는 것은 증가하는 제3문화 아이들의 현상에 대해 이 책이 기여하고자 하는 것과는 다른 것이다.

질병으로 인한 제약 가운데 살던 40대 중반 즈음에, 나는 남침례교단 소속 선교사의 딸로서 나이지리아에서 자라다가 대학교를 가기 위해 부모님의 조국으로 돌아온 내 삶에 관한 글을 쓰는 것에 흥미를 갖게 되었다. 글을 쓰기 위해서는 연구가 필요했다. 나는 나와 같은 인생에 대해 글을 쓴 선례가 있는지 궁금했고, 글을 쓰는 가운데 제3문화 아이들의 이야기를 연결하는 한 패턴을 찾아냈다. 그 패턴은 이중성 또는 이중 정체성이며, 이는 결국 자신의 한 부분을 "이방인"으로 삼는 것이다.

문학 용어에 친숙한 독자들은 한 사람이 자신의 사악한 면을 인지하거나 위험을 예견하여 스스로 감지하는 이중적인 면이라는 "도플갱어"의 개념을 알고 있을 것이다. 내가 발견한 그 패턴은 도플갱어와는 다른, 즉 한 사람 안에 깃들어 있는 이중성이다. 게다가 그 "이방인"은 항상 이상한(잊을 수 없는, 무시무시한) 것이 아니라 때로 내게 가장 친숙한 나 자신이기도 하다. 단지 어린아이나 젊은 성인이 그 "이방인"적인 자신의 모습을 부정하거나 잊도록 요구받을 때 그의 자아 정체감이 문제가 되는 것이다.

제3문화 아이로서 나의 경험은 나이지리아와 미국 두 개의 주 문화와 관련되지만 이 글에서는 두 개 혹은 그 이상의 문화적 맥락 속에서 발생하는 "크리올"(역자 주: 흑인과 유럽인 사이에서 태어난 사람) 또는 "혼종" 정체성에 대해 표현하고자 한다. 이 글은 탐색적인 성격을 지니고 있으며 제3문화 아이들의 상상력이 가득한 글에 대한 문학적 비평에 기여하고자 한다.

르 클레지오(J.M.G Le Clézio)의 40권 이상 되는 책 가운데 하나인 소설 『오니샤(Onitsha)』를 나는 알고 있었기에 그가 2008년 노벨 문학상을 수상할 때 같이 기뻐했다. 그 소설의 제목은 나이저 강기슭에 위치한 유명한 나이지리아 시장 도시 이름에서 가져왔다(역자 주: 바른 한글 표기는 "오니차"이다). 프랑스계 혈통의 르 클레지오는 아버지가 나이지리아에서 영국 군인으로 복무하던 1940년에 니스에서 태어났다. 1948년에 르 클레지오는 어머니, 형과 함께, 미개척지에서 군의관으로 수년간 복무 중이던 아버지를 만나러 나이지리아로 떠났다. 어린 르 클레지오의 체류 기간은 고작 1년밖에 안 되었지만 감수성이 풍부한 나이에 거기에 있었으므로 큰 영향을 받았던 것으로 보인다. 그 영향으로 그는 자전적 에세이에서 자신의 어머니가 혹인이라는 이야기를 꾸며내 하게 된다(『아프리카인(L'Africain)』). 그는 독자들에게 그 이유에 대해, 자신이 나이지리아에서 유럽으로 돌아왔을 때 스스로를 유럽에 있는 "이방인"이라고 느꼈기 때문이라고 이야기했다. 르 클레지오의 성인기의 삶은 잦은 이동이 특징인데, 그는 파나마, 멕시코, 태국, 한국, 미국 등을 오가며 몇 년을 보냈다. 심지어 그는 현재 삶을 앨버커키, 모리셔스, 니스로 구분 짓기도 한다. 그의 잦은 이동 패턴이 나이지리아의 경험에서 나왔는지 하는 것은 질문 밖의 내용이지만 분명한 것은 1940년대를 배경으로 한 소설 『오니샤』가 한참 뒤인 1994년에 집필되었기 때문에 그의 상상력을 나타낸 것 같다는 것이다. 나는 르 클레지오의 노벨상 수상 소감에서 발췌한 다음 글을 읽었을 때, 내 내면에서 오랫동안 직감해 온 것들이 거기에 있어서 깜짝 놀랐다.

카메룬 접경에 위치한 오부두(Obudu) 마을의 지역 담당 공무원은 근처 언덕에 있는 고릴라의 가슴 치는 소리를 듣는 법을 보여주었다. 그곳(내 아버지가 의사로 있던 나이지리아를 말한다)에서 보낸 시간과 그 여정들은 내가 다시 떠올릴 미래 소설의 내용들이 아니라 마치 나와 항상 함께 있는 나의 제2의 인격과 같은 것이다. 그리고 내 안의 상반된 인격으로 때로 나의 고통의 근원이 되는 낯선 모습들이었다.

나는 르 클레지오의 글을 읽으면서 그가 말한 고릴라의 가슴 치는 소리가 아니라, "제2의 인격"에 대한 암시에 충격을 받았다. 지금까지 그걸 그렇게 이야기하는 사람을 본 적은 없지만 나의 경험과 비슷해 보였다.

회고록

나는 『정오의 신들: 백인 소녀의 아프리카에서의 삶(Gods of Noonday: A White Girl's African Life)』이라는 회고록을 집필하기 시작했다. 나는 43세였고 영문학 조교수이면서 한 아이의 엄마로서 16세 이후부터 미국에서 살고 있었다. 이십몇 년간 인슐린 의존성 당뇨병을 앓으며 신장 질환 말기로 투석하면서, 신장과 췌장 이식을 기다리는 고통 속에 있었다.

나는 르 클레지오가 "제2의 인격"이라고 표현한 내 안에 있는 낯선 나의 부분에 대해 글을 쓰기 원했고, 그 시간이 되었다.

내 안의 낯선 부분이 백인 미국인으로서 의료 선교를 하셨던 부모님 사이에서 1954년 나이지리아에서 태어난 것과 관련이 있는 것은 분명했다. 내게 영어 이름과 요루바 이름이 있는 것도 그렇고, 부모님이 병원 일을 쉬실 때 요루바인 보모와 집안일을 돕는 사람들과 함께 구아버 나무 높은 곳에서 세상을 탐색한 것도 그렇고, 내 성장기의 대부분을 그 나라의 도시가 아닌 미개간지라 부르는 곳 근처 시골 외곽 마을에서 보낸 것도 그렇고, 독립에서 쿠데타, 그리고 비아프라 전쟁(Biafran War) ─ 전쟁은 내게 직접적인 영향은 주지 않았지만 그 끔찍한 시간은 내가 나이 들고 순수함을 잃는 것과 연결되어 있었다 ─ 까지 겪은 것도 그렇다. 나는 사람들이 어두운 밤 속으로 사라지는 것을 보지 못했지만 그들이 사라진 것을 다음 날 아침이 되어서는 알았다. 내 주위의 문자와 이미지는 다양했으며 나를 제외한 다른 사람들에게는 어울리지 않는 것 같았다. 예수가 주인공인 성경, 얼얼하게 매운 빨간 고추가 가득한 뒷마당 정원, 미키마우스 도자기 컵, 늘어뜨린 예복을 입은 나이지리아 남자, 〈피터와 늑대〉(우리 집 검은색 오디오에서 재생되는 영어 버전의 러시아 뮤지컬 작품), 내 손톱 밑에 낀 붉은 흙, ≪데일리 타임스≫(나이지리아 최고의 신문), 재키 케네디와 영국 여왕, 나이지리아 국기, 심지어 내 이름까지. 내 요루바 이름은 바미델레 펀밀라요(Bamidele Funmilayo)

인데 병원 직원이 지어준 것이었다. 바미델레의 뜻은 "나를 따라 고향으로 가자"였고 이는 때로 일부 사람들을 헷갈리게 했을 수도 있다. 결국 '나의 고향은 어디였나? 그러나 나는 알았다. 나는 백인이지만 고향은 나이지리아였다.

이후에 나의 이방인적인 부분은 1970년 미국으로 향하는 편도 티켓과 연관된 것이 분명했다. 나는 그때 막 16살이 되었고 부모님 없이 내가 한 번도 만난 적 없는 가족들과 살기 위해 한 번도 방문한 적이 없는 아칸소주로 이주했다. 그곳에서 나는 2년 동안 나의 아프리카의 기운을 떨쳐버리고 평범한 미국 소녀로 대학에 다니며 부모님의 기억 속의 나라에서 잘 살아갈 수 있었다. 나중에 알게 되었듯이, 나는 미국 땅에서 백인의 몸속에 아프리카인의 영혼을 갖고 있었기 때문에, 그 이후 잘 살아가기 위해서 서아프리카의 흑마술을 불러온다는, 효과 있는 '주주(juju)'(역자 주: 서아프리카 원주민의 부적)가 필요했다.

✦ ✦ ✦

삶의 초반에 나는 나의 이방인적인 부분이 이상하다는 것을 발견할 수 없었다. 일종의 이중성을 아는 것이 내게는 정상적이었다. 나는 혼자일 때조차 친구가 있는 것 같았다. 예를 들어 구아버 나무에 앉아서 나는 이렇게 생각했을 것이다.

"나는 구아버 나무에서 놀다가 무릎이 엉망이 된 소녀다."

또는 이렇게 생각할 수도 있다.

"내 나뭇가지는 소녀의 팔처럼 튼튼하고 매끈하다. 나는 이 멋진 나뭇가지로 그녀를 안아줄 수 있다."

첫 번째 문장에서 나는 깨끗하게 세탁된 옷을 입고 아프리카 세계에 의해 떠받쳐진 어린 백인 아이이다.

두 번째 문장에서 나는 갈색에 아프리카 세계의 일부이며 나무와 거의 하나가 되어 있고, 그곳엔 우리와 함께 걸터앉아 있는 또 다른 사람, 그 백인 소녀가 있다.

나는 그 둘을 똑같이 좋아했고, 그들은 모두 나에게 속해 있었다. 나이지리아에서 낮의 그 시간 때 나는 부모님과, 구아버 나무에 오르는 것을 싫어하는 언니와 떨어져 있었다. 나는 아바이크라는 내 보모와 바로 저 밖에서 넓죽한 칼로 잔디를 깎는 정원사, 그리고 물을 길으러 이따금씩 나오는 집 요리사와 가까운 사이였다. 그들은 나를 받치고 있는 나무와 나의 일부였다. 저녁이 되면 나는 부모님께 돌아갔고 그곳 또한 나를 받쳐주는 곳이었다. 내 어머니의 무릎과 아버지의 어깨가 있는 곳이었지만, 그곳은 책장과 식탁과 피아노 등으로 이루어진 꽤 다른 세계였다. 기도하기 전에는 우리는 먹지 않았고, 어린 소녀들은 이미 "얌전하게 행동하라"는 것이 무엇을 의미하는지 이해했다. 이는 스스로 비판적으로 보는 것을 배운다는 의미이지, 나무가 될 수 있는 꿈을 마음껏 꾼다는 의미는 아니었다.

잠자리에 들 시간에, 언니와 나는 같은 방 다른 침대에서 잠을 잤다. 아버지가 문을 조금 열어놓고 나가 부모님이 거실에서 여전히 이야기하시는 것이 들려도, 불은 꺼졌다. 그리고 요루바 북소리가 내가 잠이 들 때까지 창문 너머로 들렸다. 말로 표현할 수는 없었지만 나는 낮에 그랬던 것처럼 밤에도 내 안에 두 개의 내가 있다는 것을 알았다. 거실에 있는 한 세트의 사진처럼 말이다. 사진 중 하나는 어머니였고, 다른 사진은 아버지였다. 경첩이 달린 사진 액자에서 부모님의 시선은 밖으로 나가 어떤 공간에서 만났다. 분리되어 있었지만 연결되어 있었다.

언니는 너무나 잘 통합되어 보였기 때문에 나는 당황했다. 그녀의 욕구는 실내에서 하는 미국의 놀이 형태 쪽으로 너무나 분명하게 바뀌었다. 언니는 미국에서 태어났고 이중성에 대해서는 모르는 것 같았다. 대신 내가 매일 아침마다 허리까지 오는 주름치마와 소매가 짧은 상의를 입는 미국식 옷차림과 씨름하는 동안에 언니는 자기 옷을 편안하게 받아들이는 것 같았다. 그리고 양말과 가죽 신발은 절대로 충분히 당겨 신지 않은 것 같아서 나는 제대로 신었다 싶을 때까지 양말을 당기고 또 당겼다. 그래도 끝내 충분히 당겨 신은 것 같지 않아서 나는 화가 났다. 모든 것이 나를 성가시게 했고 나에게 상처를 주도록 설계된 것 같았다. 다른 사람들에게 나는 다루기 어려운 아이였을 것이다.

돌아보면, 내가 여섯 살 때 안식년으로 가족이 휴가차 미국을 방문했을 때는 정말 어려움이 있었다. 그때 나는, 나를 포함해 다른 사람들에게 내가 예의 바르게 행동할 수 있음을 확인시켜 주기 위해 내 자아의 한 부분이고 사실은 내가 제일 좋아하는 자아인 "원주민"의 모습은 억제하고, 다른 자아는 발달시켜야 했다. (아마도 내 원주민의 모습을 더 억제할수록 나는 그녀를 더 사랑하게 된 것 같다. 나는 아프리카인과 미국인이 내 안에서 공존할 수 있는 한, 그 둘을 정말 모두 좋아했기 때문이다.) 어떠한 경우든지 내 안에 있는 미국 소녀는 선생님에게 잘 보이려고 노력했고, 레오타드와 심지어 작은 장갑까지 착용했고, 머리핀을 밤에만 꽂았으며, 간단한 클래식 음악을 연주할 수 있도록 연습했다. 나의 다른 한 모습은 배고팠고 그녀의 식욕은 엄청났다. 나는 살이 쪘고 나의 변화를 확연하게 느낄 수 있었다. 나이지리아로 돌아와서 나는 날씬해지고 빨라졌고, 맨발로 달렸으며, 피진(pidgin) 영어를 사용했고, 강에 사는 물고기처럼 수영했다.

16살에 나이지리아에서 완전히 떠날 때 나는 내 안의 비밀스러운 승객, 즉 밀입국자와 함께 떠났다. 그녀는 아프리카에서의 나의 모습이었고 또한 경첩으로 연결된 또 다른 나였다. 이제 그 자아들은 괴상하고 불법인 것처럼 보였다. 내가 지방의 고등학교에서 점심시간에 아프리카계 미국인과 함께할 가능성은 전혀 없었다. 그러나 백인인 척 "패싱"하는 것은 거짓말 같았다(역자 주: 패싱(passing)은 백인과 유사해 보이는 흑인들이 자신의 흑인 정체성을 숨기고 백인으로 행세하는 것이다). 만약 진짜의 내가 "나왔다"면, "미국은 부패했어" 또는 "내 미국인 친구들은 인종차별주의자이고 속이 좁아"와 같은 그녀의 생각은 불경스러워 보였을 것이다. 나 스스로가 완전히 이방인처럼 느껴졌으나 아무도 내가 누군지에 대해 최소한의 의심도 품지 않는다는 것이 분명했기 때문에 나는 완전히 들키지 않았다. 내 안의 그녀는 항상 과체중만 몸에 남겨놓고 흔적 없이 내 몸속 깊은 어딘가에 머물렀다. 나는 백인처럼 보였고 백인처럼 말했다. 나는 미국 여권을 갖고 있고 미국인으로 분류되었다.

인기 있는 백인 친구들의 냉대는 내가 규칙을 지키고 원주민의 흔적을 전혀 남기지 않도록 만들었다. 예를 들어, 한때 치어리더였던 아름다운 백인 소녀는 내가 서아프리카에서 자랐다고 말하자 "괴상해"라고 속삭이며 코를 찡그리고 나를 외면했다. 그래서 나는 그 이방인을 없애려고 다음 여름에 아무것도 먹지 않고 세 달 동안 살 50파운드를 뺐다. 이때는 내가 거식증이라는 용어를 알기 전이었다. 나는 정말로 남자친구를 원했고 어떤 남자도 그 이방인이나 나의 무거운 몸무게를 원하지 않을 것이라고 생각했다.

그러나 내 안의 그 이방인은 여전히 살아남아 있었다. 그 후 몇 년 동안 내 안의 이방인과 씨름하는 것은 공공생활에서 나를 위험에 빠트리기도 했다. 대학 시절, 나는 숲속에서 소년들과 데이트를 했는데, 그것이 이상하다는 것을 눈치채지 못했다. 어린 시절 나를 기쁘게 했던 피아노 연주와 학급에서의 우수함, 열심히 하려는 태도 등에 대해 나는 점점 무관심하게 되었다. 좀 더 삶의 기초가 잡히고 결혼을 하고 대학원 일을 시작하게 되었을 때, 내 안에 있는 이방인은 무언가를 불쑥 이야기하곤 했다. 공화당원인 내 시부모님에게 그녀는 "만약 내가 총을 가지고 있다면, 필리스 슐래플리를 쏘았을 거예요"라고 말했다. 내가 조교수로 있을 당시 동료들과 저녁식사 자리에서 임신중절에 대한 이론적 논의를 하던 중에 그녀는 아무도 의도하지 않았던 "나는 낙태 수술을 받았어"라는 말을 했는데, 당시 우리는 우리의 실제 삶에 대해 이야기하고 있지 않았다.

또 다른 나의 모습, 그 이방인은 흑인이 아니었다. 확실히 그녀는 순수하지 않았다. 내가 11살 때 처음으로 오소그보(Osogbo)에 있는 미국 기숙학교에 보내진 이후로 그녀는 몇 년 동안 지하에 숨어 있었다. 그녀는 다소 평범했다. 그녀에게 이국적이거나 눈에 띌 만한 것은 없었다. 그녀는 그저 나의 아프리카인 자아였다. 나이지리아에서 태어나고, 나이지리아 이름을 가졌으며, 무엇보다 요루바 땅의 소리와 냄새, 맛을 먼저 흡수한 아프리카인이었다. 내가 태어난 기독교 선교사 가정은 그녀를 일찍부터 조용하게 만들었다. 나는 다른 나이지리아 친구들처럼 교회에서 춤을 추지 않았다. 나는 주어진 역할들에 나의 "이방인 부분"이 잘 맞지 않는 얌전하고 너그럽고 귀여운 미국 아이가 되었다. 쌍둥이를 귀히 여기는 요루바 환경에서 나는 다른 드러머의 비트를 잘 듣도록 격려받았고, 정성스레 먹고, 자신을 사랑하고, 할 말은 하라고 들었다.

내가 대학원에 입학하고 전문가의 길을 시작하며 글을 쓸 힘과 글을 쓰는 요건을 얻었을 때 식민주의자의 아이로 산다는 것은 전적으로 잘못된 것이었다. 내 이야기는 들려줄 이야기가 아니라, 이미 간직했던 것보다 더 깊게 숨겨져야 할 이야기였다. 백인 아프리카인, 그 스캔들에 관한 것이다. 내가 이미 느낀 부끄러움은 —충분이 말랐다거나 충분히 예쁘다거나 충분히 칭찬받을 만하지 못해서 백인 소녀로서 그런대로 성공하지 못해서가 아니라— 식민주의의 수치심 때문에 더 심화되었다.

그래서 어떤 면에서 신장 질환 말기와 곧 다가올 죽음은 내게 큰 해방감을 주었다. 그것이 주는 자유가 나를 아찔하게 했다. 종신 교수직에 내 삶을 걸면서 나는 오직 앞으로만 나아가야 했고 그렇지 않으면 해직이었는데, 들판으로 나가 푸른 하늘 아래 누워 내 마음의 과거를 돌아보도록 한 그 기회는 하늘이 준 선물이었다. 나는 내 책을 쓰고 죽을 수 있으리라 믿었고, 최소한 나의 이야기는 나는 사랑했지만 다른 사람에게는 사랑받지 못한 내 안의 이방인을 밖으로 나오게 해줄 것이라 믿었다. 내가 사용하는 언어가 게이들의 "커밍아웃"이라는 것이 그리 이상하지는 않다. 진정한 나는 ─그게 누구이든지 간에─ 내 생애 동안 거의 옷장 안에 있었다. 나는 실제로 그녀였던 것보다 그녀가 아니었던 것에 대해 더 많이 알았다. 그녀는 단지 백인이 아닌 것이 아니라 미국인도 아니었고, 그녀의 욕구는 어떤 범주─음식, 인생 계획, 지리, 언어, 이야기, 사회생활, 종교─에서든 미국식에 만족되지 않았다. 나는 교수가 되기로 선택했는데, 아마 스스로를 계속해서 재창조해 나갈 수 있었기 때문에 그랬던 것 같다. 즉, 마치 대륙에서 대륙으로 이사 다니는 것처럼 매해 다시 시작할 수 있고, 항상 시작점에 있으며, 스스로를 떠돌아다니는 사람으로 다시 만들 수 있을 것 같아서였다. 내가 고향에 최대한 가까이 갈 수 있는 방법은 다양한 방법으로 계속 나를 다른 모습으로 만들어가는 것이었다.

그러나 내가 아픈 중에도 가장 머물고 싶었던 곳은 과거였다. 과거에는 모든 것이 무언가 가치가 있었다. 그 과거는 내가 아프리카에서 살았을 때였다. 미국에서의 생활은 영혼이 없는 것처럼 느껴졌다. 만약 나를 미국 어느 소설과 동일시한다면, 그것은 아프리카계 미국인들에 의해 잘못 읽혀진 몸에 머물고 있는 여러 자아와 관련된 소설인 제임스 웰든 존슨의 『한때 흑인이었던 남자의 자서전(The Autobiography of an Ex-colored Man)』과 넬라 라슨의 『패싱(Passing)』 같은 소설일 것이다.

연구를 하면서 나는 나의 인생의 이중적인 성격이 내 삶의 시간표 속에 그처럼 선명하게 나타나 있음을 보며 믿기 어려웠다. 예를 들면, 나는 언니의 생일을 축하하기 위해 가족과 함께 나이지리아 이바단(Ibadan)에 있는 프리미어 호텔에 있었는데, 바로 그날 밤 비아프라주의 사령관인 오주쿠(Ojukwu) 대령이 나이지리아 군사령관 고원(Gowon) 대령과 나이지리아 내전을 피하기 위한 최후의 노력으로 가나의 아크라(Accra)에서 회동하고 있었다. 에어컨이 켜진 호텔 밖에서 바람이 통곡하고 있던 것은 분명 내 고향 땅을 애도하는 것이었다. 하지만 우리는 미국 옷을 입고, 나이지리아 사람이 만든 유럽식 음식을 먹느라 바빠서 알아차리지 못했다. 그러나 돌이켜 볼 때 우리가 어떻게 주변 온 나라가 잘못되어 가고 있을 때 마치 아무 일도 없는 것처럼 계속 생활했는지를 나는 알았다. 언니는 곧 미국으로 떠날 것이었다. 언니를 라고스(Lagos) 공항으로 데려다주던 날, 기관단총을 들고 우리 짐을 검사하려는 10대 소년들 때문에 우리는 계속 도로에서 멈춰 서야 했다. 그들은 우리 짐에 대해 내가 전에 본 적이 없는 이상한 두려움을 갖고 있었다. 어머니와 아버지 그리고 나는 비록 그것이 전쟁이었는지는 몰랐지만 전쟁을 치르고 있었다.

나는 건강이 서서히 악화되는 3년 동안 나의 회고록을 위한 탐구를 했고 글쓰기를 시작했으며 나이지리아에서의 삶과 미국에서의 삶이 얼마나 잘 연결되어 있는지 알게 되었다. 나는 소녀로서 아무것도 몰랐던 것에 대해, 전쟁을 피한 데 대해, 그리고 지난 세월 동안 잊고 있었던 것에 대해 부끄러움을 느낄 수도 있었다. 그러나 대신에 나는 아팠기 때문에 그런지, 나의 이중적 역사에 대한 재발견이 신기함과 놀라움으로 변화되었다. 나는 나 자신을 이해하게 되었다. 내가 아칸소주에서 대학생, 대학원생 시절을 보내고 결혼할 당시에, 내가 개인 생활이나 일하는 모든 부분에서 혼란을 느꼈던 것은 당연한 일이었다. 나의 절반은 지워졌고, 잊혔고, 침묵하도록 되어 있었다. 나의 삶에 대해 쓰는 것은 수많은 오해와 잘못 이름 붙여진 것들에 대해 다시 돌아보는 것과 같았다. 나는 심각하게 적응하지 못하거나 혹은 동화되는 것에 완강히 저항하는 실패자가 아니었다. 나는 완전히 두 세계(나이지리아와 미국)에서 태어난 딸이었다.

입으로 빛나는 알을 만들어낼 수 있는 어떤 남자나 여자에 대한 신화가 어딘가에 있다. 나의 첫 회고록은 그와 같이 나왔다. 완벽하고 온전한 모든 장면들이 꿈에서 나왔고, 나는 투석을 시작하기 전 긴 아침 시간에 그것들을 일기장에 적었다.

선례

글을 쓰는 사람은 누구나 개인 장서가 필요하다. "패싱"에 관한 아프리카계 미국인에 대한 소설들은 다양한 정체성 사이에서 오락가락하며 하나를 부정하는 것의 끔찍함을 견디는 것이 무엇인지를 내게 알려주었다. 나의 회고록을 집필하는 데 힘이 되어준 두 편의 소설은 1966년에 쓰인 진 리스(Jean Rhys)의 『광막한 사르가소 바다(Wide Sargasso Sea)』와 앞서 언급했듯 자신의 두 번째 성격에 대해 쓴 르 클레지오의 『오니샤』이다. 둘 다 어린 주인공(그중에서도 제3문화 아이)을 비추어주는 거울로서 하나는 백인, 하나는 흑인의 등장인물을 만들어서 그 이중성을 극적으로 보여준다. 내 생각에 이러한 이중성은 각각의 경우에, 모두 제3문화 아이인 작가의 감수성을 보여준다고 생각한다.

나는 박사 학위 취득 중에 『광막한 사르가소 바다』를 페미니스트 소설이라고 생각하고 읽어본 적이 있다. 40대 때 나는, 흑인이 많은 곳에서 백인으로 자란 앙투아네트에게 일어나는 몹시 고통스러운 딜레마의 역사라는 관점에서 그 책을 읽었다. 진 리스는 도미니카에서 백인으로 태어났지만 16살(내가 미국으로 보내진 바로 그 나이이다)에 영국으로 공부를 하기 위해 떠났을 때 자신의 세계를 잃어버렸다. 영어 학교에서 그녀는 억양 때문에 놀림을 당했고 그 언어적 차이가 그녀의 외부인으로서의 기질을 강화했다. 성인이 되어서의 삶은 이리저리 떠도는 것이었고 그녀는 절대 조국으로 돌아가 살지 않았다. 그 소설을 다시 생각해 볼 때, 마치 리스가 나─나의 양쪽 모두─처럼 느껴져서 리스가 내 어깨너머로 보며 일어나는 모든 일들을 나와 함께 기술하고 불가능한 갈망들의 세계를 묘사하는 것 같았다. 소설 초반부에서 어린 앙투아네트 코즈웨이는 오랫동안 생각에 잠겼다. "나는 나무 그늘에 누워 몽롱하게 강물을 쳐다보았다. 나무 아래서 물은 깊고 어두운 녹색이 되고, 비가 오면 녹갈색, 해가 있으면 반짝이는 밝은 녹색이 되었다. 그 물은 정말 깨끗해서 수심이 얕은 곳은 바닥에 있는 조약돌까지 볼 수 있었다"(Rhys, 1998: 13). 나는 나이지리아에서 내가 수영을 배웠던 에티옵(Ethiope)이라는 강을 안다. 그 강은 너무 깨끗해서 30피트 아래, 가장 깊은 곳의 밑바닥까지 볼 수 있었다.

『광막한 사르가소 바다』에 나오는 강은 아마도 앙투아네트의 지속적으로 변하는 자기 자신에 대한 거울처럼 보일 수도 있을 것이다. 다양한 색깔과 음영은 하나 이상의 성격을 나타낼 수 있다. 그녀는 어머니 아네트나 작가 진 리스처럼 유럽에서 태어났거나 서인도제도에 살며 영국이 고향이라고 교육받았으나, 새로 온 이주민들에게 열등한 식민지 주민으로 보이는 "크리올 사람"이었다. 소설에서 이런 "열등한" 상태는 유럽인들이 "검은" 사람들과 오래 살면서 "원주민"의 신념을 흡수하여 오점을 갖게 된다는 생각에서 나온 것이다.

소설의 시작부터 어머니와 함께 쿨리브리에 사는 앙투아네트는 그녀의 백인 선조들의 귀족적 세계가 "몰락"했고 에덴동산이었을지도 모를 동산은 잡초가 무성하고 야생화되었다는 것을 안다. 그러나 그녀는 그곳이 번영했을 때를 알지 못하므로 슬퍼하지 않는다. 앙투아네트의 아픈 남동생 피에르에게 강박이 있는 어머니는 앙투아네트를 흑인 가정부이자 유모인 크리스토핀에게 넘긴다. "나는 대부분의 시간을 바깥채에 있는 부엌에서 보냈다." 앙투아네트는 우리에게 이렇게 말한다. "크리스토핀은 거기 옆에 딸린 작은 방에서 잠을 잤다." 밤에는 그 흑인 여자가 그녀에게 노래를 불러주었다. "그 음악은 명랑했지만, 가사는 슬펐다"(Rhys, 1998: 11).

『광막한 사르가소 바다』를 다시 읽으면서, 나는 이 한 쌍의 분위기가, 소녀로서 잠들고, 미지의 것을 두려워하고, 아버지와 먼 곳의 영원하고 신비한 북소리에 의지하는 나에게 어울린다고 느꼈다. 앙투아네트의 세계는 나이지리아에 살던 나의 세계보다 훨씬 불안정했다. 최소한 비아프라 전쟁 전까지는 말이다. 그러나 분위기는 내가 기억하는 것과 현저하게 비숫했다.

리스는 앙투아네트의 내면적 갈등을 그녀의 흑인 소꿉친구 티아를 소개하는 것으로 표현했다. 그 소녀는 앙투아네트를 "흰 바퀴벌레"라고 부르고 놀리는 부분에서 처음 소설에 등장한다. 앙투아네트는 집에서 안전한 장소를 찾는다. 그 장소는 나에게 구아버 나무와 유사한 장소인데 "정원 끝에 있는 오래된 담장은… 푸른 이끼가 부드러운 벨벳처럼 덮여 있었다"(Rhys, 1998: 13). 그녀는 크리스토핀이 발견할 때까지 담장 옆에 쭈그리고 앉아 있다. 그다음 날 티아는 크리스토핀과 부엌에 함께 있는데 그녀는 거의 또 다른 딸, 앙투아네트의 흑인 쌍둥이 같다. 아마도 이 소설에서 앙투아네트에게 가장 솔직한 사람인 크리스토핀은 그 둘이 함께하기를 바랐을 것이다. 그것은 잠시 이루어진다. "나는 매일 아침, 강으로 가는 길에서 티아를 만났다"라고 앙투아네트는 우리에게 이렇게 이야기한다(Rhys, 1998: 13). 그들은 함께 헤엄치고, 초록색 바나나를 삶아 나누어 먹는다.

그러나 어느 날, 수영을 하던 중 티아가 앙투아네트를 속였고 소녀들은 멀어진다. 앙투아네트가 옷을 찾아 입고 집으로 돌아가려 할 때, 그녀는 티아가 자신의 깨끗하고 빳빳하게 풀 먹인 옷을 입고 자기 옷은 두고 간 것을 발견한다. 앙투아네트가 집에 도착했을 때 어머니는 옷에 대해 묻고 앙투아네트가 이것은 티아의 옷이라고 이야기하자, 어머니는 가장 먼저 이렇게 묻는다. "어느 쪽이 티아니?" 그리고 크리스토핀에게 흑인 소녀의 옷을 태워버리라고 시킨다(Rhys, 1998: 15). 이 질문은 매우 도발적이다. "어느 쪽이 티아니?"라는 질문에서 아네트는 거의 "누가 내 딸이니?"라고 묻는 것처럼 보인다. 그리고 어머니는 분노에 가득 차서 딸이 아닌 것을 태워버리라고 명령한다. 어머니는 거의 딸의 가장 중요한 부분에서 죽음을 요구하는 것처럼 보인다. "원주민"의 옷(과 자신)은 이상하고, 열등하고, 불경스럽다. 그것(또는 그녀)은 파괴되어야만 한다.

그 후 난폭한 폭도들이 콜리브리를 공격해 가족이 도망쳐야 할 때, 티아는 앙투아네트에게 돌을 던진다. "우리는 서로를 바라보았다"라고 앙투아네트는 밝힌다. "내 얼굴에는 피가 흐르고, 그녀의 얼굴에는 눈물이 흘렀다. 마치 거울 속에 있는 나 자신을 보는 것 같았다"(Rhys, 1998: 27).

앙투아네트는 스스로를 흑인 소녀로 인식했거나 그녀 속에 있는 흑인 소녀를 인식했다고 볼 수 있다. 그녀는 그녀의 이중성을 보았다. 티아의 눈물이 서로를 잃은 것 때문임을 추측하기 어렵지 않다. 앙투아네트와 티아가 서로를 잃은 것처럼 앙투아네트에게 있는 한 부분이 또 다른 한 부분을 잃어버린 것이다.

리스는 앙투아네트의 두 개의 정체성을 여기서 연결하는 동시에, 그녀가 미래에 경험할 손상과 결점을 예고하는 것처럼 보인다. 그녀와 티아는 같은 마음을 가졌지만 앙투아네트가 이국에서 태어나 자란 것은 그녀 자신을 잃는 것을 요구한다. 궁극적으로 앙투아네트 안에 있는 이방인은 로체스터가 그녀를 친숙하고 아름다운 그녀의 이름으로 부르기를 거부하고 버사로 바꾸었을 때 앙투아네트 안에서 제거되었다.

제3문화 아이들은 결코 자신이 자랐거나 체류했던 나라에 계속 살 계획은 아닌데, 이는 그들이 가진 가장 현지인 같은 모습을 지니는 것이 허락되지 않는다는 의미이다. 마찬가지로 "고향"이 강이든, 모래밭 길이든, 집 안에 있는 복도이든, 부엌에서 들려오는 목소리이든, 돌봐주는 분이었든, 무엇이었든 간에 우리는 계속 소유할 수 없다.

내가 여덟 살에 어떻게 에티오피아 근처 에쿠(Eku), 사펠리(Sapele) 인근과, 기름이 많이 나는 나이저 삼각주에서 살았는지를 기록한 것은 리스의 거울 장면을 다시 읽은 후였던가? 나는 나의 다른 두 자아를 보았나?

> 그날이 왔다. … 내가 앨리스처럼 거울을 통과해 지나가기까지… 그 거울은 약간 불완전해서 내가 가까이 다가가자 내 형상이 울렁거리며 움직였다. 나는 거울까지 쭉 걸어가 멈췄다. 그리고 눈 깜짝할 새, 나는 나 자신이 아니었다. 나

는 거울 맞은편까지 통과해서, 거기에 아무것도 없는 것을 보았다. 더 정확히 말하면, 거기에는 거울을 바라보고 있는 침착하고 눈에 띄며 주변에 대한 의식이 없는 내가 있었다. 그리고 거기에 거울 속 이미지 앞뒤로, 나의 밖에 있는 또 다른 내가 차분하지만 지금은 순진한 나에게 "너는 누구니?" 또는 "너는 왜 거기에 있니?"라고 말하는 것 같았다(Orr, 2003: 154~155).

나는 그것이 얼마나 호기심 많고 황당한 경험이었는지, 그리고 내 주변에서 그런 느낌을 알아주지 않는다는 것이 이상하게 느껴졌던 것을 기억한다. 확실히 나의 성격은 곧은 성격의 어머니나 친절한 아버지가 아니었고, 순종적인 언니도 아니었다. 아니다. 내 안에는 다르면서 같은, 살아 있는 무언가가 있었다. 그들은 흑인과 백인이 아니라 어쩌면 원주민과 백인이었고 그 "원주민"은 둘 중 좀 더 약삭빠른 쪽이었으며 나의 전부를 볼 수 있는 누군가였다.

결국 리스의 다락방의 미친 여자가 되는 그 흉물스러운 것은 리허설이 거의 필요 없다. 그러나 로체스터의 집이 불타고 있을 때 버사가 뛰기 직전 그녀가 꾼 마지막 꿈을 이야기하는 데에는 유용할지도 모른다. 그 장면은 그녀가 어렸을 때 있었던 가족의 도주와 불을 상기시킨다. "나는 앵무새가 이방인을 보았을 때 하는 말을 들었다. 거기 누구예요? 거기 누구예요? … 내가 콜리브리에 있는 강의 가장자리 너머를 보고 있었을 때 바람이 내 머리카락을 스쳤다. 티아는 거기에 있었다. 그녀는 내게 손짓했고, 내가 주저하자 웃었다. … 그리고 나는 버사! 버사! 하고 부르는 남자의 목소리를 들었다. … 나는 "티아!"를 부르고 뛰어내렸다(Rhys, 1998: 112).

버사/앙투아네트는 앵무새가 이방인을 보았을 때 하는 말을 들었다. 잃어버린 자신의 모습과 잃어버린 세계를 기억하며 버사는 집을 불태웠으나, 그녀 역시 그녀 스스로 로체스터의 손에 붙들린 채 티아와 재회를 한다. 제3문화 아이의 이야기를 담은 소설들의 결말은 하나의 모습을 위축된 상태로 내버려 두어 나중에 위험한 결과를 갖고 깨어나게 하기보다, 자신의 두 자아와 기억을 모두 유지하는 것의 필요성을 지적한다.

✦ ✦ ✦

르 클레지오의 나이지리아에 대한 소설 『오니샤』는 앞의 소설과 똑같이, 아니 나에게 더 중요한 자원이다. 나는 1996년 현대언어협회(Modern Language Association)의 연회에서 프랑스어를 번역해 네브래스카대학교 출판부에서 출간한 그 소설을 발견했다. 그 책을 읽는 것은, 마치 잡초들이 무성하게 자란 정원이지만 그 기초석으로부터 그것의 모든 특성이 바로 마음에 떠오르는, 그런 정원의 잔해를 우연히 발견하는 것과 같았다. 여기에 나의 조국이 있었다. 내가 보아왔던 내 조국의 역사, 식민지 범죄에 대한 나 자신의 부끄러움과 내가 태어난 땅의 살아 숨 쉬는 세상에서의 황홀감, 여기에 또 하나의 끝없는 강인 나이저강이 있었고 나는 소녀일 때 여객선을 타고 이 강을 건넜고, 여기에 비아프라 전쟁이 있었고, 떠남이 있었다.

어린 주인공인 펭탕은 이탈리아인인 어머니와 함께 영국인 아버지, 조프르와 알렝(Geoffroy Allen)을 만나러 나이지리아로 간다. 아버지는 매우 큰 시장 도시인 오니샤에서 식민지 관련 부서에서 일하고 있었다. 펭탕의 상황은 확실히 르 클레지오의 상황을 기초로 한 것으로 보인다.

그들이 배에 탄 장면의 초반에서 우리는 펭탕의 내면에 이중 의식이 생겨나는 것을 볼 수 있다. 그는 배에 있는 녹을 제거하기 위해 망치질을 하는 아프리카인 무리를 보고 있었다. 그들은 노동의 대가로 다음 항구까지 가족을 데리고 갈 수 있었다. 한편으로 그 소년은 "하얀 리넨 셔츠를 입은 영국인들과 모자와 베일을 쓴 숙녀들"을 보았다(Le Clézio, 1997: 23). 다른 한편으로는 "수라바야호의 앞 간판 전체는 흑인들로 붐볐다"(Le Clézio, 1997:

23). 펭탕에게는 망치 소리가 "살아 있는 동물처럼 고동치는" 진동을 만들었다. "그것은 비밀스러운 언어로 된 음악이었다"(Le Clézio, 1997: 25). 그 장면은 르 클레지오의 고릴라 소리 묘사를 떠올리게 했다(노벨상 수상 소감에서 묘사했던). 그리고 그와 어울리는 또 다른 인격 탄생의 경험이었다. 소설에 나오는 소년 펭탕은 철책을 뛰어넘고, 화물 갑판으로 가는 사다리를 내려와 인종의 장벽을 건넌다. 이러한 교차는 내가 백인과 흑인들의 세상에서 시작했던 것과는 다른 형태였다. 그러나 그 아이가 아프리카 세계를 관찰할 수 있고 거의 흡수할 수 있는 자리를 발견했다는 관점은 비슷하다 (내가 구아버 나무에서, 앙투아네트가 크리스토핀의 부엌에서 시간을 보낸 것처럼). "그는 흑인들이 야영하고 있는 큰 출입구에 다다르는 컨테이너들 사이에 들키지 않게 가 있었다"(Le Clézio, 1997: 26). 이후에 펭탕은 흑인과 함께 있으면 안 된다고 따끔하게 혼내주는 사람에게 발각된다. 놀란 어머니는 "파도가 그를 데려갔다"고 생각했다(Le Clézio, 1997: 26). 어떤 면에서는 맞는 말이다. 그 파도는 아프리카 세계의 파도를 의미한다.

오니샤 마을에 위치한 큰 나이저강의 둑에서 펭탕은 자기보다 약간 나이가 많은 이보족(Igbo) 소년 보니와 친구 관계를 발전시켜 간다. 그리고 펭탕은 맨발로 달리는 것을 배운다. 육체적으로나 지식적으로나 그 둘은 앞서거니 뒤서거니 한다.

펭탕은 보니의 할머니가 계시는 오두막을 방문한다. 그들은 푸푸(카사바 반죽), 구운 참마, 고구마 요리를 먹는다. 그녀는 펭탕을 마치 자신의 아들인 것처럼 "우무"라고 부른다. 저자도 우리에게 "때때로 펭탕은 이들이 진정한 자기 가족이라고 생각했고 그의 피부도 점점 보니의 피부처럼 까맣고 부드럽게 변해갔다"라고 말한다(Le Clézio, 1997: 149).

펭탕은 보니처럼 되기 위해 신발을 벗는다. 그 아프리카 소년의 발은 딱딱하다. 펭탕의 양말은 거의 불개미집이 되고 양말을 벗은 후에도 개미들은 양말 바늘땀에 들러붙어 떨어지지 않는다. "펭탕은 엉망이 된 양말을 해먹에 숨겨놓았고 큰 검은색 신발을 철제 옷장에 넣어두었다. 그리고 맨발로 잔디 위를 걸어 다녔다"(Le Clézio, 1997: 55). 이런 장면은 『광막한 사르가소 바다』에서 옷이 바뀌는 장면을 연상시키는 것 같다. 옷들은 나누어서 이름을 붙여놓았다. 쉽게 영향을 받는 어린 자아는 이방인의 옷에 의해 안심되기도 하고 혼란스러워질 수도 있다. 그 아이는 자신을 "낯설게" 만드는 옷을 버리기를 바랐을 것이다. 기억에 내 아프리카 자아는 낯설고 불편한 미국식 옷차림에 방해를 받았다.

대부분의 성장 소설과 같이 『오니샤』는 성에 눈뜨는 과정을 포함한다. 펭탕이 성에 눈뜨는 것은 보니를 통해 대리적으로 일어난다. 소설 초반부에서 두 소년은 오야라는 아름다운 소녀를 훔쳐본다. "그녀는 물살 속에서 옷을 벗고 씻고 있었고, 옷가지를 빨고 있었다. 갈대 사이에서 그녀를 지켜보는 동안 펭탕의 가슴은 요동쳤다. 보니는 펭탕 앞에 잠복한 고양이마냥 있었다"(Le Clézio, 1997: 76). 그 소년들의 눈은 똑같은 곳을 응시하는데, 나이가 더 많은 보니가 앞에 있긴 하지만 둘은 동일하게 심장이 뛰고 있는 듯하다. 보니가 앞서서 달려갈 사람이긴 하다. 사실 나중에 펭탕은 큰 풀들이 있는 숲에서 오야와 보니를 우연히 만난다. "갑작스럽게 그가 오야를 보았는데, 그녀는 바닥에 누워 있었고 보니는 마치 싸우고 있는 것처럼 그녀를 붙들고 있었다. 그녀는 머리를 뒤로 젖히고 있었는데 그녀의 확장된 동공 속에는 두려움이 있었다. … 자신이 무엇을 하는지도 모른 채 펭탕은 갑자기 보니에게 달려들어 그를 때린 후에… 보니는 뒤로 물러났다. 그는 섹스를 했던 것이다"(Le Clézio, 1997: 76).

펭탕은 성행위를 그치게 하는 것에는 성공은 하지만, 그의 어린 마음에 성에 대한 지식과 성과 연관된 잠재적인 연결은 폭력과 분노와 혼란이 된다. 청소년기에 성은 매력적이지만 위험하다는 양가감정이 그 두 소년에게 던져진다. 그 둘 모두에게 오야는 사랑의 대상이다.

이후에 펭탕이 그 성 관련 사건을 회상할 때 우리는 그 행동의 시작이 어떻게 소년들과 그 소녀 사이에 동시에 일어나는 행동으로 파악될 수 있는지 다시 한번 알 수 있었다. "펭탕은 보니가 길 위에서 오야 위에 올라타려고 시도할 때, 수풀 사이의 해변을 생각했고, 그가 느꼈던 화난 감정은 마치 그의 몸이 불타는 것과 같았다"(Le Clézio, 1997: 151, 강조가 더해졌다). 이 기억 바로 다음에 펭탕은 그가 항상 나이지리아에 있었다고 생각한다. "그는 자신이 항상 알고 있었던, 이 강 옆, 이 하늘 아래 이곳에서 태어난 것 같았다. … 그는 내면에서 마법적인 힘과 행복의 일부를 느꼈다. 다시는 그는 이방인이 되지 않을 것이다"(Le Clézio, 1997: 151).

이 장면에서, 이 두 개의 모습은 서로에게 반드시 필요한 부분이다. 펭탕과 보니는 관찰자와 처음으로 행동하는 사람이었고, 백인이고 유색인이고, 프랑스인이고 이보족이었다. 이야기의 자전적 특성을 고려한다면, 누군가는 이 두 개의 모습이 르 클레지오가 자신의 나이지리아에서의 삶을 묘사하는 데 필수적이었다고 추측할 것이다.

그러나 결국 이 두 개의 통합은 지속될 수 없었다. 심프슨이라는 식민지 지배자는 아프리카의 죄수들을 자신의 노동자로 사용하여 수영장을 짓고 있었다. 그들의 작업 환경은 극도로 덥고 물이 없어 견딜 수 없을 정도이다. 결국 그 죄수들은 폭동을 일으키고 식민지 군대의 병사들은 그들을 향해 총을 발포한다. 보니의 형과 삼촌도 그 피해자가 된다. 펭탕은 나이지리아인들에 대한 백인 식민지의 폭력을 이해하게 되면서, 자신의 부드러운 발에 대해 느꼈던 작은 수치심이 커다란 수치심으로 변한다.

그 폭력은 펭탕을 보니로부터 분리시키고 펭탕은 의문이 생긴다. "만약 내가 심프슨을 죽였더라면, 보니를 다시 볼 수 있었을까?"(Le Clézio, 1997: 180). 프로이드 학파의 관점에서, 펭탕은 궁금하다. "내가 만약 내 백인 아버지를 죽였더라면, 내가 보니와 재결합할 수 있었을까?" 펭탕과 그의 아버지의 관계는 소설 전체에 걸쳐 제한적이다. 단지 어머니와는 프랑스어와 영어, 두 언어를 공유하며 관계가 온전하다. 리스의 작품에서처럼, 펭탕(더 나아가 글에 그 자신의 삶이 투영된 르 클레지오)에게 벌써 혼성화가 일어났다. 그 대상은 바로 아프리카 토착어인 이보어를 배우는, 펭탕이 마오라 부르는 펭탕의 어머니이다. 그녀는 르 클레지오가 상상 속에서 창조한 "흑인 어머니"로, 소설 『아프리카인』에서 소환된다.

대부분의 제3문화 아이들처럼 펭탕은 결국 아버지가 다른 곳으로 발령이 나서 제2의 조국을 떠나야 했다. 마지막 날 그는 해 뜨기 전에 마지막으로 맨발로 달리기 위해 밖으로 나간다. 그는 풀 속에 있는 뱀의 소리를 듣고 "보니가 자주 사용했던 방식으로 뱀에게 크게 말했다. '뱀아, 너는 집에 있고 여기는 너의 집이지. 단지 나를 지나가게 해줘.' 그는 붉은색 흙을 조금 집어 들어 이마와 볼에 발랐다"(Le Clézio, 1997: 179~180).

"흑인"들과 친화되기 위한 소망으로 백인 소년이 얼굴에 칠을 하는 것과 같이, 보니처럼 백인 소년이 말하는 것은 흑인의 "언어"에 동화되는 것을 암시한다. 단지 보니와의 우정은 잃었을지라도, 르 클레지오의 노벨상 수상 소감을 들었다면, 그 이중성(two-ness)은 소년과 그리고 르 클레지오 안에서 내면화되어 살아 있음을 알 수 있다. 펭탕이 뱀에게 이야기하는 것 역시 제3문화 아이스러움을 암시하는 것임을 알 수 있다. 펭탕이 "결코 그 강을 벗어날 수 없음"(Le Clézio, 1997: 152)을 배우는 것처럼 뱀도 그 이방인도 벗어나지 못한다. 즉, 그는 자신에게서 이 "다른" 나라를 떼어낼 수 없다. 그 다른 나라는 앙투아네트/리스 안에 있는 것처럼 나 자신의 감수성과 글에 있는 또 다른 나에 머물러 있다.

마치 리스처럼, 르 클레지오는 단절되고 당황스러운 상실이 뒤따르는, 흑인과 백인의 투영을 통해 백인 소년 캐릭터의 낯섦을 담은 반자전적 소설을 집필했다. 『광막한 사르가소 바다』처럼 『오니샤』는 내 글쓰기의 초석이 되었다. 내가 이 두 소설을 발견했을 때, 나는 "제3문화 아이"라는 말을 들어본 적이 없었지만 그 세계가 나와 매우 관련이 깊다는 것을 인식했다.

개인 장서 확장하기

내가 "제3문화"의 경험에 대해 알게 된 것은 『오전의 신들』이라는 회고록을 발간하고 나서였다. 그 이후에 나는 제3문화 아이들의 상상력 넘치는 다른 이야기들을 찾아 나섰다. 나는 치치 단가렘바(Tsitsi Dangarembga)의 자전적 소설인 『불안한 상황(Nervous Conditions)』에서 동질감을 느꼈다. 나는 미국계 백인으로 태어나 나이지리아에서 자란 반면, 단가렘바는 아프리카계 흑인으로 유럽에서 어린 시절의 의식이 형성되었다.

그녀는 1959년 식민지인 로디지아에서 태어났고, 두 살이었을 때 부모와 함께 영국으로 이주했다. 거기서 그녀는 모국어인 쇼나어를 거의 다 잊어버리고 영어를 사용하게 되었다. 1965년에 단가렘바는 로디지아로 돌아갔고, 쇼나어를 다시 공부했으며, 미션 스쿨에 다녔다. 중등교육은 미국의 수녀원에서 운영한 학교에서 마쳤다. 1977년 단가렘바는 의학을 공부하기 위해 케임브리지로 떠나지만, 3년 뒤에 포기하고 1980년에 흑인우월주의가 시작되었을 때 짐바브웨로 돌아갔다. 그녀는 문학적 표현의 길을 열어준, 짐바브웨대학교의 드라마 집단에 합류했다.

『불안한 상황』은 흑인 짐바브웨인 여성이 영어로 쓴 첫 소설로, 1989년 커먼웰스 작가상 아프리카 지역 부문을 수상했다. 대체로 자전적인 그 이야기는 단가렘바 자신의 삶을 보여준다. 작가는 자신의 이야기를 두 명의 쇼나 사촌 자매의 이야기를 통해 전달하지만 두 사람의 이야기는 한 사람이 가진 이중성을 보여준다. 그중 한 명인 탐부는 농장에서 자랐고 다른 한 명인 니아샤는 매우 어렸을 때 가족과 함께 영국으로 이주했다(니아샤가 단가렘바와 더 닮았다). 재력 있고 잘 교육받은 부모님이 식민지 지배자들의 후원을 받는 학교에서 행정직과 교사직을 맡고 있는 "모국"에 돌아왔을 때 니아샤는 모국어를 잃는다. 그녀는 더 이상 쇼나어를 사용할 수 없다. 니아샤는 모국에서 이방인이다. 결국 이 가족과 함께 살게 된 탐부는

"원주민" 딸의 자리를 차지하고 여전히 자신의 문화에 기반하며 사촌의 경험을 통해 이중 자아의 위험성을 본다.

탐부가 니아샤의 가족과 처음으로 함께 살며 교육을 받게 되었을 때, 그녀는 사촌과의 관계를 "첫사랑"이라고 생각한다. 니아샤는 자기 관점에서는 부모가 영국에 있을 때 자신을 로디지아로 돌려보냈어야 한다고 탐부에게 말한다. 그 길이 그녀가 "혼혈 아이"(Dangarembga, 2004: 78)가 되지 않는 길이었다. 삼촌의 좋은 집에 살면서 탐부는 이전에는 동등했던 집안 일꾼들이 이제는 자신에게 경의를 표한다는 것을 알게 된다. 이것이 그녀가 내면의 낯선 모습을 처음으로 경험한 것이다. "내 호칭의 변화로 인해 안나(가정부)가 내게 말을 걸 수 없게 되었다는 생각에 정신이 번쩍 들었다(Dangarembga, 2004: 85)." 그녀의 "행동으로 나는 낯설고 불편해졌고 나 자신과도 어색해졌다"(Dangarembga, 2004: 85). 탐부는 그녀의 변화를 인식하고 이것이 자신에게는 최선이라고 믿으려고 노력한다. 왜냐하면 그녀의 삼촌은 배운 사람이고, 대가족을 위해 돈을 벌고, 이곳의 삶이 엄마의 오두막집보다 훨씬 나았기 때문이다. 사촌을 관찰하면서, 탐부는 다른 소녀들이 "쟤는 자기가 백인인 줄 아나 봐"라고 뒷담화하고 흉을 보거나 피하는 니아샤보다 자신이 운이 좋다는 것을 알기 시작한다(Dangarembga, 2004: 94). 내가 경험했던 백인 치어리더처럼, 니아샤 학교의 흑인 여학생들은 니아샤를 이상하게 생각하는데, 바로 그녀가 다른 문화, 심지어 "이국적인" 문화를 지녔기 때문이다.

깊은 사색 속에서 탐부는 백인 선교사 자녀가 겪는 곤경에 대해 생각한다. "나는 종종 궁금했다. … 그들이 집에 돌아올 때 그리고 아프리카인처럼 행동하는 것을 그만두어야만 할 때 어떻게 그걸 조절하는지"라고 생각한다(Dangarembga, 2004: 104). 그 궁금증은 글을 읽는 내게 울림을 주었다! 내 곤경을 이해하는 아프리카계 흑인 작가가 여기에 있었다! 아마도 그녀도 이중성을 공유했기 때문일 것이다.

단가렘바의 일생과 가장 가까운 등장인물인 니아샤는 권위주의적인 아버지에게 전통적인 쇼나의 소녀처럼 행동하라는 큰 압박감을 받는다. 뿐만 아니라 그녀는 기독교를 받아들이고 학자로서도 뛰어나야 한다는 압박감을 느낀다. 니아샤는 신경성 식욕부진증에 걸린다. 무서운 말로 그녀는 자신으로부터 분열된다고 탐부에게 이야기한다. "그들은 우리를 빼앗아 가는 것 같아. … 그들은 너다운 것, 그다운 것, 우리 자신을 빼앗아 가는 것 같아"(Dangarembga, 2004: 200). 그러나 그녀는 다음과 같이 덧붙인다. "나는 좋은 소녀가 아니야. 나는 함정에 빠지지 않을 거야"(Dangarembga, 2004: 201). 우리는 이런 목소리들이 단가렘바의 경험에 얼마나 가까운지 추측해 볼 뿐이다. 그 말들은 확실히 버사가 자신으로부터 분리됨에 대해 보이는 궁극적인 저항을 연상시킨다.

탐부의 어머니는 니아샤의 불안한 상황을 진단한다. "그것은 영국스러움이에요." 그녀는 말한다. "만약 조심하지 않는다면, 그것이 그들을 죽일 거예요"(Dangarembga, 2004: 202).

한편으로 니아샤와 탐부는 다른 소설들에 존재하는 이중성과 반영성을 반복한다. 동시에 니아샤는 자기 스스로 자기 안에는 로디지아 소녀와 영국 소녀, 최소 두 사람이 있다고 생각한다. 내가 보기로는 두 소녀 모두 혼혈인 작가 자신을 반영한다. 단가렘바는 살아남았고, 제3문화의 정체성을 주제로 글을 쓰며 우리에게 우리 삶에 깨달음을 주는 풍부한 글을 제공하면서 (소설가뿐만 아니라 영화제작자로도) 생산적으로 살았다. 언어 문제를 다루는 것은 특히 단가렘바에게 중요한 것처럼 보인다. 만약 내가 내 어린 시절의 "문자"와 "이미지"들을 그들의 부재로 인해 잃어버렸더라도 나는 그들을 기억 속에서 회상할 수 있다. 나는 언어를 잃지 않았다. 니아샤에 대한 단가렘바의 이야기는 한 사람이 모국어를 잃어버리는 것이 거의 치명적임을 암시하는 것처럼 보인다. 선교사 자녀들과 다른 제3문화 아이들에게 그 상실은 매우 은유적일 것이다. 우리는 사물의 이름을 잊지 않는다. 대신 그것과 친해질 기회를 잃는 것이다.

우리 중 대부분은 구아버 나무로 돌아갈 수 없을 것이다. 만약 단가렘바의 상실이 더 컸다면, 그녀가 자신을 재구성할 기회도 더욱 컸을 것이다. 그녀는 쇼나어를 다시 배웠지만, 영어로 글을 쓴다. 두 소녀이지만 한 이야기인 것이다.

✦ ✦ ✦

아프리카 문학에 대한 다음의 새로운 책은 특히 단가렘바가 논제로 제시한 관점에서 보면 제3문화 아이의 묘사와 이중적인 자아에 대한 생각에 감질나는 자료를 제공해 준다. 『찢기고 새로운 것들(Something Torn and New)』에서, 비평가이며 작가인 응구기 와 티옹오(Ngugi wa Thiong'o)는 식민주의와 국제화에 의해 역사적·경제학적·문화적으로 파편화된 아프리카에 대해 연구했다. 그의 주장에 따르면, 15세기에 시작된 이러한 역사 속 현실은 "유럽화"의 힘이다. 즉, 아프리카식 이름과 언어를 유럽의 것으로 대체하는 것이다. 이러한 현상은 내가 자라는 동안에 익숙했던 현상이다. 기독교로 개종한다는 것은 거의 항상 요나단, 모세, 사무엘, 만약 여자라면 에스더, 루스 등의 새로운 이름으로 세례를 받는 것이었다. 응구기에 따르면, 식민지에서의 거의 절대적인 승리는 개인과 집단의 언어를 빼앗아서 기억을 육체로부터 분리하는 것을 통해 이루어진다. 여전히 응구기는 이전 것의 그림자 같은 것, 즉 "원주민"이 남아서 아프리카 문학 속에서 다시 살아날 수 있다고 믿는다(Ngugi, 2009: 7~15).

내가 회고록을 발간했을 때 나는 『정오의 신들』에서 묘사되고 명명된 어린 시절의 기억을 찾기 전까지 그 기억을 완전히 잊어버렸던 성인 "선교사 자녀"들에게서 연락을 받았다. 몇몇은 심리치료로 수많은 시간을 보냈고, 다른 몇몇은 상실의 경험이 육체의 병이 되는 것을 경험했다. 글을 쓰게 된 나의 동기의 일부는 나의 머리를 그때 그 자리에 되돌려서 나 스스로를 치유하고 기억하기 위해서였다. 나는 16살까지 '아니야! 네 고향은 미국이야'라는 말만 들으며 나이지리아에서 살았다. 그때까지 내 고향의 이름은 오그보모쇼(Ogbomosho)였다. 성인이 되었을 때는 애틀랜타, 내시빌, 롤리였다. 나는 내 안의 가장 깊은 곳에 있는 것들을 잊어버리도록 요구받아 온 것 같았다.

아마도 제3문화 아이들의 이야기와 식민지에 관한 이야기들을 아우르는 가장 좋은 예시는 앙투아네트의 이야기일 것이다. 그녀의 영국 남편은 마치 응구기가 식민지 정복은 완벽하지 않다고 말한 것처럼 이름을 바꾸어 지우는 방법을 사용했지만 완벽하지 못했다. 그림자는 여전히 남아서 그 유령, 즉 버사는 궁극적으로 자신이 누구인지 기억한다. 하지만 죽음에 뛰어들고 집이 불타버린 그녀의 결말은 만족스러운 결말이라고 말하기 힘들다.

좀 더 나은 이야기의 결말은 구아버 나무에서 잃어버렸던 소녀, 펭탕 옆에서 풀밭을 달리던 그 소년이 원주민으로 집으로 돌아오는 것이다. 우리가 어떻게 그런 결말을 만들 수 있을까? 완전히 혹은 거의 잃어버린 자신을 찾아서 불확실함과 그리고 거식증에서, 광막한 사르가소 바다에서 벗어나서 글을 씀으로써 좀 더 밝은 삶의 강으로 돌아오는 것이다.

단편소설은 그 속에서 작가들이 자신들이 누구였고 누구일 수 있었는지를 상상할 수 있기 때문에 제3문화 아이들의 경험에 대한 연구에서 가장 풍부한 자원이 될 수 있다. 나는 회고록과 소설을 써왔다. 나의 삶을 회고록으로 기억하고, 내가 기억하는 것 이상을 소설로 써왔는데 그것들은 내가 선교와 연관하여 나이지리아에 있을 때보다 나이지리아 사람들과 더 깊은 관계를 맺는 경험을 할 수 있게 했다. 이렇게 깊어지는 경험은 철학자 폴 리쾨르(Paul Ricour)가 어린 시절의 경험을 신화라는 이름으로 다시 접촉하는 것에 대해 이야기한 "두 번째 순진성(second naiveté)"을 내게 제공했다. 그것은 어떤 점에서는 나의 아프리카 자아 안에서 자연스럽게 살았던 신화이다. 그러나 내가 책임질 수 있는 유용한 신화이다. 예를 들어, 만약 내가 요루바의 일부라고 주장한다면, 오늘 나이지리아와 연관성이 있어야 하지 않을까? 그 대답은 '그렇다'이다. 얼마 전에 나는 내가 어린 시절 알았던 몇몇 병원들과, 지속 가능한 방법을 제공하는 파트너십을 맺는 인도주의 기구의 출발을 도왔다. 그 병원들 중에는 내 부모님이 근무한 병원도 있었는데, 이 기구는 이들 병원들에 물과 생명공학 훈련 같은 실제적인 필요를 지원할 예정이다. 나의 관점에서 두 문화의 자녀가 되는 것은 둘 다에 속하지 않는 것을 의미한다기보다 둘 또는 그 이상, 미국과 나이지리아 그리고 혼종성과 유동성, 이중 시야가 있는 제3문화에 속한다는 것을 의미한다. "불확실한 상태에서 글쓰기"를 하는 것은 쉽게 가능할 수 없는 공간과 정체성에 고착된 채 남아 있기보다는 어딘가에 속하는 것을 선택한 것이다.

나의 회고록이 발간되기 2년 전인 2001년에 나는 듀크대학교 병원에서 신장과 췌장 두 장기를 이식받았다. 나는 글을 계속 쓰고 있다. 나는 나이지리아에 한 발, 미국에 한 발을 딛고 있으며 나의 몸이 이를 연결하고 있다. 이와 같이 나의 일부는 마치 나이지리아에서 나의 어린 시절 집에 있던 부모님의 사진 두 장처럼 연결되어 있다.

참고문헌

Dangarembga, Tsitsi. 2004. *Nervous Conditions*. Emeryville, Ca.: Seale Press.
Le Clézio, J.M.G. Nobel Lecture. http://nobelprize.org/nobel_prizes/literature/laureates/2008/clezio-lecture_en.html.
_____. 1997. *Onitsha*. translated by Alison Anderson. Lincoln: University of Nebraska Press.

_____. 2004. *L'African*. Paris: Mercure de France.

Ngugi, Thiong'o, Ngugi wa. 2009. *Something Torn and New: An African Renaissance*. New York: Civitas Books.

Orr, Elaine Neil. 2003. *Gods of Noonday: A White Girl's African Life*. Charlottesville: University of Virginia Press.

Rhys, Jean. 1998. *Wide Sargasso Sea*. Judith L. Raiskin(ed.). Norton Critical Editions. New York: Norton.

Ricoeur, Paul. 1967. *The Symbolism of Evil*. translated by Emerson Buchanan. Boston: Beacon Press.

진 리스, 바버라 킹솔버 그리고 나

이름 없는 문제들에 대한 고찰

/

진 벨빌라다(Gene H. Bell-Villada)

이 글에서 "문제"라는 부제는 페미니스트 베티 프리단(Betty Friedan)에 게서 인용한 것이다. 1963년 발간된 그녀의 현대 고전문학 『여성의 신비 (The Feminine Mystique)』에서 프리단은 "이름 없는 문제"에 대해 서술했다. 그 시대 전후로 일어난 여성운동을 생각해 보면 우리는 그 "이름 없는 문 제"가 무엇을 뜻하는지 알 수 있다. 이번 기회를 빌려 나 또한 미디어나 문 화기관, 학계에서 다루지 않는, 또 다른 이름 없는 문제에 대해 이야기하 고자 한다.

나는 이상한 이중 경험, 2단계 과정을 말하는 것이다. 그 첫 번째는 회 사원이나 선교사, 외교관, 군인 혹은 자유분방한 모험가 등의 자녀로 외국 에서 성장하는 경험이고, 두 번째는 학업을 위해 고향으로— 미국이나 여권 에 적힌 어떤 나라로— 결국 돌아오지만 어쩐지 이방인과 같은 삶을 사는 경 험이다. 널리 알려진 사실은 아니지만 미국의 예를 들자면, 1950년대 이 래 25만 명 정도 되는 아이들이 외국에서 초등학교와 중학교 과정을 밟았 다. 그들 중 대부분은 평범하지 않은 경험을 하며 학창 시절을 보내고 그

중 몇몇은 적응하는 데 힘든 시간을 보내기도 한다. 결국 어떤 아이들은 고향이 아닌 해외에서 지내기로 마음을 먹거나 국제적인 일이나 국제적인 사고를 할 수 있는 곳에서 직업을 찾는다.

이 아이들을 어떻게 명명할 수 있을까? 이주민이라는 의미가 자신의 선택으로 외국으로 이주한 성인이라는 점을 고려하면, 그들은 이주민의 아이들이지 이주민은 아니다. 외국에서 미국으로 이주할 때도 그들이 미국 시민권자이고 모국어인 영어를 자연스럽게 하며 외국에서도 계속 미국 학교를 다녔다는 점을 고려하면 그들을 이주민으로 분류할 수 없다. 지난 몇십 년 동안 이들에 초점을 맞춘 에세이, 자기계발서적, 사회과학 문헌들이 쏟아져 나오기 시작했고 그들을 지칭하는 여러 용어들이 생겨나는 가운데, 캐럴린 스미스(Carolyn Smith)의 "부재하는 미국인들(Absentee Americans)"과 린다 벨의 "숨겨진 이민자"라는 표현이 가장 널리 쓰였다. 나는 개인적으로 중국 본토나 대만 밖에 살고 있는 중국인들을 지칭하면서도 동시에 중국의 민족성을 드러내는 "해외 중국인"이라는 용어와 비슷하게 "해외 미국인"이라는 용어를 쓰고자 한다.

반면에 루스 힐 우심이 처음으로 쓴 표현인 제3문화 아이들은 점차 그 사용이 줄어들어서 요즘 정체기를 맞았다. 제3문화 아이들은 그들의 여권에 적힌 나라가 아닌 다른 곳에서 자란 아이들을 지칭하는 말이다. 그들의 문화를 '세 번째'라 일컫는 이유는 그들이 어디에 속하는지와 상관없이 현지 국가와 시민권을 가진 국가, 두 문화가 섞여 한데 이루어져 있기 때문이다. 이 분야에 대한 관심은 날로 확장해 가고, 후에는 성인 제3문화 아이가 생겨날 것이다. 제3문화 아이들이라는 표현은 고유명사가 되어 루스 반 레켄과 고 데이비드 폴락이 쓴 『제3문화 아이들: 세상 가운데서 성장하는 경험』이라는 책으로도 출간되었다(이 에세이 모음집에 자주 인용되는 현대 고전 자료이다). 이 용어는 미국에만 특정적으로 적용되는 것이 아니라 모든 상황에 사용 가능하며, 내가 일본 학자들에게 많이 들었던 용어인 일본인 제3문화 아이들을 그 예로 들 수 있다.

하지만 주목해야 할 점은 제3문화 아이가 식민주의와 밀접한 관련이 있거나 혹은 식민주의의 한 결과라는 사실이다. 1945년 전쟁이 끝난 후 미국의 팽창주의 정책은 제3문화 아이들이 생겨나는 밑거름이 되었고 1990년대에 들어서면서 "세계화"는 그 무대를 더욱 확장시켰다. 이러한 점들을 고려하면 영국과 프랑스가 식민지 제국을 건설하면서 그 국가의 작가들은 미국보다 훨씬 더 먼저 제3문화 아이들과 관련한 분야를 다루었을 것이다(미국에 관한 공식적이고 평판 있는 미국식 담화에서 체계적으로 부인당한 현실이다). 그러다 보니 소설이든 논픽션이든 인도나 버마에서의 영국인이나 아프리카나 인도차이나의 프랑스인을 묘사하는 이야기가 많이 존재한다. 하나의 예만 들자면, 영국의 소설가 퍼넬러피 리블리(Penelope Lively)는 회고록 『올랜더, 자카란다(Oleander, Jacaranda)』에서 1930년대와 1940년대 영국이 통제한 이집트에서의 자신의 성장 경험과 그 나라와 사람들에 대한 애정에도 불구하고 자신은 영국 소녀이며 언젠가는 고향으로 돌아갈 것이라 교육받았던 경험들을 서술했다. 청소년이 되어 그녀가 정말로 고향에 돌아갔을 때 그녀는 기후, 생활방식, 생활환경, 매일의 일상이 자신과 맞지 않아 힘들어했다.

진 리스가 쓴 『광막한 사르가소 바다』(1966)라는 책은 해외 제3문화 아이들의 경험을 생생하게 묘사한 고전 작품이다 — 그녀의 다섯 번째이자 마지막 소설로 현재는 페미니스트 고전으로 여겨지고, 풍부하고도 복잡한 현대 소설로 찬사를 받으며 연구되어 왔다. 그녀 자신은 카리브해 과들루프섬과 마르티니크섬 사이에 있는 영국 식민지 도미니카에서 성장했다. 그녀의 아버지는 웨일스 이민자이고, 어머니는 과거에 노예를 소유했던 (1835년 해방법 이후 가계 경제가 급격히 악화된) 현지 백인 집안의 자손이다. 리스는 17살이 되던 해 아버지의 갑작스런 죽음으로 어려움이 있었지만 연극을 공부하기 위해 영국으로 떠났다. 그 후 나머지 생애를 영국이나 서유럽에 머물며 지냈으며 도미니카에는 1936년 한 번 잠시 방문한 것이 끝이었다.

리스는 영국에서의 삶이 전혀 편안하게 느껴지지 않았다. 영국과 영국 사람들을 여러 방면에서 탐탁하지 않게 여겼다. 1961년 배우 셀마 바즈 디아스(Selma Vaz Dias)에게 보내는 편지에서 당시 70살이 된 그녀는 "식인종이 사는 섬에서 온 야만인이라고 의심받아 왔다"(Savory, 1998: 149)라며 그녀의 서인도 악센트가 불러온 당혹감과 조소에 대해 불만을 표했다. 그녀는 이러한 불편한 감정들을 쏟아낼 출구로 글을 쓰기 시작해 마침내 문학적 재능을 발견하고 성장해 나갔다. 리스의 평범하지 않은 성장 배경과 삶의 궤적은 그녀가 작가가 되기까지 그녀의 발목을 붙잡았다. 베로니카 그레그(Veronica Gregg)가 서술했듯이, 그녀는 영국 작가가 되는 것에 대해 생각해 본 적도 없다(Gregg, 1995: 1~4). 진 리스의 일생 동안 "서인도"와 "카리브해"와 관련된 것들은 비판적이거나 문화적인 범위에 존재하지도 않았고, 영어권 지역에서는 더욱 그러했다. 그사이 세월 동안 영국과 프랑스, 스페인 문헌들은 유명해졌고 프랑스 비평가 파스칼 카사노바(Pascale Casanova)가 "세계 문학공화국(The World Republic of Letters)"이라 불렀던 획기적인 연구의 한 부분이 되었다.

『광막한 사르가소 바다』는 100여 쪽에 달하며, 샬럿 브론테의 『제인 에어』에서 로체스터 씨의 다락방에 있는 광녀, 버사 메이슨의 이야기로 그녀의 관점에서 어린 시절부터 휩싸는 마지막 불길에 이르기까지 다시 이야기한다. 그러나 이 에세이의 목적은 노예해방 직후 더욱 커져가는 대영제국 기간 동안 자메이카와 도미니카에서 자란 백인 해외 영국 소녀의 성장에 있다. 리스는 크리올 사람인 주인공에게 버사의 중간 이름인 앙투아네트라는 이름을 붙여주었고, 크리올이라는 꼬리표는 대서양 횡단 식민지에서 나고 자란 유럽인들을 이따금 따라다녔다. 둘째로 태어나 아버지의 상속권을 잃은 (이야기 중 한 번도 언급된 적이 없는) "로체스터라는 등장인물은 3000파운드 정도의 상당한 지참금 때문에 앙투아네트와 결혼하기 위해 자메이카로 배를 타고 왔다.

책의 전반에서 앙투아네트는 영국과 크리올, 서인도제도의 정체성이 뒤섞여 충돌을 일으키는 모습을 많이 보여주지만, 한편으로 로체스터와 대화하는 중에 그녀는 큰 확신을 가지고 자신이 도미니카를 "세상 그 어떤 곳보다 더, 마치 그것이 사람인 것처럼, 사람보다 더"(Rhys, 1999: 53) 사랑한다고 주장한다. 더 나아가 그녀는 "이곳이 나의 고향이고, 내가 속한 곳이며, 내가 머물길 원하는 곳이다"(Rhys, 1999: 65)라고 조용히 독백한다. 과거 자메이카에서도 그녀는 영국인 새아버지 메이슨 씨가 이모 코라를 비판하려고 할 때 속으로 "당신들 중 누구도 우리를 이해할 수 없어"(Rhys, 1999: 18)라고 생각한다. 여기서 그 "우리"는 백인 크리올 사람들을 지칭한다. 반면, 비슷한 시기에 새로운 가족과 하인들이 함께 있는 저녁식사 자리에서 "우리가 이렇게 영국 음식인 소고기와 양고기, 파이와 푸딩을 먹을 수 있다니, 크리스토핀의 요리가 그립기는 하지만 영국 소녀가 된 것만 같아 매우 기뻐요"(Rhys, 1999: 21)라고 그녀는 말한다. 크리스토핀은 앙투아네트와 긴밀한 관계를 가졌던, 여기서는 앤틸리스 열대 지방을 대표하는, 마르티니크섬에서 온 충실하고 현명한 하녀이다.

후에 로체스터는 앙투아네트와 결혼하여 허니문 후 도미니카에 살면서 아내에 대해 "길고, 슬픈 빛을 띠며, 깊은 색의 이국적 눈매를 가졌고, 순수 영국 혈통의 크리올인 것 같지만 영국인도 유럽인도 아니지요"(Rhys, 1999: 39)라고 말한다. 앙투아네트는 자신이 살고 있는 이도 저도 아닌 위치의 인종적 불확실 상태에 대해 언급하고 싶어한다. 그녀는 로체스터에게, 섬에 사는 흑인들이 자신들을 "하얀 바퀴벌레"라고 부르는 반면, 영국 여자들은 "우리를 하얀 깜둥이라고 부른다"라고 불평한다. 그러면서 "내가 누구이고, 내 나라는 어디이며, 내가 속한 곳은 어디인지, 심지어는 왜 태어났는지에 대해 의문을 갖는다"(Rhys, 1999: 61)라고 말하며 오늘날 많은 제3문화 아이들이 느끼는 감정을 드러낸다.

어린 앙투아네트의 딜레마도, 이모 코라가 영국에 사는 동안에 견디기 힘들어했음에도 불구하고, 앙투아네트 자신이 한 번도 방문해 보지 않은 영국을 이상화하는 것을 막지 못했다. "영국은 꿈의 세계와 같다는 게 사실인가요?"(Rhys, 1999: 47) 그녀는 갓 결혼하여 남편에게 이렇게 묻는다. 그녀는 "내가 영국에 산다면 난 다른 사람이 될 거야"(Rhys, 1999: 66)라고 생각한다. 지도 위 머나먼 섬을 지그시 바라보며 "짧고 선선한 여름에 푸르른 초록 잎들. 여름이 지나 벌거벗는 나무들. 그리고 겨울과 눈"(Rhys, 1999: 67)을 상상하기도 한다. 열대 지역이나 남부 캘리포니아의 많은 아이들처럼, 그녀는 창유리에 무늬를 이룬 성에를 보는 겨울에 대해 생각하는 것만으로도 매료된다.

앙투아네트의 남편은 멀리 떨어져 있는 도시에 대한 그녀의 환상들에 대해 "아내는 내게 영국에 대해 묻고 매우 열심히 그 대답을 듣곤 했어요. 하지만 나는 내가 말한 그 어떤 것도 그녀의 생각에 변화를 일으키지 못할 것이라는 걸 알았죠. 그녀의 마음은 이미 정해져 있었으니까요. 몇몇 로맨틱한 소설과 그림, 노래, 왈츠, 음악의 가락, 그녀의 생각은 이미 정해져 있었어요. 그녀의 유럽과 영국에 대해 나는 아무것도 바꿀 수 없고 아무것도 그녀의 생각들을 바꿀 수 없을 거예요"(Rhys, 1999: 56)라고 말한다. 3장에서 결국 미쳐버린 앙투아네트는 로체스터의 손필드 저택에 갇혀 이렇게 생각한다. "그들은 내가 지금 영국에 있다고 말하지만 난 그들을 믿을 수 없어"(Rhys, 1999: 107).

요약하자면 이 책은 우리에게 해외에 있는 영국 여인과 사실상 교도소에 갇힌 죄수처럼 그녀가 경험하게 되는 모국 사이의 문제 많고 결코 해결되지 않는 관계에 대해 이야기하고 있다. 월리 룩 라이(Wally Look Lai)는 소설 앞부분에 쓴 멋진 글에서 "『광막한 사르가소 바다』는 역사에 의해 광기로 끝날 수밖에 없는 밀실 공포증을 선고받은 소수의 정체성과 존재적 딜레마에 대한 심오한 서술이다"라고 말했다. 앙투아네트가 손필드 저택에 갇힌 것은 "서인도제도 백인들의 역사적 정체성인 전적인 영적 고립을 상징하는 것이었다"(Rhys, 1999: 43)라고 서술했다. 덧붙이자면, 이 책의 제목으로 작가가 고려한 가제 중 하나는 "크리올" – 책에서 다루는 정체성이라는 깊은 주제에 대해 즉각적으로 관심을 일으키는 문화적이고 민족적인 용어 – 이었다.

✦ ✦ ✦

나는 이 에세이를 쓰기 위해 『광막한 사르가소 바다』를 다시 읽고 리스에 대한 비평과 전기를 찾아보면서 앙투아네트의 일대기와 나의 삶 사이에 가깝고도 묘한 평행 관계를 느끼지 않을 수 없었다. 앙투아네트와 이 크리올 작가처럼 나는 아이티섬에서 나고 푸에르토리코, 쿠바, 베네수엘라에서 자란 카리브해 지역 출신이다. 아버지는 캔자스와 미주리 출신에 금발과 파란 눈을 지닌 사업가였고, 표면상 지역 대학교에 새로 등록하러 온 편입생이었지만 사실은 돈을 벌기 위해 하와이 호놀룰루에 왔었다.

아버지는 대학 캠퍼스에서 당시 2학년이던 중국계 필리핀인인 내 어머니 펄리타 카먼 빌라다를 만났다(아마 나는 어머니를 통해 아시아인의 특성을 물려받았을 것이다). 아직 연애 중일 때 아버지는 어머니에게 혹시 어머니의 부모님께서 본인의 사업 시작이나 집 구입에 필요한 몇천 달러를 빌려주실 수 있는지 자주 물어보셨다. 잡지 구독, 개인 우편함, 환투기, 수출입 같은 사업의 초기 자본으로 어머니의 돈을 이용하신 것이다. 두 분은 모두 대학을 졸업하지 않고 서둘러 결혼하셨고 – 추측컨대 아버지는 이를 통해 징병을 피할 수 있으셨던 것 같다(때는 1940년대 중반이었다) – 머나먼 아이티로 이사를 가셨다.

그들의 관계는 몇 년간 아버지가 미국의 "호수"를 돌아다니며 사업을 하는 동안 어머니가 아버지의 비급여 비서로 일상의 사무 업무와 자질구

레한 일을 했던 미국 식민지인 푸에르토리코에서 끝이 났다. 소위 "벚꽃"이라 불리는, 태평양의 신부를 찾으러 가는 다른 미국 백인 남성처럼(나도 이제 깨달은 거지만), 아버지는 자신이 경제적 기반을 다지는 동안 말을 잘 듣고 도와줄 수 있는 고분고분하고 헌신적인 아시아인 아내를 찾았던 것이다. 딱 한 번 어머니께서 자신의 입장을 고수했던 때는 낙태를 거부하고 나를 낳기로 결정하셨던 때이다….

부모님은 자녀 두 명을 더 낳았지만, 아버지는 십몇 년의 세월 동안 어머니에게 보내신 수백 통의 편지에 자녀들을 언급하지 않을 만큼 조금의 관심도 보이지 않으셨다. 1953년, 관능적이고 풍만한 몸매의 금발로 염색한 쿠바 여자와 만나기 시작한 아버지는 잠시 동안 어머니를 푸에르토리코의 정신병원에 보내셨고 어머니가 소송을 낼 수 없도록 쿠바 법정에서 이혼했다. 결국 그는 두 아들—나와 내 남동생 카나니—을 납치하다시피 해서 아바나에 있는 군사기숙학교에 넣었고 새로 맞이한 부인과 멀리 떨어진 카라카스에서 살았다.

아버지는 진 리스가 다시 만들어낸 로체스터 씨처럼 식민지 섬을 돌아다니며 어느 정도는 결혼을 통해 빠르고 쉽게 돈을 벌고자 하셨다. 되살아난 로체스터처럼 그는 내 어머니를 정신적으로 이상하게 여겨 잠시이긴 하지만 정신병원에 가둬버렸고(의사 친구의 도움 덕택에) 나머지 두 아들조차 다른 곳에 보냄으로써 로체스터가 만들어낸 고난들을 그대로 재연해냈다.

내 어린 시절과 청소년기 시절, 내 여권에 적힌 나라는 앙투아네트에게 있어 영국과 같은 존재였다. 리스의 여주인공처럼 카리브해에서의 순간들—바다의 풍경과 음악과 춤, 유머, 언어와 그곳의 사람들—에 매우 애착을 가졌지만, 나의 실제 고향은 미국이며 나는 미국인이라는 사고를 계속 주입당했다(그곳에 발을 디딘 적이 한 번도 없었음에도 불구하고). 그렇게 나는 미국 어린이 문학과 할리우드 영화, 미국 만화책과 TV쇼까지 빠트리지 않고 보았고, 미국의 좋은 면모들을 보여주는 대중매체를 통해 미국에 대한 이해를 쌓아갔다. 미국에 대한 나의 이 편협한 시각은 그저 "꿈"일 뿐이었고 이 꿈을 너무 믿은 나머지, 나는 앙투아네트와 매우 비슷하게 언젠가 북미에 있는 눈 속에 있으면 완전히 다른 사람이 될 것이라 생각했다. 결국 나는 방향을 잃은 채—앙투아네트처럼, 내가 누구이고, 내 나라는 어디이며, 내가 속한 곳은 어디인지, 심지어는 왜 태어났는지 궁금해하며—미국에 대한 환상들을 내려놓고 복합적이고 현실적인 미국의 모습들을 알아가면서 수년을 보냈다.[1]

✦ ✦ ✦

바버라 킹솔버의 『포이즌우드 바이블(The Poisonwood Bible)』(1998)에는 식민주의와 제3문화 아이들의 경험들이 뒤섞인 더 어마어마한 이야기가 담겨 있다. 킹솔버의 전기를 보면 제3문화 아이들의 핵심 요소들이 나타난다. 그녀는 켄터키주에 있는 칼라일의 시골마을에서 공공서비스에 엄청난 소명 의식을 가진 지역 의사였던 아버지 밑에서 성장했다.[2] 하지만 1963년부터 1966년 사이에, 이 훌륭한 의사가 가족을 데리고 콩고의 마을로 가서 의료 교류 프로그램에 참여하면서, 자동차나 도로, 실내 화장실, 전기조차 없는 그 세계에서 여덟 살의 바버라 역시 소수집단에 속하여 민족적으로 "다름"을 느끼는 것이 어떤 것인지를 경험한다. 아프리카 아이들은 그녀의 허리 길이 정도가 되는 머리카락이 진짜라는 것을 믿지 못하

---

1   이 내용은 내 회고록 『해외 거주 미국인: 열대 지방에서 성장하기(Overseas American: Growing Up Gringo in the Tropics)』에 더 자세히 기술되어 있다.

2   이 전기 요약에 대해, 『바버라 킹솔버: 문학 동행(Barbara Kingsolver: A Literary Companion)』의 메리 엘런 스노드그래스(Mary Ellen Snodgrass)와 『바버라 킹솔버(Barbara Kingsolver)』의 린다 와그너마틴(Linda Wagner-Martin)에게 감사드린다.

여 잡아당기기 일쑤이거나 흰 피부를 페인트처럼 긁어보곤 했다. 이러한 경험들로 바버라는 문화로 인해 정해지는 "정상"적인 것들이 임의적임을 경험했다. 그러면서도 그녀와 두 형제자매는 키투바 언어를 익혔고, 마침내 그 나라 관습에 익숙해질 수 있었다.

어린 시절 아프리카에서 있었던 에피소드에 더하여, 킹솔버는 1968년, 세인트루시아에서 몇 개월을 지낸 적이 있다. 그녀의 아버지가 새로이 독립한 앤틸리스제도 국가에서 의료선교를 하기로 결정했기 때문이다. 1975년에는 그리스와 프랑스에서 대학교 2학년까지 생활했고, 1977년 드퍼대학교에서 졸업했다. 그 후 킹솔버는 프랑스로 돌아가 출판업의 다양하고도 유별난 직종에서 일했다. 1991, 1992년에는 찬사를 받는 세 권짜리 소설의 작가가 되었고, 미국의 걸프전쟁에 분개해 카나리제도에서 6개월 동안 살았다.

현대 미국 문화에서 킹솔버와 같은 사람을 찾기는 매우 드물다. 그녀는 실력 있는 작가이자 과학 영역에서 확실하게 자리 잡은 섬세한 문예가이며, 그녀의 이런 다양한 재능들이 열정과 인도주의, 사회정의를 향한 통찰력에 함께 녹아들었다. 킹솔버의 일곱 번째 책인『포이즌우드 바이블』또한 그녀의 최고 작품 중 하나이다. 그녀의 지난 작품들인 소설, 에세이, 르포르타주는 분량이 더 짧고, 여분의 성격이 있었으며, 그녀가 애리조나대학교에서 생물학 박사 과정을 밟고 후에 과학 저술가로 일한 미국의 남서부를 배경으로 했다. (그녀의 초기 소설들에는 북미 원주민이거나 중미 출신의 등장인물이 꼭 있었다.)『포이즌우드 바이블』은 이와 대조적으로 훨씬 더 넓은 배경을 바탕으로 초국가적 입장을 취했다. 사실적인 진정성을 보여주기 위해 킹솔버는 동식물상에 대한 정보를 얻고 지역의 요리법과 일상을 탐방하고자 이따금 서아프리카로 여행을 떠났다. 이에 더하여 그녀는 콩고-프랑스 고어사전을 깊이 연구했으며, 아프리카의, 특히 콩고의 힘들었던 역사에 대한 다수의 글들을 탐닉했다.

그 결과물인 542쪽의 소설은 프라이스 가족에 대한 이야기—어머니, 아버지 그리고 네 자매가 1959년 조지아주 베들레헴에서 당시 벨기에령인 콩고에 전도하러 간 이야기—를 담는다. 이 가족 구성원은 자신들이 맞닥뜨릴 상황들에 대해 매우 다양한 태도를 보여준다. 빨강 머리에, 대학부 축구스타였으며, 제2차 세계대전에서 훈장을 받은 참전 용사인 아버지 네이선을 통해서는 극도로 자기 민족 중심적인 모습을 볼 수 있다. 그는 악어가 살고 있을 것이 뻔한 강에서 전신 침례를 하도록 아프리카인들을 설득할 수는 없었다. 그는 현지 토양에 적합하지 않은 미국의 농업기술을 도입하고자 시도도 한다. 항상 설교하고, 벨기에와 현재의 미국인이 콩고를 "문명화"했다고 말하며 광신적 애국주의 식민주의자로서의 모습을 보인다(Kingsolver, 1999: 121). 책의 제목 자체가 네이선의 이해할 수 없는 사고와 무지를 넌지시 암시한다. 말하는 사람의 어조에 따라, 콩고어인 '방갈라(bangala)'는 "귀중한/사랑받는"이라는 뜻과 "독나무(poisonwood)"라는 뜻, 둘 중 하나를 의미한다. 그러므로 네이선이 "귀중한 성경"이라고 말하려고 시도했을 당시에 사실은 실수로 "독나무"를 말하고 있었던 것이다.

여성 등장인물도 있다. 네 자매 중 가장 틀에 박혀 있고 가벼운 레이철은 굉장히 아름다운 백금색 머리카락을 가지고 있고, 페니로퍼를 신으며, 브렉 샴푸(역자 주: 미국 샴푸 브랜드), 플래터스의 노래, 〈아메리칸 밴드 스탠드〉 방송을 그리워한다. 그녀는 결국 자신의 미모를 높은 지위의 세 남자들과의 안락하고 성공적인 결혼에 이용하여 남아프리카에서 수익성 있는 호텔을 상속받는다. 쌍둥이 자매 리아와 에이다도 있다. 후에 미국으로 잠시 돌아가는 리아는 콩고인 남자친구와 결혼하고 그의 정치적 투쟁에 헌신하며 네 명의 아이들을 낳는다. 네 명 중 생각이 깊고 지적인 에이다는 에모리대학교에서 의학을 공부하며, 아프리카의 열대성 질환을 연구하기 위해 일생을 바친다. 가족 중 막내이며 이해하지도 못할 정치적 음모들을 목격한 루스 메이는 비극적 결말을 맞는다. 혁명 지도자인 파트리스

루뭄바가 CIA에 암살당한 바로 그날 밤에 물려 죽는다. 조지아 샌덜링섬에서의 후회와 고통으로 얽힌 어두운 기억들을 가진 어머니 올리애너는 가족과 아프리카에 갔을 때 "잘못된 선택을 한 것 같아"(Kingsolver, 1999: 65)라고 말한다.

살아남은 여성들은 미국에 돌아와 풍요로운 광경들 — 무수히 많은 차들과 고속도로 위 깔끔한 황색선, 셀로판 포장지에 싸인 토마토, 연방기는 말할 것도 없고 — 을 보고 충격에 빠진다. 후에 딸 리아는, 〈바이스(Vice)〉와 〈제퍼디(Jeopar-dy)〉 같은 TV쇼를 보지 못하는 것에 대해 불평하는 학생들이 대다수인 콩고의 미국 연합 학교에서 잠시 교사 생활을 한다. 그러나 이 가족은 이미 해외 미국인으로서의 경험 때문에 완전히 뒤바뀐 후였다. 리아는 "당신이 안다고 생각했던 모든 것이 아프리카에서는 뭔가 달라져 있을 것이다"라고 말한다(Kingsolver, 1999: 505). 아이러니하게도, "정글이 당신을 바꿀 수도 있다는 생각은 하지 않고 이곳을 기독교 형식으로 바꿀 것이라며 잘난 체하고 돌아다닐 수만은 없을 것이다"(Kingsolver, 1999: 514)라고 말한 사람은 가족 구성원 중 가장 냉담하고 틀에 박힌, 아름다운 금발의 레이철이다. 이와는 반대로 전도사인 네이선은 가족 중에서도 고집이 매우 세고 절대 의견을 조율하지 않아, 그 과정 중에 미치고 자기 파괴적이 되다 결국 정글에 의해 원래 자신을 찾아간다.

『포이즌우드 바이블』은 개인적으로 매우 친근하게 생각하는 책이다. 이 책을 고른 건 2002년 안식년을 보내면서 제3문화 아이들의 회고록인 『해외 거주 미국인(Overseas American)』의 아홉 번째 원고를 창작하는 데 푹 빠져 있을 때였다. 그날 밤, 나는 킹솔버의 엄청난 역사적 우화에 빠져 헤어 나오질 못했고, 다음 날 아침 웅장하고도 인간미 넘쳐나는 영감을 받아 비슷한 나의 경험들을 책상에 앉아 마구 휘갈겨 쓰기 시작했다. 네이선 프라이스와 달리, 우리 아버지는 카리브해에 전도하기 위해서가 아니라 돈을 벌려 가셨다. 그리고 태평양에서 살아남기 위해 투쟁하기보다는 하와이인인 우리 어머니와 결혼을 함으로써 삶의 길을 구축하셨다.

그럼에도 불구하고 아버지는 프라이스 전도사처럼 함께 거주했던 현지 사람들을 딱딱한 태도로 대하셨다. 프랑스어와 스페인어에 능통하셨음에도 그는 그 지역의 문화, 역사, 생태에 대해 전혀 관심을 갖지 않았고, 오직 미국 책들과 미국을 "세상에서 가장 위대한 나라"라고 말하는 광장히 맹목적인 애국주의에 물든 주간지들만 읽었다. 그는 몇몇 노회한 사업가 투기꾼들을 친구로 사귀었는데, 그들은 킹솔버의 소설에서 극악한 사기꾼이자 이기적인 밀수범인 이벤 액셀루트와 비슷한 유형의 사람들이었다. 이벤 액셀루트는 루뭄바의 CIA 암살자와 비밀스럽게 연루되어 있고 전도자 네이선의 신앙을 바탕으로 한 제국주의에 어떻게 보면 세속적인 방식으로 부합하는 사람이다. 적절하게도 우리 아버지의 최종 사업 중 하나는, 베네수엘라 군인과 경찰의 유니폼을 입수하는 일이었다.

그러나 나중에 아버지는 40대 중후반이 되면서 정말로 "종교에 관심을 가지게" 되었고, 내게 자신이 했던 장황한 설교를 보내 내가 성경을 많이 접하게 해주었다. 뿐만 아니라 대학생일 때는 나를 교회로 끌고 가거나 신의 존재를 상징하는 떨기나무 불꽃에 대해 편지로 언쟁을 벌였다. 그러는 동안 외견상 끝이 없어 보이는 인도차이나 전쟁이 일어났고, 과거에 병역 회피를 하셨음에도 불구하고 아버지는 내게 베트남 공산주의 무리를 반대하는 미국 군인 운동에 지원하라고 설득했다. 킹솔버가 만든 널찍한 무대에서 뽐내며 쏘다니는 네이선 프라이스는 쌀쌀맞고 그늘진 모습이었고 어느 정도 정형화되고 희화화된 것이었는데, 나는 그의 모습에서 내 아버지의 모습을 발견했다. 아버지는 가까이서 볼 수 있는 네이선 프라이스였고, 아버지의 편지 마지막 인사말은 네이선 프라이스가 딸들에게 하는 것과 같았다. 『포이즌우드 바이블』은 소설이었지만 적어도 제3문화 아이인 내 삶 속에서는 실제였다.

1959년 베네수엘라에서 미국으로 이동했을 때, 나 역시 리아와 에이다, 올리애너가 경험한 충격을 받았다. 남동생과 나는 멀리 어머니가 계신 뉴멕시코에 가는 도중 키웨스트에 들렀다. 남부 플로리다에서 산타페로 가는 며칠 동안 우리는 무수히 많은 그레이하운드 버스들을 탔고, 그 길에서 에이다가 장황하게 묘사했던, 그 깔끔한 황색선을 볼 수 있었다(Kingsolver, 1999: 411). 그리고 그녀가 펄럭이는 연방기를 본 바로 그곳에서 인종차별의 현장을 목격했다. 우리가 여행하는 대부분의 버스 정거장 사이사이에서, "유색인종용 화장실", "백인 대기실"과 같은 안내판을 마주쳤다. 민감하게 반응했다면, 우리는 "백인"들의 편의시설에 들어가서 우리가 가진 아시아인의 특징들을 확인해 보려 했을 것이다. 그러나 내 남동생 카나니의 입장을 보자면, 그는 아칸소주 리틀록에서 백인 깡패 세 명에게 줄곧 괴롭힘을 당해왔고, 그때마다 화장실로 피했었다. 그는 스페인어를 구사하면서 그들에게서 벗어날 수 있었다.

내가 미국에서 처음으로 공부한 곳인 애리조나대학교에서 나는 운이 좋게도 수업료와 학비를 면제받는 장학금을 받았다. 에이다 프라이스가 에모리 의과대학에서 천직을 발견한 것처럼, 나 역시 처음으로 음악을 하며 음악적 친구들을 만나면서 나의 작은 꿈을 온전히 펼쳐볼 수 있었다. 하지만 모든 사람에게 기회가 주어지고 수백의 동료들과 함께 열정적으로 음악과 문학을 토론하고 커피를 마시며 문화를 논할 것이라 기대했던 학문의 요람에서 내가 본 것은 미식축구로 가득 찬 일상과 사교클럽 회원들의 경거망동한 행동(폭력적 행동)들이었다. 이와 같은 방식으로, 잘 드러나지 않지만 미국에 분명히 존재하는 반지성적 성향과 외국에 대한 거들먹거림, 아버지가 보여주었던 일상적인 속물근성에 대해 점점 더 알게 되었다.

이러한 인상과 깨달음을 더 명확하게 해준 것은 내가 2학년 때 만난, 전형적으로 타인에 대해 무신경하고 떠벌리기 좋아하며 천박하기까지 한 미국인 룸메이트였다. 키가 크고 마른 체형에, 여위고 모난 얼굴 그리고 아주 짧은 금발 머리의 그는 자신을 유머 삼아 "시모어 버츠(Seymour Butts)"나 "딕 벤더(Dick Bender)"라고 소개하곤 했고, 베네수엘라나 그 외 국가들을 "저 멕시칸 나라들"이라 불렀고, "흑인들은 할렘에 산다"라고 주장했다. 뿐만 아니라 대부분의 예술을 경멸했으며(사실 그 또한 재즈를 좋아했음에도 불구하고), 사교클럽에 속하지 않은 사람은 "고리타분"하다고 무시했다. 결국 나는 일부 라틴계이고 전통 백인 아이가 아닌 나와 어울리기를 꺼리는(혹은 그들의 부모님이 어울려 놀도록 허락하지 않을) 10대의 와스프(WASP) 소녀들로부터, 대학과 어머니가 살고 계신 뉴멕시코 작은 마을에서 가끔씩 무시당하는 나를 발견했다.

요약하자면, 나에게 『광막한 사르가소 바다』와 『포이즌우드 바이블』은 "그냥 소설" 이상의 것이었고, 문학계의 판도가 바뀌는 것 이상이었다. 이 책들을 읽는다는 것은 제인 오스틴이나 발자크, 포크너와 같이 훌륭한 작가가 쓴 문학을 모험하는 것과 같았다. 리스와 킹솔버의 관점에서 펼쳐지는 세계에 들어감으로써 내 안의 개인적이고 문화적으로 얽힌 응어리가 풀어질 수 있었다. 이런 소설들은 제3문화 아이들의 경험을 자세하게 그들의 감정을 따라 담고 있다는 점에 비추어 볼 때 자조(自助)적이며 그 어떤 회고록도 따라오지 못할 최고의 사회과학 연구라 할 수 있다.

이 책들은 작가들이 상상 속 소설을 통해 제3문화 아이들의 이야기를 풀어낸 작품들이다. 미래에는 그 같은 작품들이 더 나올 수 있으면 좋겠다. 그동안 가장 정확하게 있는 그대로의 경험과 생각, 감정들을 이야기하는 회고록들이 쓰여왔고, 그중 가장 가슴 아픈 이야기는 선교사 자녀들에 대한 것이었다(이 책에서도 볼 수 있듯이). 그들은 매일 현지인들과 함께 교제하고 현지어를 배웠으나 결국은 두 국가 사이 어딘가에서 떠돌게 된다.

대조적으로, 나는 아직 전직 사업가의 자녀가 쓴 제3문화 아이로서의 회고록을 접하지 못했다—해외에 자리 잡은 대기업 직원의 자녀들이라면 사립학교에서 잘 보호받으며 교육받고, 모든 요금과 사치품을 회사가 충당한다는 점을 고려하면 당연한 것이다. 카라카스에서 내가 알던 많은 미국인들은 『포이즌우드 바이블』의 레이철 프라이스와 정확히 닮아 있었다. 적어도 내 경험상으로는 해외에 온 사업가 자녀들은 만족스럽고 행복했다. 그러한 행복 가운데서 그들은 자신들의 일상적인 평안하고 멋지고 합리적이며 이상적인 행동들을 격렬한 분노로 바꿀 급진적인 운동이나 우고 차베스(Hugo Chávez) 같은 인민주의 정치가의 외부 도전이 아니고는 깊은 딜레마나 근본적인 도전을 알아차리지 못했다. 그런 동일한 문학적 침묵이 외무 직원 자녀들에게도 약간 변형되어 적용된다.

2008년 미국의 선거운동이 주목받았다. 잘 알려진 버락 오바마 대통령의 과거는 나의 에세이와 이 모음집에서 다루는 주제들과 상당히 관련이 깊다. 내가 알기로, 오바마는 전형적인 제3문화 아이에 속하면서도 그들 중 미국 고위급 리더가 된 첫 번째 사람이다. 그의 돌아가신 아버지는 케냐 출신이고, 어머니는 캔자스 출신의 백인 여성이다. 그는 1961년 하와이에서 태어나 그곳에서 첫 번째 성격 형성기인 어린 시절을 보냈다. 그가 아직 걸음마를 배우는 아기였을 때 부모님은 이혼하셨고, 1967년 어머니는 인도네시아 남자와 결혼했다. 한창 자라나는 시기였던 오바마는 4년간 인도네시아에서 현지 학교를 다니며 현지 언어를 유창하게 구사했다. 오바마의 책 중 가장 많이 팔리는 첫 번째 책인 『내 아버지로부터의 꿈(Dreams from My Father)』은 인도적이고 아름답게 쓰인 작품일 뿐만 아니라 상당히 제3문화 아이의 회고록 같은 성격을 띠었고, 실제로 대학원 과정에서는 필독서로 사용된다. 가장 성숙했던 20대의 이 작가는 케냐의 나무 아래에 앉아 사색에 잠겨 자신이 누구인지에 대해 생각했다(물론, 이 책은 시카고 지역사회조직가로서 그의 활동 등에 논란을 불러일으키기도 했다). 반면에, 오바마의 경쟁자인 존 매케인 상원의원은 파나마 운하 지대의 해군 항공기지에서 태어났는데, 이 사실은 그가 미국의 힘을 보여주는 산물임을 나타냈다. 이렇게 그는 군인 "자녀"로 자라 해군 조종사로서 22년의 경력을 갖게 된다. 자유당 후보인 밥 바(1948년생)는 육군 토목 기사의 아들로 말레이시아와 파키스탄, 파나마, 페루, 이라크 그리고 이란에서 자랐다. 1970년대 그는 성장하며 얻은 언어 능력을 이용해 CIA에서 중남미 분석가로 일했다.

이들 세 명 중 누가 스스로를 제3문화 아이라고 생각할지 의문이며, 공적 영역에서 그런 사실을 말하는 것은 분명 신중하지 못한 행동일 것이다. 내가 이런 사실들을 열거하는 이유는 이 책에서 검토한 내용들이 그들이 정치에서 높은 자리를 차지하는 데 얼마나 강력하게 영향력을 끼치게 되는지를 보여주기 위함이다.

제3문화 아이라는 용어가 아직은 정확한 가족 단위가 아니며 제3문화 아이들에게조차 그렇지 않다는 점을 인정한다. 이러한 표현이나 유사한 말이 이후에 표준화되고 널리 쓰일지는 두고 볼 일이다. 프랑스의 지성인들이 이야기하듯, 말이 있고 사물이 있는 것이다. 해마다 더 많은 제3문화 아이들이 생겨나고 있고, 대부분의 제3문화 아이들은 성장하면서 이곳도 저곳도 아닌 곳에 있는 자신의 이상한 상황을 의식하고 불안해한다. 사람들은 바버라 킹솔버가 『포이즌우드 바이블』을 구성할 때 제3문화 아이들의 이러한 딜레마를 완벽하게 인식하고 작업에 임한 것 같다고 평한다. 일레인 오어와 내가 진 리스의 작품을, 그리고 앨리스 리도트가 도리스 레싱의 작품을 제3문화 아이의 관점으로 해석하듯이 우리 모두 이와 비슷하게 과거 작가들의 작품을 제3문화 아이의 관점에서 해석할 수 있다. 요약하면, 제3문화 아이는 존재하고, 우리 저자와 독자들은 문화적 깨달음과 이런 풍부하고 복잡하고 때론 어리둥절한 인간 궤도의 전파를 향해 단지 한 발짝 더 다가가게 된다는 것이다.

참고문헌

Bell, Linda. 1997. *Hidden Immigrants: Legacies of Growing Up Abroad.* Notre Dame, Indiana: Cross Cultural Publications.

Bell-Villada, Gene H. 2005. *Overseas American: Growing Up Gringo in the Tropics.* Jackson, Mississippi: University Press of Mississippi.

Casanova, Pascale. 2004. *The World Republic of Letters.* translated by M.B. DeBevoise. Cambridge, Mass: Harvard University Press.

Gregg, Veronica Marie. 1995. *Jean Rhys's Historical Imaginations: Reading and Writing the Creole.* Chapel Hill: The University of North Carolina Press.

Kingsolver, Barbara. 1999[1998]. *The Poisonwood Bible.* New York: HarperCollis.

Lively, Penelope. 1994. *Oleander, Jacaranda: A Childhood Perceived.* New York: HarperCollins.

Look Lai, Wally. 1968. "The Road to Thornfield Hall: An Analysis of Jean Rhys's *Wide Sargasso Sea.*" *New Beacon Reviews*, pp.38~52.

Obama, Barack. 1995. *Dreams from My Father.* New York: Random House.

O'Connor, Teresa F. 1986. *Jean Rhys: The West Indian Novels.* New York: New York University Press.

Pollock, David C. and Ruth E. Van Reken. 1999. *Third Culture Kids: The Experience of Growing Up among Worlds.* Yarmouth, Maine: Intercultural Press.

Rhys, Jean. 1999. *Wide Sargasso Sea[1966], Backgrounds, Criticism.* Judith L. Raiskin (ed.). New York: W.W. Norton.

Savory, Elaine. 1998. *Jean Rhys.* New York: Cambridge University Press.

Smith, Carolyn T. 1991. *The Absentee American: Repatriates' Perspectives on America*. Bayside, NY: Aletheia Publications.

Snodgrass, Mary Ellen. 2004. *Barbara Kingsolver: A Literary Companion*. Jefferson, North Carolina: McFarland & Company.

Useem, Ruth Hill and Richard D. Downie. 1976. "Third Culture Kids," *Today's Education*, September-October pp.103~105.

Wagner-Martin, Linda. 2001. *Barbara Kingsolver's The Poisonwood Bible: A Reader's Guide*. New York: Continuum.

_____. 2003. *Barbara Kingsolver*. Philadelphia: Chelsea House.

식민지 어머니들과 국제적인 제3문화 아이들

도리스 레싱의 『나의 피부 아래』

/

앨리스 리도트(Alice Ridout)

들어가며

메리 에번스(Mary Evans)는 『실종자들: 자서전/전기의 불가능함(Missing Persons: The Impossibility of Auto/Biography)』에서 "19세기와 20세기에 걸쳐 고난과 질병을 극복하고 어려운 시기를 견뎌 행복을 찾는 교훈적인 이야기와 같은 자서전과 전기들이 꾸준히 나왔다"라고 했다. 이에 덧붙여, "'저는 무수히 많은 고난을 통해 이렇듯 강해질 수 있었어요'와 같은 이야기는 이런 문학에서 계속 반복되는 문장이다"라고 했다(Evans, 1999: 2). 에번스가 말한 이러한 자서전과 전기의 현대적 매력과 더불어 엄청난 자기계발 서적들의 유행이 일었는데, 그 수준이 마거릿 애트우드(Margaret Atwood)의 작품 『오릭스와 크레이크(Oryx and Crake)』 속에서 등장인물 지미가 수사법 수업 과제물 제목을 "20세기의 자기계발 서적: 희망과 두려움 적절하게 활용하기"(Atwood, 2004: 238)라고 명명할 정도였다. "저는 무수히 많은 고난을 통해 이렇듯 강해질 수 있었어요"라는 문장이 현재 자서전이나 전기에서 계속 반복되어 왔다면, "고난을 통해 강해지는 방법"은 자기계발 서적의 기가 막힌 포인트가 될 것이다. 이 에세이는 20세기 자서전으로 도리스 레싱의『나의 피부 아래: 1949년까지의 이야기를 담은 첫 번째 자서전(Under My Skin: Volume One of My Autobiography, to 1949)』과 데이비드 폴락과 루스 반 레켄의 자기계발 책『제3문화 아이들: 세상 가운데서 성장하는 경험』[초판은 1999년 "제3문화 아이의 경험(The Third Culture Kid Experience)"이라는 제목으로 출간되었다]을 살펴볼 것이다. 이들 책에서 의미하는 "고난"은 "고향이 아닌 곳"이라고 배운 곳에서 자라는 어려움을 가리킨다.

도리스 레싱의『나의 피부 아래』는 그녀가 케이프타운에서 런던으로 떠나기까지의 인생 이야기를 담은 첫 번째 자서전이다(『그림자 속에서 걷는 것(Walking in the Shade)』은 두 번째 책이다). 그녀가 자서전을 쓰는 이러한 방식(첫 번째 결혼 이전의 삶이나 첫 아이를 갖기 전, 혹은 부모님의 집을 떠날 때 등과 같은 시점을 기준으로 삼지 않은 방식)은 제3문화 아이들이 자신의 삶을 사는 곳에 따라 나누는 경향을 여실히 나타내는 것이다. 책의 첫 장은 그녀의 부모님이 어떻게 태어나고 어떻게 살아왔는지에 대해 간단히 다루면서 그들이 만났던 제1차 세계대전 당시 런던의 로열프리 병원으로까지 거슬러 올라간다. 레싱의 어머니 에밀리 맥베이는 간호사였고, 아버지 알프레드 테일러는 전쟁으로 인한 충격과 다리를 절단해야 하는 중상으로 입원 중이었다. 그는 멀리 떠나야만 한다는 생각으로 일하던 은행에 요청해 페르시아 케르만샤에 있는 큰 은행으로 파견 갔고, 이곳이 바로 1919년 10월 22일, 도리스 레싱이 태어난 곳이다.

책의 두 번째 장은 메리 에번스의 책 제목에서 볼 수 있는 "불가능한 자서전/전기"에 대해 이야기한다. 레싱은 "정직하게 저술하기"(Lessing, 1994: 17) 위해 노력했으나 그 과정이 너무나도 어려움을 깨닫는다. 먼저, 그녀는 이 노력들로 인해 다른 이들이 상처받거나, 적어도 그들의 사생활이 침해될 수 있다는 것을 알게 된다. 또 다른 문제는 관점의 문제였다. 그녀는 지금

이 아닌 다른 시기에 자서전을 썼더라면 다른 이야기가 펼쳐졌을 것이라고 생각한다. 만약 30세에 썼더라면 "꽤나 전투적인 기록"이 되었을 것이고, 40세에 썼더라면 "절망과 죄책감이 뒤섞인 통곡"을 담아냈을 것이다(Lessing, 1994: 12). 따라서 두 번째 장은 "85세에 이걸 쓴다면, 어떻게 달라져 있을까?"라는 질문으로 마무리된다(Lessing, 1994: 17). 기억력의 문제도 있다. 그녀는 "기억이란 정말 무신경하고 게으른 기관이다"(Lessing, 1994: 13)라고 생각하며 이렇게 묻는다. "당신이 기억하는 것들이 지금 기억하지 못하는 것들보다 더 중요하다고 확신할 수 있는가?"(Lessing, 1994: 12). 그녀는 그녀의 기억에 대한 어른들의, 특히 그녀의 부모님이 주는 압박에 대해 매우 잘 알고 있다. "어른들이 주장해서 내가 받아들여야만 했던 현실이 아니라 진정한 나 자신의 사실들을 확립해 가기 위해" 그녀의 기억들을 "마음에서 고쳐갔던" 작업들을 그녀는 기억한다(Lessing, 1994: 13).

그러므로 이 자서전은 그런 어려움에 대한 깊은 고민과 함께, 심지어는 에번스가 이런 시도를 하는 것이 "불가능"하다고까지 했던 것을 시도한 것이다. 사실 이 자서전의 흥미로운 부분 중 하나가 바로 진상을 규명하기 위해 레싱이 얼마나 자주 독자들에게 자신의 일생 가운데서 일어난 실제 이야기와 허구적인 이야기를 정확히 파악하도록 했는가 하는 것이다. 예를 들면, 『나의 피부 아래』의 세 번째 장에서 그녀는 자신이 『생존자의 회고록(Memoirs of a Survivor)』을 "자서전을 향한 노력"이라고 여겼음을 언급한다(Lessing, 1994: 28). 그녀의 10대 시절에 대해 이야기할 때 "내 인생 지금부터의 이야기로는 「늙은 요한의 공간(Old John's Place)」, 「새로운 사람(The New Man)」 그리고 「고지를 벗어나기(Getting off the Altitude)」가 있다"라고 말한다(Lessing, 1994: 136). 케임브리지 영국 공군이 그녀의 공산주의 단체에 들어왔을 때, 그녀는 "『금색 공책(The Golden Notebook)』의 마쇼피 부분을 만들어냈고" 후에 그 소설을 다시 읽고는 우리에게 이렇게 말한다. "소설이 진실을 더 잘 말해준다"(Lessing, 1994: 314). 자서전 마지막에서, 그녀는 자신이 케이프타운에서 머물렀던 하숙집을 묘사하기 위해 쓴『영국을 추구하기(In Pursuit of the English)』를 "코믹한 분위기로 쓴 전기"라고 지칭한다. 이러한 언급들은 그녀의 소설 및 비소설과 실제 삶 간의 관계를 재조명하고, 더 나아가 그녀의 표현을 빌리자면, "진실"에는 단순히 한 면만 있지 않다는 것을 알려준다(Lessing, 1994: 11).

어찌되었든, 그녀는 남로디지아에서 자란 자신의 삶을 이야기하고자 한다. 부모님이 케르만샤를 떠났던 해에 그녀는 다섯 살이 되었다(1924). 어머니는 모스크바를 거쳐 런던으로 돌아가기로 결정했고, 이로 인해 그들은 "혁명 이후 평범한 방법으로 이동한 첫 번째 외국 가정"이 되었다(Lessing, 1994: 40). 이 여정을 레싱은 "참혹"(Lessing, 1994: 40)했다고 표현하지만, 결국은 고향이라고 배워왔던 바로 그곳, 영국에 다다르는 여정이다. 그녀는 와본 적도 없는 "고향으로 돌아온" 이 순간이 왜 나쁘게 기억되었는지 의문이다.

> 그리고 지금 우리는 영국에 있다. 혹자는 아름다운 영국의 순간들과, 접시꽃, 정원, 다닥다닥 붙어 있는 아기자기한 집들, 암석 해안으로 생겨난 수영장과 같은 "좋은" 기억들은 어디로 가고, 왜 어둡고 축축한 철도선, 차갑게 쏟아지는 비, 도로까지 튀어나와 버린 좌판 위 죽은 생선과 정육점의 쇠고리에 걸려 피가 뚝뚝 떨어지는 고기 덩이와 같은 음울한 기억들만 남았느냐고 물어볼지도 모른다(Lessing, 1994: 44).

이런 폭력적인 죽음과 파괴가 얽힌 이미지는 꽤나 흥미롭고 대영제국의 폭력성과 부당함을 보여주는 것이다. 그녀는 "축축하고 더럽고 어둡고 볼품없는 영국"(Lessing, 1994: 44)과 "깨끗하고 화창한" 페르시아(Lessing, 1994: 45)를 대조하며 그녀의 불행이, 1949년 이후 아프리카에 대한 그녀의 묘사를 나타내는 "어떤 곳에 대한 향수"라는 것을 알기엔 그 당시 너무 어렸다고 이야기한다. 그녀는 영국에 대해 전에 있던 곳만큼 애착을 가지고 있지는 않지만 이미 스스로를 영국 시민이라고 생각한다.

아버지 역시 그녀와 마찬가지로 영국에 대해 부정적으로 생각했고, 그는 1924년 대영제국 박람회에서 꾐에 빠져 아프리카로 "유인"되었다. 반면에 어머니는 "백악질의 영국 해안"이 점점 멀어지는 것을 보며 보트에 앉아 "눈물을 흘렸다"(Lessing, 1994: 46). 레싱 본인은 "고립의 적막함을 가슴 깊이 느끼고" 있었지만, 그동안 느껴왔던 영국에 대한 부정적 감정들 때문에 왜 본인이 흐느꼈는지 혼란스러웠다(Lessing, 1994: 46). 이로써 로디지아에 정착해 농장을 경영하며 살고자 했던 테일러가의 계획이 시작되었다. 『나의 피부 아래』의 중심 부분에서는 정착을 하기 위한 이들의 몸부림이 펼쳐진다. 어머니는 영국을 떠나온 것을 매우 힘들어했으며, 레싱이 로디지아 및 아프리카 미개간지와 관계 맺는 것을 두고 레싱과 깊은 갈등을 빚는다. 이 갈등은 이 자서전과 이 장의 가장 핵심적인 부분이라 할 수 있다. 해당 장의 대부분은 레싱이 그 풍경을 얼마나 가까이했는지 묘사하며, 이에 대해 이후 자세히 기술할 것이다. 레싱은 홈스쿨링으로 주로 교육받았으며, 과거 뮤리얼 스파크가 방문하고 본인의 자서전에도 언급했던 솔즈베리 수녀원에서의 4년을 포함해 몇 년 동안 학교와 동떨어진 생활을 했다.

그녀의 자서전은 초원에 있는 부모님의 집을 떠나 솔즈베리로 간 이후 프랭크 위스덤과 결혼하는 이야기를 담았다. 아이러니하게도, 이 이야기가 얼마나 진부한지 그녀는 잘 알고 있었다. "열 가지 뻔한 구성 중 하나로, 빈곤한 젊은 남성이나 여성이 큰 도시에 도착한다. 우여곡절 끝에 그는 후원자를 만나고, 그녀는 남편을 만난다. 나의 경우엔 공무원인 남편 프랭크 위스덤을 만났다. 사랑에 빠졌다고 착각할 수 있을 만큼 혼란스러운 시기였으나, 나는 그를 사랑하지 않았다"(Lessing, 1994: 206). 그녀 주위의 술고래 집단과 혼란스런 음악, 성숙해 가는 신체, 제2차 세계대전 당시의 흥분과 공포는 정말 "그 시기의 혼란스러움" 그 자체였다. 그녀는 다음과 같이 기록한다. "음악으로 예민해지고, 모든 것이 미쳐가는 전쟁 속에서, 자신의 몸을 사랑하는 젊은 여인—그녀는 자기 운명을 벗어날 수 있을 것 같지 않았는데, 당시 모든 젊은 여성들이 다 그러했다(Lessing, 1994: 205)". 어머니에게 그 운명이란 "몰락할 인구를 회복시키기 위해 우리를 준비시키고" 보이지 않는 힘을 내뿜는 "자연(가이아? 생명력?)"과 함께, 두 자녀를 양육하는 것이다(Lessing, 1994: 205~206). 그러나 그녀와 남편 모두 바람을 피우면서 그녀는 "용서받을 수 없는 행동이지만 두 아이를 떠나야 한다"(Lessing, 1994: 261)는 것을 서서히 깨닫는다. 전남편의 새로운 아내가 아이들의 새 어머니가 되었고, 레싱은 1943년 고트프리트 레싱과 결혼한다. 레싱은 그의 이름으로 수많은 소설과 비소설을 출판한다. 그들은 처음부터 "서로 잘 맞지 않는다"는 것을 알았지만 "상관없어. 우린 어차피 전쟁만 끝나면 이혼할 거야"(Lessing, 1994: 293)라고 각자 자신에게 말한다. 적국에 체류하는 독일 국민으로, 솔즈베리에서 그의 이민 상태와 안전을 확보하기 위해 결혼이 필요했던 것이다. 그들은 아들 피터를 낳았고 런던에서 함께 키우기로 계획한다.

비록 고트프리트 레싱은 도리스 레싱이 1949년 피터와 함께 런던으로 먼저 떠난 후 뒤따라가 합치긴 했으나 후에 단기 비자로 베를린에 입국한 후에는 다시 돌아오지 않았다. 그가 강등당하여 공산주의 재교육을 1년 동안 받으러 가기 전까지, 그의 정치 경력은 동독의 "상무성 장관"급이었다(Lessing, 1994: 416). 이후 레싱이 첫 결혼에서 얻은 아들 존 위즈덤은 남아프리카 비밀경찰과의 접촉을 통해 고트프리트 레싱이 KGB(구소련의 국가보안위원회) 일원으로 활동했음을 확인했다. 그는 독일민주공화국 우간다 대사로 활동하다가 이디 아민에 반하는 폭동이 일어난 1979년 살해당했다. 『나의 피부 아래』는 고트프리트의 일생 이야기와 레싱이 로디지아를 떠남으로써 겪게 된 가족과의 단절을 어떻게 생각하는지에 대해 짧게 다루며 끝이 난다. 가족이 영국 출신임에도 그녀는 "가족이 있는 고향으로 돌아가는" 느낌을 전혀 받지 않았고, 오히려 "그곳으로부터 도망친다"고 느꼈다(Lessing, 1994: 419). 나는 제3문화 아이들의 자서전인『나의 피부 아래』를 분석함으로써 고향과 가족의 복잡한 관계를 좀 더 자세하게 풀어나가기를 원한다.

"고향"은 어디에 있는가?

마비스 라이머(Mavis Reimer)는 첫 에세이「귀소성이 있는 것과 그렇지 않은 것: 캐나다 아동문학의 이데올로기적 연구(Homing and Unhoming: The Ideological Work of Canadian Children's Literature)」(그녀가 편집한 책『고향 언어(Home Words)』에 실린)에서 "영어로 쓰인 캐나다 아동문학에서 가장 가치 있는 이야기는 주인공인 아이가 어른의 권위에 의해 원래 집에서 나와 이방 지역으로 여정을 떠나고, 우여곡절 끝에 결국 그 낯선 땅을 새로운 집으로 부르게 되는 이야기"(Reimer, 2008: 1)라고 주장한다. 이런 이야기 구성은 이주 식민지(settler colony)에 사는 아동 독자들이 가진 갈등을 풀어준다. 이방에서 겪는 "고난"을 아이가 어떻게 헤쳐 나가고 "집"에 온 것처럼 적응해 나가는지를 보여주기 때문이다. 『고향 언어』에 실린 비평가들의 에세이는 이러한 이야기의 복잡하고 문제가 될 만한 문화·정치적 요소를 계속 파헤쳐 간다. 그러나 캐나다 어린 독자들과 관계된 이 이야기 구성의 "이데올로기적 작업"은 꽤나 분명하고 간단하다. 즉, 이런 이야기의 목적은 아이들이 캐나다를 "고향처럼" 느낄 수 있도록 하고, 수재나 무디(Susanna Moodie)가 정착민으로서 자신의 경험을 이야기한『미개간지에서의 거친 생활(Roughing it in the Bush)』에서 "캐나다인 아들을 둔 영국인 어머니들!—자녀의 나라에 대해, 당신의 모국의 영광을 생각할 때 가슴 깊이 벅차오르는 것과 동일한 열정을 느끼는 법을 배우라"(Moodie, 1852: 38)라고 요구한 그 이주를 할 수 있도록 하는 데 있다. 이 이야기는 레싱이 로디지아에 있는 부모님을 피해 런던으로 가는 『나의 피부 아래』와 매우 비슷하다. 그러나 레싱과 같은 제3문화 아이들에게는 이런 귀소성이 있는 것과 그렇지 않은 것의 구성이 그들을 더욱 복잡하게 만든다.

무디처럼 최대한 빨리 "영국인 어머니"의 "캐나다인 아들"이 되기 위해 가능한 한 빨리 현지인들과 동화되고 싶어 하는 이주민 아이들과 달리, 제3문화 아이들은 그들의 진짜 집은 다른 곳에 있기 때문에 현지를 너무 고향으로 생각하지 않도록 교육받는다. 사실, 바로 이 점이 이주 아이들과 제3문화 아이들 사이의 다른 점이다. 제3문화 아이들은 항상 "고향 땅에 돌아갈 것"을 기대하며 자란다. 이 과정에서 겪는 어려움이 케이 브라나맨 에킨(Kay Branaman Eakin)의 책 『여권에 따르면, 나는 집에 가는 중이다(According to My Passport, I'm Coming Home)』에 담겨 있다. 이것이 바로 라이머가 캐나다 아동문학에서 발견한 제3문화 아이들의 일생이다. 집이 아닌 곳을 집인 것처럼 생각하도록 배우는 이런 모순적인 "고향(집)"에 대한 개념이 『나의 피부 아래』에서 다루어진다.

레싱은 부모님이 물려주신 영국 "집"에 대한 모순적인 생각을 장황하게 말하며, 그들의 이야기와 그녀 자신의(대체로 행복했던) 로디지아 미개간지에서의 경험을 나란히 기술한다. 오후 여가시간에 대한 그녀의 묘사는 제3문화 아이들의 "고향"에 대한 복잡한 개념을 완벽하게 보여주는 하나의 예이다.

집 뒤에는 나무 위에 지은 오두막과 널빤지로 된 계단들이 있었다. '우리 집으로 올라오세요, 어서!' 우리는 아버지에게 소리쳤고, 아버지는 둔한 움직임으로 겨우 올라왔다. 그러고 나면 어머니가 올라오셔서 영국에서의 삶에 대해 이야기해 주시곤 했는데, 그 목소리가 너무 슬퍼서 아버지의 질책을 받기도 했다.

'그렇게 비참한 듯 이야기하지 마. 영국에서의 모든 순간이 행복했던 것은 아니잖아?' 그리고 아버지는 영국의 다른 모습들, 거지들, 실직자가 되어 성냥을 파는 재향군인들을 이야기해 주셨다(Lessing, 1994: 80).

내가 에세이 「도리스 레싱의 『나의 피부 아래』: 국제적인 제3문화 아이들의 자서전」에서도 언급했듯이, 이 나무 위의 오두막은 제3문화 아이들이 어떻게 현지에서 고향과 같은 느낌을 갖고자 하는지에 대한 상징물이다. 레싱은 『나의 피부 아래』에서 "신체로 잘 경험한 어린 시절의 진실" (Lessing, 1994: 18)이라고 말한다. 확실히 그녀가 표현했던 미개간지와 농장은 그녀의 자서전에서 가장 시적으로 쓰인 부분이다. "현악기와 드럼, 낮은 목소리로 연주되는 듯한 바람", "끼익 소리를 내며 붉은 토양을 가는 쟁기 날", "낡아서 삐걱대는 화물차", "소리 지르는" 운전자, "공기가 찢길 듯한 채찍질", "지저귀는 새들", "숨어 있던 뿔닭 떼의 날카로운 울음소리", "푸드덕거리며 날아가는" 새들의 날갯짓과 개들의 울음소리, 일꾼들의 "이 야기 소리", 귀뚜라미와 매미의 노랫소리와 멀리서 들려오는 "천둥소리" (Lessing, 1994: 116~117)가 7장 「그때 그 소리들」에서 묘사된다. 그녀의 디테일한 묘사를 축약한 이 장면은 그녀가 어린 시절 농장을 얼마나 친밀하게 생각했는지를 여실히 보여준다. 그녀의 생생한 묘사와 비유적인 언어들은 아름답게 표현하고자 했던 그녀의 노력을 드러낸다.

그러나 많은 제3문화 아이들처럼 레싱의 부모님(특히 그녀의 어머니)은 그녀가 이런 광경에 너무 친숙해지지 않도록 했다. 레싱이 "우리 집"이라고 부르는 나무 위 오두막에 올라가 앉을 때면 부모님은 "진짜" 집이 어딘지를 말해준다. 이때 아버지가 "거짓된 향수"라며 어머니를 나무라지만 후에 레싱이 『금색 공책』에서 서아프리카를 생각하며 스스로에게 똑같은 용어를 사용한다는 점은 흥미롭다(Lessing, 2008: 77). 아버지가 어머니를 바로잡아 준 것은 여기에서 적절하며, 캐나다 문학에서 라이머가 확인한 이민 자녀에 대한 묘사를 레싱의 제3문화 아이들의 자서전이 복잡하게 만드는 또 다른 방식을 우리에게 알려준다. 성별과 관련된 문제이다.

"어머니와 딸의 접경에서의 작은 충돌"

수재나 무디의 유명한 문구인 "캐나다인 아들을 둔 영국인 어머니들!"은 이미 앞서 언급한 바 있다. 레싱은 제3문화 아이 중에서도 특히 여자 제3문화 아이들이 새로운 환경에 적응하는 것이 얼마나 복잡한지를 이야기한다. 빅토리아 로스너(Victoria Rosner)는 이렇게 말한다.

> 그녀의 청소년 시절 반항이 모국을 떠나 미지의 곳으로 향하는 "이민"으로 인한 것임을 깨달은 레싱은 모성과 식민주의의 예기치 못한 상호작용에 대해 기술한다. 그 상호작용은 집과 미개간지의 가장 중요한 경계를 두고 어머니와 딸 사이에 그 접경에서 작은 충돌들을 일으킨다(Rosner, 1999: 12).

로스너는 동일한 이야기가 라이머가 캐나다 아동문학에 자주 나타난다고 확인한 가정의 영역에서 나옴을 인정한다. 그러나 『나의 피부 아래』에서 이 이야기는 작가의 성별과 로스너가 말하는 "모성과 식민주의의 예기치 못한 상호작용"에 의해 복잡해진다. 이 "상호작용"은 집 안에 리버티 커튼을 달고(Lessing, 1994: 57, 64), 매일 영국식 아침상을 차리며(Lessing, 1994: 72), 테이블을 똑바로 두지 못하는 하인에게 신경질을 내는(Lessing, 1994: 73) 레싱 어머니의 행동에서 뚜렷이 나타난다. 레싱은 부모님 사이에 벌어진 다음의 마지막 다툼에서 아버지의 편에 섰다.

> 내 어린 시절, 아버지는 어머니에게 노여움보다는 슬픔에 차서 불평을 해댔다.

그 불평은 막 사냥을 다녀온 남자에게 테이블 위 식기구를 제대로 놓는 중요성이나 화장대 위 브러시와 거울들을 정리하는 방법을 이해해 줄 것을 기대하는 어리석음에 대한 것이었다. 곧 어머니는 중산층 집의 기준을 따르고자 했던 그녀의 기대를 자포자기한 듯 목소리를 높였다(Lessing, 1994: 73).

레싱은 계속해서 "집과 미개간지의 가장 중요한 경계"를 허물고자 하는 그녀의 바람을 표출했고 로스너는 이것을 어머니와의 싸움의 발단이라고 본다.

이런 어머니와 딸 사이의 "작은 충돌들"은 레싱의 침실 문과 관련하여 『나의 피부 아래』에서 솔직하게 다루어진다.

침대에 누우면 나는 산 뒤에서 떠올랐다가 재빠르게 사라져 가는 태양과 다시 떠오르는 달을 볼 수 있었다. 돌로 문을 받쳐놓으면 바로 옆의 경사를 따라 미개간지에 있는 것들을 볼 수 있었고 나는 이 문을 열어놓기 위해 어머니와 다투곤 했다(Lessing, 1994: 70).

딸을 보호하고자 하는 마음에 레싱의 어머니는 미개간지로 난 문을 닫아놓고 싶어 했다. 폴락과 반 레켄은 "다른 규칙이 존재하는 곳으로 이주할 때 아이들을 보호하는 것은 부모가 생각했던 것보다 훨씬 더 복잡할 수 있다"(Pollock and Van Reken, 2001: 193)라고 말한다. 레싱의 어머니는 딸의 방에 무서운 뱀과 곤충들이 들어오지 않기를 바랐지만, 레싱이 아주 아름답게 하늘을 묘사한 것에서 볼 수 있듯이 그녀는 이런 풍경들을 사랑했다. 밤마다 찾아오는 나방에 대한 묘사 역시 그녀가 얼마나 이 장소를 사랑했는지를 보여준다.

미개간지는 신비롭고 정확하게 맞춘 시간들에 의해 흘러갔다. 나방 한 마리가 매일 어둠 속에서 날아들어 왔다가 다시 미개간지로 돌아가곤 했다. 크고 아름다운 갈색 나방이었다. 나는 매일 밤 날아들어 오는 이 방문객이 너무 좋아 가슴이 두근거릴 지경이었다(Lessing, 1994: 127).

아프리카 초원에서 영국 중산층과 같은 가정을 일구고 싶었던 그녀의 어머니에게 미개간지는 위협적인 존재였지만, 레싱에게는 황홀 그 자체였다. 이곳은 그녀가 현실에서 벗어날 수 있는 공간이기도 했다. 예를 들어, 그녀의 부모님이 "진짜 삶이 펼쳐질 '영국의 집'"에 대해 말하며 이곳은 그녀의 "진짜 집"이 아님을 강조할 때마다 어린 도리스와 남동생은 부모님의 영국에 대한 몽상을 피해 그들이 사랑해 마지않았던 아프리카의 미개간지로 도망쳤다(Lessing, 1994: 129).

여기서 남동생에 대한 그녀의 언급을 통해 나는 그녀가 여성이라는 것 때문에 어머니의 식민지적 감각의 "집"에서 벗어나는 것이 얼마나 힘들었을지 생각하게 되었다. 『나의 피부 아래』 전반에 걸쳐서 그녀는 어머니와의 갈등을 해결하는 자신의 방법과 남동생의 방법을 대조했다. "어머니와 다투지 않았던 때가 언제였는지 기억조차 나지 않는다. 나중에는 아버지와도 다투게 되었다. 그런데 남동생은 달랐다. 그 애는 절대 싸우지 않았다"(Lessing, 1994: 97). 대신에 그녀의 남동생은 갈등 없이 얻을 수 있는 최대한의 자유를 협상을 통해 얻어냈다. 팻 라우(Pat Louw)가 주장하듯이, 아이들은 아프리카 미개간지에서 뛰놀 때 관행적으로 인정되는 성 역할로부터 어느 정도 자유를 얻어낼 수 있다. 어머니에게 주입받았던 중산층 영국 소녀에 대한 이상적 모습이 레싱을 미개간지로 도망치게 만들었다.

그러나 레싱이 성장해 가면서, 부모님과 지인들은 그녀가 여자라는 이유 때문에 더욱 미개간지에 들어가지 못하게 했다. "집을 떠나기"(Lessing, 1994: 138) 위해 그녀는 10대 시절 많은 현지인 가족들과 머물렀고 때로는 한 번에 몇 주를 나가 있기도 했다. 예를 들면, 밥과 조앤 왓슨 부부와 함께 지낼 당시를 그녀는 이렇게 쓴다. "밥이 집 밖에 있던 시간만큼 나도 밖에서 혼자 돌아다녔다"(Lessing, 1994: 142). 이렇게 말할 때 조앤은 "한숨을 쉬며 '그렇게 해야만 해?'라고 말했다. 그 말은 곧 어머니가 '정말 미개간지를 혼자 돌아다니다가 깜둥이한테 강간이라도 당하면 어쩌려고 그러니?'라고 말한 것과 같았으나 나는 신경 쓰지 않았다. 그 누구도 강간당하지 않았다는 것을 나는 믿는다"(Lessing, 1994: 143). 수전 왓킨스(Susan Watkins)는 "'위험한 흑인'에 대한 근거 없는 믿음─흑인 남성이 백인 여성을 성폭행할 것이라는 백인들 사이의 두려움─이 널리 퍼져 있다"(42)라고 말하며 "이 시기에 대한 레싱의 글을 읽는 독자는 논란 많은 성 역할과 관련하여 이야기를 쓰고자 하는 레싱의 의지를 볼 수 있을 것이다"(41)라고 했다. 『나의 피부 아래』는 점점 커져가는 어머니의 히스테리에 대해 이야기한다. 그녀가 다른 현지 가족인 제임스 가족과 지내고 있을 때, 어머니는 엄청나게 긴 편지들을 그녀에게 보낸다.

어머니가 보내는 모든 편지는 제정신이 아니었고 두서가 없었다. 편지는 10장에서 20장 정도 되었는데 내가 얼마나 이기적이고 고집 센 아이인지에 대해 빼곡히 적혀 있었다. 끝에는 결국 내가 베이라의 사창가로 가고 말 것이라는 협박까지 덧붙어 있었다. '너 같은 여자애들이 마지막으로 가는 곳이 거기야. 두고 보렴'(Lessing, 1994: 158).

이 편지들 바로 다음에, 레싱은 어머니가 레싱이 15살 때 직접 만든 브래지어를 아버지에게 보여주기 위해 레싱의 드레스를 들춰 올린 사건을 이야기한다. "나는 분노로 가득 차서 어머니를 아주 경멸했다"라고 말하며 나중에야 그녀는 "아버지에게 15살 여자아이의 드레스를 들춰 가슴을 보인 것은 정말 눈치 없는 행동이지만 범죄는 되지 않는다"는 것을 알 수 있었다. 이해심이 많게도 그녀는 심리치료사 친구의 말을 인용한다. "늘

상 있는 일이지… 자식의 몸이 마치 자기의 것인 양 생각하는 엄마들에게서 일어나는 일들이야"(Lessing, 1994: 172).

레싱의 몸은 어머니와의 "작은 충돌들"을 일으키기도 하지만 그녀 자신에게도 덫이 되었다. 그녀는 결혼하여 아이를 양육하면서 어머니에게서 벗어날 수 있었다. 그리고 공산주의 단체에 들어가 고트프리트 레싱과 결혼함으로써 첫 번째 결혼에서 도피했다. 그리고 그들은 역시 아이를 갖는다. 그녀가 자궁 수술을 받을 때 의사는 그녀에게 "나팔관을 묶을"(Lessing, 1994: 389) 것을 제안한다. 레싱은 이 순간이 "삶에서 가장 합리적인 선택을 한 것"이라고 말한다. 그도 그럴 것이 그녀는 그동안 자신의 몸이 그녀와 맞지 않는다고 생각했고 이렇게 하지 않았다면 "갱년기가 올 때까지 나는 사랑에 빠질 것이고 그때마다 아이를 가졌을 것"(Lessing, 1994: 389)이라고 했다. 흥미롭게도, 레싱의 소설을 보면 부모 자식 간의 행복한 이야기에 대해서는 별로 하지 않지만, 입양으로 맺어진 부모 자식 간의 행복한 이야기는 꽤 나오는 것을 볼 수 있다.

그녀는 자서전에서 직접적으로 "사실 내 어린 시절이 나를 상처 가운데 살게 했다(Lessing, 1994: 25)"라고 이야기한다. 그녀는 자신이 어떻게 "힘든 어린 시절을 보낸 사람들과 함께 살거나 공감하며 살아왔는지"에 대해 설명한다. "오랫동안 내 주변 사람들은 스스로 가족을 꾸린 사람들이었다. 이전에는 자주 있는 일은 아니었지만 지금은 흔한 일이다. 세계는 전쟁과 기근, 전염병 같은 것으로 가득 찼으며 100만의 부랑아들이 넘쳐난다. 그들은 스스로를 위해 하나의 가족이 되었다"(Lessing, 1994: 26). 마비스 라이머는 이 이야기가 캐나다 아동문학에서도 유사하게 반복된다는 것을 알아냈다. "친자 관계가 아닌 친화적 관계로 형성된 새로운 형태의 가족, 이 구성을 바탕으로 만들어진 소설들은 공통의 생각과 관습, 가치를 공유하는 사람들로 이루어진 '가족'이 된 것을 축하하며 끝이 난다"(Reimer, 2008: 1). 이 인용은 『나의 피부 아래』 후반부에 나오는, 솔즈베리에서 레싱이 속했던 공산주의 단체를 생각나게 하는데 이주 식민지에서 제3문화 아이들의 복잡한 문제가 어떻게 끝나는지를 보여주는 하나의 예이다.

나는 레싱이 표현한 로디지아를 상세히 인용했다. 그녀의 시적인 표현이 그 풍경을 향한 그녀의 태도를 잘 드러내주기 때문이다. 미개간지에 대한 그녀의 사랑은 그녀의 어머니가 자신의 품 안에―집 안이라는 문자 그대로의 의미든, 영국 중산층이라는 상징적인 문화적 의미든― 그녀를 가두려고 했던 시도에서 견딜 수 있게끔 힘을 주었다. 『나의 피부 아래』에서 언급되는 『금색 공책』의 마쇼피 부분은 ["진실을 더 잘 말해주고"(Lessing, 1994: 314)] 런던의 비참함을 잘 묘사하기 때문에 함께 읽으면 매우 도움이 된다.

> 그녀 앞에는 회색 길을 따라 작은 집들이 끝없이 줄지어 있었다. 늦여름 밤의 회색빛이 축축한 하늘에 낮게 드리웠다. 볼품없고 하찮은 풍경이었다. 이게 런던이다. 그 지식의 실질적인 물리적 무게 때문에, 참기 힘들었다―이곳을 어떻게 바꿀 수 있단 말인가(Lessing, 1994: 167).

이 글을 보면 로디지아를 떠나 소설가로 성공하기 위해 런던에 머물러야 했던 것이 그녀가 소설과 비소설에서 견뎌야 하는 것으로 묘사한 "고난"이었다. 『나의 피부 아래』는 1994년 좀 더 나이가 든 후에 전보다 그 상황을 더 잘 파악하는 아이러니함으로 결말짓는다. 30세의 레싱은 고향으로 돌아오기 위해서가 아니라 가족으로부터 도망치기 위해 런던으로 떠났다. 그러나 70대 중반에 『나의 피부 아래』를 저술한 레싱은 자신이 모든 맥베이, 플라워, 테일러, 배틀리, 밀러, 스네윈, 코니시 등, 건전하고 만족스러운 잉글랜드와 스코틀랜드, 아일랜드의 혼합된 양분의 영향으로 컸다고 말한다. "나는 가문이라는 나무에 하나의 작은 존재로 자리 잡고 있다"(Lessing, 1994: 419)라고 말한다. 이 자서전은 로디지아를 잃는 슬픔이 담겨 있긴 하지만 영국의 "가문의 나무"로 돌아온 귀향 이야기를 담은 것이라 할 수 있다.

국제적인 제3문화 아이들

지금까지는 제3문화 아이로 사는 것이 레싱에게 고난이 되는 방식에 초점을 맞추었지만 나는 좀 더 긍정적인 이야기를 해볼까 한다. 레싱이 2007년 노벨 문학상을 받았을 때 그녀의 수상 연설은 마치 아프리카를 보는 것 같았다. 그녀는 『안나 카레니나』의 한 부분을 읽으며 물을 뜨기 위해 줄 서 있는 아프리카 여인에 대한 우화를 들려주었다. 그녀의 초점은 아프리카에 대한 서구의 책임과, 아프리카 마을에 책을 가져다주는 그녀의 자선사업 이야기에 맞춰져 있었다. 내가 다른 글에서도 이야기했듯이(Ridout, 2010), 이 연설은 두 문화의 한계점에 대한 견해를 드러낸다. 이 연설은 두 학교를 비교하는 것으로 시작한다. 한 곳은 특혜를 받는 학교로 런던의 변두리에 있고, 다른 곳은 아프리카의 가난한 시골 학교이다. 제3문화 아이로 산 그녀의 삶은 두 곳을 모두 접하고 이해할 수 있는 능력을 가져다주었다. 작가로 사는 동안 그녀는 제3문화 아이가 가진 긍정적인 면모들을 많이 보여주었다. 폴락과 반 레켄 역시 이 점을 발견하고 이렇게 말했다.

> 다양한 문화 속에서 제3문화 아이로 사는 것은 그들이 문화적 차이를 배울 수 있을 뿐만 아니라 세계를 더 실제적으로 경험한다는 것을 가리키며, 이것은 책이나 영화, 뉴스를 본다고 얻을 수 있는 것이 아니다. …
> 글짓기를 좋아하는 제3문화 아이들에게 문화적으로 풍부하고 이동성이 매우 컸던 그들의 어린 시절은 그들의 작업에 숨결을 불어넣어 준다(Pollock and Van Reken, 2001: 83~85, 일부 생략).

레싱의 국제적인 어린 시절은 그녀가 국제적인 관점을 가질 수 있도록 해주었다. 그 예로 그녀는 자신의 유명한 소설 『금색 공책』 말미에서 그녀의 기억 속의 방을 최대한 자세하게 묘사하고 동시에 "그 세상, 하늘에 있는 햇빛 가득한 공이 내 아래로 굴러떨어지는 것"을 보고자 하는 "게임"을 한다(Lessing, 2008: 524). 이 점이 레싱의 문학에서 가장 큰 성취라 할 수 있다. 그녀는 어머니가 아버지에게 그녀의 새 브래지어를 노출시킨 순간처럼, 개인적이고 사적인 고통스러운 경험들을 풀어내는 데 탁월하다. 그녀는 그렇게 함으로써 국제적인 의식을 드러낸다. 어머니와의 싸움이 민족정체성과 영국스러움 그리고 식민주의와 관련 있는 이슈임을 그녀는 안다. 폴락과 반 레켄이 부제로 쓴 "세상 가운데서 성장하는 경험"이 레싱이 작가로 성공하는 중심축이 되었다.

참고문헌

Atwood, Margaret. 2004[2003]. *Oryx and Crake*. Toronto: Seal-Random House.

Brennan, Timothy. 1997. *At Home in the World: Cosmopolitanism Now*. Cambridge, Massachusetts: Harvard UP.

Cheah, Pheng and Bruce Robbins(eds.). 1998. *Cosmopolitics: Thinking and Feeling Beyond the Nation*. Cultural Politics, Vol.14. Minneapolis: University of Minnesota Press.

Eakin, Kay Branaman. 2007.11.26. "According to My Passport, I'm Coming Home." Available at www.state.gov/documents/orgnization/2065.pdf [Web. 26 Nov 2007].

Evans, Mary. 1999. *Missing Persons: The Impossibility of Auto/Biography*. London: Routledge.

Lessing, Doris. 1994. *Under My Skin: Volume One of My Autobiography, to 1949*. London: Flamingo-HarperCollins.

_____. 1997. *Walking in the Shade: Volume Two of My Autobiography 1949 to 1962*. London: HarperCollins.

_____. 2007.12.7. "On Not Winning the Nobel Prize." Nobel Lecture. Available at http://nobelprize.org/nobel_prizes/literature/laureates/2007/lessinglectur e_en.html [Web. 15 April 2008].

_____. 2008. *Alfred and Emily*. London: Fourth Estate-HarperCollins.

_____. 2008[1962]. *The Golden Notebook*. London: Harper Perennial.

Louw, Pat. 2009. "Inside and Outside Colonial Spaces: Border Crossings in Doris Lessing's African Stories." in Susan Watkins and Alice Ridout(eds.). *Doris Lessing: Border Crossings*. London: Continuum Press.

Moodie, Susanna. 1852[1962]. *Roughing It in the Bush*. Toronto: McClelland & Stewart(New Canadian Library).

Pollock, David C. and Ruth E. Van Reken. 2001. *Third Culture Kids: The Experi- ence of Growing Up among Worlds*. London: Nicholas Brealey & Intercul- tural Press.

Reimer, Mavis(ed.). 2008. *Home Worlds: Discourages of Children's Literature in Canada*. Waterloo: Wilfred Laurier UP.

Ridout, Alice. 2009. "Doris Lessing's *Under My Skin*: The Autobiography of a Cosmopolitan 'Third Culture Kid.'" in Susan Watkins and Alice Ridout(eds.). *Doris Lessing: Border Crossings*. London: Continuum Press.

_____. 2010. "'The View from the Threshold': Doris Lessing's Nobel Accept- ance Speech." *Doris Lessing Studies*, 19.1, pp.4~8.

Rosner, Victoria. 1999. "The Geography of that Wall": Architectures of Mother- hood in *Under My Skin*." *Doris Lessing Newsletter*, 20.2, pp.12~15.

Storti, Craig. 2001[1996]. *The Art of Coming Home*. London: Nicholas Brealey & Intercultural Press.

Vertovec, Steven and Robin Cohen(eds.). 2002. *Conceiving Cosmopolitanism: The- ory, Context, and Practice*. Oxford: Oxford UP.

Wertsch, Mary Edwards. 2004. "Outside Looking In." in Faith Eidse and Nina Sichel(eds.). *Unrooted Childhoods: Memoirs of Growing Up Global*. London: Nicholas Brealey & Intercultural Press.

억눌린 응어리

풀어놓는 글쓰기

/

엘리자베스 량(Elizabeth Liang)

그래서 난 나의 모든 다양한 정체성을 성실하고 책임감 있게 하나로 표현하는 이름을 하나(아니 아마도 많이) 지을 것이다. … 이 새로운 이름은 쉽지 않을 것이다. 난 쉬운 이름일 거라 예상하지 않는다.

—팸 베일리(Palm Bailey),
「다문화적 정체성을 명명하고 지칭하기」(Palm, 1994)에서

나는 항상 지나치게 규정되어 있고 끊임없이 바뀌는 경계에 산다.

—리사 수하이르 마자(Lisa Suhair Majaj),
「경계, 가장자리, 수평선」(Majaj, 1994)에서

당신을 특별하게 만드는 것을 영원히 소중히 여기라. 왜냐하면 그걸 떠나면 당신은 그저 따분한 것에 불과하기 때문이다.

— 벳 미들러(Bette Midler)

난 할리우드 여배우이다. 배우협회 하계 예술학교에서 진행하는 작문 워크숍에서 나는 함께 공부하는 사람들에게 내가 여배우가 된 이유 중 하나는 내 고유의 정체성을 사람들이 거의 받아들여 주지 않았는데 배우는 정체성에 대한 논의의 여지가 없는 인물들을 연기하기 때문이라고 했다. 참가자들은 반은 호기심을 가지고 반은 전혀 이해하지 못하겠다는 얼굴로 나를 쳐다보았다. 역설적이게도 이 예측 가능한 반응이 내가 그 워크숍에 참가한 이유였다. 나는 혼혈 민족의 제3문화 아이로 성장하는 이야기를 보여주는 여성 일인극 〈짐 풀기(Unpacked)〉의 집필을 위해 도움이 필요했다—나는 관객을 혼란에 빠뜨리지 않고 이해시키는 데 도움이 필요했다.

나는 국제기업의 간부의 딸이자 저널리스트, 교사, 여배우로, 14살까지 6개국에서 살았다. 난 관객에게 중미, 뉴잉글랜드, 북아프리카 그리고 중동에 걸친 내 청소년기의 삶을 여행기 형식으로 연극으로 소개하는 것을 체계화하는 중이다. 정체성에 대한 소외와 탐색, 그리고 때로 탐색과 배움의 거부 등을 내레이션을 통해 주제별로 엮을 것이다.

이야기의 개요를 만들고 나서 나는 관객에게 들려줄 만한, 그들의 마음을 사로잡을 것을 하나 찾을 수 있었다. 만약 "나는 사람들에게 내가 누구인지를 어떻게 말해야 할지 모른다"와 같은 문장으로 시작한 다음, 관객에게 내가 누구인지, 내가 어디에 있어왔는지 설명한다면, 작품에서 캐릭터 아크(인물호)를 갖게 된다(연극에서 캐릭터 아크는 극 내내 등장인물인 그녀/그의 행동에 영향을 주는, 발전하는 등장인물의 관점을 가리킨다). "나 자신을 어떻게 드러낼 수 있을까?" 하는 것은 결국 "나는 이 모든 것들이다. 그들은 서로 배타적이거나 쉽게 낙인찍히지 않고, 그리고 당신처럼, 나도 계속 발전한다"로 차츰 바뀌어 간다.

나는 원래 내 대본을 좀 더 애처로운 톤으로 "아무도 나를 알지 못해"라며 막다른 결론으로 시작했었다. 결국 어떤 부분에서는 모두들 누구도 그녀/그를 이해하지 못한 것같이 느꼈다. 이는 제3문화 아이의 경험이 얼마나 평범하지 않은지의 문제가 아니다. 누군가가 사회에서의 소외를 주장하자마자, 누군가가 그들의 경험과 자신의 경험을 비교하고 질적으로 양적으로 이를 평가하여 우리는 결국 누가 더 소외되었는지 경쟁을 하게 된다. 이에 따라 처음에 주장한 사람은 간과당한 느낌을 갖게 되는데, 이는 이해받지 못한다는 주장을 입증하고 심지어 악화시킨다.

나는 관객을 작품의 시작부터 밀어내기보다는 관심을 갖도록 끌기 원해 가능한 한 많은 유머를 작품에 담기 원한다. 이것은 나만의 측정 도구가 되어왔다. 만약 이야기에서—우울하거나 섬뜩한 유라도—유머를 찾을 수 없다면, 나는 그 이야기를 하지 않을 것이다. 유머를 하고 나면 어떤 좋은 희극이든 극적인 순간이 있기 때문에 그 작품에 감정적 균형을 부여하는 몇 가지 예외들이 있을 것이다.

극은 다음과 같이 시작한다.

예비 SAT이다. 11학년. 여기는 이집트 카이로의 교외 지역인 디글라(Digla)이다. 미국 학교. 우리는 지금 우리 이름과 여러 내용들을 기입하는 중이다.

시험 감독이 다음과 같이 읽는다. "아래 상자 중 하나를 체크해라. 백인, 흑인, 동양인, 중남미계 사람, 그 외."

(잠시 멈춤.)

나는 손을 들고 질문한다. "만약에 하나 이상이면요?" 지도 선생님이 말한다. "네가 느끼기에 가장 적합한 한 항목에 체크하렴."

하.

만약 한 문장으로 나 자신을 밝혀야만 한다면—물론 바보 같은 질문이지만, 혹시 누군가 정말 총을 겨누면서까지 묻는다면— 당신은 뭐라고 말하겠는가?

자, 여러분. 함께 여행을 떠나봅시다. 저 먼 곳 어딘가 해안가로, 아주아주 아주 먼 과거를 거슬러 올라가는 여행을. 그게 끝이 날 무렵이면, 우린 아마 제 문장과 당신의 문장을 모두 이해하게 될 것입니다.

질문하고 싶은 건 이것이다. 내가 독특하게 자라온 환경 중에서 어떤 중요한 교훈을 포함해야 할까? 많은 제3문화 아이들이 알고 있듯이 국제 유목민이 되는 것의 긍정적인 면은 다음과 같다. 적응하는 법을 배우고, 홀로 서는 법을 배우고, 어디서든 친구를 사귀고, 입맛에 맞는 음식 수를 늘릴 수 있고, 상당히 다양한 계절을 경험하고, 다른 언어를 사랑하고 존중하는 법을 배우고, 다양한 문화권의 독특한 유머 감각을 이해하는 법을 배우고, 이동에 길들여지고, 세상이 매우 크다는 것을 발견하면서 서로의 차이를 더 존중하게 되는 것들이다.

매우 큰 세계라는 개념은, 사람들은 본질적으로 똑같고 서로 연결되어 있어서 "결국 하나의 작은 세계다"라는 통념을 거스른다. 제3문화 아이들로서 우리는 관습과 언어가 우리를 서로 다르게 자라도록 한다고 배운다. 한 문화는 다른 문화에서는 절대 참을 수 없는 무언가를 받아들일 뿐만 아니라 심지어 그것을 즐기기도 할 것이다. 이것은 한 사람이 새로운 국가나 도시, 사회에 들어갈 때 심각한 문화 충격을 경험하도록 할 수 있다. 그(녀)는 새로운 생태계로 들어가는 중이므로, 새롭게 길을 찾는 법을 배워야 한다. 그(녀)는 대단히 낯선 세계에서 몹시 작고 하찮게 느껴질 수 있다. (문화) 충격에 빠졌을 때 그 개인의 운과 그 사람의 관찰 기술에 따라, 처음에 공통점을 찾기란 심히 어려울 수 있다.

나의 경우, 적응하는 데 가장 크게 어려웠던 점은 내가 얼마나 빨리 내 주위 환경에 적응하도록 강요받는다고 느끼는가였다. 나는 모든 것을 긍정적이거나 최소한 중립적인 방식으로 수용하고, 나 자신과 다른 모든 사람 사이에서 즉시 "공통적인 인간성"을 찾아야 할 필요를 느꼈다. 이는 대부분의 경우 불가능하다―그러나 나는 그것이 하나의 계율이라는 믿음을 전혀 떨치지 못했기 때문에, 항상 나 자신이 부족하다고 느끼곤 했다.

이러한 것들은 모두 에세이 안에서는 쉽게 기술되지만 극작가이자 여배우인 내게는 그것들을 보여주어야 하는 도전이 있다. 그래서 나는 내가 극도로 문화 충격을 경험했던 사례 중 하나를 극에 재현하려 한다. 예를 들면, 마아디(Ma'adi. 이방인들로 유명했던 이집트 카이로의 한 지구)에서 10대였던 내 오빠와 나는 디글에 있는 학교까지 자전거를 타고 가곤 했다. 비록 다른 학생들도 자전거를 잘 탔지만, 외국인들, 특히 여학생들이 자전거를 타고 돌아다니는 것은 흔치 않은 풍경이었다. 대다수 학생들이 버스를 타거나 부모님, 기사 또는 택시 운전사가 차로 태워다 주었다. 따라서 우리 학교에 다녔던 대부분의 아이들은 우리가 했던 것을 경험하지 못했다.

젊은 사람들이 모는 차들이 우리 옆에 바로 붙으면, 차와 보도 사이에 공간이 거의 없어진다. 나는 다리로 느껴지는, 차가 짓궂게 만들어내는 공기에 집중한다. 나는 자전거 균형을 잡고 보도에 부딪히지 않기 위해 폐달 밟기를 멈춘다. 일단 용케 미끄러지듯 보도로 들어간다. 이 부근은 경사진 가장자리 같은 것이 없고 보도들은 부서져 잔해로 덮여 있다. 이건 묘기이다.

처음 우리 부모님께서 이웃들을 봤을 때, 어머니는 "여기 최근에 폭발이 있었나요?"라고 물었다. 실제 그러진 않았는데 단지 그때 당시 마아디라는 곳이 그렇게 보였던 것이고, 우리는 그렇게 보이는 이유를 알 수 없었다. 가난이었다고 말할 수는 없다 ― 우리는 다른 가난한 도시들에 거주한 적도 있지만, 어떤 이유 없이 폭탄을 맞은 듯이 보이는 도시는 없었기 때문이다.

어쨌든 난 보도에서 부서진 콘크리트를 다 피하지 못하고, 얼마 지나지 않아 공기를 가르며 날아 곤두박질치는 나 자신을 발견한다! 슈퍼걸처럼! 눈앞이 깜깜하다! 그리고 어설프다! 자전거가 내 뒤 어딘가에 있다! 그리고 지금 내 몸은 콘크리트 바닥을 가로질러 부딪힌다. (위로 튀어 올랐다가 미끄러져 내려간다.) 숨을 쉴 수가 없고, 무릎과 팔은 긁혀 피가 흐른다. 헬멧도 어딘가에 떨어졌다. 차에 타고 있던 사람들이 비웃고 가버린다.

내 청바지는 찢어졌지만, 지금은 찢어진 청바지가 유행이므로 수선하지 않는다.

나는 최근에 실제로 필라델피아의 운전자들이 자전거 탄 사람을 갓길로 밀어내길 좋아한다는 것을 알고 안심했다. 이는 내가 더 이상 그 특정한 종류의 잔인함을 뭔가 유별나고 이해할 수 없는 이집트식인 것으로 볼 필요가 없다는 것을 의미하기 때문에 부담이 덜어졌다.

제3문화 아이로서 내가 가진 끝없는 과제는 청자가 현지인이든 어느 쪽이든, 이 같은 이야기를 그것에 대한 나의 묘사나, 내 행동이나 나 자체 때문에 불쾌해지지 않도록 맥락에 넣어 풀어가는 것이다. 나는 카이로에서 자전거 탄 이야기를 내가 발휘할 수 있는 모든 유머를 동원해서 해설 없이 말하는 법을 알아내야만 한다. 관객이 내가 "이집트는 끔찍하다"라고 말하는 것이 아님을 이해하도록, 카이로에서의 삶에 대한 긍정적인 이야기를 필라델피아 일화에 덧붙여 균형을 맞출 필요를 느낀다. 할 일이 많다.

제3문화 아이는 제3문화 아이가 아닌 사람들에게 자신이 살아왔던 국가들에 대해 이야기할 때 사회적인 지뢰 지대가 있음을 알게 된다. 청자는 아마 그 나라들에 대해 대략적이고 부정확한 결론을 내리거나, 그 "이국적인" 또는 "오래된 세계" 현장들이 결코 정말 훌륭한 교육 경험이 아니라는 생각에 불쾌감을 느낄지도 모른다(또는 그 반대일 수도 있다). 청자는 그곳을 방문해 본 적이 있다는 이유로 자신이 그곳의 전문가라고 생각할 수도 있다—마치 호텔이나 친구 집에서 한 주, 한 달, 한 계절 지내본 것을 실거주자가 된 것과 비교하는 것처럼 말이다(반면, 어떤 제3문화 아이는 한곳에서 한 해를 온전히 살았다고 해서 그곳의 "주인"이 되는 것이 아님을 안다. 제3문화 아이인 당신은 심지어 거주자 신분이어도, 외모가 현지인들과 잘 어울리게 생겼어도, 당신은 항상 손님이다. 어떤 기본적인 면에서 당신이 잘 맞아 들어가지 않는, 즉 당신의 삶의 방식에 본질적으로 주변 대부분의 사람들과 공감이 안 되는 "이국적"인 부분이 항상 있다. 이는 외국인 빈민가가 커지는 명백한 이유이기도 하다). 만약 제3문화 아이들의 이야기가 청자의 경험과 일치하지 않는다면, 아마도 청자는 그것을 개인적인 상처로 받아들일지도 모른다.

이 연극 프로젝트를 가지고 씨름하는 것은 내 정체성의 가장 중심이 되는 두 가지 거대한 이슈들을 내게 가져다주었다.

1. 나는 본능적으로 고통스러운 이야기들을 말하길 원한다. 이야기를 지속하기도 하고 없애기도 한다. 그리고
2. 이 본능 직후에는 균형을 위해 더 행복한 이야기들을 말하려는 자기 지시(self-directive)가 이어진다. 그러나 그것들은 더 귀중하고 취약하게 느껴진다. 나는 그것들을 일축하거나 잘못 해석해서 훼손하는 것을 원치 않아 강하게 방어적이기 때문에 그런 것들을 말하는 것을 조심스러워한다.

내가 좀 더 어려운 이야기들을 말해야 할 필요를 느끼는 것은 성장기에는 그것들을 말하는 것이 좌절되었기 때문이 아닌가 생각한다. 여기서 우리는 제3문화 아이의 또 다른 공통 경험을 얻을 수 있다. 많은 제3문화 아이들에게는 국제유목민으로 자란 환경에 대해 어떠한 불평도 듣길 원치 않는 부모가 있다. 부모의 고용주나 삶의 상황들 때문에 여러 번 옮겨 다닐 때 어떤 불평이든 제3문화 아이의 삶 전반에 총체적인 불행을 선언하는 것과 마찬가지인 것이다. 나는 내 어린 시절에 대해 나누고 싶은 훌륭한 이야기들이 있기 때문에 이 글을 쓰고 있고, 나는 더 이상 재갈 물리는 느낌을 받고 싶지 않다. 나는 어떤 이야기에서든 다양한 면의 균형을 맞춰야 할 필요를 느끼는 전형적인 제3문화 아이이다.

자전거 이야기 후에, 나는 카이로에서 나를 행복하게 해준 몇 가지 요인들을 말해야 할 압박을 느낀다. 예전 네팔에 살았고 홍해에서 스쿠버 다이빙 강의를 듣도록 나를 설득해 주고 또 내 생명의 은인이기도 한 가장 친한 친구 미셸, 매해 크리스마스 직전에 내리는 폭우, 비록 그 나라를 떠난 이후로는 맛볼 수 없었지만 지금도 내 입에 침이 가득 고이게 하는 디저트 옴알리에 대한 기억, 아주 친절하고 인내심이 깊은 내 피아노 선생님

리말리, 펜실베이니아주 허시 출신으로 인간애에 대한 신념으로 영감을 준 스미스 체육 선생님, 그리고 다른 여러 과목들 중에서도 특히 드라마 수업.

　제3문화 아이가 되면 다른 이들의 모든 필요에 민감해질 수 있다. 우리는 항상 우리 주변에 재적응하고 있기 때문에 우리 중 누구도 어느 것에 대해 확고한 의견을 가지고 빠져들어 말하지 않는다. 비록 우리가 최종적으로 한곳에 정착한다 해도 이런 것은 평생 지속될 수 있다. 나는 내가 들은 것에 대해 열정적으로 반대할 때조차도 나 자신을 검열하는 방식으로 새로운 아이가 되는 것에 과잉으로 대응했다. 만약 내가 더 크게 말했다 해도 그건 거의 속삭이거나 아니면 화난 목소리로 열변을 토하는 것이었다. 설상가상으로, 어린이와 청소년일 때 나는 나 자신을 확신시키고 거기에 끼워 맞추려고 때로 내가 믿는 것과 정확히 반대로 말했다. 최근에는, 무대나 스크린에 나오는 인물을 통해서뿐만 아니라, 나 자신을 진실 되게 표현해야 한다는 필요에 수년간 조심스럽게 디딘 발이 압도되는 것 같다 (이런 이유로, 다민족 경험에 대해 쓰는 이 에세이, 내 희곡, 그리고 공동 사회를 보는 팟캐스트에서 말이다). 몇몇 사람들은 아마 내 희곡에 동의하지 않고, 싫어하고, 오해하고, 아니면 묵살할 것이다. 또 다른 작가의 인물을 연기하는 것보다 더 많은 용기가 필요하다. 난 준비됐다.

　내가 희곡을 쓰기 시작했을 때, 나는 몇몇 주요 제3문화 아이들의 이슈를 한 번에 담아내는 법을 알아내려고 노력했다. 문화 충격, 기억할 만한 사건들에 대한 이해, 그것을 얘기하는 데 따르는 위험, 침묵한 채로 있는 데 따르는 곤란이 그러한 이슈였다. 나는 자전거 이야기와 관련 있는 까닭에 이 이슈들에 부딪혀 보기로 결정했다—그런데 그 이야기를 어디에 배치할까? 예비 SAT에 대한 소개 후에 이어지는 도입부로 쓰고, 그런 다음 관객에게 다시 내 청소년 시기를 시간 순서대로 들려줘야 할까? 이집트 부분에 그 이야기를 넣어야 할까? 관객이 더 "낙관적인" 기분을 느끼도록 부정적인 것 다음에 긍정적인 것을 항상 말해야 할까? 이건 너무 억지스러울까? 각 부문에 세 번째 요소, 즉 단순히 감각적인 것(폭우 속에 자극적이고 습한 냄새가 나는 파나마시티, 혹독하게 추운 2월의 뉴케이넌(New Canaan) 등)을 추가해야 할까?

우선은 각각의 이야기를 시간 순으로 이야기하고 감각적인 것, 긍정적인 것 그리고 부정적인 것을 뒤섞기로 했다.

파나마의 파나마시티. 열기. 너무 습해서 비행기에서 타맥으로 포장된 구역으로 이어지는 계단을 내려가자마자 옷을 벗고 시원한 물속에 뛰어들고 싶다. 맞았다. 우리 새집에 수영장이 있다!! 그리고 아침엔 뷔페가 있다! 나는 한 달 후에 수영장이 없는 보통 집으로 이사하게 되었을 때 너무너무 실망했다. 우리가 머물렀던 '홀리데이 인'은 우리의 새집이 아니라 그냥 임시 처소였다.

우리 새집. 모터 배기가스 냄새와 깨끗한 사향 냄새가 나는 습기. 매일 아침 알람같이 울리는 버스 경적. 타라타라타아아, 타라타라타아아, 타라라라라라라… (「라쿠카라차(La Cucaracha)」 선율이다. 혼란스럽다). 그러나 우리는 멕시코에 있는 게 아니다.

주유소의 사이다 디스펜서에 있는 코카콜라나 오렌지 맛 환타를 받으러 펄펄 끓는 콘크리트 거리를 맨발로 가로질러 가는 것. 병에 든 사이다! 진짜 설탕으로 만든 것!

파나마 지역의 악센트—"Como 'ta tu? Chuuuuuleta!" 당신은 절대 다른 언어의 악센트와 헷갈리지 않을 것이다.

우리 학교의 미니버스 교통경찰은 매일 아침 발보아초등학교로 가는 길을 지나간다. 그는 굉장하다. (그의 정확한 가짜 브레이크댄스 동작 흉내 내기). 남들이 그저 싫어할 수 있는 직업에서의 창조적인 자기표현.

연극에서, 나는 생활하는 것이 좀 편해지면서 내 인식이 바뀌어 갔던 곳에 대해서도 다루고 싶다. 예를 들면, 카사블랑카에 도착했을 때 우리는 아랍어에 대해 어떤 것도 들어본 적이 없었다. 우리는 아랍어로 말하는 것이 유럽어(스페인어나 프랑스어 등등 대신—당신은 어떤 유럽어에 주목하는가?)를 하는 것과 비슷하다는 것을 몰랐다.

모로코 사람들의 아랍어는 내가 들어본 어떤 것과도 비슷한 것이 없었다. 내 어머니는 그게 너무 목 뒷부분에서 나오는 듯한 소리여서 독일어 같았다는 농담도 했다. 나는 그게 매우 사납고 내 지각에 부정적인 영향을 준 화난 어조를 가졌다고 생각했다. 그런데 우리가 6년 후에 이집트 카이로를 떠나면서 나는 모든 아랍어 소리를 사랑하기에 이르렀는데 특히 클래식한 (현대 표준 아랍어라고도 알려진) 아랍어 소리를 사랑하게 되었다.

그런데 카사블랑카에 도착했을 때 나는 새로운 방식이었던 모로코어를 경계했다. 나는 내가 살았던 그 어떤 도시보다 이곳에 폭력이 더 자주 있을지 몰라서 두려워졌다. 내가 과테말라에서 태어났다는 걸 고려하면, 이러는 게 아마 우스워 보일지도 모른다. 그러나 난 어떻게 느꼈는지만을 말할 수 있다.

다음을 보라.

우리는 산책하려고 로지를 데리고 나온다. 모로코에서 개는 가정에서 키우는 동물이 아니다. 개들이 무리 지어 제멋대로 날뛰어 다녀서 사람들은 개를 두려워한다. 존과 나는 부겐빌레아가 장식된 예쁜 동네를 산책하며 즐거움을 느끼는데, 이번에는 오가는 사람을 놀라게 하는 친구와 함께하기 때문이다. 그래서 우리는 해코지를 당하진 않는다. 로지는 무서워하는 행인들을 알아채고 으르렁거리고, 그 사람들은 쏜살같이 거리를 가로질러 간다. 오 그 강력함! 다행이다. 안 좋은 일이지만, 우리 집 쪽으로 차를 몰고 들어오는 완전히 낯선 사람들이 죽일 듯한 분노를 가지고 우리를 바라보도록 하는 것보다는 낫다. 이곳에는 그런 일이 일어나고 있다.

또 그러나 이런 것도 있다.

우리 스페인계 학교에는 키 크고 마른 보앱(boab)[1]이 한 명 있다. 그는 모로코 악센트로 스페인어를 말한다. 나를 보면 퉁명스럽게 화를 내며 말을 해서 나는 그가 나를 싫어한다고 생각한다. 어느 날 아침, 차에서 내려 학교에 오는데 갑자기 강력한 모래 폭풍이 몰아쳐서 나는 차와 정문 사이에서 길을 잃는다. 그 거무스름하게 소용돌이치는 대재앙 가운데, 그로 인해 알다시피 당신은 피부와 눈과 귀가 아프고, 그리고 비명(소리를 듣고 재앙이 있음을 알 수 있다. 다시 말하면 소리 단서), 그리고 당신의 눈은 멀게 된다—지옥 한가운데서, 크고 강한 손이 내 팔을 움켜잡고 학교 운동장으로 홱 잡아당긴다. 보앱이 나를 구해주었고, 그가 나를 당겨 운동장을 가로질러 복도로 가서 1교시 수업 강의실로 갈 수 있게 해주며 이야기한다. 그는 지금 헤드 래핑으로 얼굴 전체를 두르고 있어서, 눈만 보인다. 나는 그가 말하는 게 뭔지 모르겠지만 뭔가 동정이 느껴진다. 그가 나를 구해주었다. 나는 그의 이름을 기억하지 못한다.

그리고 슈퍼마켓에서 가스를 충전해 주는 그 청년만큼 친절한 사람이 있을까? 그는 따뜻하고 온화함 그 자체이다. 우리 엄마가 자동차로 들어올 때 그는 우리 쪽으로 기품 있게 천천히 달려온다. 나는 그에게 홀딱 반했다. 그와 그의 쌍둥이는 꼭 지킬 박사와 하이드 같다. 그의 쌍둥이 형제는 마치 연쇄 살인범인 악역을 묘사해 놓은 것 같다. 그의 나쁜 쌍둥이가 우리를 무섭게 한다. 그는 너무 공격적이고 알랑거리는 듯하며 뻔뻔스럽고 정직하지 못하다. 좋은 쪽 쌍둥이는 마치 천사 같다.

이게 뭘 의미할까? 아니면 우연의 일치일까? 모든 게 비유적인 것이어야 할까?

---

1 "bow-abb"이라고 발음한다. 건물을 지키고, 심부름을 하고, 기본적인 보수를 하는 사람을 가리키는 말이다. 전통적으로, 보앱은 이웃 모든 세대 사람들에 대한 모든 것을 안다. 세입자들은 보앱을 고용하지 않는다. 그는 이미 오랜 시간 그곳에서 살아온 듯하기 때문이다—말하자면, 그는 집에 딸려 있는 것 같다.

그리고 그 비유는 무엇일까?

우연의 일치이다. 그런데 당신이 새롭게 변할 때, 당신은 모른다.

글을 쓰면 나만이 가진 편견과 부딪치기 마련이고 내 양육 환경에서 누린 극도의 특권을 인정하게 된다. 미국 밖에서 우리 집에는 일하는 사람들이 있었다. 몹시 좋은 집과 아파트에 살았고, 우리 남매는 사립학교에 다녔다. 제록스(Xerox)가 그 모든 비용을 다 지불해 주었다―우리 가족을 선진국보다는 사회 기반이 덜 갖춰진 가난한 나라들로 보내면서 주는 "고난에 대한 보상 지불"이었다. 매년 여름이면, 나는 2주 동안 완전히 다른 옷을 입기에 충분하도록 히트(Hit)나 미스(Miss), 하버드 쿠프에서 새로운 옷을 샀다. 우리는 스페인과 포르투갈과 프랑스와 케냐와 탄자니아와 키프로스와 지브롤터와 이스라엘과 그리스와 이탈리아와 영국으로 여행 다녔고, 나는 내 친구 키엠을 방문하려고 네덜란드에 가기도 했다. 말도 안 되게 특혜를 받은 삶이었다. 심지어 지금의 사회적 상황에서도 나는 이를 대단치 않게 생각하고 있는 나를 발견한다―여행 자체나 카이로에서 나이로비까지 가는 게 얼마나 쌌는지, 로스앤젤레스에서 뉴욕까지보다 싼 것에 대해 말하지 않으면서 우리는 이등석을 타고 여행을 다녔다. 정말 우리가 백만장자인 것은 아니었다.

글을 쓰면 또한 잃어버렸던 많은 경험을 찾게 된다. 어떤 건 아무 맥락 없는 작은 부분들이지만, 그 기억들이 너무 생생해서 희곡에 포함시켜야 한다. 다음과 같다.

언덕 위에 있는 우리 집에서, 코스타리카는 밤에는 냉랭하고 축축한 곳이다. 두세 살쯤인 어느 날 나는 캐비닛을 열었다가 리넨 속에 똬리를 틀고 나를 응시하고 있는 작은 초록 뱀을 본다. 나는 가정부와 그녀의 10대 딸을 부르고 그들은 나를 밀어내고 "그것을 처리한다". 우리는 미국 밖에서 일하는 사람들이 있다. 어느 날 그들은 부엌을 돌아다니는 쥐 한 마리를 빗자루로 잡으면서 비명을 지르며 나한테 문 닫고 나가라고 소리친다.

우리는 스페인에서 유치원에 간다. 선생님은 우리에게 의자에 앉아 의자를 뒤로 까딱까딱 넘기지 말라고 이야기하신다 — 우리 남매는 그래도 하다가 뒤로 넘어지고, 낄낄거린다. 그래서 선생님은 오빠를 새장으로 보낸다. 그 방 뒤쪽에 실제로 새장 같은 곳이 있다. 거기에 매우 크고 폭력적이며 정신적으로 장애가 있는 소년이 갇혀 있다. 그렇다. 이 아이는, 마치, 광견병에 걸린 것 같다! 존은 그 작은 방으로 들어가자마자 도와달라며 비명을 지르고 울기 시작한다. 이미 감금된 정신병 있는 우리 반 친구가 오빠에게 주먹, 손톱, 이빨로 공격하기 때문이다…. 그러나 선생님은 봐주지 않는다.

우리 — (존은 괜찮다. 그는 지금 저널리스트이고 괜찮다. 손을 조금 떠는 것 빼고는…) 우리는 코스타리카 어디서든 스페인어로 말하는 반면, 우리 부모님은 우리에게 영어로 말씀하신다. 내 영어 실력은 최악이다.

내가 어릴 때 우리는 계속 과테말라인이었다. 우리 어머니는 미국인이지만, 우리는 과테말라 사람이다. 과테말라의 크리스마스는 마법이다. 우리 할머니가 태어나신 큰 집 거실에 있는 거대한 성탄화, 큰 크레케(crêche. 역자 주: 예수 탄생 장면을 꾸며놓은 장식) 앞 차가운 타일이 깔린 바닥에 무릎을 꿇고 기도하는 할머니와 할머니의 언니들, 거북이 껍질을 둥둥 두드리는 아이들, 자정에 하는 불꽃놀이, 새벽 2시에 먹는 맛있는 타말레와 칠면조와 밥, 초콜릿과 땅콩 캔디와 마시멜로와 하얀 빵과 온갖 종류의 견과로 가득한 긴 식탁. 엄청난 음식! 사촌들과 함께 하는 숨바꼭질! 마법이다.

제3문화 아이가 된다는 것은 세상에 대해서뿐 아니라, 당연히 나 자신에 대해서도 독특한 교훈을 배운다는 의미이다. 나의 대처 기술은 자주 시험대에 올랐다. 모든 이사는 일종의 죽음이었고, 심리학자들에 따르면 뿌리가 뽑히는 것이다. 앨빈 토플러의 『미래 쇼크』에 보면, 그는 매번 이사하면서 겪는 영향이 얼마나 누군가를 우울하고 무력하게 만드는 하나의 애도인지 설명한다. 그것은 청소년들에게, 특히 또래와 긴밀한 우정을 만들어가기 시작한 청소년들에게 매우 충격적인 경험일 수 있다. 나는 친구들에게 작별 인사를 하고, 친구를 잃고, 이별과 심적 고통을 예상하는 법을 배웠다. 그래서 나는 상실에 매우 빠르게 무더짐으로써 적응했다. 나는 완전 새롭게 무서운/흥미로운 모험에 나서고 있었기 때문에 이것이 더 쉬워졌다. 나의 새 "고향"에 대한 새로움을 기대하면서 나는 내 삶의 한 부분이 되어왔던 친구들과 작별하고 있었다는 사실에서 주의를 빼앗겼다. 일단 이사를 했다 하면, 각 새로운 나라에 적응하는 데 모든 시선을 빼앗겼다. 슬퍼하는 대신, 새로운 친구를 사귀는 데 집중했다. 때로 다양한 이유로, 남겨두고 온 친구들에 대한 기억에 냉담해졌다. 만약 그들이 훌륭한 친구들이었다면, 그들을 그리워하는 것은 내 본능이 부인했던 고통이었을 것이다. 결국 그 고통이 서서히 줄면서 나는 그들과 함께했을 때의 나뿐만 아니라 그들을 절실하게 그리워하게 될 것이다. 나는 좋은 친구들 사이에 있을 때 더 좋았다. 그러나 때때로 내가 사귀었던 친구들이 진짜 내 마음에 맞는 사람은 아니었다. 그래서 그들을 떠나보내기는 —말하기 부끄럽지만— 더 쉬웠다.

이것을 내 희곡에 그리는 것은 줄곧 도전이었다. 나는 글을 쓰면서 여전히 나 자신에 대해 배우는 중이다. 내가 얼마나 많이 묘사해야 할까, 얼마나 많이 보여줘야 할까, 이야기를 간결하게 전달하기 위해 몇몇 사건들을 각색할 수 있을까? 내가 모든 이별을 다룰 순 없지 않은가, 그렇지 않나? 특히나 각각의 우정이 특별했으니까.

나는 이 문제를 여전히 풀어야 한다.

나는 계속 다시 쓰고 있다. 반면에, 나는 나만의 충돌되는 감정들과 타협하는 중이다. 그것에 대해 쓰는 것은 내가 어려운 부분과 화해하여 모든 좋은 부분들을 보다 자유롭게 말할 수 있도록 돕고 있다. 여기 좋은 부분 하나를 소개한다.

나는 학교를 사랑한다. 나는 나를 굉장하다고 여긴, 2학년 때의 골드먼 선생님을 사랑한다. 나는 배우고 더 영리해지는 것을 좋아한다. 그것이 너무 쉬워서 좋다.

우리는 모두 햇볕에 탔다. 밝은 피부를 가진 아이들이 타니까 안됐다는 생각이 든다. 내가 점점 까매지자, 나도 놀라고 과테말라에 계신 할머니도 방문할 때마다 경악하신다. "인도인같이 보인다!"

내 가장 친한 친구 수시는 누구나 사귀고 싶어 하는 최고의 친구이다. 우리는 맨발로 근처의 유니테리언 교회 지붕을 뛰어다닌다. 우리는 방귀 시합도 한다. 그녀는 내가 말하는 모든 농담 하나하나에 웃고, 내 오빠에게 친절하다. 그녀는 파나마·덴마크계 미국인이고, 2개 국어를 하며, 올림픽 선수처럼 날씬하고 강한 체구를 가졌다. 그녀는 똑똑해서 나를 상처 입힌 누구라도 이길 것이다. 우리는 둘이서 영화 〈그리스〉를 22번이나 본다.

우리 가족이 파나마에서 지낸 지 3년이 되는 때, 우리는 중남미 전역과 다른 곳 출신의 아이들이 여럿 사는 아파트로 이사한다. 돌아보면 다양한 악센트와 은어들 천지이다. 그 건물에서 나랑 가장 친한 친구는 콜롬비아계 미국인 쌍둥이 자매이지만 그들은 나를 죽이려고 자주 시도한 나쁜 종류의 사람들로 드러난다. 그리고 캐나다계 영국인 자매 역시 친한 친구들인데, 그들은 매우 다정해서 자기 엄마를 "엄마(Mummy)"라고 부른다. 정말 많은 아이들이 있는 이곳은 천국이다. 수영장도 있고, 방과 후에 저녁 먹으라고 부르는 소리가 들릴 때까지 놀 수 있는 주차장도 있다. 우리는 신체적 기량, 정신적 민첩함, 그리고 제임스 본드 저리 가라 할 용기가 필요한 게임을 한다. 나는 매우 강하고, 빠르고, 용감하고, 어떻게 하면 날지를 알지도 모를 정도로 약삭빠르다.

나는 10살이고, 세상은 내가 마음대로 할 수 있는 곳이다.

내가 희곡에 넣어야 하는 한 가지가 또 있다. 이국적이라는 것, 그리고 그것이 얼마나 어디서든 일상과는 전혀 아무 관련이 없는지를 넣어야 한다. 이집트의 더위는 단지 덥다는 그뿐이다. 우리가 아부심벨에서 경험한 응달 온도 122도를 말하는 건 재미있지만, 그걸 이국적이라고 느끼진 않았다. 나는 우리가 햇볕에 타고 있는 것처럼 느꼈다. 지중해를 면한 모로코 해변에서 윈드서핑을 하는 건 진짜 힘들었다―우리는 잘 타지 못해서, 수면 가까이 바위가 있는 얕은 물에 계속 빠졌다. 과테말라의 화산은 굉장히 아름답지만 그건 항상 그 자리에 있다. 당신이 미국 국회의사당에서부터 오래 운전해 간다고 해서 갑자기 그것을 마주하지는 못한다. 당신은 그 도시 한가운데에 있을 때 그것을 쳐다볼 수 있을 뿐이다. 산타모니카산맥처럼 말이다. 얼마나 자주 그 산맥이 로스앤젤레스 사람들이 느끼는 깊은 낭만을 휘저어 놓는가?

다음을 보라.

카사블랑카에서의 마지막 두 주. 온화한 날씨에, 우리는 짐을 싸고 있었다. 나는 수두에 걸렸다. 고름집이 여기저기에 있다. 그 병은 13일 정도 약간 길게 있어서, 나는 며칠간 의식이 완전하지 않은 고열 상태가 된다. 내 첫 번째 남자친구가―글쎄, 2학년 때 만난 마르티 나악테게보른을 뺀다면 그가 내 첫 남자친구이다― 나를 찼다. 그는 한 사람으로는 충분하지 않았는지 친구 두 명을 한 주 간격을 두고 한 명씩 보내 내게 말한다.

"걔가 이제 끝내고 싶대." 카사블랑카 분교 밖에서 첫 번째 친구가 웃으며 그렇게 말한다. 그의 눈은 내 마음이 아파하는 동안 나를 흥미롭게 바라본다. 나는 아직 수두에 걸린 것을 몰랐는데 그 아이가 상태를 더 악화시킨다.

두 번째 친구는 한 주 후에 우리 집에 연락도 없이, 아무 이유도 없이 와서는, 내가 왜 왔느냐고 반복해서 묻자 조용히 소파에 앉아서는, 결국 (뻐끔뻐끔 담배 피는 흉내를 내면서) "걔가 너랑 헤어지재"라고 말한다.

"나도 알아. 마이크가 저번 주에 말했어."

그 대재앙 사이에―첫 실연만큼 힘든 게 없다, 그렇지 않은가?― 갑자기 수두가 발병해 나는 쉰다. 하루에 두 번씩 우리 엄마는 땀투성이로 쓰러지기 직전까지 나를 깨워서 내 입에 수프를 떠 넣어주신다. 엄마는 나를 스페인까지 헬기로 수송할 생각까지 하는데, 마침내 열이 내려간다. 영원히 그곳을 떠나기 전날 밤, 내 전 남자친구가 두 친구와 함께 온다. 나는 가운을 걸치고 헝클어진 상태이다. 집은 항상 여느 때와 같은 냄새가 난다. 깨끗하고, 식물로 가득하고, 아주 연하게 섞여서 희미하게 퍼지는 샤프란과 커민—눈을 가늘게 뜨고 맡아야 확인할 수 있다— 말 거름 냄새.

집 옆에 있는 왕의 마구간, 날아다니는 파리, 농포가 생긴 내 얼굴, 바닷바람… 내 실연의 고통.

내 마음을 망친 그 소년인가? 그가 나를 페이스북에서 찾았다. 나보고 생일 축하한다고. 그걸 지금 말이라고 해, 이 자식!

그리고 이제 우리는 석별의 정을 나눈다—오. 우리가 모로코에 기대했던 것과는 조금 달랐지? 내가 마라케시를 더 좋아했어야 할까? 마치 누가 법으로 정하기라도 한 듯, 다들 마라케시를 동경하기로 작정한 듯하다.

이 스펙트럼의 다른 끝에는 제3문화 아이들이 자기에게 이국적이거나 이질적이지 않고 친숙하다고 여겨지는 여권에 적힌 나라 중 하나인 "고향" 으로 왔을 때 종종 느끼는 소외감이 있다.

코네티컷주의 뉴케이넌에 온 것을 환영한다. 초록빛으로 물든 사계절! 겨울은 너무 추워서 엄청나게 두꺼운 털이나 모직도 이 중미인들의 피부를 따뜻하게 해주지 못한다. 사람들은 심지어 무언가를 말할 수 있는 겨울보다도… 차갑다. 주민들에게, 수상쩍어하는 불편을 제외하고는 웃는 얼굴도, 인사하며 고개를 끄덕이는 것도, 누군가의 존재를 인정하는 것도 없다.

이후에 나는 "고국"의 문화나 "모국어"에 대해 갖는 내 소외감, 불완전한 소속감을 더 강조하는 부분으로 부드럽게 넘어간다.

그러나 과테말라에 얼마나 익숙한지, 아니면 우리가 거기에 있는 게 얼마나 편안한지와 관계없이, 우리는 항상 방문객이다. 내가 12살이고 오빠가 14살일 때 어머니께서 우리를 모로코의 스페인 학교로 보내시기 전까지 오빠와 나의 스페인어 실력은 점점 나빠진다.

선생님과 학생들은 내가 거의 알아들을 수 없는 악센트를 사용한다. 그건 일반적인 스페인 사람의 스페인어이지, 내가 그들 입에서 나오리라 예상했던 고급스럽고 우아한 카스티야어가 아니다. 처음에는 그들을 이해하는 데 나의 모든 집중력을 동원한다. 내 일생 처음으로, 완벽한 의사소통을 할 수가 없어서 내 귀가 거의 먼 것처럼 여겨진다.

제3문화 아이의 일생 동안 내게 가장 어려웠던 순간 중 하나는 다른 사람들이 고향이라는 뜻으로 어떤 장소를 언급하듯이 나도 고향처럼 느끼는 장소가 없다는 것이다. 사실 12살이 될 때까지 내게 안전한 곳은 하나도 없다고 배웠다. 파나마시티에서, 내 몸이 성숙해지기 시작할 때 소년과 남자들이 내게 추파를 던졌다. 웨스트포트에서는 같은 반 친구에게 성희롱을 당했다. 카사블랑카와 카이로에서는 내 쇄골이나 무릎이 공개적으로 모욕거리나 그보다 더 심한 대상이 되었다. 웰즐리대학에서는 그곳의 여성 대부분이 아마 성차별이 다 사라져 가고 있던 이 부유한 도시에서 자랐기 때문에 나는 자신감 넘치고 낙관적인 여성을 볼 수 있으리라 기대했는데 나는 1학년생 중 자신 스스로를 좋아하는 행복한 학생을 보기 거의 어려웠다. 단지, 홀로코스트 때 죽은 자기 유대계 조상들이 기독교로 개종하지 않았기 때문에 현재 지옥에서 불타고 있을 거라고 믿었던 내 거듭난 그리스도인 룸메이트는 빼고 하는 말이다. 이러한 경험 중—어떤 경험이든—어느 한쪽에 대해 이야기하는 데는 큰 위험이 따랐다. 청자가 내 요지나 심지어 그 이야기를 하는 나의 단순한 권리조차도 이해하지 못했고, 내 기억을 어떠한 방식으로든 비판하고, 폄하하거나 일축했기 때문이다. 때로 나는 표출할 필요가 있을 때 좋은 청자를 발견하기도 하지만, 내가 부정적인 이야기만 하는 실수를 해서 나의 경험에 대한 어떤 긍정적인 이야기도 말하지 않았기 때문에 청자는 국제유목민이 되는 것이 끔찍하다고 내가 말한다고 생각한다. 이것은, 다른 문화에 적응하는 어려움을 거의 인정하지 않는 전형적인 제3문화 아이 가정에서 자란 것과 함께, 나를 침묵하게 한다. 그리고 분노하게 한다.

나는 내 희곡을 쓰면서, 침묵당한 목소리는 재갈을 벗겨낼 때 매우 커질 수 있다는 것을 배웠다. 당연히 나는 여배우가 되었다. 배우는 문제없이, 실생활에서 개인이 감히 탐험할 수 없는 모든 측면뿐 아니라 한 성격의 모든 면을 표현하는 하나의 방법이다. 관객은 아마 누군가의 해석이나 기술을 좋아하거나 싫어할지 모른다. 비평가들은 좋은 리뷰나 안 좋은 리뷰를 할지도 모른다. 아니면 배우를 완전히 무시할지도 모른다. 하지만 무대에서의 두세 시간 동안은 누구도 내게 "제 생각에 당신은 그저 이해하지 못했던 것 같습니다" 또는 "글쎄요, 그것은 제가 5일 동안 거기에 있으면서 경험한 것과 다릅니다" 또는 "어떻게 그 사람들 사이에서 살 수 있었나요? 저는 절대 못해요"라고 말하며 방해하지 못한다.

나는 여배우의 삶의 방식이 제3문화 아이의 삶의 방식과 유사한 추가적 혜택이 있어서 내가 여배우가 되었다고 생각한다. 배역과 제작진이 이루는 직계가족, 연극이나 영화로 둘러싸인 보호된 세계, 프로젝트의 끝에 내재하는 또 다른 헤어짐. 배우들은 우리가 어렸을 때 새로운 학교, 새로운 공항, 새로운 언어를 처음 경험했던 순간을 산 것처럼, 연기하고 있는 순간에 사는 것밖에는 선택권이 없다. 거기에는 오직 현재만이 있었고, 그 당시에는 아무리 무서웠을지라도, 또한 흥미로웠다. 이를 바탕으로, 누군가는 모든 배우들이 이동이 많은 어린 시절을 보냈다고 예상할지도 모른다. 실제 많은 이들이 그렇다.

제3문화 아이가 되는 것은 또한 다민족이 되는 것과 많은 공통점이 있다. 그래서 내가 혼혈 민족 경험을 이야기하는 팟캐스트를 시작한 것은 당연하다. 청자가 나를 방해하거나 내가 경험한 것들에 대해 논쟁하도록 놔두지 않는 방식으로 내 좌절을 표현하고 내 이야기를 전하는 것은 당연한 것이다. 사람들은 들을 수도, 안 들을 수도 있지만, 내가 말하고 있는 그 순간에 진실에 대해 적개심을 가지고 절대 맞서지 않을 것이다.

내가 희곡과 이 에세이를 쓰는 것도 당연한 것이다. 그런데 희곡은 아주 여러 번 다시 써야 하고 에세이처럼 표현되어야 해서 쓰기 힘들다. 에세이도 괴롭기는 마찬가지이다. 이것이 바로 앞서서 내가 부정적인 것들에 집중하는 경향이 있다고 말한 것을 입증하는 것이다. 나는 실제로 내가 묘사했던 "좋은 경험"과 "나쁜 경험"을 세어보았다. 나는 여전히 나쁜 것을 뽑아내는 단계에 있어서 아직 균형을 잡지 못했기 때문에, 여기서는 좋은 것들에 대해 짧게 얘기한다. 나는 여전히 나눈다기보다는 "목소리 높여서 이야기"하고 있다.

내 희곡에 포함시킬 필요가 있는 새롭고도 이상한 사건이 있다. 얼마 전에 사람들이 내게 중동 출신이냐고 물어본 적이 있다. 그들에게 내가 다양한 국가에서 성장했고, 이중언어 사용자이며 한번에 4개 국어로 읽고 쓸 수 있으며(그리고 말은 5개 국어로 할 수 있다), 내가 그 나라의 대통령이나 그곳 예술가들의 걸작에 대해, 그곳에서 살거나 아홉 살 때 프라도미술관에서 보았기 때문에 알고 있다고 말하면 깜짝 놀란다. 내 "특별함"은 보이지 않는 것이다. 만약 내가 항상 "이국적"인 장신구를 하고 이탈리아제 신발을 신고 화장을 더 진하게 했다면 더 잘 드러났을지 모르겠다. 그랬더라면 내가 얼마나 더 일찍 낙인찍혔을지.

내가 정체성에 대해 아는 바는 다음과 같다. 그것은 복잡하게 되어 있다. 내 남편, 내 직계가족, 내 소중한 친구들, 다양한 국가에 살았던 누구나, 그리고 연극, 영화, 그리고 다른 창조적인 세계에 종사하는 누구나 내 사람들이다. 이 사람들 모두 엄청난 이야기꾼들이다. 연극계 사람들은, 수명이 짧고 전체적으로 현재 진행되고 있는 경험에 따른 무언가를 만들어낸다. 그것은 성스럽고 규정하기 힘들고 마음을 움직이고 근거가 되고, 그리고 배우와 관객을 한 집단이 되게 한다. 영화계 사람들은 문제를 해결하고 말도 안 되는 난관을 뛰어넘기 위해 위기에 처한 한 나라의 정부만큼 열심히 일한다. 하루를 마칠 때 영화상에 몇 분가량의 미술을 얻어내기 위해서, 우리가 일한 증거와 증명으로서. 일시적으로 머무르는 사람들은 사람들을 모아 공감대가 있는 이야기, 관련 없는 이야기, 우리 모두의 일부에 대한 이야기를 듣고, 보고, 말하려 한다. 여기가 우리 집이다. 그러나 그게 나를 설명하는가? 희곡을 다 쓸 때까지 나는 나를 가장 잘 드러내주는 문장을 찾기를 희망한다. 아마 누군가를 단 하나의 문장으로 매우 제한되게 나타내는 것을 사람들은 거부하겠지만, 그것이 내가 누구인지를 확립하는 것을 생각할 수 있는 가장 최선의 방법이 될 것이다.

참고문헌

Bailey, Pam. 1994. "Naming and Claiming Multicultural Identity." in Carol Camper (ed.). *Miscegenation Blues: Voices of Mixed Race Women*. Toronto: Sister Vision.

Majaj, Lisa Suhair. 1994. "Boundaries, Borders, Horizons." in Carol Camper(ed.). *Miscegenation Blues: Voices of Mixed Race Women*. Toronto: Sister Vision.

Toffler, Alvin. 1970. *Future Shock*. New York: Bantam Books.

군인 자녀가 된다는 것

/

도나 무질(Donna Musil)

나는 세계에서 가장 큰 육군기지 중 하나인 조지아주 포트베닝에 있는 어두운 회색 빛깔의 육군 병원에서 태어났다. 나는 철조망을 두른 담장과 검은색 스텐실로 아버지의 이름과 계급이 찍힌 스크린 도어 명판이 붙어 있는 복층 아파트에서 자랐다. 소프트볼과 농구와 응원단원으로 활약한 덕분에 내 허벅지는 잘 발달했고, 마치 어느 훌륭한 육군 "군인 자녀"같이 나는 "네, 알겠습니다", "상관님, 아닙니다", "안녕하세요, 무질 관저입니다. 제 이름은 도나입니다. 무엇을 도와드릴까요?"라며 적절히 활기를 띠고 전화를 받을 줄도 알았다. 매일 17시 00분이 되면, 확성기를 통해 나팔로 〈To the Colors〉[1]가 울려 퍼질 동안 나는 내가 하고 있던 어떤 것이라도 멈추고 기지에 있는 국기 방향으로 몸을 돌렸다. 나는 우리가 PCS[2]로

---

1   〈To the Colors〉는 미국 국기 게양·하강식 때 연주되는 나팔 음악이다. 미국 국가 〈The Star Spangled Banner〉와 동일하게 경견의 대상이다.

2   A Permanent Change of Station(PCS). 미국 군대가 활동 중인 군 요원과 그들의 가족에게 한 직무에서 다른 직무로 공식적인 이동을 명령하는 것이다. 모순적이게도, 그 명

이사를 떠나 다음 주둔지에 도착할 때까지 매번 울었고, 그리고 나서는 즉시 새로운 친구들과 어울리며 옛 친구들을 잊었다. 그게 살아남기 위한 유일한 방법이었다.

내가 16살 때, 아버지는 병역과 관련된, 뇌와 폐로 전이되는 암으로 돌아가셨다. 군대에서는 그게 어떻게 "병역 관련"인지에 대해 아무런 말도 하지 않았지만, 내 추측으로 가장 가능성이 높은 건 우리 아버지가 가기 1년 전에 베트남의 중앙 고지대에 살포된 에이전트 오렌지(Agent Orange) 때문으로 보인다. 많은 동료들이 그랬듯이, 아버지는 닥토(Dak To)의 전진 기지 캠프에서 있었던 몇몇 혈전 동안 제173공수여단 소속 법무참모로 복역하신 후에 동성 훈장을 받기까지 막대한 대가를 치르셨다. 돌아가실 때 아버지 나이는 42살이었다. 그때까지 나는 3곳의 대륙에서 12번 이사했고 3곳의 고등학교를 포함해 총 10곳의 학교를 다녔다. 쉽지 않았지만 그게 내가 아는 전부였다. 아버지가 돌아가신 지 2주가 안 되어 우리는 조지아주의 콜럼버스로 돌아갔고 그곳에서 내가 늘 알던 삶은 소멸되었다.

콜럼버스는 조지아주에서 공식적으로 세 번째로 큰 도시이다. 가장 유명한 시민 중 한 명은 1870년대에 자신의 약국에서 코카콜라를 발명한 약사인 존 스티스 펨버턴 박사이다[3](그가 최초 제조법에 코카인을 사용했다는 루머가 코카콜라의 유명세를 설명해 준다). 우리가 이사한 때는 1976년이었고 한 번도 수표책을 결산해 본 적이 없는, 당시 38살이었던 어머니는 나를 그 도시에서 가장 저명한 공교육 기관 중 하나였던 콜럼버스고등학교에 등록시키셨다. 나는 남쪽 지방 악센트가 강한 교장 선생님의 지시를 이해하지 못해 첫 수업에 늦었다. 나의 가장 큰 쟁점은 그 도시의 인종 분열이었다. 미국 대법원은 1954년에 분리 정책을 불법화했지만, 콜럼버스고등학

칭과 달리 주둔지 변경은 3년 이상 가는 경우가 드물다.

3 John S. Lupold, *Columbus Georgia 1828~1978* (Columbus, Georgia: Columbus Sesquicentennial, Inc., 1978), p.52.

교에서 그 법원 명령을 따르기까지는 17년이 걸렸다.[4] 학교 복도에서는 긴장감이 감돌았다. 나는 최고 학년의 대부분을 ABC의 인기 텔레비전 시리즈인 〈코터, 잘 돌아왔어(Welcome Back, Kotter)〉(1975)를 보며 보냈는데, 그 시리즈의 불손하고 무관심한 다민족 사람들은 내게 익숙한 국방부 학교의 학생들과 더 많이 닮아 보였다.

나는 학기를 다 마친 데서 오는 기쁨 말고는 그해에 별로 기억나는 게 없다. 나는 조지아대학교에 입학한다는 사실에 매우 흥분했다. 그곳은 내가 처음에 사회복지 학부로 등록했다가, 유아교육으로 전과하고, 결국 사회학과 연설을 부전공으로 하고 저널리즘으로 학사 학위를 받은 학교이다. 나는 애선스에서 즐거운 시간을 보냈으나 4년 후에 거기서도 역시 떠날 준비를 했다. 이것은 내 삶에서 반복되는 주제가 되었다. 현재에 온전히 머무는 대신, 미래를 고대하는 것 말이다. 대학 졸업 후 나는 조지아주 콜럼버스에서 라디오 뉴스 진행자로 일하다가 법학 학위를 따려고 애선스로 돌아갔다. 로스쿨 졸업 후에는 워싱턴 D.C.에서 노동법률 사무소에서 소속변호사로 일하고, 애틀랜타에서 조합을 조직해 보고, 이후에 작가 아닌 작가로 할리우드에서 힘들게 일하며 빚을 갚았다. 1994년 캘리포니아주 노스리지(Northridge) 지진이 일어났을 때, 나의 평정심과 소유의 반이 파괴되었다. 나는 즉흥적으로 아일랜드 더블린으로 이사했지만, 여전히 내가 속한 곳이 어디인지 또는 내가 자랄 때 되고 싶었던 것이 무엇인지 몰랐다.

4　　조지아주의 머스코지 카운티(콜럼버스고등학교가 위치한)에서 인종차별 폐지는 브라운 대 교육위원회 소송 사건 판결 17년 후이며 내가 도착하기 5년 전인 1971년 9월 7일까지도 이루어지지 않았다. Virginia Causey, "Revisiting Desegregation: A Three-Part Series," *Columbus Ledger-Enquirer*(2002) 참조. James T. Patterson, *Brown v. Board of Education: A Civil Rights Milestone and Its Troubled Legacy*(New York: Oxford University Press, 2001); United States Court of Appeals, "Lockett vs. Muscogee County School District"(Eleventh Circuit Court of Appeals, 28 August 1996) 역시 참조.

그 후 1997년 어느 날 밤, 나는 추수감사절 연휴를 보내려고 조지아주 콜럼버스에 있는 어머니 댁에 있었다. 우연히 인터넷 서핑을 하던 중 내가 한국의 대구에서 다녔던 군사 기지 학교인 대구 미국인고등학교(TAHS) 홈페이지[5]를 발견했고, 내 여동생 티사(Tisa)한테 "여기로 와봐! 빨리!"라고 소리칠 때 심장이 마구 뛰었다.

티사는 내가 보고 있던 것을 보고는 꽤액 소리를 질렀고 우리는 홈페이지가 마치 성배라도 되듯이 동틀 무렵 꼭두새벽까지 세심히 살펴보았다. 우리가 20년 동안 보지 못한 이름과 얼굴들이 있었다! 아버지가 돌아가신 이후 처음으로 나는 만지고 맛보고 다시 돌아갈 수 있는 하나의 역사를 가진 진짜 인간처럼 느꼈다. 메리 에드워드 위치(Mary Edward Wertsch)는 획기적인 책 『군인 자녀: 요새 속 어린 시절의 유산(Military Brats: Legacies of Childhood inside the Fortress)』(1991)에서, 군 기지에서 자란 것을 "거대한 극단(theater company)에 징병된 것"(Wertsch, 1991: 1)이라고 묘사했다. 그러나 나의 경우, 군 이후의 삶은 생산적이었고 16살 이후로 쭉 멈추지 않고 성취해 왔다.

나는 그날 밤, 내 대구 같은 반 친구들의 연락처가 있는, 성인 군인 자녀들의 온라인 데이터베이스인 마크 커티스(Marc Curtis)의 군인 자녀 등록소(Military Brats Registry)[6] 사이트를 비롯해, 더 많은 홈페이지를 찾아냈다. 나는 폴 포트와 크메르 루주가 그들 캄보디아 동포들에 대학살을 자행하고 있던 즈음, 1973년부터 1975년까지 대구에 있는 학교에 다녔다. 내가 대학살을 알았던 건 아니다. 우리에게는 텔레비전 채널이 딱 하나—AFRTS(Armed Forces Radio & Television Service) — 있었고, 그리고 하루에 한두 시간 정도만 방송되었다. 내가 어느 정도 규칙적으로 보았던 것으로 기억하는 딱

---

5   2011년부터 이 웹사이트는 더 이상 운영되지 않는다.
6   군인 자녀 등록소, http://www.militarybrat.com.

하나의 프로그램은 시카고 공공주거 프로젝트에 사는 에스터 롤과 그의 "굉장한" 아들 지미가 주연인 CBS 시트콤 〈굿 타임스(Good Times)〉(1974) 였다. 우리 (전체) 9학년 반의 열 명은 텔레비전에 관심이 없었고, 우리 학교에서 한두 블록 정도 떨어진 워커 캠프에 있는 군인들을 따라 하느라 아주 바빴다. 우리 부모님들이 장교와 NCO 클럽에서 스카치위스키를 홀짝이는 동안, 우리는 에릭 클랩튼의 연주에 맞춰 골프 코스 위에서 입으로 내뿜은 쿨(Kool) 담배 연기를 코로 빨아들였고, 팔러먼트 펑커델릭(Parliament Funkadelic)과 함께 생선 시장을 돌아다녔으며, 10대 클럽에서 데이비드 게이츠와 록 밴드 브레드까지 섭렵했다. 우리는 바지는 허리 아래로 입고, 머리는 아프로(afro) 스타일로 높게 하고, 바지와 재킷에 평화를 나타내는 V 사인과 블랙파워 주먹을 박아 넣었다. 우리가 흑인인지 백인인지는 중요하지 않았다ㅡ우리는 동등한 기회를 가진 반항아들이었다. 인터넷을 찾아본 지 2주 만에, 나는 워싱턴 D.C. 교외에서 모인 즉흥 모임에서 한국식 바비큐인 불고기를 먹고, 앨 그린의 〈함께 머뭅시다(Let's Stay Together)〉(1971)에 맞춰 이들 나이 들고 좀 더 가라앉은 혁명가들과 뺨에 뺨을 대고 춤을 추고 있었다. 그 모임을 계속하기 위해 4일간 집에 가지 않았고, 거의 잠을 자지 못했다. 서로 얘기를 하면 할수록, 우리는 신체적으로 제시 잭슨(Jesse Jackson)의 레인보 연합(Rainbow Coalition)처럼 보였고, 우리의 경험, 불안, 심지어 우리의 악센트까지도, 우리가 성장한, 판에 박힌 집들처럼 같다는 것을 더욱 알게 되었다. 나는 드디어 내가 잘 어울릴 수 있는 사람들을 만났다. 이제 나는 "어디에서" 왔는지 알게 되었다. 나는 그 따뜻한 보호막 안으로 바짝 다가붙어서 절대 떠나고 싶지 않았다.

물론 삶은 지속되며, 우리는 계속 연락을 하자며 심지어 울면서 안고 약속까지 해놓고도 거의 서로 연락하지 않았다. 그러나 내 특이한 점과 사소한 실수들을 알면서 나를 소녀로 알고 나를 한 여자로 대해준 사람들이 존재한다는 사실을 아는 것 자체가 내 삶에 차이를 만들었다. 나는 또한 그 주말이 나와 내 친구들과의 단순한 만남을 넘어서 왠지 중요했다는 느낌을 떨칠 수가 없었다. 만약 대구 미국인고등학교가 시사하는 것을 듣는다면, 트루먼의 위대한 실험은 대성공이었고 군인 자녀들은 인종 관계에 있어서 살아 있는 연구 대상이었다.[7] 그러나 인터넷을 검색해 보았을 때, 어떤 과학적인 연구도, 사설적 의견도, 어떻게 1948년에 군대를 통합시키라는 해리 트루먼의 행정명령이 가장 작고 어린 연구 참여자들에게 영향을 미쳤는지에 대해서는 어떠한 언급도 없었다. 나는 스스로 그 주제를 탐색하고, 인종 관계와 군대 자녀들에 대한 다큐멘터리를 만들기로 했다. 나는 대학 시절 이후로 카메라를 전문적으로 사용하진 않았지만, 작은 현실적인 것 하나가 이 길을 방해하도록 놔두는 사람은 절대 아니었다.

나는 군인 자녀들과 관련된 어떤 것이든 찾으려고 인터넷과 도서관을 샅샅이 뒤졌다. 많지는 않았지만, 메리 워치의 책『군인 자녀』는 워싱턴 D.C.에서의 우리 고등학교 동창회만큼 통찰을 주었다. 나는, 해병대 "군인 자녀"이자 군 생활을 어린아이의 관점에서 탐색하는 첫 소설책 중 하나인『위대한 산티니(The Great Santini)』(1976)의 저자 팻 콘로이(Pat Conroy)가 메리의 책에 쓴 서문을 흡수하듯이 읽으면서 눈물이 볼을 타고 흘러내렸다.

내가 생각하기에 군인 자녀가 된다는 것은 미국인 아이로서 어린 시절을 보내는 가장 이상하고 흥미로운 방법 중 하나이다. … [우리는] 보이지 않고, 체계적이지 않은 종족들이다. … 이 국가의 정치적 통일체 안에 보이지 않게 살아 있

---

7 "트루먼의 위대한 실험(Truman's Grand Experiment)"으로, 1948년 7월 26일 서명한, 군의 인종 분리를 철폐하는 해리 트루먼 대통령의 행정명령 9981을 가리킨다. 이 실험에서 가장 최소으로 조사된 측면 중 하나는 군인 자녀들에 미치는 장기적인 영향이다. "국경 없는 군인 자녀들(Brats Without Borders)"은 잠정적으로 "트루먼의 아이들(Truman's Kids)"이라고 이름 붙인 다큐멘터리를 제작하여 현재 이 결점을 다루고 있다. 더 많은 정보는 다음 사이트에서 얻을 수 있다. http://www.USAbrat.org.

는 미지의 국민들이다. 우리 중에는 미국 도처에 흩어진 수백만의 아이들이 있지만, 공통된 시점으로 움직일 때 서로를 알아보기 위한 특별한 표시나 비밀번호 따위는 없다. 우리는 단기 체류자들, 바퀴 광고판들, 잠깐 동안 학교 책상을 점유하는 체온이었다. 우리는 필요로 하면 제공될 수 있지만, 사라진 후에도 알아채지 못하는, 빌린 가구처럼 왔다 갔다 했다(Conroy, 1976: xxvii~xviii).

나는 메리의 책이나, 또는 로버트 듀발이 출연했고 메리의 저술에 지대한 영향을 받은 영화 버전인 〈위대한 산티니〉(1979)에 있는 모든 것을 동일시하지는 않았다. 어린 시절에 대한 뉘앙스들은 내 영혼에 깊은 심금을 울렸다. 거듭되는 이동과 그 결과로 생기는 상실, 부모의 부재, 우리 어린 시절의 군사화, 종종 매우 혼란스러운 외국에서 아주 구조화된 군 기지에 사는 역설. 모두 함께 "왜 내가 그런 식으로 존재했는지" 정확하고 유창하게 설명했다. 그리고 나서 심리치료사인 스테퍼니 도널드슨프레스맨(Stephanie Donaldson-Pressman)은 한 단계 더 나아가서 내가 "그것에 대해 무엇을 해야 할지"를 가르쳐주었다. 그녀의 남편 로버트 프레스맨(Robert Pressman)과 공동으로 쓴 스테퍼니의 베스트셀러 『자기애적 가족(The Narcissistic Family)』(1994)은 특별히 군 가족에 대한 것은 아니다. 이 책은 정서적 욕구가 "어떤 다른 것"보다 이차적인 환경에서 자란 모든 아이들에 관한 것이다. "어떤 다른 것"이 가난, 학대, 아니면 심지어 종교인지 아닌지 하는 것도 중요하지는 않다. 시간이 지날수록 이러한 아이들은 자신의 욕구가 아무런 가치가 없다고 믿게 되고, 외적으로 재주가 많아 보이는 데도 불구하고 알코올중독자의 성인 자녀처럼, 종종 우울증, 우유부단함, 낮은 자존감, 신뢰 문제, 억압된 분노 그리고 만성적인 불만족으로 씨름한다. 스테퍼니의 책을 더 많이 읽을수록, 내가 보기에 모든 군 가족이 어느 정도는 이러한 부류로 나뉘는 것 같았다. 군대 소임의 요구가 항상 아이들의 욕구에 우선하기 때문이다(그리고 다른 모든 이들도 그렇다). 나는 메리와 스테퍼니에게 연락을 했고, 그것을 알기 전에는 군인 자녀들 간의 인종 관계에 대해 비교적 제한적으로 점검된 내 연구가 군 가족으로 자라면서 받은 아이들의 장기적인 심리정서적 영향을 담은 것으로 훨씬 더 포괄적으로 탐색되었다.

우선 나는 워치와 도널드슨프레스맨의 결론을 내 독자적인 연구로 입증하거나 논박할 필요가 있었다. 인터넷 덕분에, 수천 개의 국방부 고등학교 졸업생들이 그 나라 주위에서 동창회를 하고 있었다. 많은 학교가 문을 닫거나 방문하기 너무 멀었다. 그래서 그들은 "1960년대"나 "1970년대"로 시간 단위를 쪼개거나 또는 동부·서부 해안을 번갈아 가며 미국 도시들 중에서 무작위로 장소를 정해 "매년" 동창회를 개최했다. 우리 보이지 않는 집단은 체계화되어 있었던 것이다! 나는 해군 자녀 샘 브리튼(Sam Britten)이 자신의 홈페이지 "제3문화 아이들 세계(TCK World)"[8]에서, 미국의 사회학자 루스 힐 유심(Ruth Hill Useem)[9]이 다양한 국가와 문화에서 자란 아이들을 설명하기 위해 1950년대에 만든 용어인 "제3문화 아이들"에 대해 홍보했던 광범위한 설문지를 만들었다. 모든 연령, 인종, 종교, 경제적·교육적·정치적 성향을 가진 500명이 넘는 군인 자녀들이 70쪽에 달하는 상당한 양의 설문지에 응답했다. 확실한 집단 움직임을 보았다. 10년 뒤에도 나는 여전히 이러한 설문지를 받는데, 이는 결국 군인이나 "제3문화 아이"로 자란 것을 기록하는 데 거의 틀림없이 가장 큰 질적 데이터베이스가 된다.

이 연구를 편집한 후에, 나는 카메라로 인터뷰하기에 경험과 의견이 전체를 대표할 만한 50명의 자원봉사자를 선정했다. 모든 다양한 계급, 관

---

8 제3문화 아이들 세계, http://www.tckworld.com.
9 루스 힐 우심은 위스콘신대학교에서 사회학과 인류학 박사 학위를 받았고 1952년부터 1985년까지 미시간주립대학교 교수였다. 그녀는 2003년에 사망했다. 우심 박사는 부모의 직장 때문에 외국 문화권에서 성장기의 일부를 보낸 아이들을 설명하기 위해 "제3문화 아이(Third Culture Kid: TCK)"라는 개념을 도입한 것으로 잘 알려져 있다.

점, 병역의 분과를 최대한 효율적으로 조직하는 것이라 어려운 과정이었다. 나는 드디어 "종족, 견본이다!"라는 글을 내 컴퓨터 화면 한쪽에 붙였고, 많은 사소한 문제들이 차츰 사라졌다. 나는 특히 나와 정반대의 경험들을 포함하려고 염두에 두고 있었다. 나는 동성애자 군인 자녀를 인터뷰하려 했지만, 아무도 카메라에 대고 이야기하려 하지 않았다. 나는 그것을 두고 옳다 그르다 판단하지 않는다. 책에 가명으로 자신과 가족을 노출시키는 것과, 눈부신 조명 아래서 카메라를 응시하며 고통스런 진실을 말하는 것은 전혀 다른 것이다. 그렇게 하도록 충분한 용기를 내주었던 이들에게 한없는 존경과 감사를 표한다.

영화를 만들 때 물류와 재정적인 어려움 역시 벅찼다. 음악·영상 자료·기록영상의 허가와 편집자·음량 조절 기사·예술가의 고용, 단지 집세를 내는 것은 말할 것도 없고, 인터뷰를 촬영하느라 여기저기를 다니는 것은 비용이 많이 든다. 나는 애틀랜타의 영화 제작자인 베스 굿윈(Beth Goodwin)과 협력했고 초기에 모든 것이 잘 맞아떨어졌다. 조지아공영텔레비전(GPTV)은 영화에 충분한 자금을 지원하기 위해 우리와 예비회담을 시작했다. 그 다큐멘터리는 샌프란시스코에서 열리는 독점 제작 회의에 포함되도록 선정된 전 세계 60개 영화 중 하나였다. 그 후에 "해외 군인 자녀들(Overseas Brats)"[10]의 동창회에서 첫 촬영이 들어가기 직전에, 조지아공영방송(GPB)의 대표가 재정적 부정 혐의가 있어서, 조지아공영통신위원회의 모든 직원들과 함께 그 자리에서 물러나도록 강요를 받았다. 이 사실이 알려지면서, 〈군인 자녀들〉 영화[11]를 포함해 미결 중이던 모든 프로젝트가 무기한 보류되었다. 몇 달 후, 지역 사람들이 "피의 금요일"[12]이라고 부르는 일로

---

10 해외 군인 자녀들, htttp://www.overseasbrats.com.
11 이 다큐멘터리의 공식 제목은 〈군인 자녀들: 우리의 여행 귀로(BRATS: Our Journey Home)〉인데, 대부분의 사람들이 간단하게 〈군인 자녀들〉 영화라고 부른다.
12 Karen Everhart Bedford, "Vickers Relieves 6 Top Managers at Georgia Net," *Current*,

인해 갑자기 해고된 네트워크 최고 관리자 여섯 명 중 한 명이 우리 프로 젝트 옹호자였다. 몇몇 사람은 구조조정이 정치적임을 시사했지만 우리 의 경우 기본 사항은 동일했다. 우리 일은 우리 스스로 해야 한다는 것이 다. 나는 자금 조달에 관한 전통적인 방법을 다 시도했다 ─ 독립TV서비스 (ITVS), 선댄스, 국제인류기금(NEH), 공영방송서비스(PBS), 맥아더재단과 구겐하임 재단 등을 접촉했다. 그러나 아무도 관심을 갖지 않았다. 아마 주제가 너무 익숙하지 않거나(또는 논란이 많거나), 내 제작 경험이 너무 제한적이어서일 것이다. 하지만 우리는 우리에게 호의적일 누군가를 기다리면서 빈둥거 릴지 아니면 우리 스스로 해결 방법을 찾을지 빠르게 결정해야 하는 것이 분명했다. 나는 만사를 약간 자기 뜻대로 하려는 사람이지만, 어쨌든 후자 를 택했고 지금 "국경 없는 군인 자녀들"이 된, 501(c)(3) 비영리 기관인 "군인 자녀 영화제작소(Brats Productions)"를 만들었다. 친구와 가족 그리고 군인 자녀 동료들은 시간과 돈을 기부하고 봉사하기 시작했다. 메리 워치, 스테퍼니 도널드슨프레스맨, 웨스트포인트의 사회학자 모튼 엔더(Morten Ender) 박사, 그리고 노던콜로라도대학교의 아프리카학 교수 조지 쥬니 (Geroge Junne) 박사와 함께, 장군이자 군인 자녀인 "폭풍 노먼" 슈워츠코 프("Stormin' Norman" Schwarzkopf)가 인터뷰에 무료로 응했다. 한편 베스와 나는 우리가 한 모든 공동의 집필과 연출한 공연들을 가지고 할 수 있는 한 최대의 돈을 다큐멘터리를 만드는 데 투자했다.

당시, 유난히 녹초로 만드는 밤샘 촬영 후에, 베스는 더 이상 할 수 없다 고 말했다. 그녀에게는 돌봐야 하는 남편과 어린 아들이 있었고, 그녀는 아마도 이미 "그 어떤 가치도 찾을 수 없는 것"에 "충분히 시간과 돈을 낭 비했던 것이다".

나는 얼어버렸고, 전형적인 군인 자녀의 방식으로 반응을 보였다. "나

February 7, 2000.

는 네가 언제 떠날지 궁금했어"라고 말했는데, 이것은 베스에 대한 것이라기보다는 나에 대해 말한 것이었다.

그녀는 울었고, 나도 울었고, 우리는 둘 다 후에 사과했지만, 나는 여전히 혼자였고 내 전 생애에 걸쳐 한 편의 영화도 만들지 못한 상태였다.

점점 상황은 악화되었다. 나는 캘리포니아에 있는 유니버설 뮤직의 컴퓨터 매뉴얼을 작성하는 계약직 자리를 구했다. 상사와 내가 햇빛을 즐기면서 산타모니카의 거리를 걷고 있던 어느 날, 차 한 대가 보도 위로 올라와 굉음을 내며 달렸다. 나는 마치 내가 슈퍼우먼처럼 차를 멈춰 세울 수 있는 듯이 차 후드에 손을 댔지만, 차는 내 다리를 쳤고 나는 이마를 후드에 크게 부딪쳤다. 그러고는 차 전면 유리 쪽으로 굴러 공중으로 떴다가 소화전 위를 스치듯 지나갔고, (맹세컨대) 우리 아버지와 할아버지의 영혼이 나를 낮춰서 교통 흐름을 벗어나 배수로 쪽으로 떨어지게 했다. 나는 머리가 깨지지 않은 것에 놀라며, 머리를 움켜잡았다. 등도 아팠지만, 나는 한 노숙인 베트남 참전용사가 내 앞에 무릎 꿇고 말릴 때까지 계속 서려고 했다. 나를 친 여자는 사과조차 전혀 하지 않았다. 그녀는 경찰에게, 자기 차 앞에 내가 '쓰러졌다'고 말했다. 운 좋게도, 거기에 증인들이 있었다.

나는 응급실에서 오후 내내 걷잡을 수 없이 흐느껴 울면서 시간을 보냈지만, 훌륭한 군인의 딸답게 바로 다음 날 출근했다. 군데군데 멍이 들었다. 하지만 얼마 지나지 않아 또 다른 비극이 일어났기 때문에, 나는 그 사고로부터 마땅히 배웠어야 할 것을 분명히 배우지 못했다—마지막으로 남아 계시던 조부모님이 돌아가셨다, 메리 본 길(Mary Vaughn Gill). 내가 발견한, 하나님이나 부처나 우주의 일이란 그런 것이다. 우리 각자가 우리 삶에서 배워야 하는 교훈이 있고, 우리가 하나의 특정한 교훈을 배우기를 피하면 피할수록 하나님께서는 우리가 그것을 배울 수밖에 없도록 우리를 더 심하게 치신다(그리고 그다음의 교훈으로 넘어가게 된다).

그러나 군인 자녀는 깨져야 할 단단한 견과이다. 우리는 트라우마와 역경에 익숙하다. "생존자"는 우리의 또 다른 이름이다. 나는 할머니가 아프셨을 때 할머니와 더 많은 시간을 보내기 위해 촬영 스케줄을 연기해야 한다는 것을 알았지만, 〈군인 자녀들〉 영화의 성과를 통제하는 데 너무 사로잡혀 있었다. 운이 좋게도 할머니는 내가 죄책감을 느끼지 않을 만큼 충분히 나를 사랑하셨다. 굉장히 아름다운 여성인 우리 할머니는 관에 누운 모습이 스무 살이나 젊게 보이는, 내가 본 유일한 분이다. 할머니가 우리 어머니 품에서 돌아가시던 아침, 나는 "난 아직 준비가 안 됐어! 준비가 안 됐다고!"라고 소리치며 컴퓨터 앞에서 무너져 버렸다.

우리는 결코 준비되지 않는다. 그렇지 않은가?

여전히 나는 배우지 못했다. 그래서 장례식 후 두어 달 동안, 한 오랜 친구가 다시 내 삶에 나타나 매우 고통스럽지만 필요한 과정을 겪게 했다. 많은 군인 자녀들처럼, 나의 지난 대인관계는 험난했다. 나는 그 누구와도 이야기할 수 있지만 신뢰하지 못했다. 의견의 차이는 성장의 기회가 아니라 그냥 "넘어가라"는 신호였다. 나는 신체적으로는 A 유형의 네안데르탈인에게 끌렸지만, 지적으로는 그들을 싫어했다. 만약 친절하고 품위 있는 누군가가 우연히 곁에 있게 되면, 나는 나처럼 헌신하는 것을 두려워하는 남자들을 위해 그 관계를 빨리 끝냈다. "코너(Connor)"와 나는 내가 변호사 일을 하고 있을 때 만났다. 그는 알코올중독, 불륜, 공격성 등 오점투성이의 과거가 있었지만, 키가 크고, 금발에, 매력이 있었다. 그는 작은 남부 마을에서 태어나 자랐으니, 우리는 공통점이 전혀 없었다. 그는 완벽했다.

나는 그 관계에서 우위에 있음을 확신하면서 경계 태세를 늦췄고 사랑에 빠졌지만, 여전히 반지 대신 배를 사자고 제안하면서 "M"으로 시작하는 단어를 피했다. 그러고 나서 기술지원직으로 일했던 코너는 한 산업 제조공장에서 기계를 수리하던 중 감전 사고를 당했다. 그는 살아남았지만, 그 사고는 커플인 우리를 갈라놓는 일련의 사건을 촉발시켰고 산타모니카에서의 차 사고보다 나를 더 압도했다. 처음에 나는 코너를 "바로잡고"

트라우마가 불러오는 감정적 상처들을 치료하려고 노력했고, 어떻게든 그가 값싼 술이나 심지어 값싼 여자로 그 고통을 자가 치료하는 것을 멈추게 하려고 설득했다. 그게 소용없자 나는 결국 PTSD, 즉 외상 후 스트레스 장애로 진단받은 심한 우울증에 서서히 빠져들었다. 내 몸무게는 6주 동안 30파운드나 줄었다. 나는 정치수용소 희생자처럼 보였다. 먹지도 자지도 못하고, 단지 울면서 고통이 진정되기만을 기도했다. 군인 자녀의 이동 생활 속에서 내가 생존하도록 도운 모든 자질―안전한 거리를 유지하는 것, 완벽을 위해 애쓰는 것, 완전한 통제를 유지하는 것―은 더 이상 아무 효과가 없었다. 결국 일정하게 머무는 것이 변하기 위해 했던 것보다 더 상처가 되었다. 만약 내가 하나님(또는 부처나 우주)이 내게 가르치려 하셨던 교훈을 배우지 않았다면, 내가 살려고 하지 않았을 것이라는 사실이 카리브해만큼이나 뚜렷해졌다.

그래서 나는 피노 그리지오 한 잔을 들고 앞 베란다 쪽에 있는 레이지 보이 리클라이너에 기대앉아 싱클레어호를 내려다보며 지금까지 쓰인, 모든 자조를 돕는 책을 읽었다. 나는 조지아주 메이컨에 있는 탁월한 심리학자 멜턴 스트로저(Melton Strozier) 박사[13]와 치료를 시작했다. 가장 친한 친구 중 한 명인 베키(Becky)도 그 당시 매우 화가 나 있어서, 우리는 몇 달간이나 서로의 얘기를 들어주고 함께 울어주고 같은 질문을 반복했다. 시간이 지날수록, 내 고통이 코너보다는 내가 태어난 직후 시작된 평생의 트라우마와 더 관련이 있다는 것이 명백해졌다. 대부분의 군인 자녀들처럼, 나는 안락한 가정에서 자랐다. 아버지는 술을 많이 마셨지만, 일을 사랑하고 아내와 자녀들을 열렬히 사랑하는 행복한 사람이었다. 우리가 모두 자러 간 후에 밤마다 아버지는 티셔츠에 속옷 바람으로 소파에 앉아 스카치위

---

13 멜턴 스트로저, PhD, ABPP, 조지아주 메이컨 소재 머서대학교(Mercer University) 의대 정신의학 및 행동과학과 학과장 겸 교수.

스키 한 잔을 홀짝이며 책을 읽으셨다. 그것은 이동이 많았던 아버지 자신의 어린 시절과 베트남의 중앙 고원에서 들것으로 주검을 실어 날랐던 기억들을 스스로 치료하는 아버지만의 방법이었던 것 같다. 나는 물론 아버지가 돌아가시고 한참 지난 후에도 이 중 어느 것도 깨닫지 못했다. 우리 아버지는 고등학교 졸업 전까지 25번이나 이사를 다니셨지만(할아버지께서 자랄 때 무엇이 되고 싶은지 전혀 알 수 없으셨기 때문이다), 내게 말씀하신 적이 전혀 없다. 아버지는 베트남에 대해서도 전혀 말씀하지 않으셨다. 나는 일반적으로 군인 가족들은 전쟁의 세부사항에 대해 많이 말하지 않는다는 것을 발견했다. 그건 너무 고통스럽다. 전쟁은 군인들과 그의 사랑하는 이들에게는 지적인 토론 주제가 아니다—생존의 문제이다. 대개 운 좋은 자의 생존.

군인 자녀들은 이 교훈을 빨리 배운다. 우리는 두려움을 삼키고, 분노를 다스리며, 고통을 지나 미소 짓는다. 그러나 트라우마는 엄하게 삶을 주관한다. 심리치료사 스테퍼니 도널드슨프레스맨에 따르면, 트라우마란 "당신이 통제할 수 없는 것을 통하여 당신에게 발생하는 부정적인 어떤 것"이다.[14] 만약 그게 사실이라면, 군인 자녀들은 18세까지 대부분의 사람들이 평생 겪는 것보다 더 많은 트라우마를 경험한다. 잦은 이동, 부모의 부재, 전쟁·폭력·죽음에의 노출 같은 것들이다. 단지 자신의 "임무"를 위해 누군가의 욕구, 욕망, 감정을 끊임없이 뒤엎는 것은 당신이 얼마나 많은 국기를 흔들거나 배지를 차고 있는지에 상관없이 대가를 지불하게 한다. 18세가 되거나, 아니면 대학 졸업 후에, 아니면 군인인 부모가 다치거나 죽거나 은퇴하거나, 아니면 당신이 어리석은 10대의 장난을 저지르거나, 아니면 자기감정을 안 느끼려고 마약이나 술을 먹기 시작해서 미국으

---

14 도나 무질의 스테퍼니 도널드슨프레스맨 비디오 인터뷰(워싱턴 D.C.: 국경 없는 군인 자녀들, 2002), 네 번째 테이프 4:19:20.

로 돌려보내지면, 모두 끽하는 소리를 내며 멈춘다. 당신은 당신이 지금까지 알고 있던 유일한 "본향"인 군의 환경을 떠나 그저 "당신의 삶을 살아가도록" 강요받는다. 미국 정부는 당신의 신분증을 빼앗고 안내병 없이는 군 진영에 발을 들이지 못하게 한다—병원, PX, 매점도 안 되고 심지어 볼링장도 안 된다. 그들은 당신에게 행운을 빌며 작별을 고하거나 병역에 감사를 표하지도 않는다. 만약 당신이 어린 시절 경험한 트라우마와 스트레스 때문에 증상을 보이기 시작하더라도 어떤 혜택이나 의료 서비스도 받지 못한다. 당신은 사실상 추방당했으며, 심지어 더 나쁜 것은, 당신이 더 이상 중요하지 않기 때문에 당신이 추방당한 것을 아무도 모른다는 것이다. 기관의 관점에서 당신은 더 이상 존재하지 않는다.

내가 이 모든 것을 깨달았을 때, 나는 내가 혼자가 아니고 그동안 경험했던 것에 대한 내 감정이 완벽히 "정상"이었다는 것을 이해했고 내가 이미 배웠어야 했던 교훈을 천천히 놓아주기 시작했다. 내가 변할 수 없는 것을 받아들이고 내가 더 참을 수 없는 것을 변화시키기 위해. 나는 인터뷰를 촬영하면서 다시 일하기 시작했다. 나는 처음에는 아일랜드 더블린에서, 그 후에는 프랑스 파리에서 친구의 집을 봐주며 크리스마스도 거르고 〈군인 자녀들〉의 초안을 작성하며 겨울을 보냈다. 나의 멘토인, 다큐멘터리 제작자이자 해군 자녀 주디스 펄먼(Judith Pearlman)[15]은 뉴욕에서 대본을 수정했다. 갑자기, 운이 내게 대항하는 대신 지원하는 듯했다. 군인 자녀 출신 영화 제작자인, 천사 같은 제프 서먼(Jeff Thurman)은 국방부와 공군이 국방영상정보센터(Defense Visual Information Center: DVIC)의 기록영상 사용료 수천 달러를 국경 없는 군인 자녀들에 기부하도록 설득했다. 하이델베르크 고등학교 동문인 프랜시스코 "파코" 햄(Francisco "Paco"

---

15 주디스 펄먼, 클리오필름, http://www.cliofilm.com, http://www.apollosgirl.wordpress.com.

Hamm)은 내게 독일에서 갖는 군인 자녀 동창회에서 몇 시간에 걸친 추가적인 상영 시간을 허락했다. 오랜 친구이며 작곡가인 찰스 프리메라노(Charles Primerano)는 높은 평점을 얻는 데 기여했다. 군인 자녀 카메라 오퍼레이터인 톰 헤니그(Tom Hennig)와 피터 크라예프스키(Peter Krajewski)는 음악 제작자인 앨런 에이브러햄스(Alan Abrahams)와 그의 아내 마거릿 그리고 편집자 존 고드윈(John Godwin), 에이미 린턴(Amy Linton), 토니 테래나(Tony Terrana)가 그랬듯이, 비용을 대폭 낮춰주었다. 헤니그 부부와 고드윈 부부는 오스틴과 애틀랜타에 있는 편집기기를 사실상 공짜로 제공했고, 리리코딩 사운드 디자이너/믹서인 숀 콘래드(Shawn Conrad)와 애틀랜타에 있는 전(前) 프로덕션 하우스인 비티포스트(BT Post)는 마지막 녹음에 기여했다.[16]

나는 헤니그프로덕션에서 편집하던 때를 절대 잊지 않을 것이다. 텍사스의 어느 무더운 날에 현지 프로듀서가 느긋하게 걸어 들어오며 다음과 같이 물었다. "아직도 하고 있어요? 그냥 그만두는 게 어때요?"

나는 웃었다. 그 시점에서 그만두는 것은 간단한 선택이 아니었다.

몇 주 후에, 공군 자녀 글렌 그린우드(Glenn Greenwood)가 전화해서 전설적인 싱어송라이터 크리스 크리스토퍼슨(Kris Kristofferson)이 오스틴에서 3일 후에 공연한다고 말했다. 나는 지난 몇 년간 헤니그프로덕션에서

---

16 프랜시스코 "파코" 햄, http://www.imdb.com/name/nm2092218/; 톰과 펙 헤니그(Peg Hennig), 헤니그프로덕션, http://sites.google.com/site/hennigproductions/home; 피터 크라예프스키, 부두미디어, http://www.voodoomedia.com; 앨런 에이브러햄스, 두라이트레코드, http://www.alanabrahams.com, http://www.doriterecords.com; 존 고드윈, 존고드윈비디오, http://www.johngodwinvideo.com; 에이미 케리 린턴, http://www.imdb.com/name/nm0136897/; 토니 테래나, 신타시스, http://www.synthaxis.com; 숀 콘래드, Ear FX, 포스트 프로덕션 사운드, http://www.EarFX.com; 셰리 배스천(Sherry Bastion), 아키사이트, http://www.archesite.com; 비티포스트, http://www.lindabairproductions.com.

일하면서 글렌과 그의 아내(지금은 전처가 된) 신디와 같이 살다가 따로 살기를 반복하고 있었다. 그리고 글렌은 내가, 크리스가 그 영화에서 내레이션하기를 원하는 것을 알고 있었다. 크리스의 아버지는 공군 장군이었고 크리스는 육군에서 복무했다. 그리고 그는 음악을 본업으로 하기 전에 자녀들을 군인 자녀로 키웠다. 나는 크리스의 열성 팬이었지만 그를 직접적으로 알지는 못했다. 그러나 나는 그의 소속사 이름을 알았고, 주디 펄먼과 나는 이미 문의 편지를 써놓은 상태였다. 준비가 기회를 만나는 그 희귀한 순간을 이용하기 위해서, 나는 그의 소속사 팩스로 편지를 보냈다. 몇 시간 후, 그들은 내게 전화해서 그의 아내인 리사의 핸드폰 번호를 알려주었다. 크리스의 딸 트레이시는 아버지가 그 프로젝트에 관심 있을지도 모른다고 생각했다. 법학 학위가 있는 성인인 나는 처음 자전거를 타는 아이처럼 떨면서 그 번호로 전화를 걸었다. 하지만 리사는 즉시 나의 긴장을 풀어주었다. 우리는 다음 날 그들의 호텔 방에서 15분 동안 "팬미팅"을 가졌고, 거기서 나는 크리스가 내 아버지가 주둔한 독일의 바트크로이츠나흐에서 우리가 떠나고 1년 후에 주둔한 것을 알게 되었다. 수많은 꽉 찬 순간 중 하나였다.

"있잖아요" 리사가 말했다. "크리스는 이 다큐멘터리에 딱 맞는 노래들을 가지고 있어요."

"그거 참 좋네요." 나는 빙그레 웃으며 "근데 나는 저작권료를 낼 돈이 없어요"라고 말했다.

"그건 걱정 마세요." 크리스가 명확하고 저음의 음색으로 대답했다. 만약 그가 가편집본을 마음에 들어 하면, 나는 그가 소유한 모든 곡을 쓸 수 있게 되었다.

그 후에 크리스는 영화의 내레이션을 하고 그의 노래 여덟 곡을 그 프로젝트에 기부하는 데 동의했다. 내가 왜 그랬냐고 물어보자, 그는 "미묘한 감정들을 일으킨" 어떤 것에 보답하고 싶어서라고 답했다.[17] 그는 군에 있었던 어린 시절이 자신의 성인 생활에 어떤 영향을 주었는지 한 번도 생각해 보지 않았다. 그는 그렇게 상처받은 많은 군인 자녀들이 있다는 것을 알지 못했고, 자신이 할 수 있는 한 무엇이든 도와주고 싶어 했다.

나의 행운은 이어졌다. 디즈니가 〈리멤버 타이탄(Remember the Titans)〉(2000)의 영상을 무료로 쓰도록 허락해 주었다. 워너브러더스는 영화 〈위대한 산티니〉의 영상 5개의 사용료를 갑자기 깎아주었다. 로버트 듀발을 포함해서 그 클립의 모든 작가, 감독과 배우들이 자신의 출연료를 포기했다. 내가 돌아보는 모든 곳에서 군인 자녀들과 마주쳤다. 배우협회 변호사, 복제 담당, 심지어 렌터카 회사 직원까지! 우리 어머니가 산티니 영상 비용을 내셨고, 군인 자녀 셰리 배스천과 데이비드 그랜트(David Grant)는 〈군인 자녀들〉 웹사이트를 디자인하고 만들었다.[18] 그리고 내가 돈을 탈탈 털었음에도 불구하고 돈이 더 필요할 때, 도움을 요청하지 않았는데도 제작자 겸 감독인 테사 린 스티븐슨(Tessa Lyn Stephenson)[19]이 전화해서 물었다. "뭐가 필요해요?"

나는 그녀에게 말했다.

그녀는 돈을 보내주었고 책임 제작자가 되어주는 데 동의했다. 그녀의 어머니는 군인 자녀였다.

그러나 내 여행은 끝나려면 멀었다. 그 다큐멘터리를 개봉하기 전에 나는 두 군인 자녀 동창회에서 그것을 미리 상영했다. 하나는 한국에 있는 서울 미국인고등학교였고 다른 하나는 터키에 있는 앙카라 미국인고등학교였다. 이 두 상영이 그동안의 모든 눈물, 모든 걱정스런 순간, 모든 감정

---

17 도나 무질의 크리스 크리스토퍼슨 비디오 인터뷰(아구라힐스, CA: 국경 없는 군인 자녀들, 2004), 첫 번째 테이프 17:32:43. 크리스 크리스토퍼슨에 대한 더 많은 정보는 다음에서 얻을 수 있다. http://www.kriskristofferson.com.

18 〈군인 자녀들: 우리의 여행 귀로〉 홈페이지, http://www.bratsourjourneyhome.com 또는 http://www.bratsfilm.com.

19 테사 린 스티븐슨, http://www.imdb.com/name/nm1421891/.

적이고 경제적인 희생을 가치 있게 만들었다. 앙카라에서 상영이 끝난 후에 400명이 넘는 전 연령의 군인 자녀들이 웃고, 울고, 소리를 질렀다. 어떤 50대 여성은 내 어깨에 기대 10여 분간 울었다. "나는 정말 성공한 사업가예요." 그녀는 진심으로 내게 말했다. "나는 지금까지 그걸 몰랐어요."

그러고 나서 휴스턴에서 열린 세계적 전환기에 있는 가족들(Families in Global Transition: FIGT)[20]의 연례행사에서 그 다큐멘터리를 상영했다. 새로 발견한 "지혜"와 흔들리는 자긍심을 모두 테스트하면서.

대다수의 관객은 영화를 좋아했지만 몇몇 사람들은 맹렬히 그 영화를 싫어했다.

"그런 일은 군대에서뿐만 아니라 어디에서나 일어나요"라며 몇몇 사람들은 논쟁했다.

"나는 저런 사람 한 번도 못 봤어요"라며 자신들의 배우자를 학대한 군인들을 언급하면서 어떤 사람들은 훌쩍거렸다.

"우리는 더 이상 그런 일을 하지 않아요." 군대 내 음주에 대해 3분의 1이 되는 사람들이 이렇게 말했다.

한 여성은 심지어 나의 숨은 의도가 무엇인지 물어보았다. 나는 고개를 돌려 내가 우는 것을 그녀가 못 보게 했다.

나는 그들의 반응에 매우 놀랐다. 장군들은 부관들이 전방에서 돌아와 보고할 때 그냥 "좋은" 소식만 묻지 않는다. 모든 군인들이 외상 후 스트레스 장애를 겪지는 않는다. 그들이 고통받는 군인 자녀들을 가볍게 내버려 두듯이 우리도 그들을 가볍게 내버려 두어야만 하나?

참석한 사람들은 콘퍼런스 내내 그 영화에 대해 논쟁했다.

"이건 당신에 관한 얘기가 아니에요!" 나는 한 군인 자녀가 점심시간에 시끄럽게 말하는 것을 들었는데, 그것이 아마 쟁점의 가장 주요한 부분처

---

20 세계적 전환기에 있는 가족들, http://www.figt.org.

럼 보였다. 일부 개인들은 군사 미션에 이런저런 이유로 너무 많은 것을 쏟아부어서 스스로 개인과 기관을 구분할 수 없는 것 같았다. 그것은 너무 위험했다. 만약 당신이 그 기관을 비판했다면 당신은 그들을 개별적으로 비판한 것이 된다. 이러한 개인들은 영화에서 인내, 훈련, 이상주의, 애국심 등과 같은 긍정적인 부분을 전혀 보지 못하는 듯했다. 그들 모두는 "부정적"이라고 규정한 고통스러운 이야기들에만 집중했을 수 있다. 결국, 부모들이 자기 자녀를 위해 선택한 인생이(대체로 자신들이 어렸을 때보다는 나은 인생이지만) 결함이 있다는 말을 듣기가 얼마나 어려운지 이해되었다. 나 또한 내 "아기"(내 다큐멘터리)가 안 예쁘다는 얘기를 듣기 싫다! 그러나 당신은 자녀가 하는 모든 것을 다 옳다고 하면서 자녀를 건강하게 키우지는 못한다. 그들이 우리의 긍정적인 이야기와 고통의 이야기들을 들을 필요가 있는 만큼 나도 그들의 비판을 들을 필요가 있다. 그러나 결국에, 이것은 나에 대한 것도 아니고 어떤 반대자나 개인에 대한 것이 아니라 우리의 문화, 공동체와 긍휼에 대한 것이다. 이것은 한 사람의 감정, 의견과 경험이 다른 사람들의 것만큼 중요하다는 것을 자각하는 겸손과 수용에 대한 것이다. 나는 아직도 이것과 씨름하고 있다. 어떻게 한 인간이 다른 인간이 고통스러워하는 것을 보고만 있을 수 있고, 그들의 고통을 무시하거나 혹은 하찮게 여길 수 있는가? 나도 같은 식으로 매년 고속도로에서 고통을 당하는 수백 명의 굶주린 노숙자들이 "밥벌이를 위해 일이 필요합니다"라는 피켓을 들고 있는 것을 보기만 하고 운전하며 지나친다. 우리는 우리가 할 수 있는 것만 할 수 있다. 내가 부딪혔던 대부분의 비판은 내가 그랬던 것처럼 그저 버티려고 하는 것들이었다. 많은 사람들은 군인 가족으로 성장하지 않았거나 그 안에서 자랐더라도 좋은 기억을 가졌을 것이다. 그렇지 않았다면 다시 군대에 들어오거나 결혼해서 군대와 연관을 맺지는 않았을 것이다. 이 문제들은 복잡하고 역설적이다. 다른 대부분의 것들처럼 토론할 가치가 있다.

그러나 그사이에 나는 그 영화에 관해 중요한 결정을 하게 되었다. 많은 후원금에도 불구하고 나는 돈이 없었다. 모든 수익은 영화를 만드는 데 들어가고 내 월급은 아직 받지 못했다. 가짜 사회주의적인 군 기지에서 자란 많은 군인 자녀들처럼 내게도 돈이 인생에서 동기부여가 되진 않았다. 봉사가 나에게 동기부여를 해주었다. 하지만 당신은 봉사로 먹고살 수가 없다. 내가 만약 〈군인 자녀들〉 DVD를, 영화제를 순회하기 전에 온라인에서 팔았다면, 나는 더 이상 아카데미 시상식이나 더 품격 높은 영화제에 설 자격을 가질 수 없었을 것이다. 현실적으로 두 가지에 대한 확률은 낮았고 초창기에 영화를 후원하고 제작비를 지원하며 도운 군인 자녀 관객들은 전통적인 영화관이나 DVD라는 창을 기다리기 원하지 않았다. 그래서 나는 기회를 잡아서 그 비디오를 우리의 첫 영화제 참가 전에 공개했고, 우리 웹사이트를 통해 온라인으로 팔았다. 6개월 내에 그 영화는 오직 입소문과 이메일로만 흑자를 보게 되었다.

우리는 세도나영화제에서 다큐멘터리를 개봉했다. 여기서 "우리"는 작가이자 독립영화 제작자인 공동 제작자 티머시 워츠(Timothy Wurtz)와 홍보 담당자인 비키 갤리언(Vicky Gallion), 글렌 그린우드[21]와 이룬 잘 짜인 팀이다. 팀은 전직 국방부 학교 직원 아들이었고, 글렌은 내가 오스틴에서 영화를 편집할 때 같이 있었던 공군 자녀였다. 비키는 18년 동안 서부 미국작가조합(Writers Guild of America, West)에서 일한 후 자기 소유의 회사를 차린 상태였다. 팀과 글렌은 내가 편집을 할 때 굉장히 중요한 피드백들을 해주었다. 그리고 팀은 앙카라 모교 동창회에서의 관객 반응을 증언해 주었다. 비키가 전국 언론에 집중하고 글렌이 군에 집중하는 동안, 팀은 지역 언론 관리를 자원했다. 우리의 예산을 기댈 곳은 없었지만 우리의 정신

---

21 티머시 워츠, http://www.imdb.com/name/nm0943438/; 비키 갤리언, 갤리언컴퍼니, http://www.thegallioncompany.com; 글렌 그린우드, http://www.linkedin.com/in/glenngreenwood.

은 동요하지 않았다. 우리는 20개 이상의 영화제에 참석해서 영화를 공짜로 홍보했는데, 영화제들이 사람들에게 충분히 닿지 않는다는 것을 알기 전까지 애틀랜타에서 앵커리지까지, 산타페에서 로드아일랜드까지, 포트로더데일에서 뉴포트비치까지 다녔다. 영화제는 재미있었고, 우리는 심지어 최고의 다큐멘터리 상, 최고의 신인 감독 상, 서던렌즈 상(Southern Lens Award)[22]을 포함해 몇 가지 상도 받았다. 그러나 참석은 배정받은 시간대를 따라야 했고 홍보 경쟁은 굉장히 치열했다. 나는 정확한 계약서를 읽기 전까지 몇몇 배급사의 제안들을 고려했다. 나는 마지못해 그 영화를 광고 목적으로 재구성하는 권한을 넘겨주었다. 나는 오랫동안 균형 있고, 편견에 사로잡히지 않고, 정치적이지 않은 다큐멘터리를 만들기 위해 노력했고, 어느 누구든 스펙트럼의 끝에 있는 사람들이 속임수를 써서 자신들의 고정관념에 맞게 영화를 이용하지 않기를 원했다. 팀은 미래의 영화제들을 포기하고 록 밴드처럼 돌아다니며 상영하는 것을 제안했다. 이렇게 해서 '〈군인 자녀들〉 영화 투어'가 시작되었다![23]

우리는 국방부 학교 동문회에 따라 군인 자녀들의 숫자가 많은 도시를 목표로 삼았다. 우리는 샌프란시스코에 있는 마린 메모리얼 클럽 앤드 호텔에서, 그곳의 회장 겸 최고경영자, 퇴역 미 해병 소장인 마이클 마이엇(Michael Myatt)[24]의 지원을 받아 투어를 시작했다. 샌프란시스코는 내 마음에서 특별한 곳이다. 내 아버지가 편찮으시기 전에 마지막으로 발령을 받았던 곳이다. 바트크로이츠나흐에서 온 아버지의 동료 중 한 명이 그 상

---

22 최고의 다큐멘터리 상, 뷰퍼트영화제(2007)와 에스티스파크영화제(2006); 신인 감독 상, 로빙아이 다큐멘터리영화제(2006); 서던렌즈 상(2007). 그리고 2010년 〈군인 자녀들〉은 G.I. 영화제에서 설립자 선정 상을 수상했다.

23 〈군인 자녀들〉 영화 투어에 대한 더 많은 정보는 다음 사이트에서 얻을 수 있다. http://www.bratsourjourneyhome.com/screenings.htm.

24 마린 메모리얼 클럽 앤드 호텔의 회장 및 최고경영자이자 퇴역 미 해병 소장인 J. 마이클 마이엇, USMC (Ret.), http://www.marineclub.com/index.php.

영장에 있었다. 포트워스에서 페이엣빌까지, 올랜도에서 뉴포트뉴스까지, 투손에서 터코마까지, 우리가 갔던 거의 모든 곳에서 〈디스 이즈 유어 라이프(This Is Your Life)〉(1952)의 군인 자녀 버전같이 관객 속에서 어린 시절 친구들이 나왔다. 나는 고등학교를 졸업하기 전까지 100여 명의 선생님을 거쳤지만 그중 한 명만 유독 기억난다. 말린 노드슨(Marlene Knudson), 독일에 있을 때 나의 3학년 담임선생님이다. 나는 국방부 학교의 동문회에서 그녀의 이름을 보았고 이메일을 보냈다. "아마 저를 기억하지 못하실 거예요. 그러나 선생님은 내가 어린 소녀였을 때 최고의 선생님이었어요" 라고 썼다.

정말 놀랍게도 그녀에게서 바로 답장이 왔다. 그녀는 내가 누구인지 정확히 알고 있었고 내가 자신이 가장 좋아한 학생 중 한 명이었다고 말해주었다. 우리 가족이 독일에 거주할 때 우리 아버지가 그녀의 세금 문제를 도와주어 그녀는 우리 부모님을 무척 좋아했다. 우리는 워싱턴주에서 영화를 상영한 후에 다시 만났고 그녀는 나의 두 번째 어머니가 되어주었다.[25]

다음 6개월이 더 지나도록, 우리는 그 다큐멘터리를 교회 지하부터 시작해 공공도서관, 군 박물관, 아이맥스 영화관에서 거의 무료로 상영했다. 출장 경비는 DVD 판매 금액으로 충당했다. 평균적으로 30%의 관객이 관람 후 DVD 한 장 이상을 구입했다. CNN의 〈금주의 전쟁(This Week at War)〉, NPR의 〈모든 것을 고려해 보았을 때(All Things Considered)〉, ≪스타스 앤드 스트라이프스(Stars and Stripes)≫ 신문을 포함해 지역 및 전국 언론이 우리가 할 수 없는 광고를 해주었다. 우리는 하룻밤 관객이 700명에 달했다. 이상하게도 가장 적은 관객이 온 곳은 포트후드로, 그곳은 텍

---

25 불행하게도, 말린 딜라 노드슨은 2011년 8월 21일 사망했다. 그녀는 "학생들은 당신이 가르친 것은 잊을지 모르지만, 당신이 학생들을 어떻게 대했는지는 절대 잊지 않을 것이다"라는 것을 믿었다. 나는 결코 잊지 않았다.

사스에서 굉장히 큰 군부대였다. 확실히 현역 군인 가족들은 그들의 아이들과 어른이 된 군인 자녀들의 관계성을 보지 못했다.

그것은 중요하지 않았다. 내가 이 길고 고된 과정들을 하게 만드는 원동력은 명성이나 돈이 아니었다. 그것은 관객들의 반응과, 전 세계 군인 자녀, 미군 자녀뿐만 아니라 아일랜드·프랑스·이탈리아·태국의 군인 자녀, 군인 자녀뿐만 아니라 외무 직원의 자녀, 선교사 자녀, 해외에서 자란, 국제 회사나 정부 기관 직원 자녀들의 격려 메시지였다.

"당신의 영화가 내게 가져다준 정서적인 평화에 대한 감사를 말로 다 표현할 수 없습니다." 앤 윌리엄스 아처 씀.

"나는 이 영화를 볼 때마다 웁니다. 왜냐하면 나는 내가 느끼는 감정들을 알아주는 사람들을 알고 있으니까요." 멀리사 힐, 이메일로 씀.

나는 이러한 편지를 매일, 지금도 받고 있다. 이것이 이 영화로부터 탄생한 국경 없는 군인 자녀들의 교육적 봉사활동 프로그램인 군인자녀작전(Operation Military Brat)의 원동력이다.[26]

나는 투어가 다 끝난 뒤에 모아두었던 항공 마일리지를 싹싹 긁어모아 30년 만에 처음으로 아시아로 되돌아갔다. 나는 아버지가 베트남에서 1967년부터 1968년까지 제173공수여단에 계실 때의 발자취를 따라가 보고 싶었다. 가는 길에 나는 서울에 있는 국방부 학교의 감독기관 초청을 받아 한국에 갔는데 압도적이었다. 단지 30년 만에 한국은 스스로 탈바꿈했다. 부서질 것 같은 자전거의 뒷자리에 걸쳐 있던 죽은 개들은 다 사라졌다. 길 양쪽으로 쪼그려 앉아 있던 반라의 아이들도 사라졌다. 서울은 색채감은 조금 떨어질지라도 시애틀 같았다. 나는 그때 다섯 시간이나 걸리던 태구, 지금은 "대구"라고 부르는 곳에 90분 걸리는 빠른 기차를 타고

---

26 군인자녀작전에 대한 더 많은 정보는 다음 사이트에서 얻을 수 있다. http://www.brats ourjourneyhome.com/omb.htm.

가서 7학년부터 12학년까지 군인 자녀 300명을 모아놓고, 내가 글린 터먼이 주연한 찰리 러셀의 가족 코미디 〈검은 손 쪽에 있는 다섯(Five on the Black Hand Side)〉(1973)과 1970년대 초기에 만들어진 다른 "B"급 영화를 보던 바로 그 퀸셋 막사에서 영화를 보여주었다.[27]

나는 한편으로 불안했던 것을 시인한다. 나는 그렇게 많은 군인 자녀에게 영화를 보여준 적이 없었다. 그 영화는 비교적 지적인 영화였고 나는 그들이 잘 들어줄지 궁금했다. 그러나 걱정할 필요가 없었다. 그들은 우리의 아프로 헤어스타일과 평화 사인에 환호하고 웃었고, 40세의 육군 군인 자녀 레어드 나이트(Laird Knight)가 그의 아버지가 베트남에서 귀환한 이야기를 하며 그랬던 것처럼 울었다. 그들의 아버지와 어머니는 이라크나 아프가니스탄에 있어 보았다. 그들은 이해했다.

한 7학년 소년이 영화 상영 중에 로비로 걸어왔다. 나는 "너 이 영화 마음에 드니?"라고 물었다. "지루하니? 지루하다고 말해도 괜찮아."

"아니에요." 그가 대답했다. "나는 이 영화가 정말 좋아요. 형과 누나에게 줄 배지를 받을 수 있을까요?" 아이는 우리가 상영 때 나눠준 "나는 군인 자녀이다"라고 적힌 배지를 가리키며 말했다.

"네가 원하는 만큼 가져가렴." 나는 아이에게 말했다.

다음 날 나는 수업에 참여해서 학생들과 이야기를 나누었다. 그들은 영화의 재미있는 부분을 즐겼고, 또한 군인 자녀가 되는 것의 변함없는 도전들에 공감했다. 친구를 잃고, 민간 학교에서 이방인처럼 느끼고, 전쟁에 나가는 부모님을 걱정하는 것 등. "감사합니다." 어느 10대 소년이 내게 말했다. "영화를 보니 제 기분이 좋아졌어요."

---

27 애슐리 롤런드(Ashley Rowland), "훌륭한 평가를 받은 군 요원 자녀들에 대한 영화", 《스타스 앤드 스트라이프스》, 2007년 11월 28일 자. 지미 노리스(Jimmy Norris), "한국에 '군인 자녀'의 이야기를 가져온 영화 제작자", 《스타스 앤드 스트라이프스》, 2007년 11월 24일 자도 참고.

"어떻게?" 내가 물었다.

그 아이와 친구들은 뭔가 아는 듯이 서로 힐끗 보았고, 그리고 아이는 슬프게 웃었다. "영화에 알코올중독 가정 있죠? 그게 우리 집이에요. 나는 다른 아이들도 겪는지 몰랐어요. 나는 다른 아이들이 그런 감정을 느끼는지 몰랐어요."

내가 〈군인 자녀들〉을 만드는 데 7년이 걸렸다. 낮이면 차 보험료나 전기세로 고민하고, 밤이면 소파에 앉아 울던 때가 있었다. 나는 이런 후기를 듣기 위해서라면 그렇게 또 할 수 있을 것 같다. 한 아이의 인생을 변화시키는 것은 명예, 상, 어떤 기억에 남는 보상과도 비교할 수 없는 것이다.

내가 1997년 우연히 대구 미국인고등학교 웹사이트에 처음 들렀을 때 나는 내가 누구인지, 내가 어디에서 왔는지 알 수 없었다. 이제는 안다. 나는 다른 모든 사람들처럼 겨우 살아나가는 한 인간이다. 나는 특별하지 않다. 하지만 나는 사심 없이 자신의 가족과 모국을 지원하는 특별한 국경 없는 군인 자녀 집단 출신이다. 〈군인 자녀들〉 영화를 만드는 것은 많은 편견, 많은 감정, 내가 시험해 봐야 하는 모든 선입견들을 시험하는 것이었고 나는 결국 배웠다. 그리고 그것이 포인트였다. 모든 편지들이 〈군인 자녀들〉 다큐멘터리가 '그들의 인생'을 바꾸었다고 하지만 그것이 가장 크게 바꾼 인생은 내 인생이라고 믿는다.

참고문헌

Bing Crosby Productions. 1979. *The Great Santini*, theatrical film. Los Angeles: Warner Bros. Pictures.

Bud Yorkin-Norman Lear-Tandem Productions, Inc. 1974. *Good Times*, television series. Los Angeles: CBS.

Conroy, Pat. 1976. *The Great Santini*. New York: Random House.

Donaldson-Pressman, Stephanie and Robert M. Pressman. 1994. *The Narcissistic Family: Diagnosis and Treatment*. San Francisco: Jossey-Bass Publishers.

Five Hand Company. 1973. *Five on the Black Hand Side*, theatrical film. Los Angeles: United Artists.

Green, Al, Willie Mitchell and Al Jackson Jr. 1971. "Let's Stay Together." recorded by Al Green as a single on Hi Records label.

Jerry Bruckheimer Films. 2000. *Remember the Titans*, theatrical film. Los Angeles: Walt Disney Pictures.

Musil, Donna. 2006. *BRATS: Our Journey Home*, documentary film. Eatonton, Georgia: Brats Without Borders. http://www.bratsourjourneyhome.com.

Ralph Edwards Productions. 1952. *This Is Your Life*, television series. Los Angeles: NBC.

Warner Brothers Television. 1975. *Welcome Back, Kotter*, television series. Los Angeles: ABC.

Wertsch, Mary Edwards. 1991. *Military Brats: Legacies of Childhood inside the Fortress*. New York: Harmony Books.

5부

끝맺음

프랑스어

마야 골드스타인 에번스(Maya Goldstein Evans)

아, 프랑스어, 내 마음의 언어
병의 밑바닥으로 가버린
나의 모국어
영어, 스페인어, 포르투갈어,
그리고 리듬이 있는 이탈리아어,
조용함이 있는 아랍어로의
여행 중에 잃어버렸고, 이 말들은
나와 맞지 않는 언어들, 나와 부딪히는 언어의 소리들
그래서 나는 프랑스어로 돌아왔다
악마는 모든 것에 침범하는 영어가
아직 아름답지 않고,
정중하지 않고,
멋지지 않은 것으로 받아들인다

글쓴이

/

진 벨빌라다(Gene H. Bell-Villada)

캔자스 출신 스코틀랜드계 미국인 아버지와 중국계 필리핀인 어머니 사이에서 아이티에서 태어났고 푸에르토리코, 쿠바, 베네수엘라에서 성장했다. 학문적 관심으로 집필한 『보르헤스와 그의 소설: 그의 마음과 예술로의 안내(Borges and His Fiction: A Guide to His Mind and Art)』(1981; 2판, 2010)와 『가르시아 마르케스: 사람과 그의 일(García Márquez: The Man and His Work)』(1990; 2판, 2010)은 고등학교와 대학교 수업에서 널리 사용되었고 후자는 스페인어와 터키어로도 번역되었다. 그의 광범위한 연구인 『예술과 문학적 삶을 위한 예술: 어떻게 정치와 시장이 예술지상주의 이상과 문화를 만들어내도록 돕는가, 1790-1990(Art for Art's Sake & Literary Life: How Politics & Markets Helped Shape the Ideology & Culture of Aestheticism, 1790-1990)』은 1997년 전미도서비평가상을 받았고 세르비아어와 중국어로 번역되었다. 그리고 벨빌라다는 제3문화 아이들에 대한 두 권의 소설[『카를로스 채드윅 신비(The Carlos Chadwick Mystery)』(1990); 『에인 랜드를 좋아했던 피아니스트(The Pianist Who Liked Ayn Rand)』(1998)]과 제3문화 아이들의 회고록 『해외 거주 미국인: 열대 지방에서 성장하기(Overseas American: Growing Up Gringo in the Tropics)』(2005)의 저자이다. 그는 매사추세츠 윌리엄스대학 로망스어 교수이다.

모린 번스(Maureen Burns)

작가이며 동시에 시카고예술대학(The School of the Art Institute of Chicago)에서 시각비평으로 석사 학위를 취득한 예술가이다. 그녀의 저작은 이주자와 이동하는 사람들, 유목민에 대한 표현, 사회권력 구조, 국제 관계에서의 시각 문화의 역할에 집중되어 있다. 모린은 미국, 영국, 스코틀랜드, 페루와 카타르에서 살았고, 작품과 연구를 위해 제3문화 아이로서의 경험을 활용하고 있다. "시각 연구 독자(Visual Studies Reader)"에 관한 글을 공저(Routledge)로 펴내기도 했다.

그레그 클린턴(Greg Clinton)

뉴델리에 있는 미국 대사관 학교에서 문학을 가르치고 있다. 이집트 카이로에서 성장했으며, 이후 미국, 벨기에, 일본, 수단, 인도에서 일하고 공부했다. 철학 분야에서 그의 대학원 연구는 언어, 문화, 사회과학의 사상 비평 철학에 집중되어 있다. 그는 또 다른 이주를 고려하고 있다.

앤 베이커 코트렐(Ann Baker Cottrell)

샌디에이고주립대학교 사회학과 명예교수이며, 그녀의 강의와 연구는 다국적인 삶을 사는 사람들을 비교하거나 이들에게 초점을 맞춘 것이었다. 유럽인이나 북미인과 결혼한 남아시아인들을 연구하는 3국가(인도, 영국, 미국) 비교연구와, 미국과 이탈리아의 여성 귀국자(나이가 들어서) 학생들을 연구하는 비교연구를 진행했다. 그녀는 자신의 대학원 멘토들인 루스 힐 우심과 존 우심과 함께 미국 성인 제3문화 아이들에 대한 연구를 시작하기 전에 사회운동과 여성운동을 비교하는 책들을 편집했다. 그녀가 출간한 책과 논문들은 다음의 홈페이지에서 확인할 수 있다. http://homepage.mac.com/adcottrell/ann/annresearch.htm. 코트렐 박사는 성인이 되어 인도, 이탈리아, 잉글랜드, 스코틀랜드에서 살았으며, 여름에 스위스와 코트디부아르에서 일한 경험이 있다.

캐슬린 대니얼(Kathleen Daniel)

제2차 세계대전 중 유럽으로 피난 간 헝가리인 부모 사이에서, 부에노스아이레스에서 태어났다. 텍사스, 뉴저지와 베네수엘라에서 성장했고, 샌프란시스코, 뉴욕, 아나폴리스, 마드리드, 마드라스와 뉴델리에서 살았다. 그녀는 부다페스트를 고향이라고 말하며 그곳에서 교차문화 훈련가, 리더십 코치, 바이오피드백을 이용한 스트레스 관리전문가로 일하고 있다. 그녀는 석사 논문으로 제3문화 아이들의 자연스러운 리더십 자질에 대해 연구하면서 개인의 리더십을 핵심으로 하여 국가 경계 간 이주를 다루는 맥락 중심의 모델을 개발했다. 자신의 연구 결과를 세계적 전환기에 있는 가족들(Families in Global Transition) 콘퍼런스에서 발표했고, 국제유목민의 자아 정체감 발달에 대한 세미나와, 국제유목민 인터내셔널(Global Nomads International) 콘퍼런스에서 국가 이주 단계별 대처에 대한 세미나를 진행했다. 그녀의 웹사이트는 thrive-for-life.com 이다.

낸시 밀러 디목(Nancy Miller Dimmock)

선교사 2세이다. 벨기에령 콩고에서 태어나 성장했다. 그녀와 남편 프랭크는 레소토와 말라위에서 26년간 장로교회에서 섬겼다. 그들의 관심과 전문 분야는 취약 아동의 건강관리와 돌봄이다. 그들은 여덟 명의 아이들이 있는데 여섯 명은 입양한 아이들이다.

리처드 다우니(Richard D. Downie)

루스 힐 우심과 함께 이 책에 공저의 에세이를 썼으며, 미시간주립대학교에서 우심의 논문 지도 학생이었고, 박사 논문에서 최초로 "제3문화"라는 용어를 썼다. 그는 인도 뉴델리에 있는 미국 국제학교에서 학생 서비스 책임자로 근무했고, 이후 2000년에 퇴임하기 전까지 플로리다대학교에서 국제학생센터의 책임자와 학장으로 24년간 근무했다. 또한 국제교육자협회(National Association for Foreign Student Affairs)에서 활발하게 활동했으며 1986~1987년에는 회장으로 역임했다.

페이스 에이드스(Faith Eidse)

2010년 크리스마스에, 어머니를 기억하고 부모님의 성경 번역과 열대 지역 의료간호에 대한 회고록[『세상의 빛(Light the World)』으로 발간 예정]의 완성을 돕기 위해 출생지인 콩고를 방문했다. 배리대학교 탤러해시 캠퍼스의 영어 객원 교수이자 북서플로리다 물 관리 지구의 공공정보 전문가이며, 구술역사 자료인 『애펄래치콜라강의 목소리(Voices of the Apalachicola)』(University Press of Florida, 2006)로 2007년 새뮤얼프록터 구술역사상을 수상했다. 니나 시셀과 함께 『뿌리 뽑힌 어린 시절: 국제 사회에서 성장하기(Unrooted Childhoods: Memoirs of Growing Up Global)』(Nicholas Brealey, Inc., 런던, 2004)를 썼다. 2010년에 플로리다 인문학위원회로부터 파나마시티의 식수 공급 자원인 에콘피나 크리크의 물 자원 역사/전시/연구 도서의 개발을 위한 연구비를 받았다. 그녀는 여성 교도소에 기독교 12단계 프로그램인 회복축제를 적용하는 일에 열정이 있다. 또한 자신이 태어난 콩고 지역에서 가난으로 인해 다리를 저는 콘조(konzo) 피해자들에게 무료로 휠체어를 제공하기 위해 자매인 채리티의 4C기관을 통해 모금하고 있다.

마야 골드스타인 에번스(Maya Goldstein Evans)

이집트 알렉산드리아에서 태어나, 모계로 10대에 걸친 중동 유대인 가정에서 성장했고 아버지는 헝가리 혈통이다. 프랑스어 학교를 다녔고 집에서는 프랑스어를 말했다. 1958년에 수에즈운하 전쟁의 여파로 이집트를 강제로 떠나게 되어, 이탈리아와 프랑스에 잠시 머문 후에 베네수엘라로 이사했다. 카라카스에서 마야는 스페인어를 마치기 전에 미국 고등학교에서 영어를 배웠고 그로 인해 "내가 어디서 왔고 나의 본 문화는 무엇인가"에 대한 질문을 하며 살기 시작했다. 여섯 언어를 말하며 프랑스어에 능통하고 영어로 종종 시를 쓴다. 그녀의 시들은 마운트아이다대학의 문학지인 ≪모자이크(Mosaic)≫에 실렸다. 그녀는 보스턴에서 국제교육 분야 자문가로 활동하고 번역 일을 하면서 살고 있다.

캐슬린 길버트(Kathleen Gilbert)

시카고에 있는 "작은 슬로바키아"에서 다문화 속에서 자랐고, 미국의 다양한 지역에서 살면서 두 딸을 양육했다. 현재 블루밍턴에 있는 인디애나대학교에서 응용건강과학과 교수로 있다. 런던에서 장손자가 태어난 이후에, 제3문화 아이들이 삶에서 겪는 감정적 경험에 대한 연구와 가족 내에서 일어나는 슬픔을 함께 연구하고자 하는 흥미가 생겼다. 그녀는 가족 내 사별과 상실 그리고 상실을 다루기 위해 인터넷을 도구로 사용하는 것에 관해 연구하고 있다. 그녀는 『질적 연구의 정서적 특성(The Emotional Nature of Qualitative Research)』을 편집했고, 『온라인 세상에서 죽어가는 것, 죽음 그리고 슬픔(Dying, Death, and Grief in an Online Universe)』을 공동 편집했다.

리베카 길버트(Rebecca Gilbert)

부모님, 자매와 함께 미국 전역을 이사 다니며 활동적인 어린 시절을 보냈다. 인디애나 블루밍턴에 정착한 후 영어 학사와 상담심리 석사를 받았다. 치료적 레크리에이션으로 박사 학위를 받은 후 현재는 템플대학교 재활과학과에서 일하고 있다. 그녀의 관심 연구 분야는 말을 이용한 심리치료 그리고 난민을 지역사회에 통합시키기 위해 레크리에이션을 활용하는 방법 등이다.

캐슬린 해들리(Cathleen Hadley)

외무처 사무원의 딸로, 미국과 중남미에서 자랐다. 그녀가 정식으로 받은 예술 교육은 아르헨티나 부에노스아이레스에서 시작하여 코네티컷에 있는 하트퍼드 미술학교에서 지속되었다. 그 시간 동안 인도네시아와 극동의 예술을 탐색한 후 시카고로 가서 스테인드글라스/예술 글라스를 공부했다. 6년 동안 시카고에서 예술 글라스 스튜디오를 운영했다. 워싱턴 D.C.에 돌아온 후 전문 항해사와 결혼하여 해군 가족이 되었고, 이동하게 되면서 미국 내 여러 곳에서 살며 지속적으로 남서부부터 태평양 북서부에 이르기까지 인디언 원주민의 예술을 습득했다. 그녀와 어머니는 물리적 거리를 넘어서 십자수와 퀼트 등의 예술 프로젝트를 통해 연결되었다. 여전히 우선되는 예술은 그림이고, 현재는 플로리다에서 남편(퇴직 미 해군)과 예편한 아들과 살고 있다.

낸시 헨더슨제임스(Nancy Henderson-James)

1947년부터 1961년까지 앙골라에서 성장한 회중파교회 선교사 자녀이다. 날마다 아프리카를 떠올리게 하는 아프리카계 미국인들이 많이 사는 노스캐롤라이나 더럼에서 30년 동안 도서관 사서로 일했다. 그녀는 『외국에 있는 고향에서: 아프리카에 사는 미국인 소녀(At Home Abroad: An American Girl in Africa)』(Plain View Press, 2009.4)의 저자이며, 『뿌리 뽑힌 어린 시절: 국제 사회에서 성장하기(Unrooted Childhoods: Memoirs of Growing Up Global)』(Nicholas Brealey, Inc., 런던, 2004)에 글 한 편을 실었다. 2010년 남편과 아들들을 데리고 44년 만에 처음으로 앙골라로 돌아갔다.

에밀리 허비(Emily Hervey)

칠레, 캘리포니아, 카자흐스탄으로 옮겨 다니면서 세 개의 다른 대륙에서 성장했다. 현재 임상심리학으로 박사 학위를 마쳤고, ≪심리학과 기독교 저널(Journal of Psychology and Christianity)≫ 같은 학술지에 자신의 연구를 발표했다. 최근에는 해외 이주를 준비하는 가족을 위한 자료인 「건강한 국제 가족의 이주 워크북(Supporting Healthy International Family Transition(SHIFT) Workbook)」을 만들었다.

브루스 라 브랙(Bruce La Brack)

미국 내에서 호텔 사업을 하는 아버지의 직업 때문에 아홉 번에 걸쳐 7개 주를 18년 동안 이동한 국내 유목민이다. 브루스는 문화인류학자가 되었고 이후에 인도, 일본, 영국, 우간다에 12년간 살면서 85개국을 방문했다. 그는 시크교도 디아스포라 전문가로서 국제적 교육 교류와 재입국 과정에 대한 훈련을 제공하고 있다. 그의 웹사이트 "문화에 무슨 일이 생겼지(What's up with culture)?"는 외국에서 공부하기 원하는 미국 대학생들에게 외국에서 공부하는 데 필요한 일반적인 종합 정보를 제공하고 있다.

엘리자베스 량(Elizabeth Liang)

중국·스페인·아일랜드·프랑스·독일·영국·네덜란드계 후손이며 중남미, 북아프리카, 중동, 코네티컷에서 제록스 아이(Xerox kid)로 자랐다. 그녀는 〈아시아계 혼혈 미국인의 행복한 시간(Hapa Happy Hour)〉이라는, 혼합된 유산의 경험을 탐색하고 축하하는 팟캐스트를 공동 진행하고 있다. 웰즐리대학을 다녔고 나중에 웨슬리언대학교에서 영문학으로 학사 학위를 받았다. 그녀의 소설과 에세이들은 두 학교의 학생 저널에서 볼 수 있다. LA 지역의 배우로서 엘리자베스는 두 번이나 당해의 최고 5인의 배우 중 한 명으로 뽑혔고, ≪LA 위클리≫ 상을 받았으며, 코미디와 드라마에서 앙상블 작품으로 갈랜드상을 받았다. 텔레비전 작품에는 〈죄의 마음(Criminal Minds)〉, 〈법과 질서: LA 프레이저(Law & Order: LA, Frasier)〉가 있고 〈서부 날개(The West Wing)〉에서는 리커링 캐릭터로 출연했다. 세계 여러 곳에서 영화상을 받은 수많은 영어, 스페인어 독립 영화에 출연했다. 엘리자베스는 배우협회, 배우평등연합회, 미국연방 TV 및 라디오 예술가모임의 회원이다. 그녀는 영화 작가인 대니얼 로런스와 결혼했다.

존 량(John Liang)

제록스 회사에서 일한 아버지의 직업으로 인해 과테말라에서 태어난 미국 시민이며, 중국·스페인·아일랜드·프랑스·영국·독일·네덜란드계 후손이며, 과테말라, 코스타리카, 파나마, 코네티컷, 모로코, 이집트에서 성장했다. 조지타운대학교에서 언어로 학사 학위를 받았고, 몬터레이 국제연구소(Monterey Institute of International Studies)에서 국제관계학으로 석사 학위를 받았다. 1994년부터 저널리스트로 일했으며 처음에는 코스타리카 산호세에 기반을 둔 중미의 선도적 영자 신문 ≪티코 타임스(The Tico Times)≫에서 프리랜서와 직원으로 일했다. 1995년부터 1996년까지 몬터레이 카운티의 무료 주간신문 ≪코스트 위클리(The Coast Weekly)≫의 캘리포니아 샐리나스 기자였다. 지난 15년간 존은 워싱턴 외곽 인사이드워싱턴퍼블리셔의 방위 그룹의 편집장으로 미사일 방어와 확산 방지에 대한 글을 편집하고 작성했으며, 웹사이트 Inside Defense.com도 편집·관리했다.

퍼트리샤 린더먼(Patricia Linderman)

15년간 고향인 미국을 떠나 살았다. 『해외 거주 전문가: 성공적인 해외 정착 안내(The Expert Expat: Your Guide to Successful Relocation Abroad)』(Nicholas Brealey Inter-cultural, 2판, 2007)의 공저자이며, 해외 거주자 온라인 문학잡지 ≪작은 행성에서 온 이야기(Tales From a Small Planet)≫(www.talesmag.com)의 편집장이다. 또한 『해외에서 봉사하는 삶의 현실(Realities of Foreign Service Life)』이라는 책 시리즈를 편집했다. 그녀는 독일 문학 석사이며, 비영리 기관인 Kiva.org에서 스페인어 번역 자원봉사를 할 뿐만 아니라 독일어 교사로 일한다. 두 아들을 트리니다드의 포트오브스페인, 칠레 산티아고, 독일 라이프치히, 에콰도르 과야킬 등에서 국제유목민으로 키웠다. 현재 미국인 해외 근무 가족들을 돕는 비영리 기관 AAFSW의 회장직을 맡고 있다.

노마 매케이그(Norma M. McCaig, 1945~2008)

필리핀, 실론(지금의 스리랑카)과 인도에서 성장한 제약회사 경영 간부의 딸이다. "국제유목민"은 그녀가 만든 말이다. 1988년에 국제유목민 인터내셔널(Global Nomads International) 콘퍼런스를 최초로 조직했고 자금을 댔다. 다문화 전문가와 자문위원으로서, 조지메이슨대학교의 다문화연구 및 자원센터 내 국제유목민 프로그램 및 서비스의 코디네이터였다. 또한 NAFSA의 국제유목민 특별이익단체(Global Nomad Special Interest Group)의 창립자이며 코디네이터로도 활동했다.

릴리애나 메네세(Liliana Meneses)

브라질에서 태어나 부모님의 일 때문에 나중에 미국으로 이사했다. 어린 시절 해외 체류와 모국에서의 "숨겨진 이민자" 경험으로 인해 자아와 정체성에 대해 끊임없이 탐구하게 되었다. 그리고 상이한 언어들이 이런 질문에 어떤 역할을 하는지 관심을 갖게 되었다. 이런 관심이 연구와 가르침의 직업을 갖게 했고, 현재 노스캐롤라이나 샬럿에 살며 메릴랜드대학교의 학부와 대학원에서 리더십과 문화에 대해 강의하고 있다. 그녀는 자신의 연구를 샌디에이고, 리우데자네이루, 홍콩, 싱가포르, 도쿄, 프라하, 부다페스트 등 여러 지역에서 개최된 국제유목민 인터내셔널(Global Nomads International)과 세계적 전환기에 있는 가족들(Families in Global Transition) 콘퍼런스에서 가르치거나 발표했다. 주요 연구 논문은 조지워싱턴대학교 박사 논문인 「해외 향수병: 제3문화 정체성, 언어 그리고 기억에 관한 현상학적 연구(Homesick for Abroad: A Phenomenological Study of Third Culture Identity, Language, and Memory)」이다.

애나 마리아 무어(Anna Maria Moore)

세 살 때부터 여행을 시작해서 지금까지 멈춘 적이 없다. 스페인에서 태어나, 반미국인 반스웨덴 사람인 성인 제3문화 아이로서 처음 18년간 5개 대륙에서 외국에 거주하는 부모님의 돌봄을 받으며 살았다. 다국적 기업에서 7년간 일한 후 2년간 세계 여행을 멈추었는데 그 기간이 글쓰기, 언어와 문화를 대상으로 일하는 것에 대한 열정을 깨닫는 계기가 되었다. 자신의 회사 컬처앤드무어(Culture & Moore)를 가지고 있고 상호 문화에 대한 인식과 역량을 향상시키고자 한다. 그녀의 글은 ≪세상 속에서(Among Worlds)≫라는 잡지와 Denizen.com, ExpatArrivals.com에 실렸다.

도나 무질(Donna Musil)

1998년에 현재와 과거 군인 가족 자녀들과 제3문화 아이들의 삶을 향상시키며 그들의 헌신을 기리고자 공동으로 시작한 비영리 교육기관인 국경 없는 군인 자녀들(Brats Without Borders)의 최고경영자이다. 도나는 첫 노력으로 크리스 크리스토퍼슨이 내레이션한 〈군인 자녀들: 우리의 여행 귀로(BRATS: Our Journey Home)〉라는, 상을 받은 다큐멘터리를 포함하여 다수의 영상물을 만들었다. 그녀는 16살이 되기 전에 3개 대륙을 12번 옮겨 다니면서 군대 판사이며 법률가인 아버지 밑에서 성장했다. 전 AFL-CIO 노동법률가인 도나는 덴버에서 살고 있으며, 그곳에서 〈트루먼의 아이들(Truman's Kids)〉(1948년 트루먼 대통령의 군인 통합이 미국 사회에 어떠한 영향을 끼쳤는지에 관한) 다큐멘터리와 〈성질이 나쁜 사람(Mean People)〉(사람들이 나쁜 이유와 그것에 무엇을 할 수 있을지에 대한 오래 지속된 법적·종교적·의학적 추측에 어떻게 현대 뇌 과학 발전이 영향을 미치고 있는지에 관한) 다큐멘터리를 만들었다.

일레인 닐 오어(Elaine Neil Orr)

나이지리아에서 침례교 선교사의 딸로 자란, 상 받은 작가이며, 노스캐롤라이나주립대학교에서 문학과 창조적 글쓰기를 가르치는 뛰어난 교수이다. 또한 켄터키 루이빌에 있는 스폴딩대학교에서 단기 프로그램 MFA를 가르친다. 그녀의 회고록인 『정오의 신들: 백인 소녀의 아프리카에서의 삶(Gods of Noonday: A White Girl's African Life)』(University of Virginia Press, 2003)은 2003년도에 대학출판부 책 중 두 번째로 많이 팔린 책으로, 올드노스스테이트상(Old North State Award)을 받았다. 그녀는 ≪미주리 리뷰(The Missouri Review)≫, ≪블랙버드(Blackbird)≫, ≪이미지(Image)≫, ≪셰넌도어(Shenandoah)≫ 등 최고의 문학잡지에 폭넓게 작품을 발표했다. 그녀는 ≪이미지 저널(Image Journal)≫에서 2008년에 그달의 예술가로 뽑혔고, 푸시카트상 수상 후보에 세 번이나 올랐다. 또한 두 권의 학술 도서 『협상 대상: 페미니스트 비평과 미국 여성 소설 읽기(Subject to Negotiation: Reading Feminist Criticism and American Women's Fiction)』(University of Virginia, 1997)와 『틸리 오슨과 페미니스트 영적 비전(Tillie Olsen and a Feminist Spiritual Vision)』(University Press of Mississippi, 2009)을 출판했다. 그녀는 노스캐롤라이나예술위원회와 국립인문학기금의 지원을 받았고, 다양한 대학들과 작가들의 학회 모임에 초청받는 강사이다.

라일라 플래몬든(Laila Plamondon)

미국인 아버지와 방글라데시인 어머니 사이에서 태어나, 콜롬비아, 코트디부아르, 태국에서도 살았지만 대부분을 방글라데시에서 지냈다. 스미스대학에서 학부를 했고, 빌 피터슨 교수와 「제3문화 아이: 귀국 후 정신건강을 예측하는 요인들(Factors that Predict Psychological Health after Repatriation)」이라는 훌륭한 논문을 썼다. 그녀는 이 논문을 2009년 세계적 전환기에 있는 가족들(Families in Global Transition) 콘퍼런스에서 발표했다. 이 논문은 ≪성격연구 학술지(Journal of Research in Personality)≫에도 실렸다. 다문화 정체성에 대한 지속적인 관심으로 풀브라이트 장학금을 받아 남아시아계 이민 2세들에 대한 연구를 하며 토론토에서 1년을 보냈다. 현재는 뉴욕시에 살며, "국제적 학교 선택(School Choice International)"이라는 단체의 개인고객 서비스 책임자로 일하고 있고 부업으로 재즈 가수를 한다.

앨리스 리도트(Alice Ridout)

캐나다 온타리오의 앨고마대학교 방문교수이다. 국제도리스레싱 소사이어티(International Doris Lessing Society)의 부회장이며 옥스퍼드의 ≪현대 여성 문학(Contemporary Women's Writing)≫의 주간 편집인이다. 그녀는 도리스 레싱의 작품을 탐색한 에세이집 『도리스 레싱: 국경 넘기(Doris Lessing: Border Crossings)』(Continuum, 2009)를 수전 왓킨스와 공동 편집했다. 거기 실린 글에서 그녀는 도리스 레싱을 제3문화 아이로 검증했다. ≪도리스 레싱 연구(Doris Lessing Studies)≫(2010년, 여름)에 실린 그녀의 논문은 레싱의 노벨상 수상 연설이 두 문화 사이, 즉 영국과 아프리카의 경계에서 제3문화 아이로서 읽힐 수 있다고 했다. 그녀는 또한 『현대 여성 작가들의 회고: 아이러니로부터 노스텔지어까지(Contemporary Women Writers Look Back: From Irony to Nostalgia)』(Continuum, 2011)를 집필했다. 그녀는 태어나서 10살까지 인종적으로 다르다고 인식되는 일본에서 살았다. 이 경험이 부분적으로 그녀가 제3문화 아이인 레싱의 글들에 끌리게 한 것이다.

레일라 로히(Leyla Rouhi)

이란 태생이며 미국 매사추세츠에 있는 윌리엄스대학 인문사회과학 분야 오클리센터 의 디렉터이면서 로망스어의 매코이 교수이다. 그녀의 연구는 중세와 초기 근대 스페 인어이며 번역에도 관심이 있다. 최근 출판물은 미겔 데 세르반테스의 작품에 나타나 는 이슬람에 대한 것이며 19세기 공상과학소설인 엔리케 가스파르(Enrique Gaspar) 의 *El Anarcronopete*를 공동 번역하기도 했다.

채리티 (에이드스) 셸렌버그[Charity (Eidse) Schellenberg]

1956년 콩고민주공화국 카헴바에서 태어나 초쾌룬다(Chokwe-Lunda) 사람들 속에서 컸다. 그녀는 이후에 캐나다의 매니토바 지역에 사는 존 셸렌버그와 결혼했다. 그들 은 세 자녀와 전통적인 세누포족 마을인 부르키나파소에서 살았다. 채리티는 캐나다 전체 학교와 교사훈련 프로그램에서 사용되는 ESL/문학 워크북인 『평화추구자(Peace Seekers)』를 공저했다. 그녀의 논문들은 ≪세상 속에서(Among Worlds)≫를 포함한 다양한 출판물에 실렸다. 채리티와 존은 민간 기업의 재정 지원을 받는 비영리 병원과 학교들을 관리하는 DRC에서 살고 있다. 그녀는 또한 존 및 콩고 친구들과 공동 설립 한 NGO인 4C(Creating Capacity in Communities of Congo)에서 지도자로 활동하고 있다.

니나 시셸(Nina Sichel)

페이스 에이드스와 함께 『뿌리 뽑힌 어린 시절: 국제 사회에서 성장하기(Unrooted Child-hoods: Memoirs of Growing Up Global)』(Nicholas Brealey, Inc., 런던, 2004)를 공 동 집필했고 시와 회고록과 창의적인 논픽션 등을 발표했다. 뉴욕 올버니에서 태어났 으나 베네수엘라에서 해외 거주자로 성장했고, 성인이 되어서도 미국 내에서 자주 이 사하며 뉴욕에서는 편집 보조로, 미시간과 플로리다에서는 다양한 학교와 지역 중심 단체 등에서 일했다. 현재는 워싱턴 D.C.에 살고 있으며 프리랜서 편집자와 글쓰기 코치로 일하고 있다. 그녀의 회고록 워크숍과 글쓰기 서클은 노던버지니아 커뮤니티 칼리지와, 버지니아와 메릴랜드의 지역 예술센터에서 열리고 있다.

다나우 타누(Danau Tanu)

서호주대학교(University of Western Australia)에서 인류학과 아시아학을 공부하는 박 사 과정 학생이다. 준비 중인 박사 논문 제목은 "고향을 찾았나요?: 제3문화 아이의 자아 정체감에 영향을 미치는 다양한 요인들(문화, 언어, 민족, 계급, 성)[Finding Home?: The Intersections of Multiple Factors (Culture, Language, Ethnicity Class, and Gender) Affecting the Identities of Third Culture Kids]"이다. 중국계 인도네시아인 아버지와 일본인 어머니 사이에서 캐나다에서 태어났고, 4개 언어를 할 수 있으며, 캐나다, 인도네시아, 일본, 중국, 싱가포르, 호주에서 살았다.

루스 힐 우심(Ruth Hill Useem, 1915~2003)

"제3문화 아이들"이라는 개념을 만든 사람으로 널리 알려졌다. 학계에서 오랫동안 활발히 활동하면서 제3문화 아이들 주제에 대한 광범위한 현장 일과 연구를 추구하고 이끌었다. 추가로, 제3문화 아이들의 교육에 대해 자주 자문해 주었다. 오하이오에서 태어나 성장했고, 박사 학위를 1947년에 위스콘신대학교에서 받았는데 그녀는 인류학과 사회학 전공에서 유일한 여학생이었다. 1952년부터 1985년까지 미시간주립대학교의 사회학 교수였다.

루스 반 레켄(Ruth E. Van Reken)

2세대 제3문화 아이이며, 이제는 성인이 된 세 명의 제3문화 아이의 어머니이다. 그녀는 『보내지 못한 편지(Letters Never Sent)』라는 책을 썼는데, 교차문화가 어린 시절에 미치는 영향에 대해 살펴본 성인 제3문화 아이가 쓴 초기 책 가운데 하나이다. 1984년 이래로 여행을 많이 하며, 동료 성인 제3문화 아이들, 제3문화 아이들의 부모, HR 관련자, 교육자, 기타 돌봄을 하는 사람들과 협업하면서 글로벌 가족의 삶에 대한 이슈들을 다루었다. 최근에 루스는 제3문화 아이로서 학습한 내용이 어떻게 다른 종류의 교차문화 어린 시기에도 적용되는지를 연구하고 있다. 그녀는 매해 열리는 세계적 전환기에 있는 가족들(Families in Global Transition) 콘퍼런스의 공동 창립자이며 회장을 역임한 바 있다. 『보내지 못한 편지』를 출판한 것 외에도 『고향에서의 이방인(Strangers at Home)』(Aletheia Publications)과 『뿌리 뽑힌 어린 시절(Unrooted Childhoods)』(Nicholas Brealey/Intercultural Press) 등 다른 다양한 저작물의 한 부분을 저술했고, 데이비드 폴락과 『제3문화 아이들: 세상 가운데서 성장하다(Third Culture Kids: Growing Up among Worlds)』(개정판. Nicholas Brealey)를 공동 집필했다.

아누 와리노스키(Anu Warinowski)

핀란드 투르쿠대학교 교육학과 연구진이다. 교육과 학습에 관한 핀란드 박사 과정 프로그램(FiDPEL)의 박사 후 학생으로 논문을 마무리하고 있다. 연구 관심사는 제3문화 아이의 이주 경험과 해외에 거주하는 가정의 자원들에 대한 것이다. 20년 전 처음으로 텍사스 휴스턴에서 제3문화 아이들과 일했는데 그곳에서 핀란드로 돌아갈 준비를

하는 가정에서 가정교사로 일했다. 그녀는 이후 여러 해 핀란드에서 초등학교 교사를
했다.

앨리스 슈셴 우(Alice Shu-Hsien Wu)

뉴욕에서 태어나 영국, 핀란드, 스웨덴, 미국에서 살았다. 어머니는 중국 외교관인 부
모를 따라 해외에서 자란 국제유목민이었으며, 아버지는 베이징에서 미국으로 가족과
함께 이주했다. 그녀는 코넬대학교의 우수교육센터에서 국제 학생들을 가르쳤으며,
문화 간 컨설턴트로 일했다. 코넬대학교에서 대학생 신분으로서 국제유목민에 관한
두 편의 비디오 〈국제유목민: 미래의 문화적 교량(Global Nomads: Cultural Bridges
for the Future)〉과 〈국제유목민: 새 천년의 문화적 교량(Global Nomads: Cultural
Bridges for the New Millennium)〉을 제작했다. 최근에는 학생 패널들에 관한 후속
연구를 하고 있으며, 국제유목민이나 서로 상이한 문화 간 의사소통에 관한 짧은 글들
을 썼다. 뉴욕 이타카에서 가족과 함께 살고 있다.

옮긴이
(수록순)

/

이수경

이화여자대학교에서 사회과교육과 심리학을 전공했으며, 동 대학원에서 상담심리 전 공으로 석사, 교육상담 및 심리 전공으로 박사 학위를 취득했다. 교차문화 아이들 (Cross-Culture Kids: CCKs)을 대상으로 박사 논문을 쓰면서 이 주제에 깊은 관심을 갖게 되었다. 이화여자대학교, 한동대학교에서 강의했으며, 한세대학교대학원에서 연구교수로 근무했다. 현재는 성결대학교에서 조교수로 근무하면서 교차문화 아이 들, 제3문화 아이들에 대한 연구를 꾸준히 발표하고 있다.

황진숙

서울대학교 농과대학을 졸업한 이후 인간 심리와 행동에 관한 깊은 관심이 생겨 다시 배움의 전당으로 돌아갔다. 이화여자대학교 학부와 대학원에서 심리학을 전공했으 며, 공역서로는 『상담자가 된다는 것』(학지사, 2014)과 『진행성 암 환자를 위한 의미 중심 집단정신치료』(눈출판그룹, 2019)가 있다. 이민 2세대 자녀를 키우는 부모로서 국제유목민에 대한 관심이 지대하다. 현재 남편과 함께 캐나다에 거주하고 있으며 슬 하에 아들이 하나 있다.

김혜정

한동대학교 상담심리사회복지학부 부교수로 재직 중이다. 미국 바이올라대학교 로즈 미드 심리대학원에서 임상심리학으로 박사 학위를 받았고, 미국 공인 심리학자(인디 애나주), 미국 공인 부모-아이 상호작용치료 훈련가, 국내에서는 임상심리전문가, 정 신건강 전문요원이며, 각 상담 관련 학회의 슈퍼바이저로 활동하고 있다. 현재 문화정 체감, 다문화 상담, 부모-아동 상호작용 치료(PCIT), 청소년·부부·가족 치료에 관심 이 있으며 관련 논문들을 다수 발표했다.

한울아카데미 2374

제3문화 아이들, 교차문화 아이들 그리고 국제유목민
세계에서 성장하는 아이들에 관한 연구와 에세이

편저자　진 벨빌라다·니나 시셀·페이스 에이드스·일레인 닐 오어
옮긴이　이수경·황진숙·김혜정
펴낸이　김종수
펴낸곳　한울엠플러스(주)
편　집　이진경

초판 1쇄 인쇄　2022년 5월 30일
초판 1쇄 발행　2022년 6월　7일

주소　10881 경기도 파주시 광인사길 153 한울시소빌딩 3층
전화　031-955-0655
팩스　031-955-0656
홈페이지　www.hanulmplus.kr
등록번호　제406-2015-000143호

Printed in Korea.
ISBN 978-89-460-7374-6 93300 (양장)
　　　978-89-460-8181-9 93300 (무선)

※ 책값은 겉표지에 표시되어 있습니다.
※ 무선제본 책을 교재로 사용하시려면 본사로 연락해 주시기 바랍니다.